# ESTADO TOTALITARIO Y DESPRECIO A LA LEY

ALLAN R. BREWER-CARIAS

# ESTADO TOTALITARIO Y DESPRECIO A LA LEY

## La desconstitucionalización, desjuridificación, desjudicialización y desdemocratización de Venezuela

Fundación de Derecho Público

Editorial Jurídica Venezolana
Caracas, 2015

©    Allan R. Brewer-Carías, 2015
http://www.allanbrewercarias.com
Email: allan@brewercarias.com

Hecho el Depósito de Ley
ISBN: 978-980-365-272-2,
Depósito Legal: lf54020143403357

Editado por: Editorial Jurídica Venezolana

Avda. Francisco Solano López, Torre Oasis, P.B., Local 4, Sabana Grande,
Apartado 17.598 – Caracas, 1015, Venezuela
Teléfono 762.25.53, 762.38.42. Fax. 763.5239
http://www.editorialjuridicavenezolana.com.ve
Email fejv@cantv.net

Portada: grabado del *Katôobleps*

Impreso por: Lightning Source, an INGRAM Content company
para Editorial Jurídica Venezolana International Inc.
Panamá, República de Panamá.
Email: editorialjuridicainternational@gmail.com

Diagramación, composición y montaje
por: Francis Gil, en letra Times New Roman, 10,5
Interlineado 11, Mancha 18 x 11.5 cm.

# A MANERA DE PRÓLOGO

*José Ignacio Hernández G.*
Profesor de Derecho Administrativo,
Universidad Central de Venezuela y Universidad Católica Andrés Bello
Director del Centro de Estudios de Derecho Público
de la Universidad Monteávila
Visiting Researcher, Georgetown University

## I

En el primer tomo de sus memorias sobre la Segunda Guerra Mundial, Sir Winston Churchill describe agudamente el origen y encuentro de las utopías totalitarias del siglo XX: el fascismo y el comunismo. Así como el fascismo surgió del comunismo –escribió– el nazismo se desarrolló del fascismo. El fascismo, para Churchill, fue la sombra o el terrible hijo del comunismo[1]. Así también lo advirtió muy tempranamente, en 1933, Hayek, al denunciar la similitud entre el socialismo y el nacionalsocialismo, como sistemas iliberales e irracionales[2].

Por ello, se ha señalado que los movimientos totalitarios –siguiendo a Hannah Arendt– son *"organizaciones de masas de individuos atomizados y aislados"*[3]. Son sistemas que procuran la lealtad total, y en parte, irracional, suprimiendo toda diferencia entre el Estado y la sociedad[4]. Partiendo de formas de gobierno dictatoriales, el totalitarismo se orienta a la supresión del individuo –y su libertad– a través de la organización central de la sociedad desde el Gobierno, el cual impone el pensamiento único, a través del partido

---

[1]   *The gathering storm*, Rosetta Books, 2002, pp. 13-14.

[2]   Véase su ensayo "Nazi-socialismo", contenido en *Camino de servidumbre,* Unión Editorial, 2008, pp. 337 y ss.

[3]   *Los orígenes del totalitarismo*, Taurus, Bogotá, 2004, p. 405.

[4]   Este es un dato esencial. Los sistemas totalitaristas desconocen el principio republicano básico según el cual, la sociedad libre y organizada antecede al Estado. Por el contrario, el Estado totalitario absorbe a la sociedad. *Cfr.*: Bobbio, Norberto, *Teoría general de la política,* Editorial Trotta, Madrid, 2003, pp. 183 y 246.

único. Ello pasa, por supuesto, por demoler la esencia de la Constitución liberal, aniquilando la separación de poderes y toda idea de la Ley como límite al Gobierno. La Ley, de hecho, se generaliza para dar cabida a su aplicación e interpretación política. Sabine cita el ejemplo del Código Penal alemán de 1935, que tipificó como delito todo acto contrario a los "sanos sentimientos populares"[5].

Partiendo de una organización autoritaria, el totalitarismo adelanta una propaganda orientada a exaltar el carisma de la jefatura, siempre, sobre una base irracional, que apela a sentimientos más que a ideas. La propaganda, el terror y el adoctrinamiento son herramientas claves en este proceso de organización total de la sociedad. El totalitarismo soviético otorga varios ejemplos de lo anterior. Cuando se decidió promover la idea de que el desempleo se había derrotado –en contra de los más elementales datos económicos– el Gobierno, para ser coherente con la propaganda, abolió todas las ayudas para los desempleados[6].

El totalitarismo también se hace valer de la democracia, para transfigurarla y destruirla. En lo que Raymond Aron llama las "democracias populares", el pluralismo es aniquilado a través de la imposición del partido único que actúa sobre la base de una doctrina única, que pasa a ser doctrina de Estado[7]. Ello supone reconstruir conceptualmente a la democracia, que es concebida como la participación popular canalizada a través de organizaciones controladas y dirigidas por el Estado. Tal es la idea de los *soviets* soviéticos, o consejos, basados en una suerte de "democracia radical" opuestos a los órganos parlamentarios. Por ello Lenin los llamaba los órganos del "poder revolucionario"[8].

Esto nos permite traer a colación la relación entre totalitarismo y democracia. La evidencia histórica demuestra cómo hay sistemas totalitarios que han llegado al poder por el voto popular, como es el caso alemán. De allí los riesgos de una errada concepción de la democracia, que prescinda de las virtudes republicanas. Precisamente, Alain Rouquié ha estudiado los regímenes autoritarios surgidos en Latinoamérica a partir de elecciones centradas en una concepción totalitaria de la mayoría[9]. Entre varios países, estudia particularmente el caso de Venezuela.

Ese riesgo fue advertido tempranamente entre nosotros por Francisco Javier Yanes. En el Capítulo II de su *Manual Político del Venezolano*, publicado en 1839, se lee: *"el despotismo ilimitado y la democracia sin freno son igualmente contrarios a la libertad civil; en cualquier forma de gobierno en*

---

5   *Historia de la teoría política*, Fondo de Cultura Económica, México, 2011, pp. 673 y ss.

6   Arendt, *Los orígenes del totalitarismo*, cit., p. 426.

7   *Introducción a la filosofía política*, Barcelona, 1997, pp. 215 y ss.

8   García-Pelayo, Manuel, *Derecho Constitucional Comparado*, en *Obras Completas, Tomo I*, Centro de Estudios Políticos y Constitucionales, Madrid, 1991, p. 695.

9   *A la sombra de las dictaduras*, Fondo de Cultura Económica, México, 2010, pp. 191 y ss.

*que se conceda un poder ilimitado, o excesivo (...) la libertad civil será necesariamente imperfecta"*. Una advertencia que hoy día cobra un especial realce, en un contexto en el cual se usa -y abusa- del lenguaje de la democracia, pero para atentar contra nuestra fundamentación republicana[10].

## II

Desde 1999, de manera paulatina, se han venido implementando cambios institucionales en Venezuela que, deliberadamente, se apartan de la fundamentación liberal de nuestro sistema republicano[11]. Principios básicos como la separación de poderes han sido considerados obsoletos[12]. El resultado ha sido la destrucción del Estado constitucional, incluso como objetivo expresamente reconocido, según puede leerse en el llamado *Plan de la Patria*[13]. Para la construcción del modelo socialista, se lee, es necesario *"pulverizar completamente la forma de Estado burguesa que heredamos, la que aún se reproduce a través de sus viejas y nefastas prácticas, y darle continuidad a la intervención de nuevas formas de gestión política"*.

Este proceso ha sido lento. Se ha amparado, además, en diversas formas legales y jurídicas bastante complejas, que naturalmente han llevado a prestar atención a los detalles, dificultando así una panorámica general y completa. Y como dice Eric Fromm, si queremos combatir al fascismo –o a cualquier forma de autoritarismo- es necesario entenderlo[14]. De allí la necesidad de contar con un análisis general del desarrollo institucional, en Venezuela, de las formas totalitarias del Estado.

---

10 La fundamentación totalitaria del Estado se ha basado, al menos en parte, en el uso parasitario del lenguaje republicano, pero para lograr resultados contrarios a nuestra fundamentación republicana. Ejemplo de ello es la palabra "descentralización", empleada para describir la transferencia de competencias al Poder Popular, en un sentido contrario al uso constitucional de esa palabra. Es decir, la descentralización como el debilitamiento del Poder Nacional para fortalecer centros descentralizados de poder, en beneficio de la democracia y de la libertad general del ciudadano. Sobre este uso del lenguaje, vid. Herrera Orellana, Luis Alfonso, "El fenómeno de la neolengua como instrumento de quiebre de la democracia y del Estado de Derecho", en *La neolengua del poder en Venezuela. Dominación política y destrucción de la democracia*, Editorial Galipán, Caracas, 2015, pp. 139 y ss.

11 La fundamentación liberal de nuestro sistema republicano, siguiendo a Castro Leiva, comprende el estudio del pensamiento que, en las primeras décadas del siglo XIX, construyó las bases de nuestro Derecho Constitucional. Del autor, entre otros trabajos, puede verse "Las paradojas de las revoluciones hispanoamericanas", en *Luis Castro Leiva. Obras. Volumen II. Lenguaje republicanos*, UCAB-Fundación Empresas Polar, Caracas, 2009, p. 97.

12 Sobre ello, véase el completo y reciente trabajo de Tarre, Gustavo, *Solo el poder detiene al poder*, Editorial Jurídica Venezolana, Caracas, 2014.

13 Véanse los distintos trabajos sobre ese Plan, expuestos en el marco del Seminario de Profesores de Derecho Público del Centro de Estudios de Derecho Público de la Universidad Monteávila (http://www.uma.edu.ve/interna/419/0/el_estado_comunal).

14 *El miedo a la libertad*, Paidós, México, 2012, p. 27.

Tal es el mérito del libro del profesor Allan R. Brewer-Carías, que hoy me honra presentar: *Estado totalitario y desprecio a la Ley*[15]. Se trata de un pormenorizado estudio, ampliamente documentado, sobre la configuración institucional de un Estado Totalitario, basado en la concentración del poder bajo un mando único y guiado por la doctrina única o doctrina de Estado, reconocida en diversas Leyes[16]. Un Estado que además ha fomentado la dependencia del ciudadano al propio Estado, mediante un conjunto de prestaciones que el profesor Brewer califica de "dádivas"[17], y que solo pudieron desplegarse bajo una visión estatista de la renta petrolera.

De esa manera, la primera parte de la obra aborda un estudio conceptual fundamental para acreditar la dependencia del Derecho Público al modelo político[18]. De allí se extrae una conclusión relevante: el Derecho administrativo termina siendo espejo del modelo político imperante. Un modelo de corte totalitario producirá un Derecho igualmente totalitario. De ello, precisamente, se ocupa la obra del profesor Brewer.

En la segunda parte se analiza, en este sentido, la desconstitucionalización del Estado constitucional. Así, la obra estudia la sistemática violación de los elementos que configuran al Estado social y democrático de Derecho reconocido en la Constitución de 1999.

Respecto del Estado de Derecho, el profesor Brewer explica cómo se ha desnaturalizado la concepción de la Constitución como norma suprema, y cómo en adición se ha afectando el marco institucional del Estado constitucional[19].

Lo propio se hace respecto del Estado democrático, en especial, explicando la artificial contradicción que ha pretendido formarse entre la democracia representativa y la democracia participativa[20]. En este tema, además, y acertadamente, el profesor Brewer explica la estrecha conexión entre descentralización y democracia, y su desconocimiento en el marco de un proceso centralizador orientado en la figura del Estado Comunal, al cual la obra dedica, como se verá, un capítulo completo[21].

También estudia el profesor Brewer la desnaturalización del Estado social y su sustitución por un Estado paternalista, populista o clientelar[22]. Esta sección de la obra resulta de especial interés, pues evidencia que el modelo socialista en ejecución, y plasmado entre otras, en la Ley Orgánica del Sistema

---

15  Editorial Jurídica Venezolana, Caracas, 2014.

16  *Cit.*, pp. 7-8.

17  *Cit.*, p. 9.

18  *Cit.*, pp. 21 y ss.

19  *Cit.*, pp. 61 y ss.

20  *Cit.*, pp. 71 y ss. A este punto dedica el profesor Brewer especiales consideraciones en la sección tercera de la tercera parte de la obra (pp. 258 y ss).

21  *Cit.*, pp. 145 y ss.

22  *Cit.*, pp. 95 y ss.

Económico Comunal, en modo alguno puede entenderse como derivación del Estado social constitucionalmente reconocido. Ese Estado social no es ni puede ser un Estado que desconozca la libertad. Mal puede confundirse las desviaciones del modelo en curso con el contenido de la cláusula del Estado social y democrático de Derecho[23].

La *tercera* parte, de manera específica, analiza el desconocimiento de la separación de poderes, con especial consideración a la ausencia de autonomía e independencia del Poder Judicial[24] en general y del Tribunal Supremo de Justicia en especial[25]. Es este punto es forzosa la remisión al reciente libro *El TSJ al servicio de la revolución,* y en la cual se analiza, desde el marco institucional y el estudio estadístico de las decisiones del Tribunal, cuál ha sido su desempeño y rol reciente[26].

La *cuarta* parte de la obra analiza en detalle el intento por desplazar a la Constitución como "norma suprema del ordenamiento jurídico", a partir de un conjunto de decisiones que, en realidad, han degenerado en una indebida mutación constitucional, como parte de la distorsión de las atribuciones de la Sala Constitucional[27]. Nuevamente aquí el profesor Brewer hace un esfuerzo notable por escindir el sentido genuino de la Constitución y las desviaciones que, en su interpretación –o "mutación", más bien– ha promovido la Sala Constitucional.

De manera especial, en esta cuarta parte, el profesor Brewer-Carías hace un pormenorizado análisis del Estado Comunal[28]. Sin duda, el entramado legal que ha articulado al referido Estado Comunal constituye un claro intento por edificar un Estado paralelo, que apartándose del marco constitucional, implementa un sistema basado en la doctrina única del modelo socialista, como se reconoce expresamente en la Ley Orgánica del Poder Popular. En esa Ley, como se hizo en la Constitución soviética de 1936, el socialismo se reconoce como el único modelo admitido, de acuerdo con el programa político del partido único.

---

23   El profesor Brewer cita el debate que se ha venido realizando, principalmente, en el marco del Seminario de Profesores de Derecho Público del Centro de Estudios de Derecho Público de la Universidad Monteávila. Tres posiciones, al menos, se han mantenido: quienes opinan que el Estado social en la Constitución de 1999 es una figura iliberal de corte socialista que ampara incluso el sistema comunal; quienes afirman que esa cláusula del Estado social es una amenaza totalitaria pues puede degenerar en el desconocimiento de la separación entre Estado y social, y quienes sostienen –como es nuestro caso– que esa cláusula es compatible con los postulados del Estado democrático de Derecho, todo lo cual pasa por su necesaria reinterpretación.

24   Destaca el profesor Brewer, en este sentido, cómo se ha afectado institucionalmente la autonomía del Poder Judicial por el irregular régimen transitorio que se inauguró con la Constitución de 1999 y que pervive hoy día (pp. 214 y ss.).

25   *Cit.,* pp. 525 y ss.

26   Canova González, Antonio; Herrera Orellana, Luis; Rodríguez Ortega, Rosa y Graterol Stefanelli, Giussepe, *El TSJ al servicio de la Revolución,* Editorial Galipán, Caracas, 2014.

27   *Cit.,* pp. 299 y ss.

28   *Cit.,* pp. 528 y ss.

Este punto es también analizado por lo que respecta a la arista económica del Estado Comunal, es decir, el sistema económico comunal[29]. Tal y como concluye el profesor Brewer, ese sistema comunal es contrario a la Constitución económica de 1999. Incluso con las críticas que a esa Constitución formula el profesor Brewer, lo cierto es que la aniquilación de la libertad de empresa y de la propiedad privada, para implantar un sistema comunal basado en la propiedad social, que es siempre una propiedad estatal, es una solución contraria con la vigente Constitución económica. En buena parte, pues en realidad ese sistema comunal se basa en la propuesta fallida de reforma constitucional de 2007.

Esta cuarta parte culmina con el estudio de la "desconstitucionalización del Derecho Internacional de los Derechos Humanos"[30]. Recuerda el profesor Brewer que la Constitución de 1999 contiene avances importantes en la defensa de los derechos humanos, en sintonía con el paulatino proceso de mundialización o globalización de tales derechos. En suma, hoy día, la defensa de los derechos humanos no es solo un tema propio del constitucionalismo en el orden interno: es también un tema propio del orden global, lo que supone una limitación al concepto doméstico de soberanía.

La esencia de este sistema de garantías se ha afectado sensiblemente, al instrumentalizarse los derechos humanos bajo una concepción absolutista de la soberanía doméstica, lo que llevó a la inconstitucional denuncia de la Convención Americana sobre Derechos Humanos[31].

El camino seguido, como puede verse, ha sido lento. El minucioso trabajo del profesor Brewer-Carías permite así apreciar, en una panorámica completa, el progresivo desarrollo de un Derecho Público que desconoce la fundamentación liberal de nuestro Derecho Constitucional, al socavar la libertad y la dignidad humana, esencia del Estado social y democrático de Derecho reconocido en la Constitución de 1999.

Además, y esto resulta muy importante en los actuales momentos, el trabajo del profesor Brewer deslinda adecuadamente el contenido de la Constitución de las constantes violaciones que han desmontado el Estado constitucional. La progresiva fundamentación del Estado totalitario no es una consecuencia impuesta desde la Constitución, aun cuando sobre ésta puedan formularse diversas críticas[32]. Por el contrario, esa fundamentación totalitaria ha

---

29 Tema analizado en las pp. 332 y ss.

30 *Cit.*, pp. 487 y ss.

31 Cit., pp. 516 y ss. Allí se critica, además, la sentencia de la Corte Interamericana -26 de mayo de 2014- que consideró que no se habían agotado los recursos internos relacionados con las denuncias efectuadas por el profesor Brewer, con ocasión al proceso penal que se le sigue desde 2005. La sentencia, en efecto, es un peligroso antecedente que exacerba, indebidamente, la carga de agotamiento de la vía interna, incluso, cuando tal vía ha sido considerada, precisamente, la causa de las violaciones a los derechos humanos denunciados.

32 Deficiencias que muy tempranamente fueron denunciadas por el profesor Brewer. Entre otros, véase "Reflexiones críticas sobre la Constitución de Venezuela de 1999", en *Revista de Derecho Público,* Nº 81, Editorial Jurídica Venezolana, Caracas, 2000, pp. 7-21.

sido consecuencia del desconocimiento de nuestra Constitución y de las bases republicanas presentes en ella. Asimismo, esa fundamentación totalitaria es consecuencia del desconocimiento del Derecho Global de los derechos humanos[33].

Por ello, citando a los profesores Ginsburg y Simpser, nuestro caso podría ser el de un sistema con Constitución pero sin constitucionalismo, entendiendo por tal el sistema normativo centrado en la defensa de los derechos a los cuales aludió Locke: vida, libertad y propiedad[34], y sobre los cuales se asienta nuestra tradición republicana.

## III

En su mensaje con ocasión al 50° aniversario del final en Europa de la Segunda Guerra Mundial, San Juan Pablo II –testigo histórico de los totalitarismos comunistas y nazistas- señalaba que el totalitarismo *"destruye la libertad fundamental del hombre y viola sus derechos. Manipulando la opinión pública con el martilleo incesante de la propaganda, empuja a ceder fácilmente al recurso a la violencia y las armas y acaba por aniquilar el sentido de responsabilidad del ser humano"*[35].

El complejo armazón jurídico que se ha venido desarrollando en los últimos años, y que ha sido cuidadosamente ordenado y sistematizado por el profesor Allan R. Brewer-Carías, constituye precisamente una seria amenaza a la libertad, al desconocer la dignidad humana del ciudadano como individuo racional. Frente a ello, se ha optado por un mecanismo centralizado que apela a una supuesta democracia directa, pero que en realidad es la negación misma la democracia al desconocer el pluralismo bajo la imposición dogmática del

---

33    Puede verse sobre esto, el editorial "Global constitutionalism: Human rights, democracy and the rule of law", de Wiener, Antje y otros, en *Global constitutionalism* N° 1, Cambridge, 2012, pp. 1 y ss.

34    *Constitutions In Authoritarian Regimes,* The Law Scholl, University of Chicago, 2014, p. 2. Sobre el sentido del "constitucionalismo" bajo la idea de Locke, como fue concebido en la Revolución Norteamericana, puede verse a Lutz, Donald, *The origins of american constitutionalism,* Luisiana State University Press, 1988, pp. 5 y ss. Recientemente un sector de la doctrina ha cuestionado el desarrollo del Derecho Público, considerándolo contrario a la Constitución americana y a la idea de constitucionalismo centrado en la libertad. *Vid.* Epstein, Richard, *Design for Liberty,* Harvard University Press, 2011, pp. 149 y ss. No se trata, por supuesto, de obviar las críticas a la Constitución de 1999, que muy tempranamente fueron advertidas por el profesor Brewer, como vimos. Pero en modo alguno estas críticas pueden sostener, objetivamente, que tal es una Constitución totalitaria, aun cuando sí es una Constitución con una indebida visión estatista. Uno de los aspectos más críticos a los cuales aludió en su momento el profesor Brewer, en este sentido, es la concepción estatista del petróleo, lo cual constituye un riesgo actual para la defensa de la libertad. Sobre ello puede verse a González, José Valentín, "Una nueva aproximación a la Constitución económica de 1999", *Enfoques sobre Derecho y Libertad en Venezuela,* Academia de Ciencias Políticas y Sociales, Caracas, 2013, pp. 107 y ss.

35    8 de mayo de 1995, párrafo 6. Consultado en: http://www.vatican.va/holy-father/john_paul_ii/speeches/1995/may/documents/hf_jp-ii_mes_08051995_50th-end-war-europe_sp.html

pensamiento único, convertido en doctrina de Estado[36]. Todo ello, y esto es quizás lo más grave, se ha realizado bajo una apariencia formal de legalidad, en la cual se insiste en el respeto de las formas legales y constitucionales. Yanes, a quien antes citábamos, advertía precisamente sobre los riesgos de un excesivo legiscentrismo. En resumen, señala Yanes, *"si las leyes no se cimentan en la justicia y la equidad, lejos de ser el fundamento de la libertad, ellas serán el apoyo y sostén de las más dura y odiosa tiranía, pues no hay tiranía más detestable que la que se ejerce a la sombra de la ley y so color de justicia"*.

Lo anterior se ha agravado por la ausencia de mecanismos efectivos de control judicial de los Poderes Públicos. Ese control judicial no ha sido una garantía de la libertad general del ciudadano en el marco del principio de separación de poderes. Por el contrario, el control judicial ha convalidado muchas de las Leyes y demás actos dictados en contra de la Constitución e incluso, ese control ha degenerado en un mecanismo opresor de esa libertad. Recientemente, en diciembre de 2014, pudimos apreciar cómo la intervención de la Sala Constitucional fue decisiva para la irregular designación de Rectores del Consejo Nacional Electoral y de los representantes del Poder Ciudadano[37].

Es preciso, pues, despejar ese manto de juridicidad para comprender, con la ayuda de la obra que hoy se presenta, las sistemáticas violaciones constitucionales que se han cometido al edificar un Estado paralelo. Y partir de allí, acometer la reconstrucción institucional de nuestro Estado.

Una labor para cual creo indispensable rescatar la fundamentación liberal de los civiles que pensaron e idearon nuestra República. Y recordar, con Miguel José Sanz, que *"siempre ha triunfado la libertad sostenida de los recursos necesarios; algunas veces desamparada ha sido víctima de la tiranía; pero aun entonces siempre ha sido gloriosa"*[38]. Para esa labor, el libro del profesor Allan R. Brewer-Carías, que hoy tengo el honor de presentar será una guía fundamental.

La Unión, marzo-mayo 2015

36  Junto con el profesor Brewer-Carías, y otros apreciados colegas, hemos podido examinar ello a fondo en *Leyes Orgánicas sobre el Poder Popular y el Estado Comunal,* Editorial Jurídica Venezolana, Caracas, 2011.

37  Véanse las sentencias de 22 y 26 de diciembre de 2014. Sobre ello, vid. Brewer-Carías, Allan, "El golpe de estado dado en diciembre de 2014, con la inconstitucional designación de las altas autoridades del poder público", consultado en: http://www.allanbrewercarias.com/Content/449725d9-f1cb-474b-8ab2-41efb849fea3/Content/I.2.108.pdf

38  *Teoría política y ética de la independencia,* compilación y estudio preliminar por Pedro Grases, Ediciones del Colegio Universitario Francisco Miranda, Caracas, 1979, p. 97.

# INTRODUCCIÓN

En Venezuela, después de quince años de régimen autoritario, el Estado democrático y social de derecho y de justicia, de economía mixta y descentralizado que reguló tan cuidadosamente la Constitución de 1999, ha sido totalmente desmantelado, habiéndose ensamblado en su lugar, sobre sus ruinas y escombros, pero sin dejar de usar algunos de sus despojos como parapeto y adorno, un Estado Totalitario[1] que se ha impuesto a los venezolanos sin que nadie haya votado por su implementación, y que ha pasado a controlar todos los aspectos de la vida política, social y económica del país. [2]

Ese Estado Totalitario, que todos los venezolanos hemos ya resentido, se ha apoderado ya de todos los aspectos de la vida cotidiana, habiendo logrado que todos los ciudadanos, si todavía podemos llamarnos así, dependamos en una forma u otra de Estado, y de la burocracia cívico militar que lo controla, y frente al cual, por supuesto no hay ni derechos que reclamar, ni garantías que exigir, ni forma alguna de controlar, sino aceptación, asentimiento, some-

---

1 Aun cuando no se trata ahora de entrar en la definición del Estado totalitario o el totalitarismo como sistema político de dominación total de la sociedad, basta ahora recordar lo expresado por Raymond Aron cuando caracterizó al totalitarismo, como un régimen político donde la concentración del poder es total; existe un partido único que se fusiona al Estado y que posee el monopolio de la actividad política "legítima" y de la aplicación de la ideología del Estado, que se convierte en verdad oficial del Estado; donde el Estado asume el monopolio de los medios de persuasión y coacción, y de los medios de comunicación; donde la economía es totalmente controlada por el Estado y se convierte en parte del mismo; se produce la politización de toda actividad, originándose una confusión entre sociedad civil y Estado, de manera que las faltas cometidas por los individuos en el marco de la actividad política, económica o profesional se conforman simultáneamente como faltas ideológicas, originando un terror ideológico y policial. Véase Raymond Aron, *Democracia y totalitarismo*, Seix Barral, Madrid 1968. La diferencia con el autoritarismo, es que en éste la concentración del poder sin aceptación de oposición, no excluye la admisión de un cierto pluralismo en sus apoyos y la carencia de una intención o capacidad de homogeneización total de la sociedad. Véase por ejemplo, José Linz, *Totalitarian and Authoritarian Regimes*, Rienner, 2000.

2 Incluso el *The New York Times*, en su Editorial del 17 de octubre de 2014, después de haber mostrado en el pasado, más de una vez, cierta simpatía por el régimen instaurado en Venezuela en 1999, ha calificado al Estado venezolano como "un Estado autocrático y despótico." Véase en "South America's New Caudillos," *The New York Times*, New York, 17 de octubre de 2010, p. A30.

timiento, sumisión, resignación o discriminación, desplazamiento, relegación o persecución.

Un Estado Totalitario en el cual el poder está totalmente concentrado y controlado por la burocracia que lo maneja, y que está imbricada a un partido político "único" que se ha fusionado al propio aparato estatal, y que en conjunto poseen el monopolio de la actividad política y económica del país, guiados por una ideología que se ha convertido legalmente en la única "legítima" y "legal" por ser ideología oficial del propio Estado, regulada en leyes, reglamentos, decretos y planes, y que aunque denominada en ellos como "socialista," no es más que un barato maquillaje de la doctrina "comunista," tal como incluso quedó plasmada en el artículo 6.12 de la Ley del llamado "Sistema Económico Comunal" (2010),[3] al definir el "modelo productivo socialista" montándolo sobre los tres pilares que conforme a Marx y Engels conforman la "sociedad comunista," que son: la apropiación por el Estado de todos los medios de producción ("propiedad social"); la "eliminación de la división social del trabajo, propio del modelo capitalista" y la "reinversión del excedente;"[4] con todo lo que de destructivo tiene la edificación de cada uno de ellos.

La consecuencia ha sido la persecución y proscripción de la iniciativa privada, pasando la ya marginal actividad económica que aún queda gerenciada por particulares, a una situación de dependencia total de lo que disponga y ordene una burocracia oficial que no puede ser controlada ni contestada, sobre todo lo que se pueda o no pueda hacerse, lo que se pueda o no importar o comprar para producir, y por supuesto, lo que se pueda calcular o no sobre costos de producción, ganancias y precios. Pero ello, en todo caso, es marginal, porque el grueso de la economía ya está en manos del Estado, no sólo por haber abusado de su condición de Estado petrolero, ya de antaño empresario exclusivo en desarrollos industriales vinculados a la explotación de recursos naturales, que le ha asegurado históricamente el mayor ingreso fiscal jamás soñado por país alguno en tan corto tiempo, que se ha mal administrado y despilfarrado impunemente; sino por haber nacionalizado, depredado, confiscado, expropiado, ocupado y decomisado empresas y establecimientos industriales privados, sin estar sometido a control alguno y sin pagar la justa compensación de la que habla la Constitución.

En este Estado totalitario, todo depende del Estado, todos dependen en una forma u otra del Estado y de su burocracia, pero los que más dependencia

---

3    Véase en *Gaceta Oficial* N° 6011 de 21 de diciembre de 2010. Véase los comentarios en Allan R. Brewer-Carías, "Sobre la Ley Orgánica del Sistema Económico Comunal o de cómo se implanta en Venezuela un sistema económico comunista sin reformar la Constitución," en *Revista de Derecho Público*, N° 124, (octubre-diciembre 2010), Editorial Jurídica Venezolana, Caracas 2010, pp. 102-109.

4    Véase en Karl Marx and Frederik Engels, "The German Ideology," en *Collective Works*, Vol. 5, International Publishers, New York 1976, p. 47. Véanse además los textos pertinentes en http://www.educa.madrid.org/cms_tools/files/0a24636f-764c-4e03-9c1d-6722e2ee60d7/Texto%20Marx%20y%20Engels.pdf

tienen son las clases menos favorecidas, que han resultado siendo más pobres y miserables, sujetada su existencia a las dádivas del Estado, al cual ahora deben gratitud y sumisión, porque todo lo reciben del Estado, sin lo cual simplemente no pueden vivir, a través de las denominadas "Misiones" que son oscuros programas de dádivas que manejan, sin disciplina ni control fiscal alguno, ingentes recursos públicos, creados a partir de 2003, mal regulados en 2008 y que solo han sido objeto de una regulación legal en mediante la Ley de Misiones, Grandes Misiones y Micro-misiones de noviembre de 2014 . En ese Estado Totalitario, la generación de pobreza y miseria es una política de Estado, el cual vive de la pobreza y por ello la estimula, organiza y conforma hasta un ejército informal de grupos de agresión, y medio "formal" de milicias, para en todo caso asegurar la dependencia y sumisión.

Por otra parte, en ese esquema dadivoso, ninguna generación de empleo ni de riqueza es posible, y con la destrucción de la economía, que ha dejado poco margen de empleo, lo que hay es una enorme burocratización del Estado, que se ha convertido en un fin en sí mismo. Nada de lo que dice la Constitución se aplica, por ejemplo, que la Administración debe estar al servicio del ciudadano, pues al contrario, lo que se ha establecido es una Administración del Estado que antes que nada está al servicio de su propia burocracia, comandada por una casta de civiles y militares privilegiados, que son los nuevos ricos del país; siendo la atención al ciudadano totalmente marginal, salvo cuando se convierte en una fuente de ingresos paralelo derivada de la corrupción, en cuyo caso hay interés de servir, pero por razones estrictamente personales del funcionario.

Y en cuanto al resto de la población, lo que por ejemplo era la clase media, la misma quedó sometida a dicha burocracia a través de la política de escases, derivada de la ausencia de producción, la regulación de precios, y el control de la importación por el Estado al tener el control total de las divisas para ello. Con ellos, todas las personas, los de menos recursos y los de recursos de sobrevivencia, tienen que gastar sus horas, días y semanas buscando cómo atender sus necesidades más básicas en medicinas, y bienes de primera necesidad elementales, por los que tienen que materialmente pelear en colas interminables, mientras esos mismos bienes salen del país y se venden a precios no regulados al otro lado de la frontera. Es el contrabando de extracción que también se ha convertido en una política de Estado, sostenido por la burocracia que se beneficia de ello.

Ese Estado Totalitario, además, controla la casi totalidad de todos los medios de comunicación audio visual y escritos del país, por haber sido acaparados y confiscados progresivamente por la burocracia estatal, o por haber sido comprados por la misma a través de personas vinculadas o simplemente de testaferros, que después de la debida presión sobre sus antiguos dueños, pasaron a formar parte del coro que al unísono, bombardea todos los minutos, todas las horas, todos los días, al pueblo, con consignas buscando trastocar la inseguridad, escases, miseria y sumisión en la "mayor felicidad del mundo;" y convertir a las críticas, denuncias y disidencias en actos terroristas, y las protestas populares en actos de guerra o agresión, que son masacradas con un aparato represivo militar policial nunca antes visto en el país. Ese control total de los medios de comunicación, permiten a la propaganda oficial estar todos los minutos, horas, días y semanas en todas partes, en medio de un discurso de odio y exclusión permanente, creando falsos enemigos en todos los que puedan adversar o ser disidentes del gobierno. Ello, por supuesto ha originado lo que es propio de los Estados Totalitarios, y es la politización total de la vida social y política, entre la doctrina y política oficial del Estado y los que disienten, al punto de criminalizarse toda disidencia, de manera que lo que podrían ser faltas cometidas por los individuos en el marco de su actividad política, económica o profesional, se conforman simultáneamente como faltas ideológicas, originando un terror ideológico y policial.

El Estado Totalitario que existe en Venezuela, además, deriva de la concentración total del poder en manos de la burocracia estatal, comandada por el Jefe del Ejecutivo Nacional y los militares que asaltaron la Administración, todos miembros del partido de gobierno que preside el propio Presidente de la República, los cuales (burocracia y partido) controlan todos los Poderes del Estado. Controlan a la Asamblea Nacional, por la mayoría que se ha asegurado el partido oficial en la misma, aún sin haber sacado la mayoría de votos en las elecciones parlamentarias, y con ello, el control político sobre la Administración y el gobierno simplemente desapareció del marco institucional. El único control político que se puede ejercer sobre el gobierno es el que deriva de las directrices del propio partido oficial, pero sin estar a su vez sometido a control alguno por parte de los otros poderes del Estado Y como signo del Estado Totalitario, el control de la Asamblea Nacional ha conducido a la burocracia estatal y al partido oficial a simplemente desconocer a la oposición. Es decir, como en todo Estado Totalitario, se gobierna en un esquema de total concentración del poder sin aceptación de oposición.

El Estado Totalitario que existe en Venezuela, además, se caracteriza por el control que la burocracia estatal y el partido oficial ejercen sobre la totalidad del Poder Judicial, donde no hay jueces autónomos ni independientes, y los que pueda haber están totalmente neutralizados y acallados, razón por la cual no existe control judicial alguno que se pueda ejercer sobre el gobierno y la Administración, y más bien lo que ha ocurrido es que al Tribunal Supremo de Justicia se lo ha puesto al servicio del Estado Totalitario como un instrumento más para afianzar el autoritarismo. Ello ha llegado al punto de que dicho Tribunal ha sido el principal mecanismo del Estado para mutar y moldear la Constitución a favor de políticas autoritarismo, y el principal instrumento para inhabilitar políticamente a opositores o para revocarle el mandato a diputados y alcaldes, que solo podrían ser revocados por voto popular. En ese esquema, el resultado es que el Estado Totalitario que tenemos no está realmente sometido al derecho, cuyas normas se ignoran y desprecian; o se mutan o amoldan a discreción del gobierno; ni está sometido a control judicial alguno, por la sumisión del Poder Judicial al Poder Ejecutivo, de lo que deriva que en lugar de ser un Estado de justicia no es más que un "Estado de la injusticia."

En ese Estado Totalitario, además, el Poder Ciudadano también ha sido neutralizado y sometido, estando totalmente carente de autonomía e independencia y sujeto a la burocracia estatal y al partido de gobierno, de manera que el Ministerio Público no es más que el instrumento para la persecución de la disidencia, y paralelamente para garantizar la impunidad en los delitos comunes o de corrupción; el Defensor del Pueblo, totalmente sujeto a la burocracia oficial y al partido de gobierno, trastocó o confundió su rol, convirtiéndose en el principal defensor de las políticas totalitarias del Estado, habiéndose olvidado de la población y de los derechos colectivos; y la Contraloría General de la República, desde hace tres lustros no controla a la Administración, y mucho menos el mar de corrupción que se apoderó de la misma, habiéndose reducido sus ejecutorias conocidas, a dictar medidas de inhabilitación política contra funcionarios locales de oposición.

Por último, en cuanto al Poder Electoral, el mismo, secuestrado y sometido desde el inicio a los designios de la burocracia estatal y el partido oficial, con la complicidad de la Asamblea Nacional y del Tribunal Supremo de Justicia, no es garantía ni instrumento alguno de control y de aseguramiento de transparencia ni de imparcialidad en las elecciones o votaciones que se realizan, habiéndose convertido en un simple barniz, fachada o disfraz "electoral" del Estado Totalitario, trastocado el rol de imparcial que debería tener el Consejo Nacional Electoral, en el de ser un simple "agente" electoral del partido oficial.

El Estado Totalitario, además de tener el control de la totalidad del poder que se concentra en la Jefatura del Estado en combinación con el control de la Asamblea Nacional, además ha centralizado la totalidad del poder, ahogando y minimizando el rol de los Estados de la federación y de los Municipios, habiendo incluso montado en paralelo al Estado Constitucional, un Estado llamado "Estado Comunal" o Estado del "Poder Popular," para en nombre de una supuesta democracia participativa y protagónica, acabar con la democracia representativa, y con la propia estructura del Estado regulado en la Constitución; con el agravante, además, de que está controlado desde el exterior, sujeto a dictados de gobiernos extranjeros, con grave lesión a la soberanía a la cual ya ha renunciado quienes lo conducen. Estos, incluso, han llegado a admitir cláusulas arbitrales en contratos públicos suscritos con China, en los cuales se ha renunciado a la aplicación de ley venezolana, sujetos en cambio a la ley inglesa, y cuyos conflictos se deben someter a tribunales arbitrales con sede en Singapur; y en alguna emisión de bonos de deuda pública (2010), la República no solo se ha sometido a la jurisdicción de los tribunales en Londres y de Nueva York, sino que además de renunciar a la aplicación de la ley venezolana y sujetarse en cambio a la ley del Estado de Nueva York, ha incluso renunciado a todo tipo de inmunidad soberana.

Esa implantación de un Estado Totalitario en la estructura estatal que fue diseñada para otra cosa y que fue para consolidar un Estado irrevocablemente libre e independiente"(art. 1 de la Constitución), concebido en la Constitución como social y democrático de derecho y de justicia, descentralizado y de economía mixta (arts. 2 y 4), ha conducido a que en la actualidad el Estado no solo haya perdido su soberanía, sino que no sea un Estado democrático, ni un Estado Social, ni un Estado de derecho, ni un Estado de justicia, ni un Estado de economía mixta, ni un Estado descentralizado, y con ello, al desquiciamiento de todo el orden jurídico que rige al Estado, particularmente, del derecho público y del derecho administrativo, ramas sobre las cuales el proceso de totalitarismo ha tenido un extraordinario impacto que estamos en la necesidad de estudiar.

Y precisamente de todo eso se trata en las reflexiones que conforman este libro, producto de la redacción de diversas conferencias recientes que fui llamado a dictar en diversas instituciones académicas, en diversos lugares y tiempos, cuyos textos son los que aquí he recopilado. A tal efecto, guardado en general el contenido, sentido y forma de la exposición en cada caso, al material le he dado un sentido unitario derivado del motivo fundamental de reflexión que las orientó, y que fue el tema de los efectos de la implantación del Estado totalitario en el país.

Dichas reflexiones, en consecuencia, las he agrupado en las siguientes cuatro partes que son las que conforman el libro:

La **PRIMERA PARTE** trata sobre **LA RELACIÓN ENTRE EL MO-DELO POLÍTICO Y DERECHO DEL ESTADO**, y recoge el texto redactado para mi exposición sobre "Modelo político y derecho administrativo," en las *XV Jornadas Internacionales de Derecho Administrativo* organizadas por el Departamento de Derecho Administrativo de la Universidad Externado de Colombia, que versaron sobre el tema general de *La Constitucionalización del Derecho Administrativo. Transformaciones del derecho administrativo. Desafíos y tareas pendientes en la constitucionalización.* Dichas *Jornadas* se celebraron en Bogotá entre los días 3-5 de septiembre de 2014.

La **SEGUNDA PARTE** trata sobre el tema general de **EL ESTADO TOTALITARIO Y LA DEMOLICIÓN DE ESTADO DEMOCRÁTICO, SOCIAL, DE DERECHO DE JUSTICIA, DE ECONOMÍA MIXTA Y DESCENTRALIZADO**, y si bien en la misma recojo diversas reflexiones formuladas en distintos eventos, la motivación central para su redacción estuvo en la preparación de mi participación en el *Congreso Internacional Conmemorativo del Acto Legislativo del 10 de septiembre de 1914 por el cual se estableció el Consejo de Estado,* que versó sobre el tema general de las *Tendencias actuales del derecho público,* organizado por la Universidad del Rosario y el Consejo de Estrado, y celebrado en Bogotá los días 8 al 10 de septiembre de 2014. Todas esas reflexiones se han agrupado en las siguientes seis secciones:

En la *Sección primera*, sobre **El derecho administrativo y el Estado**, se incluye el texto del documento ¿Hacia dónde va el derecho público? : Estado Totalitario y nuevas tendencias del derecho administrativo," se recoge el texto redactado para mi exposición en el mencionado *Congreso Internacional Conmemorativo del Acto Legislativo del 10 de sep-*

*tiembre de 1914 por el cual se estableció el Consejo de Estado*, celebrado en Bogotá en la Biblioteca Luis Ángel Arango, los días 8 al 10 de septiembre de 2014; al cual lamentablemente no pude asistir, habiendo sido mis notas resumidas por el Consejero Augusto Hernández Becerra, a quien de nuevo le agradezco su amabilidad y solidaridad.

En la *Sección segunda*, sobre **La ausencia de Estado de derecho**, se incluye en buena parte, el texto de mi Conferencia Magistral sobre "Estado de derecho, Constitución y Derecho Administrativo", y específicamente sobre "El Estado de derecho como fundamento constitucional del derecho administrativo. Problemas en el Estado autoritario," en el *XIII Congreso Iberoamericano de Derecho Administrativo*, organizado por el Foro Iberoamericano de Derecho Administrativo y la Universidad Panamericana, y que se celebró en la ciudad de México, entre el 13 y el 16 Octubre de 2014.

En la *Sección tercera*, sobre **La ausencia de Estado democrático**, también se recogen parte de las reflexiones elaboradas para mi exposición en el antes mencionado *Congreso Internacional Conmemorativo del Acto Legislativo del 10 de septiembre de 1914 por el cual se estableció el Consejo de Estado*, celebrado en Bogotá, los días 8 al 10 de septiembre de 2014.

En la *Sección cuarta* sobre **La ausencia de Estado Social y de Economía Mixta**, se incluye el texto del estudio sobre "El abandono del Estado Social y la Ley Orgánica de Precios Justos," destinado a la obra colectiva coordinada por la profesora Claudia Nikken sobre la: *Ley Orgánica de Precios Justos,* Editorial Jurídica Venezolana, 2014.

En la *Sección quinta*, sobre **La ausencia de Estado de Justicia**: también se incluye otra parte del texto de documento destinado a mi Conferencia Magistral sobre "Estado de derecho, Constitución y derecho Administrativo,", dictada en el antes mencionado *XIII Congreso Iberoamericano de Derecho Administrativo*, celebrado en ciudad de México, entre el 13 y el 16 Octubre de 2014.

En la *Sección sexta*, sobre **La ausencia de Estado descentralizado**, se incluye el texto de la Conferencia sobre "La destrucción de la Institución municipal en Venezuela, en nombre de una supuesta democracia "participativa y protagónica," dictada en el *XXX Congreso Ordinario de la Organización Iberoamericano de Cooperación Intermunicipal*, celebrado en Guadalajara, Jalisco entre el 5 y el 8 de noviembre de 2014

La **TERCERA PARTE**, sobre el tema general de **LA DEMOLICIÓN DEL PRINCIPIO DE LA SEPARACIÓN DE PODERES Y DE LAS INSTITUCIONES JUDICIALES, Y LA DESTRUCCIÓN DE LA DEMOCRACIA**, recoge diversas reflexiones redactadas para distintos eventos y propósitos, que también he agrupado en las siguientes cuatro secciones:

En la *Sección primera*, sobre **La demolición del principio de la separación de poderes**, se recoge parcialmente el texto del Prólogo elaborado para el libro del profesor Gustavo Tarre Briceño, *Solo el poder detiene al poder. La teoría de la separación de los poderes y su aplicación en Venezuela*, Editorial Jurídica Venezolana, Caracas 2014. Dicho texto, a los efectos de este libro, lo he complementado con partes de los siguientes documentos: (i) la exposición sobre "Las nuevas constituciones latinoamericanas y su impacto en la libertad de prensa," que formulé en la *Reunión de Medio Año de la Sociedad Interamericana de prensa (SIP)*, Cádiz, 22 de abril de 2012; (ii) el texto de la conferencia sobre "Los actos de gobierno, la universalidad del control jurisdiccional de constitucionalidad y los problemas de la politización de la Jurisdicción Constitucional en Venezuela," que dicté en el *Seminario de derecho comparado sobre separación de poderes del Estado y la "Political Questions Doctrine" en los Estados Unidos de América*, organizado por la Sala Constitucional de la Corte Suprema de Justicia en cooperación con Duquesne University (Pittsburh), y que se celebró en San José de Costa Rica, entre los días 28 y 29 de marzo de 2012; y (iii) el texto de la conferencia sobre "El status del Tribunal Supremo de Justicia en Venezuela, en el marco de la ausencia de separación de poderes producto del régimen autoritario," dictada en el *Segundo Congreso Colombiano de Derecho Procesal Constitucional*, organizada por Centro Colombiano de Derecho Procesal Constitucional, y que se celebró en Bogotá, el 15 de marzo de 2011. Igualmente en esta Sección se recogen elementos tratados en el estudio "Sobre la mutación del principio de la separación de poderes en la jurisprudencia constitucional," publicado en la *Revista de Derecho Público*, N° 132 (octubre- diciembre 2012), Editorial Jurídica Venezolana, Caracas 2012, pp. 201-213.

En la *Sección segunda*, sobre **La demolición de la independencia y autonomía de las instituciones judiciales**, recojo el documento elaborado para mi conferencia dictada en el Seminario Internacional sobre *Instituciones judiciales y democracia, Bicentenario de la Independencia y Centenario del Acto Legislativo 3 de 1910*, organizado por el *Consejo de Estado*, en Bogotá, el 3 de Noviembre de 2010; cuyo texto lo he complementado con elementos de los siguientes documentos: (i) el estudio "Sobre la ausencia de independencia y autonomía judicial en Venezuela a doce años de vigencia de la Constitución de 1999 (O sobre la interminable transitoriedad que en fraude continuado a la voluntad popular y a las normas de la Constitución, ha impedido la vigencia de la garantía de la estabilidad de los Jueces y el funcionamiento efectivo de una "jurisdicción disciplinaria judicial")," preparado para el *Informe Anual sobre la Justicia en Venezuela*, de Acceso a la Justicia, Caracas 2011; (ii) el texto de mi exposición sobre "Dismantling the Rule of Law in Venezuela," formulad en el *New York City Bar Committee on Inter-American Law*, de la *New York City Bar*, en Nueva York, 5 de octubre de 2010; (iii) el texto de la conferencia sobre "On the Situation of the Judiciary in

Venezuela as an Instrument for Political Persecution," dictada en el *Forum on Political Use of the Judicial System, The State of Justice in Latin America,* organizado por la *American Forum for Freedom and Prosperity* y el *Inter American Institute for Democracy*, y auspiciado por la *Americas Forum for Freedom and Prosperity, The Heritage Foundation, Center for Freedom and Democracy, The Fund for American Studies, Inter American bar Association,* Diario Las Américas, *Human Rights Americas,* y que se celebró en la *Heritage Foundation*, Allison Auditorium, en Washington DC, el 8 de octubre de 2013; y (iv) el texto de la Ponencia sobre "The Government of Judges and Democracy. The Tragic Institutional Situation of the Venezuelan Judiciary," presentada al *19th International Congress of Comparative Law*, de la Academia Internacional de Derecho Comparado celebrado en Vienna, entre el 20 y el 26 de Julio 2014.

En la *Sección tercera*, sobre **La democracia participativa y sus falacias**, se recoge el texto redactado para la Video Conferencia, para el Seminario sobre "*Democracia y participación ciudadana en el contexto del derecho comparado y del derecho nacional*," organizado por la Facultad de Jurisprudencia de la Universidad del Rosario, Bogotá, 3 de Mayo de 2010. El texto lo he complementado con lo expuesto en los siguientes trabajos: el estudio sobre "La democracia representativa y la falacia de la llamada "democracia participativa," elaborado como ponencia presentada al *Congreso Iberoamericano de Derecho Electoral,* Universidad de Nuevo León, Monterrey, 27 de noviembre 2010; el estudio sobre "La necesaria revalorización de la democracia representativa ante los peligros del discurso autoritario sobre una supuesta "democracia participativa" sin representación," presentado al *II Congreso Iberoamericano de Derecho*, celebrado en Bogotá, del 31 agosto al 1° septiembre 2011, publicado en el libro: *Derecho Electoral de Latinoamérica,.* Consejo Superior de la Judicatura, Bogotá 2013, pp. 425-449; el estudio sobre "Democracia participativa, descentralización política y régimen municipal", publicado en Miguel Alejandro López Olvera y Luis Gerardo Rodríguez Lozano (Coordinadores), *Tendencias actuales del derecho público en Iberoamérica*, Editorial Porrúa, México 2006, pp. 1-23; y el estudio sobre "Democracia participativa, descentralización política y régimen municipal", publicado en *Urbana*, Revista editada por el Instituto de Urbanismo, Facultad de Arquitectura y Urbanismo, Universidad Central de Venezuela y por el Instituto de Investigaciones de la Facultad de Arquitectura y Diseño, Universidad del Zulia, N° 36, 2005, pp. 33-48.

En la *Sección cuarta*, sobre **La necesaria revalorización de la democracia representativa ante los peligros del discurso autoritario sobre una supuesta "democracia participativa" sin representación**, es el texto de la Ponencia enviada al *II Congreso Iberoamericano de Derecho Electoral de Latinoamérica.* Organizado en Bogotá, 31 agosto-1 septiembre 2011. Este trabajo tiene como antecedentes remoto: (i) el estudio redactado sobre "Comments on decentralization, political participation and mobilization," que sirvió para mis comentarios en el *Seminar on Globalization and the Rise of the Left in Latin America*, celebrado en la Universidad de Princeton, Princeton, entre los días 6 y 8 de diciembre de 2007; (ii) el texto de la conferencia sobre "La opción entre democracia y autoritarismo (El perfeccionamiento de la democracia para hacerla más representativa y más participativa)," dictada en la *XV Conferencia de la Asociación de Organismos Electorales de Centro América y El Caribe*, Santo Domingo, República Dominicana, 2 de julio de 2001; y (iii) el texto elaborado para mis comentarios sobre "Balance entre la democracia participativa y representativa," en el *Diálogo sobre el proceso electoral y la democracia venezolana. Informe del Centro Carter y discusión con líderes venezolanos*, celebrado en Caracas, el 4 de abril de 2001.

Y la **CUARTA PARTE**, sobre **LA DESCONSTITUCIONALIZA-CIÓN DEL ESTADO DEMOCRÁTICO Y SOCIAL DE DERECHO, DE JUSTICIA, DE ECONOMÍA MIXTA Y DESCENTRALIZADO**, también recoge diversas reflexiones redactadas para distintos eventos, que he agrupado en las siguientes tres secciones:

En la *Sección primera*, sobre **¿Reforma constitucional o mutación constitucional?**, se recoge el texto de la Ponencia enviada al *IV Congreso Colombiano de Derecho Procesal Constitucional*, organizado por el Centro Colombiano de Derecho Procesal Constitucional, Bogotá 2014; cuyo texto se ha complementado con partes de diversos documentos publicados con anterioridad, en particular, (i) el estudio sobre: "El juez constitucional al servicio del autoritarismo y la ilegítima mutación de la Constitución: el caso de la Sala Constitucional del Tribunal Supremo de Justicia de Venezuela (1999-2009)," publicado en *Revista de Administración Pública*, Nº 180, Madrid 2009, pp. 383-418; (ii) en el estudio sobre "La fraudulenta mutación de la Constitución en Venezuela, o de cómo el juez constitucional usurpa el poder constituyente originario," publicado en *Anuario de Derecho Público*, Centro de Estudios de Derecho Público de la Universidad Monteávila, Año 2, Caracas 2009, pp. 23-65; (iii) el estudio sobre "La ilegítima mutación de la Constitución por el juez constitucional y la demolición del Estado de derecho en Venezuela," publicado en *Revista de Derecho Político*, Nº 75-76, Homenaje a Manuel García Pelayo, Universidad Nacional de Educación a Distancia, Madrid, 2009, pp. 291-325; y (iv) en el estudio sobre "El juez constitucional al servicio del autoritarismo y la ilegítima mutación de la Constitución: el caso de la Sala Constitucional del Tribunal Supremo de Justicia de Venezuela (1999-2009)", en *IUSTEL, Revista General de Derecho Administrativo*, Nº 21, Madrid junio 2009.

En la *Sección segunda*, sobre **La desconstitucionalización del Estado Constitucional y la creación en paralelo de un Estado del Poder Popular o Estado Comunal**, se recoge básicamente el texto de la "Introducción General al régimen del Poder Popular y del Estado Comunal," publicado en el libro Allan R. Brewer-Carías et al., *Leyes Orgáni-*

*cas del Poder Popular*, Editorial Jurídica Venezolana, Caracas 2011, pp. 9-182. Este texto recoge y refunde las reflexiones que fui haciendo sobre el tema en diversas conferencias y documentos, y entre ellos, los siguientes (i) el estudio sobre "La Ley Orgánica del Poder Popular y la desconstitucionalización del Estado de derecho en Venezuela," publicado en *Revista de Derecho Público*, N° 124, (octubre-diciembre 2010), Editorial Jurídica Venezolana, Caracas 2010, pp. 81-101; (ii) el estudio sobre "La desconstitucionalización del Estado de derecho en Venezuela: del Estado Democrático y Social de derecho al Estado Comunal Socialista, sin reformar la Constitución," publicado en la Revista *Estado Constitucional*, Año 1, N° 2, Editorial Adrus, Lima, junio 2011, pp. 217-236; en Revista *Aequitas*, Facultad de Ciencias Jurídicas, Universidad de El Salvador, Tercera Etapa, Año V, Número 5, Buenos Aires 2011, pp. 105-138; en *Revista Aequitas Virtual*, Número 15, Año V, Facultad de Ciencias Jurídicas, Universidad de El Salvador, Buenos Aires, Mayo 2011; en *El Cronista del Estado Social y Democrático de Derecho*, N° 19, Editorial Iustel, Madrid 2011, pp. 26-39; en Carlos Tablante y Mariela Morales Antonorzzi (Coord.), *Descentralización, autonomía e inclusión social. El desafío actual de la democracia*, Anuario 2010-2012, Observatorio Internacional para la democracia y descentralización, En Cambio, Caracas 2011, pp. 37-84; y en el *Libro Homenaje al profesor Alfredo Morles Hernández, Diversas Disciplinas Jurídicas,* (Coordinación y Compilación Astrid Uzcátegui Angulo y Julio Rodríguez Berrizbeitia), Universidad Católica Andrés Bello, Universidad de Los Andes, Universidad Monteávila, Universidad Central de Venezuela, Academia de Ciencias Políticas y Sociales, Vol. V, Caracas 2012, pp. 51-82; (iii) el texto redactado para la conferencias sobre: "The process of the "deconstitutionalization" of the Constitutional State, as the Most Important Current Constitutional Issue in Venezuela," dictada en el the Seminar on *Current Constitutional issues in the Americas ... and Beyond*, organizado por la *Duquesne University School of Law*, Pittsburgh, entre el 9 y el 10 de Noviembre de 2012; (iv) el texto de la conferencia sobre "The process of the "deconstitutionalization" of Venezuelan State (1999-2012)," dictada en el seminario organizado por la *Federación Interamericana de Abogados*, celebrado en Washington, D.C. el día 21 de septiembre de 2012; (v) el texto de la conferencia sobre "The "Deconstitucionalization" of the Venezuelan State and the creation of a Communal State by-passing the Constitution," dictada en el evento organizado por el *Venezuelan Democracy Caucus, Western Hemisphere Subcommittee,* celebrado en el Capitol Visitor's Center, en Washington, DC, el 8 de noviembre de 2011; (vi) el texto de la conferencia sobre "The Recent Process of 'Deconstitucionalization' of the Venezuelan State," dictada en el Seminario sobre: *Venezuela 2012. The Next Generation Hosts a Roundtable Discussion on Challenges to and Prospects for Growth and Stability,* orgabizado por el *Liechtenstein Institute on Self-Determination at Princeton University*, en Princeton NJ, el 18 de noviembre de 2011; (vii) el texto de la conferencia sobre "The 'Bolivarian Revolution' and Venezuelan Constitutional Law," dictada en la *33d. Conference of the German Society of Comparative Law, Legal limits of liberty and legal protection* (Session on "Ideology in Constitutional Law, Private Law, And Business Law)*, celebrado en Trier, Germany, el 16 de septiembre de 2011; y (vii) el texto de la conferencia sobre "La inconstitucional creación de un 'Estado Comunal del Poder Popular' en Venezuela y la desconstitucionalización del Estado de derecho," dictada en el *Coloquio Iberoamericano de Derecho Constitucional*, organizado por el *Max-Planck Institute für ausländisches öffentliches Recht und Völkerrecht*, y celebrado en Heidelberg, el 14 de septiembre de 2011.

En la *Sección tercera*, sobre **La desconstitucionalización del derecho internacional de los derechos humanos**, se recoge el texto de mi conferencia sobre "El carácter vinculante de las decisiones de los tribunales internacionales y su desprecio por los gobiernos autoritarios: el caso de Venezuela, dictada en el Conversatorio organizado con motivo del *Primer Centenario de la Justicia Administrativa en Bolívar, sobre el tema. "Contribuyendo al Fortalecimiento del Estado de Derecho*," organizado por el Tribunal Administrativo de Bolívar y la Universidad San Buenaventura de Cartagena, con la participación del Consejo de Estado, y celebrado en Cartagena, el 24 de julio de 2014. Dicho texto lo he complementado con el texto de mi conferencia sobre "La Corte Interamericana de Derechos Humanos y los Estados autoritarios: la inejecutablidad de sus decisiones y las presiones indebidas: el caso de Venezuela," dictada en el *5° Coloquio Iberoamericano Estado Constitucional y Sociedad*, organizado por. la *Universidad Veracruzana, el Poder Judicial del Estado de Veracruz, el Instituto de Investigaciones Jurídicas de la UNAM y el Instituto Iberoamericano de Derecho Constitucional, Sección Mexicana*, celebrado en Xalapa, Veracruz, entre los días 6 y 7 de noviembre de 2014. El texto de este estudio tiene entre sus antecedentes los siguientes trabajos: (i) el estudio sobre "La interrelación entre los Tribunales Constitucionales de América Latina y la Corte Interamericana de Derechos Humanos, y la cuestión de la inejecutabilidad de sus decisiones en Venezuela," publicado en Armin von Bogdandy, Flavia Piovesan y Mariela Morales Antonorzi (Coordinadores), *Direitos Humanos, Democracia e Integracao Jurídica na América do Sul*, Lumen Juris Editora, Rio de Janeiro 2010, pp. 661-701; en el *Anuario Iberoamericano de Justicia Constitucional*, Centro de Estudios Políticos y Constitucionales, N° 13, Madrid 2009, pp. 99-136; y en *Gaceta Constitucional. Análisis multidisciplinario de la jurisprudencia del Tribunal Constitucional*, Gaceta Jurídica, Tomo 16 Año 2009, Lima 2009, pp. 17-48; (ii) el texto de la ponencia sobre "El control de constitucionalidad de las sentencias de la Corte Interamericana por parte de la Sala Constitucional del Tribunal del Supremo de Justicia," presentada al *Encuentro Iberoamericano de Derecho Procesa Constitucional*, celebrado en Cádiz entre los días 8 y 9 de noviembre de 2012; (iii) el texto de la Ponencia sobre *"Los Tribunales Constitucionales en América Latina y los derechos humanos, y la inejecutabilidad en Venezuela de las decisiones de la Corte Interamericana de Derechos Humanos,"* presentada al *Congreso Internacional de Derecho Constitucional,* organizado por la Universidad Vizcaya, en Topic-Nayaric, México, el 17 de Octubre de 2009; y (iv) el texto de la conferencia sobre *"Los Tribunales Constitucionales en América Latina y los derechos humanos, y la inejecutabilidad en Venezuela de las decisiones de la Corte Interamericana de Derechos Humanos,"* dictada en la Universidad Carlos III de Madrid, 23-27 febrero 2009.

Como se puede observar de la descripción sobre el origen de cada una de las Partes y de las Secciones de este libro, el tema del desarrollo progresivo del Estado autoritario en Venezuela, en sus diversas manifestaciones particulares, no es un tema nuevo, y sobre ello me he venido ocupando desde hace varios años. Sin embargo, lo que si puede ahora ser algo nuevo, al menos para mí, es que de la visión de conjunto que resulta de la integración de todos los antes dispersos trabajos que conforman este libro, redactados en cada momento sobre la marcha, en torno a lo que fue aconteciendo con el Estado en el país, permite pasar del calificativo de Estado autoritario que siempre habíamos utilizado, al de Estado Totalitario como antes lo explicamos, producto de su progresiva desconstitucionalización, desjuridificación, desjudicialización y desdemocratización.

Ese Estado Totalitario, montado sobre el autoritarismo y militarismo progresivo, como todos los de su raza, y como puede apreciarse de los estudios aquí publicados, es el resultado directo de un proceso inducido de destrucción sistemática de todos los componentes del Estado democrático y social de derecho y de justicia, de economía mixta y descentralizado, del cual sólo quedan despojos. En su lugar, sobre sus escombros, se nos aparece ahora en la penumbra este Estado Totalitario, el cual, sin embargo, particularmente por la incompetencia de quienes lo manejan o tratan de amaestrar, no termina de adquirir una propia configuración definitiva. Es un amasijo de miembros y elementos que le dan cierta figura, terrible por cierto, pero que deambula sin rumbo fijo, destruyendo y ensuciando todo lo que encuentra a su paso; sin que estemos siquiera seguros de si realmente alguna vez tuvo rumbo, salvo en los delirios trasnochados y desfasados de algunos de sus creadores. [5]

---

5    Como lo ha resumido con toda crudeza Fortunato González Cruz, lo que se implantó en Venezuela fue un Estado donde: "El uso y abuso del poder, la apropiación del dinero público, el festín llevado a extremos pantagruélicos, el desprecio por las normas y la inmoralidad forman parte medular de un modelo que quizás alguna vez tuvo la pretensión de ser revolucionario y que ha degenerado en el mayor pillaje de nuestra historia. [...] // La historia venezolana muestra otras grandes estafas, como la Guerra Federal, pero ninguna ha sido tan demoledora habida cuenta de los inmensos recursos económicos y políticos dilapidados: el mayor capital de respaldo popular, una gigantesca y casi ilimitada cuenta petrolera, todas las instituciones en sus manos para terminar en esta grotesca tragedia. Siempre tuvo un tufo a charlatanería, un alarde de viveza y una impúdica exhibición de ignorancia. Hoy la degeneración tiene al país perplejo y al mundo sorprendido que no puede creer la situación venezolana, por absurda. // Así han sido y

En todo caso, por sus ejecutorias y características auto destructivas, lo que parece ser cierto es que el animal ya quizás entró en un definitivo proceso de apoptosis,[6] condición que se da en los propios organismos como muerte programada de sus células; o de autodestrucción por parte de sus propios componentes, de manera que de la caricatura de *Leviathan* que se le pretendió dar, quizás veremos pronto a dicho Estado Totalitario transformado en un *Catoblepas* (del griego: Κατωβλεψ, *Katôobleps*), el terrible animal que al comienzo de nuestra era, las crónicas fantásticas decían que existía en Etiopía, con cabeza siempre inclinada, que tenía un aliento fatal y una mirada letal,[7] pero en la versión contemporánea que le dio Maurice Duverger, de no ser más que un animal tan estúpido, pero tan estúpido, que se comía sus propios miembros, sin darse cuenta.[8]

En todo caso, para los Estados y para los sistemas políticos, como sucede para cada célula, hay siempre un tiempo de vivir y un tiempo de morir. Lo importante es tener o tratar de tener conciencia histórica de cada tiempo.

New York, 26 de noviembre de 2014

---

son los socialismos históricos, solo que en Venezuela adquiere dimensiones aterradoras. Una teoría económica (Marx) y una táctica política (Lenín) torcidas en sus interpretaciones, mezcladas con la doctrina de la seguridad nacional, el populismo y el estatismo. Cuando saborean el poder y los dólares se desata la corrupción y se generaliza a tal grado que elimina todo proceso limpio desde la selección de los magistrados hasta la asignación de contratos por pequeños que sean. En los últimos años el empeño es por corromper hasta el espacio íntimo con la creación de los compatriotas cooperantes, la institucionalización del delator vecinal, la forma más despiadada e inmoral del espionaje. // Al final es lo mismo de cualquier satrapía: el poder, su uso y abuso, sin limitaciones morales ni jurídicas, con todo lo que significa. [...]" Véase Fortunato González Cruz, "La niñera del compatriota," Mérida 1 de noviembre de 2014, en *Comunicación Continua*, en http://comunicacioncontinua.com/por-la-calle-real-la-ninera-del-compatriota/

6    Fenómeno biológico que consiste en la muerte programada de las células (suicidio programado de las células), cuyo descubrimiento se atribuye a la neuróloga Rita Levi–Montalcini, Premio Nobel de Medicina, 2005.

7    El *catoblepas* (del griego "mirar hacia abajo") fue descrito por primera vez por Plinio el Viejo en su *Historia Natural*, 8, 77(siglo I), como teniendo cuerpo de búfalo y cabeza de cerdo, pesada, que miraba siempre hacia abajo. Se decía que su mirada o su respiración eran letales, y que podían convertir a la gente en piedra o matarlas.» Por su parte, Leonardo da Vinci lo describía así: "No es un animal muy grande, no es muy activo, y su cabeza es tan pesada que le cuesta mucho trabajo levantarla, por lo que siempre mira al suelo. De lo contrario sería una gran peste para la humanidad, ya que cualquiera que cruzara su mirada con sus ojos moriría inmediatamente. " Véase Leonardo da Vinci, *Cuaderno de notas*, Edimat Libros, ISBN: 84-9764-370-4

8    Véase Maurice Duverger, *Las dos caras de Occidente*, Barcelona 1972, pp. 278–279.

# PRIMERA PARTE:
# LA RELACIÓN ENTRE EL MODELO POLÍTICO Y EL DERECHO DEL ESTADO[*]

## I

El derecho público y en particular el derecho administrativo un derecho estatal[1] o un derecho del Estado, lo que implica, ineludiblemente, que el mismo está necesariamente vinculado al modelo político en el cual opera el propio Estado conforme a la práctica política del gobierno, siendo ello históricamente hablando, uno de los más importantes elementos condicionantes del derecho administrativo.[2]

No hay que olvidar que éste, como tal derecho del Estado, comenzó realmente a manifestarse en tiempos del absolutismo, cuando el sistema político estaba basado en el principio del Poder absoluto del Monarca, quien era el único titular de la soberanía, y que concentraba en su persona todos los poderes del Estado, sin que existiese régimen alguno regulador o garantizador de derechos ciudadanos frente al Poder Público. Ese fue precisamente el tiempo durante el cual se concibieron todas las ideas políticas que luego contribuye-

---

*     Esta primera parte es el texto del documento elaborado para la conferencia dictada por el autor en las *XV Jornadas Internacionales de Derecho Administrativo*, sobre *La Constitucionalización del Derecho Administrativo. Transformaciones del derecho administrativo. Desafíos y tareas pendientes en la constitucionalización,* organizadas por la Universidad Externado de Colombia, Bogotá 3 al 6 de septiembre de 2014. Fue publicado en Alberto Montaña Plata y Andrés Fernando Ospina Garzón (Editores), *La Constitucionalización del Derecho Administrativo. XV Jornadas Internacionales de Derecho Administrativo,* Universidad Externado de Colombia, Bogotá 2014, pp.231-256.

1     Véase André Demichel, *Le droit administratif. Essai de réflexion théorique,* París 1978, p. 14.

2     Sobre el tema, bajo el ángulo de la Administración, nos ocupamos hace años en Allan R. Brewer-Carías, "Les conditionnements politiques de l'administration publique dans les pays d'Amérique Latine", en *Revue Internationale des Sciences Administratives,* Vol. XLV, N° 3, Institut International des Sciences Administratives, Bruselas 1979, pp. 213-233; y "Los condicionamientos políticos de la Administración Pública en los países latinoamericanos," en *Revista de la Escuela Empresarial Andina,* Convenio Andrés Bello, N° 8, Año 5, Lima 1980, pp. 239-258

ron a su superación, con las obras de Locke, Montesquieu y Rousseau a la cabeza. En esos inicios, el derecho administrativo era un derecho exclusivamente regulador de la propia acción de la Administración del Estado ante las personas, de sus poderes y de sus prerrogativas, y de los órganos públicos dispuestos para ejecutarlas. Fue el tiempo remoto de los antecedentes derecho administrativo situados en el derecho de la organización desarrollado por Consejos o Cámaras reales (*Cameralística*), o de la actividad de control del Estado sobre las personas en ejercicio de poderes y prerrogativas, configurado como *derecho de policía*.

Fue después del surgimiento del Estado de derecho como modelo político desde comienzos del siglo XIX como consecuencia de los aportes de la Revolución Norteamericana (1776) y de la Revolución francesa (1789) al constitucionalismo moderno, y más precisamente, con el agregado de los efectos liberales de la Constitución de Cádiz de 1812 en Europa y de los movimientos independentistas de Hispanoamérica (1811),[3] cuando puede decirse que el derecho administrativo comenzó a ser el derecho del Estado de derecho, caracterizado por el hecho político de que la soberanía efectivamente se trasladó del Monarca al pueblo, dando origen al desarrollo del principio de la representatividad democrática. En ese marco, el Estado se organizó conforme al principio de la separación de poderes, lo que permitió el control recíproco entre los diversos órganos del Estado, entre ellos, por parte el poder judicial; montado además, en la necesaria garantía de los derechos ciudadanos frente al propio Estado, que comenzaron a ser declarados constitucionalmente.

Fue en ese marco político cuando el derecho administrativo comenzó a ser un orden jurídico que además de regular a los órganos del Estado y su actividad, también comenzó a regular las relaciones jurídicas que en cierto plano igualitario se comenzaron a establecer entre el Estado y los ciudadanos, y que ya no sólo estaban basadas en la antigua ecuación entre prerrogativa del Estado y sujeción de las personas a la autoridad, sino entre poder del Estado y derecho de los ciudadanos.

Ese cambio, incluso, se reflejó en el propio contenido de las Constituciones que en su origen, particularmente en Europa hasta la mitad del siglo pasado, no habían sido más que cuerpos normativos destinados a regular solo la organización del Estado, sin que sus normas siquiera se aplicaran directamente a los ciudadanos ni tuvieran a éstos como sus destinatarios, y cuyo contenido se reducía a regular lo que históricamente se ha denominado su parte orgánica relativa a la organización y funcionamiento de los diversos poderes y órganos del Estado. El derecho administrativo en esa época, por tanto, en el marco de su constitucionalización, no era más que el derecho que regulaba a la Administración Pública, su organización en el ámbito del Poder Ejecutivo,

---

3    Véase Allan R. Brewer-Carías, *Reflexiones sobre la revolución norteamericana (1776), la revolución francesa (1789) y la revolución hispanoamericana (1810-1830) y sus aportes al constitucionalismo moderno*, 2ª Edición Ampliada, Serie Derecho Administrativo Nº 2, Universidad Externado de Colombia, Editorial Jurídica Venezolana, Bogotá 2008.

sus poderes y prerrogativas, y su funcionamiento, habiéndose recogido en las Constituciones, en general, sólo normas sobre la organización administrativa.

A medida que se fue imponiendo el modelo político del Estado de derecho, las Constituciones comenzaron a desarrollar, además de su parte orgánica, una parte dogmática relativa al régimen político democrático representativo y a los derechos y garantías constitucionales de los ciudadanos, como consecuencia de lo cual, la acción de Estado y de la propia Administración comenzó a encontrar límites formales, que también comenzaron a ser recogidas en normas constitucionales destinadas a regular las relaciones que se establecen entre el Estado y los ciudadanos o las personas, en muchos casos precisamente con ocasión de la actividad de la Administración. Ello implicó la incorporación en los textos constitucionales de normas de derecho administrativo, incluyendo las que se refieren a los medios jurídicos dispuestos para asegurar el control de la Administración, tanto político, como fiscal y jurisdiccional; y las Constituciones, como norma, comenzaron a tener a los ciudadanos como sus destinatarios inmediatos.[4]

La consecuencia de todo ello fue que progresivamente, el derecho administrativo y sus principios terminaron encontrando su fuente jurídica primaria y más importante en la propia Constitución, en la cual ahora se encuentran regulaciones sobre la organización, funcionamiento y actividad de la Administración Pública como complejo orgánico integrada en los órganos del Poder Ejecutivo; sobre el ejercicio de la función administrativa, realizada aún por otros órganos del Estado distintos a la Administración; sobre las relaciones jurídicas que se establecen cotidianamente entre las personas jurídicas estatales cuyos órganos son los que expresan la voluntad de la Administración, y los administrados; sobre los fines públicos y colectivos que estas persiguen, situados por encima de los intereses particulares; sobre los poderes y prerrogativas de los cuales disponen para hacer prevalecer los intereses generales y colectivos frente a los intereses individuales, y además, de los límites impuestos por normas garantizadoras de los derechos y garantías de los administrados, incluso frente a la propia Administración.

En el mundo contemporáneo, en consecuencia, ese derecho administrativo que se ha incrustado en la Constitución,[5] es sin duda el propio de un derecho

---

4    Véase Eduardo García de Enterría, *La Constitución como norma y el Tribunal Constitucional*, Madrid 1985.

5    Sobre el proceso de constitucionalización del derecho administrativo en Colombia y en Venezuela, véase Allan R. Brewer-Carías, "El proceso de constitucionalización del Derecho Administrativo en Colombia" en Juan Carlos Cassagne (Director), *Derecho Administrativo. Obra Colectiva en Homenaje al Prof. Miguel S. Marienhoff*, Buenos Aires 1998, pp. 157-172, y en *Revista de Derecho Público*, N° 55-56, Editorial Jurídica Venezolana, Caracas, julio-diciembre 1993, pp. 47-59; y "Algunos aspectos de proceso de constitucionalización del derecho administrativo en la Constitución de 1999," en *Los requisitos y vicios de los actos administrativos. V Jornadas Internacionales de Derecho Administrativo Allan Randolph Brewer-Carías, Caracas 1996*, Fundación Estudios de Derecho Administrativo (FUNEDA), Caracas 2000, pp. 23-37.

del Estado de derecho, y su desarrollo y efectividad debería estar condicionado por los valores democráticos que están a la base del mismo.

## II

Lo anterior implica, que a diferencia de otras ramas del derecho, por su vinculación con el Estado y el régimen político, el derecho administrativo no puede considerase como una rama políticamente neutra, y menos aún como un orden jurídico que haya adquirido esa relativa rigidez o estabilidad como la que podría encontrarse en otras ramas.

El derecho administrativo, aun conservando principios esenciales, inevitablemente tiene siempre un grado el dinamismo que lo hace estar en constante evolución, como consecuencia directa, precisamente, de la propia evolución del Estado, siempre necesitando adaptarse a los cambios que se operan en el ámbito social y político de cada sociedad. Como desde hace años lo constataba Alejandro Nieto, "las transformaciones sociales arrastran inevitablemente una alteración de la superestructura jurídica," y con ella, del derecho administrativo,[6] de manera que éste, en definitiva, siempre "refleja los condicionamientos políticos y sociales vigentes en un momento dado."[7] De allí aquella gráfica expresión de Prosper Weil en el sentido de que el derecho administrativo sufre permanentemente de una "crisis de crecimiento,"[8] que en definitiva, nunca concluye, pues las transformaciones económicas y sociales del mundo no cesan, y con ellas las del Estado y del rol que cumple.

Pero si nos atenemos solamente a la conformación del andamiaje constitucional del Estado en el mundo contemporáneo occidental, como Estado de derecho, hay una constante subyacente en el condicionamiento del derecho administrativo, que son los principios democráticos que ahora le son esenciales a mismo,[9] como quedó plasmado en una aislada sentencia de la Sala Político Administrativa del Tribunal Supremo de Justicia de Venezuela de 2000, olvidada muy rápidamente, en la cual se afirmó que:

---

6    Véase Alejandro Nieto "La vocación del derecho administrativo de nuestro tiempo", *Revista de Administración Pública,* Nº 76, Madrid, Centro de Estudios Constitucionales 1975; también en *34 artículos seleccionados de la Revista de Administración Pública con ocasión de su centenario,* Madrid, 1983, pp. 880 y 881.

7    Véase Martín Bassols, "Sobre los principios originarios del derecho administrativo y su evolución", en *Libro homenaje al profesor Juan Galván Escutia,* Valencia, 1980, p. 57.

8    Véase Prosper Weil, *El derecho administrativo,* Madrid, 1966, p. 31.

9    Véase Allan R. Brewer–Carías, "El Derecho a la democracia entre las nuevas tendencias del derecho administrativo como punto de equilibrio entre los poderes de la Administración y los derechos del Administrado", en *Revista Mexicana "Statum Rei Romanae" de Derecho Administrativo.* Homenaje al profesor Jorge Fernández Ruiz, Asociación Mexicana de Derecho Administrativo, Facultad de Derecho y Criminología de la Universidad Autónoma de Nuevo León, México, 2008, pp. 85–122; y "Prólogo: Sobre el derecho a la democracia y el control del poder", al libro de Asdrúbal Aguiar, *El derecho a la democracia. La democracia en el derecho y la jurisprudencia interamericanos. La libertad de expresión, piedra angular de la democracia,* Editorial Jurídica Venezolana, Caracas, 2008, pp. 19 ss.

"el derecho administrativo es ante y por sobre todo un derecho democrático y de la democracia, y su manifestación está íntimamente vinculada a la voluntad general (soberanía) de la cual emana."[10]

Ello debería ser así, y es cierto si nos quedamos solo en la denominación y definición formal del Estado que se inserta en las Constituciones, como por ejemplo sucede precisamente en Colombia y en Venezuela. En Colombia, el artículo 1 de la Constitución precisa que: "Colombia es un Estado social de derecho, organizado en forma de República unitaria, descentralizada, con autonomía de sus entidades territoriales, democrática, participativa y pluralista, fundada en el respeto de la dignidad humana, en el trabajo y la solidaridad de las personas que la integran y en la prevalencia del interés general." Igualmente en Venezuela, el artículo 2 de la Constitución indica que: "Venezuela se constituye en un Estado democrático y social de Derecho y de Justicia, que propugna como valores superiores de su ordenamiento jurídico y de su actuación, la vida, la libertad, la justicia, la igualdad, la solidaridad, la democracia, la responsabilidad social y, en general, la preeminencia de los derechos humanos, la ética y el pluralismo político."

Mejores definiciones formales del Estado democrático en el texto de una Constitución, ciertamente es imposible encontrar como marco general del ordenamiento jurídico que debería ser aplicable al Estado, y que debe moldear el derecho administrativo. Sin embargo, ante esas definiciones, lo que corresponde es determinar si realmente, en los respectivos países, la práctica política del gobierno responde a esos principios, o si son simples enunciados floridos, y nada más, de un Estado nada democrático, como es el caso de Venezuela.

Es decir, ante los enunciados constitucionales que proclaman la democracia como régimen político, la tarea central es determinar cuán efectiva ha sido la vigencia real de estas normas y cómo ello ha permeado efectivamente en el derecho administrativo. Si nos atenemos a los enunciados, sin duda, el derecho administrativo de nuestros dos países debería ser ese derecho precisamente de un Estado democrático sometido al derecho, lo que implicaría la ineludible existencia de un pleno control judicial de la actividad administrativa, teniendo a su cargo la Administración, además de la misión general de gestionar el interés general y la satisfacción de las necesidades colectivas, la de garantizar el ejercicio de los derechos de los administrados, todo dentro de un marco legal general que asegure pluralismo e igualdad.

---

10    Véase la sentencia N° 1028 del 9 de mayo de 2000 en *Revista de Derecho Público*, N° 82, Editorial Jurídica Venezolana, Caracas, 2000, p. 214. Véase también, sentencia de la misma Sala de 5 de octubre de 2006, N° 2189 (Caso: *Seguros Altamira, C.A. vs. Ministro de Finanzas*), en *Revista de Derecho Público*, N° 108, Editorial Jurídica Venezolana, Caracas, 2006, p 100.

## III

Pero lamentablemente, ello no es necesariamente así en la actualidad, particularmente en Venezuela, ni lo fue en general desde que la figura del Estado de derecho surgió en la historia, hace doscientos años; período durante el cual fue cuando precisamente se desarrolló nuestra disciplina, sin que sin embargo pueda afirmarse que por ausencia de un régimen democrático, el derecho administrativo como rama del derecho no haya existido.

Al contrario, por ejemplo, y para sólo referirnos a un ejemplo que nos es muy cercano a los administrativistas latinoamericanos, allí está el ejemplo de desarrollo del derecho administrativo contemporáneo en España, que comenzó precisamente en ausencia de un régimen democrático, por el fenomenal impulso que le pudo dar el núcleo de profesores que se aglutinó en el viejo Instituto de Estudios Políticos que estaba inserto en la propia estructura del Estado autoritario, en torno a la *Revista de Administración Pública*, con Eduardo García de Enterría, Fernando Garrido Falla, José Luis Villar Palasí y Jesús González Pérez, entre otros. Y ello ocurrió en los años cincuenta del Siglo pasado, cuando España, lejos de la democracia, estaba en plena etapa del autoritarismo franquista, más de veinte años antes de la sanción de la Constitución de 1978. Fue incluso en aquélla época cuando se dictaron las muy importantes Leyes sobre el Régimen Jurídico de la Administración del Estado, y sobre Procedimientos Administrativos, que sin duda fueron, en el derecho positivo, la partida de nacimiento del derecho administrativo español contemporáneo para buscar garantizar el sometimiento del Estado al derecho.

No había democracia, pero sin duda, sí había derecho administrativo, porque a pesar del autoritarismo, el régimen permitía la existencia de cierto equilibrio entre los poderes del Estado y los derechos ciudadanos. Y para no irnos muy lejos, la raíz del derecho administrativo contemporáneo en Venezuela puede situarse en la rica jurisprudencia de la antigua Corte Federal que funcionó hasta 1961, contenida en múltiples sentencias que emanaron de dicho alto tribunal igualmente en la década de los cincuenta del siglo pasado, en plena dictadura militar que duró hasta 1958.[11] Tampoco había democracia, pero sin duda, en el marco de un régimen autoritario ya se estaban sentando las bases del derecho administrativo contemporáneo en Venezuela, como lo hemos conocido en las décadas pasadas, por la existencia al menos de principio del antes mencionado equilibrio.

Pero por supuesto, en aquél entonces no se trataba de un derecho administrativo de un Estado democrático de derecho, sino de un Estado autoritario con alguna sujeción al derecho. Es decir, en otros términos más generales, porque ejemplos como los indicados los podemos encontrar en la historia de nuestra disciplina de todos nuestros países, puede decirse que el sometimiento

---

11  Véase Allan R. Brewer-Carías, *Las instituciones fundamentales del derecho administrativo y la jurisprudencia venezolanas*, Caracas 1964; y *Jurisprudencia de la Corte Suprema 1930-1974 y estudios de derecho administrativo*, Ediciones del Instituto de Derecho Público, Facultad de Derecho, Universidad Central de Venezuela, ocho volúmenes, Caracas 1975-1979.

del Estado al derecho, que fue lo que originó el derecho administrativo desde comienzos del siglo XIX, no siempre tuvo el estrecho vínculo con la democracia, como régimen político, como hoy lo consideramos.

## IV

En realidad, el elemento esencial que caracteriza al derecho administrativo de un Estado democrático de derecho se encuentra cuando el derecho administrativo deja de ser un derecho exclusivamente del Estado, llamado a regular sólo su organización, su funcionamiento, sus poderes y sus prerrogativas, y pasa a ser realmente un derecho administrativo encargado de garantizar el punto de equilibrio antes mencionado que en una sociedad democrática tiene que existir entre los poderes del Estado y los derechos de los administrados. En el marco de un régimen autoritario, ese equilibrio por esencia no existe, o es muy débil o maleable, y por ello es que en dicho régimen el derecho administrativo no es un derecho democrático, aun cuando pretenda someter el Estado al derecho.

Como lo señaló la Sala Político Administrativa del Tribunal Supremo de Justicia de Venezuela en la misma olvidada sentencia N° 1028 de 9 de mayo de 2000,

> "El derecho administrativo se presenta dentro de un estado social de derecho como el punto de equilibrio entre el poder (entendido éste como el conjunto de atribuciones y potestades que tienen las instituciones y autoridades públicas, dentro del marco de la legalidad), y la libertad (entendida ésta como los derechos y garantías que tiene el ciudadano para convivir en paz, justicia y democracia)."[12]

Ello es precisamente lo que caracteriza al derecho administrativo en un orden democrático, que no es otra cosa que ser el instrumento para asegurar la sumisión del Estado al derecho pero con a la misión de garantizar el respeto a los derechos ciudadanos, en medio de una persistente lucha histórica por controlar el poder y contra las "inmunidades del poder,"[13] que es lo que ha caracterizado el devenir de nuestra disciplina. Ese equilibrio entre el poder y el ciudadano, siempre latente, pero débil al inicio, efectivamente se comenzó consolidar bien entrado el Siglo XX, luego de la segunda guerra mundial, cuando el derecho administrativo comenzó a ser un derecho regulador no sólo del Estado, sino de los derechos ciudadanos en un marco democrático.

Con ello se consolidó la concepción del derecho administrativo de las sociedades democráticas como el instrumento por excelencia para, por una parte garantizar la eficiencia de la acción administrativa y la prevalencia de los intereses generales y colectivos, y por la otra, para asegurar la protección del

---

12   Véase en *Revista de Derecho Público*, N° 82, Editorial Jurídica Venezolana, Caracas 2000, p. 214.

13   Véase Eduardo García de Enterría, *La lucha contra las inmunidades de poder en el derecho administrativo*, Madrid 1983.

administrado frente a la Administración; con lo cual se superó aquella caracterización del derecho administrativo que advertía hace años Fernando Garrido Fallo, cuando nos indicaba que se nos presentaba como "un hipócrita personaje de doble faz," que encerraba una "oposición aparentemente irreductible" entre el conjunto de prerrogativas que posee y que "sitúan a la Administración en un plano de desigualdad y favor en sus relaciones con los particulares"; y el conjunto de derechos y garantías de estos, que lo llevaban a regular lo que llamó "la más acabada instrumentación técnica del Estado liberal."[14]

Ese juego dialéctico entre esos dos puntos extremos contrapuestos: por una parte, los poderes y las prerrogativas administrativas de la Administración, y por la otra, los derechos y las garantías de los administrados, es lo que ha permitido, como lo apuntó Marcel Waline también hace unos buenos años, que por una parte se evite el inmovilismo y la impotencia de la Administración, y por la otra, se evite la tiranía.[15] La existencia o no del mencionado equilibrio, o la existencia de un acentuado desbalance o desequilibro entre los dos extremos, es lo que resulta del modelo político en el cual se mueve y aplica el derecho administrativo. Y de allí que más democrático será el derecho administrativo solo si el equilibrio es acentuado; y menos democrático será si su regulación se limita sólo a satisfacer los requerimientos del Estado, ignorando o despreciando el otro extremo, es decir, el de las garantías y derechos ciudadanos.

El reto del derecho administrativo, como derecho del Estado, por tanto, está en lograr y asegurar el equilibrio mencionado para que el Estado esté configurado no sólo como un Estado de derecho sino como un Estado democrático, lo cual sólo es posible si el mismo asegura efectivamente el control del ejercicio del poder. Sin dicho control, el derecho administrativo no pasa de ser un derecho del Poder Ejecutivo o de la Administración Pública, montado sobre un desequilibrio o desbalance, en el cual las prerrogativas y poderes de la Administración pudieran predominar en el contenido de su regulación.

## V

Pero para que el equilibrio se logre y sea efectivo, es evidente que no bastan las declaraciones formales en las Constituciones, ni que el derecho administrativo se haya llegado a constitucionalizar efectivamente, como ha ocurrido por ejemplo en Colombia y Venezuela Las Constituciones de nuestros países son ejemplos de dicho proceso, estando incluso imbuidas del mencionado postulado del equilibrio en la relación Administración-administrados, dando cabida a un conjunto de previsiones para asegurarlo, regulando la actuación de la Administración y protegiendo en paralelo los derechos e intereses de las

---

14   Véase Fernando Garrido Falla, "Sobre el derecho administrativo", en *Revista de Administración Pública*, Nº 7, Instituto de Estudios Políticos, Madrid 1952, p. 223.

15   Véase Marcel Waline, *Droit administratif,* París, 1963, p. 4.

personas, pero sin el sacrificio o menosprecio de los intereses particulares, a pesar de la prevalencia de los intereses generales o colectivos.

En este campo se destaca, por ejemplo, la norma de la Constitución colombiana que regula la función administrativa, y que declara que la misma: "está al servicio de los intereses generales y se desarrolla con fundamento en los principios de igualdad, moralidad, eficacia, economía, celeridad, imparcialidad y publicidad, mediante la descentralización, la delegación y la desconcentración de funciones" (Art. 209); pero ello, a la vez, dentro del marco de una Constitución garantista de los individuos ante el Estado, que asegura, por ejemplo, la vigencia de la garantía del debido proceso no sólo a las actuaciones judiciales sino también en los procedimientos administrativos (Art. 29), y erige el principio de la buena fe como principio fundamental a cuyos postulados deben ceñirse "las actuaciones de los particulares y de las autoridades públicas," debiendo siempre presumírsela "en todas las gestiones que aquéllos adelanten ante éstas" (art. 83). Ello, sin duda, apunta hacia la protección de los administrados frente a la Administración, presumiéndose el principio de la libertad antes que la regulación, lo que se refuerza con normas como la del artículo 84, que establece como principio que: "Cuando un derecho o una actividad hayan sido reglamentados de manera general, las autoridades públicas no podrán establecer ni exigir permisos, licencias o requisitos adicionales para su ejercicio"; lo que se complementa con el artículo 333, que al regular la actividad económica y la iniciativa privada como "libres, dentro de los límites del bien común", agrega que "para su ejecución nadie podrá exigir permisos previos ni requisitos, sin autorización de ley."

La Constitución de Venezuela, por su lado, también está imbuida del mismo postulado del equilibrio en la relación Administración-administrado, destacándose, por ejemplo, la norma que al regular a la Administración Pública, declara que la misma "está al servicio de los ciudadanos, y se fundamenta en los principios de honestidad, participación, celeridad, eficacia, eficiencia, transparencia, rendición de cuenta y responsabilidad en el ejercicio de la función pública, con sometimiento pleno a la ley y al derecho" (art. 141); garantizándose igualmente a aquellos, el debido proceso, no sólo en las actuaciones judiciales sino en los procedimientos administrativos (art. 49). Pero la Constitución venezolana va más allá, y establece las regulaciones fundamentales relativas a la actuación del Estado como gestor del interés general en relación con los particulares o administrados, y en particular, en su actuación administrativa; constitucionalizando todo el régimen fundamental del derecho administrativo. Así, por ejemplo, la Constitución garantiza a los ciudadanos el derecho a ser informados oportuna y verazmente por la Administración Pública sobre el estado de las actuaciones en que estén directamente interesados, y a conocer las resoluciones definitivas que se adopten sobre el particular; e igualmente garantiza a los ciudadanos el acceso a los archivos y registros administrativos, sin perjuicio de los "límites aceptables dentro de una sociedad democrática" (Art. 143). La Constitución garantiza además, que los funcionarios públicos "están al servicio del Estado y no de parcialidad alguna", incluso disponiendo que "su nombramiento o remoción no podrán estar determinados por la afiliación u orientación política" (Art. 145).

## VI

Pero es evidente que sea cual fuere la forma de redacción de la Constitución sobre la noción del Estado democrático de derecho y la extensión del proceso de constitucionalización del derecho administrativo, ello no es suficiente para que el equilibrio entre el poder del Estado y los derechos ciudadanos sea efectivo.

Es en realidad, la práctica política del gobierno la que pondrá de manifiesto si un Estado conformado constitucionalmente como un Estado de derecho, realmente se conduce como tal en su funcionamiento y actuación, y si el derecho administrativo aplicado al mismo obedece o no efectivamente a parámetros democráticos. Basta estudiar el caso venezolano para constatar que el "Estado democrático y social de derecho y de justicia" tal como lo define el artículo 2 de la Constitución, en la práctica política del gobierno autoritario que se apoderó de la República desde 1999,[16] no es tal, es decir, no es un Estado democrático, ni Social, ni de derecho ni de Justicia, y más bien es un Estado Totalitario, donde el poder está totalmente concentrado, tanto desde el punto de vista político y económico, el cual, además de haber empobrecido aún más al país, no está realmente sometido al derecho, cuyas normas se ignoran y desprecian; o se mutan o amoldan a discreción por los gobernantes; ni está sometido a control judicial alguno, por la sumisión del Poder Judicial al Poder Ejecutivo. Por todo ello, se lo puede caracterizar más bien como un "Estado de la injusticia" todo lo cual afecta tremendamente al derecho administrativo.

Y es que si algo es definitivo en esta perspectiva, es que el derecho administrativo no es, ni puede ser independiente de la actuación del gobierno, sea que del mismo resulte en un modelo político de Estado autoritario o de Estado democrático. Y para identificar dicho modelo por supuesto no podemos acudir a etiquetas o a definiciones constitucionales, sino a la práctica política del gobierno.

Un Estado autoritario será el resultado de la actuación de un gobierno autoritario, y en el mismo, lejos de haber un equilibrio entre los poderes de la Administración y los derechos de los particulares, lo que existe es más bien un marcado desequilibrio a favor del régimen de la Administración, con pocas posibilidades de garantía de los derechos de los particulares frente a su actividad.

En cambio, el equilibrio antes mencionado sólo tiene posibilidad de pleno desarrollo en Estados con gobiernos democráticos, donde la supremacía cons-

---

16 Véase Allan R. Brewer-Carías, *Authoritarian Government vs. The Rule of Law, Lectures and Essays (1999-2014) on the Venezuelan Authoritarian Regime Established in Contempt of the Constitution*, Fundación de Derecho Público, Editorial Jurídica Venezolana, Caracas 2014.

titucional esté asegurada, donde la separación y distribución del Poder sea el principio medular de la organización del Estrado, donde el ejercicio del Poder Público pueda ser efectivamente controlado judicialmente y por los otros medios dispuestos en la Constitución, y donde los derechos de los ciudadanos sean garantizados por un Poder Judicial independiente y autónomo. Nada de ello se encuentra en los Estados con un régimen de gobierno autoritario, así sus gobernantes hayan podido haber sido electos, y se arropen con el lenguaje a veces florido de los textos constitucionales.

## VII

En todo caso, en el devenir del derecho administrativo y como resultado del movimiento pendular que entre los extremos de su regulación se ha producido por la existencia de gobiernos más o menos democráticos, ha sido precisamente el desarrollo y consolidación de la democracia como régimen político el que ha condicionado más al derecho administrativo contemporáneo, asegurándole un desarrollo extraordinario, como precisamente ocurrió en las últimas décadas en muchos de nuestros países; y que además de haberse manifestado en su constitucionalización, dio origen a nuevas disposiciones legislativas como por ejemplo las contenidas en las leyes de procedimiento administrativo, las cuales además de regular y formalizar la actividad administrativa, establecen expresamente el contrapeso de la garantía de los derechos ciudadanos.[17]

Esas leyes, en efecto, se dictaron no sólo en interés de la Administración y del interés general que gestiona, sino además, en interés de los administrados, lo que incluso se declara en el propio texto de las propias leyes, como es el caso del Código Contencioso Administrativo de Colombia de 2011, en el cual se dispone que su finalidad es precisamente: "proteger y garantizar los derechos y libertades de las personas, la primacía de los intereses generales, la sujeción de las autoridades a la Constitución y demás preceptos del ordenamiento jurídico, el cumplimiento de los fines estatales, el funcionamiento eficiente y democrático de la administración, y la observancia de los deberes del Estado y de los particulares" (art. 1); y en el caso de la reciente Ley sobre Procedimiento Administrativo de República Dominicana de 2012 que también comienza señalando en su artículo 1°, que la misma "tiene por objeto regular los derechos y deberes de las personas en sus relaciones con la Administración Pública, los principios que sirven de sustento a esas relaciones y las normas de procedimiento administrativo que rigen a la actividad administrativa."

Mucho antes, incluso, la Ley General de la Administración Pública de Costa Rica, también precisó que el procedimiento administrativo se debe desarrollar "con respeto para los derechos subjetivos e intereses legítimos del

---

17  Véase Allan R. Brewer–Carías, *Principios del procedimiento administrativo en América Latina*, Universidad del Rosario, Colegio Mayor de Nuestra Señora del Rosario, Editorial Legis, Bogotá 2003.

administrado"(art. 10,1 y 214,1); y en la Ley de Procedimiento Administrativo de Honduras se indicó que el procedimiento se regula "como garantía de los derechos de los particulares frente a la actividad administrativa," lo que también se expresa en la Ley de Procedimientos Administrativos del Perú (art. III).

De todas esas normas resulta que un elemento central de la finalidad del procedimiento administrativo es precisamente, además de asegurar el adecuado funcionamiento de la Administración, garantizar la satisfacción y protección de los derechos de los particulares. En Venezuela esos mismos principios sin duda orientaron la regulación del procedimiento administrativo durante la época democrática en la Ley Orgánica de Procedimientos Administrativos de 1982,[18] pero sin embargo, la práctica autoritaria del gobierno los ha hecho ilusorios, llegando el gobierno incluso al absurdo, hace unos años, de proponer en la rechazada reforma constitucional de 2007, la eliminación formal del postulado constitucional de que "la Administración Pública está al servicio de los ciudadanos" (art. 141).[19]

En todo caso, precisamente por la práctica política del gobierno autoritario, el régimen autoritario venezolano se ha dado el lujo de incluir a granel normas formalmente garantistas en leyes recientes, que en paralelo contienen el desprecio más absoluto a los derechos individuales. Basta hacer referencia, sobre esta contradicción, a los principios sobre el procedimiento administrativo formalmente incorporados en la legislación, pero en la práctica, totalmente olvidados por la Administración, y más si no se puede controlar la conducta de los funcionarios por la ausencia real de control judicial contencioso administrativo, dada la sujeción de los tribunales al poder.

En ese panorama, por ejemplo, ¿de qué sirve que las leyes declaren principios, si no tienen efectividad ni puede controlarse su ejecución? Basta un ejemplo, referido a una de las leyes que más ha atentado últimamente contra el derecho al ejercicio de la libertad económica y del trabajo, como es la Ley de Costos y Precios,[20] reguladora de una intervención extrema en la actividad económica, que asigna poderes draconianos a los funcionarios controladores, hasta permitirles decidir la intervención y clausura administrativa de establecimientos comerciales por sobrepasar un margen de ganancia arbitrariamente establecido; pero en la cual se declara que los procedimientos contemplados en la misma se rigen específicamente por los principios de "publicidad, direc-

---

18   Véase Allan R. Brewer–Carías, *El derecho administrativo y la Ley Orgánica de Procedimientos Administrativos. Principios del Procedimiento Administrativo*, Editorial Jurídica Venezolana, 6ª edición ampliada, Caracas 2002.

19   Véase Allan R. Brewer–Carías, *Hacia la consolidación de un Estado Socialista, Centralista, Policial y Militarista. Comentarios sobre el alcance y sentido de las propuestas de reforma constitucional 2007*, Editorial Jurídica Venezolana, Caracas 2007, pp. 31 ss.; *La Reforma Constitucional de 2007 (Inconstitucionalmente sancionada por la Asamblea nacional el 2 de noviembre de 2007)*, Editorial Jurídica venezolana, Caracas 2007, pp. 50 ss.

20   Véase en *Gaceta Oficial* N° 39.715 del 18 de julio de 2011.

ción e impulsión de oficio (oficialidad), primacía de la realidad (verdad material), libertad probatoria, lealtad y probidad procesal, notificación única" (art. 49), a los que deben agregarse los principios declarados en la Constitución sobre la conducta general de la Administración que son los "principios de honestidad, participación, celeridad, eficacia, eficiencia, transparencia, rendición de cuentas y responsabilidad en el ejercicio de la función pública, con sometimiento pleno a la ley y al derecho" (art. 141); y en las leyes, como la Ley Orgánica de Procedimientos Administrativos, que son los principios de "celeridad, economía, sencillez, eficacia, e imparcialidad "(art. 30); la Ley de Simplificación de Trámites Administrativos de 1999, reformada en 2008, que son los principios de "simplicidad, transparencia, celeridad, eficacia, eficiencia, rendición de cuentas, solidaridad, presunción de buena fe del interesado o interesada, responsabilidad en el ejercicio de la función pública, desconcentración en la toma de decisiones por parte de los órganos de dirección y su actuación debe estar dirigida al servicio de las personas"; y la Ley Orgánica de la Administración Pública de 2001, reformada en 2008, que son "los principios de economía, celeridad, simplicidad, rendición de cuentas, eficacia, eficiencia, proporcionalidad, oportunidad, objetividad, imparcialidad, participación, honestidad, accesibilidad, uniformidad, modernidad, transparencia, buena fe, paralelismo de la forma y responsabilidad en el ejercicio de la misma, con sometimiento pleno a la ley y al derecho, y con supresión de las formalidades no esenciales" (art. 10).

A nivel de principios formalmente declarados en la legislación, por tanto, podría concluirse que no habría en el derecho comparado un derecho administrativo más "garantista y democrático" que el venezolano; lo que sin embargo lo desmiente la realidad de la acción de la Administración, caracterizada por la ausencia de control de cualquier tipo, lo que la hace el reino de la arbitrariedad.

## VIII

De todo lo anterior resulta evidente que cuando se habla de Estado democrático de derecho, y en el mismo, del derecho administrativo como derecho de la democracia, ésta tiene que existir real y efectivamente y no sólo en el papel de las Constituciones y de las leyes, sino en la práctica de la acción del gobierno que origine un sistema político en el cual además de todos los derechos y garantías constitucionales generalmente conocidos (políticos, individuales, sociales, económicos, culturales, ambientales), se garantice efectivamente el derecho ciudadano a la Constitución y a su supremacía constitucional, es decir el derecho ciudadano a la propia democracia,[21] y el derecho de poder ejercer el control sobre las actividades gubernamentales, que hasta cierto punto son tan políticos como los clásicos derechos al sufragio, al de-

---

21   Véase Allan R. Brewer–Carías, "Prólogo: Sobre el derecho a la democracia y el control del poder", al libro de Asdrúbal Aguiar, *El derecho a la democracia. La democracia en el derecho y la jurisprudencia interamericanos. La libertad de expresión, piedra angular de la democracia*, Editorial Jurídica Venezolana, Caracas 2008, pp. 19 ss.

sempeño de cargos públicos, a asociarse en partidos políticos y, más recientemente, el derecho a la participación política.

Estos derechos que son nuevos sólo en su enunciado, derivan de la comprensión cabal de lo que significa un régimen democrático, que sólo es aquél donde concurren una serie de *elementos esenciales* que por lo demás derivan de la *Carta Democrática Interamericana* de 2001, y que son los derechos: 1) al respeto a los derechos humanos y las libertades fundamentales; 2) al acceso al poder y su ejercicio con sujeción al Estado de derecho; 3) a la celebración de elecciones periódicas, libres, justas y basadas en el sufragio universal y secreto, como expresión de la soberanía del pueblo; 4) al régimen plural de partidos y organizaciones políticas y 5) a la separación e independencia de los poderes públicos (art. 3).

No hay ni puede haber democracia si el ciudadano no tiene garantizado su derecho político a la efectividad de esos elementos esenciales, que es lo que permite en definitiva distinguir un Estado democrático de derecho de un Estado de régimen autoritario. En este, a pesar de todas sus etiquetas constitucionales, esos derechos o elementos esenciales no pueden ser garantizados, por la ausencia de controles al ejercicio del poder, aún cuando pueda tratarse de Estados en los cuales los gobiernos puedan haber tenido su origen en algún ejercicio electoral.

Entre todos esos derechos políticos a la democracia, está por supuesto, el derecho a la separación de poderes, que implica el derecho a ejercer el control del poder. Ello además, es lo que permite que se puedan materializar otros derechos políticos del ciudadano en una sociedad democrática, identificados en la misma Carta Democrática Interamericana como *componentes fundamentales* de la democracia, como son los derechos a: 1) la transparencia de las actividades gubernamentales; 2) la probidad y la responsabilidad de los gobiernos en la gestión pública; 3) el respeto de los derechos sociales; 4) el respeto de la libertad de expresión y de prensa; 5) la subordinación constitucional de todas las instituciones del Estado a la autoridad civil legalmente constituida y 6) el respeto al Estado de derecho de todas las entidades y sectores de la sociedad (art. 4).

## IX

Entre esos derechos se destaca el derecho a la separación de poderes, materializado en el derecho al control del poder, que es el fundamento del propio derecho administrativo en una sociedad democrática, pues es precisamente el elemento fundamental para garantizar el necesario equilibro mencionado entre los poderes y prerrogativas de la Administración del Estado y los derechos ciudadanos. En definitiva, sólo controlando al Poder es que puede haber elecciones libres y justas; pluralismo político; efectiva participación democrática en la gestión de los asuntos públicos; transparencia administrativa en el ejercicio del gobierno; rendición de cuentas por parte de los gobernantes; sumisión efectiva del gobierno a la Constitución y las leyes; efectivo acceso a la justicia; y real y efectiva garantía de respeto a los derechos humanos. De lo anterior resulta, por tanto, que sólo cuando existe un sistema de control efectivo del poder es que puede haber democracia, y sólo en esta es que los ciudadanos pueden encontrar asegurados sus derechos debidamente equilibrados con los poderes Públicos, y sólo en ese marco es que es posible el desarrollo de un derecho administrativo de base democrática.

Ese derecho a la separación e independencia de los Poderes Públicos, que es lo que puede permitir el control del poder estatal por el poder estatal mismo, como pilar fundamental en la organización del Estado democrático constitucional, por supuesto exige no sólo que los Poderes del Estado tengan real independencia y autonomía, sino que la misma esté garantizada.

Para ello, de nuevo, no bastan las declaraciones constitucionales y ni siquiera la sola existencia de elecciones, siendo demasiadas las experiencias en el mundo contemporáneo de toda suerte de tiranos que usaron el voto popular para acceder al poder, y que luego, mediante su ejercicio incontrolado, desmantelar la democracia y desarrollar gobiernos autoritarios, contrarios al pueblo, que acabaron con la propia democracia y con todos sus elementos,[22] comenzando por el irrespeto a los derechos humanos. Situación que por lo demás ha sido la de Venezuela, donde se ha arraigado un gobierno autoritario partiendo de elementos que se insertaron en la misma Constitución de 1999.[23]

En ella, en efecto, a pesar de establecerse una peta división del poder público en Legislativo, Ejecutivo, Judicial, Ciudadano y Electoral, se dispuso el germen de la concentración del poder en manos de la Asamblea Nacional y, consecuencialmente, del Poder Ejecutivo que la controla políticamente, con lo cual, progresivamente, los otros Poderes Públicos, y particularmente el Poder Judicial[24], el Poder Ciudadano y el Poder Electoral[25] han quedado so-

---

22   Véase Allan R. Brewer-Carías, *Dismantling Democracy. The Chávez Authoritarian Experiment*, Cambridge University Press, New York 2010.

23   Véase los comentarios críticos a la semilla autoritaria en la Constitución de 1999, en Allan R. Brewer–Carías, *Debate Constituyente (Aportes a la Asamblea Nacional Constituyente), Tomo III (18 octubre–30 noviembre 1999)*, Fundación de Derecho Público–Editorial Jurídica Venezolana, Caracas, 1999, pp. 311–340; "Reflexiones críticas sobre la Constitución de Venezuela de 1999," en el libro de Diego Valadés, Miguel Carbonell (Coordinadores), *Constitucionalismo Iberoamericano del Siglo XXI*, Cámara de Diputados. LVII Legislatura, Universidad Nacional Autónoma de México, México 2000, pp. 171–193; en *Revista de Derecho Público*, Nº 81, Editorial Jurídica Venezolana, Caracas, enero–marzo 2000, pp. 7–21; en *Revista Facultad de Derecho, Derechos y Valores*, Volumen III Nº 5, Universidad Militar Nueva Granada, Santafé de Bogotá, D.C., Colombia, Julio 2000, pp. 9–26; y en el libro *La Constitución de 1999*, Biblioteca de la Academia de Ciencias Políticas y Sociales, Serie Eventos 14, Caracas, 2000, pp. 63–88.

24   Véase Allan R. Brewer–Carías, "La progresiva y sistemática demolición de la autonomía en independencia del Poder Judicial en Venezuela (1999–2004)", en *XXX Jornadas J.M Domínguez Escovar, Estado de derecho, Administración de justicia y derechos humanos*, Instituto de Estudios Jurídicos del Estado Lara, Barquisimeto, 2005, pp. 33–174; "La justicia sometida al poder [La ausencia de independencia y autonomía de los jueces en Venezuela por la interminable emergencia del Poder Judicial (1999–2006)]" en *Cuestiones Internacionales. Anuario Jurídico Villanueva 2007*, Centro Universitario Villanueva, Marcial Pons, Madrid, 2007, pp. 25–57.

25   Véase Allan R. Brewer–Carías, "El secuestro del Poder Electoral y la confiscación del derecho a la participación política mediante el referendo revocatorio presidencial: Venezuela 2000–

metidos a la voluntad del Ejecutivo. Por ello en noviembre de 1999, aún antes de que la Constitución se sometiera a referendo aprobatorio, advertí que si la Constitución se aprobaba, ello iba a implicar la implantación en Venezuela, de:

> "un esquema institucional concebido para el autoritarismo derivado de la combinación del centralismo del Estado, el presidencialismo exacerbado, la democracia de partidos, la concentración de poder en la Asamblea y el militarismo, que constituye el elemento central diseñado para la organización del poder del Estado."

En mi opinión –agregaba–, esto no era lo que en 1999 se requería para el perfeccionamiento de la democracia; la cual al contrario, se debió basar "en la descentralización del poder, en un presidencialismo controlado y moderado, en la participación política para balancear el poder del Estado y en la sujeción de la autoridad militar a la autoridad civil"[26].

La dependencia de todos los órganos de control respecto de la Asamblea Nacional, ha sido lo que originó la abstención total de los órganos de control de ejercer las potestades que le son atribuidas, y con ello, la práctica política de concentración total del poder en manos del Ejecutivo, dado el control político partidista que éste ejerce sobre la Asamblea Nacional, y por tanto la configuración de un modelo político autoritario. A consolidar ese sometimiento de todos los poderes al Ejecutivo, además, contribuyó la exacerbación del presidencialismo que la Constitución de 1999 impuso con la extensión del período presidencial a seis años; con la consagración de la reelección presidencial continua e indefinida en una Enmienda Constitucional aprobada en 2009,[27] y con la posibilidad de la delegación legislativa sin límites en manos del Ejecutivo, lo que efectivamente ha ocurrido en la práctica legislativa desde 2000, mediante sucesivas leyes habilitantes (Art. 203), de manera que toda la legislación básica del país durante los últimos quince años ha sido establecida por decretos leyes sin consulta popular alguna.

Ha sido todo este sistema de ausencia de autonomía y de independencia de los poderes del Estado respecto del Ejecutivo Nacional, lo que ha eliminado toda posibilidad real de asegurar un equilibrio entre el poder de la Administración del Estado y los derechos ciudadanos, siendo difícil por tanto poder

---

2004,", en *Boletín Mexicano de Derecho Comparado*, Instituto de Investigaciones Jurídicas, Universidad Nacional Autónoma de México, N° 112. México, enero–abril 2005 pp. 11–73; *La Sala Constitucional versus el Estado Democrático de Derecho. El secuestro del poder electoral y de la Sala Electoral del Tribunal Supremo y la confiscación del derecho a la participación política*, Los Libros de El Nacional, Colección Ares, Caracas, 2004, 172 pp.

26 Documento de 30 de noviembre de 1999. *V.* en Allan R. Brewer–Carías, *Debate Constituyente (Aportes a la Asamblea Nacional Constituyente)*, Tomo III, Fundación de Derecho Público, Editorial Jurídica Venezolana, Caracas, 1999, p. 339.

27 Véase Allan R. Brewer-Carías, "El Juez Constitucional vs. La alternabilidad republicana (La reelección continua e indefinida), en *Revista de Derecho Público*, N° 117, (enero-marzo 2009), Caracas 2009, pp. 205-211.

identificar a la Administración Pública como entidad al servicio de estos, los cuales lamentablemente ahora sólo pueden entrar en relación con la misma en dos formas: por una parte, los que son privilegiados del poder, como consecuencia de la pertenencia política al régimen o a su partido único, con todas las prebendas y parcialidades de parte de los funcionarios; y por otra parte, los que como marginados del poder acuden a la Administración por necesidad ciudadana, a rogar las más elementales actuaciones públicas, como es por ejemplo solicitar autorizaciones, licencias, permisos o habilitaciones, las cuales no siempre son atendidas y más bien tratadas como si lo que se estuviera requiriendo fueran favores y no derechos o el cumplimiento de obligaciones públicas. En ambas situaciones, lamentablemente, el equilibrio entre poderes del Estado y derechos ciudadanos de los administrados ha desaparecido, sin que existan elementos de control para restablecerlo: se privilegia y se margina, como producto de una discriminación política antes nunca vista, sin posibilidad alguna de control.

En ese marco, el derecho administrativo formalmente concebido para la democracia, en la práctica pasó a ser un instrumento más del autoritarismo.

## X

Bajo otro ángulo, y también como parte del derecho ciudadano a la separación de poderes y como parte del derecho a la democracia, que es lo que puede dar origen a un derecho administrativo democrático, está en particular el derecho ciudadano a la independencia y autonomía de los jueces que tienen que estar garantizadas en cualquier Estado democrático de derecho; siendo el control judicial del poder la piedra angular del equilibrio mencionado que debe asegurar el derecho administrativo en un Estado democrático de derecho.

Y de nuevo, en este campo, para calibrar su existencia, no podemos atenernos a las etiquetas constitucionales: Por ejemplo, el principio de la independencia y autonomía del Poder Judicial está declarado en el artículo 254 de la Constitución venezolana de 1999, pero como letra muerta pues la base fundamental para asegurarlas está en las normas relativas al ingreso de los jueces a la carrera judicial y a su permanencia y estabilidad en los cargos, que no se cumplen y nunca se han cumplido en los tres lustros de vigencia del texto fundamental. Pero el que lea las normas constitucionales, sin embargo, se maravillará de encontrar que el artículo 255 de la Constitución, en cuanto a la carrera judicial, que dice que el ingreso a la misma y el ascenso de los jueces solo se puede hacer mediante concursos públicos de oposición que aseguren la idoneidad y excelencia de los participantes, debiendo además la ley garantizar la participación ciudadana en el procedimiento de selección y designación de los jueces. Sin embargo, nunca, durante la vigencia de la Constitución, se han desarrollado esos concursos, en esa forma.

Pero además, en cuanto a la estabilidad de los jueces, dice la Constitución que los mismos sólo pueden ser removidos o suspendidos de sus cargos mediante juicios disciplinarios llevados a cabo por jueces disciplinarios (art. 255); pero tampoco en ese case ello jamás se ha implementado, y a partir de 1999, [28] más bien se regularizó, en una ilegítima transitoriedad constitucional, la existencia de una Comisión de Funcionamiento del Poder Judicial creada ad hoc para "depurar" el poder judicial. [29] Esa Comisión, durante más de 10 años destituyó materialmente a casi todos los jueces del país, discrecionalmente y sin garantía alguna del debido proceso, [30] los cuales fueron reemplazados por jueces provisorios o temporales, [31] por supuesto dependientes del poder y sin garantía alguna de estabilidad. Ello, por lo demás, ha continuado hasta el presente, demoliéndose sistemáticamente la autonomía judicial, sin que haya variado nada la creación en 2011 de unos tribunales de la llamada "Jurisdicción Disciplinaria Judicial" que quedó sujeta a la Asamblea Nacional, quien designa a los "jueces disciplinarios." [32]

Con todo ello, el derecho a la tutela judicial efectiva y al control judicial del poder del Estado ha quedado marginado, siendo imposible garantizar efectivamente equilibrio alguno entre el Estado y su Administración y los derechos de los ciudadanos–administrados; lo que se agrava con la configura-

---

28 Véase nuestro voto salvado a la intervención del Poder Judicial por la Asamblea Nacional Constituyente en Allan R. Brewer–Carías, *Debate Constituyente, (Aportes a la Asamblea Nacional Constituyente)*, Tomo I, (8 agosto–8 septiembre), Caracas 1999; y las críticas formuladas a ese proceso en Allan R. Brewer–Carías, *Golpe de Estado y proceso constituyente en Venezuela*, Universidad Nacional Autónoma de México, México, 2002.

29 Véase Allan R. Brewer–Carías, "La justicia sometida al poder y la interminable emergencia del poder judicial (1999–2006)", en *Derecho y democracia. Cuadernos Universitarios*, Órgano de Divulgación Académica, Vicerrectorado Académico, Universidad Metropolitana, Año II, N° 11, Caracas, septiembre 2007, pp. 122–138.

30 La Comisión Interamericana de Derechos Humanos también lo registró en el Capítulo IV del *Informe* que rindió ante la Asamblea General de la OEA en 2006, que los "casos de destituciones, sustituciones y otro tipo de medidas que, en razón de la provisionalidad y los procesos de reforma, han generado dificultades para una plena vigencia de la independencia judicial en Venezuela" (párrafo 291); destacando aquellas "destituciones y sustituciones que son señaladas como represalias por la toma de decisiones contrarias al Gobierno" (párrafo 295 ss.); concluyendo que para 2005, según cifras oficiales, "el 18,30% de las juezas y jueces son titulares y 81,70% están en condiciones de provisionalidad" ( párrafo 202).

31 En el *Informe Especial* de la Comisión sobre Venezuela correspondiente al año 2003, la misma también expresó, que "un aspecto vinculado a la autonomía e independencia del Poder Judicial es el relativo al carácter provisorio de los jueces en el sistema judicial de Venezuela. Actualmente, la información proporcionada por las distintas fuentes indica que más del 80% de los jueces venezolanos son "provisionales". *Informe sobre la Situación de los Derechos Humanos en Venezuela 2003, cit.* párr. 161

32 Véase Allan R. Brewer-Carías, "Sobre la ausencia de independencia y autonomía judicial en Venezuela, a los doce años de vigencia de la constitución de 1999 (O sobre la interminable transitoriedad en fraude continuado a la voluntad popular y a las normas de la Constitución, ha impedido la vigencia de la garantía de la estabilidad de los jueces y el funcionamiento efectivo de una "jurisdicción disciplinaria judicial"), en *Independencia Judicial*, Colección Estado de Derecho, Tomo I, Academia de Ciencias Políticas y Sociales, Acceso a la Justicia org., Fundación de Estudios de Derecho Administrativo (Funeda), Universidad Metropolitana (Unimet), Caracas 2012, pp. 9-103.

ción del Tribunal Supremo de Justicia de Venezuela como un poder altamente politizado[33], y lamentablemente sujeto a la voluntad del Presidente de la República, lo que en la práctica ha significado la eliminación de toda la autonomía del Poder Judicial.

Con todo esto, el Poder Judicial ha abandonado su función fundamental de servir de instrumento de control de las actividades de los otros órganos del Estado para asegurar su sometimiento a la ley, habiendo materialmente desaparecido el derecho ciudadano a la tutela judicial efectiva y al controlar del poder. En esa situación, por tanto, es difícil hablar siquiera de posibilidad alguna de equilibrio entre poderes y prerrogativas del Estado y derechos y garantías ciudadanas, lo que ha sido particularmente grave en el caso de los tribunales contencioso administrativos, precisamente por el hecho de que sus decisiones siempre implican enfrentar el poder, y particularmente, el Poder Ejecutivo. Si esta autonomía no está garantizada ni la independencia está blindada, el mejor sistema de justicia contencioso administrativa es letra muerta; y lamentablemente, esto es lo que también ha ocurrido en Venezuela en los últimos años durante el gobierno autoritario.

Ello ha afectado a la Jurisdicción Contencioso Administrativa, la cual en los últimos quince años dejó de ser un efectivo sistema para el control de las actuaciones administrativas, lo que se evidenció abiertamente desde 2003 con la lamentable destitución *in limine* de los magistrados de la Corte Primera de lo Contencioso Administrativa con ocasión de un proceso contencioso administrativo de nulidad y amparo iniciado el 17 de julio de 2003 a solicitud de la Federación Médica Venezolana en contra los actos del Alcalde Metropolitano de Caracas, del Ministro de Salud y del Colegio de Médicos del Distrito Metropolitano de Caracas, por la contratación indiscriminada de médicos extranjeros no licenciados para ejercer la medicina en el país; todo en violación de la Ley de Ejercicio de la Medicina, para atender el desarrollo de un importante programa asistencial de salud en los barrios de Caracas.

La Federación Médica Venezolana consideró que la actuación pública era discriminatoria y violatoria de los derechos de los médicos venezolanos (derecho al trabajo, entre otros) a ejercer su profesión médica, al permitir a médicos extranjeros ejercerla sin cumplir con las condiciones establecidas en la Ley. Por ello la federación intentó la acción de nulidad y amparo, en representación de los derechos colectivos de los médicos venezolanos, solicitando su protección.[34] Un mes después, el 21 de agosto de 2003, la Corte Primera

---

33 Véase lo expresado por el magistrado Francisco Carrasqueño, en la apertura del año judicial en enero de 2008, al explicar que : "no es cierto que el ejercicio del poder político se limite al Legislativo, sino que tiene su continuación en los tribunales, en la misma medida que el Ejecutivo", dejando claro que la "aplicación del Derecho no es neutra y menos aun la actividad de los magistrados, porque según se dice en la doctrina, deben ser reflejo de la política, sin vulnerar la independencia de la actividad judicial". *V.* en *El Universal*, Caracas, 29–01–2008.

34 Véase Claudia Nikken, "El caso "Barrio Adentro": La Corte Primera de lo Contencioso Administrativo ante la Sala Constitucional del Tribunal Supremo de Justicia o el avocamiento como

dictó una medida cautelar de amparo considerando que había suficientes elementos en el caso que hacían presumir la violación del derecho a la igualdad ante la ley de los médicos venezolanos, ordenando la suspensión temporal del programa de contratación de médicos cubanos, y ordenando al Colegio de Médicos del Distrito Metropolitano sustituir los médicos cubanos ya contratados sin licencia por médicos venezolanos o médicos extranjeros con licencia para ejercer la profesión en Venezuela.[35]

La respuesta gubernamental a esta decisión preliminar de carácter cautelar, que tocaba un programa social muy sensible para el gobierno, fue el anuncio público del Ministro de Salud, del Alcalde metropolitano y del propio Presidente de la República en el sentido de que la medida cautelar dictada no iba a ser acatada en forma alguna;[36] anuncios que fueron seguidos de varias decisiones gubernamentales:

La Sala Constitucional del Tribunal Supremo de Justicia, controlada por el Ejecutivo, adoptó la decisión de avocarse al caso decidido por la Corte Primera de lo Contencioso Administrativo, y usurpando competencias en la materia, declaró la nulidad del amparo cautelar decidido por esta. A ello siguió que un grupo de agentes de la policía política (DISIP) allanó la sede de la Corte Primera, después de detener a un escribiente o alguacil de la misma por motivos fútiles; el Presidente de la República, entre otras expresiones usadas, se refirió al Presidente de la Corte Primera como "un bandido;"[37] y unas semanas después, la Comisión Especial Judicial del Tribunal Supremo de Justicia, sin fundamento legal alguno, destituyó a los cinco magistrados de la Corte Primera, la cual fue intervenida.[38] A pesar de la protesta de los Colegios de Abogados del país e incluso de la Comisión Internacional de Juristas;[39] el hecho es que la Corte Primera permaneció cerrada sin jueces por más de diez meses,[40] tiempo durante el cual simplemente no hubo justicia contencioso administrativa en el país.

---

medio de amparo de derechos e intereses colectivos y difusos," en *Revista de Derecho Público*, Nº 93–96, Editorial Jurídica Venezolana, Caracas, 2003, pp. 5 ss.

35  Véase la decisión de 21 de agosto de 2003 en *Revista de Derecho Público*, Nº 93–96, Editorial Jurídica Venezolana, Caracas, 2003, pp. 445 ss.

36  El Presidente de la República dijo: "*Váyanse con su decisión no sé para donde, la cumplirán ustedes en su casa si quieren...*", en el programa de TV *Aló Presidente*, Nº 161, 24 de Agosto de 2003.

37  Discurso público, 20 septiembre de 2003.

38  Véase la información en *El Nacional*, Caracas, Noviembre 5, 2003, p. A2. En la misma página el Presidente destituido de la Corte Primera dijo: "*La justicia venezolana vive un momento tenebroso, pues el tribunal que constituye un último resquicio de esperanza ha sido clausurado*".

39  Véase en *El Nacional*, Caracas, Octubre 12, 2003, p. A–5; y *El Nacional*, Caracas, Noviembre 18,2004, p. A–6.

40  Véase en *El Nacional*, Caracas, Octubre 24, 2003, p. A–2; y *El Nacional*, Caracas, Julio 16, 2004, p. A–6.

Esa fue la respuesta gubernamental a un amparo cautelar dictado por el juez contencioso administrativo competente respecto de un programa gubernamental sensible; respuesta que fue dada y ejecutada a través de órganos judiciales controlados políticamente. Ello, por supuesto, lamentablemente significó no sólo que los jueces que fueron luego nombrados para reemplazar a los destituidos comenzaron a entender cómo debían comportarse en el futuro frente al poder; sino que condujo a la abstención progresiva de todo control contencioso administrativa de las acciones gubernamentales. La Jurisdicción contencioso administrativa en Venezuela, de raigambre y jerarquía constitucional, simplemente hoy no existe en la práctica.

Y para que quedara claro, la demanda que intentaron los jueces contencioso administrativo destituidos ante la Comisión Interamericana de Derechos Humanos por violación a sus garantías constitucionales judiciales, a pesar de que fue decidida por la Corte Interamericana de Derechos Humanos, en 2008, condenando al Estado,[41] de nada sirvió sino para que la Sala Constitucional del Tribunal Supremo, en sentencia N° 1.939 de 12 de diciembre de 2008,[42] citando como precedente una sentencia del Tribunal Superior Militar del Perú de 2002, declarara la sentencia del tribunal internacional como "inejecutable" en Venezuela, solicitando al Ejecutivo que denunciara la Convención Americana de Derechos Humanos que supuestamente había usurpado los poderes del Tribunal Supremo, lo que el Ejecutivo cumplió cabalmente en 2011.

Este caso emblemático, por supuesto, contrasta con las previsiones de la Constitución de 1999, en la cual se encuentra una de las declaraciones de derechos más completas de América Latina, y sobre su protección por medio de la acción de amparo, así como previsiones expresas sobre la Jurisdicción Constitucional y la Jurisdicción Contencioso Administrativa difícilmente contenidas con tanto detalle en otros textos constitucionales.[43] Ello, por otra parte, lo que muestra es que para que exista control de la actuación del Estado no bastan declaraciones formales en la Constitución, sino que es indispensable que el Poder Judicial sea autónomo e independiente, y esté fuera del alcance del Poder Ejecutivo. Al contrario, cuando el Poder Judicial está controlado por el Poder Ejecutivo, como lo muestra el caso citado, las declaraciones constitucionales de derechos se convierten en letra muerta, y el derecho ad-

---

41  Véase sentencia de la Corte Interamericana de 5 de agosto de 2008, Caso *Apitz Barbera y otros ("Corte Primera de lo Contencioso Administrativo") vs. Venezuela,* Excepción Preliminar, Fondo, Reparaciones y Costas, Serie C N° 182, en www.corteidh.or.cr

42  Véase sentencia de la Sala Constitucional, sentencia N° 1.939 de 18 de diciembre de 2008 (Caso *Abogados Gustavo Álvarez Arias y otros*), en http://www.tsj.gov.ve/decisio-nes/scon/Diciem-bre/1939-181208-2008-08-1572.html

43  Véase Allan R. Brewer-Carías, "Sobre la justicia constitucional y la justicia contencioso administrativo. A 35 años del inicio de la configuración de los procesos y procedimientos constitucionales y contencioso administrativos (1976-2011)," en *El contencioso administrativo y los procesos constitucionales* (Directores Allan R. Brewer Carías y Víctor Rafael Hernández Mendible), Colección Estudios Jurídicos N° 92, Editorial Jurídica Venezolana, Caracas, 2011, pp. 19-74.

ministrativo no puede servir para garantizar ningún equilibrio entre poderes del Estado y derechos ciudadanos, convirtiéndose solo en un instrumento más del autoritarismo.

## XI

De todo lo anterior resulta, por tanto, que para que exista democracia como régimen político en un Estado constitucional y democrático de derecho, y para que exista un derecho administrativo que garantice el equilibrio antes referido, no son suficientes las declaraciones contenidas en los textos constitucionales que, por ejemplo, como es el caso de Venezuela, hablen y regulan el derecho al sufragio y a la participación política; la división o separación horizontal del Poder Público, y la distribución vertical o territorial del poder público, de manera que los diversos poderes del Estado puedan limitarse mutuamente; así como tampoco bastan las declaraciones que se refieran a la posibilidad de los ciudadanos de controlar el poder del Estado, mediante elecciones libres y justas que garanticen la alternabilidad republicana; mediante un sistema de partidos que permita el libre juego del pluralismo democrático; mediante la libre manifestación y expresión del pensamiento y de la información que movilice la opinión pública; o mediante el ejercicio de recursos judiciales ante jueces independientes que permitan asegurar la vigencia de los derechos humanos y el sometimiento del Estado al derecho. Tampoco bastan las declaraciones constitucionales sobre la "democracia participativa y protagónica" o la descentralización del Estado; así como tampoco la declaración extensa de derechos humanos. Tampoco es suficiente que se haya producido un completo proceso de constitucionalización del derecho administrativo, insertando en la Constitución todos sus principios más esenciales.

Además de todas esas declaraciones, es necesaria que haya un gobierno democrático y que la práctica política democrática asegure efectivamente la posibilidad de controlar el poder, como única forma de garantizar la vigencia del Estado de derecho, y el ejercicio real de los derechos humanos; y que el derecho administrativo pueda consolidarse como un régimen jurídico de la Administración que disponga el equilibrio entre los poderes del Estado y los derechos de los administrados.

Lamentablemente, en Venezuela, después de las cuatro décadas de práctica democrática que vivió el país entre 1959 y 1999, durante estos últimos tres lustros, a partir de 1999 hasta la fecha, en fraude continuo a la Constitución cometido por el Legislador y por el Tribunal Supremo de Justicia, guiados por el Poder Ejecutivo, a pesar de las excelentes normas constitucionales que están insertas en el Texto fundamental, y del proceso de constitucionalización del derecho administrativo, lo que se ha operado ha sido proceso de desmantelamiento de la democracia y de estructuración de un Estado autoritario en contra de las mismas, [44] que ha aniquilado toda posibilidad real de control del

---

44 Véase Allan R. Brewer-Carías, "La demolición del Estado de derecho y la destrucción de la democracia en Venezuela (1999-2009)," en José Reynoso Núñez y Herminio Sánchez de la

ejercicio del poder y, en definitiva, el derecho mismo de los ciudadanos a la democracia. Y con ello, toda posibilidad de que el derecho administrativo sea ese derecho que asegure el equilibrio entre los poderes del Estado y los derechos ciudadanos que el Estado democrático de derecho exige, convirtiéndose en un derecho administrativo al servicio exclusivo de la Administración y de los funcionarios, donde no hay campo para reclamo o control, sino sólo para el acatamiento sin discusión.

En ese marco, por tanto, de nada vale el proceso de constitucionalización del derecho administrativo, que en la práctica es letra muerta, todo lo cual nos evidencia precisamente, la importancia del modelo político en la conformación de nuestra disciplina.

El problema, sin embargo, está en que los estudiosos de la materia, dado que a veces la práctica política del gobierno conforma un modelo político al margen de la Constitución, como un Estado autoritario o más aún totalitario; como ello constituye sin duda una anomalía respecto de sus previsiones formales del texto constitucional, la misma, precisamente por ser tal, tiende a ser marginada, para no decir ignorada, y con ello, igualmente no siempre se estudian las repercusiones que la anomalía estatal y política tiene sobre el derecho administrativo. Quizás ello incluso conduzca en el futuro, al desarrollo de alguna nueva sub rama del derecho administrativo para estudiar precisamente su patología.

Barquera y Arroyo (Coordinadores), *La democracia en su contexto. Estudios en homenaje a Dieter Nohlen en su septuagésimo aniversario,* Instituto de Investigaciones Jurídicas, Universidad Nacional Autónoma de México, México 2009, pp. 477-517.

## SEGUNDA PARTE:

# ESTADO TOTALITARIO Y LA DEMOLICIÓN DEL ESTADO DEMOCRÁTICO Y SOCIAL DE DERECHO Y DE JUSTICIA, DE ECONOMÍA MIXTA Y DESCENTRALIZADO

En la situación actual del Estado venezolano, después de tres lustros de desjuridificación, desjudicialización, desdemocratización y desconstitucionalización del Estado Constitucional, lo que tenemos es un Estado Totalitario, que es precisamente la negación del Estado democrático y social de derecho y de justicia, descentralizado y de economía mixta que es el que regula la Constitución de 1999.

Al estudio de ese fenómeno de destrucción de las previsiones constitucionales y en su lugar apuntalar un Estado totalitario es que se dedican las diversas reflexiones que conforman esta segunda parte, formuladas en diversos foros académicos,* que se agrupan en las siguientes seis partes, en las que he analizado sucesivamente, luego de una introducción sobre la relación entre el Estado y la Ley (el derecho administrativo y el Estado), el impacto de la conformación de ese Estado totalitario sobre el derecho administrativo que ha conducido paralelamente a: (i) la ausencia de Estado de derecho; (ii) la ausencia de Estado democrático; (iii) la ausencia de Estado Social y de Economía Mixta; (iv) la ausencia de Estado de Justicia; (v) y la ausencia de Estado descentralizado.

Ese marco general de anomia, que se analiza en esas diversas partes y que se enfoca particularmente en los problemas que afectan al derecho adminis-

---

* El texto completo de esta segunda parte fue elaborado con ocasión de la preparación de mi presentación ante *Congreso Internacional Conmemorativo del Acto Legislativo del 10 de septiembre de 1914 por el cual se estableció el Consejo de Estado*, celebrado en Bogotá en la Biblioteca Luis Ángel Arango, los días 8 al 10 de septiembre de 2014, al cual no pude asistir, y fue además presentado a las *XVII Jornadas Centenarias Internacionales. Constitución, Derecho Administrativo y Proceso: Vigencia, reforma e innovación,"* organizadas por el Colegio de Abogados del Estado Carabobo, Instituto de Estudios Jurídicos "Dr. José Ángel Castillo Moreno,", Valencia, 6 al 8 de noviembre de 2014.

trativo, en todo caso, no hay que olvidarlo, a la vez se enmarca en el cuadro más general del derecho constitucional del Estado, que también ha sido desquiciado es sus componentes más elementales, que son los que conforman su soberanía, y que han afectado a los cuatro componentes esenciales de la misma, que son el territorio, la población, la ley o el derecho y el gobierno.

En cuanto al territorio, durante los últimos quince el gobierno materialmente abandonó en forma total la reclamación frente a Guyana, por el territorio de la Guayana Esequiba, que había sido sometida hace décadas a uno de los mecanismos de solución de controversias de Naciones Unidas.[1]

En cuanto a la población, desde 2004[2] el gobierno ha desarrollado una política irracional o criminal de entrega de la soberanía mediante la concesión sin límites e incontrolada de la nacionalidad venezolana a todo tipo de extranjeros, sin vínculo alguno con el país,[3] e incluso, de los propios sistemas de control del régimen de la identificación de los venezolanos, que se manejan desde el exterior.[4]

En cuanto al derecho aplicable a los asuntos del Estado, en los últimos años, en materia de resolución de conflictos derivados de contratos de interés

---

1 Sobre el tema, véase entre lo más reciente, el Comunicado del Instituto de Estudios Fronterizos, "Ante la grave situación imperante, en detrimento de la justa reclamación de Venezuela de su territorio Esequibo, birlado por el colonialismo imperial en el nulo e írrito Laudo de París de 1899," Caracas, 5 de julio de 2014, en http://institutodeestudiosfronterizos1.blogspot.com/

2 Sobre el régimen de excepción y el proceso de naturalización indiscriminada en 2004, provocado por motivos electorales en la víspera del referendo revocatorio presidencial, en Allan R. Brewer-Carías, *Régimen legal de la nacionalidad, ciudadanía y extranjería*, Editorial Jurídica Venezolana, Caracas 2005, pp. 24-16.

3 Sobre el tema, la información resumida en 2014 por Moisés Naím: "Las autoridades canadienses han detectado que un importante número de ciudadanos iraníes y de otras nacionalidades vinculados a grupos radicales islámicos han entrado a ese país utilizando pasaportes venezolanos. La organización Centro para una Sociedad Libre Segura –SFS-, estima que entre 2008 y 2012 al menos 173 pasaportes venezolanos fueron entregados a miembros de estos grupos radicales para entrar a América del Norte. De hecho, personas involucradas en varios atentados terroristas en Bulgaria y Líbano, por ejemplo- portaban pasaportes emitidos en Venezuela, donde los servicios de identificación son controlados por Cuba." En "Venezuela: Pasaportes para el terrorismo, en efecto Naím, 2014, en http://efectonaim.net/venezuela-pasaportes-para-el-terrorismo/. Véase igualmente la información: "El gobierno de Venezuela emitió visas fraudulentas a terroristas de Hezbollah," en *Infobae.América*, 4 de junio de 2014, en http://www.infobae.com/2014/06/04/1570258-el-gobierno-venezuelaemitio-visas-fraudulentas-terroristas-hezbollah. Véase igualmente el reportaje: "Informe revela que presuntos terroristas ingresan a EE.UU. con pasaportes legítimos venezolanos," en *NTN24*, 14 de septiembre de 2014, en http://www.ntn24.com/video/informe-revela-que-presuntos-terroristas-ingresan-a-eeuu-con-pasaportes-legitimos-venezolanos-25523

4 Véase el texto del Convenio suscrito al efecto entre Venezuela y Cuba en 2007, en http://www.elnuevoherald.com/incoming/article1553516.ece/binary/EXCLUSIVO:%20Contrat o%20confidencial%20entre%20Cuba%20y%20Venezuela%20para%20transformaci%C3%B3n %20del%20sistema%20de%20identificaci%C3%B3n. Véase el reportaje de Joaquim Ibarz, "Los cubanos ya controlan sectores claves de Venezuela," en *La vanguardia.com internacional*, 7 de febrero de 2010, en http://www.lavanguardia.com/internacio-nal/20100207/538851106-93/los -cubanos-controlan-ya-sectores-claves-de-venezuela.html

público, el gobierno ha llegado incluso a renunciar a la cláusula de inmunidad de jurisdicción soberana del Estado, estableciendo en contratos suscritos con empresas chinas, por ejemplo, la renuncia a la aplicación de la propia ley venezolana, sometiendo la solución de las mismas a la ley inglesa y a la decisión de tribunales arbitrales con sede en Singapore, y en idioma inglés, es decir, renunciando incluso totalmente al uso del idioma oficial de Venezuela.[5] En otros casos como la emisión de Bonos de la deuda pública de 2010 (US$ 3.000,000,000), para cualquier controversia la República no sólo acordó someterse a la jurisdicción de los tribunales de Londres y de Manhattan, Nueva York, sino que además de renunciar a la aplicación de la ley venezolana y sujetarse en cambio a la ley del Estado de Nueva York, ha incluso renunciado a todo tipo de inmunidad soberana incluso conforme a las previsiones de la *Foreign Sovereign Immunities Act* de 1976 de los Estados Unidos y de la *State Immunity Act* de 1978 del Reino Unido. En el "Memorandum Informativo" de dicha emisión de Bonos, la República incluso llegó a afirmar contra el principio establecido en la Constitución de 1999 (art. 150), que: "bajo la ley venezolana, ni Venezuela ni sus propiedades gozan de inmunidad de jurisdicción" ante tribunal extranjero alguno o respecto de cualquier procedimiento legal, excepto la inmunidad que Venezuela y sus propiedades situadas en Venezuela, tengan en Venezuela respecto de procesos que se desarrollen en el país.[6]

Y en cuanto al gobierno, la injerencia de gobiernos extranjeros, particularmente Cuba, en la conducción política venezolana, consolidada a través de innumerables acuerdos y convenios internacionales,[7] ha hecho ya dudar de su

---

5   Sobre el tema, véase la información en Gustavo Coronel, "La soberanía nacional en la basura cuando contratamos con China," en Las Armas de Coronel, 19 de octubre de 2014, en http://lasarmasdecoronel.blogspot.com/2014/10/la-soberania-nacional-en-la-basura.html

6   El texto dice: "Under Venezuelan law, neither Venezuela nor any of Venezuela's property have any immunity from the jurisdiction of any court or from set-off or any legal process (whether through service or notice, attachment prior to judgment, attachment in aid of execution of judgment, execution or otherwise), except that Venezuela, as well as Venezuela's properties located in Venezuela, have immunity from set-off, attachment prior to judgment, attachment in aid of execution of judgment and execution of a judgment in actions and proceedings in Venezuela." Ello contradice el espíritu de lo dispuesto en el artículo 1de la Constitución de 1999 que dispone: Véase el texto del "Listing Memorandum, U.S.$3,000,000,000 12.75% Amortizing Bonds due 2022 (the "Bonds") de 23 de Agosto de 2010 en    http://www.100octanos.com/pdf/4ce8231cf06617db1bc921a0868de9ab.pdf. Dicha declaración sin duda, es contraria al espíritu del artículo 151 de la Constitución de 1999, que establece: "*Artículo 151.*    En los contratos de interés público, si no fuere improcedente de acuerdo con la naturaleza de los mismos, se considerará incorporada, aun cuando no estuviere expresa, una cláusula según la cual las dudas y controversias que puedan suscitarse sobre dichos contratos y que no llegaren a ser resueltas amigablemente por las partes contratantes, serán decididas por los tribunales competentes de la República, de conformidad con sus leyes, sin que por ningún motivo ni causa puedan dar origen a reclamaciones extranjeras."

7   Sobre el tema, para sólo referirnos a un autor, se destaca lo expresado por Moisés Naím, al preguntarse "¿Cómo conquistó Cuba a Venezuela," diciendo que "La respuesta es Hugo Chávez. Dejar entrar a los cubanos fue la expresión de su poder absoluto." Naím explica en efecto, que "La enorme influencia que Cuba ha logrado ejercer en Venezuela es uno de los

propia autonomía. Todo ello ha afectado la soberanía nacional, que se encuentra, en la práctica, extremadamente comprometida.

## *INTRODUCCIÓN:* EL ESTADO Y LA LEY (EL DERECHO ADMINISTRATIVO Y EL ESTADO)[*]

1. *El derecho administrativo entre el deber ser y la realidad que resulta de la práctica política*

En relación con la relación entre el Estado y la Ley y determinar en ese marco hacia dónde va el derecho público o en particular el derecho administrativo con el desarrollo de un Estado Totalitario en Venezuela, una primera aproximación al tema sería que nos dedicáramos a argumentar en el plano del deber ser, es decir, determinar *hacia dónde nosotros pensamos que debería ir el derecho público* como derecho del Estado. En ese caso, esa perspectiva nos llevaría a esbozar, desde un punto de vista principista y optimista, lo que también pensamos que deberían ser las nuevas tendencias del derecho administrativo hacia el futuro, en el marco de ese derecho público y del Estado que quisiéramos, conforme a todo lo que hemos estudiado y enseñado durante tantos años.

Pero la segunda aproximación al tema es la que nos impone buscar o determinar *hacia dónde es que efectivamente se está dirigiendo el derecho público y el Estado en la actualidad,* lo que implica entonces esbozar, partiendo de la realidad contemporánea, las nuevas tendencias que ese derecho público y el propio Estado le están imponiendo al derecho administrativo, que como bien sabemos, siempre está condicionado por el entorno político.

La primera aproximación, nos llevaría sólo a expresar buenos deseos, o buenas intenciones, argumentando sobre lo que quisiéramos que fuera el derecho administrativo y sus nuevas tendencias en una sociedad democrática, como por ejemplo sería el aseguramiento del sometimiento efectivo de la

---

acontecimientos geopolíticos más sorprendentes y menos comprendidos del siglo XXI. Venezuela es nueve veces más grande que Cuba, tiene el triple de población y su economía es cuatro veces mayor. El país alberga las principales reservas de petróleo del mundo. Sin embargo, algunas funciones cruciales del Estado o han sido delegadas a funcionarios cubanos o son directamente controladas por La Habana. Y esto, el régimen cubano lo conquistó sin un solo disparo." Véase en Moisés Naím, "¿Cómo conquistó Cuba a Venezuela," en el Observador Global. Blog de Moisés Naím, 20 de abril de 2014, en http://voces.latercera.com/2014/04/20/moises-naim/como-conquisto-cuba-a-venezuela/ Igualmente, Moisés Naím, "Cuba fed a president's fears and took over Venezuela," en *Financial Times,* 15 de abril de 2014, en http://www.ft.com/cms/s/0/b7141b78-c497-11e3-b2fb-00144feabdc0.html.

[*] Esta sección primera es básicamente el texto del documento elaborado para mi intervención oral en el *Congreso Internacional Conmemorativo del Acto Legislativo del 10 de septiembre de 1914 por el cual se estableció el Consejo de Estado,* sobre *Tendencias actuales del derecho público,* organizado por la Universidad del Rosario y el Consejo de Estrado, Biblioteca Luis Ángel Arango, Bogotá 8 al 10 de septiembre de 2014. Lamentablemente no pude estar presente en la sesión del Congreso, pero el Consejero Augusto Hernández Becerra me hizo el honor de leer partes del texto, lo cual de nuevo le agradezco mucho.

Administración al derecho, y el necesario reforzamiento y perfeccionamiento del control contencioso administrativo sobre la actividad de la Administración; el control ciudadano sobre el funcionamiento de la Administración mediante mecanismos efectivos de participación; la garantía de que la Administración realmente funcione basada en los principios de seguridad jurídica, trasparencia e igualdad; el aseguramiento de que los recursos públicos sean inviertan conforme a los principios de buena administración, con la erradicación o persecución de la corrupción administrativa; el desarrollo efectivo de la meritocracia en la Administración Pública de manera que haya un servicio civil que esté al servicio exclusivo del Estado y no de una determinada parcialidad política; en fin, el que se materialicen todos los principios del derecho administrativo que tanto hemos analizado.

Esta aproximación, sin duda, es la que todos hemos seguido en la enseñanza cotidiana de nuestra disciplina, la que todos hemos oído, sobre la cual todos hemos escrito, muchas veces aislándonos de la realidad A esa no es precisamente a la cual quiero referirme en esta Ponencia.

Me preocupa ahora la otra perspectiva, la de tratar de entender hacia dónde va realmente el derecho público en algunos de nuestros países, y cuáles son las nuevas perspectivas que el derecho administrativo está experimentando en ellos, y me refiero a aquellos países de nuestra América Latina que han venido siendo sometidos durante los últimos lustros a gobiernos totalitarios y populistas, con todas las consecuencias desastrosas que ello ha tenido para nuestra disciplina, construida con tanto esfuerzo, con arreglo a otros paradigmas estatales. Y lo cierto es que muchas veces, en general, tendemos a obviar estas realidades en nuestros estudios de derecho, considerándolos como anomalías que no requieren de nuestra atención. Sin embargo, allí están, y no muy lejos, incluso en muchos casos del otro lado de las fronteras.

Al exponer sobre el tema del "Modelo político y derecho administrativo", en la Primera Parte, explicaba que nuestra disciplina, como parte del derecho público, es ante todo, un derecho del Estado; y que como tal, gústenos o no nos guste, está ineludible y necesariamente vinculado al modelo político en el cual el mismo opera, conforme a la práctica política del gobierno actuante, siendo los condicionamientos políticos uno de los más importantes elementos que moldean a nuestra disciplina.[8]

Superado desde hace siglos el marco del Estado Absoluto con el surgimiento, a partir de las revoluciones francesa y norteamericana de finales del siglo XVIII, del Estado de derecho, basado en los principios de la supremacía

---

8    Sobre el tema, bajo el ángulo de la Administración, nos ocupamos hace años en Allan R. Brewer-Carías, "Les conditionnements politiques de l'administration publique dans les pays d'Amérique Latine", en *Revue Internationale des Sciences Administratives*, Vol. XLV, N° 3, Institut International des Sciences Administratives, Bruselas 1979, pp. 213-233; y "Los condicionamientos políticos de la Administración Pública en los países latinoamericanos" en *Revista de la Escuela Empresarial Andina*, Convenio Andrés Bello, N° 8, Año 5, Lima 1980, pp. 239-258

constitucional, soberanía popular, republicanismo, separación de poderes y declaración de derechos; y el desarrollo posterior de la democracia como régimen político, particularmente después de la segunda guerra mundial; el marco político del derecho administrativo comenzó a ser un orden jurídico que además de regular a los órganos del Estado y a su actividad, también comenzó a regular las relaciones jurídicas que en plano igualitario se comenzaron a establecer entre el Estado y los ciudadanos, basadas no ya en la antigua ecuación entre prerrogativas del Estado y sujeción de las personas a la autoridad, sino entre poder del Estado y derechos de los ciudadanos, los cuales además pasaron a ser declarados en las Constituciones. Se estableció, así, el famoso equilibrio entre uno y otro aspecto: prerrogativas estatales y derechos ciudadanos, el cual ha sido el que ha conformado la columna vertebral de nuestra disciplina.[9]

En ese marco fue que se consolidó el modelo político del Estado de derecho, funcionando montado sobre un régimen político de democracia representativa, basado en el principio del sometimiento del Estado al derecho y a la justicia, y en la primacía de los derechos y garantías constitucionales de los ciudadanos. En dicho marco, la acción de Estado y de la propia Administración comenzó a encontrar límites formales, los cuales también comenzaron a ser recogidos en normas constitucionales, produciéndose así la muy conocida y progresiva constitucionalización del propio derecho administrativo.[10]

Ello ha implicado incluso, que en la actualidad, la Constitución sea la fuente jurídica primaria y más importante en nuestra disciplina, regulando directamente aspectos de la organización, del funcionamiento y de la actividad de la Administración Pública; del ejercicio de la función administrativa; de las relaciones jurídicas que se establecen entre la Administración y los administrados; de los poderes y prerrogativas de los cuales aquella dispone para hacer prevalecer los intereses generales y colectivos frente a los intereses individuales; y de los medios de control de la Administración por los administrados, para asegurar su sometimiento al derecho.

---

9    Véase Allan R. Brewer-Carías, "El derecho a la democracia entre las nuevas tendencias del Derecho Administrativo como punto de equilibrio entre los Poderes de la Administración y los derecho del administrado," en Víctor Hernández Mendible (Coordinador), *Desafíos del Derecho Administrativo Contemporáneo (Conmemoración Internacional del Centenario de la Cátedra de Derecho Administrativo en Venezuela*, Tomo II, Ediciones Paredes, Caracas 2009, pp. 1417-1439.

10    Sobre el proceso de constitucionalización del derecho administrativo en Colombia y en Venezuela, véase Allan R. Brewer-Carías, "El proceso de constitucionalización del Derecho Administrativo en Colombia" en Juan Carlos Cassagne (Director), *Derecho Administrativo. Obra Colectiva en Homenaje al Prof. Miguel S. Marienhoff*, Buenos Aires 1998, pp. 157-172, y en *Revista de Derecho Público*, Nº 55-56, Editorial Jurídica Venezolana, Caracas, julio-diciembre 1993, pp. 47-59; y "Algunos aspectos de proceso de constitucionalización del derecho administrativo en la Constitución de 1999" en *Los requisitos y vicios de los actos administrativos. V Jornadas Internacionales de Derecho Administrativo Allan Randolph Brewer-Carías, Caracas 1996*, Fundación Estudios de Derecho Administrativo (FUNEDA), Caracas 2000, pp. 23-37.

## 2. El derecho administrativo y el paradigma democrático en las formulaciones constitucionales

Esos han sido los grandes avances jurídico formales de nuestra disciplina, todo lo cual nos confirma lo que es una realidad incontestable, y es que el derecho administrativo no es ni puede ser una rama políticamente neutra, y menos aún, un orden jurídico que haya encontrado la relativa rigidez o estabilidad de la que gozan otras ramas del derecho.

El derecho administrativo, aun cuando conservando principios esenciales, en realidad, tiene un inevitable grado el dinamismo que lo hace estar en constante evolución, como consecuencia directa, precisamente, de la propia evolución del Estado; lo que impone a ambos, al Estado y a su derecho administrativo, la necesidad de adaptarse a los cambios que se operan en el ámbito social y político de cada sociedad, de manera que siempre "refleja los condicionamientos políticos y sociales vigentes en un momento dado."[11]

Por ello, podemos responder a la pregunta de ¿hacia dónde va el derecho público?, afirmando que el mismo, en definitiva, va hacia donde vaya el Estado; y las nuevas tendencias del derecho administrativo serán las que resulten o se deriven de regular a la Administración de ese Estado.

Hemos dicho que en los últimas décadas, particularmente en la segunda mitad del siglo pasado, el condicionamiento político básico del derecho administrativo se lo suministró la conformación del Estado de derecho como Estado constitucional montado sobre un régimen político democrático,[12] lo que por ejemplo en 2000 le permitió afirmar a la Sala Político Administrativa del Tribunal Supremo de Justicia de Venezuela (que es el órgano equivalente en cuanto a sus competencias, y *mutatis mutandi*, al Consejo de Estado de Colombia), antes de que pasara a ser presa definitiva del Estado Totalitario que hoy tenemos,[13] en una frase que por supuesto ahora ha sido completamente olvidada e incluso, quizás considerada obsoleta; –afirmó la Sala– que:

---

11  Véase Martín Bassols, "Sobre los principios originarios del derecho administrativo y su evolución", en *Libro homenaje al profesor Juan Galván Escutia,* Valencia, 1980, p. 57.

12  Véase Allan R. Brewer–Carías, "El Derecho a la democracia entre las nuevas tendencias del derecho administrativo como punto de equilibrio entre los poderes de la Administración y los derechos del Administrado," en *Revista Mexicana "Statum Rei Romanae" de Derecho Administrativo.* Homenaje al profesor Jorge Fernández Ruiz, Asociación Mexicana de Derecho Administrativo, Facultad de Derecho y Criminología de la Universidad Autónoma de Nuevo León, México, 2008, pp. 85–122; y "Prólogo: Sobre el derecho a la democracia y el control del poder", al libro de Asdrúbal Aguiar, *El derecho a la democracia. La democracia en el derecho y la jurisprudencia interamericanos. La libertad de expresión, piedra angular de la democracia,* Editorial Jurídica Venezolana, Caracas, 2008, pp. 19 ss.

13  Por ejemplo, la Conferencia Episcopal de Venezuela ha advertido la grave situación el panorama político actual de Venezuela, destacando "la pretensión de imponer un modelo político totalitario y un sistema educativo fuertemente ideologizado y centralizado," así como "la criminalización de las protestas y la politización del poder judicial, que se manifiesta, entre otras cosas, en la existencia de presos políticos y en la situación de tantos jóvenes privados de libertad por haber participado en manifestaciones" Véase reportaje de Sergio Mora: "Los obispos de Venezuela: Pretenden imponer un modelo totalitario," en *Zenit. El mundo visto desde Roma,* Roma,

"el derecho administrativo es ante y por sobre todo un derecho democrático y de la democracia, y su manifestación está íntimamente vinculada a la voluntad general (soberanía) de la cual emana."[14]

Ello, sin duda, debería ser así, y quizás así lo creyó entonces el Tribunal Supremo. Pero con esa afirmación en realidad en lo que caemos es en el deber ser, en lo que quisiéramos que fuera la tendencia del derecho administrativo, por supuesto, si el Estado fuera realmente, siempre, un Estado democrático.[15]

Pero ya a estas alturas del conocimiento de nuestra disciplina, no creo equivocarme al afirmar que ninguno de los estudiosos del derecho público, para analizar un régimen político y la estructura de un Estado, puede basarse sólo en expresiones como esa, ni incluso, en las solas denominaciones y definiciones oficiales de los Estado insertas en las Constituciones. Tomen ustedes por ejemplo el caso de Colombia, cuya Constitución la proclama como "un Estado social de derecho, organizado en forma de República unitaria, descentralizada, con autonomía de sus entidades territoriales, democrática, participativa y pluralista, fundada en el respeto de la dignidad humana, en el trabajo y la solidaridad de las personas que la integran y en la prevalencia del interés general" (art. 1). No voy yo por supuesto a analizar aquí ni hacer ejercicio de validación alguna sobre esa declaración, como sé que los profesores colombianos lo habrán hecho tantas veces.

Pero en cambio, sí me voy a referir a la norma similar que se encuentra en la Constitución de Venezuela, y que declara, también, que: "se constituye en un Estado democrático y social de derecho y de justicia, que propugna como valores superiores de su ordenamiento jurídico y de su actuación, la vida, la libertad, la justicia, la igualdad, la solidaridad, la democracia, la responsabilidad social y, en general, la preeminencia de los derechos humanos, la ética y el pluralismo político" (art. 2), agregando el texto constitucional, además, que el Estado es "un Estado Federal descentralizado"(art. 4).

Mejor y más completa definición formal del Estado democrático en el texto de una Constitución, ciertamente es casi imposible encontrar para que sirva de marco general del ordenamiento jurídico que debería ser aplicable al Estado, y que debería ser el que habría de moldear al derecho administrativo. Sin embargo, ante esa definición, lo que corresponde es determinar si realmente, en la práctica política del gobierno del Estado de Venezuela, el mismo res-

---

12 julio 2014, en http://www.zenit.org/es/articles/los-obispos-de-venezuela-pretenden-imponer-un-modelo-totalitario

14    Véase la sentencia N° 1028 del 9 de mayo de 2000 en *Revista de Derecho Público*, N° 82, Editorial Jurídica Venezolana, Caracas, 2000, p. 214. Véase también, sentencia de la misma Sala de 5 de octubre de 2006, N° 2189 (Caso: *Seguros Altamira, C.A. vs. Ministro de Finanzas*), en *Revista de Derecho Público*, N° 108, Editorial Jurídica Venezolana, Caracas, 2006, p 100

15    Véase por ejemplo, Jesús María Alvarado Andrade, "Aproximación a la tensión Constitución y libertad en Venezuela," en *Revista de Derecho Público* N° 123, Editorial Jurídica Venezolana, Caracas, 2010, pp. 17-43

ponde a esos principios, o si son simples enunciados floridos, y nada más, de un Estado que no es nada de derecho, ni democrático, ni social, ni de economía mixta, ni de justicia, ni descentralizado, tal como efectiva y trágicamente es nuestro caso.

Si esa definición se ajustara a la realidad, aquí nada tendríamos que agregar más que decir que ante un Estado Constitucional de derecho, y además, democrático, descentralizado, social, de economía mixta y de justicia, la tendencia del derecho administrativo sería precisamente la que debería resultar de regular a la Administración de ese Estado, donde el pluralismo y la alternabilidad republicana tendrían que estar garantizada; donde la Administración y todos los órganos del Estado deberían estar sometidos al derecho, a través de un riguroso sistema de control judicial de la actividad administrativa; donde la Administración debería ejercer con imparcialidad y respetando la igualdad de todos, su tarea de gestionar el interés general y asegurar la satisfacción de las necesidades colectivas; dando con ello, plena garantía a los derechos de los administrados, en un marco de transparencia gubernamental y de pulcro manejo de los recursos financieros sometidos a escrupulosos controles fiscales. ¡Qué más quisiéramos…! Realmente, ¡qué más quisiéramos tener en Venezuela!

## 3. *El derecho administrativo y los autoritarismos*

Pero lamentablemente, ello no es así. Como dije, en la realidad, en Venezuela, contra lo que dice la Constitución, no hay ni un Estado de derecho, ni un Estado democrático, ni un Estado Social, ni un Estado de Economía Mixta, ni un Estado de Justicia, y además, no hay un Estado descentralizado. Lo que dice la Constitución simplemente no existe en la realidad, y ni siquiera su implementación fue la intención de los exmilitares que como grupo de destrucción[16] asaltaron el poder en el país 1999, como bien resulta de los documentos que fundamentaron el intento de golpe militar que ellos mismos ejecutaron en 1992, en el cual afortunadamente fracasaron, donde exponían lo que querían establecer, que no era otra cosa que un Estado totalitario y comunista en el país,[17] lo que sin embargo han logrado, pero esta vez usando o

---

16    Que como lo expresó el psiquiatra Franzel Delgado Senior, refiriéndose al grupo que asaltó el poder en 1999, el mismo opera como una "secta destructiva," definiendo ésta como "Un grupo organizado que emerge en el seno de una sociedad con las intenciones de destruir las instituciones y valores y obligarles a asumir los de la secta". Véase en "Franzel Delgado Sénior: "El chavismo opera como una secta destructiva," entrevista realizada por Gloria Bastidas, en *El Nacional*, 24 octubre de 2011, en: http://www.lapatilla.com/site/2011/10/26/franzel-delgado-senior-el-chavismo-opera-como-una-secta-destructiva/   Véase igualmente, Carlos Vílchez Navamuel, "El chavismo es una secta destructiva," 5 de octubre de 2014, en http://www.carlosvilcheznavamuel.com/el-chavismo-es-una-secta-destructiva/

17    Así se puede apreciar de los papeles del golpe de Estado de 1992, publicados en: Kléber Ramírez Rojas, *Historial documental de 4 de febrero*, Colección Alfredo Maneiro, Ministerio de la Cultura, Fundación Editorial El Perro y la Rana, Caracas 2006.

abusando de los instrumentos democráticos, que a la vez han desmantelado,[18] para someter al país a sus designios totalitarios.[19]

En efecto, ante el deterioro de los partidos políticos tradicionales; con la ceguera suicida de buena parte de la dirigencia civil y de la sociedad que como siempre pretendió que un mesías o un "Melquiades" como el de Macondo, le solucionaría todos sus problemas y frustraciones, y además, con la complicidad ingenua, pero no menos suicida, de otra parte de la población; en el segundo intento de asalto al poder en 1999, los mismos exmilitares del fallido golpe de 1992, esta vez acompañados de civiles resentidos que pronto abandonaron desilusionados y equivocados la empresa en la cual creyeron; esa vez efectivamente lograron asaltar el poder pero mediante una votación y elección para una inconstitucional Asamblea Constituyente. Ello lo lograron, además, con la abstención de muchos y el voto de pocos, todos obnubilados por el afán y las promesas de cambio; por supuesto, sin darse cuenta de que estaban votando por el establecimiento de un Estado autoritario,[20] que pronto derivó en totalitario y populista, que ha violado y moldeado el orden jurídico como sus líderes han querido, que ha desmantelado la democracia como régimen político, que ha empobrecido y hecho miserable a un país otrora próspero, y donde simplemente han eliminado la justicia.

Y en el marco de esta conferencia, es precisamente ese Estado, y la Administración Pública desarrollada por el mismo, lo que hay que analizar para poder responder a la pregunta de *¿Hacia dónde va el derecho púbico?* en un

---

18    Véase Allan R. Brewer-Carías, *Dismantling Democracy. The Chávez Authoritarian Experiment*, New York, 2010; y "La demolición del Estado de derecho y la destrucción de la democracia en Venezuela (1999-2009)," en José Reynoso Núñez y Herminio Sánchez de la Barquera y Arroyo (Coordinadores), *La democracia en su contexto. Estudios en homenaje a Dieter Nohlen en su septuagésimo aniversario*, Instituto de Investigaciones Jurídicas, Universidad Nacional Autónoma de México, México 2009, pp. 477-517.

19    Por eso Nelson Castellanos con razón anotó recientemente sobre "la gran mentira bolivariana, esa que prometió un proyecto social y terminó instalando el sistema comunista de los Castro. La que ofreció trabajar para los pobres, cuando su intención era seguir manteniéndolos abajo, para poder manipularlos.// Una banda que se preocupó por enriquecerse rápidamente y por tomar el control de todos los poderes del Estado, afin de no tener que irse nunca. Aunque para ello violara leyes y derechos, reprimiera o persiguiera a los ciudadanos que pretendieron oponerse a sus planes de perennidad." En "La mentira Bolivariana", en Noticiero Digital.com, julio 13, 2014, en http://www.noticierodigital.com/2014/07/la-mentira-bolivariana/.

20    En 1999, al propugnar el voto NO por la Constitución de 1999 elaborada por la Asamblea Constituyente y sometida a aprobación popular, advertí que si la Constitución se aprobaba, ello iba a implicar la implantación en Venezuela, de "un esquema institucional concebido para el autoritarismo derivado de la combinación del centralismo del Estado, el presidencialismo exacerbado, la democracia de partidos, la concentración de poder en la Asamblea y el militarismo, que constituye el elemento central diseñado para la organización del poder del Estado." En mi opinión esto no era lo que en 1999 se requería para el perfeccionamiento de la democracia; la cual al contrario, se debió basar "en la descentralización del poder, en un presidencialismo controlado y moderado, en la participación política para balancear el poder del Estado y en la sujeción de la autoridad militar a la autoridad civil" Documento de 30 de noviembre de 1999. *V.* en Allan R. Brewer–Carías, *Debate Constituyente (Aportes a la Asamblea Nacional Constituyente)*, Tomo III, Fundación de Derecho Público, Editorial Jurídica Venezolana, Caracas, 1999, p. 339.

país como Venezuela, tan cerca de ustedes; y precisar algo sobre cuáles son *las nuevas tendencias del derecho administrativo* que se han venido mostrando en el funcionamiento de la Administración de ese Estado.

Pero por favor, no nos alarmemos. La historia de nuestra disciplina está llena de casos de desarrollo del derecho administrativo en el marco de regímenes autoritarios, en los cuales incluso se dictaron leyes fundamentales para nuestra materia, aun cuando en el momento, por supuesto, con aplicación en la medida de las circunstancias. Allí está el caso de España en los años cincuenta, lejos de la democracia, en plena etapa del autoritarismo franquista, casi treinta años antes de la sanción de la Constitución de 1978, pero donde se sancionaron leyes tan importantes como las relativas al Régimen Jurídico de la Administración del Estado, y sobre Procedimientos Administrativos, las cuales sin duda, en el derecho positivo, fueron el punto de partida del derecho administrativo español y de buena parte del derecho administrativo latinoamericano contemporáneos, para buscar asegurar el sometimiento del Estado al derecho.

Allí, en ese momento, no había democracia, pero sin duda, sí había derecho administrativo, pues el Estado, sometido parcialmente al derecho y controlado también parcialmente por la jurisdicción contencioso administrativa, en el marco de un régimen en el cual, a pesar de que no había ni siquiera consagración efectiva de derechos y garantías constitucionales, no llegó a tener una conformación totalitaria, manteniendo el derecho administrativo cierto equilibrio entre los poderes del Estado y los derechos o situaciones de los administrados.

Y para no irnos muy lejos, la raíz del derecho administrativo contemporáneo en Venezuela puede situarse en la rica jurisprudencia de la antigua Corte Federal que funcionó en los años cincuenta, y que está contenida en múltiples sentencias que emanaron de dicho alto tribunal igualmente en la década precisamente de la dictadura militar que duró hasta 1958.[21] Tampoco allí había democracia, pero sin duda, aun en el marco de un régimen autoritario, aun cuando no totalitario, ya se habían sentado las bases del derecho administrativo contemporáneo en Venezuela, tal como se desarrolló en las décadas sucesivas, montadas sobre un cierto equilibrio entre poderes del Estado y derechos ciudadanos.

Es decir, en otros términos más generales, porque ejemplos como los indicados los podemos encontrar en la historia de nuestra disciplina de todos nuestros países, puede decirse que el sometimiento del Estado al derecho, que fue lo que originó el derecho administrativo desde comienzos del siglo XIX, no siempre tuvo el estrecho vínculo con la democracia como régimen político, como hay tanto consideramos; y el mismo pudo desarrollarse porque a

---

21 Véase Allan R. Brewer-Carías, *Las instituciones fundamentales del derecho administrativo y la jurisprudencia venezolanas*, Caracas 1964; y *Jurisprudencia de la Corte Suprema 1930-1974 y estudios de derecho administrativo*, Ediciones del Instituto de Derecho Público, Facultad de Derecho, Universidad Central de Venezuela, ocho volúmenes, Caracas 1975-1979.

pesar de la carencia democrática, el Estado estaba montado sobre un sistema que respetaba cierto equilibrio entre los poderes del Estado y los derechos ciudadanos, y en un sistema económico liberal, no llegándose a consolidarse como un Estado totalitario.

Otra realidad fue la de los Estados totalitarios, en los cuales la totalidad del Poder estuvo en manos de un partido o de una nomenklatura que asaltó al poder y lo puso a su servicio, sin control de naturaleza alguna, salvo las depuraciones sucesivas del liderazgo, apoderándose de todo, de propiedades, medios de producción, medios de comunicación, vidas y bienes, volviendo el ciudadano a ser siervo del Estado. En esos estados totalitarios, el derecho, si es que le podemos darle ese nombre, solo fue un amasijo de reglas maleables por el poder para asegurar el control total de la sociedad. Fue el caso de la Unión Soviética, y antes, del Estado Nazista o del Estado Fascista, y desde hace cinco décadas el Estado cubano. En realidad, todos fueron y son fascistas, donde el derecho administrativo, como nosotros lo hemos conocido, simplemente no existió, ni existe. En ese grupo, lamentablemente, ya entró el Estado venezolano.

4. *El derecho administrativo y el desequilibrio entre poderes estatales y derechos ciudadanos*

En efecto, no olvidemos que el elemento esencial que caracteriza al derecho administrativo de un Estado democrático de derecho, se da cuando el dicho derecho deja de ser un derecho exclusivamente del Estado, llamado a sólo regular su organización, su funcionamiento, sus poderes y sus prerrogativas, y pasa a ser realmente un derecho administrativo encargado de garantizar el punto de equilibrio que en una sociedad democrática tiene que existir entre los poderes del Estado y los derechos de los administrados. En el marco de un régimen totalitario, ese equilibrio por esencia no existe, y por ello es que en dicho régimen, el derecho administrativo no es un derecho democrático, aun cuando pretenda regular al Estado.

Como también lo señaló la Sala Político Administrativa del Tribunal Supremo de Justicia de Venezuela en la misma hoy olvidada sentencia Nº 1028 de 9 de mayo de 2000,

"El derecho administrativo se presenta dentro de un estado social de derecho como el punto de equilibrio entre el poder (entendido éste como el conjunto de atribuciones y potestades que tienen las instituciones y autoridades públicas, dentro del marco de la legalidad), y la libertad (entendida ésta como los derechos y garantías que tiene el ciudadano para convivir en paz, justicia y democracia)."[22]

Lo que caracteriza al derecho administrativo en un orden democrático, por tanto, no es otra cosa que ser el instrumento para asegurar la sumisión del

---

22 Véase en *Revista de Derecho Público*, Nº 82, Editorial Jurídica Venezolana, Caracas 2000, p. 214.

Estado al derecho pero con a la misión de garantizar el respeto a los derechos ciudadanos, en medio de una persistente lucha histórica por controlar el poder y como nos lo insistió Eduardo García de Enterría, contra las "inmunidades del poder,"[23] que es lo que ha caracterizado el devenir de nuestra disciplina. De manera que más democrático será el derecho administrativo si dicho equilibrio es acentuado; y menos democrático será, si su regulación se limita sólo a satisfacer los requerimientos del Estado, ignorando o despreciando el otro extremo, es decir, el de las garantías y derechos ciudadanos.

En todo caso, con el mencionado equilibrio se superó aquella visión del Estado como el "hipócrita personaje de doble faz" del que nos habló hace décadas Fernando Garrido Falla, que encerraba una "oposición aparentemente irreductible" entre, por una parte, el conjunto de prerrogativas que posee y que "sitúan a la Administración en un plano de desigualdad y favor en sus relaciones con los particulares"; y por la otra, y el conjunto de derechos y garantías de estos, que lo llevaban a regular lo que Garrido llamó "la más acabada instrumentación técnica del Estado liberal."[24]

En un Estado Totalitario, en cambio, definitivamente, esa doble faz queda eliminada, pero volcando el desequilibrio a favor del Estado, reduciéndose el derecho administrativo a ser, sola y exclusivamente, el conjunto de reglas destinadas a regular el funcionamiento de la Administración del mismo, y nada más.

Es en este marco, en el cual, entonces, quisiera tratar de responder en relación con Venezuela a la pregunta fundamental de *¿Hacia dónde va el derecho público?*, por supuesto, como derecho del Estado; y conforme a ello, tratar de identificar cuáles son las *nuevas tendencias del derecho administrativo* que se han venido manifestando.

Dije anteriormente que a pesar de que la Constitución venezolana diga que Venezuela se constituye en un Estado democrático y social de derecho y de justicia, y además, Federal descentralizado, después de tres lustros de gobierno autoritario, y de destrucción masiva de las instituciones del Estado Constitucional, el Estado venezolano se ha estructurado como un Estado totalitario, que no es ni democrático, ni social, ni de derecho, ni de justicia, ni descentralizado.

Ello implica por tanto que el derecho público que tenemos, no es el de la fórmula constitucional, sino el propio de un Estado Totalitario, que ha sido progresivamente desconstitucionalizado,[25] lo que implica que las nuevas ten-

---

23    Véase Eduardo García de Enterría, *La lucha contra las inmunidades de poder en el derecho administrativo*, Madrid 1983.

24    Véase Fernando Garrido Falla, "Sobre el derecho administrativo", en *Revista de Administración Pública*, N° 7, Instituto de Estudios Políticos, Madrid, 1952, p. 223.

25    Véase Jesús María Alvarado Andrade, "Sobre Constitución y Administración Pública ¿Es realmente el Derecho Administrativo en Venezuela un Derecho Constitucional Concretizado?" en José Ignacio Hernández (Coord.), *100 Años de Enseñanza del Derecho Administrativo en Vene-*

dencias del derecho administrativo que hemos estado experimentando son las que rigen en un Estado en el cual, siguiendo a Raymond Aron, [26] la concentración del poder ha sido total; donde existe un partido político estatal y militar único fusionado al propio Estado, que rechaza la democracia representativa y el parlamentarismo; un partido que posee el monopolio de la actividad política "legítima" y el monopolio de la aplicación de la ideología "socialista" "oficial" del Estado, que en realidad es la ideología comunista, la cual se ha convertido en verdad oficial del Estado y de la sociedad conforme a un Plan impuesto obligatoriamente denominado "Plan de la patria;" un Estado donde se niegan los derechos individuales y la libertad como valor máximo del liberalismo, siendo sustituidos por unos supuestos derechos colectivos de los cuales es presuntamente depositario, desconociéndose además la dignidad de la persona humana; un Estado que si bien desde 1975 controlaba en exclusiva la producción del petróleo, ahora ha asumido el monopolio total de todos los medios de producción, de manera que la economía es ahora totalmente controlada por el Estado y se convierte en parte del mismo; que ha asumido el control total de los medios de persuasión y coacción, incluso las policías locales; que ha asumido el monopolio de los medios de comunicación; en el cual se ha producido la politización de toda actividad, originándose una confusión entre sociedad civil y Estado, de manera que las faltas cometidas por los individuos en el marco de la actividad política, económica o profesional se conforman simultáneamente como faltas ideológicas. Ello, acompañado de una campaña cotidiana contra los "enemigos" inventados o imaginarios como la "burguesía," basada en expresiones llenas de odio, resentimiento, agresividad, belicosidad, y de mentiras repetidas una y mil veces, ha originado un terror ideológico generalizado.[27] Además, para mantenerse en el poder, el gobierno y su partido militar emplean el terror sobre la población, eliminando cualquier tipo de opinión disidente a la oficial, sirviéndose para ello de la policía y de los militares.

---

*zuela 1909-2009*, Centro de Estudios de Derecho Público de la Universidad Monteávila, Fundación de Estudios de Derecho Administrativo (FUNEDA), Caracas, 2011, pp. 165-263.

26   Véase Raymond Aron, *Democracia y totalitarismo*, Seix Barral, Madrid 1968

27   Como lo ha observado Leandro Area, como una de las características de lo que acertadamente califica como el "Estado misional," no menos importante, es la de que los gobernantes "al sentirse dueños de la verdad, poseedores del fuego originario, desarrollan una actividad de expansión del modelo de creencias y valores que conformando actitudes desencadenen en comportamientos. Adopta entonces la forma de Estado misionero. De allí que tantos catecismos, predicadores, formulas, catequesis rumiante. De allí que tantos micrófonos, antenas repetidoras, multiplicadores de consignas, milagreros, organizadores de resentidos, gerentes de la miseria humana no para salir de ella, superándola, sino para multiplicarla en epidemia. Y esta cruzada no se limita a la esfera de lo nacional, sino que siguiendo con los principios de la "revolución permanente" y el "internacionalismo proletario" entre otros, tiene la obligación y cobra fuerza, en el establecimiento de aliados complementarios, ya no por condicionantes económicas de existencia simplemente, sino como socios ideológicos y militares si fuera el caso." Véase Leandro Area, "El 'Estado Misional' en Venezuela," en *Analítica.com*, 14 de febrero de 2014, en http://analitica.com/opinion/opinion-nacional/el-estado-misional-en-venezuela/

E incluso, el ingrediente clásico del totalitarismo del culto a la personalidad basado en la exaltación de un líder, también la hemos sufrido, aunque ahora sea un fantasma con el cual la dirigencia se comunica por medio de un "pajarito," y que a pesar de haber fallecido, sin embargo en los medios, todos controlados por el Estado, "habla" todos los días y a toda hora, en televisión y radio, repitiéndose grabaciones de lo que dijo tanto y tantas veces; y al cual además, por fallecido, se le reza una "plegaria" como si fuera una deidad.[28] Lo cierto es que en el autoritarismo que habíamos tenido hasta hace poco tiempo, la concentración del poder que existió, aun cuando rechazaba a la oposición, sin embargo no excluía la admisión de cierto pluralismo en algunos medios y en los apoyos que el gobierno recibía, y no había la clara intención de homogeneización total de la sociedad, que ahora en cambio se ha manifestado brutalmente.[29]

---

28    Véase sobre la plegaria "Chávez nuestro de cada día," lo expresado por la Conferencia Episcopal de Venezuela en el reportaje "Iglesia Católica de Venezuela rechaza el "Chávez nuestro", diario *El Tiempo*, Bogotá, 4 de septiembre de 2014, en http://www.eltiempo.com/mundo/latinoamerica/padrenuestro-en-honor-a-hugo-chavez-rechazado-por-la-iglesia-venezolana/14483977. Véase sobre ello lo expresado por Monseñor Baltazar Porras en "El Chávez nuestro es una burla," en http://www.lapatilla.com/site/2014/09/06/monsenor-baltazar-porras-el-chavez-nuestro-es-una-burla/. Véase igualmente el Editorial del diario *El Tiempo*, "Chávez nuestro que estás en el cielo…," Bogotá, 5 de septiembre de 2014, en http://www.eltiempo.com/opinion/editorial/editorial-chavez-nuestro-que-estas-en-los-cielos-editorial-el-tiempo-/14492815. Quien ejerce la Presidencia de la República, Nicolás Maduro, sin embargo defiende la oración. Véase en "Venezuela: Maduro defiende oración "Chávez nuestro" y la compara con poema de Neruda," en *emol.com*, 4 de septiembre de 2014http://www.emol.com/noticias/internacional/2014/09/04/678653/venezuela-maduro-defiende-oracion-chavez-nuestro-y-pide-respeto-al-pueblo-creador.html. Sobre el tema, Tulio Hernández, después de analizar el desafuero, explicó que si en lugar de haberse modificado el Padre Nuestro se hubiese modificado "un versículo del Corán, y lo hubiese leído públicamente no en Venezuela sino en algún país donde opere el Estado Islámico, para el momento de escribir estas líneas hace rato que debería haberse quedado sin cabeza. Con transmisión en vivo y a manos de alguno de los fanáticos yihadistas que se han especializado en degollamientos globales de herejes. […]. La perversión mayor de "la oración del delegado" y la de todas las oraciones de culto a la personalidad, es atribuir a una persona humana cualidad o acciones propias de Dios. […] "Como no solo quieren el poder, también poseer el corazón, las creencias y la fe de los ciudadanos, los modelos totalitarios hacen cualquier cosa para lograrlo, incluyendo el culto al Jefe Único. En América Latina ya conocíamos el de Fidel y, un poco más un poco menos, los de Perón y Evita. Pero ninguno de ellos había llegado a los desafueros mística y grotescamente manipuladores del chavismo," concluyendo que terminó "de comprender por qué hay quienes creen que Venezuela ya no es una república sino un sanatorio mental donde los pacientes tomaron el control y aseguran que los médicos están locos." Véase Tulio Hernández, "Dios nació en Sabaneta," en *El Nacional*, 7 de septiembre de 2014, en http://www.el-nacional.com/tulio_hernandez/Dios-nacio-Sabaneta_0_478152190.html.

29    Véase lo expresado por Diosdado Cabello, Presidente de la Asamblea Nacional, al declarar que la oposición "no va a gobernar más nunca. Ni por las buenas ni por las malas," en *La Nación*, 1 de septiembre de 2014, en http://www.lanacion.com.ve/politica/diosdado-cabello-no-van-a-gobernar-este-pais-nunca-mas-ni-por-las-buenas-ni-por-las-malas/. Véase el comentario de Antonio Sánchez García, "Oposición y Resistencia," en *El Nacional*, Caracas 7 de septiembre de 2014, en *El Universal*, http://www.el-nacional.com/antonio_sanchez_garcia/Oposicion-resistencia_0_476352527.html.

Lo cierto, en todo caso, es que en Venezuela, el Estado que tenemos es un Estado Totalitario, que es la negación del Estado democrático y social de derecho, de economía mixta, de justicia y descentralizado, y las tendencias del derecho administrativo son las que resultan de el mismo, muy alejadas de aquél derecho vinculado a la democracia del cual nos hablaba el Tribunal Supremo hace casi tres lustros, y que tenía por misión garantizar los derechos de las personas, además de asegurar la gestión de los intereses públicos. Ahora sólo atiende a velar por la imposición a la población inerme, políticas autoritarias comunistas, incluso violando la Constitución y las leyes.

Para demostrar nuestra afirmación, analizaremos a continuación cómo en la práctica constitucional legislativa y gubernamental, el Estado en Venezuela ha dejado de ser un Estado de derecho, un Estado democrático, un Estado Social, un Estado de economía mixta, un Estado de justicia y un Estado descentralizado, con la advertencia de que si bien el análisis lo haremos separadamente por razones metodológicas, refiriéndonos a cada una de esas facetas constitucionales del Estado, la Constitución, al regular su específica concepción del Estado, lo hizo interrelacionando e imbricando todas ellas, sin que ninguna tenga ni pueda tener prevalencia sobre las otras. En consecuencia, el *Estado de derecho* no puede llegar a ser tal sin ser, a la vez, en Estado democrático, social, de economía mixta, de justicia y descentralizado; *el Estado democrático* no puede llegar a ser tal sin ser, a la vez, un Estado de derecho, social, de economía mixta, de justicia y descentralizado; *el Estado social* no puede llegar a ser tal sin ser, a la vez, un Estado de derecho, democrático, de economía mixta, de justicia y descentralizado; *el Estado de economía mixta* no puede llegar a ser tal sin ser, a la vez, un Estado de derecho, democrático, social, de justicia y descentralizado; *el Estado de justicia* no puede llegar a ser tal sin ser, a la vez, un Estado de derecho, democrático, social, de economía mixta y descentralizado; y en fin *el Estado descentralizado* no puede llegar a ser tal sin ser, a la vez, un Estado de derecho, democrático, social, de economía mixta y de justicia.

Es la integración de todos sus componentes o facetas, en plano de igual valor constitucional, lo que caracteriza precisamente al Estado en la Constitución. Y es precisamente la ausencia de realización de todos sus componentes lo que hace que el Estado en Venezuela sea hoy un Estado Totalitario, y el derecho administrativo se encuentre desquiciado.

## *SECCIÓN PRIMERA*: LA AUSENCIA DE ESTADO DE DERECHO[*]

Ante todo, cuando afirmamos que el Estado en Venezuela está configurado como un Estado Totalitario, es porque a pesar de lo que establece y declara la Constitución, el mismo no es un Estado de derecho, con lo que se ha quebrado uno de los pilares esenciales del derecho administrativo, que es el sometimiento pleno de la Administración a la ley y al derecho, en un régimen democrático.

Un Estado de derecho, para ser tal, en efecto, necesariamente tiene que estar estructurado conforme a una serie de elementos esenciales de la democracia, todos los cuales están totalmente imbricados y que, por tanto, conforman una unidad,[30] teniendo como el primero de todos ellos, la necesaria existencia de un orden constitucional que como ley suprema rija efectivamente a los órganos del Estado y a los ciudadanos, tal como se establece en el artículo 7 de la Constitución de 1999.

Lamentablemente, ese elemento no está asegurado en la Venezuela actual, ya que la Constitución dejó de ser la norma suprema obligatoria, como lo declara la propia Constitución (art 7), pasando a ser en el marco de un derecho público completamente desconstitucionalizado, un texto violable y violado, maleable, mutable y reformable, sin formalidad alguna, a discreción del gobierno. Hacia esa situación de ausencia de supremacía y rigidez constitucional es hacia la cual ha ido encaminándose el derecho público en el país de América Latina donde precisamente fue que por primera vez se sancionó una Constitución moderna en diciembre de 1811. De ello lo que nos resulta un derecho administrativo sin estabilidad, ya que su fuente primaria carece de rigidez.

### 1. *La Constitución violada*

En efecto, en la situación actual, *primero*, puede decirse que la Constitución se ha violado tantas veces cuanto los gobernantes la han blandido mostrando el famoso "librito azul" que la contiene, generalmente para tratar de

---

[*]  El texto de esta sección segunda, lo constituye buena parte de la ponencia sobre "El Estado de derecho como fundamento constitucional del derecho administrativo. Problemas en el Estado autoritario," redactada para el *XIII Congreso Iberoamericano de Derecho Administrativo*, sobre el tema general del Derecho Fundamental a la Buena Administración" (tema 1: "Fundamentos constitucionales del Derecho Administrativo"), organizado por el Foro Iberoamericano de Derecho Administrativo y la Universidad Panamericana, en ciudad de México, entre el 13 y el 16 Octubre de 2014

30  Véase sobre los elementos y componentes esenciales de la democracia como régimen político tal como se regularon en la Carta Democrática Interamericana, en Allan R. Brewer-Carías, "Algo sobre las nuevas tendencias del derecho constitucional: el reconocimiento del derecho a la constitución y del derecho a la democracia," en Sergio J. Cuarezma Terán y Rafael Luciano Pichardo (Directores), *Nuevas tendencias del derecho constitucional y el derecho procesal constitucional*, Instituto de Estudios e Investigación Jurídica (INEJ), Managua 2011, pp. 73-94.

justificar algún desafuero.[31] Se violó cuando se convocó una Asamblea Constituyente al margen de la Constitución en 1999;[32] se violó al intervenir la Asamblea Constituyente a todos los poderes constituidos en 1999;[33] se violó, al suspenderse *sine die* la vigencia de la Constitución, al sancionarse, al margen de la voluntad popular, una transitoriedad constitucional sin límites a partir de 2000;[34] se violó al designarse en 2000, y luego sucesivamente, a los altos funcionarios del Estado, sin garantizarse la participación ciudadana que impone su texto;[35] se violó a partir de 2000, en 2001, 2008 y 2014 con la sanción de legislación delegada sin efectuarse la consulta popular que impone la Constitución para las leyes.[36] Y casi todos esos casos, las violaciones recibieron el aval de la Sala Constitucional, en algunos casos absteniéndose de decidir impugnaciones, y en otros casos, mutando el texto constitucional,[37] como se verá más adelante.

## 2. La Constitución maleable

*Segundo*, la Constitución ha sido un texto maleable según las circunstancias, para lo cual el gobierno ha contado igualmente, como artífice máximo para la inconstitucional operación, con la Sala Constitucional del Tribunal Supremo (equivalente, también *mutatis mutandi* a la Corte Constitucional de Colombia). Se maleó, por ejemplo, cuando el Poder Ejecutivo y el Poder Legislativo, en 2007, propusieron y sancionaron una sustancial modificación de la Constitución siguiendo sin embargo el procedimiento de la "reforma cons-

---

31  Véase en general, Asdrúbal Aguiar, *Historia Inconstitucional de Venezuela*, Editorial Jurídica Venezolana, Caracas 2014. Véase nuestro Prólogo a dicha obra "Sobre cómo, desde sus inicios, el gobierno de H. Chávez se caracterizó por su política hostil contra la democracia," al libro de Asdrúbal Aguiar sobre *Historia Inconstitucional de Venezuela, 1999-2012*, Editorial Jurídica Venezolana, Caracas 2012, pp. 23-76.

32  Véase Allan R. Brewer-Carías, "Comentarios sobre la inconstitucional de la convocatoria a Referéndum sobre una Asamblea Nacional Constituyente, efectuada por el Consejo Nacional Electoral en febrero de 1999" en *Revista Política y Gobierno*, Vol. 1, N° 1, enero-junio 1999, Caracas 1999, pp. 29-92.

33  Véase Allan R. Brewer-Carías, *Debate Constituyente (Aportes a la Asamblea Nacional Constituyente)*, Tomo I, Fundación de Derecho Público, Editorial Jurídica Venezolana, Caracas 1999.

34  Véase Allan R. Brewer-Carías, *Golpe de Estado y Proceso Constituyente en Venezuela*, Universidad Nacional Autónoma de México, México 2002

35  Véase Allan R. Brewer-Carías,"La participación ciudadana en la designación de los titulares de los órganos no electos de los Poderes Públicos en Venezuela y sus vicisitudes políticas", en *Revista Iberoamericana de Derecho Público y Administrativo*, Año 5, N° 5-2005, San José, Costa Rica 2005, pp. 76-95

36  Véase Allan R. Brewer-Carías, "Apreciación general sobre los vicios de inconstitucionalidad que afectan los Decretos Leyes Habilitados" en *Ley Habilitante del 13-11-2000 y sus Decretos Leyes*, Academia de Ciencias Políticas y Sociales, Serie Eventos N° 17, Caracas 2002, pp. 63-103; "El derecho ciudadano a la participación popular y la inconstitucionalidad generalizada de los decretos leyes 2010-2012, por su carácter inconsulto," en *Revista de Derecho Público*, N° 130, (abril-junio 2012), Editorial Jurídica Venezolana, Caracas 2012, pp. 85-88.

37  Véase Allan R. Brewer-Carías, *Reforma constitucional y fraude a la Constitución (1999-2009)*, Academia de Ciencias Políticas y Sociales, Caracas 2009.

titucional," que no era el aplicable, pues por su contenido, dichas reformas sólo las podía efectuar una Asamblea Constituyente que debía convocarse al efecto.[38]

Sin embargo, la Sala Constitucional simplemente se negó a controlar la evidente inconstitucionalidad, para lo cual sin duda tenía competencia,[39] y declaró "improponibles" las demandas de nulidad por inconstitucionalidad que se intentaron contra el procedimiento de reforma,[40] la cual sin embargo fue el pueblo el que se encargó de rechazarla mediante referendo realizado en diciembre de 2007.[41]

Pero a pesar del rechazo popular, se moldeó de nuevo la Constitución por parte de la Asamblea Nacional, al utilizar, dos años después, el procedimiento de "enmienda constitucional" que menos aún era aplicable para implementar una de las reformas rechazadas, que era la modificación del principio sustancial de la alternabilidad republicana; previéndose en cambio y en sustitución al mismo, el principio de la reelección presidencial indefinida. Ese cambio, además, menos se podía hacer en el mismo período constitucional en el cual ya esa "reforma" se había rechazada por el pueblo en el referendo de 2007. En este último caso, sin embargo, fue la Sala Constitucional la que moldeó la Constitución[42] para permitir la mencionada enmienda que fue luego aprobada por el pueblo en referendo de 2009.[43]

### 3. La Constitución mutable

*Tercero*, la Constitución ha sido un texto mutable y mutado en múltiples ocasiones por parte de la Sala Constitucional, de manera que sin modificarse

---

38  Véase Allan R. Brewer-Carías, "Hacia la creación de un Estado Socialista, Centralizado y Militarista en Venezuela. Análisis de la propuesta presidencial de reforma constitucional," en *Estudios Jurídicos*, Volumen XIII, Enero 2004-Diciembre 2007, Asociación Hipólito Herrera Billini, Santo Domingo, República Dominica 2008, pp. 17-66.

39  Véase Allan R. Brewer-Carías, "La reforma constitucional en América Latina y el control de constitucionalidad", en *Reforma de la Constitución y control de constitucionalidad. Congreso Internacional*, Pontificia Universidad Javeriana, Bogotá Colombia, junio 14 al 17 de 2005, Bogotá, 2005, pp. 108-159

40  Véase Allan R. Brewer-Carías, "El juez constitucional vs. la supremacía constitucional O de cómo la jurisdicción constitucional en Venezuela renunció a controlar la constitucionalidad del procedimiento seguido para la 'reforma constitucional' sancionada por la Asamblea Nacional el 2 de noviembre de 2007, antes de que fuera rechazada por el pueblo en el referendo del 2 de diciembre de 2007," en Eduardo Ferrer Mac Gregor y César de Jesús Molina Suárez (Coordinadores), *El juez constitucional en el Siglo XXI*, Universidad nacional Autónoma de México, Suprema Corte de Justicia de la Nación, México 2009, Tomo I, pp. 385-435

41  Véase Allan R. Brewer-Carías,, "La proyectada reforma constitucional de 2007, rechazada por el poder constituyente originario", en *Anuario de Derecho Público 2007*, Año 1, Instituto de Estudios de Derecho Público de la Universidad Monteávila, Caracas 2008, pp. 17-65

42  Véase Allan R. Brewer-Carías, "El Juez Constitucional vs. La alternabilidad republicana (La reelección continua e indefinida), en *Revista de Derecho Público*, N° 117, (enero-marzo 2009), Caracas 2009, pp. 205-211

43  Véase la Enmienda Constitucional en *Gaceta Oficial* N° 5908 de 19 de febrero de 2009.

formalmente la letra de su texto, el juez constitucional le ha dado otro significado acorde con lo que le ha solicitado del gobierno, y para, en fraude a la voluntad popular, implementar la reforma constitucional que fue rechazada en 2007. Es decir, a pesar de la votación popular en contra de que se insertara en la Constitución un esquema de Estado Socialista, Centralizado, Militarista y Policial como el que se quería incorporar al Texto en 2007, el gobierno se negó a aceptarlo,[44] y en fraude a la voluntad popular y a la propia Constitución, la reforma se comenzó a implementar de inmediato mediante mutaciones constitucionales y legislación delegada.[45]

Y así fue que, por ejemplo, se mutó la Constitución en 2007, cuando una "competencia exclusiva" de los Estados en el régimen federal para administrar y mantener los puertos y aeropuertos nacionales situados en su territorio, fue transformada en una "competencia concurrente," permitiendo la indebida intervención del Poder Nacional en la materia;[46] se mutó la Constitución en 2009, cuando la prohibición de financiamiento público a los partidos políticos, se cambió para admitir el financiamiento público de las campañas electorales, en beneficio por supuesto del partido oficial, argumentándose que lo único que impedía la Constitución supuestamente era el financiamiento del funcionamiento interno de los mismos;[47] se mutó la Constitución en 2004, al transformarse el "referendo revocatorio" presidencial en un referendo "ratificatorio" para permitir a un Presidente cuyo mandato fue revocado por el pueblo en 2004, continuar ejerciendo el cargo;[48] se mutó la Constitución en 2009,

---

44    Muestra de ello es que siete años después, el Vicepresidente de la República, expresó que al contrario, la Constitución de 1999 supuestamente es una "Constitución socialista" llegando a afirmar lo siguiente: "Si a uno le preguntan: ¿qué es un Estado socialista?, uno tranquilamente pudiera definirlo, es un Estado democrático Social de Derecho y de Justicia pero uno no puede definir así el capitalismo. El Estado liberal, el Estado burgués, el Estado capitalista, ésta es –y sacó el librito azul del paltó– una Constitución socialista, ésta es una Constitución que nos brinda todas las herramientas, para que a partir de la organización del pueblo, para que a partir de la producción nacional podamos distribuir la riqueza equitativamente entre el pueblo, democratizar el acceso a la educación, a la salud, a la vivienda a la alimentación: la mayor suma de la felicidad posible de la cual nos habló El Libertador y el Comandante nos repitió con tanta insistencia." Véase el reportaje: "Arreaza: La Constitución es Socialista," en *Noticiero Digital.com*, 20 de julio de 2014, en http://www.noticierodigital.com/2014/07/arreaza-la-constitucion-es-socialista/

45    Véase Allan R Brewer-Carías, *Reforma constitucional y fraude a la Constitución (1999-2009)*, Academia de Ciencias Políticas y Sociales, Caracas 2009.

46    Véase Allan R. Brewer-Carías, "La Ilegítima mutación de la Constitución y la Legitimidad de la Jurisdicción Constitucional: La "Reforma" de la forma federal del Estado en Venezuela mediante interpretación constitucional," en *Anuario Nº 4, Diciembre 2010*, Instituto de Investigación Jurídicas, Facultad de Jurisprudencia y Ciencias Sociales, Universidad Dr. José Matías Delgado de El Salvador, El Salvador 2010, pp. 111-143.

47    Véase Allan R. Brewer-Carías, "El juez constitucional como constituyente: el caso del financiamiento de las campañas electorales de los partidos políticos en Venezuela," en *Revista de Derecho Público*, Nº 117, (enero-marzo 2009), Caracas 2009, pp. 195-203.

48    Véase Allan R. Brewer-Carías, La Sala Constitucional vs. el derecho ciudadano a la revocatoria de mandatos populares: de cómo un referendo revocatorio fue inconstitucionalmente convertido en un "referendo ratificatorio," en el libro *Crónica sobre la "In" Justicia Constitucional. La Sa-*

al confundirse el principio de la "alternabilidad" republicana con el principio "electivo," de manera que, eliminándose el primero, la prohibición de la re-elección presidencial se convirtió en reelección indefinida, luego incorporada en una ilegítima enmienda constitucional; [49] se mutó la Constitución desde 2008, al eliminarse la jerarquía constitucional de los tratados de derechos humanos y el principio de su aplicación inmediata por los jueces, estableciéndose en su lugar un régimen de monopolio de la Sala Constitucional para decidir en la materia, no previsto en la Constitución. [50]

Además, se mutó la Constitución en 2014, al trastocarse la prohibición de que la Fuerza Armada pueda realizar proselitismo político, interpretándose al contrario, que los militares si pueden realizar actividad política, conforme a las órdenes que reciban de la superioridad, partiendo del supuesto de que el Presidente-Comandante en Jefe, es el Presidente del partido de gobierno; [51] se mutó la Constitución al eliminarse el derecho a la participación política mediante consulta popular en materia de leyes, cuando se emitan por el Poder Ejecutivo; [52] y en fin, se mutó la Constitución al asumir la propia Sala Constitucional competencias en materia de justicia constitucional no previstas en la Constitución, como la de conocer el recurso autónomo de interpretación abstracta de la misma que ha servido para que los órganos del Estado obtengan de la Sala Constitucional, a la carta, [53] interpretaciones ajustadas a sus políti-

---

la Constitucional y el autoritarismo en Venezuela, Colección Instituto de Derecho Público, Universidad Central de Venezuela, N° 2, Caracas 2007, pp. 349-378.

49   Véase Allan R. Brewer-Carías, "El Juez Constitucional vs. La alternabilidad republicana (La reelección continua e indefinida), en Revista de Derecho Público, N° 117, (enero-marzo 2009), Caracas 2009, pp. 205-211.

50   Véase Allan R. Brewer-Carías, "El juez constitucional vs. La justicia internacional en materia de derechos humanos," en Revista de Derecho Público, N° 116, (julio-septiembre 2008), Editorial Jurídica Venezolana, Caracas 2008, pp. 249-260.

51   Véase el reportaje: "Maduro nombrado presidente del PSUV y Chávez líder eterno," en El Universal, Caracas 27-7-2014, en http://www.eluniversal.com/nacional-y-politica/140727/maduro-nombrado-presidente-del-psuv-y-chavez-lider-eterno.

52   Véase la sentencia N° 203 de 25 de marzo de 2014 (Caso Síndica Procuradora Municipal del Municipio Chacao del Estado Miranda, impugnación del Decreto Ley de Ley Orgánica de la Administración Pública de 2008), en http://www.tsj.gov.ve/decisiones/scon/marzo/162349-203-25314-2014-09-0456.HTML. Véase el comentario en Allan R. Brewer-Carías, "El fin de la llamada "democracia participativa y protagónica" dispuesto por la Sala Constitucional en fraude a la Constitución, al justificar la emisión de legislación inconsulta en violación al derecho a la participación política," en Allan R. Brewer-Carías, El golpe a la democracia dado por la Sala Constitucional, Colección Estudios Políticos N° 8, Editorial Jurídica venezolana, Caracas 2014, pp. 325-339.

53   Véase Allan R. Brewer-Carías, "Quis Custodiet Ipsos Custodes: De la interpretación constitucional a la inconstitucionalidad de la interpretación", en Revista de Derecho Público, N° 105, Editorial Jurídica Venezolana, Caracas 2006, pp. 7-27. Publicado en Crónica sobre la "In" Justicia Constitucional. La Sala Constitucional y el autoritarismo en Venezuela, Colección Instituto de Derecho Público. Universidad Central de Venezuela, N° 2, Editorial Jurídica Venezolana, Caracas 2007, pp. 47-79.

cas, pero contrarias a los principios constitucionales.[54] Tal fue el caso en 2014 de la sentencia de la Sala Constitucional mediante la cual, a petición del gobierno, la misma al supuestamente interpretar el artículo 68 de la Constitución procedió a "reformar" el artículo 43 de la Ley de Partidos Políticos que en materia de manifestación públicas sólo requiere de "participación previa" ante la autoridad civil para su realización, estableciendo como *obligatorio* que las organizaciones políticas requieran de una autorización de la primera autoridad civil de la jurisdicción correspondiente, para cualquier manifestación pública.[55]

### 4. El abandono de la rigidez constitucional

*Cuarto*, la Constitución además dejó de ser un texto rígido como lo exige su supremacía, lo que impone la necesidad de que su reforma se realice exclusivamente mediante los mecanismos previstos en su propio texto, que son: la convocatoria de una "Asamblea Constituyente," la "reforma constitucional" y la "enmienda constitucional," según lo sustancial de las modificaciones; y ha pasado a ser un texto reformable por medio de legislación ordinaria e incluso mediante decretos leyes, evidentemente en violación abierta a su texto. Esto ha ocurrido en Venezuela, sistemáticamente a partir de 2008, como respuesta de los Poderes Ejecutivo y Legislativo al rechazó popular al proyecto de reforma constitucional de 2007,[56] de manera que en abierto fraude a la propia Constitución y más grave aún, a la soberanía popular expresada en dicho referendo, el contenido de la reforma se ha ido implementando progresiva y sucesivamente mediante leyes y decretos leyes, ante la mirada cómplice de la Sala Constitucional que se ha abstenido de ejercer el control de constitucionalidad sobre dichos actos.

Así, todos los aspectos fundamentales de la rechazada reforma constitucional de 2007[57] puede decirse que han sido puestos en vigencia mediante

---

54    Véase Allan R. Brewer-Carías, "El juez constitucional al servicio del autoritarismo y la ilegítima mutación de la Constitución: el caso de la Sala Constitucional del Tribunal Supremo de Justicia de Venezuela (1999-2009)", en *Revista de Administración Pública*, N° 180, Madrid 2009, pp. 383-418.

55    Véase sentencia N° 276 de 23 de abril de 2014, en http://www.tsj.gov.ve/decisiones/scon/abril/163222-276-24414-2014-14-0277.HTML. Véase el comentario en Allan R. Brewer-Carías, "Un nuevo atentado contra la democracia: el secuestro del derecho político a manifestar mediante una ilegítima "reforma" legal efectuada por la Sala Constitucional del Tribunal Supremo," en Allan R. Brewer-Carías, *El golpe a la democracia dado por la Sala Constitucional*, Colección Estudios Políticos N° 8, Editorial Jurídica venezolana, Caracas 2014, pp. 305-324.

56    Véase en general sobre el contenido del Proyecto de Reforma Constitucional de 2007 los trabajos publicados en *Revista de Derecho Público*, N° 112 (Estudios sobre la Reforma Constitucional) (octubre-diciembre 2007), Editorial Jurídica Venezolana, Caracas 2007; y sobre los Decretos Leyes de 2008 los trabajos publicados en *Revista de Derecho Público*, N° 115, (julio septiembre 2008) (Estudios sobre los decretos leyes), Editorial Jurídica Venezolana, Caracas 2008.

57    Véase Allan R. Brewer-Carías,"El autoritarismo establecido en fraude a la Constitución y a la democracia, y su formalización en Venezuela mediante la reforma constitucional," en el libro *Estudios sobre el Estado Constitucional (2005-2006)*, Cuadernos de la Cátedra Fundacional

leyes y decretos leyes, en abierta violación de la Constitución, entre ellos están: la creación del Distrito Capital dependiente del Poder Nacional como lo era el viejo Distrito Federal eliminado en 1999;[58] la eliminación de la garantía de derecho de propiedad que impone la expropiación sólo después de pagada la justa compensación, habiéndose regulado en multitud de leyes una "expropiación administrativa" que permite el despojo de propiedades privadas sin pago previo de justa compensación, lo que se ha convertido en una confiscación, prohibida por lo demás en la propia Constitución;[59] la sustitución de la Fuerza Armada Nacional, por una Fuerza Armada Bolivariana, con nuevos componentes no establecidos en la Constitución;[60] y además, la pérdida de autonomía del Banco Central de Venezuela, convirtiéndolo en un instrumento más del manejo discrecional de las finanzas del Estado.[61]

Pero en el marco de la violación del principio de la rigidez constitucional, entre los aspectos de mayor importancia que deben destacarse es el proceso de desconstitucionalización del Estado, que se ha producido mediante la implementación, a través de leyes, del contenido de la rechazada reforma constitucional de 2007, con lo que se ha trastocado completamente el derecho público en Venezuela, surgiendo un "derecho administrativo" paralelo al del Estado Constitucional, que no tiene su fuente primaria en la Constitución de 1999, sino en leyes dictadas al margen de la misma.

Con ello, la Constitución perdió su carácter integral y auto comprensivo como instrumento de organización de la totalidad del Estado y de protección de los derechos ciudadanos, y fuente de todo el derecho, especialmente del derecho administrativo, creándose en paralelo al Estado Constitucional que ejerce el Poder Público, un "nuevo" Estado que es el llamado "Estado Comunal" o "Estado del Poder Popular," por supuesto no previsto en la Constitu-

---

Allan R. Brewer Carías de Derecho Público, Universidad Católica del Táchira, N° 9, Editorial Jurídica Venezolana, Caracas, 2007, pp. 78-113.

58    Véase Allan R. Brewer-Carías, "La problemática del régimen jurídico del "Distrito Capital" en la estructura federal del Estado en Venezuela, y su inconstitucional regulación legal", *AIDA Opera Prima de Derecho Administrativo*, N° 5, Universidad Nacional Autónoma de México, enero-junio 2009, México 2009, pp. 81-119.

59    Véase Antonio Canova, Antonio Canova González, Luis Alfonso Herrera Orellana, and Karina Anzola Spadaro, *¿Expropiaciones o vías de hecho? (La degradación continuada del derecho fundamental de propiedad en la Venezuela actual,"* Funeda, Universidad Católica Andrés Bello, Caracas 2009.

60    Véase Jesús María Alvarado Andrade, "La nueva Fuerza Armada Bolivariana (comentarios a raíz del Decreto N° 6.239, con rango, valor y fuerza de Ley Orgánica de la Fuerza Armada Nacional Bolivariana), en *Revista de Derecho Público*, N° 115 (Estudios sobre los decretos leyes 2008), Editorial Jurídica venezolana, Caracas 2008, pp. 197 ss. La Ley se reformó nuevamente en 2014: véase en *Gaceta Oficial* N° .6.156 Extra de 19-11-2014.

61    Véase la Ley Orgánica del Banco Central de Venezuela en *Gaceta Oficial* N° 39.419 de 7-5-2010. Véase Domingo Maza Zavala, "Maza Zavala: Reforma de la ley del BCV anula su autonomía," en La Cl@se.info, 28-10-2009, en http://www.laclase.info/nacionales/maza-zavala-reforma-de-la-ley-del-bcv-anula-su-autonomia. La Ley se reformó nuevamente en 2014: véase en *Gaceta Oficial* N° 6.155 Extra de 19-11-2014.

ción,[62] pero establecido legalmente para destruir al propio Estado Constitucional.

Puede decirse, en efecto, que esa fue la médula de lo que se buscaba establecer con la reforma constitucional de 2007 y que fue rechazada por el pueblo, que era sustituir el Estado Constitucional por el Estado Comunal o del Poder Popular, que es un Estado realmente configurado como Estado comunista. Como ello no se logró al rechazar el pueblo la reforma en 2007, la Asamblea Nacional, en abierta violación a la Constitución, impuso la misma en 2010, a través de la sanción de un conjunto de Leyes Orgánicas sobre el Poder Popular, las Comunas, los Consejos Comunales, la Economía Popular, y la Contraloría Social,[63] confirmando con ello el proceso de desconstitucionalización del Estado Constitucional y del derecho público, estableciéndose una estructura estatal paralela al Estado Constitucional que tiene por objeto final desmantelarlo y absorberlo, sustituyéndolo de hecho, mediante su ahogamiento. Y eso es lo que ha venido ocurriendo en los últimos años.[64]

En la Administración Pública Central, que es uno de los objetos fundamentales del derecho administrativo, ello se ha evidenciado por ejemplo, en la sustitución de los anteriores Ministerios del Ejecutivo Nacional que ejercen el Poder Ejecutivo, como uno de los poderes públicos del Estado Constitucional,[65] por unos "Ministerios del Poder Popular," y en la creación de unos "Vicepresidentes del Consejo de Ministros" (como si se tratara de un órgano diferenciado del gobierno, cuando en realidad es una de las formas de actuación del Presidente de la República) que violan abiertamente las previsiones constitucionales,[66] de manera que entre las nuevas tendencias del derecho admi-

---

62 Véase Allan R. Brewer-Carías, "Las leyes del Poder Popular dictadas en Venezuela en diciembre de 2010, para transformar el Estado Democrático y Social de Derecho en un Estado Comunal Socialista, sin reformar la Constitución," en *Cuadernos Manuel Giménez Abad*, Fundación Manuel Giménez Abad de Estudios Parlamentarios y del Estado Autonómico, N° 1, Madrid, Junio 2011, pp. 127-131.

63 Véase Allan R. Brewer-Carías, "Introducción General al Régimen del Poder Popular y del Estado Comunal (O de cómo en el siglo XXI, en Venezuela se decreta, al margen de la Constitución, un Estado de Comunas y de Consejos Comunales, y se establece una sociedad socialista y un sistema económico comunista, por los cuales nadie ha votado)," en Allan R. Brewer-Carías, Claudia Nikken, Luis A. Herrera Orellana, Jesús María Alvarado Andrade, José Ignacio Hernández y Adriana Vigilanza, *Leyes Orgánicas sobre el Poder Popular y el Estado Comunal (Los consejos comunales, las comunas, la sociedad socialista y el sistema económico comunal)* Colección Textos Legislativos N° 50,Editorial Jurídica Venezolana, Caracas 2011, pp. 9-182.

64 Véase Allan R. Brewer-Carías, "La Ley Orgánica del Poder Popular y la desconstitucionalización del Estado de derecho en Venezuela," en *Revista de Derecho Público*, N° 124, (octubre-diciembre 2010), Editorial Jurídica Venezolana, Caracas 2010, pp. 81-101.

65 Véase los Decretos N° 1.226, N°1.227 y N°1.228, publicados en *Gaceta Oficial* N°40.489 de 4 de septiembre de 2014.

66 Véase sobre el régimen ministerial en la Constitución y la Ley Orgánica de la Administración Pública en "Introducción general al régimen jurídico de la Administración Pública", en Allan R. Brewer-Carías (Coordinador y Editor), Rafael Chavero Gazdik y Jesús María Alvarado Andrade, *Ley Orgánica de la Administración Pública, Decreto Ley N° 4317 de 15-07-2008*, Colección Textos Legislativos, N° 24, 4ª edición actualizada, Editorial Jurídica Venezolana, Caracas 2009.

nistrativo está el desarrollo de estas formas de organización administrativa fuera del marco constitucional, que sin embargo han encontrado cabida en 2014 en la reforma de la Ley Orgánica de la Administración Pública.[67]

A ellas se suman las nuevas formas de organización de la Administración Pública creadas también fuera del orden ministerial, y del propio régimen de la Ley Orgánica de la Administración Pública, que no se les aplica, como son las denominadas "Misiones" con formas organizativas de las más variada naturaleza, a cargo de programas de subsidios sociales,[68] que sólo han sido reguladas recientemente en la Ley Orgánica de Misiones, Grandes Misiones y Micro-Misiones de 2014;[69] y las derivadas de la ceración de los Consejos Comunales, hacia los cuales se han ido desviando muchas funciones otrora de la Administración Central, pero que formalmente no están regidas por la Ley Orgánica de la Administración Pública sino por su propia Ley Orgánica de los Consejos Comunales.[70]

Estas nuevas instancias del Poder Popular, por otra parte, además de no estar regidas por la Ley Orgánica de la Administración Pública, tampoco están regidas por la Ley Orgánica del Poder Público Municipal, habiendo suplantado dichos Consejos Comunales y las Comunas, el carácter constitucional del Municipio de ser la unidad política primaria y autónoma de la organización nacional (art. 168). Con ello, además se ha producido una desmunicipalización de la vida local,[71] al buscarse estructurar a los Consejos Comunales como el centro de realización de una supuesta "democracia participativa" que nada tiene ni de democracia ni de participación,[72] pues no pasan de ser sino unos mecanismos institucionales comandados por personas no electas,

---

67  Véase en *Gaceta Oficial* No. 6.147 Extra. de 17-11-2014.

68  Véase Allan R. Brewer-Carías, "Una nueva tendencia en la organización administrativa venezolana: las "misiones" y las instancias y organizaciones del "poder popular" establecidas en paralelo a la administración pública," en *Retos de la Organización Administrativa Contemporánea, X Foro Iberoamericano de Derecho Administrativo* (26-27 de septiembre de 2011), Corte Suprema de Justicia, Universidad de El Salvador, Universidad Doctor José Matías Delgado, El Salvador, El Salvador, 2011, pp. 927-978.

69  Véase en *Gaceta Oficial* No. 6.154 Extra. de 19-11-2014.

70  Véase Allan R. Brewer-Carías, *Ley Orgánica de Consejos Comunales*, Colección Textos Legislativos, Nº 46, Editorial Jurídica Venezolana, Caracas 2010.

71  Véase Allan R. Brewer-Carías, "El inicio de la desmunicipalización en Venezuela: La organización del Poder Popular para eliminar la descentralización, la democracia representativa y la participación a nivel local", en *AIDA, Opera Prima de Derecho Administrativo. Revista de la Asociación Internacional de Derecho Administrativo*, Universidad Nacional Autónoma de México, Facultad de Estudios Superiores de Acatlán, Coordinación de Postgrado, Instituto Internacional de Derecho Administrativo "Agustín Gordillo", Asociación Internacional de Derecho Administrativo, México, 2007, pp. 49 a 67.

72  Véase Allan R. Brewer-Carías, "La necesaria revalorización de la democracia representativa ante los peligros del discurso autoritario sobre una supuesta "democracia participativa" sin representación," en *Derecho Electoral de Latinoamérica. Memoria del II Congreso Iberoamericano de Derecho*, Bogotá, 31 agosto-1 septiembre 2011, Consejo Superior de la Judicatura, ISBN 978-958-8331-93-5, Bogotá 2013, pp. 425-449.

controladas directamente por el partido de gobierno y uno de los "Ministerios del Poder Popular" del Ejecutivo Nacional, el ʹMinisterio del Poder Popular para las Comunas y Movimientos Sociales," que en septiembre de 2014 se ha integrado a un "Vicepresidente del Consejo de Ministros para Desarrollo del Socialismo Territorial."[73] De dicho Ministerio incluso dependen, en su propia existencia, las Comunas y los Consejos Comunales; que para poder existir tienen que ser previamente autorizados y registrados por el Ejecutivo Nacional, para lo cual la condición mínima es su afiliación a la ideología oficial, el socialismo, y al partido oficial.

A estos Consejos Comunales se ha referido, a partir de 2008, toda la legislación especial posterior reguladora de cualesquiera que sean las relaciones entre la Administración y los administrados, asignándoseles sistemáticamente el derecho de intervenir en las más variadas formas, pero sin embargo, estableciéndose que a los mismos no se le aplican las normas relativas a Administración Pública Nacional ni las relativas al Poder Público Municipal, es decir, el derecho administrativo del Estado Constitucional, dando así origen a una nueva tendencia del derecho administrativo, que es su propia desregulación, en cuanto a estas nuevas formas de organización administrativa, lo que ha implicado a la vez, su desconstitucionalización, desjuridificación, desadministrativización y desmunicipalización.

5. *La desinstitucionalización general del país*

Todo este proceso de desmantelamiento del orden constitucional ha tenido sus repercusiones directas en el orden institucional. El hecho de que la Constitución sea impunemente violable, maleable, mutable y desrigidizada, y que la estructura del Estado sea desconstitucionalizada y desjuridificada, ha tenido un efecto catastrófico sobre las instituciones y sobre el orden del derecho administrativo, agravado por el desapego sistemático y absoluto que han demostrado quienes conducen al Estado respecto de la ley y de las instituciones.

Respecto de las leyes, las mismas, insólitamente, dejaron de ser obligatorias para el gobierno, por la falta de control de legalidad, de manera que no es anormal que el gobierno actúe al margen de las mismas, convirtiéndose su acatamiento en la excepción y no en la regla.[74]

Y ese desprecio a la ley se ha reflejado también respecto de instituciones, y el valor social e histórico que tienen, sobre todo aquellas que precisamente tienen historia. Por ello, estas últimas han sido en efecto las más sistemática-

---

73   Véase en *Gaceta Oficial* N° 40.489 de 4 de septiembre de 2014.

74   Por eso Francisco Mieres, al referirse en particular a la tema de la criminalidad expresa que "en los países anómicos los criminales no viven al margen [de la ley] pues en ellos cumplir la ley es la excepción y su no acatamiento es la regla. El caso de Venezuela es aún más grave. Allí las leyes son órdenes que emanan desde el gobierno, es decir, la anomia ya alcanzó al, y viene desde el, gobierno. Es un caso único en América Latina." En Fernando Mieres, "Venezuela Anómica," en *prodavinci*, 7 de octubre de 2014, en http://prodavinci.com/blogs/venezuela-anomica-por-fernando-mires/

mente golpeadas y desmanteladas, y en todo caso, cambiadas o reformadas, sólo para tratar de reescribir la historia, conducta por lo demás típica de los regímenes Totalitarios y Populistas, para tratar de borrar el pasado, en el caso de Venezuela, lo que se ha llamado impropiamente la "Cuarta República," por ejemplo, para tratar de demostrar que la Nación materialmente ha "nacido" con el régimen autoritario iniciado en 1999, en la llamada también erradamente, desde el punto de vista histórico, como la "Quinta República." Esto ha ocurrido, por ejemplo, con los nombres y denominaciones de materialmente todos los órganos de la Administración, y con las leyes, todas las cuales han sido reformadas, en gran parte sin embargo conservando su mismo contenido, pero cambiándoles de nombre, como para que su partida de nacimiento esté en el siglo XXI y no en el siglo pasado. Ciertamente, se pueden cambiar hasta los nombres de las avenidas, puentes y autopistas, pero lo que es cierto es que la historia no se puede borrar.

En todo caso, todo este proceso de resquebrajamiento institucional de la estructura del Estado de derecho, ha dado origen a un cuadro progresivo de inseguridad jurídica que se agrava, abandonándose incluso toda idea de razonabilidad, predictibilidad, claridad y estabilidad de las reglas aplicables, todo lo cual hace cada vez más difícil el poder identificar con claridad y precisión los componentes íntegros del ordenamiento que es aplicable en determinadas áreas de actividad administrativa, es decir, las fuentes mismas del propio derecho administrativo. Por ello es que hemos dicho que la tendencia global que surge de esta realidad en cuanto al derecho administrativo, es su alteración y desquiciamiento.

En el marco anterior de carecer el Estado de una Constitución como norma suprema y rígida, sino de una Constitución sucesivamente violada, sin control, y además, de una Constitución maleable y mutable, conforme a los requerimientos del Gobierno, con el abandono total del principio de su rigidez, han originado un proceso de desinstitucionalización general del país y ausencia de garantías, que son los que lamentablemente están marcando las nuevas tendencias del derecho administrativo como rama del derecho desconstitucionalizada y desjuridificada.

*SECCIÓN SEGUNDA*: **LA AUSENCIA DE ESTADO DEMOCRÁTICO**[*]

Además de por la ausencia de Estado de derecho, el Estado en Venezuela también ha quedado configurado como un Estado Totalitario, porque a pesar de que lo establece y declara la Constitución, el mismo, en la realidad, tam-

---

[*] El texto de esta sección tercera, recoge parte de las reflexiones elaboradas con ocasión de la preparación de la conferencia que conforma la Sección primera, sobre el tema "¿Hacia dónde va el derecho público?: Estado Totalitario y nuevas tendencias del derecho administrativo," redactada para el mencionado 2014 *Congreso Internacional Conmemorativo del Acto Legislativo del 10 de septiembre de 1914 por el cual se estableció el Consejo de Estado*, sobre *Tendencias actuales del derecho público*, organizado por la Universidad del Rosario y el Consejo de Estado, Biblioteca Luis Ángel Arango, Bogotá 8 al 10 de septiembre de 2014.

poco es un Estado democrático, lo que ha implicado que al derecho administrativo se le haya sustraído su base democrática, como garantía del ciudadano, y haya quedado efectivamente sólo como un marco regulador del ejercicio del Poder por los funcionarios del Estado.

Un Estado democrático, en efecto, es aquél en el cual, además de estar asegurada la supremacía constitucional y la sumisión del Estado al derecho, concepto con el cual está esencialmente imbricado, exista *primero*, un régimen político de democracia representativa que permita y aliente la participación ciudadana, mediante la celebración de elecciones periódicas, libres, justas y basadas en el sufragio universal y secreto, como expresión de la soberanía del pueblo; *segundo*, un régimen plural de partidos y organizaciones políticas con libre actuación en plano de igualdad; *tercero*, un efectivo sistema de separación horizontal entre los poderes del Estado, que sirva para que el Poder controle al poder, de manera que el ejercicio del Poder Público pueda ser efectivamente controlado tanto judicialmente como por los otros medios dispuestos en la Constitución,[75] que aseguren la probidad y la responsabilidad de los gobiernos en la gestión pública; *cuarto*, un sistema de distribución vertical del Poder Público como principio medular de la organización del Estrado, para permitir, a través de la descentralización política del poder, la participación ciudadana; y *quinto*, una declaración de derechos humanos y libertades fundamentales, entre ellos, los derechos individuales, sociales, económicos y ambientales, en particular, la libertad de expresión, que estén todos garantizados constitucionalmente y sean asegurados y justiciables por un Poder Judicial independiente y autónomo.[76]

Para que exista un Estado democrático, por tanto, tampoco bastan las declaraciones constitucionales, y ni siquiera, la sola existencia de elecciones. Ya el mundo contemporáneo ha conocido demasiadas experiencias de toda suerte de tiranos que usaron el voto popular para acceder al poder, y que luego, mediante su ejercicio incontrolado, desmantelaron la propia democracia y desarrollaron gobiernos autoritarios, contrarios al pueblo, que acabaron con la democracia y con todos sus elementos,[77] comenzando por el irrespeto a los derechos humanos. Esta es la lamentable situación que se ha dado en Venezuela, donde se ha arraigado un gobierno autoritario y un Estado Totalitario,

---

75  Véase Allan R. Brewer–Carías, "Prólogo: Sobre el derecho a la democracia y el control del poder", al libro de Asdrúbal Aguiar, *El derecho a la democracia. La democracia en el derecho y la jurisprudencia interamericanos. La libertad de expresión, piedra angular de la democracia*, Editorial Jurídica Venezolana, Caracas 2008, pp. 19 ss.

76  Véase Allan R. Brewer-Carías, "Algo sobre las nuevas tendencias del derecho constitucional: el reconocimiento del derecho a la constitución y del derecho a la democracia," en Sergio J. Cuarezma Terán y Rafael Luciano Pichardo (Directores), *Nuevas tendencias del derecho constitucional y el derecho procesal constitucional*, Instituto de Estudios e Investigación Jurídica (INEJ), Managua 2011, pp. 73-94.

77  Véase en relación con el caso de Venezuela: Allan R. Brewer-Carías, *Dismantling Democracy. The Chávez Authoritarian Experiment*, Cambridge University Press, New York 2010.

partiendo de elementos que se insertaron en la misma Constitución de 1999,[78] lo que permite afirmar que no tenemos un Estado democrático.

Más bien, lo que tenemos es un Estado donde no hay efectiva democracia representativa; donde no existe democracia participativa, no pasando, la "democracia participativa y protagónica" que se pregona, de ser un esquema si acaso de movilización popular pero controlada por el gobierno central; donde no hay separación de poderes; donde no sólo los militares no están sometidos a la autoridad civil, sino que los mismos controlan el poder y a la Administración; y donde no hay libertad de expresión, habiendo quedado en su mínima expresión, entre otros factores, por el acaparamiento de los medios de comunicación por parte del Estado.

### 1. *Las fallas de la representatividad democrática*

En efecto, en la situación actual, *primero*, en Venezuela no hay un sistema efectivo y real de democracia representativa, entre otros aspectos, por las previsiones contenidas en la reforma de la Ley Orgánica de Procesos Electorales,[79] la cual al regular la representación proporcional y la personificación del sufragio, lo que logró fue permitirle al partido de gobierno que con minoría del voto popular haya asegurado controlar la mayoría de los escaños en la Asamblea Nacional.[80] Además, el sistema se caracteriza por el abuso que deriva de la imbricación total entre el partido oficial y el aparato del Estado, el cual ha sido íntegramente puesto al servicio de los candidatos oficiales; por la recepción consecuente por parte del partido oficial que preside el propio Presidente de la República, de un ingente financiamiento directo e indirecto del Estado, sin que nunca se haya rendido cuentas de ello; por el control obsceno de todos los medios de comunicación por parte del Estado, y por el abuso de

---

78    Véase los comentarios críticos a la semilla autoritaria en la Constitución de 1999, en Allan R. Brewer–Carías, *Debate Constituyente (Aportes a la Asamblea Nacional Constituyente), Tomo III (18 octubre–30 noviembre 1999)*, Fundación de Derecho Público–Editorial Jurídica Venezolana, Caracas, 1999, pp. 311–340; "Reflexiones críticas sobre la Constitución de Venezuela de 1999," en el libro de Diego Valadés, Miguel Carbonell (Coordinadores), *Constitucionalismo Iberoamericano del Siglo XXI*, Cámara de Diputados. LVII Legislatura, Universidad Nacional Autónoma de México, México 2000, pp. 171–193; en *Revista de Derecho Público*, N° 81, Editorial Jurídica Venezolana, Caracas, enero–marzo 2000, pp. 7–21; en *Revista Facultad de Derecho, Derechos y Valores*, Volumen III N° 5, Universidad Militar Nueva Granada, Santafé de Bogotá, D.C., Colombia, Julio 2000, pp. 9–26; y en el libro *La Constitución de 1999*, Biblioteca de la Academia de Ciencias Políticas y Sociales, Serie Eventos 14, Caracas, 2000, pp. 63–88.

79    Véase sobre la Ley Orgánica de los Procesos Electorales en *Gaceta Oficial* N° 5928 Extra. de 12 de agosto de 2009. Sobre el sistema electoral antes de esta Ley véase Allan R. Brewer-Carías, "Reforma electoral en el sistema político de Venezuela", en Daniel Zovatto y J. Jesús Orozco Henríquez (Coordinadores), *Reforma Política y Electoral en América Latina 1978-2007*, Universidad Nacional Autónoma de México-IDEA internacional, México 2008, pp. 953-1019.

80    Véase Allan R. Brewer-Carías, "Reforma electoral en el sistema político de Venezuela", en Daniel Zovatto y J. Jesús Orozco Henríquez (Coordinadores), *Reforma Política y Electoral en América Latina 1978-2007*, Universidad Nacional Autónoma de México-IDEA internacional, México 2008, pp. 953-1019.

los candidatos oficiales en la utilización limitada de los mismos de comunicación, en las campañas electorales.

El sistema electoral y de escrutinio, además, ha estado controlado por un conjunto de órganos, como son los que conforman el Poder Electoral, que al contrario del carácter independiente, autónomo, despartidizado, imparcial y con participación ciudadana que prevé la Constitución (art. 294), ha estado comandado, desde 2004, por un Consejo Nacional Electoral totalmente dependiente del Poder Ejecutivo, sin autonomía, completamente partidizado, integrado en su mayoría por miembros del partido oficial y controlado por el mismo, totalmente parcializado a favor de éste último, y en cuya gestión se niega toda forma de participación ciudadana, salvo la que deriva de las cargas ciudadanas para el cumplimiento temporal de funciones electorales. Ese órgano no ha podido, por tanto, garantizar ni la igualdad, ni la imparcialidad, ni la transparencia, ni la eficiencia de los procesos electorales que exige la Constitución (art. 293), particularmente desde cuándo a partir de 2004 fue doblemente secuestrado por la Sala Constitucional del Tribunal Supremo de Justicia, y puesto al servicio de los intereses electorales del partido oficial.[81]

El resultado de todo ello ha sido que lejos de ser el régimen político venezolano el de una democracia, donde la conjunción de intereses y posiciones contrapuestas es indispensable para poder gobernar, mediante el diálogo, acuerdos y compromisos; se trata, de hecho, de un régimen de partido único que controla todos los poderes, y que incluso no reconoce a la oposición; lo que se ha manifestado en más de una ocasión, con los anuncios públicos y sucesivos de que la mayoría oficialista en la Asamblea Nacional de no dialogarán siquiera con la oposición. Ello ocurrió, por ejemplo, en 2010, cuando la mayoría oficialista perdió la mayoría calificada que tenía en la Asamblea Nacional, y ha ocurrido de nuevo recientemente.[82] Este desconocimiento de la oposición ha conducido, de hecho, a que el sistema político sea en la práctica uno de partido único, al punto de que el nombramiento de los altos funcionarios del Estado que desde hace años tienen sus períodos vencidos, como el Contralor General de la República y los miembros del Consejo Nacional Electoral, no puede tener lugar porque el partido de gobierno se niega a entrar siquiera en conversaciones con los diputados representantes de la oposición, sin cuyos votos no pueden efectuarse tales nombramientos.

---

81 Véase Allan R. Brewer-Carías, "El Poder Electoral y la confiscación del derecho a la participación política mediante el referendo revocatorio presidencial: Venezuela 2000-2004", en Juan Pérez Royo, Joaquín Pablo Urías Martínez, Manuel Carrasco Durán, Editores), *Derecho Constitucional para el Siglo XXI. Actas del Congreso Iberoamericano de Derecho Constitucional,* Tomo I, Thomson-Aranzadi, Madrid 2006, pp. 1081-1126; y "La autonomía e independencia del Poder Electoral y de la Jurisdicción Electoral en Venezuela, y su secuestro y sometimiento por la jurisdicción Constitucional," Documento preparado para el *III Congreso Iberoamericano de Derecho Electoral,* Facultad de Estudios Superiores de Aragón de la Universidad Nacional Autónoma de México, Estado de México, 27-29 Septiembre de 2012.

82 Véase por ejemplo lo declarado por el Presidente de la Asamblea Nacional en *El Universal,* Caracas 17 de julio de 2014, en http://www.eluniversal.com/nacional-y-politica/140717/ca-bello-descarta-cualquier-reunion-con-partidos-de-la-oposicion .

## 2. Las fallas de la llamada democracia participativa

*Segundo*, en la situación actual, en Venezuela tampoco hay un sistema real y efectivo de democracia participativa, y aún menos "protagónica." En la actualidad, la participación del pueblo en política, como en la más típica de las democracias formales, se ha reducido a la participación mediante voto en las elecciones. Los mecanismos de democracia directa, como los referendos, se han hecho de imposible ejercicio por las condiciones y requisitos legales impuestos para que por iniciativa popular puedan convocarse como lo exige la Constitución;[83] y los mecanismos de participación ciudadana directamente previstos en la Constitución han sido arrebatados al pueblo, al distorsionarse en la legislación la integración de los Comités de Postulaciones Judiciales, Electorales y del Poder Ciudadano, que quedaron bajo el control político de la mayoría oficialista de la Asamblea Nacional sin que el ciudadano y sus organizaciones pueda participar;[84] y al haberse vaciado, por la Sala Constitucional, la norma constitucional que prevé la consulta popular necesaria e indispensable antes de la sanción de las leyes, al haber dispuesto, en fraude a la Constitución, que ello no se aplica a la legislación delegada, dictada mediante decretos leyes, que en definitiva se ha convertido en la forma normal de legislación en el país.[85]

Pero la ausencia de participación política también queda evidenciada en la forma cómo se ha estructurado el denominado Poder Popular o Estado Comunal, sobre la base de Consejos Comunales comandados por voceros que no son electos, sino impuestos por el partido de gobierno que los controla, y sin cuyo manejo ni siquiera pueden obtener reconocimiento por el Ministerio de la Participación.[86]

---

83  Véase Allan R. Brewer-Carías, *La Sala Constitucional versus el Estado democrático de derecho. El secuestro del Poder Electoral y de la Sala Electoral del Tribunal Supremo y la confiscación del derecho a la participación política*, Los Libros de El Nacional, Colección Ares, Caracas 2004; "El secuestro del Poder Electoral y la confiscación del derecho a la participación política mediante el referendo revocatorio presidencial: Venezuela 2000-2004", en *Boletín Mexicano de Derecho Comparado*, Instituto de Investigaciones Jurídicas, Universidad Nacional Autónoma de México, N° 112. México, enero-abril 2005 pp. 11-73.

84  Véase Allan R. Brewer-Carías, "La participación ciudadana en la designación de los titulares de los órganos no electos de los Poderes Públicos en Venezuela y sus vicisitudes políticas", en *Revista Iberoamericana de Derecho Público y Administrativo*, Año 5, N° 5-2005, San José, Costa Rica 2005, pp. 76-95; y "Sobre el nombramiento irregular por la Asamblea Nacional de los titulares de los órganos del poder ciudadano en 2007", en *Revista de Derecho Público*, N° 113, Editorial Jurídica Venezolana, Caracas 2008, pp. 85-88.

85  Véase Allan R. Brewer-Carías, "Apreciación general sobre los vicios de inconstitucionalidad que afectan los Decretos Leyes Habilitados" en *Ley Habilitante del 13-11-2000 y sus Decretos Leyes*, Academia de Ciencias Políticas y Sociales, Serie Eventos N° 17, Caracas 2002, pp. 63-103; y "El derecho ciudadano a la participación popular y la inconstitucionalidad generalizada de los decretos leyes 2010-2012, por su carácter inconsulto," en *Revista de Derecho Público*, N° 130, (abril-junio 2012), Editorial Jurídica Venezolana, Caracas 2012, pp. 85-88.

86  Véase Allan R. Brewer-Carías, *Ley Orgánica de Consejos Comunales*, Colección Textos Legislativos, N° 46, Editorial Jurídica Venezolana, Caracas 2010.

En realidad, la "democracia participativa" que se ha vendido supuestamente consolidando a través de la creación de estas organizaciones del llamado "Poder Popular," no es más que una falacia de participación,[87] pues se trata de instituciones propias del populismo de Estado, que maneja el Poder Central, para repartir recursos fuera de los canales regulares del Estado y particularmente fuera de los gobiernos locales, vaciando en paralelo a los Municipios de competencias, pero que dependen totalmente, incluso en su propia existencia, de una decisión del Ejecutivo Nacional. En esos Consejos, en realidad, el único que "participa" es el partido de gobierno y los derivados de su clientelismo, y si alguna participación se le da a la población local en el proceso de inversión de los recursos repartidos, por supuesto es sólo parcial, solo para los sectores que se identifican con el socialismo como doctrina oficial. De resto, lo que hay es exclusión y marginamiento.

3. *La ausencia de separación de poderes*

*Tercero*, la ausencia de Estado democrático en Venezuela, deriva de la ausencia de aplicación del principio de la separación de poderes, el cual en un Estado de derecho, es el fundamento de la democracia, y el elemento fundamental para garantizar el necesario equilibro que debe haber entre los poderes y prerrogativas de la Administración del Estado y los derechos ciudadanos.[88] Su importancia es de tal naturaleza que solo controlando al Poder es que puede haber democracia, es decir, elecciones libres y justas; pluralismo político; efectiva participación en la gestión de los asuntos públicos; transparencia administrativa en el ejercicio del gobierno; rendición de cuentas por parte de los gobernantes; sumisión efectiva del gobierno a la Constitución y las leyes; efectivo acceso a la justicia; y real y efectiva garantía de respeto a los derechos humanos.[89]

En cambio, nada de ello se logra en un Estado Totalitario, como el que se ha configurado en Venezuela, donde al contrario, la totalidad del Poder está

---

87    Véase Allan R. Brewer-Carías, "La necesaria revalorización de la democracia representativa ante los peligros del discurso autoritario sobre una supuesta "democracia participativa" sin representación," en *Derecho Electoral de Latinoamérica. Memoria del II Congreso Iberoamericano de Derecho*, Bogotá, 31 agosto-1 septiembre 2011, Consejo Superior de la Judicatura, ISBN 978-958-8331-93-5, Bogotá 2013, pp. 425-449. Véase además, el texto de la Ponencia: "La democracia representativa y la falacia de la llamada "democracia participativa," *Congreso Iberoamericano de Derecho Electoral*, Universidad de Nuevo León, Monterrey, 27 de noviembre 2010.

88    Véase sobre el tema Gustavo Tarre Briceño, *Solo el poder detiene al poder, La teoría de la separación de los poderes y su aplicación en Venezuela*, Colección Estudios Jurídicos N° 102, Editorial Jurídica Venezolana, Caracas 2014; y Jesús María Alvarado Andrade, "División del Poder y Principio de Subsidiariedad. El Ideal Político del Estado de Derecho como base para la Libertad y prosperidad material" en Luis Alfonso herrera Orellana (Coord.), *Enfoques Actuales sobre Derecho y Libertad en Venezuela*, Academia de Ciencias Políticas y Sociales, Caracas, 2013, pp. 131-185.

89    Véase Allan R. Brewer-Carías, "Prólogo" al libro de Gustavo Tarre Briceño, *Solo el poder detiene al poder, La teoría de la separación de los poderes y su aplicación en Venezuela*, Colección Estudios Jurídicos N° 102, Editorial Jurídica Venezolana, Caracas 2014, pp. 13-49.

concentrada, y los poderes son manejados por el binomio establecido entre Poder Legislativo y Poder Ejecutivo. A pesar de que la Constitución establece, no tres sino cinco poderes públicos separados, que son los poderes Legislativo, Ejecutivo, Judicial, Ciudadano y Electoral, la realidad es que en el propio texto constitucional se dispuso el germen de la concentración del poder en manos de la Asamblea Nacional y, consecuencialmente, del Poder Ejecutivo, que la controla políticamente.[90] Con ello, progresivamente, los otros Poderes Públicos, y particularmente el Poder Judicial, el Poder Ciudadano y el Poder Electoral han quedado sometidos a la voluntad del Ejecutivo.[91]

Esta dependencia de todos los órganos de los poderes del Estado respecto del Ejecutivo y del Legislativo, y en especial en lo que se refiere a los órganos de control, ha sido lo que ha originado la abstención total de los mismos de ejercer las potestades que le son atribuidas, y con ello, la práctica política de concentración total del poder en manos del Ejecutivo, dado el control político partidista que éste ejerce sobre la Asamblea Nacional, y por con ello, la configuración de un modelo político autoritario. Además, la designación de los jefes de dichas instituciones de control ha quedado a la merced de la Asamblea Nacional, por la violación sistemática de la previsión garantizadora del derecho a la participación política en la designación de los mismos, mediante unos Comités de postulaciones que debían estar integrados exclusivamente por representantes de los diversos sectores de la sociedad. Desde 2000, dichos Comités, se sustituyeron por simples "comisiones parlamentarias ampliadas" controladas completamente por el partido de gobierno.[92]

En ese contexto, entonces, a pesar de que hay un Poder Ciudadano supuestamente autónomo e independiente, dentro del mismo, la Contraloría General de la República dejó de ejercer control fiscal alguno de la Administración Pública, y ello a pesar de la inflación de las prácticas de corrupción que impiden que en el país siquiera se pueda obtener el más simple de los servicios administrativos sin pago previo, lo que ha ubicado al país en el primer lugar del índice de corrupción en el mundo, según las cifras difundidas por Transparencia Internacional.[93]

---

90  Véase Allan R. Brewer-Carías, El sistema presidencial de gobierno en la Constitución de Venezuela de 1999 (Bogotá, junio 2005), *Estudios sobre el Estado Constitucional (2005-2006)*, Cuadernos de la Cátedra Fundacional Allan R. Brewer Carías de Derecho Público, Universidad Católica del Táchira, N° 9, Editorial Jurídica Venezolana, Caracas, 2007, pp.475-624.

91  Véase Allan R. Brewer-Carías, El sistema presidencial de gobierno en la Constitución de Venezuela de 1999 (Bogotá, junio 2005), *Estudios sobre el Estado Constitucional (2005-2006)*, Cuadernos de la Cátedra Fundacional Allan R. Brewer Carías de Derecho Público, Universidad Católica del Táchira, N° 9, Editorial Jurídica Venezolana, Caracas, 2007, pp. 475-624.

92  Véase Allan R. Brewer-Carías, "La participación ciudadana en la designación de los titulares de los órganos no electos de los Poderes Públicos en Venezuela y sus vicisitudes políticas", en *Revista Iberoamericana de Derecho Público y Administrativo*, Año 5, N° 5-2005, San José, Costa Rica 2005, pp. 76-95.

93  Véase el Informe de la ONG alemana, Transparencia Internacional de 2013, en el reportaje: "Aseguran que Venezuela es el país más corrupto de Latinoamérica,", en El Universal, Caracas 3 de diciembre de 2013, en http://www.eluniversal.com/nacional-y-politica/131203/aseguran-

Por su parte, el Defensor del Pueblo, desde cuando la primera persona designada para ocupar el cargo en 2000 fue removida por haber ejercido recursos judiciales contra políticas en defensa del derecho colectivo a la participación en la designación de las altas autoridades de los Poderes Públicos,[94] dicho órgano perdió completamente la orientación, y sin brújula alguna, se convirtió en el órgano oficial para avalar la violación por parte de las autoridades administrativas de los derechos humanos.[95]

Y la Fiscalía General de la República, el otro órgano del Poder Ciudadano que ejerce el Ministerio Público, en lugar de ser la parte de buena fe del proceso penal y de la vindicta pública, es el principal instrumento para la prevalencia de la impunidad en el país, y para asegurar la persecución política y la extorsión gubernamental. Como se destacó en el Informe sobre *Fortalecimiento del Estado de Derecho en Venezuela*, publicado en Ginebra en marzo de 2014, "El incumplimiento con la propia normativa interna ha configurado un Ministerio Público sin garantías de independencia e imparcialidad de los demás poderes públicos y de los actores políticos, con el agravante de que los fiscales en casi su totalidad son de libre nombramiento y remoción, y por tanto vulnerables a presiones externas y sujetos órdenes superiores."[96]

Por su lado, el Consejo Nacional Electoral, configurado en la Constitución como el quinto de los Poderes Públicos, como se ha dicho, en lugar de ser el árbitro independiente en las elecciones, después de haber sido secuestrado por

---

que-venezuela-es-el-pais-mas-corrupto-de-latinoamerica. Igualmente véase el reportaje en BBC Mundo, "Transparencia Internacional: Venezuela y Haití, los que se ven más corruptos de A. Latina," 3 de diciembre de 2013, en http://www.bbc.co.uk/mundo/ultimas_noticias/2013/12/131203_ultnot_transparencia_corrupcion_lp.shtml. Véase al respecto, Román José Duque Corredor, "Corrupción y democracia en América Latina. Casos emblemáticos de corrupción en Venezuela," en *Revista Electrónica de Derecho Administrativo*, Universidad Monteávila, 2014.

94    Véase los comentarios en Allan R. Brewer-Carías, "La participación ciudadana en la designación de los titulares de los órganos no electos de los Poderes Públicos en Venezuela y sus vicisitudes políticas", en *Revista Iberoamericana de Derecho Público y Administrativo*, Año 5, Nº 5-2005, San José, Costa Rica 2005, pp. 76-95.

95    Por ejemplo, ante la crisis de la salud denunciada por la Academia Nacional de Medicina en agosto de 2014, reclamando la declaratoria de emergencia del sector, la respuesta de la Defensora del Pueblo fue simplemente que en Venezuela no había tal crisis. Véase el reportaje: "Defensora del Pueblo Gabriela Ramírez afirma que en Venezuela no existe ninguna crisis en el sector salud," en *Noticias Venezuela*, 20 agosto de 2014, en http://noticiasvenezuela.info/2014/08/defensora-del-pueblo-gabriela-ramirez-afirma-que-en-venezuela-no-existe-ninguna-crisis-en-el-sector-salud/ ; y el reportaje: "Gabriela Ramírez, Defensora del Pueblo: Es desproporcionada petición de emergencia humanitaria en el sector salud," en El Universal, Caracas 20 de agosto de 2014, en http://m.eluniversal.com/nacional-y-politica/140820/es-desproporcionada-peticion-de-emergencia-humanitaria-en-el-sector-sa. Por ello, con razón, el Editorial del diario *El Nacional* del 22 de agosto de 2014, se tituló: "A quien defiende la defensora?" Véase en http://www.el-nacional.com/opinion/editorial/defiende-defensora_19_46874-3123.html.

96    Véase en http://icj.wpengine.netdna-cdn.com/wp-content/uploads/2014/06/VENEZUELA-Informe-A4-elec.pdf

el Poder Ejecutivo a partir de 2004,[97] utilizando para ello como instrumento del plagio a la Sala Constitucional, ignorándose la norma constitucional que exige que esté integrado por personas no vinculadas a organizaciones políticas; ha sido integrado por agentes del partido de gobierno, de manera que, controlado por el Ejecutivo, ha actuado más bien como su agente político electoral oficial, minando la credibilidad en la posibilidad efectiva de que en el país se puedan realizar elecciones libres.

### 4. La ausencia de autonomía e independencia del Poder Judicial

*Cuarto*, también en relación con la carencia de democracia por la ausencia de régimen alguno de separación de poderes, el más grave atentado al Estado de derecho, al derecho público y al derecho administrativo que se ha hecho en Venezuela, ha sido el sometimiento del Poder Judicial, en su conjunto, a los designios y control político por parte del Poder Ejecutivo.[98] Ello comenzó con la inconstitucional intervención del Poder Judicial por parte de la Asamblea Nacional Constituyente en 1999, con lo que se procedió a la destitución masiva de Magistrados y jueces sin garantías judiciales;[99] y siguió con el apoderamiento por parte del partido de gobierno, desde 2000, a través de la Asamblea Nacional, del proceso de designación de los Magistrados del Tribunal Supremo, sacrificándose la previsión que exigía la participación en ello de representantes de la sociedad civil. Ello se consolidó en 2004, con el aumento del número de Magistrados del Tribunal Supremo en la Ley Orgánica del Tribunal Supremo de Justicia, los cuales además quedaron con posibilidad de ser removidos por simple mayoría de votos de los diputados en la Asamblea Na-

---

97  Véase Allan R. Brewer–Carías, "El secuestro del Poder Electoral y la confiscación del derecho a la participación política mediante el referendo revocatorio presidencial: Venezuela 2000–2004,", en *Boletín Mexicano de Derecho Comparado*, Instituto de Investigaciones Jurídicas, Universidad Nacional Autónoma de México, Nº 112. México, enero–abril 2005 pp. 11–73; *La Sala Constitucional versus el Estado Democrático de Derecho. El secuestro del poder electoral y de la Sala Electoral del Tribunal Supremo y la confiscación del derecho a la participación política*, Los Libros de El Nacional, Colección Ares, Caracas, 2004, 172 pp.

98  Véase Allan R. Brewer–Carías, "La progresiva y sistemática demolición de la autonomía en independencia del Poder Judicial en Venezuela (1999–2004)", en *XXX Jornadas J.M Domínguez Escovar, Estado de derecho, Administración de justicia y derechos humanos*, Instituto de Estudios Jurídicos del Estado Lara, Barquisimeto, 2005, pp. 33–174; y "La justicia sometida al poder [La ausencia de independencia y autonomía de los jueces en Venezuela por la interminable emergencia del Poder Judicial (1999–2006)]" en *Cuestiones Internacionales. Anuario Jurídico Villanueva 2007*, Centro Universitario Villanueva, Marcial Pons, Madrid, 2007, pp. 25–57; "La demolición de las instituciones judiciales y la destrucción de la democracia: La experiencia venezolana," en *Instituciones Judiciales y Democracia. Reflexiones con ocasión del Bicentenario de la Independencia y del Centenario del Acto Legislativo 3 de 1910*, Consejo de Estado, Sala de Consulta y Servicio Civil, Bogotá 2012, pp. 230-254..

99  Véase nuestro voto salvado a la intervención del Poder Judicial por la Asamblea Nacional Constituyente en Allan R. Brewer–Carías, *Debate Constituyente, (Aportes a la Asamblea Nacional Constituyente)*, Tomo I, (8 agosto–8 septiembre), Caracas 1999; y las críticas formuladas a ese proceso en Allan R. Brewer–Carías, *Golpe de Estado y proceso constituyente en Venezuela*, Universidad Nacional Autónoma de México, México, 2002

cional, que entonces alcanzaba la bancada oficialista;[100] y en 2010, con la irregular "reforma" de la Ley Orgánica del Tribunal Supremo de Justicia mediante la "re-publicación" de la Ley,[101] para impedir que en la designación pudieran participar con su voto los diputados de oposición, llenándose el Tribunal Supremo de jueces incluso con militancia abierta del partido de gobernó.[102] Y mediante el control y asalto al Tribunal Supremo de Justicia, que es el órgano que en Venezuela tiene a su cargo todo el gobierno y administración del sistema de Justicia, la totalidad del Poder Judicial quedó controlado políticamente.

En este campo, por supuesto, para calibrar la situación del Poder Judicial, es imposible atenerse a las etiquetas constitucionales. Por ejemplo, el principio de la independencia y autonomía del Poder Judicial está declarado en el artículo 254 de la Constitución de 1999, previendo el ingreso de los jueces a la carrera judicial y a su permanencia y estabilidad en los cargos, primero, mediante la realización de concursos públicos de oposición que aseguren la idoneidad y excelencia de los participantes, debiendo además garantizarse la participación ciudadana en el procedimiento de selección y designación de los jueces (art. 255). Estas previsiones, que cualquiera se maravillaría de encontrar en el texto de una Constitución, sin embargo, son letra muerta, no se cumplen y nunca se han cumplido en los tres lustros de vigencia del texto fundamental; es decir, nunca, durante la vigencia de la Constitución, se han desarrollado esos concursos, en esa forma.

Pero segundo, además, en cuanto a la estabilidad de los jueces, la Constitución dispone que los mismos sólo pueden ser removidos o suspendidos de sus cargos mediante juicios disciplinarios, llevados a cabo por jueces disciplinarios mediante un proceso disciplinario judicial con las debidas garantías (art. 255). Sin embargo, en ese caso, ello tampoco jamás se ha implementado, y a partir de 1999,[103] más bien se regularizó, en una ilegítima transitoriedad constitucional, la existencia de una Comisión de Funcionamiento del Poder

---

100   Véase en *Gaceta Oficial* N° 37942 de 20 de mayo de 2004. Sobre dicha Ley y las reformas introducidas véase, Véase Allan R. Brewer-Carías *Ley Orgánica del Tribunal Supremo de Justicia*, Caracas 2010.

101   Véase en *Gaceta Oficial* N° 39483 de 9-8-2010. Véase Allan R. Brewer-Carías y Víctor Hernández Mendible, *Ley Orgánica del Tribunal Supremo de Justicia*, Caracas 2010. Sobre la reforma efectuada mediante la re-publicación de la Ley Orgánica, véase Víctor Hernández Mendible, "Sobre la nueva reimpresión por "supuestos errores" materiales de la Ley Orgánica del Tribunal Supremo, octubre de 2010," y Antonio Silva Aranguren, "Tras el rastro del engaño en la web de la Asamblea Nacional," en *Revista de Derecho Público*, N° 124, Editorial Jurídica Venezolana, Caracas 2010, pp. 110-114.

102   Véase los comentarios de Hildegard Rondón de Sansó, "*Obiter Dicta*. En torno a una elección," en *La Voce d'Italia*, Caracas 14-12-2010.

103   Véase nuestro voto salvado a la intervención del Poder Judicial por la Asamblea Nacional Constituyente en Allan R. Brewer–Carías, *Debate Constituyente, (Aportes a la Asamblea Nacional Constituyente)*, Tomo I, (8 agosto–8 septiembre), Caracas 1999; y las críticas formuladas a ese proceso en Allan R. Brewer–Carías, *Golpe de Estado y proceso constituyente en Venezuela,* Universidad Nacional Autónoma de México, México, 2002.

Judicial creada ad hoc para "depurar" el poder judicial, removiéndolos sin garantías judiciales.[104]

Esa Comisión, por tanto, durante más de 10 años destituyó materialmente a casi todos los jueces del país, discrecionalmente y sin garantía alguna del debido proceso,[105] los cuales fueron reemplazados por jueces provisorios o temporales,[106] por supuesto dependientes del Poder y sin garantía alguna de estabilidad. Ello, por lo demás, ha continuado hasta el presente, demoliéndose sistemáticamente la autonomía judicial, sin que haya variado nada la creación en 2011, de unos tribunales de la llamada "Jurisdicción Disciplinaria Judicial" que quedó sujeta a la Asamblea Nacional, que como órgano político, es la que designa a los "jueces disciplinarios."[107]

La consecuencia de todo este proceso de quince años es que Venezuela carece completamente de un Poder Judicial autónomo e independiente, estando, el que existe, completamente al servicio del gobierno del Estado y de su política autoritaria, como lo han incluso declarado expresamente sus Magistrados.[108] El resultado es que, como lo destacó la Comisión Internacional de Ju-

---

104  Véase Allan R. Brewer–Carías, "La justicia sometida al poder y la interminable emergencia del poder judicial (1999–2006)", en *Derecho y democracia. Cuadernos Universitarios*, Órgano de Divulgación Académica, Vicerrectorado Académico, Universidad Metropolitana, Año II, N° 11, Caracas, septiembre 2007, pp. 122–138.

105  La Comisión Interamericana de Derechos Humanos también lo registró en el Capítulo IV del *Informe* que rindió ante la Asamblea General de la OEA en 2006, que los "casos de destituciones, sustituciones y otro tipo de medidas que, en razón de la provisionalidad y los procesos de reforma, han generado dificultades para una plena vigencia de la independencia judicial en Venezuela" (párrafo 291); destacando aquellas "destituciones y sustituciones que son señaladas como represalias por la toma de decisiones contrarias al Gobierno" (párrafo 295 ss.); concluyendo que para 2005, según cifras oficiales, "el 18,30% de las juezas y jueces son titulares y 81,70% están en condiciones de provisionalidad" ( párrafo 202).

106  En el *Informe Especial* de la Comisión sobre Venezuela correspondiente al año 2003, la misma también expresó, que "un aspecto vinculado a la autonomía e independencia del Poder Judicial es el relativo al carácter provisorio de los jueces en el sistema judicial de Venezuela. Actualmente, la información proporcionada por las distintas fuentes indica que más del 80% de los jueces venezolanos son "provisionales". *Informe sobre la Situación de los Derechos Humanos en Venezuela 2003, cit.* párr. 161

107  Véase Allan R. Brewer–Carías, "Sobre la ausencia de independencia y autonomía judicial en Venezuela, a los doce años de vigencia de la constitución de 1999 (O sobre la interminable transitoriedad que en fraude continuado a la voluntad popular y a las normas de la Constitución, ha impedido la vigencia de la garantía de la estabilidad de los jueces y el funcionamiento efectivo de una "jurisdicción disciplinaria judicial"), en *Independencia Judicial*, Colección Estado de Derecho, Tomo I, Academia de Ciencias Políticas y Sociales, Acceso a la Justicia org., Fundación de Estudios de Derecho Administrativo (Funeda), Universidad Metropolitana (Unimet), Caracas 2012, pp. 9-103.

108  Véase por ejemplo lo expresado por el magistrado Francisco Carrasqueño, en la apertura del año judicial en enero de 2008, al explicar que : "no es cierto que el ejercicio del poder político se limite al Legislativo, sino que tiene su continuación en los tribunales, en la misma medida que el Ejecutivo", dejando claro que la "aplicación del Derecho no es neutra y menos aun la actividad de los magistrados, porque según se dice en la doctrina, deben ser reflejo de la política, sin vulnerar la independencia de la actividad judicial". *V.* en *El Universal*, Caracas, 29–01–2008

ristas, en el *Informe* antes mencionado de marzo de 2014, que resume todo lo que en el país se ha venido denunciando en la materia, al dar "cuenta de la falta de independencia de la justicia en Venezuela," se destaca que "el Poder Judicial ha sido integrado desde el Tribunal Supremo de Justicia (TSJ) con criterios predominantemente políticos en su designación. La mayoría de los jueces son "provisionales" y vulnerables a presiones políticas externas, ya que son de libre nombramiento y de remoción discrecional por una Comisión Judicial del propio Tribunal Supremo, la cual, a su vez, tiene una marcada tendencia partidista;" concluyendo sin ambages afirmando que:

> "Un sistema de justicia que carece de independencia, como lo es el venezolano, es comprobadamente ineficiente para cumplir con sus funciones propias. En este sentido en Venezuela, un país con una de las más altas tasas de homicidio en Latinoamérica y en el de familiares sin justicia, esta cifra es cercana al 98% en los casos de violaciones a los derechos humanos. Al mismo tiempo, el poder judicial, precisamente por estar sujeto a presiones externas, no cumple su función de proteger a las personas frente a los abusos del poder sino que por el contrario, en no pocos casos es utilizado como mecanismo de persecución contra opositores y disidentes o simples críticos del proceso político, incluidos dirigentes de partidos, defensores de derechos humanos, dirigentes campesinos y sindicales, y estudiantes."[109]

Con todo esto, el Poder Judicial ha abandonado su función fundamental de servir de instrumento de control de las actividades de los otros órganos del Estado para asegurar su sometimiento a la ley, habiendo materialmente desaparecido el derecho ciudadano a la tutela judicial efectiva y a controlar el poder, produciéndose una desjusticiabilidad, al disiparse la posibilidad de que el Poder Judicial pueda ser utilizado para enjuiciar la conducta de la Administración y frente a ella, garantizar los derechos ciudadanos. En esa situación, por tanto, es difícil hablar siquiera de lo que es la piedra angular de nuestra disciplina, que es el equilibrio entre poderes y prerrogativas del Estado y derechos y garantías ciudadanas, lo que ha sido particularmente grave en el caso de los tribunales contencioso administrativos, precisamente por el hecho de que sus decisiones siempre implican enfrentar el poder, y particularmente, el Poder Ejecutivo. Si la autonomía de los jueces contencioso administrativos no está garantizada ni la independencia está blindada, el mejor sistema de justicia contencioso administrativa es letra muerta; y lamentablemente, esto es lo que también ha ocurrido en Venezuela en los últimos años durante el gobierno autoritario, con el consecuente desquiciamiento del derecho administrativo.

Todo este panorama nos confirma, en conclusión, la trágica realidad de que en Venezuela todos los órganos de los Poderes Públicos han sido y están controlados por el Poder Ejecutivo, y el parido de gobierno que preside el

---

109  Véase  en  http://icj.wpengine.netdna-cdn.com/wp-content/uploads/2014/06/VENEZUELA-Informe-A4-elec.pdf

propio Jefe de Estado. A ese sometimiento de los Poderes estatales al Ejecutivo, además, ha contribuido, la exacerbación del presidencialismo gubernamental que la propia Constitución de 1999 impuso con la extensión del período presidencial a seis años (art. 230); lo que se ha reafirmado con la consagración de la reelección presidencial continua e indefinida en la Enmienda Constitucional aprobada en 2009,[110] con la cual se abandonó el bicentenario principio del gobierno alternativo (art. 6); y se ha agravado con la previsión constitucional de la posibilidad de la delegación legislativa, sin límites, a favor del Ejecutivo (art. 203), que ha conducido a que toda la legislación fundamental del país, básicamente se haya aprobado mediante decretos leyes.

Su uso a discreción, además, ha provocado que en la práctica legislativa, desde 2001, toda la legislación básica del país ha sido sancionada sin consulta popular alguna, violándose una de las dos previsiones constitucionales que establecieron mecanismos directos de participación ciudadana, como la de la consulta popular de las leyes (art. 211), que la Sala Constitucional ha mutado en 2014, al interpretar el artículo 211 de la Constitución en el sentido de la práctica inconstitucional, excluyendo la consulta popular de las leyes cuando se dictan mediante decretos leyes.[111]

### 5. *La Administración dejó de estar al servicio del ciudadano*

*Quinto*, con la ausencia de autonomía y de independencia de los poderes del Estado respecto del Ejecutivo Nacional, por supuesto, quedó eliminado en Venezuela, no sólo el principio de que el poder controle al poder, sino toda posibilidad real de asegurar un equilibrio entre el poder de la Administración del Estado y los derechos ciudadanos, siendo difícil, por tanto, poder identificar a la Administración Pública como entidad que conforme a la Constitución debería estar "al servicio del ciudadano" (art. 141). Al contrario lo que ha ocurrido es que se ha convertido en una estructura burocrática discriminadora, sin garantía alguna de imparcialidad, con la cual los ciudadanos ahora sólo pueden entrar en relación en dos formas: por una parte, los que son privilegiados del poder, como consecuencia de la pertenencia política al régimen o a su partido único, con todas las prebendas y parcialidades de parte de los funcionarios; y por otra parte, los que como marginados del poder acuden a la Administración por necesidad ciudadana, a rogar las más elementales actuaciones públicas, como es por ejemplo solicitar autorizaciones, licencias, per-

---

110   Véase Allan R. Brewer-Carías, "El Juez Constitucional vs. La alternabilidad republicana (La reelección continua e indefinida), en *Revista de Derecho Público*, N° 117, (enero-marzo 2009), Caracas 2009, pp. 205-211.

111   Véase la sentencia N° 203 de 25 de marzo de 2014 (Caso *Síndica Procuradora Municipal del Municipio Chacao del Estado Miranda, impugnación del Decreto Ley de Ley Orgánica de la Administración Pública de 2008),* en http://www.tsj.gov.ve/decisiones/scon/marzo/162349-203-25314-2014-09-0456.HTML. Véase el comentario en Allan R. Brewer-Carías, "La revocación del mandato popular de una diputada a la Asamblea Nacional por la Sala Constitucional del Tribunal Supremo, de oficio, sin juicio ni proceso alguno (*El caso de la diputada María Corina Machado),* en revista de Derecho Público, N° 137, Editorial Jurídica Venezolana, Caracas 2014.

misos o habilitaciones, las cuales no siempre son atendidas y más bien tratadas como si lo que se estuviera requiriendo fueran favores y no derechos o el cumplimiento de obligaciones públicas, con el consecuente "pago" por los servicios recibidos, y no precisamente a través de timbres fiscales que es lo propio de las tasas legalmente establecidas. En ambas situaciones, lamentablemente, el equilibrio entre poderes del Estado y derechos ciudadanos de los administrados ha desaparecido, sin que existan elementos de control para restablecerlo, de manera que se privilegia y se margina, sin posibilidad alguna de control.

En ese marco, el derecho administrativo formalmente concebido para la democracia y para asegurar el equilibro mencionado entre el Poder del Estado y los derechos ciudadanos, en la práctica pasó a ser un instrumento más del autoritarismo, regulador de una Administración Pública al servicio del propio Estado del cual es parte y de su propia burocracia.

### 6. La negación del derecho de acceso a la información administrativa

La burocratización del Estado ha sido tal, que incluso a pesar de que la Constitución, basado en el principio de la transparencia que debe guiar la actividad de la Administración (art. 141), expresamente garantiza a los ciudadanos el derecho a tener acceso a la información administrativa, es decir, "a los archivos y registros administrativos," sujeta sólo a "los límites aceptables dentro de una sociedad democrática en materias relativas a seguridad interior y exterior, a investigación criminal y a la intimidad de la vida privada" que permita considerar ciertos documentos como confidenciales o secretos (art. 143);[112] sin embargo la Sala Constitucional lo ha negado, incluso con el argumento de que cuando para cumplir con el deber de informar sea necesario que los funcionarios tengan que trabajar para recabar la información, dicho derecho se niega. Ello confirma el carácter burocrático del Estado en la más clásica apreciación que sobre el mismo hizo Max Weber cuando caracterizó al "Estado Burocrático," como la organización que trata "de incrementar la superioridad del conocimiento profesional de las autoridades públicas, precisamente a través del secretismo y de la confidencialidad de sus intenciones," de todo lo cual concluía indicando que los gobiernos burocráticos, debido a sus tendencias, son siempre "gobiernos que excluyen la publicidad,"[113] como precisamente es el caso en Venezuela

En efecto, después de que la Sala Constitucional negó, en 2010, en general, dicho derecho de acceso a la información administrativa cuando una ONG solicitó información sobre los niveles de sueldos de los altos funciona

---

112  Véase en general sobre este derecho Allan R. Brewer-Carías, "Algunos aspectos del derecho en acceso a la información pública y la transparencia en la administración pública contemporánea. Una perspectiva comparada partiendo de la experiencia mexicana," en *Revista de Derecho Público*, N° 121, (enero-marzo 2010), Editorial Jurídica Venezolana, Caracas 2010, pp. 67-78.

113  Véase Max Weber, *Economía y Sociedad*, Vol. II, Fondo de Cultura Económica, México 1969, p. 744.

rios públicos, particularmente de la Contraloría General de la república, y que la Sala materialmente consideró casi ultra secretos y sujetos al derecho a la intimidad del funcionario;[114] más recientemente, la misma Sala Constitucional negó el derecho de otras ONG's de obtener oportuna respuesta a la petición que formularon ante Ministerio de Salud sobre información relativa a adquisiciones de medicamentos vencidos a la República de Cuba, que incluso habían sido ya detectadas por la Contraloría General de la República; considerando que ese tipo de peticiones donde "se pretende recabar información sobre la actividad que ejecuta o va a ejecutar el Estado para el logro de uno de sus fines, esto es, la obtención de medicinas en pro de garantizar la salud de la población, atenta contra la eficacia y eficiencia que debe imperar en el ejercicio de la Administración Pública, y del Poder Público en general, debido a que si bien toda persona tiene derecho a dirigir peticiones a cualquier organismo público y a recibir respuesta en tiempo oportuno, no obstante el ejercicio de ese derecho no puede ser abusivo de tal manera que entorpezca el normal funcionamiento de la actividad administrativa la cual, en atención a ese tipo de solicitudes genéricas, tendría que dedicar tiempo y recurso humano a los fines de dar explicación acerca de la amplia gama de actividades que debe realizar en beneficio del colectivo, situación que obstaculizaría y recargaría además innecesariamente el sistema de administración de justicia ante los planteamientos de esas abstenciones."[115]

Con base en ello, simplemente y de un plumazo, se eliminó el derecho ciudadano de acceso a la información en una muestra directa más de que la Administración no está al servicio de los ciudadanos sino al servicio del propio Estado y de su burocracia, y no responde al principio de la "transparencia" que el artículo 141 de la Constitución establece. En ese marco, el derecho administrativo está perdido.

### 7. El militarismo prevalente y avasallante al margen de la autoridad civil

*Sexto*, otro aspecto que muestra la ausencia de un Estado democrático en Venezuela, ha sido el desarrollo del militarismo en el país, que comenzó con el asalto al poder que se dio con la elección a la Asamblea Nacional Constituyente de un grueso número de los militares que habían intentado, junto con Hugo Chávez, los dos fracasados golpes de Estado de 1992. Ese asalto a la Asamblea Constituyente originó el diseño de una Constitución militarista,

---

114 Véase la sentencia de la Sala Constitucional del Tribunal Supremo de Justicia N° 745 de 15 de julio de 2010 (Caso: *Asociación Civil Espacio Público*), en http://www.tsj.gov.ve/decisiones/scon/Julio/745-15710-2010-09-1003.html. Véase los comentarios en: Allan R. Brewer-Carías. "De la Casa de Cristal a la Barraca de Hierro: el Juez Constitucional Vs. El derecho de acceso a la información administrativa," en *Revista de Derecho Público*, N° 123, (julio-septiembre 2010), Editorial Jurídica Venezolana, Caracas 2010, pp. 197-206.

115 Véase sentencia N° 1177 de 6-8-2014 de la Sala Constitucional (Caso: Asociación Civil Espacio Público, Asociación Civil Acción Solidaria, Asociación Civil Transparencia Venezuela, y Asociación Civil Programa Venezolano de Educación-Acción en Derechos Humanos (PROVEA) vs. Ministerio para la Salud, en http://www.tsj.gov.ve/decisiones/spa/agosto/167892-01177-6814-2014-2013-0869.HTML.

como lo advertimos en 1999, de la cual se eliminó toda idea de sujeción o subordinación de la autoridad militar a la autoridad civil, consagrándose, al contrario, una gran autonomía de la autoridad militar y de la Fuerza Armada, con la posibilidad de intervenir en funciones civiles. El desarrollo del militarismo se efectuó, así, en los últimos lustros, por la eliminación de la tradicional prohibición de que la autoridad militar y la civil no podían ejercerse simultáneamente, como se estableció en las Constituciones anteriores; la eliminación del control por parte de la Asamblea Nacional respecto de los ascensos de los militares de alta graduación, como se había regulado en el constitucionalismo histórico, siendo ahora un asunto exclusivo de la Fuerza Armada (art. 331); la eliminación de la obligación de la Fuerza Armada de velar por la estabilidad de las instituciones democráticas que preveía el artículo 132 de la Constitución de 1961, con lo cual el respeto a la democracia dejó de ser obligación constitucional de la Fuerza Armada; la eliminación de la otra obligación de la Fuerza Armada de respetar la Constitución y las leyes, "cuyo acatamiento - como lo decía el artículo 132 de la Constitución de 1961 - estará siempre por encima de cualquier otra obligación." Y entre otros factores más, la adopción en la Constitución de 1999 del concepto de la doctrina de la seguridad nacional, como globalizante, totalizante y omnicomprensiva, conforme a la cual todo lo que acaece en el Estado y la Nación, concierne a la seguridad del Estado, incluso el desarrollo económico y social (art. 326)"; y la eliminación del principio del carácter no deliberante y apolítico de la institución militar, como lo establecía el artículo 132 de la Constitución de 1961.[116]

Todo ello abrió la vía para que la Fuerza Armada, como institución militar, y para que los militares, comenzar a deliberar políticamente, configurándose a la Fuerza Armada como un partido militar "chavista,"[117] luego de un proceso sostenido y continuo de destrucción del profesionalismo militar.[118] El

116  Véase lo que expusimos sobre el marco militarista de la Constitución en 1999, en Allan R. Brewer-Carías, *Debate Constituyente (Aportes a la Asamblea Nacional Constituyente)*, Fundación de Derecho Público, Editorial Jurídica Venezolana, Caracas 1999; y en *Asamblea Constituyente y Poder Constituyente 1999*, Colección Tratado de Derecho Constitucional, Tomo VI, Fundación de Derecho Público, Editorial Jurídica Venezolana, Caracas 2014, pp. 1049-1050.

117  El general Vladimir Padrino, Jefe del Comando Estratégico Operacional de la Fuerza Armada en el discurso de orden que pronunció en la Asamblea nacional el día de la Independencia, el 5 de julio de 2014, expresó: "Lo voy a decir con mucha responsabilidad atendiendo a la ética y a la gran política: esta FANB es chavista." Véase en http://www.diariolasamericas.com/america-latina/jefe-militar-venezolano-asegura-que-fuerzas-armadas-chavistas.html . Tres meses después, el 23 de octubre de 2014 apareció publicado el decreto mediante el cual se lo designó Ministro del Poder Popular para la defensa. Véase Decreto N° 1346 en *Gaceta Oficial* N° 40.526, de 25 de octubre de 2014.

118  Fernando Ochoa Antich ha resumido este proceso expresado que: "Hugo Chávez, decidido a destruir el profesionalismo militar, aprobó casi de manera continua tres leyes orgánicas: la de los años 2005, 2008 y 2010. La ley orgánica del año 2005 tuvo un aspecto positivo al eliminar las funciones del ministro del ministerio de la Defensa, pero al centralizar la conducción de la Fuerza Armada en el presidente de la República y crear inconstitucionalmente el Comando General de la Milicia comprometió la autonomía de las tradicionales Fuerzas y su capacidad de mando sobre las unidades operativas. No satisfecho con esta reforma aprobó la ley orgánica del

proselitismo político de los militares, además, ha sido formalmente regularizado recientemente por la Sala Constitucional, mutando la Constitución,[119] y en todo caso, los militares forman parte ya de un grupo privilegiado en la sociedad, con seguro acceso a bienes y servicios a los cuales los ciudadanos comunes no llegan.[120]

Ese esquema militarista, puesto en práctica durante tres lustros, con el nombramiento, además, de militares y exmilitares para la mayoría de los altos cargos públicos, y su elección también, para los gobiernos locales, ha conducido al apoderamiento casi total de la Administración civil del Estado por parte de los militares y por la Fuerza Armada, a la cual, incluso se le atribuye en la Constitución "la participación activa en el desarrollo nacional" (art. 328). En esa línea, en septiembre de 2014, quien ejerce la Presidencia de la República entregó a los militares el control total de la economía al designar a militares para dirigir todos los órganos de la Administración Pública del sector económico.[121]

---

año 2008. Esta ley mantuvo la tendencia centralizadora de la concepción militar chavista, fortaleció a la Milicia Bolivariana como respuesta a su objetivo de consolidar el régimen mediante una vanguardia revolucionaria y transformó a los suboficiales profesionales de carrera en oficiales técnicos sin considerar los grados militares y la antigüedad. De manera sorprendente, aprobó en el año 2010 una nueva ley orgánica, que tuvo por finalidad concederle al presidente de la República el grado militar de comandante en jefe y mando efectivo sobre las unidades operativas; crear al oficial de milicias, con posibilidad de optar a cualquier grado, permitiendo que ciudadanos sin formación militar pudieran formar parte de sus cuadros; y permitir a los suboficiales de tropa ascender a oficiales efectivos. Estas reformas legales tenían un solo objetivo: destruir los tradicionales valores militares y permitir ideologizar a la Fuerza Armada Nacional." Véase Fernando Ochoa Antich, "Destruir el profesionalismo militar," en *El Nacional*, Caracas 28 de septiembre de 2014, en http://www.el-nacional.com/fernando_ochoa_antich/Destruir-profesionalismo-militar_0_490151147.html

119 Véase la sentencia de la Sala Constitucional N° 651 de 11 de junio de 2014 (Caso *Rafael Huizi Clavier y otros*) en http://www.tsj.gov.ve/decisiones/scon/junio/165491-651-11614-2014-14-0313.HTML. Véase el comentario en Allan R. Brewer-Carías, "Una nueva mutación constitucional: el fin de la prohibición de la militancia política de la Fuerza Armada Nacional, y el reconocimiento del derecho de los militares activos de participar en la actividad política, incluso en cumplimiento de las órdenes de la superioridad jerárquica," en *Revista de Derecho Público*, N° 138, Editorial Jurídica Venezolana, Caracas 2014.

120 Véase por ejemplo el reportaje publicado en *Bloomberg News*: "New Cars for the Army as Venezuelans Line Up for Food," 19 de septiembre de 2014, en http://www.bloomberg.com/news/2014-09-29/venezuelan-army-enjoys-meat-to-cars-denied-most-citizens.html

121 Véase el comentario sobre los cambios ministeriales de septiembre de 2014 por Francisco Mayoirga, "Gustavo Azócar Alcalá, Los militares y la economía," en *ACN, Agencia Carabobeña de Noticias*, 10 de septiembre de 2014, en http://acn.com.ve/opinion/los-militares-y-la-economia/. Sin embargo, la entrega de la conducción de la economía a los militares no es nueva. Véase por ejemplo lo escrito meses antes por: Patricia Claremboux, AFP, "Bajo el ala de Maduro, los militares toman control del poder económico de Venezuela. En sus primeros 9 meses de gobierno, el mandatario ya nombró a 368 uniformados en puestos políticos. Ahora, con la designación de un general del Ejército al frente del Ministerio de Finanzas, la militarización se extiende a la economía," 20 de enero de 2014, en http://www.infobae.com/2014/01/20/1538269-bajo-el-ala-maduro-los-militares-toman-control-del-poder-economico-venezuela. Véase además el reportaje: "Maduro dejó en manos de un militar los problemas económicos de Venezuela."

Pero el militarismo no sólo se ha manifestado en la organización de la Administración, sino en el extraordinario gasto militar en que ha ocurrido Venezuela en los últimos años, no superado por ningún país de la región; [122] así como por la militarización progresiva de funciones otrora administrativas, como las de policía, lo que se ha visto en particular, con extrema gravedad en 2014, en la militarización de la represión a las protestas y no sólo estudiantiles, sino vecinales y sindicales, como acaba de suceder en Guayana, contra trabajadores precisamente de las empresas del Estado, que han sido quebradas por sus gerentes. [123]

Uno de esos graves signos de militarización de la represión, ha sido la creación, en junio de 2014, cumpliendo un supuesto "deber del Estado de lograr la irrupción definitiva del Nuevo Estado Democrático y Social, de Derecho y de Justicia [...] conforme al Plan de la Patria y Segundo Plan Socialista de Desarrollo Económico y Social de la Nación 2013-2019," de un nuevo órgano del Estado, la "Brigada Especial contra las Actuaciones de los Grupos Generadores de Violencia" (BEGV), con nombre y estructura militar, a cargo de un "Comandante General de la Brigada," como órgano desconcentrado con capacidad de gestión presupuestaria, administrativa, financiera y autonomía funcional dependiente jerárquicamente – parece una ironía - del Ministerio del "Interior, Justicia y Paz," con la tarea de coordinar, analizar, evaluar, organizar, dirigir, ejecutar y recabar las informaciones y acciones provenientes de todos los órganos de seguridad del Estado "para neutralizar y controlar las actividades que pudieran llevarse a cabo relacionas con las actuaciones de grupos generadores de violencia," o sea, simplemente "neutralizar" y reprimir a los "enemigos de la patria" conforme lo defina su Comandante, y eventualmente hacer iniciar la persecución penal. [124] Para ello se

---

El presidente venezolano puso a Hebert García Plaza al frente del Órgano Superior de la Economía, creado para enfrentar la emergencia," 13 de septiembre de 2013, en http://elcomercio.pe/mundo/actualidad/maduro-dejo-manos-militar-problemas-economicos-venezuela-noticia-1630919; y el reportaje: "Militares comandan economía en Venezuela," en *Agencia France Press*, 20 de enero de 2014, en http://www.em.com.br/app/noticia/internacional/2014/01/20/interna_internacional,489796/militares-comandam-economia-na-venezuela-afirmam-analistas.shtml. Véase además, Peter Wilson, "A Revolution in Green. The Rise of Venezuela's Military," en *Foreign Affairs*, 2014, disponible en http://www.foreignaffairs.com/articles/142133/peter-wilson/a-revolution-in-green.

122   Véase Carlos E. Hernández, Venezuela tuvo el mayor crecimiento en gasto militar de Latinoamérica," en *Notitarde.com*, 6 de febrero de 2014, en http://www.notitarde.com/Pais/Venezuela-tuvo-el-mayor-crecimiento-en-gasto-militar-de-Latinoamerica/2014/02/06/303181.

123   Como lo destacó recientemente la destacada dirigente política, Paulina Gamus:"Con Chávez se inaugura no solo la militarización del gobierno, sino también la politización del mundo militar." "La inspiración para ese modelo" agregó, está en "el culto a la personalidad, la transformación de los hombres de armas en la guardia pretoriana del gobernante y la presencia atropellante de militares en cargos públicos, con licencia para robar." Véase en el artículo "Mamá, yo quiero un cadete. El apoyo de partidos de izquierda a los gobiernos militarizados de Chávez y Maduro en Venezuela es oprobioso," en *El País, Internacional*, 14 de julio de 2014, en http://internacional.elpais.com/internacional/2014/07/14/actualidad/1405349965_980938.html.

124   Véase en decreto 1014 de 30-5-2014 en *Gaceta Oficial* Nº 40440 de 26-6-2014.

obliga a todos los órganos de seguridad e instituciones públicas a aportar información a dicha Brigada; obligación que también se impone a todas las instituciones privadas. Algún parecido con la Gestapo, no pasa de ser mera coincidencia.[125] A lo anterior se suma la creación y activación, en el Ministerio de la Defensa, de una unidad denominada "La Fuerza Choque," sin indicación alguna de cuál es su misión y propósito (salvo el que deriva de su propia denominación).[126] El futuro lo dirá.

A todo ello, para completar el signo de la militarización general de todas las actividades ciudadanas, debe agregarse la sanción, también en 2014, de la Ley de Registro y Alistamiento Militar para la Defensa Integral de la Nación, publicada en la misma *Gaceta Oficial* en la cual se publicó el decreto de la Brigada Especial, que ahora impone a todos, como en los tiempos superados de las dictaduras militares, la obligación de inscribirse y tener credencial militar, como requisito indispensable, por ejemplo, hasta para obtener grado en alguna Universidad, obtener la licencia de conducir o la solvencia laboral, inscribirse en el registro de contratistas del Estado o ser contratado por empresas públicas y privadas.[127]

---

125  Por ello ha observado Adolfo Taylhardat, en su artículo "Gestapove," que se trata de "un gigantesco instrumento de espionaje y represión", de manera que "si hasta ahora se han cometido los atropellos y agresiones más bestiales contra la disidencia, con este nuevo mecanismo el régimen podrá seguir actuando libremente y hasta más violentamente, escudado tras una estructura que gozará de total autonomía como la que tuvo la Gestapo [...]Evidentemente, la ambigüedad del lenguaje, la ausencia de precisión en las atribuciones y la inmunidad ante la justicia que tendrá ese organismo lo convierte en instrumento de persecución y represión sólo comparable con la nefasta Gestapo". En dicho artículo, el embajador Taylhardat hace referencia a lo expresado por el Coordinador de la ONG Provea, Marino Alvarado, al rechazar la creación de este servicio "por considerar que este tipo de organismos, con poco control por parte de las instituciones del Estado, pueden distorsionar su función y poner en riesgo los derechos humanos de la disidencia; más aun tomando en cuenta el concepto genérico que se utiliza para definir a los grupos que pueden desestabilizar." Agregó Alvarado que "El gobierno se afianza cada día más en la doctrina de la seguridad nacional que prioriza la seguridad del Estado por encima de los derechos de los ciudadanos y que parte de identificar que en Venezuela hay un enemigo interno que hay que derrotar y contra ese enemigo interno hay que desplegar toda la capacidad del Estado. Ese enemigo es la disidencia, sea de la oposición o del propio chavismo." Véase en El republicano Liberal, 10-8-2014, en http://elrepublicanoliberal.blogspot.com/2014/08/adolfo-r-taylhardat-gestapoven.html?spref=hl

126  Véase Resolución N° 6574 de 17 de septiembre de 2014, en *Gaceta Oficial* N° 40502 de 22 de septiembre de 2014. En la Resolución lo único que se dispuso fue la "estructura organizativa," de la unidad (5 unidades), y su adscripción al Comando Estratégico Operacional del Ministerio.

127  Véase en *Gaceta Oficial* N° 40440 de 26-6-2014. Por ello, recientemente Douglas Bravo, exguerrillero que fue quien reclutó a Chávez en el proyecto de su Partido de la Revolución Venezolana, denunció con toda desilusión que en Venezuela "Vivimos una dictadura militar. Un capitalismo de Estado." Véase la entrevista de Ailyn Hidalgo Araujo, publicada el 17-7-2014, en http://www.frentepatriotico.com/inicio/2014/07/17/douglas-bravo-vivimos-una-dictadura-militar-un-capitalismo-de-estado/ . En la misma línea, Alberto Barrera Tyszka, uno de los biógrafos de Chávez, con razón expresaba en un reciente artículo titulado "¿Quién manda aquí?," "Que aquí gobiernan los militares," recordando la expresión de Chávez, cuando dijo: "Yo no creo en ningún partido, ni siquiera en el mío. Yo creo en los militares, que es dónde me formé," y luego de analizar el creciente militarismo del país y la "militarización de cualquier experien-

Sin embargo, en forma absolutamente contradictoria con el militarismo avasallante, de hecho, y como política de gobierno, la Fuerza Armada, durante estos últimos lustros, perdió el monopolio de las armas y de la fuerza, no sólo por la creación de la llamada Milicia, fuera de los componentes tradicionales de la misma, sino por la proliferación de armas en manos de toda suerte de delincuentes y la dotación de armas a grupos civiles urbanos, con vínculos criminales, fuera del control de los militares e incluso de las policías. [128]

### 8. La eliminación de la libertad de expresión y comunicación

Séptimo, el Estado venezolano también dejó de ser un Estado democrático, adquiriendo en cambio todos los contornos de un Estado totalitario, desde el momento en el cual materialmente todos los medios de comunicación audiovisual, y casi todos los medios escritos de comunicación, han sido apoderados por el propio Estado o adquiridos por grupos de personas vinculadas al poder o enriquecidos al amparo del poder. A lo cual se agrega el inevitable cierre que se ha producido en varios importantes diarios por falta de papel, porque el Estado que todo lo acapara, no permite la importación de papel al negar el suministro de las divisas necesarias para ello. [129]

Lo anterior, aunado al proceso de restricción a la libertad de expresión diseñado por la Sala Constitucional desde 2001;[130] seguido de la intervención y

---

cia ciudadana." Véase en *Grupo La Colina AC*, Caracas 17 de agosto de 2014, en http://grupolacolina.blogspot.com/2014/08/quien-manda-quien-alberto-barrera.html?spref=tw&m=1

128    Fernando Ochoa Antich ha comentado que la desconfianza de Chávez en la lealtad de la Fuerza Armada lo llevó a "debilitar sus principales valores profesionales, buscando crear, al mismo tiempo, dos organizaciones armadas que sirvieran de equilibrio a una posible acción militar: la Milicia Bolivariana y los Colectivos Revolucionarios. Esta acción, no sólo fue inconstitucional sino totalmente irresponsable al repartir armamento de guerra sin ningún control. Esa ha sido la causa fundamental  del incremento de la violencia. Para colmo, se ha perdido el control de los Colectivos representando un verdadero riesgo para la estabilidad nacional."Agregó Ochoa que contrariamente al "principio fundamental de la seguridad del Estado [de que] el monopolio de las armas de guerra lo debe tener exclusivamente la Fuerza Armada Nacional y los organismos de seguridad, ha sido tal la falta de control y la irresponsabilidad del régimen chavista que permanentemente los delincuentes se encuentran mejor armados que los organismos policiales y de seguridad, equiparándose en muchas oportunidades con el equipamiento de las unidades militares: Véase "Violencia y más violencia," en El nacional, 12 de octubre de 2014, en http://www.el-nacional.com/fernando_ochoa_antich/Violencia-violencia_0_499150202.html

129    En 2014, según la información de Leonardo Pizani, "el Instituto Prensa y Sociedad contabilizó el cierre de 10 medios impresos, 6 definitivos y 4 temporales, por falta de papel." Véase en Leonardo Pizani, "El modus operandi de la censura venezolana," en *Opinión.infobae.com*, 8 de octubre de 2014, en http://opinion.infobae.com/leonardo-pizani/2014/10/08/el-modus-operandi-de-la-censura-venezolana/

130    Véase entre otras, la sentencia Nº 1013/2001 y los comentaros a la misma, en el libro: Allan R. Brewer-Carías (Coordinador y editor), Héctor Faúndez Ledesma, Pedro Nikken, Carlos M. Ayala Corao, Rafael Chavero Gazdik, Gustavo Linares Benzo y Jorge Olavarría, (con Pórticos: Roberto Cuellar M. y Santiago Cantón y Prólogo: Alberto Quiroz Corradi), *La libertad de expresión amenazada. (Sentencia 1013)*, Edición Conjunta Instituto Interamericano de Derechos Humanos y Editorial Jurídica Venezolana, Caracas-San José 2001.

limitación impuesta a los medios de comunicación, desde 2005, con la sanción de la Ley de Responsabilidad Social de la Radio y Televisión;[131] y de la negativa de la propia Sala Constitucional, en 2003, de ejercer el control de constitucionalidad y de convencionalidad en relación con las normas sancionatorias de los delitos de opinión en relación con los funcionarios públicos y las instituciones del Estado (leyes de desacato) establecidas en el Código Penal.[132]

Todo ello ha abierto un extraordinario campo a la criminalización de la opinión que ha llevado a juicio penal incluso hasta a articulistas y a directores de medios,[133] conduciendo a la censura y a la autocensura, incompatible con los principios más elementales de una sociedad democrática. En esas circunstancias, por tanto, cualquier crítica o denuncia de las fallas de las políticas gubernamentales, el gobierno las considera como parte de una conspiración contra el mismo, y amenaza con perseguir a los autores.[134]

---

131  Véase los comentarios sobre esta Ley, en el libro: Allan R. Brewer-Carías (Coordinador y Editor), Asdrúbal Aguiar, José Ignacio Hernández, Margarita Escudero, Ana Cristina Núñez Machado, Juan José Raffalli A., Carlos Urdaneta Sandoval, Juan Cristóbal Carmona Borjas, *Ley de Responsabilidad Social de Radio y Televisión (Ley Resorte)*, Colección Textos Legislativos Nº 35, Editorial Jurídica Venezolana. Caracas 2006.

132  Véase sentencia Nº 1.942 de 15 de julio de 2003 (Caso: *Impugnación de artículos del Código Penal, Leyes de desacato*), en *Revista de Derecho Público*, Nº 93-96, Editorial Jurídica Venezolana, Caracas 2003, pp. 136 ss.

133  El más reciente ha sido el nuevo proceso penal iniciado por denuncia de un militar, Presidente de la Asamblea Nacional, contra un articulista (Sr. Genatios, ex ministro del régimen, 1999) y contra los Directores (Teodoro Petkoff) y Junta Directiva, del Diario *Tal Cual* de Caracas. Véase sobre esta denuncia las informaciones en: http://www.talcualdigital.com/Temas.aspx?Tag=Demanda+contra+TalCual. So esta persecución contra *Tal Cual*, Leonardo Pizani ha señalado que por el problema político que "la libertad de pensamiento y de expresión" representa para el gobierno, y "que se da en la lógica comunicacional de *Tal Cual*," a este diario "lo han atacado personalmente los hombres más fuertes del régimen como son el Tte. Cnel. Chávez y el Capitán Cabello, porque no pueden soportar la idea de la desobediencia civil que representa, que no es la desobediencia a una medida coyuntural, es la desobediencia a la disciplina de la obediencia militar, es el ejercicio de la libertad." Véase, Leonardo Pizani, "El modus operandi de la censura venezolana," en *Opinión.infobae.com*, 8 de octubre de 2014, en http://opinion.infobae.com/leonardo-pizani/2014/10/08/el-modus-operandi-de-la-censura-venezolana/

134  Véase por ejemplo lo escrito en el Editorial "Venezuela's Crackdopwn on Opposition," *The New York Times*: New York, September 21, 2014, p. 10. El caso más reciente fue el de los profesores Ricardo Haussmann y Miguel Ángel Santos, de la Universidad de Harvard, quienes publicaron un trabajo analizando las catastróficas consecuencias de la errada política económica del gobierno, titulado: "Should Venezuela Default?", en *Project Syndicate. The World's Opinion Page*, September 4, 2014, en http://www.project-syndicate.org/commentary/ricardo-hausmann-and-miguel-angel-santos-pillory-the-maduro-government-for-defaulting-on-30-million-citizens--but-not-on-wall-street. La reacción de quien ejerce la Presidencia, además de calificar al profesor Haussmann como un "bandido," fue considerar que con su trabajo perseguía desestabilizar al gobierno, ordenando a la Fiscalía General de la República iniciar una investigación y acciones judiciales en su contra. Véase la noticia en José Orozco y Sebastian Boyd, "Venezuela Threatens Harvard professor for Default Comment," Bloomber, Septmber 12, 2014, en http://www.bloomberg.com/news/2014-09-12/venezuela-threatens-harvard-professor-for-default-comment.html ; Andrew Cawthorne, "Venezuela's Maduro vows legal action against

Por todo lo anterior, Catalina Botero, hasta octubre de 2014 Relatora Especial para Libertad de Expresión de la Organización de Estados Americanos se refirió al estado crítico de la prensa en Venezuela, expresando:

"Hay un sistema muy articulado de control que va desde la estigmatización pública mediante un poderoso conglomerado de medios controlados hasta la aplicación de normas penales a quienes tienen un pensamiento crítico. Por ejemplo, los directivos del diario *Tal Cual* están siendo procesados penalmente porque Diosdado Cabello consideró inexacta una frase de un artículo. Hoy tienen prohibido salir del país y pueden terminar en cualquier momento en la cárcel. Esto sin contar los innumerables procesos civiles y administrativos por presentar noticias incómodas al gobierno, la dramática ausencia de papel periódico, la no renovación de licencias por razones por razones políticas, el cierre de medios como NTN 24, la absoluta oscuridad sobre lo que sucede en el Estado y más recientemente las denuncias por posibles bloqueos de Internet por parte de la empresa estatal que controla la prestación de este servicio a una parte importante de la población. Todo esto sin garantías legales suficientes ni jueces independientes. Hoy se sabe más de lo que sucede en Venezuela afuera que adentro del país."[135]

### 9. *La violación y eliminación del principio democrático*

Y *octavo*, entre los últimos atentados contra el principio democrático mismo, y por tanto, contra el Estado de derecho, que han hecho desaparecer todo vestigio del Estado democrático, están los que han distorsionado tanto el derecho de los electores a revocar, conforme a la Constitución, el mandato popular de los representantes electos; como el derecho de los representantes electos a ejercer sus cargos con la seguridad de que sólo podrían ser revocados por voluntad popular, mediante referendo revocatorio. Ambos derechos han sido mutados y violados, en contra de lo dispuesto en la Constitución.

En cuanto al derecho ciudadano a decidir mediante voto popular expresado en referendo, la revocación del mandato de los funcionarios electos, el mismo, por una parte, ha sido limitado in extremis, al regularse de tal manera la forma de manifestarse la iniciativa popular para convocar el referendo re-

---

Harvard professor," September 14, 2014, en http://www.reuters.com/article/2014/09/12/us-venezuela-hausmann-idUSKBN0H71MN20140912; y en Simon Tegel, *The Global Post*: "Maduro Calls Harvard Professor a "Bandit" for Critizising Venezuela's Economy,"en http://www.nbcnews.com/news/latino/maduro-calls-harvard-prof-bandit-criticizing-venezuelan-economy-n206166. Véase la respuesta del profesor Haussman "Venezuela's president is crafting a disaster," en *The Boston Globe*. Opinion, September 18, 2014 en http://www.bostonglobe.com/opinion/2014/09/18/amid-venezuela-economic-woes-president-attacks-harvard-academic/j6H2tUj4vGLuKaf0yStfQL/story.html.

135 Véase Gaspar Ramírez, "Catalina Botero: En Venezuela las consecuencias por criticar al gobierno pueden ser muy graves," El Mercurio Chile 18 de octubre de 2014, en *El Nacional*, Caracas 22 de octubre de 2014, en http://www.el-nacional.com/gda/Catalina-Botero-Venezuela-consecuencias-criticar_0_502749892.html

vocatorio (firmas) que materialmente es imposible hacerlo;[136] y por la otra, particularmente en relación con el referendo revocatorio presidencial, el mismo, para proteger el mandato de Hugo Chávez, fue ilegítimamente mutado por la Sala Constitucional del Tribunal Supremo en 2004, y convertido en un referendo ratificatorio.

En efecto, el artículo 72 de la Constitución, establece que cuando en un referendo revocatorio voten a favor de la revocación un número de votantes *"igual o mayor número de electores* que los que eligieron al funcionario," se considerará revocado su mandato, independientemente del número de votantes que hubiesen votado por la no revocación. Sin embargo, ello fue cambiado en forma evidentemente inconstitucional, en las *Normas para regular los procesos de Referendos Revocatorios de mandatos de Elección Popular* dictadas por el Consejo Nacional Electoral en 25 de septiembre de 2003[137], en las cuales luego de reconocer que se considera revocado el mandato "si el número de votos a favor de la revocatoria es igual o superior al número de los electores que eligieron al funcionario," se agregó la frase: "y no resulte inferior al número de electores que votaron en contra de la revocatoria" (Art. 60).

Con este agregado, en una norma de rango sublegal, se restringió el derecho ciudadano a la participación política mediante la revocación de mandatos populares, trastocándose la naturaleza "revocatoria" del referendo que regula el artículo 72 de la Constitución, y en evidente fraude a la Constitución, se lo convirtió en un referendo "ratificatorio" de mandatos de elección popular; lo cual, además, ya había sido avalado por la Sala Constitucional del Tribunal Supremo al decidir un recurso de interpretación abstracta de la norma constitucional en 2003, y concluir, en contra de la Constitución, que la misma supuestamente regularía "una especie de relegitimación del funcionario y en ese proceso democrático de mayorías, incluso, si en el referendo obtuviese más votos la opción de su permanencia, debería seguir en él, aunque voten en su contra el número suficiente de personas para revocarle el mandato."[138] Y todo ello, con el único objeto de evitar que en 2004, el mandato del Presidente de

---

136  Véase Allan R. Brewer-Carías, "El secuestro del Poder Electoral y la confiscación del derecho a la participación política mediante el referendo revocatorio presidencial: Venezuela 2000-2004", en *Boletín Mexicano de Derecho Comparado*, Instituto de Investigaciones Jurídicas, Universidad Nacional Autónoma de México, N° 112. México, enero-abril 2005 pp. 11-73.

137  Resolución Consejo Nacional Electoral N° 030925-465 de 25-09-2003.

138  Véase sentencia N° 2750 de 21 de octubre de 2003 (Caso: *Carlos E. Herrera Mendoza, Interpretación del artículo 72 de la Constitución*), Exp. 03-1989.

República, Hugo Chávez, fuera revocado,[139] como en estricto derecho constitucional así ocurrió, siendo al contrario "ratificado" en su cargo.[140]

Pero la afectación del principio democrático también ha ocurrido como consecuencia de las decisiones adoptadas por órganos del Estado para revocarle el mandato a funcionarios y representantes electos, violentándose la voluntad popular y la propia Constitución. Ese fue el insólito caso en el cual la Sala Constitucional del Tribunal Supremo en marzo de 2014 sin que hubiese juicio penal alguno, inventó un supuesto desacato de un mandamiento de amparo dirigido a unos Alcaldes de cumplir en forma genérica con sus obligaciones legales de velar por la seguridad ciudadana y la circulación por las vías públicas, todo bien orquestado, desde la solicitud de amparo contra la supuesta omisión de los Alcaldes de cumplir con dicha obligación, hasta la revocación del mandato popular de los mismos, asumiendo además para ello la Sala Constitucional, en forma totalmente inconstitucional, las competencias propias de los jueces penales.[141]

El otro insólito caso de violación del principio democrático fue el también realizado por la Sala Constitucional igualmente en marzo de 2014 al conocer

---

139   Hugo Chávez había sido electo en agosto de 2000 con 3.757.774 votos, por lo que bastaba para que su mandato fuese revocado, que el voto a favor de la revocación superara esa cifra. Como lo anunció el Consejo Nacional Electoral el 27 de agosto de 2004, el voto a favor de la revocación del mandato del Presidente de la República en el referendo efectuado ese mismo mes y año, fue de 3.989.008, por lo que constitucionalmente el mandato de Chávez había quedado revocado.

140   En efecto, en la *página web* del Consejo Nacional Electoral del día 27 de agosto de 2004, apareció la siguiente nota: "El presidente del Consejo Nacional Electoral, Francisco Carrasquero López, se dirigió al país en cadena nacional para anunciar las cifras definitivas y oficiales del evento electoral celebrado el pasado 15 de agosto, *las cuales dan como ratificado en su cargo al Presidente de la República*, Hugo Rafael Chávez Frías, con un total de 5 millones 800 mil 629 votos a favor de la opción "No". En la contienda electoral participaron 9 millones 815 mil 631 electores, de los cuales 3.989.008 se inclinaron por la opción "Sí" para revocar el mandato del Presidente Chávez. La totalización arrojó que la opción "No" alcanzó el 59,25% de los votos, mientras el "Sí" logró el 40,74% del total general, y la abstención fue del 30,02%. Vale destacar que para estos comicios el Registro Electoral se incrementó significativamente, alcanzando un universo de 14. 027.607 de electores con derecho a sufragar en el RR. Con base en la expresión de la voluntad popular, el Consejo Nacional Electoral, este viernes 27 de agosto, *ratificará en la Presidencia de la República* Bolivariana de Venezuela a Hugo Chávez Frías, quien culminará su período constitucional en el año 2006. Y en efecto, en acto solemne efectuado ese día, el Consejo Nacional Electoral acordó "ratificar" al Presidente de la República en su cargo, a pesar de que un número de electores mayor que los que lo eligieron hubieran votado a favor de la revocación de su mandato. Otro tanto haría la Asamblea Nacional, sin que esa figura de la ratificación estuviese prevista en norma constitucional alguna." Véase además, *El Nacional*, Caracas, 28-08-2004, pp. A-1 y A-2.

141   Véase sentencias de la Sala Constitucional del Tribunal Supremo de Justicia, N° 138 de 17 de marzo de 2014, en http://www.tsj.gov.ve/decisiones/scon/marzo/162025-138-17314-2014-14-0205.HTML; N° 137 de 17 de marzo de 2014 en http://www.tsj.gov.ve/decisiones/scon/marzo/162286-150-20314-2014-14-0194.HTML; y sentencia de N° 245 el día 9 de abril de 2014, en http://www.tsj.gov.ve/decisiones/scon/abril/162860-245-9414-2014-14-0205.HTML Véase también en *Gaceta Oficial* N° 40.391 de 10 de abril de 2014. Véase sobre estas sentencias los comentarios en Allan R. Brewer-Carías, *Golpe a la democracia dado por la Sala Constitucional*, Editorial Jurídica Venezolana, Caracas 2014, pp. 117 ss.

de una petición de amparo para proteger el mandato popular de una diputada frente a las amenazas verbales formuladas por el Presidente de la Asamblea Nacional de impedirle el cumplir sus funciones y sacarla del parlamento. Al decidir la acción propuesta, en forma por demás insólita, la Sala la declaró inadmisible, pero sin embargo, en evidente abuso de poder, de oficio pasó a decidir en un *obiter dictum*, todo contrario de lo peticionado, es decir, procedió a revocarle el mandato popular de la diputada por el hecho de haber ésta hablado en una sesión del Consejo de la Organización de Estados Americanos, en su condición de diputada a la Asamblea Nacional venezolana, sobre la situación de Venezuela, pero desde el puesto de la delegación de Panamá atendiendo a la invitación que le formuló el representante de ese país.[142]

El derecho administrativo que resulta de todo lo anterior, es un derecho administrativo muy lejos de ser un derecho de la democracia, que más bien está condicionado por un sistema político que se caracteriza tener graves fallas de representatividad democrática y de funcionamiento de la llamada democracia participativa; por no tener como base un sistema de separación de poderes, con la consecuente ausencia de autonomía e independencia del Poder Judicial; por regir una Administración que dejó de estar al servicio del ciudadano, y estar sólo al servicio de su propia burocracia, y en la cual se niega incluso el derecho de acceso a la información administrativa, habiéndose impuesto un sistema de secretud y reserva en el funcionamiento de la Administración nunca antes visto; por la implantación de un militarismo prevalente y avasallante al margen de la autoridad civil; por la eliminación de la libertad de expresión y de comunicación; y por la violación y eliminación del principio democrático, al revocarse el mandato de funcionarios electos al margen de la voluntad popular.

## SECCIÓN TERCERA: LA AUSENCIA DE UN ESTADO SOCIAL Y DE ECONOMÍA MIXTA[*]

Pero el Estado en Venezuela, además de haber dejado de ser un Estado democrático e derecho, como antes se ha dicho, habiéndose configurado como un Estado Totalitario, también, a pesar de lo que está inscrito en la Constitución, tampoco es realmente un Estado Social de Economía Mixta, en el cual la iniciativa privada debería tener un rol tan importante como la del propio Estado, razón por la cual al derecho administrativo se le ha sustraído su rol de ser el marco del equilibrio y garantía de las relaciones entre el Estado y

---

142  Véase la sentencia de la Sala Constitucional del Tribunal Supremo de Justicia, N° 207 de 31 de marzo de 2014, en http://www.tsj.gov.ve/decisiones/scon/marzo/162546-207-31314-2014-14-0286.HTML Véase además en *Gaceta Oficial* N° 40385 de 2 de abril de 2014. Véase sobre estas sentencias los comentarios en Allan R. Brewer-Carías, *Golpe a la democracia dado por la Sala Constitucional*, Editorial Jurídica Venezolana, Caracas 2014, pp. 167 ss.

*  Esta sección cuarta es el texto del trabajo sobre "El abandono del Estado Social y la Ley Orgánica de Precios Justos," redactado para la obra colectiva coordinada por la profesora Claudia Nikken sobre: *Ley Orgánica de Precios Justos,* Editorial Jurídica Venezolana, 2014.

los particulares, habiendo quedado sólo para limitar y perseguir a las iniciativas privadas, y proteger a la burocracia estatal. En ese marco, al Estado se lo ha convertido en un Estado Burocrático, Comunista y Populista, que ha sido montado sobre un sistema económico de capitalismo de Estado, destructor de las iniciativas individuales. Y en ese marco es que se está desarrollando el derecho administrativo.

1. *El Estado Social y su imbricación con el Estado de Economía Mixta*

Un Estado Social , tal como se deriva de lo expresado en el artículo 299 de la Constitución, es el que tiene como misión fundamental velar por la satisfacción de las necesidades colectivas de la población, en conjunción con las iniciativas privadas, mediante el fortalecimiento de los servicios públicos, para garantizar a todos el goce y efectividad de los derechos sociales, como son los derechos a la salud, a la educación, a la vivienda, al trabajo, a la seguridad social, a la cultura, a la asistencia social y a la protección del ambiente, de manera de asegurar la justicia social.

En términos de la jurisprudencia de la Sala Constitucional del Tribunal Supremo de Justicia expresada en 2004,

> "el Estado Social de Derecho es el Estado de la *procura existencial*, su meta es satisfacer las necesidades básicas de los individuos distribuyendo bienes y servicios que permitan el logro de un *standard* de vida elevado, colocando en permanente realización y perfeccionamiento el desenvolvimiento económico y social de sus ciudadanos." [143]

El objetivo de este modelo de Estado social, como lo expresa la Constitución, es asegurar el "desarrollo humano integral y una existencia digna y provechosa para la colectividad;" teniendo el Estado, con tal propósito, sin duda, deberes de actuación que debe realizar como lo impone la Constitución, "conjuntamente con la iniciativa privada," lo que implica garantizar los derechos y libertades económicos de las personas; y todo ello, con el objeto de "promover el desarrollo armónico de la economía nacional con el fin de generar fuentes de trabajo, alto valor agregado nacional, elevar el nivel de vida de la población y fortalecer la soberanía económica del país," para lograr una justa distribución de la riqueza" (art. 299).[144] Lo anterior, además, mediante un

---

143  Véase sentencia N° 1002 de 26 de mayo de 2004 (caso: Federación Médica Venezolana vs. Ministra de Salud y Desarrollo Social y el Presidente del Instituto Venezolano de los Seguros Sociales), en *Revista de Derecho Público*, N° 97-98, Editorial Jurídica Venezolana, Caracas 2004, pp. 143 ss.

144  La Sala Constitucional del Tribunal Supremo en sentencia N° 85 del 24 de enero de 2002 (Caso *Asociación Civil Deudores Hipotecarios de Vivienda Principal (Asodeviprilara)*, precisó en cuanto a "la protección que brinda el Estado Social de Derecho," no sólo que la misma está vinculada al "interés social" que se declara como "un valor que persigue equilibrar en sus relaciones a personas o grupos que son, en alguna forma, reconocidos por la propia ley como débiles jurídicos, o que se encuentran en una situación de inferioridad con otros grupos o personas, que por la naturaleza de sus relaciones, están en una posición dominante con relación a ellas;" sino que dicha protección "varía desde la defensa de intereses económicos de las clases o grupos que

sistema tributario que debe procurar "la justa distribución de las cargas públicas atendiendo al principio de la progresividad, así como la protección de la economía nacional y la elevación del nivel de vida de la población" (art. 316).[145]

La consecuencia de lo anterior es que la noción de Estado Social está imbricada con las otras nociones que resultan de la configuración del Estado en la Constitución, en el sentido de que además de tratarse de un Estado Social, también es un Estado de derecho, un Estado democrático, un Estado de Justicia, un Estado descentralizado y, en especial, un Estado con un sistema de Economía Mixta,[146] en el cual se debe desenvolver.

Por tanto, para captar adecuadamente el sentido de esta precisión constitucional del Estado Social, ésta no puede interpretarse aisladamente ni puede dársele un sentido interpretativo global, único y superior ignorando los otros componentes que en la Constitución deben configurar al Estado, ni dársele un sentido prevalente sobre los otros, al punto de aniquilarlos.

Todos los componentes del Estado en la Constitución, y no sólo el del Estado Social, al contrario de lo que ha pretendido la Sala Constitucional en reciente sentencia, son los que comportan "verdaderos efectos normativos y por ende, de necesaria y vinculante observación, con la significación y trascendencia que las normas constitucionales implican para el Estado, en todos y cada uno de sus componentes."[147] Es decir, no sólo el Estado Social es un "parámetro constitucional" para la hermenéutica, sino también los son las otras nociones que identifican al Estado en la Constitución, como el de ser de economía mixta, democrático, de derecho, descentralizado y de justicia, sin

---

la ley considera se encuentran en una situación de desequilibrio que los perjudica, hasta la defensa de valores espirituales de esas personas o grupos, tales como la educación (que es deber social fundamental conforme al artículo 102 constitucional), o la salud (derecho social fundamental según el artículo 83 constitucional), o la protección del trabajo, la seguridad social y el derecho a la vivienda (artículos 82, 86 y 87 constitucionales), por lo que el interés social gravita sobre actividades tanto del Estado como de los particulares, porque con él se trata de evitar un desequilibrio que atente contra el orden público, la dignidad humana y la justicia social.". Véase en http://www.tsj.gov.ve/decisiones/scon/enero/85-240102-01-1274%20.htm.

145  Véase Leonardo Palacios Márquez, "Medidas fiscales para el desarrollo económico," en *Revista de Derecho Tributario*, N° 97, Asociación Venezolana de Derecho Tributario, Legislec Editores, Caracas 2002, pp. 179-224.

146  Véase Allan R. Brewer-Carías, "Reflexiones sobre la Constitución económica" en *Estudios sobre la Constitución Española. Homenaje al Profesor Eduardo García de Enterría*, Editorial Civitas, Madrid, 1991, Tomo V, pp. 3.839-3.853; y lo expuesto en relación con la Constitución de 1999 en Alan R. Brewer-Carías, "Sobre el régimen constitucional del sistema económico," en *Debate Constituyente (Aportes a la Asamblea Nacional Constituyente), Tomo III (18 octubre-30 noviembre 1999)*, Fundación de Derecho Público-Editorial Jurídica Venezolana, Caracas 1999, pp. 15-52.

147  Véase la sentencia N° 1158 de 18 de agosto de 2014 (Caso: amparo en protección de intereses difusos, Rómulo Plata, contra el Ministro del Poder Popular para el Comercio y Superintendente Nacional para la Defensa de los Derechos Socio Económicos), en http://www.tsj.gov.ve/decisiones/scon/agosto/168705-1158-18814-2014-14-0599.HTML,

que pueda dársele, se insiste, prevalencia a ningún concepto sobre otro, y aniquilar alguno de los condicionamientos del Estado en beneficio de otro.

Ello implica que en la Constitución hay parámetros de libertad para los ciudadanos que sin duda implican normas permisivas, cuando se garantiza la iniciativa privada y la libre empresa con ámbitos negativos o abstencionistas para el Estado, en paralelo a una regulación de la actuación activa del mismo, que implica prestaciones positivas estatales; parámetros que en el Estado Social deben necesariamente articularse para lograr una coexistencia armónica entre ambos extremos, estando los dos y no sólo uno de ellos, sujetos a ser regulados y canalizados por normas, precisamente de derecho administrativo, sin que ninguno de ellos, ni los derechos de libertad ni los derechos sociales puedan tornarse en instrumentos para el atropello y el abuso, que signifiquen desconocimiento y cercenamiento de derechos y libertades o generación de asimetrías sociales en la población. Todo ello implica, que la interpretación de los derechos sociales no puede conducir a vaciar totalmente de valor y contenido a los derechos de libertad de los ciudadanos.

Por ello, el Estado Social, en la Constitución, no se puede desligar del Estado de Economía Mixta que la misma Constitución establece en el artículo 299, al prescribir que el régimen socioeconómico de la República se fundamenta en los principios de justicia social, democratización, eficiencia, libre competencia, protección del ambiente, productividad y solidaridad, a los fines de asegurar el desarrollo humano integral y una existencia digna y provechosa para la colectividad; todo lo cual configura un sistema económico que se fundamenta en la libertad económica, la iniciativa privada y la libre competencia, por una arte, y por la otra, con la participación del Estado como promotor del desarrollo económico, regulador de la actividad económica, y planificador con la participación de la sociedad civil.

De ello deriva que la Constitución, al regular al Estado Social en el marco de un Estado de economía mixta,[148] lo ha hecho, como lo destacó la Sala

---

[148] Véase en general, sobre el tema del Estado Social y el sistema de economía mixta: José Ignacio Hernández G. "Estado Social y Libertad de Empresa en Venezuela: Consecuencias Prácticas de un Debate Teórico" en *Seminario de Profesores de Derecho Público*, Caracas, 2010, en http://www.uma.edu.ve/admini/ckfinder/userfiles/files/Libertad_economica_seminario.pdf ; y "Estado social y ordenación constitucional del sistema económico venezolano," Biblioteca Jurídica Virtual del Instituto de Investigaciones Jurídicas de la UNAM, en http://www.juridicas.unam.mx/publica/librev/rev/dconstla/cont/2006.1/pr/pr14.pdf; Tomás A. Arias Castillo, "Vendiendo Utopías. Una respuesta al profesor José Ignacio Hernández" en *Seminario de Profesores de Derecho Público*, Caracas, 2010, en http://www.uma.edu.ve/admini/ckfinder/userfiles/files/VENDIENDO%20UTOPIAS.pdf ; José Ignacio Hernández G. "La Constitución Fabulada. Breve contra réplica a la respuesta del profesor Tomás Arias Castillo" en *Seminario de Profesores de Derecho Público*, Caracas, 2010, en http://www.uma.edu.ve/admini/ckfinder/userfiles/files/Contra%20r%C3%A9plica%20Arias.pdf; Tomás A. Arias Castillo "Una Réplica no es una Contrarréplica al Profesor José Ignacio Hernández" en *Seminario de Profesores de Derecho Público*, Caracas, 2010 en http://www.uma.edu.ve/admini/ckfinder/userfiles/files/Contrarr%C3%A9plica%20para%20el%20Blog%2029%2012%2010_.pdf ; Luis A. Herrera Orellana "A propósito de la polémica entre los profesores Hernández y Arias en torno al Estado social y la libertad económica en la Constitución de 1999" en *Seminario de*

Constitucional del Tribunal Supremo en sentencia N° 117 de 6 de febrero de 2001, reiterando expresamente un fallo anterior de la antigua Corte Suprema de 15 de diciembre de 1998, estableciendo un conjunto de normas constitucionales:

"destinadas a proporcionar el marco jurídico fundamental para la estructura y funcionamiento de la actividad económica, [que] no está destinada -salvo el caso de las constituciones socialistas de modelo soviético- a garantizar la existencia de un determinado orden económico, sino que actúan como garantes de una economía social de mercado, inspiradas en principios básicos de justicia social y con una "base neutral" que deja abiertas distintas posibilidades al legislador, del cual sólo se pretende que observe los límites constitucionales."[149]

La Sala Constitucional además, consideró en dicha sentencia, que la Constitución de 1999, al igual que sucedía en la Constitución de 1961:

"propugna una serie de valores normativos superiores del régimen económico, consagrando como tales la libertad de empresa en el marco de una economía de mercado y fundamentalmente el del Estado Social de Derecho (Welfare State, Estado de Bienestar o Estado Socialdemócrata), *esto es un Estado social opuesto al autoritarismo*. Los valores aludidos se desarrollan mediante el concepto de libertad de empresa, que encierra, tanto la noción de un derecho subjetivo "a dedicarse libremente a la actividad económica de su preferencia", como un principio de ordenación económica dentro del cual se manifiesta la voluntad de la empresa de decidir sobre sus objetivos. En este contexto, los Poderes Públicos, cumplen un rol de intervención, la cual puede ser directa (a través de empresas) o indirecta (como ente regulador del mercado) [...]

A la luz de todos los principios de ordenación económica contenidos en la Constitución de la República Bolivariana de Venezuela, se patentiza el carácter mixto de la economía venezolana, esto es, un sistema so-

---

*Profesores de Derecho Público*, Caracas, 2010 en http://www.uma.edu.ve/admini/ckfinder/userfiles/files/Comentarios%20a%20pol%C3%A9mica%20JIHG-TAAC.pdf ; Oscar Ghersi Rassi, "Comentarios al debate Hernández – Arias. Estado Social y Libertad de Empresa en Venezuela: Consecuencias Prácticas de un Debate Teórico" en *Seminario de Profesores de Derecho Público*, Caracas, 2011, en http://www.uma.edu.ve/admini/ckfinder/userfiles/files/Comentarios%20al%20debate%20Hern%C3%A1ndez%20-%20Arias.pdf ; José Valentín González P, "Las Tendencias Totalitarias del Estado Social y Democrático de Derecho y el carácter iliberal del Derecho Administrativo", CEDICE-Libertad, 2012. http://cedice.org.ve/wp-content/uploads/2012/12/Tendencias-Totalitarias-del-Edo-Social-y-Democr%C3%A1tico-de-Derecho-Administrativo.pdf; y José Valentín González P, "Nuevo Enfoque sobre la Constitución Económica de 1999,"en el libro *Enfoques sobre Derecho y Libertad*, Academia de Ciencias Políticas y Sociales, Serie Eventos, Caracas 2013.

149 Véase en *Revista de Derecho Público*, N° 85-88, Editorial Jurídica Venezolana, Caracas, 2001. Véase José Ignacio Hernández, "Constitución económica y privatización (Comentarios a la sentencia de la Sala Constitucional del 6 de febrero de 2001)", en *Revista de Derecho Constitucional*, N° 5, julio-diciembre-2001, Editorial Sherwood, Caracas, 2002, pp. 327 a 342.

cioeconómico intermedio entre la economía de libre mercado (en el que el Estado funge como simple programador de la economía, dependiendo ésta de la oferta y la demanda de bienes y servicios) y la economía interventora (en la que el Estado interviene activamente como el "empresario mayor"). Efectivamente, la anterior afirmación se desprende del propio texto de la Constitución, promoviendo, expresamente, la actividad económica conjunta del Estado y de la iniciativa privada en la persecución y concreción de los valores supremos consagrados en la Constitución."[150]

El carácter mixto del sistema socioeconómico de Venezuela, por tanto, concluyó la Sala Constitucional en esa sentencia, "persigue el equilibrio de todas las fuerzas del mercado y la actividad conjunta del Estado e iniciativa privada," lo que impide por supuesto, el sacrificio de ésta última en beneficio del Estado, y menos esgrimiendo la noción de Estado Social.

En ese sistema de economía mixta, la Constitución, en efecto, regula los derechos económicos, en particular, siguiendo la tradición del constitucionalismo venezolano, la libertad económica como el derecho de todos de dedicarse libremente a la actividad económica de su preferencia, sin más limitaciones que las previstas en la Constitución y las que establezcan las leyes, por razones de desarrollo humano, seguridad, sanidad, protección del ambiente u otras de interés social (art. 112), y el derecho de propiedad; y la garantía de la expropiación (art. 115) y prohibición de la confiscación (art. 116). La Constitución, además, regula el derecho de todas las personas a disponer de bienes y servicios de calidad, así como a una información adecuada y no engañosa sobre el contenido y características de los productos y servicios que consumen, a la libertad de elección y a un trato equitativo y digno. (art. 117). Por la otra, en el texto constitucional se regulan las diferentes facetas de la intervención del Estado en la economía, como Estado promotor, es decir, que no sustituye a la iniciativa privada, sino que fomenta y ordena la economía para asegurar su desarrollo, en materia de promoción del desarrollo económico (art. 299); de promoción de la iniciativa privada (art. 112); de promoción de la agricultura para la seguridad alimentaria (art. 305); de promoción de la industria (art. 302); de promoción del desarrollo rural integrado (art. 306); de promoción de la pequeña y mediana industria (art. 308); de promoción de la artesanía popular (art. 309); y de promoción del turismo (art. 310).Además, se establecen normas sobre el Estado Regulador, por ejemplo en materia de prohibición de los monopolios (art. 113), y de restricción del abuso de las posiciones de dominio en la economía con la finalidad de proteger al público consumidor y los productores y asegurar condiciones efectivas de competencia en la economía. Además, en materia de concesiones estatales (art. 113);

---

150  Véase en *Revista de Derecho Público*, N° 85-88, Editorial Jurídica Venezolana, Caracas, 2001. Véase José Ignacio Hernández, "Constitución económica y privatización (Comentarios a la sentencia de la Sala Constitucional del 6 de febrero de 2001)", en *Revista de Derecho Constitucional*, N° 5, julio-diciembre-2001, Editorial Sherwood, Caracas, 2002, pp. 327 a 342.

protección a los consumidores o usuarios (art. 117); política comercial (art. 301); y persecución de los ilícitos económicos (art. 114).Igualmente la Constitución prevé normas sobre la intervención del Estado en la economía, como Estado empresario, (art. 300); con especial previsión del régimen de la nacionalización petrolera y el régimen de la reserva de actividades económicas al Estado (art. 302 y 303).

Este modelo de Estado Social y de Economía Mixta previsto en la Constitución era el llamado a permitir el desenvolvimiento de una economía basada en la libertad económica y la iniciativa privada, pero con una intervención importante y necesaria del Estado para asegurar los principios de justicia social que constitucionalmente deben orientar el régimen económico; lo que en el caso de Venezuela, sin duda, siempre se acrecentó por el hecho de ser el Estado el titular del dominio público sobre el subsuelo.

Pero como antes dijimos, nada de ello en la realidad existe en el Estado contemporáneo, donde el Estado dejó de ser un Estado Social de Economía Mixta, pasando a ser un Estado totalitario donde la iniciativa privada está totalmente marginada, siendo una de las piezas fundamentales para ese logro la Ley Orgánica de Precios Justos de 2014.[151]

### 2. *La Ley Orgánica de Precios Justos y el fin de la libertad económica*

Dicha Ley, en efecto, supuestamente tiene por objeto, siguiendo a la letra lo que dice la Constitución, "asegurar el desarrollo armónico, justo, equitativo, productivo y soberano de la economía nacional," pero mediante una medida extremadamente restrictiva de la iniciativa privada como es "la determinación de precios justos de bienes y servicios" por parte de la burocracia estatal, "mediante el análisis de las estructuras de costos, la fijación del porcentaje máximo de ganancia y la fiscalización efectiva de la actividad económica y comercial;" todo ello, supuestamente, con el "fin de proteger los ingresos de todos los ciudadanos, y muy especialmente el salario de los trabajadores; el acceso de las personas a los bienes y servicios para la satisfacción de sus necesidades;" y además establecer un marco de criminalización a la iniciativa privada, mediante la previsión de "ilícitos administrativos, sus procedimientos y sanciones, los delitos económicos, su penalización y el resarcimiento de los daños sufridos;" y todo lo anterior, no para asegurar un Estado social de economía mixta, sino para lograr la "consolidación de un orden económico socialista productivo," que el artículo 3 precisa que es el consagrado en el "Plan de la patria," y que está totalmente alejado del Estado Social en el marco de una economía mixta del cual nos habla la Constitución.

Con ese último propósito, y salvo haber logrado la destrucción de la economía mixta como sistema político económico, ninguno de los supuestos "fines" de la ley se han logrado ni se pueden lograr, de manera que en la práctica, no se ha podido incrementar el nivel de vida del pueblo venezolano, salvo

---

151  Véase en *Gaceta Oficial* No. 5156 Extra de 19-11-2014.

por la ilusión de dádivas y subsidios no productivos, y mucho menos se ha logrado "alcanzar la mayor suma de felicidad posible;" no se ha logrado "el desarrollo armónico y estable de la economía," y la determinación de supuestos "precios justos" de los bienes y servicios, lo que ha hecho es conspirar contra la protección del salario y demás ingresos de las personas; no se han logrado "fijar criterios justos de intercambio," y la normativa adoptada que ha incidido negativamente en los costos, y en la determinación de porcentajes de supuestas "ganancia razonables," han conspirado contra la iniciativa privada y la productividad. En ese esquema, de destrucción de la producción, no se ha garantizado "el acceso de las personas a los bienes y servicios para la satisfacción de sus necesidades" ni por supuesto, se ha privilegiado "la producción nacional de bienes y servicios," dependiendo, resultado que no se ha podido proteger a al pueblo contra las prácticas que puedan afectar el acceso a los bienes o servicios.

La Ley, en realidad ha decretado el fin de la libertad económica y de la iniciativa privada, haciendo depender todo de la burocracia estatal, al sujetar a su normativa a absolutamente todas las personas naturales y jurídicas de derecho público o privado, nacionales o extranjeras, que desarrollen actividades económicas en el país, "incluidas las que se realizan a través de medios electrónicos" (Art. 2), imponiéndole a todas dichas personas la necesidad de "inscribirse y mantener sus datos actualizados en el Registro Único de Personas que Desarrollan Actividades Económicas," estableciendo que dicha "inscripción es requisito indispensable, a los fines de poder realizar actividades económicas y comerciales en el país" ( art. 22). En el pasado, y en el olvido quedó, por tanto, la norma constitucional que garantiza a todas las personas el derecho a "dedicarse libremente a la actividad lucrativa de su preferencia" y la obligación del Estado de "promover la iniciativa privada" (art. 112).

Al contrario lo que existe en la práctica es un esquema legal de persecución contra la iniciativa privada, que incluso se aprecia por la atribución a la burocracia estatal de establecer "el margen máximo de ganancia" "de cada actor de la cadena de comercialización" estableciendo un límite máximo de "treinta (30) puntos porcentuales de la estructura de costos del bien o servicio" (art. 32); persecución que se materializa con el conjunto de "medidas preventivas" que se regulan en la Ley y que la burocracia estatal puede imponer durante las inspecciones o fiscalizaciones que realicen los funcionarios, cuando detecten "indicios de incumplimiento de las obligaciones" previstas en la Ley, y a su juicio existan "elementos que permitan presumir que se puedan causar lesiones graves o de difícil reparación a la colectividad," estando facultados para "adoptar y ejecutar en el mismo acto, medidas preventivas destinadas a impedir que se continúen quebrantando las normas que regulan la materia, entre las cuales, el artículo 39 de la Ley enumera el comiso; la ocupación temporal de los establecimientos o bienes indispensables para el desarrollo de la actividad, o para el transporte o almacenamiento de los bienes comisados; el cierre temporal del establecimiento; la suspensión temporal de las licencias, permisos o autorizaciones emitidas por la burocracia; el ajuste inmediato de los precios de bienes destinados a comercializar o servicios a prestar; y en general "todas aquellas que sean necesarias para impedir la vulneración de los derechos de las ciudadanas protegidos" por la Ley. En definitiva, lo que resulta es un régimen de terror económico que pone a las empresas a la merced de la burocracia y lamentablemente, en manos de la corrupción que tal poder genera, al permitir, por ejemplo, que "la ocupación temporal" se pueda materializar "mediante la posesión inmediata, la puesta en operatividad y el aprovechamiento del establecimiento, local, vehículo, nave o aeronave, por parte del órgano o ente competente; y el uso inmediato de los bienes necesarios para la continuidad de las actividades de producción o comercialización de bienes, o la prestación de los servicios, garantizando el abastecimiento y la disponibilidad de éstos durante el curso del procedimiento" (art. 39). Esto, sólo, respecto de las medidas preventivas, porque por lo que se refiere a las sanciones que regula el artículo 45, mediante las mismas, se puede proceder a la "suspensión temporal en el Registro" lo que implica la prohibición pura y simple de poder realizar actividad económica; la "ocupación temporal con intervención," el cierre temporal" o la "clausura" de "almacenes, depósitos, industrias, comercios, transporte de bienes," lo que implica el despojo de la propiedad privada;" la "revocatoria de licencias, permisos o autorizaciones, y de manera especial, los relacionados con el acceso a las divisas," y finalmente, la "confiscación de bienes," a pesar de que ello está prohibido en la Constitución.

Esta normativa, como se dijo, es la negación más paladina de los principios más elementales de la Constitución sobre libertad económica y derecho de propiedad, y por tanto, del modelo de Estado Social de economía mixta, y la implementación, vía legislación, de lo que se pretendió establecer mediante el; proyecto de reforma constitucional de 2007, que fue rechazado por el pueblo.

### 3. El intento y rechazado proyecto de reforma constitucional de 2007 para sustituir el Estado Social y de Economía Mixta

En efecto, el esquema constitucional de Estado Social y de Economía Mixta en Venezuela puede decirse que comenzó a distorsionarse por la progresiva construcción de un desbalance a favor de la participación del Estrado en la economía, del desarrollo de poderes reguladores de todo orden en reacción con las iniciativas privadas, que comenzaron a frenar la producción, y la subsiguiente implementación de una política desenfrenada de estatización generalizada de la economía, que se agudizó después de la reelección del Presidente Hugo Chávez a finales de 2006.

Basado en el hecho de que durante su campaña electoral había abogado por la implementación de una política socialista, a partir de enero de 2007 el mismo Chávez comenzó a diseñar la propuesta de plasmar en la Constitución un modelo de Estado, diametralmente distinto al Estado social de economía mixta previsto en la misma, denominado Estado Comunal o del Poder Popular, pero en paralelo al Estado Constitucional, lo que fue presentado en el proyecto de reforma constitucional de 2007,[152] el cual tenía como supuesto que el Estado todo lo podía, aún en sacrificio de las iniciativas privadas, es decir, que podía ser a vez, investigador, productor, agricultor, empleador, exportador, importador, prestador de servicios, constructor, distribuidor, almacenador, educador; transportista, y que para todo ello tendría siempre recursos ilimitados.

Inmerso en esa desenfrenada ilusión, en el proyecto de reforma constitucional que Chávez presentó a la Asamblea Nacional en 2007, y esta sancionó, al contrario de lo dispuesto en la Constitución, en lugar del sistema de Estado de economía mixta, se propuso establecer un sistema de economía totalmente estatal, de planificación centralizada, de propiedad de todos los medios de producción por el Estado, y de proscripción de la propiedad privada y de libertad económica; esquema propio de un Estado y economía comunista, donde desaparecía la iniciativa privada, la libertad económica y el derecho de propiedad como derechos constitucional.[153]

Por tanto, por ejemplo, en lugar de regularse la libertad económica y la iniciativa privada, y su compaginación con el rol del Estado en procura conjunta de la justicia social, en la reforma de 2007 lo que se establecía era una norma en la cual sólo se definía una política estatal para promover "el desarrollo de un modelo económico productivo, intermedio, diversificado e independiente," agregándose que el Estado, debía, "fomentar y desarrollar distintas formas de empresas y unidades económicas de propiedad social, tanto directa o comunal como indirecta o estatal, así como empresas y unidades económicas de producción o distribución social, pudiendo ser estas de propiedad mixta entre el Estado, el sector privado y el poder comunal, creando las mejores condiciones para la construcción colectiva y cooperativa de una economía socialista." La consecuencia de ello fue que también se buscó eliminar de la Constitución, los principios del sistema económico que están en el artículo 299, y que son la justicia social, la libre competencia, la democracia y la , y al contrario, lo que buscaba establecer en su lugar, eran los principios "socialistas, antiimperialistas, humanistas".

Y en cuanto a la propiedad privada, en el proyecto rechazado de reforma constitucional de 2007, lo que se buscaba simplemente era eliminarla como derecho constitucional, quedando materialmente reducida a la que pudiera existir solo respecto de "los bienes de uso, consumo y medios de producción legítimamente adquiridos," quedando por tanto minimizada y marginalizada

---

152  Véase los comentarios al proyecto de reforma constitucional presentado por el Presidente de la república a la Asamblea Nacional en Allan R. Brewer-Carías, *Hacia la consolidación de un Estado socialista, centralizado, policial y militarista. Comentarios sobre el sentido y alcance de las propuestas de reforma constitucional 2007*, Colección Textos Legislativos, N° 42, Editorial Jurídica Venezolana, Caracas 2007.

153  Véase los comentarios a la reforma constitucional de 2007 aprobada por la Asamblea Nacional en Allan R. Brewer-Carías, *La reforma constitucional de 2007 (Comentarios al proyecto inconstitucionalmente sancionado por la Asamblea Nacional el 2 de noviembre de 2007)*, Colección Textos Legislativos, N° 43, Editorial Jurídica Venezolana, Caracas 2007.

en relación con la propiedad pública. Y en cuanto a la garantía de la expropiación, la misma quedaba ilusoria, al buscarse establecer en la Constitución, "la facultad de los órganos del Estado de ocupar previamente, durante el proceso judicial, los bienes objeto de expropiación" sin pago o consignación previa alguna de la justa indemnización. Todo ello, sin duda, conducía a una "transformación de la estructura del Estado" que fue rechazado por el pueblo.[154]

Ahora bien, ateniéndonos a los principios que conforman la noción de Estado Social de economía mixta en la Constitución, a pesar de que no se lograron barrer con la rechazada reforma de 2007, sin embargo, los mismos en la realidad del Estado venezolano de la actualidad, han sido pospuestos, es decir, no se aplican, y al contrario, el Estado, después de tres lustros de aplicación del llamado "socialismo del siglo XIX" obedeciendo a todos los principios que se quisieron incorporar en la Constitución con la rechazada reforma constitucional, dejó de ser ese Estado Social de economía mixta, trastocándose en un Estado Totalitario,[155] Comunista, Burocrático y Populista; para lo cual incluso, se han implementado las reformas rechazadas en 2007, pero mediante leyes, en forma contraria a la Constitución y en fraude a la voluntad popular, como ha sido precisamente la Ley Orgánica de Precios Justos de 2014.[156]

---

154 Véase por ejemplo lo expresado en el Voto Salvado del Magistrado Jesús Eduardo Cabrera a la sentencia N° 2042 de la Sala Constitucional del Tribunal Supremo de 2 de noviembre de 2007, en el cual expresó sobre el proyecto de reforma constitucional de 2007 sobre el régimen de la propiedad, que: "El artículo 113 del Proyecto, plantea un concepto de propiedad, que se adapta a la propiedad socialista, y que es válido, incluso dentro del Estado Social; pero al limitar la propiedad privada solo sobre bienes de uso, es decir aquellos que una persona utiliza (sin especificarse en cual forma); o de consumo, que no es otra cosa que los fungibles, surge un cambio en la estructura de este derecho que dada su importancia, conduce a una transformación de la estructura del Estado. Los alcances del Derecho de propiedad dentro del Estado Social, ya fueron reconocidos en fallo de esta Sala de 20 de noviembre de 2002, con ponencia del Magistrado Antonio García García."

155 Pompeyo Márquez, conocido dirigente de la izquierda venezolana ha expresado lo siguiente al contestar a una pregunta de un periodista sobre si "¿Existe "el socialismo bolivariano", tal como se define el Partido Socialista Unido de Venezuela (Psuv) en su declaración doctrinaria?" Dijo: "-No existe. Esto no tiene nada que ver con el socialismo. Después del XX Congreso del Partido Comunista de la Unión Soviética, donde Nikita Jrouschov denunció los crímenes de Stalin, se produjo un gran debate a escala internacional sobre las características del socialismo, y las definiciones, que se han esgrimido: Felipe González, Norberto Bobbio, para mencionar a un español y a un italiano son contestatarias a lo que se está haciendo aquí. // -Esto es una dictadura militar, que desconoce la Constitución, y la que reza en su artículo 6: "Venezuela es y será siempre una República democrática". Además, en el artículo 4 habla de un estado de derecho social. Habla del pluralismo y de una serie de valores, que han sido desconocidos por completo durante este régimen chavomadurista, que no es otra cosa que una dictadura. // -Esto se ve plasmado en la tendencia totalitaria, todos los poderes en manos del Ejecutivo. No hay independencia de poderes. No hay justicia. Aquí no hay donde acudir, porque no hay justicia. Cada vez más se acentúa la hegemonía comunicacional." Véase en *La Razón*, 31 julio, 2014, en http://www.larazon.net/2014/07/31/pompeyo-marquez-no-podemos-esperar-hasta-el-2019/

156 Véase en *Gaceta Oficial* No. 5156 Extra de 19-11-2014.

## 4. *Implantación de un Estado Comunista*

Con todo ello, en primer lugar, el Estado en Venezuela se ha configurado como un Estado totalitario, al haber sido legalmente regulado a partir de 2010, como un Estado Comunista, disponiéndose el aplastamiento progresivo de toda iniciativa privada, y su sustitución por parte del aparato Estado, por el apoderamiento público de casi todos los medios de producción, pretendiendo con ello acaparar la producción de bienes y servicios en casi todos los aspectos y actividades, así como la exportación e importación de bienes, [157] con el resultado de la configuración de un sistema de capitalismo de Estado altamente ineficiente, burocratizado y corrupto. [158]

La denominación en este caso del Estado como "Estado comunista" no es una simple calificación literaria, sino que resulta del texto mismo de una Ley, la Ley Orgánica del Sistema Económico Comunal de 2010,[159] que define el "modelo productivo socialista" que se ha dispuesto para el país, como el "modelo de producción basado en la *propiedad social* [de los medios de producción], orientado hacia la *eliminación de la división social del trabajo* propio del modelo capitalista," y "dirigido a la satisfacción de necesidades crecientes de la población, a través de nuevas formas de generación y apropiación así como de la *reinversión social del excedente*" (art. 6.12).

---

157 Leandro Area al referirse al "Estado Misional" y Estado invasor" que se ha venido imponiendo en el país, se refiere a las "características del intento de la implantación del comunismo en Venezuela" considerando que "persigue destruir al Estado burgués, extinguirlo, creando uno nuevo en consonancia con el modelaje comunista de larga y sangrienta trayectoria teórica y de fracaso reiterado. Marxismo de libreto acompasado a los nuevos tiempos y circunstancias de salón. La forma es importante aunque nada tenga que ver con el fondo". Véase Leandro Area, "El 'Estado Misional' en Venezuela," en *Analítica.com*, 14 de febrero de 2014, en http://analitica.com/opinion/opinion-nacional/el-estado-misional-en-venezuela/

158 Tal ha sido la devastación económica provocada por el Estado, que uno de los artífices de esta política económica, quien fue Ministro de Economía y Presidente de PDVSA, ha tenido que afirmar, tres lustros después, en 2014, "Está demostrado que el Estado no puede asumir todas las actividades económicas." Véase "Ali Rodríguez Araque: El Estado no puede asumirlo todo.", en *Reporte Confidencial*, 10 de agosto de 2014, en http://www.reporteconfidencial.info/noticia/3223366/ali-rodriguez-araque-el-estado-no-puede-asumirlo-todo/

159 Véase en *Gaceta Oficial* N° 6.011 Extraordinario del 21 de diciembre de 2010. Véase mis comentarios sobre esta Ley Orgánica, en Allan R. Brewer-Carías, "Sobre la Ley Orgánica del Sistema Económico Comunal o de cómo se implanta en Venezuela un sistema económico comunista sin reformar la Constitución," en *Revista de Derecho Público*, N° 124, (octubre-diciembre 2010), Editorial Jurídica Venezolana, Caracas 2010, pp. 102-109. Véase además el libro Allan R. Brewer-Carías et al., *Leyes Orgánicas sobre el Poder Popular y el Estado Comunal (Los Consejos Comunales, Las Comunas, La Sociedad Socialista y el Sistema Económico Comunal)*, Colección Textos Legislativos N° 50, Editorial Jurídica Venezolana, Caracas 2011. Véase igualmente, Allan R. Brewer-Carías, "La reforma de la Constitución económica para implantar un sistema económico comunista (o de cómo se reforma la Constitución pisoteando el principio de la rigidez constitucional), en Jesús María Casal y María Gabriela Cuevas (Coordinadores), *Homenaje al Dr. José Guillermo Andueza. Desafíos de la República en la Venezuela de hoy. Memoria del XI Congreso Venezolano de Derecho Constitucional*, Universidad Católica Andrés Bello, Caracas 2013, Tomo I, pp. 247-296.

En todo caso, para cualquiera que haya leído algo de marxismo, este texto no es más que un parafraseo de lo que Marx y Engels escribieron hace más de 150 años, en 1845 y 1846, en su conocido libro *La Ideología Alemana* sobre la definición de lo que es la "sociedad comunista," aun cuando refiriéndose a la sociedad primitiva de la época, en muchas partes aún esclavista y en todas, preindustrial; pero basándose en los mismos tres principios de la sociedad comunista incluidos en la ley venezolana, que son: la *"propiedad social de los medios de producción,"* la *"eliminación de la división social del trabajo"* y la *"reinversión social del excedente."*[160]

Ese es el Estado que una Ley Orgánica, por supuesto, al margen de la Constitución, le ha impuesto a los venezolanos a pesar de que votaron contra el mismo en el referendo de diciembre de 2007, y cuya implementación legal a simplemente eliminado o minimizado a la casi inexistencia al sector privado, mediante ocupaciones y confiscaciones masivas de empresas, fincas y medios de producción, sin garantía de justa indemnización, y que luego han sido abandonadas o desmanteladas, acabando con el aparato productivo del país y eliminando la libertad de empresa y la principal fuente de ingreso que puede tener un país.[161] La consecuencia de todo ello, ha sido el surgimiento

---

160   Por ejemplo, Marx y Engels, después de afirmar que la propiedad es "el derecho de suponer de la fuerza de trabajo de otros" y declarar que la "división del trabajo y la propiedad privada" eran "términos idénticos: uno de ellos, referido a la esclavitud, lo mismo que el otro, referido al producto de ésta," escribieron que: "la división del trabajo nos brinda ya el primer ejemplo de cómo, mientras los hombres viven en una sociedad natural, mientras se da, por tanto, una separación entre el interés particular y el interés común, mientras las actividades, por consiguiente no aparecen divididas voluntariamente, sino por modo natural [que se daba según Marx y Engels "en atención a las dotes físicas, por ejemplo, la fuerza corporal, a las necesidades, las coincidencias fortuitas, etc.] los actos propios del hombres se erigen ante él en un poder hostil y ajeno, que lo sojuzga, en vez de ser él quien los domine. En efecto, a partir del momento en que comienza a dividirse el trabajo, cada cual se mueve en un determinado círculo exclusivo de actividad, que le es impuesto y del cual no puede salirse; el hombre es cazador, pescador, pastor o crítico, y no tiene más remedio que seguirlo siendo, si no quiere verse privado de los medios de vida; al paso que en la sociedad comunista, donde cada individuo no tiene acotado un círculo exclusivo de actividades, sino que puede desarrollar sus aptitudes en la rama que mejor le parezca, la sociedad se encarga de regular la producción general, con lo que hace cabalmente posible que yo pueda por la mañana cazar, por la tarde pescar y por la noche apacentar ganado, y después de comer, si me place, dedicarme a criticar, sin necesidad de ser exclusivamente cazador, pescador, pastor o crítico, según los casos." Véase en Karl Marx and Frederich Engels, "The German Ideology," en *Collective Works*, Vol. 5, International Publishers, New York 1976, p. 47. Véanse además los textos pertinentes en http://www.educa.madrid.org/cmstools/files/0a24636f-764c-4e03-9c1d-6722e2ee60d7/Texto%20Marx%20y%20Engels.pdf. Véase sobre el tema Jesús María Alvarado Andrade, "La 'Constitución económica' y el sistema económico comunal *(*Reflexiones Críticas a propósito de la Ley Orgánica del Sistema Económico Comunal)," en Allan R. Brewer-Carías (Coordinador), Claudia Nikken, Luis A. Herrera Orellana, Jesús María Alvarado Andrade, José Ignacio Hernández y Adriana Vigilanza, *Leyes Orgánicas sobre el Poder Popular y el Estado Comunal (Los Consejos Comunales, las Comunas, la Sociedad Socialista y el Sistema Económico Comunal)*, Editorial Jurídica Venezolana, Caracas 2011, pp. 377-456.

161   El que fue Ministro de Economía del país, Alí Rodríguez Araque, y artífice de la política económica en los últimos lustros ha explicado la situación así: "Hay que hacer ciertas definiciones estratégicas que no están claras. ¿Qué es lo que va a desarrollar el Estado?, porque la revo-

de una nueva realidad a la cual estaría ahora dirigida la regulación propia del derecho administrativo, reducido a normar, por ejemplo, la sola actividad del Estado, el empleo público, los servicios públicos y las empresas del Estado.

Ello nos obliga a que debemos olvidarnos entonces, ya, de ese esquema del derecho administrativo que estaba destinado, por ejemplo, a regular las actividades desarrolladas por empresas privadas y particulares en sus relaciones con la Administración, las cuales ahora materialmente han desaparecido, y que debamos comenzar a pensar en un derecho administrativo que sólo regula al aparato estatal y a la burocracia, y que, por tanto, desprecia el orden jurídico que se había establecido para asegurar calidad de vida por las empresas privadas, y se rebela a someterse al mismo. Eso ha pasado, por ejemplo, con el derecho ambiental, el derecho urbanístico y el derecho sanitario, de los grandes pilares de nuestro derecho administrativo, que el Estado comunista, que todo lo ha acaparado, menosprecia, con lo que hoy, con la excusa de desarrollo de proyectos sociales, el principal depredador urbanístico y del ambiente es el propio Estado, sin que nadie lo controle;[162] y el primer violador de las normas, por ejemplo, sobre medicamentos es el propio Estado.[163]

---

lución venezolana no es la soviética, donde los trabajadores armados en medio de una enorme crisis asaltan el poder, destruyen el viejo Estado y construyen uno nuevo. Ni es la revolución cubana, donde un proceso armado asalta el poder y construye uno nuevo. Aquí se llegó al Gobierno a través del proceso electoral. La estructura del Estado es básicamente la misma. Yo viví la experiencia de la pesadez de la democracia. Una revolución difícilmente puede avanzar exitosamente con un Estado de esas características. Eso va a implicar un proceso tan largo como el desarrollo de las comunas. Un nuevo Estado tiene que basarse en el poder del pueblo. Mientras, durante un muy largo periodo, se van a combinar las acciones del Estado con las del sector privado. Tiene que haber una definición en ese orden, los roles que va a cumplir ese sector privado, estableciendo las regulaciones para evitar la formación de monopolios. Está demostrado que el Estado no puede asumir todas las actividades económicas. ¿Qué vamos a hacer con la siderúrgica? Yo no estoy proponiendo que se privatice, pero ¿vamos a continuar pasando más actividades al Estado cuando su eficacia es muy limitada?. ¿Qué vamos a hacer con un conjunto de actividades en las cuales se ha venido metiendo el Estado y que están francamente mal y no lo podemos ocultar? Esto no es problema del proceso revolucionario, su raíz es histórica". Véase "Ali Rodríguez Araque: El Estado no puede asumirlo todo.", en *Reporte Confidencial*, 10 de agosto de 2014, en http://www.reporteconfidencial.info/noticia/3223366/ali-rodriguez-araque-el-estado-no-puede-asumirlo-todo/ Véase igualmente lo expuesto por quien fue el ideólogo del régimen, y a quien se debe la denominación de "socialismo del siglo XXI", que ha expresado: que "El modelo del socialismo impulsado por Chávez fracasó:, siendo "El gran error del gobierno de Maduro es seguir con la idea de Chávez, insostenible, de que el gobierno puede sustituir a la empresa privada. El gobierno usará su monopolio de importaciones y exportaciones para repartir las atribuciones en las empresas," en *El Nacional*, Caracas 19 de abril de 2014, en http://www.el-nacional.com/politica/Heinz-Dieterich-Venezuela-surgimiento-republica_0_394160741.html.

162   En 2014, incluso, en un retroceso de décadas, en la reestructuración ministerial decretada, simplemente se eliminó el Ministerio del Ambiente y de los recursos Naturales renovables, habiendo sido sus competencias trasladadas a un Ministerio del Poder Popular para Vivienda, Hábitat y Ecosocialismo." Véase en *Gaceta Oficial* N° 40489 de 3 de septiembre de 2014.

163   Véase por ejemplo lo expresado por Freddy Ceballos, Presidente de la Federación Farmacéutica Venezolana, al expresar que el Poder Ejecutivo "está violando la Ley de Medicamentos, al traer desde Cuba medicinas que no tienen registro sanitario ni señalan sus componentes" agregando

En materia urbanística, por ejemplo, basta ver lo que ha ocurrido con la construcción de viviendas de interés social desarrolladas por el Estado, por ejemplo en Caracas y el Litoral Central, hechas incluso con la más clásica arquitectura que desarrollaron los invasores soviéticos en la Europa del Este, carentes de todos los principios del urbanismo contemporáneo, destrozando la calidad de vida urbana en forma irreparable, y haciendo a los ocupadores de vivienda, a quienes además se le niega la propiedad de las mismas, aún más miserables.

De resultas, lo que indudablemente aún tenemos es un derecho administrativo "formal" porque está en los libros y en las leyes, que ha sido el que hemos estudiado y explicado en las últimas décadas, pero que en la realidad está en desuso, porque incluso ya no hay ni siquiera empresas privadas a las cuales se le pueda aplicar, ni hay tribunales contencioso administrativos donde se pueda controlar a la Administración; y en paralelo, lo que tenemos es un contra derecho administrativo fáctico, que es el que regula la acción del Estado, pero desjuridificándolo.

Y lo mismo ocurre en todas las áreas tradicionales de nuestra disciplina, como el derecho minero, el derecho de la competencia, el derecho bancario, el derecho de seguros, el derecho aguas, el derecho agrario, el derecho forestal, cuyas normas se aplican a los pocos y pobres particulares o empresas privadas que subsisten, pero por supuesto no se aplican al Estado, sus empresas y su burocracia, cuando realiza actividades bancarias, explotan bienes y servicios, realizan actividad agrícola, explotan la los bosques o la minería, incluso entregándola a "nuevos" consorcios extranjeros soviéticos o chinos, que sí son verdaderamente imperialistas, acaparando la casi totalidad de la actividad económica.

5. *Desarrollo de un Estado burocrático, acaparador de toda la actividad económica*

En *segundo lugar*, el Estado totalitario, además de originar un Estado Comunista, se ha convertido en un Estado burocrático, como consecuencia de la desaparición, persecución y estigmatización de la iniciativa privada, a pesar de lo que dice y garantiza la Constitución; y con ello, de toda posibilidad de efectiva generación de riqueza y de empleo en el país, el cual sólo la iniciativa privada puede asegurar; con la lamentable generación de altas tasas de desempleo o de empleo informal. El más claro ejemplo de ello, como se ha dicho, es la normativa contenida en la Ley Orgánica de Precios Justos, de persecución y terror contra la iniciativa privada.

El resultado ha sido que al perseguirse al sector privado y destruirse el aparato productivo, la política social, como solución al desempleo, lamenta-

---

que "El Estado es el primer violador" de dicha Ley, no pudiendo garantizar la calidad de los productos.. Véase el reportaje de Stephanie Méndez, "Presidente Fefarven: El estado venezolano es el primer violador de la Ley de Medicamentos," en *noticierodigital.com*, 10 de octubre de 2014, en http://www.noticierodigital.com/forum/viewtopic.php?t=1056029.

blemente no ha sido otra que la burocratización mediante el aumento del empleo público a niveles nunca antes vistos, por supuesto bien lejos de la meritocracia que prescribe la Constitución, conforme a la cual el ingreso a la función pública debería ser sólo mediante concurso público (art. 146). La consecuencia de esta política está en que Venezuela, después de quince años de estatizaciones, hoy tiene casi el mismo número de empleados públicos civiles que los que por ejemplo existen en toda la Administración Federal de los Estados Unidos.[164]

En ésta última, por ejemplo, en 2012 existían aproximadamente 2.700.000 de empleados públicos civiles que sirven a 316 millones de personas, y Venezuela, que tiene una población de 30 millones de personas, en 2012 contaba con cerca de 2.470.000 (comparado con los 90.000 que había en 1998).[165] Ello implica que cerca del 20% de las personas laboran para el Estado, comparado por ejemplo, con el 3,9% en Colombia. Lo cierto en todo caso, es que durante los últimos 10 años el número de empleados públicos aumentó en un 156%, pero con una disminución lamentablemente, quizás en proporción mayor, respecto de la eficiencia de la Administración en la prestación de los servicios sociales.[166]

Además, en esa burocracia estatal, quedó en el papel la norma constitucional que prescribe que "los funcionarios públicos están al servicio del Estado y no de parcialidad política alguna," y de que su "nombramiento o remoción no pueden estar determinados por la afiliación u orientación política" (art. 145), pues en la práctica gubernamental actual sucede todo lo contrario, pues para ingresar a la función pública el interesado tiene que haber demostrado lealtad al gobierno, y a los funcionarios se los hace estar al servicio del partido de gobierno, de manera que quien no se adapte a ese principio, es simplemente removido de su cargo, sin contemplación.

El "nuevo" derecho administrativo de la función pública que surge de esa situación, es la antítesis de lo que antes conocíamos como el estatuto de la función pública, teniendo sin embargo una Ley que la regula, que incluso establece concursos para ingresar a la carrera administrativa, y causales de destitución, la cual en realidad, cayó en desuso. ,

En todo caso, para poder uno darse cuenta del efecto que ha tenido esta burocratización en la Administración del Estado, basta constatar que la mis-

---

164  Véase la información de la Office of Personal Management, en http://www.opm.gov/policy-data-oversight/data-analysis-documentation/federal-employment-reports/historical-tables/total-government-employment-since-1962/

165  Véase Víctor Salmerón, "A ritmo de 310 por día crecen los empleados públicos," en *El Nacional*, Caracas 2 de diciembre de 2012, en http://www.eluniversal.com/economia/121202/a-ritmo-de-310-por-dia-crecen-los-empleados-publicos.

166  Véase Jairo Márquez Lugo, "Venezuela tiene más empleados que Estados Unidos," en http://entresocios.net/ciudadanos/venezuela-tiene-mas-empleados-publicos-que-estados-unidos. Véanse también los datos en:"1999 versus 2013: Gestión del Desgobierno en números,", en https://twitter.com/sushidavid/status/451006280061046784.

ma hasta 2014 tenía una dimensión monstruosa, formada en su cúspide por 36 Ministerios del despacho Ejecutivo (en 1999 eran 16), con 107 Viceministros designados.[167] El número de Ministerios fue reducido en septiembre de 2014 a 27 Ministerios, mediante la fusión entre varios, cuando se crearon seis Vicepresidentes sectoriales,[168] para "coordinar" los Ministerios de los "sectores" las cuales luego se han regulado en la reforma de la Ley Orgánica de la Administración Pública de noviembre de 2014.[169] Además, existen cientos de empresas del Estado, sin control ni coordinación alguna, todo lo cual complica en demasía el aparato burocrático del Estado. Por todo eso, con toda razón, *The Economist* en septiembre de 2014 estimaba que Venezuela era "probablemente la economía peor gerenciada del mundo" donde "el precio de la sobrevivencia de la revolución parece ser la muerte lenta del país;"[170] gerencia que durante más de una década estuvo a cargo de un ingeniero mecánico, y que en 2014, se ha entregado a un militar general del ejército,[171] teniendo ambos, en común, la formación que deriva de haber sido sólo burócratas durante los tres últimos lustros.

Para calibrar la situación de las mismas, por otra parte, basta analizar solo una empresa del Estado, la del sector económico más importante del país, que es la que maneja la industria petrolera, y de la cual depende el 97 % de las divisas que recibe el país.[172] Allí, de los 42.000 empleados que Petróleos de Venezuela S.A. (PDVSA) tenía en 1998, después de que se despidieron en 2002 en la forma más inicua posible a más de 20.000 empleados calificados como consecuencia de una huelga petrolera, sin reconocimiento de derechos sociales algunos derivados de la legislación laboral; la industria pasó a tener 120.000 empleados. La antigüedad promedio de los empleados despedidos era de quince años, y con ellos se perdieron 280.000 años de experiencia, con un entrenamiento formal que tenían de 21 millones de horas. De este daño irreversible derivado de la masiva pérdida de conocimiento, talento y experiencia, las consecuencias han sido desastrosas para el país, de lo cual nunca se ha podido recuperar la industria, siendo una de sus manifestaciones, por ejemplo, que de 3.5Mbd que la industria producía en 1998 se ha pasado a

---

167 Véanse el reportaje "Venezuela rompió récord mundial con la mayor cantidad de ministerios," en *Notitarde.com*, 3 de julio de 2014, en http://www.notitarde.com/Pais/Venezuela-rompio-record-mundial-con-la-mayor-cantidad-de-ministerios-2189733/2014/07/03/336113.    Véase además, los datos en "1999 versus 2013: Gestión del Desgobierno en números," en https://twitter.com/sushidavid/status/451006280061046784. Véase también la información en Nelson Bocaranda, "Runrunes del jueves 21 de agosto de 2014," en http://www.lapatilla.com/site/2014/08/21/runrunes-del-jueves-21-de-agosto-de-2014/.

168 Véanse los Decretos en *Gaceta Oficial* N° 40489 de 3 de septiembre de 2014.

169 Véanse en *Gaceta Oficial* No. 6147 Extra. de 17 de noviembre de 2014.

170 Véanse "Venezuela's Economy. Of oil and coconut wáter. Probably the world's managed economy," en *The Economist*, N° 8905, September 20th. 2014, pp. 31-32.

171 Véanse "Venezuela's Economy. Of oil and coconut wáter. Probably the world's managed economy," en *The Economist*, N° 8905, September 20th. 2014, pp. 31-32.

172 *Idem.*

producir 2.6Mbd en 2013, y de un costo de producción de US$ 4bd en 1998 se ha pasado a un costo de US% 24bd. Y en cuanto a la productividad, medida en barriles por día por trabajador, de los 83pb en 1998, se pasó a 23 en 2013, es decir, una caída del 72%.[173] La empresa, además, se ha endeudado en cifras astronómicas, con un total de pasivos de 142,596.000.000 US$ en 2012 y una deuda externa de 40.026.000.000 US$; cifra ahora impagable por la imposibilidad de aumentar la producción.[174]

Y lo más insólito de este desastre venezolano, es que el país con las más grandes reservas de petróleo de América, que antes de la creación de la OPEP era todavía el primer país exportador de petróleo del mundo, y que en toda su historia era un exportador nato de gasolina terminada y semi-terminada, ahora, teniendo el centro refinador más grande de América Latina, no es capaz de cubrir el consumo interno de gasolina, e importa desde los Estados Unidos más de 3.3 millones de litros diarios de gasolina (unos 150.000bd). Los mismos se venden al detal a menos de un centavo de dólar por litro, perdiendo la empresa aproximadamente 107 US$ por cada barril.[175] Además, en octubre de 2014 se anunciaba que el país estaba iniciando la importación de petróleo crudo desde Argelia.[176] Adicionalmente, en 2014, el gobierno estaba inmerso en un proceso de decidir la venta de la empresa Citgo, ubicada en los Estados Unidos, que es refinadora y distribuidora de gasolina, que fue desarrollada exitosamente desde los tiempos de la internacionalización de la industria petrolera en los años noventa,[177] proceso que en los Estados Unidos de América, se comenzaba a calificar como una operación penosa.[178]

---

173    Véase Ramón Espinasa, El Sector Petrolero quince años después", 2014, en http://elreca-dero.blogspot.com/2014/07/ramon-espinasa-el-sector-petrolero.html

174    Véase Diego González Cruz, "Pdvsa colapsó. Pdvsa llegó al colapso. Su deuda externa es impagable en el corto y en el mediano plazo," en El Universal, 23-12-2013, en http://www.eluniversal.com/opinion/131223/pdvsa-colapso

175    Véase el reportaje de Carolina Pezoa A.: "El mundo militar se consolida en el aparato estatal de Venezuela. Reciente cambio de gabinete del Presidente Nicolás Maduro apuntaló a uniformados en áreas productivas y financieras clave," en La Tercera.com, 6 de septiembre de 2014, en http://www.latercera.com/noticia/mundo/2014/09/678-594664-9-el-mundo-militar-se-consolida-en-el-aparato-estatal-de-venezuela.shtml

176    Véase el reportaje "Primer buque de importación petrolera parte para Venezuela," donde se informa que: "Lo que será la primera importación de crudo en la historia del país partió desde el norte de África, en una operación que busca reducir los costos de Pdvsa para diluir el crudo pesado de la Faja Petrolífera Hugo Chávez en la región del Orinoco," en El Nacional, caracas 15 de octubre de 2014, en http://www.el-nacional.com/economia/Primer-buque-importacion-petrolera-Venezuela_0_501549924.html. Por ello, Diego Arria con razón señaló, que "La revolución bolivariana se puede atribuir el triunfo de haber convertido a Venezuela, el país con las mayores reservas petroleras mundiales, en un importador de petróleo de Argelia y de Rusia, después que destruyó a Pdvsa como empresa modelo." En Alfredo Fermín, "El gran triunfo de Maduro, convertirnos en importadores de petróleo," en El Carabobeño, Lectura Dominical, Valencia 26 de octubre de 2014.

177    Como lo advirtió José Toro Hardy: "Ahora la vorágine revolucionaria, hundida en el fango de una ideología obsoleta, una incompetencia abismal y una corrupción inenarrable, está a punto de cometer un último e insuperable acto de destrucción: la entrega de Citgo." Véase José Toro

A toda esta catástrofe, sin duda, además de las fallas gerenciales y la errada política de Estado, contribuyó el mencionado despido de más de 20.000 profesionales formados durante décadas en las mejores Universidades del mundo, además fueron desplazados, pues incluso se les impidió trabajar en el país, en lo que ha sido la más grande y masiva persecución laboral y política que América Latina haya conocido jamás. Pero como sucede en la vida con harta frecuencia, las pérdidas para unos siempre son las ganancias para otros, como ha sido precisamente el caso de los aportes que dichos profesionales venezolanos han dado fuera de Venezuela, en la producción petrolera de tantos otros países que necesitaban de tecnología de punta, siendo precisamente una muestra de ello el caso de Colombia, donde han sido los petroleros venezolanos desplazados de su país, quienes han contribuido significativamente al despegue de la industria petrolera colombiana, en una forma que era difícil de imaginar hace unos lustros.[179]

Y si todo esto ha ocurrido en la industria más importante del país, lo que tenemos en el resto de la industria pesada estatificada es desolador, como se aprecia de la industria siderúrgica, del aluminio, e incluso de la industria eléctrica que han hecho del país con uno de los mayores potenciales energéticos de América latina, un país asolado por apagones y racionamiento de luz eléctrica. Y por supuesto, mejor es no hablar de la desolación en el campo, luego de las ocupaciones y confiscaciones indiscriminadas de fincas productivas, que hoy están totalmente abandonadas, teniendo que importarse en el país casi todo de la cesta alimentaria. La llamada soberanía alimentaria, por tanto, tristemente quedó en el papel, materializándose sólo en la existencia de un monopolio del Estado para importar alimentos, ya que él sólo puede obtener divisas, las cuales por otra parte, son cada vez más escasas, por el pago de la deuda que agobia al Estado.

---

Hardy, "J'accuse': Le entrega de Citgo," en *lapatilla.com.* 29 de julio de 2014, en http://www.lapatilla.com/site/2014/07/29/jose-toro-hardy-jaccuse-la-entrega-de-citgo/.

178    En el *The New York Times* del 14 de agosto de 2014, se informaba que Venezuela estaba con dicha venta configurándose como un 'vendedor angustiado," indicando: "The country wants to offload Citgo, its American refinery and pipelines unit. It may be worth up to $15 billion, money that's sorely needed because of President Nicolás Maduro's foolish economic policies. and the drop in value of heavy-oil assets like Citgo owns makes it a bad time to sell." Véase "Venezuela as a distressed seller," en *The New York Times*, New York, 14 de Agosto de 2014. Alberto Quirós Corradi, uno de los más destacados expertos petroleros, al analizar la venta de Citgo, simplemente concluyó afirmando: "Citgo no se puede vender porque lo que se obtenga de esto irá, otra vez, a destinos improductivos." Véase Alberto Quirós Corradi, "Citgo", *El Nacional*, Caracas 21 de agosto de 2014, en http://www.el-nacional.com/alberto_quiros_corradi/Citgo_0_4679-53295.html después de preguntarse." Finalmente, por ahora, a fines de octubre de 2014 se anunció por el gobierno, de la decisión de abstenerse de la venta de Citgo. Véase Kejar Vyas, "Venezuela Says it Won't Sell Citgo," en *The Wall Street Journal*, New York, 27 de Octubre de 2014, p. B3.

179    Véase por ejemplo, el reportaje sobre "Venezuela's oil diáspora. Brain haemorrhage. Venezuela's loss of thousands of oil workers has been other countries' gain," en *The Economist*, July 19, 2014, Vol. 412, N° 8896, pp. 31-32; y en http://www.economist.com/news/americas/21607824-venezuelas-loss-thousands-oil-workers-has-been-other-countries-gain-brain-haemorrhage.

En efecto, dicha soberanía agroalimentaria proclamada en la Constitución, fue enterrada por la burocracia oficial recurriendo al expediente que creía más fácil, que era importarlo todo, para distribuirlo por medio de canales comercializadores del propio Estado, sustituyendo a la iniciativa privada, porque en un momento dado había dólares fáciles que el Estado podía destinar a tal fin. Pero con un país con menos ingresos petroleros, por la reducción de la producción y por haber comprometido la misma a futuro, por la descomunal deuda externa que tiene, ya no hay dólares para poder destinar a las importaciones, ni siquiera racionalmente diseñadas.

Venezuela en efecto, en 2014 tiene hoy una deuda pública externa de US$ 104.481.000.000,[180] de la cual sólo adeuda con China es de US$ 55.000.000.000; y una deuda no financiera con el sector privado por las importaciones, repatriación de dividendos, expropiaciones y los servicios prestados de US$ 56.215.000.000 US$.[181] En cuanto a la deuda interna la misma aumentó en los tres últimos lustros en 8.424% situándose en la astronómica suma de US$ 216.000.000.000.000.[182]

El resultado de todo lo anterior ha estado trágicamente a la vista: la escasez de todos los productos básicos, y la consecuente disminución de la calidad de vida, que además afecta a los que tienen menos recursos, pues sus ingresos son cada vez menores por la galopante inflación que Venezuela padece (60% en 2014) que es la mayor de toda América Latina.[183] Y nada vale en el país lo poco que se produce; estando además la venta de los productos, nacionales o importados, sometida a supuestos "precios justos" regulados, precisamente en la Ley Orgánica de Precios Justos de 2014[184] que afectan los ingresos de las empresas, dejando a muchas operando a pérdida, disminuyendo la producción, todo lo cual además ha generado escases generalizada, llegándose comenzar a implementar a partir de septiembre de 2014, sistemas de racionamientos para los bienes de consumo, sólo vistos en Cuba,.[185] Y en Corea del

---

180 Véase en Antonio de la Cruz, "La ruta de Maduro hacia el hambre en 7 gráficos," en file:///C:/Users/Alan%20Brewer/Downloads/LA%20RUTA%20DE%20MADURO%20HACIA%20EL%20HAMBRE%207...%20(4).pdf.

181 *Idem.*

182 Véase los datos en "1999 versus 2013: Gestión del Desgobierno en números,", en https://twitter.com/sushidavid/status/451006280061046784.

183 Véase la información en http://www.infobae.com/2014/04/24/1559615-en-un-ano-la-inflacion-oficial-venezuela-llego-al-60-ciento

184 En la cual, a pesar de que en la reforma de 2013 se le eliminó del nombre la regulación de los "costos" además de los precios, sigue siendo una pieza esencial del régimen de la misma. Antes era "Ley de Costos y Precios Justos," cuya última reforma es precisamente de 2013. Véase Decreto Ley Nº 600 de 21 de noviembre de 2013 en *Gaceta Oficial*, Nº 40.340 de 23 de enero de 2014.

185 El 23 de agosto de 2014: "El Superintendente de Precios en Venezuela, Andrés Eloy Méndez, informó que todo establecimiento comercial estará controlado por las máquinas captahuellas. El control será extendido más allá de los alimentos y las medicinas. Méndez dijo que antes del 30 de noviembre deberá estar instalado en todo el país el sistema que contempla máquinas captahuellas para registrar el control de las compras que hacen los consumidores. Adelantó cuáles

Norte. [186] Todo ello ha originado un descomunal y cotidiano contrabando de extracción, que todos quienes viven en la muy extensa frontera entre Venezuela y Colombia conocen; de manera que es sabido que lo que escasea en Venezuela a precios regulados irrisorios, con seguridad se encuentra fácilmente en Cúcuta, pero a precios de mercado. [187] Y lo que no escasea pero es muy barato, también se encuentra, como ocurre precisamente con la gasolina.

Con la destrucción del aparato productivo y la material eliminación de las exportaciones, ya que lo poco que se produce no alcanza para el mercado interno, y lo que en buena parte sale del país es mediante contrabando, el único que puede obtener divisas es el propio Estado, para lo cual depende en un 94% de PDVSA.[188]

En todo caso, para controlar la adquisición de divisas, el Estado ha montado todo tipo de sistemas de control de cambios, constituyéndose en una de las principales fuentes de corrupción administrativa, y de tráfico de influencias, quedando incluso la posibilidad real de importación de bienes sólo a cargo del propio Estado.[189]

---

serán algunos de los rubros que serán controlados." Véase el reportaje "Gobierno de Venezuela impone racionamiento de productos," en *Queen's Latino*, 23 de agosto de 2014, en http://www.queenslatino.com/racionamiento-de-todo-en-venezuela/." Información ratificada por el Presidente de la República. Véase la información: "Captahuellas' para hacer mercado en Venezuela comenzaría en 2015," en El Tiempo, Bogotá, 23 de agosto de 2014, en http://www.eltiempo.com/mundo/latinoamerica/captahuellas-para-hacer-mercado-en-venezuela-comenzaria-en-2015/14419076. Sobre esto, la Nota de Opinión del diario *Tal Cual* del 22 de agosto de 2014, con el título "Racionamiento," expresa : "Si se entiende bien lo que nos ha avisado el superintendente de precios justos, por ahí viene rodando el establecimiento de cupos para la adquisición de artículos de primera necesidad, alimentos en particular.[…] Es, pues, un sistema de racionamiento, pero en lugar de una cartilla, como en Cuba, los avances tecnológicos (y los dólares) permiten apelar a mecanismos tan sofisticados como el del sistema biométrico." Véase en *Tal Cual*, 22-8-2014, en http://www.talcualdigital.com/Movil/visor.aspx?id=106710. La propuesta ya se había anunciado desde junio de 2013., "Venezuela instaurará en Venezuela la cartilla de razonamiento al mejor estilo cubano," en ABC.es Internacional, 4 de junio de 2013, en http://www.abc.es/internacional/20130603/abci-maduro-cartilla-racionamiento-201306032115.html.

186  Por ello, en el *The Wall Street Jornal* del 23 de octubre de 2014, se indicaba que "Entre el agravamiento de la escases, Venezuela recientemente recibió una extraordinaria y dudosa distinción, y es que alcanzó el rango de Corea del Norte y de Cuba en el racionamiento de comida para sus ciudadanos," refiriéndose a la imposición del sistema de "capta-huellas" digitales en ciertos establecimientos, para el control de la venta de productos. Véase el reportaje de Sara Schaffer Muñoz, "Despite Riches, Venezuela Starts Food rations," en *The Wall Street Journal*, New York, 23 de octubre de 2014, p. A15.

187  El Presidente del Colegio de Profesores del Estado Táchira, declaraba el 21 de agosto de 2014, que el 72% de los jóvenes en edad escolar, abandonan la escuela para contrabandear," Véase en El Universal, 21 de agosto de 2014, en http://www.eluniversal.com/nacional-y-politica/140821/denuncian-que-72-de-los-jovenes-abandona-la-escuela-para-contrabandear

188  Véase los datos en "1999 versus 2013: Gestión del Desgobierno en números,", en https://twitter.com/sushidavid/status/451006280061046784

189  El Ministro de Planificación y Economía durante los últimos años, Jorge Gordani, al renunciar a su cargo en 2014 calificó esas entidades como "focos de corrupción," pero sin que durante su gestión se hubiese hecho nada para extirparlo. Véase el texto de la Carta Pública, "Testimonio y

Como lo resumió Fernando Londoño en el diario *El Tiempo* de Bogotá, reproducido por el Jefe de Redacción (Elides Rojas) del diario *El Universal* de Caracas el 24 de mayo de 2014:

"Lo que pasa en Venezuela tenía que llegar y llegó, así sea que todavía falte lo peor. Por desgracia. El castrochavismo será recordado como autor de un milagro económico a la inversa, de los que se registran tan pocos en el devenir de los pueblos. Convertir en país miserable el más rico de América no es hazaña de todos los días. Habiendo tanta pobreza en tantas partes, en pocas tiene que pelear la gente, a dentelladas, por una bolsa de leche, por una libra de harina o por un pedazo de carne. Convertir en despojos una de las más organizadas, pujantes y serias empresas petroleras del mundo no es cualquier tontería. Llevar a la insolvencia una nación ante las líneas aéreas, los proveedores comerciales y los que suministran material quirúrgico y hospitalario no es cosa que se vea cualquier día. Y arruinar al tiempo el campo y la industria, el comercio y los servicios, la generación eléctrica, la ingeniería, la banca y las comunicaciones es tarea muy dura, cuando se recuerda que la sufre el país que tiene las mayores reservas petroleras del mundo. En esa frenética carrera hacia el desastre, el gobierno castrochavista tuvo que proceder a la eliminación paulatina de todas las libertades, al sacrificio del pensamiento y la conciencia, a la ruina de las instituciones, del periodismo, de los partidos, de la universidad, de los gremios, de los sindicatos."[190]

## 6. *Implantación del Estado Populista*

En tercer lugar, el Estado totalitario, comunista y burocrático que se ha desarrollado, sostenido por una cada vez menor producción petrolera, en lugar de haberse desarrollado como un Estado Social en el marco un sistema económico de economía mixta, que propicia con la participación activa de la iniciativa privada la generación de riqueza, el ahorro y la inversión, que a la vez es la que genera el empleo; en realidad se ha configurado como un Estado Populista, que se ha montado casi exclusivamente sobre una política económica basada en el control de precios, que ha aniquilado la producción y per-

---

responsabilidad ante la historia," 17-8-2014, en http://www.lapatilla.com/site/2014/06/18/giordani-da-la-version-de-su-salida-y-arremete-contra-maduro/. Según esas denuncias, "a través de los mecanismos de cambio de divisas "desaparecieron alrededor de 20.000.000.000 de dólares." Véase César Miguel Rondón, "Cada vez menos país," en *Confirmado*, 16-8-2014, en http://confirmado.com.ve/opinan/cada-vez-menos-pais/. Por todo ello, con razón en un editorial del diario *Le Monde* de París, titulado "Los venezolanos en el callejón sin salida del chavismo", se afirmaba que con todo eso *"Se ha creado una economía paralela, un mercado de tráfico interno y externo que beneficia a una pequeña nomenklatura sin escrúpulos."* Véase Editorial de *Le Monde*, 30- marzo 2014, en http://www.eluniversal.com/nacional-y-politica/140330/le-monde-dedico-un-editorial-a-venezuela.

190   Véase "Fernando Londoño en *El Tiempo*: Venezuela en llamas. Santos calla," en *El Universal*, Caracas 24 de mayo de 2014, en http://www.eluniversal.com/blogs/sobre-la-marcha/140524/fernando-londono-en-el-tiempo-venezuela-en-llamas-santos-calla.

seguido la iniciativa privada; y sobre una política social basada fundamentalmente en el reparto directo de subsidios[191] –aparte del más común y general que es el del precio de la gasolina– , que se distribuyen en efectivo o en bienes de consumo a la población de menos recursos.

En cuanto a la política social de regulación de precios, supuestamente "precios justos," como los que se ha pretendido establecer con base en la Ley de Precios Justos de 2014, basta citar lo que escribió Heinz Dieterich, quién fue el ideólogo del "Socialismo del Siglo XXI" del Presidente Chávez, sobre el antecedente inmediato de dicha Ley dictada en 2011:

> "*1. Miraflores: el Vaticano económico.* El gobierno venezolano acaba de hacer un milagro económico legislativo: en el Decreto 8.331 reglamentó con ochenta y ocho artículos algo que no existe: el *precio justo* de la economía de mercado. Las alucinaciones de la mente humana son generalmente asuntos de psiquiatras o negocios de teólogos; pero la nueva "Ley de Costos y Precios Justos" demuestra que en Venezuela forman parte de la cartera del gabinete económico."[192]

Lo cierto de la política de fijación de costos y precios justos, en todo caso, ha sido la destrucción de la industria privada de producción de bienes y servicios, la sentencia de muerte de la productividad y de la competencia, y todo para generar escases e inflación; en fin, lo contrario de lo que se pensó se lograría con la implantación de la Ley.

En cuanto a la política social de basada en subsidios, la misma se ha realizado a través de programas públicos denominados "Misiones," que han encontrado incluso cabida en la Ley Orgánica de la Administración Pública de

---

191 Una de las notas esenciales del populismo, tal como la describe Jorge Reinaldo Vanossi, es en efecto el "Reparto *ad infinitum*"; con despreocupación por el simultáneo y equivalente esfuerzo en la creación de riqueza. Sin la cooperación del capital y el trabajo no hay ahorro; sin ahorro no hay inversiones; sin inversión no hay más y nuevos emprendimientos; y sin ellos no se crean fuentes de trabajo, que sólo con ellas bajan los índices de la desocupación y, al propio tiempo, elevan el nivel y la calidad de vida. Únicamente con todo ello, sube la oferta y, consecuentemente, aumenta la demanda en forma genuina. Si no se respeta esa ecuación se desciende al triple infierno de la gestación del efecto "espejista" del consumismo *in crescendo*, de la inflación desmedida, y de la "estanflación" (cuando no del estallido de la "híper-inflación"), todas ellas, plagas que acentúan una crisis del crecimiento y desarrollo, desembocando en un "achicamiento" de la Nación en todos sus órdenes.". Véase en Jorge Reinaldo Vanossi, *Razones y Alcances del Descaecimiento Constitucional. Violencia con anomia más anarquía con autoritarismo*, Academia Nacional de Ciencias Morales y Políticas, Buenos Aires, 2014.

192 Supuestamente "precios justos," como los que se pretenden regular con la Ley de Costos y Precios Justos, cuya última reforma es de 2013. Véase Decreto Ley N° 600 de 21 de noviembre de 2013 en *Gaceta Oficial*, N° 40.340 de 23 de enero de 2014. Sobre esta Ley Véase Heinz Dieterich, "Un simulacro de combate a las "ganancias excesivas" del capital. Milagro económico en Venezuela: La Ley de Costos y Precios Justos," 26 de julio de 2011, en http://www.aporrea.org/ideologia/a127333.html

2008, pero para estar excluida de sus regulaciones;[193] y paralelamente, la exclusión y persecución de la iniciativa privada.

La consecuencia ha sido entonces, que además de la existencia de entes y de los órganos en la organización de la Administración, ahora se han insertado en la misma a las "Misiones" –que en realidad no son nada distinto, en su forma jurídica de los tradicionales entes y órganos administrativos, pero con la diferencia de que se los denomina "Misiones,"– pero con la absurda nota de que las mismas quedan fuera de la regulación de dicha Ley Orgánica de la Administración Pública, lo que se ha ratificado en la reforma de la Ley de noviembre de 2014.[194]

La consecuencia de este signo del Estado populista en relación con el derecho administrativo, por tanto, es ostensible, pues implica que el mismo, cuyo objeto es regular a la Administración Pública, simplemente no la regula totalmente pues no se aplica a estas "Misiones" que por tanto pueden actuar al margen del derecho de la organización administrativa, y que son las que manejan fuera de la disciplina fiscal y presupuestaria, ingentes recursos del Estado, con el consecuente desquiciamiento de la Administración Pública y del derecho administrativo.

Pero desde el punto de vista social, si bien la tarea de las "Misiones" de "administrar" el sistema extendido de subsidios directos a las personas de menos recursos contribuyó efímeramente y con una carga electoral conocida, a aumentar el ingreso de una parte importante de la población, éste sin embargo, con el fomento del consumismo exagerado que eliminó espacio para el ahorro, y con la inflación galopante que, como se dijo, en mayo de 2014 alcanzó al 60%,[195] dicho incremento se ha disipado, dejando como secuela el deterioro de los valores fundamentales de toda sociedad, como consecuencia de recibir beneficios sin enfrentar sacrificios o esfuerzos, como por ejemplo, el valor del trabajo productivo como fuente de ingreso, que materialmente se ha eliminado, sustituido por el que encuentra que es preferible recibir sin trabajar.

Este Estado Populista es lo Leandro Area ha calificado acertadamente como "Estado Misional," por estar montado sobre dichas Misiones "como actores colectivos no formales de política pública, que manejan un oscuro e in-

---

193   Véase Allan R. Brewer-Carías, "Una nueva tendencia en la organización administrativa venezolana: las "misiones" y las instancias y organizaciones del "poder popular" establecidas en paralelo a la administración pública," en *Retos de la Organización Administrativa Contemporánea, X Foro Iberoamericano de Derecho Administrativo* (26-27 de septiembre de 2011), Corte Suprema de Justicia, Universidad de El Salvador, Universidad Doctor José Matías Delgado, San Salvador, El Salvador, 2011.

194   Véanse en *Gaceta Oficial* Nº 6147 Extra. de 17 de noviembre de 2014. En paralelo a la emisión de esta Ley, sin embargo, en la *Gaceta Oficial* Nº 6154 de 19 de enero de 2014, se publicó el Decreto Ley No. 1.394, de mediante el cual se dictó la *Ley Orgánica de Misiones, Grandes Misiones y Micro-Misiones,* en la cual las mismas encontraron su regulación.

195   Véase César Miguel Rondón, "Cada vez menos país," en *Confirmado*, 16-8-2014, en http://confirmado.com.ve/opinan/cada-vez-menos-pais/

menso mar de recursos," resultando ser un "espécimen no incluido aún en las tipologías de la Ciencia Política," entendiendo por tal:

"aquel Estado que haciendo uso de sus recursos materiales y simbólicos le impone, por fuerza u operación de compra-venta o combinación de ambas a la sociedad, un esquema de disminución, de minusvalía consentida, en sus capacidades y potencialidades de crecimiento a cambio de sumisión. Se lanza sobre ella también amparado en la institucionalidad cómplice. Se encarama sobre ella en su ayer, hoy y mañana, amaestrándola con la dieta diaria cuyo menú depende del gusto del gobernante. Confisca, privatiza, invade, expropia, conculca, controla, asfixia, acoquina hasta decir basta, poniendo en evidencia lo frágil del concepto de propiedad privada creando así miedo, emigración, desinversión, fuga de capitales. Y aunque usted no lo crea esas son metas o simples desplantes o locura u obscura necesidad de auto bloqueo como forma de amurallarse para obtener inmunidad e impunidad para sus tropelías, frente a la mirada de una época que no los reconoce sino como entes del pasado, objeto de museo o de laboratorio, insectos atrapados en el ámbar del tiempo; fracaso, derrota." [196]

A lo anterior agrega el mismo Leandro Area, que dicho Estado Misional en definitiva es un tipo de Estado Socialista, que nada tiene que ver con el Estado Social del cual habla la Constitución, concebido en paralelo al Estado Constitucional, "con la intención de acabarlo o mejor, de extinguirlo." Para ello, indica Area:

"El gobierno crea misiones a su antojo que son estructuras burocráticas y funcionales "sui generis" y permanentes, con un control jurisdiccional inexistente y que actúa con base a los intereses de dominio. Además si el gobernante se encuentra por encima del bien y del mal, como es el caso venezolano, nadie es capaz de controlar sus veleidades y apetitos. En ese sentido el Estado es un apéndice del gobernante que es el repartidor interesado de los bienes de toda la sociedad y que invierte a su gusto, entre otras bagatelas, en compra de conciencias y voluntades de acólitos y novicios aspirantes. Por su naturaleza, todo Estado misional es un Estado depredador sin comillas. Vive de la pobreza, la estimula, la paga, organiza, la convierte en ejercito informal y también paralelo. El gobierno y su partido los tiene censados, chequeados, uniformados de banderas, consignas y miedos. Localizados, inscritos, con carnet, lo que quiere decir que fotografiados, listos para la dádiva, la culpa, castigos y perdones." [197]

---

196 Véase Leandro Area, "El 'Estado Misional' en Venezuela," en *Analítica.com*, 14 de febrero de 2014, en http://analitica.com/opinion/opinion-nacional/el-estado-misional-en-venezuela/

197 *Idem*

Todo ello, por tanto, las misiones, sujetas, como lo observa Heinz Sonntag a un "patrón de organización destinado a darles dadivas a los sectores pobres y garantizar así su adhesión a la Revolución Bolivariana," [198] además de haber provocado más miseria y control de conciencia sobre una población de menos recursos totalmente dependiente de la burocracia estatal y sus dádivas, en las cuales creyó encontrar la solución definitiva para su existencia, también provocó el deterioro de otra parte de la población, particularmente la clase media, que junto con todos los demás componentes de la misma ha visto desaparecer su calidad de vida, y sufren en conjunto los embates de la inflación y de la escases. [199] Y todo ello, con un deterioro ostensible y trágico de los servicios públicos más elementales como los servicios de salud y atención médica. Por ello se ha considerado, por ejemplo, que Venezuela durante estos tres últimos lustros, ha retrocedido entre 50 y 60 años en medicina, [200] lo que llevó incluso a la Academia Nacional de Medicina a proponer el 19 de agosto de 2014, "ante la catastrófica crisis humanitaria en salud," que se declarase "la emergencia sanitaria" a fin de que el Estado tomase las decisiones "que permitan la fluidez de las divisas, la reanudación de los créditos y la reaparición de los insumos y materiales quirúrgicos, y que asigne recursos económicos suficientes, con prioridad hacia el área de salud," estimando que era:

"inadmisible desde el punto de vista ético y moral que la red hospitalaria y la red primaria de salud se encuentren en precarias condiciones de funcionamiento sin que se haya hecho nada en concreto para remediarla; como consecuencia del proceso de abandono, se ha profundizado la crisis que ha alcanzado también a la red asistencial privada. En razón de la falta de medicamentos e insumos para la salud, del deterioro de las condiciones laborales y de seguridad en los ambientes de trabajo, de la carencia de personal médico calificado y de otros profesionales de la salud que han emigrado, buscando mayor seguridad personal y trabajo digno. Ni en los peores momentos de la historia republicana se había presencia-

---

198    Véase Heinz Sonntag "¿Cuántas Revoluciones más? "en El *Nacional*, Caracas 7 de octubre de 2014, en http://www.el-nacional.com/heinz_sonntag/Cuantas-Revoluciones_0_496150483.html

199    Como el mismo Area lo ha descrito en lenguaje común y gráfico, pero tremendamente trágico: "Vivimos pues "boqueando" y de paso corrompiéndonos por las condiciones impuestas por y desde el poder que nos obligan a vivir como "lateros", "balseros", "abasteros" mejor dicho, que al estar "pelando" por lo que buscamos y no encontramos, tenemos que andar en gerundio, ladrando, mamando, haciendo cola, bajándonos de la mula, haciéndonos los bolsas o locos, llevándonos de caleta algo, caribeando o de chupa medias, pagando peaje, tracaleando, empujándonos los unos contra los otros, en suma, degradándonos, envileciéndonos, para satisfacer nuestras necesidades básicas de consumo. Es asfixia gradual y calculada, material y moral. Desde el papel toilette hasta la honestidad. ¡Pero tenemos Patria! Falta el orgullo, la dignidad, el respeto, el amor a uno mismo." Véase en "El 'Estado Misional' en Venezuela," en *Analítica.com*, 14 de febrero de 2014, en http://analitica.com/opinion/opinion-nacional/el-estado-misional-en-venezuela/

200    Véase César Miguel Rondón, "Cada vez menos país," en *Confirmado*, 16-8-2014, en http://confirmado.com.ve/opinan/cada-vez-menos-pais/

do el efecto de la indiferencia e incompetencia gubernamental sobre la población toda, sin distingos de capacidad económica."[201]

Esta crisis de la salud, sin duda, ha contribuido a hacer más miserable la totalidad de la población, sin distingos.

Y otro tanto ha ocurrido, por ejemplo, en los servicios de educación, pudiendo afirmarse que en Venezuela la educación también está en crisis, a pesar de que la educación debía considerarse como el medio fundamental para reducir la pobreza. La realidad, sin embargo, es que en un Estado totalitario y populista como el que tenemos en Venezuela, la misión de educar con criterios de excelencia no es del interés real del Estado ni del gobierno, y menos que la misma sea libre y que por tanto, pueda significar formar a los jóvenes que puedan adversar el régimen, razón por la cual lo que ha hecho el régimen autoritario ha sido "reorientar" la educación para, eliminando toda idea de excelencia, hacerla un instrumento más del autoritarismo. Para ello, como lo ha resumido Mariana Suárez de Mendoza,

> "En Venezuela han tratado de cambiar varias veces el pensum académico de los colegios, han tratado de incluir a los consejos comunales como parte de la comunidad educativa, se han propuesto eliminar la autonomía universitaria y se han empeñado en deslegitimar a todo estudiante o profesor que vaya en contra de las propuestas socialistas del gobierno. Las protestas en las calles hicieron dar un paso atrás al gobierno, por temor a incendiarse en el país una ola de protestas que luego serían indetenibles. El gobierno tomó el camino de crear una educación paralela con amplio contenido ideológico en escuelas, institutos y universidades, ignorando en las mesas de trabajo a la verdadera comunidad educativa, establecida en la Constitución, y utilización en medios de comunicación a los estudiantes universitarios afectos al oficialismo. Hoy, la educación universitaria está paralizada por falta de presupuesto, discusión de contrataciones colectivas y normas de homologación."[202]

---

201. Véase la información enhttp://www.el-nacional.com/economia/Piden-decretar-emergencia-humanitaria-sector_0_467353465.html; y en http://www.noticierodigital.com/2014/08/no-titarde-emergencia-humanitaria-piden-clinicas-y-hospitales-del-pais/ El planteamiento ha sido respaldado por la Red de Sociedades Científicas del país, Caracas 21 de agosto de 2014, que han expresado que: "La grave situación de salud que atraviesa Venezuela y que se ha reagudizado durante el presente año, *no tiene precedentes en la historia de la medicina de nuestro país*, estamos indudablemente padeciendo una grave crisis económica que ha repercutido en la salud de la población, que ha afectado de manera contundente la atención médica en nuestras emergencias médicas y quirúrgicas colocando en riesgo la vida de nuestros pacientes, más aun no escapan de esta crisis los pacientes crónicos de nuestras consultas: oncológicos, nefropatas, diabéticos, cardiópatas, pacientes con VIH entre otros." Véase en http://www.reporte24.com/index.php?target=l33r3sungust03star1nf0rmad03sm1d3r3ch0&id=10569

202 Véase Mariana Suárez de Mendoza, "Crisis de la educación venezolana," *El Universal*, Caracas 29 de junio de 2013, en http://www.eluniversal.com/opinion/130629/crisis-en-la-educacion-venezolana

En particular, y específicamente sobre la Universidad, la misma también está en absoluta crisis en Venezuela, y lo único que ha hecho el gobierno autoritario para remediarla, además de ahogar a las Universidades privadas y a las Universidades autónomas, [203] pretendiéndolas sustituir por un ideologizado parasistema [204] ha sido empobrecer a los docentes al punto de que "un profesor de la UCV en términos reales gana menos de la tercera parte de lo que ganaba hace unas décadas y en esa proporción es el empobrecimiento de todos los educadores en primaria y secundaria, pagados por el presupuesto oficial." [205] Es decir, un profesor de derecho a tiempo convencional, por ejemplo, no gana más del equivalente de US$ 8,00 mensuales al cambio oficial (y a tiempo integral no más del equivalente de US$ 60.00 mensuales), pero frente a ello, la política del gobierno ha sido más bien multiplicar supuestas universidades e institutos de "formación superior" que gradúan en forma exprés a "profesionales," que no estudian ni pueden estudiar una carrera profesional por el corto tiempo de las carreras y sus programas distorsionados, que ni siquiera la propia Administración y las propias empresas del Estado quieren contratar.[206]

---

203　Por ejemplo, el ex Rector Luis Ugalde s.j., ha expresado ante la absurda regulación de las tarifas de la Universidad privada que: "A la universidad no le conviene encarecer la mensualidad estudiantil, pero si no lo hace no puede pagar y entra en deterioro hacia la quiebra. Eso sin contar el aumento inflacionario (con frecuencia de más del 100%) en los insumos (tinta, papel, computadoras...) y en los inevitables gastos de mantenimiento e inversiones. Si el ministro no entiende esto, debería renunciar; pero seguramente sí lo entiende y lo celebra, porque arruina las universidades privadas, cuya extinción se propone el régimen, junto con la muerte de las universidades autónomas y plurales." Véase Luis Ugalde s.j., "Educación en ruina", en *El Universal*, Caracas, 29 de septiembre de 2014, en http://www.eluniversal.com/opinion/140928/educacion-en-ruina.

204　Como lo ha expresado Isabel Pereira Pizani, "Uno de los procesos más dolorosos y tristes que vivimos los venezolanos es la guerra a muerte contra nuestras universidades nacionales decretada por Cuba y ejecutada por la revolución chavista Es una de las grandes metas para imponer el Estado Comunal totalitario, con un solo partido y un pensamiento único. ['''] La construcción del Estado Comunal totalitario exige la desaparición de nuestras universidades. Su defensa tiene que ser asumida por toda la sociedad: gremios profesionales, sindicatos, partidos y, sobre todo, las familias responsables de las nuevas generaciones. Si no detenemos el decreto de guerra a muerte contra las casas que vencen la sombra, la amenaza totalitaria se apoderara de ellas y de nuestras vidas. Se trata esencialmente de una lucha por nuestra libertad como seres humanos." Véase Isabel Pereira Pizani, "Guerra contra la Universidad," octubre 2014, en *cedice@cedice.org.ve*

205　*Idem*. Véase además, Véase Rafael Díaz Casanova, "Asfixiar a las Universidades," en opiniónynoticias.com, 8 octubre de 2014, en http://www.opinionynoticias.com/opinioneducacion/20738-asfixiar-a-las-universidades

206　Por ejemplo, como lo ha resumido Sabino J. Manolesina, al referirse a lo que está ocurriendo con los profesionales egresados de algunas Universidades oficiales recientemente constituidas: "¿Por qué será que las empresas del estado no quieren contratar a los egresados de esas Universidades? En el caso de PDVSA los ponen a realizar cursos para nivelar conocimientos porque sin ellos no podrían trabajar eficientemente en esa industria.// ¿Por qué será que en los hospitales se tienen problemas con los profesionales egresados en medicina comunitaria? Será porque algunos graduados en medicina comunitaria se esconden en las emergencias para no tener que enfrentarse al paciente y explicarles que no saben lo que le está pasando.//¿Por qué será que ni

## 7. *Estructuración paralela del Estado Comunal y del Poder Popular*

A todo lo anterior se suma, en cuarto lugar, que el Estado Comunista, Burocrático y Populista se ha estructurado, además, como producto del deliberado proceso de desconstitucionalización del Estado Constitucional, como el llamado "Estado Comunal," que ha sido creado al margen y en contra de las instituciones previstas en la Constitución, configurando órganos como si fueran las "unidades primarias en la organización nacional" para supuestamente garantizar la participación de los ciudadanos en la acción pública, pero suplantando a los Estados y Municipios como entes descentralizados del Estado federal. Esta estructuración del Estado Comunal, además, se ha hecho negándole recursos financieros a los propios del Estado Constitucional (Estados y Municipios), montando un sistema de entidades denominadas del Poder Popular, creadas al margen de la Constitución y en paralelo a los órganos del Poder Público.

Estas son básicamente los antes mencionadas Comunas y Consejos Comunales, creadas como instrumentos para la recepción de subsidios directos y reparto de recursos presupuestarios públicos, pero con un grado extremo de exclusión, lo que deriva de su propia existencia que sólo se puede materializar con el registro de las mismas ante el "Ministerio del Poder Popular para las Comunas y Movimientos Sociales" que además depende del "Vicepresidente del Consejo de Ministros para Desarrollo del Socialismo Territorial," por supuesto, siempre que estén controlados y manejados por el partido de gobierno, sean socialistas y comprometidas con la política socialista del Estado; condición indispensable para poder ser aceptados como instrumentos de supuesta "participación protagónica," y de recepción de subsidios dinerarios directos, que por lo demás se están sometidos a control fiscal alguno.

En efecto, la práctica legislativa y gubernamental desarrollada después del rechazo popular a la reforma constitucional de 2007 que pretendía consolidar un Estado totalmente centralizado, y además, crear en paralelo al Estado Constitucional, a una estructura denominada como "Estado del Poder Popular" o "Estado Comunal," ha originado que el mismo haya sido efectivamente crearlo al margen de la Constitución con el propósito de desmantelar el Estado Constitucional federal, centralizando hacia el nivel nacional competencias estadales, y transfiriendo competencias estadales y municipales hacia los

---

los directivos de algunas zonas educativas quieren contratar a los Licenciados en Educación Integral egresados de estas Universidades? Será que saben que en esta carrera, un solo profesor dicta hasta ocho o diez asignaturas diferentes, ya que no se cuenta con la cantidad de profesores especialista necesarios para atender esa gran masa estudiantil ávida de querer realizar estudios universitarios y que estuvieron marginados por los gobiernos anteriores." Véase Sabino J. Manolasina, "Crisis en el sistema educativo como consecuencia de la situación salarial del docente venezolano," en *Aporrea*, 23 de mayo de 2011, en http://www.aporrea.org/educacion/a123858.html.

Consejos Comunales, que a su vez como se ha dicho, dependen del Ejecutivo Nacional.[207]

En ese esquema, el proceso de desconstitucionalización, centralismo y desmunicipalización en Venezuela, en los últimos años se ha llevado a cabo, en *primer lugar*, mediante el establecimiento como obligación legal para los órganos, entes e instancias del Poder Público, es decir del Estado Constitucional, de promover, apoyar y acompañar las iniciativas populares para la constitución, desarrollo y consolidación de las diversas formas organizativas y de autogobierno del pueblo, es decir, del llamado Estado Comunal (art. 23).[208]

En *segundo lugar*, la desconstitucionalización del Estado se ha impuesto mediante la sujeción de todos los órganos del Estado Constitucional que ejercen el Poder Público, a los mandatos de las organizaciones del Poder Popular, al instituirse un nuevo principio de gobierno, consistente en "gobernar obedeciendo" (artículo 24).[209] Como las organizaciones del Poder Popular no tienen autonomía política pues sus "voceros" no son electos democráticamente mediante sufragio universal, directo y secreto, sino designados por asambleas de ciudadanos controladas e intervenidas por el partido oficial y el Ejecutivo Nacional que controla y guía todo el proceso organizativo del Estado Comunal, en el ámbito exclusivo de la ideología socialista, sin que tenga cabida vocero alguno que no sea socialista; en definitiva, esto de "gobernar obedeciendo" es una limitación a la autonomía política de los órganos del Estado Constitucional electos, como la Asamblea Nacional, los Gobernadores y Consejos Legislativos de los Estados y los Alcaldes y Concejos Municipales, a quienes se le impone en definitiva la obligación de obedecer lo que disponga el Ejecutivo Nacional y el partido oficial enmarcado en el ámbito exclusivo del socialismo como doctrina política, con la máscara del Poder Popular. La voluntad popular expresada en la elección de representantes del Estado Cons-

---

207 Véase en general sobre este proceso de desconstitucionalización del Estado, Allan R. Brewer-Carías, "La desconstitucionalización del Estado de derecho en Venezuela: del Estado Democrático y Social de derecho al Estado Comunal Socialista, sin reformar la Constitución," *en Libro Homenaje al profesor Alfredo Morles Hernández, Diversas Disciplinas Jurídicas*, (Coordinación y Compilación Astrid Uzcátegui Angulo y Julio Rodríguez Berrizbeitia), Universidad Católica Andrés Bello, Universidad de Los Andes, Universidad Monteávila, Universidad Central de Venezuela, Academia de Ciencias Políticas y Sociales, Vol. V, Caracas 2012, pp. 51-82; en Carlos Tablante y Mariela Morales Antonorzzi (Coord.), *Descentralización, autonomía e inclusión social. El desafío actual de la democracia*, Anuario 2010-2012, Observatorio Internacional para la democracia y descentralización, En Cambio, Caracas 2011, pp. 37-84; y en *Estado Constitucional*, Año 1, Nº 2, Editorial Adrus, Lima, junio 2011, pp. 217-236

208 Una norma similar está en el artículo 62 de la Ley Orgánica de las Comunas, a los efectos de "la constitución, desarrollo y consolidación de las comunas como forma de autogobierno."

209 El artículo 24 de la Ley Orgánica del Poder Popular, en efecto, sobre dispone sobre las "Actuaciones de los órganos y entes del Poder Público" que "Todos los órganos, entes e instancias del Poder Público guiarán sus actuaciones por el principio de gobernar obedeciendo, en relación con los mandatos de los ciudadanos, ciudadanas y de las organizaciones del Poder Popular, de acuerdo a lo establecido en la Constitución de la República y las leyes."

titucional, por tanto, en este esquema del Estado Comunal no tiene valor alguno, y al pueblo se le confisca su soberanía trasladándola de hecho a unas asambleas que no lo representan.

En *tercer lugar*, la desconstitucionalización del Estado Constitucional se ha reforzado con el establecimiento de la obligación para los órganos y entes del Poder Público en sus relaciones con el Poder Popular, de dar "preferencia a las comunidades organizadas, a las comunas y a los sistemas de agregación y articulación que surjan entre ellas, en atención a los requerimientos que las mismas formulen para la satisfacción de sus necesidades y el ejercicio de sus derechos, en los términos y lapsos que establece la ley" (art. 29). Igualmente se ha previsto que los órganos, entes e instancias del Poder Público, es decir, del Estado Constitucional, en sus diferentes niveles político-territoriales, deben adoptar "medidas para que las organizaciones socio-productivas de propiedad social comunal, gocen de prioridad y preferencia en los procesos de contrataciones públicas para la adquisición de bienes, prestación de servicios y ejecución de obras" (art. 30).[210]

En *cuarto lugar*, la desconstitucionalización del Estado también ha derivado de la previsión de la obligación para la República, los Estados y Municipios, de acuerdo con la ley que rige el proceso de transferencia y descentralización de competencias y atribuciones, de trasferir "a las comunidades organizadas, a las comunas y a los sistemas de agregación que de éstas surjan; funciones de gestión, administración, control de servicios y ejecución de obras atribuidos a aquéllos por la Constitución de la República, para mejorar la eficiencia y los resultados en beneficio del colectivo" (art. 27).[211] Con ello, se dispuso legalmente el vaciamiento de competencias de los Estados y Municipios, de manera que queden como estructuras vacías, con gobiernos representativos electos por el pueblo pero que no tienen materias sobre las cuales gobernar.

A tal efecto, la Ley Orgánica del Poder Público Municipal[212] dispone, en su artículo 281 que "la transferencia de competencias y servicios de los Estados a los Municipios, y de éstos a las instancias del Poder Popular, se realizará de acuerdo a lo establecido en la Ley Orgánica del Consejo Federal de Gobierno," que como se ha dicho, está controlado por el Poder Central, siendo los lineamientos que establezca dicho Consejo de carácter "vinculante para las entidades territoriales (art. 2).

---

210 En particular, conforme al artículo 61 de la Ley Orgánica de las Comunas, se dispone que "todos los órganos y entes del Poder Público comprometidos con el financiamiento de proyectos de las comunas y sus sistemas de agregación, priorizarán aquéllos que impulsen la atención a las comunidades de menor desarrollo relativo, a fin de garantizar el desarrollo territorial equilibrado.

211 Esta misma norma se repite en la Ley Orgánica de las Comunas (art. 64). El 31 de diciembre de 2010, aún estaba pendiente en la Asamblea Nacional la segunda discusión del proyecto de Ley Orgánica del Sistema de Transferencia de Competencias y atribuciones de los Estados y Municipios a las organizaciones del Poder Popular.

212 Véase en *Gaceta Oficial* N° 6015 Extra. De 28-10-2010.

## 8. *Desarrollo del Estado Clientelar*

En quinto lugar, como consecuencia de todo lo antes expuesto sobre la configuración del Estado en Venezuela, en lugar del Estado Social y de Economía Mixta que es el descrito y regulado en la Constitución, además de haberse desarrollado como un Estado Comunista, Burocrático, Populista y Comunal, lo que ha resultado, como consecuencia de todo ello, es la estructuración de un Estado Clientelar, que ha dado origen a una nueva "clase social" totalmente dependiente del Estado, que es la que subsiste con la recepción de los múltiples y a veces paralelos subsidios directos provenientes de las "Misiones," o de los repartidos a través de Consejos Comunales y Comunas, que el Estado aprovecha para comprometer; y otra que ha surgido de la multiplicación sin límites del empleo público, que también está sujeta a chantaje comprometedor.

Esas nuevas clases sociales, "privilegiadas" en cierta forma por el reparto del ingreso público, es por lo demás, la principal fuente de soporte "popular" cuando el Gobierno y el partido oficial lo reclamen o necesiten. Ello es tan cierto que nunca, en cualquiera que hubiese sido la elección o votación desarrollada o acaecida en los últimos tres lustros, ni el fallecido Presidente Chávez ni su partido de gobierno ni los candidatos montados en su imagen, han sacado jamás, más votos de los que suman los privilegiados por los subsidios de las misiones y del empleo público.

Esa nueva "clase media," en buena parte profesional subsidiada y funcionarial, además, se ha desarrollado en paralelo a otra nueva clase, muy "alta" por cierto, llamada "boliburguesía," con diferencia mucho más pronunciada en relación con las clases medias y bajas, la cual se desarrolló al amparo de la corrupción o con la complicidad del Estado y su burocracia.[213] En realidad, más propiamente, se trata de una clase formada mediante el saqueo impune de las arcas públicas de un Estado inerme y no controlado,[214] que ha arrasado

---

213  Por ello, Alvaro R. Barrios ha destacado por ejemplo que "la corrupción es uno de los males que se ha enraizado en las entrañas del proyecto del Socialismo del Siglo XXI. Cientos de casos han explotado en el transcurrir de estos tres lustros en la cara de los dos gobiernos revolucionarios (Chávez y Maduro). Peor aún, la nomenclatura roja ni condena ni ha juzgado a casi ninguno de los funcionarios de la revolución involucrados en este mal que carcome a la revolución.// La corrupción es un delito que se aúna a una visión obsoleta y fracasada de país que, soportada en una generalizada incompetencia gerencial y administrativa, hace abortar cualquier plan de mejora o cualquier esfuerzo para dar resultados positivos en toda área o sector de la vida nacional.// Cuando estos dos flagelos se unen, forman un binomio explosivo que aniquila todo derecho humano y constitucional —entre ellos el del acceso a la atención médica de los ciudadanos—."" Véase en "Un binomio criminal," en *Veneconomía*, July 18, 2014, en https://www.facebook.com/alvaror.barrios/posts/10204410616371128

214  Es lo que Moisés Naím, ha calificado como un "Estado mafioso" indicando que "No son solo países donde impera la corrupción o donde el crimen organizado controla importantes actividades económicas y hasta regiones completas. Se trata de países en los que el Estado controla y usa grupos criminales para promover y defender sus intereses nacionales y los intereses particulares de una élite de gobernantes.[...] En los Estados mafiosos, no son los criminales quienes han capturado al Estado a través del soborno y la extorsión de funcionarios, sino el Estado el que ha tomado el control de las redes criminales. Y no para erradicarlas, sino para ponerlas a su

con buena parte de la ingente riqueza que éste recibió en los últimos lustros por los altos precios del petróleo, y que por supuesto no se invirtió ni en servicios sociales ni en infraestructura.

Las antiguas clases medias profesionales, ante tanta riqueza súbita sin justificación, pasaron a ser clases disminuidas sin perspectiva de progreso, salvo entrando en el esquema de valores de una revolución corrupta.

En todo caso, ese Estado Clientelar del cual medran esos nuevos ricos, ha resultado ser un Estado altamente discriminatorio y excluyente de todo aquél que no sea "socialista" o beneficiado del gobierno, al punto de quien no tenga y exprese lealtad al mismo, queda marginado política y administrativamente hablando.

La consecuencia de todo este esquema de ausencia de Estado Social y de Estado de economía mixta, y el establecimiento en su lugar del Estado comunista, burocratizado, populista y clientelar, ha sido que en nombre del "socialismo," Venezuela hoy tiene el record de ser el país que ocupa el primer lugar en el índice de miseria del mundo,[215] y la sociedad con el más alto riesgo de América Latina.[216] Esa es la hazaña o el milagro de la política económica del gobierno durante los pasados quince años, que tanto va a costar superar en el futuro,[217] lo que se suma el indicado primer lugar en criminalidad, falta de transparencia e inflación.

Todo lo cual, sin duda, ha sido uno de los objetivos del gobierno durante los últimos quince años de manera que como lo ha expresado Pedro Palma, la explicación de lo incomprensible, es decir, del "milagro económico" de des-

---

servicio y, más concretamente, al servicio de los intereses económicos de los gobernantes, sus familiares y socios. [...] "Agregó además, Naim, el hecho de que en Venezuela, un "exmagistrado del Tribunal Supremo Eladio Aponte ha ofrecido amplias evidencias que confirmarían que altos funcionarios del Estado venezolano son los principales jefes de importantes bandas criminales transnacionales." Véase Moisés Naím, "Estados Mafiosos," en *El País*, 5-5-2012, en http://internacional.elpais.com/internacional/2012/05/05/actualidad/1336245036_975620.html

215   Venezuela tiene el "ignominioso" primer lugar en el Índice de miseria del mundo. Véase el Informe de Steve H. Hanke, "Measury Misery arround the World," publicado en mayo 2104, en *Global Asia*, en http://www.cato.org/publications/commentary/measuring-misery-around-world Véase igualmente *Índice Mundial de Miseria*, 2014, en http://www.razon.com.mx/spip.php?article215150; y en http://vallartaopina.net/2014/05/23/en-indice-mundial-de-miseria-venezuela-ocupa-primer-lugar/

216   Véase en http://www.elmundo.com.ve/noticias/actualidad/noticias/infografia-riesgo-pais-de-venezuela-cerro-el-201.aspx

217   Pedro Carmona Estanga ha resumido la hazaña económica del régimen explicando que: "Por desgracia para el país, a lo largo de estos 16 años se han dilapidado unos US$ 1,5 billones que no volverán, de los cuales no quedan sino la destrucción del aparato productivo, el deterioro de la calidad de vida, de la infraestructura, de la institucionalidad, y distorsiones macroeconómicas y actitudinales en la población de una profundidad tal, que costará sudor y sangre superar a las generaciones venideras. Esa es la hazaña histórica lograda y cacareada por el régimen." Véase Pedro Carmona Estanga, "La destrucción de Venezuela: hazaña histórica," 19 de octubre de 2014, en http://pcarmonae.blogspot.com/2014/10/la-destruccion-de-venezuela-hazana.html

trucción a mansalva de la economía y de la creación de miseria, está en que para el gobierno lo importante es mantener la condición de pobreza:

"pues ella crea dependencia del Estado y abona el terreno para el clientelismo político, asegurándose el apoyo incondicional de una amplia masa poblacional a través de la manipulación informativa y de la explotación descarada de su ignorancia y buena fe. Eso, a su vez, facilita el logro e uno de los objetivos buscados, cual es la eliminación de la vieja oligarquía del anterior sistema, para sustituirlo por otra, pero revolucionaria."[218]

Por eso se ha hablado, con razón, de que la política de Estado en Venezuela es la de una "una fábrica de pobres,"[219] o como lo ha resumido Leandro Area, al insistir en su idea del "Estado Misional":

"El consumo, por su parte, en un país que no produce nada, viene determinado por la oferta restringida de quien monopoliza, petroliza, en todos los sentidos, los productos de la cesta de las mercancías de consumo social entre los que destacan el trabajo, la salud, la educación, la vivienda, etc. Populismo, demagogia, asistencialismo, plebeyismo, "peronismo", cultura de la sumisión, degradación de la civilidad, desesperanza aprehendida, envilecimiento, etc., son expresiones, realidades, cercanas a la idea del Estado misional."[220]

Este Estado Misional, Comunista, Burocrático, Populista, Comunal y del Poder Popular y Clientelar, acaparador de toda la actividad económica, en definitiva, es el que ha sustituido al Estado Social y de Economía Mixta que está en la Constitución, conduciendo a su negación total, pues se ha convertido como observa Isaac Villamizar, es un "Estado inepto, secuestrado por la élite de la burguesía corrupta gubernamental, que niega todos los derechos sociales y económicos constitucionales, y que manipula la ignorancia y pobreza de las clases sociales menos favorecidas," argumentando al contrario, que:

"Si Venezuela fuera un Estado Social, no habría neonatos fallecidos por condiciones infecciosas en hospitales públicos. Si Venezuela fuera un Estado Social, toda persona tendría un empleo asegurado o se ejercería plenamente la libertad de empresa y de comercio. Si Venezuela fuera

---

218  Véase Pedro Palma, "Las Revoluciones fatídicas,", en *El Nacional*, Caracas, 8 de septiembre de 2014, en http://www.el-nacional.com/pedro_palma/Revoluciones-fatidicas_0_478752208.html

219  En tal sentido, Brian Fincheltub, ha destacado que "Las misiones se convirtieron en fábrica de personas dependientes, sin ninguna estabilidad, que confiaban su subsistencia exclusivamente al Estado. Nunca hubo interés de sacar a la gente de la pobreza porque como reconoció el propio ministro Héctor Rodríguez, se "volverían escuálidos". Es decir, se volverían independientes y eso es peligrosísimo para un sistema cuya principal estrategia es el control." Véase Brian Fincheltub, "Fabrica de pobres," en *El Nacional*, Caracas, 5 de junio de 2014, en http://www.el-nacional.com/opinion/Fabrica-pobres_0_421757946.html

220  Véase Leandro Area, "El 'Estado Misional' en Venezuela," en *Analítica.com*, 14 de febrero de 2014, en http://analitica.com/opinion/opinion-nacional/el-estado-misional-en-venezuela/

un Estado Social no exhibiríamos deshonrosamente las tasas de homicidios más altas del mundo. Si Venezuela fuera un Estado Social no estaría desaparecida la cabilla y el cemento y las cementeras intervenidas estarían produciendo al máximo de su capacidad instalada. Si Venezuela fuera un Estado Social todos los establecimientos de víveres y artículos de primera necesidad estarían abarrotados en sus anaqueles. Si Venezuela fuera un Estado Social las escuelas no tendrían los techos llenos de filtraciones, estarían dotadas de materiales suficientes para la enseñanza-aprendizaje y los maestros y profesores serían el mejor personal pagado del país. Si Venezuela fuera un Estado Social no habría discriminación por razones políticas e ideológicas para tener acceso a cualquier servicio, beneficios y auxilios públicos y bienes de primera necesidad. Si Venezuela fuera un Estado Social el problema de la basura permanente en las grandes ciudades ya estaría resuelto con los métodos más modernos, actualizados y pertinentes a la protección ambiental." [221]

En ese contexto, por supuesto, el panorama del derecho público y el derecho administrativo ha cambiado radicalmente, habiendo cesado de ser el régimen jurídico llamado a garantizar el equilibrio entre los poderes y prerrogativas del Estado y los derechos y garantías de los ciudadanos, convirtiéndose sólo en un régimen regulador de los poderes y prerrogativas del Estado para imponer su voluntad y sus políticas discriminatorias, sin que los ciudadanos tengan posibilidad alguna de garantías de sus derechos, habiendo pasado buena parte de los mismos a ser simples dependientes del Estado, de su burocracia y de los subsidios y repartos que reciben, y la otra parte, mayoritaria por cierto, con estatus de marginados y excluidos, es decir, en cierta forma exiliados dentro de su propio país.

Un ejemplo de ello, es precisamente la Ley Orgánica de Precios Justos de 2014,[222] que materialmente eliminó la garantía constitucional de la libertad económica, e hizo depender de la burocracia estatal la posibilidad misma que cualquier persona pueda realizar alguna "actividad económica," cualquiera que ella sea, sujetándolas a las medidas más draconianas imaginables, todas sujetas a la valoración y aplicación por parte de una burocracia poco confiable.

## SECCIÓN CUARTA: LA AUSENCIA DE ESTADO DE JUSTICIA*

Pero además de que el Estado Totalitario en Venezuela, en una forma radicalmente distinta a lo expresado en la Constitución, no es un Estado de de-

---

221  Véase Isaac Villamizar, "Cuál Estado Social?," en *La Nación*, San Cristóbal, 7 de octubre de 2014, en http://www.lanacion.com.ve/columnas/opinion/cual-estado-social/

222  Véase en gaceta Oficial No. 6.156 Extra de 19-11-2014.

\*  El texto de esta Sección quinta, forma parte también de la ponencia sobre "El Estado de derecho como fundamento constitucional del derecho administrativo. Problemas en el Estado autoritario," elaborada para el mencionado *XIII Congreso Iberoamericano de Derecho Administrativo*, organizado por el Foro Iberoamericano de Derecho Administrativo y la Universidad Panamericana, en ciudad de México, entre el 13 y el 16 Octubre de 2014.

recho, ni un Estado democrático, ni un Estado social, ni un Estado de economía mixta, y por tanto, donde no está asegurada realmente la justicia social, tampoco es un Estado de Justicia, donde ésta, como valor social, ha sido preterida. Como Estado totalitario que es, en el mismo, en realidad, la justicia perdió todo su valor social, y más bien, para los ciudadanos lo que perciben es una situación generalizada de injusticia y de impunidad.

En efecto, entre los valores más importantes expresados en la Constitución de 1999 está la concepción del Estado como "Estado de Justicia" (artículo 1), respecto de lo cual la Sala Político Administrativa del Tribunal Supremo de Justicia, señaló en 2000 que esa "nueva concepción de Estado de Justicia trae consigo no tan solo una transformación orgánica del sistema judicial (Artículos 253 y 254 de la Constitución)," sino también un cambio en la concepción del Poder Judicial como "el poder integrado y estabilizador del Estado, ya que es el único que tiene competencia para controlar y aún disolver al resto de los Poderes Públicos," lo que a juicio del Tribunal Supremo "nos hace un Estado Judicialista."[223] En definitiva, como lo observó la misma Sala Político Administrativa del Tribunal Supremo de Justicia, en otra sentencia de 2000, cuando la Constitución califica al Estado "como de Derecho y de Justicia y establece como valor superior de su ordenamiento jurídico a la Justicia y la preeminencia de los derechos fundamentales, no está haciendo más que resaltar que los órganos del Poder Público -y en especial el sistema judicial- deben inexorablemente hacer prelar una noción de justicia material por sobre las formas y tecnicismos, propios de una legalidad formal que ciertamente ha tenido que ceder frente a la nueva concepción de Estado."[224]

Un Estado de Justicia, por tanto, en los términos de la Constitución,[225] es un Estado que por sobre todo está sujeto al valor superior de la Justicia, lo que implica, por una parte, en cuanto a la regulación del orden social y político que la misma se garantice mediante leyes que sean justas, que aseguren a cada quien lo que le pertenece, y además, revestidas de seguridad jurídica, en las cuales se establezcan las reglas conforme a las cuales se asegure para todos sin distinción, bienestar general y calidad de vida, el respeto a la dignidad humana, el libre desarrollo de la personalidad, y el goce irrestricto de los derechos humanos.

Por la otra, en cuanto a la misión de impartir y administrar justicia a los ciudadanos, el Estado de Justicia exige que la misma se imparta por órganos independientes, autónomos e imparciales, a los cuales todos tengan derecho

---

223　Véase sentencia N° 659 de 24 de marzo de 2000 (Caso: *Rosario Nouel vs. Consejo de la Judicatura y Comisión de Emergencia Judicial*), en *Revista de Derecho Público*, N° 81 (enero-marzo), Editorial Jurídica Venezolana, Caracas, 2000, p. 103 y 104.

224　Véase sentencia N° 949 de la Sala Político Administrativa de 26 de abril de 2000, en *Revista de Derecho Público*, N° 82, Editorial Jurídica Venezolana, Caracas, 2000, pp. 163 y ss.

225　Véase sobre este concepto, la decisión de la sala Constitucional del Tribunal Supremo N° 389 de 7 de marzo de 2002, en *Revista de Derecho Público*, N° 89-92, Editorial Jurídica Venezolana, Caracas, 2002, 175 ff.

de acceder en forma gratuita y sin discriminación, y que aseguren el derecho de todos a lograr la tutela efectiva de sus derechos, y la condena y castigo a quienes violen las leyes, debiendo prevalecer, en todo caso, la justicia material sobre las formalidades. [226] Lamentablemente, nada de lo anterior se encuentra efectivamente asegurado en Venezuela.

1. *Ausencia de leyes justas y multiplicación de leyes inconsultas*

En *primer lugar*, Venezuela carece de un sistema de leyes justas que respondan a la voluntad popular y en cuya formación quede asegurada la participación del pueblo a través de las organizaciones como lo prescribe la Constitución. La práctica del sistema de formación de las leyes en Venezuela no asegura que las mismas resulten ser leyes justas, en el sentido de que permitan efectivamente dar a cada quien lo que le corresponda, mediante su elaboración por una representación popular plural.

Las leyes, en realidad, son elaboradas por una Asamblea Nacional unicameral dominada por un solo partido político, que es el partido del gobierno, que preside el propio jefe de Estado, en la cual se ha negado el debate parlamentario, y menos aún se han tenido en cuenta las opiniones y propuestas de la oposición sobre los proyectos de ley; y menos aún, la participación popular mediante la consulta popular de las leyes que impone la Constitución en el proceso de su formación y discusión (art. 211), ni la consulta obligatoria a los Estados sobre las leyes que os afecten (art. 206).

Además, en esta materia, lo más grave es que la misma Asamblea Nacional ha renunciado a su tarea legislativa, al haberse impuesto, desde 2001, la renuncia a esa función con la práctica parlamentaria de delegar la función legislativa en el Poder Ejecutivo, siendo el resultado de ello que la casi totalidad de las leyes importantes en Venezuela en los últimos 15 años han sido dictadas mediante decretos leyes,[227] sin que haya habido posibilidad alguna de debate sobre su contenido por parte de los representantes del pueblo, y mucho menos realización de consulta popular alguna para conocer la opinión de los diversos sectores de la población. Esto sucedió en 2001, en 2008 y más recientemente en noviembre de 2014, cuando, el último día de vigencia de la habilitación legislativa el Presidente de la República dictó casi cincuenta leyes, reformando las más importantes del país, sin que se hubiese asegurado el derecho a la participación; e incluso, varios días después de anunciadas en la *Gaceta Oficial*, [228] las leyes ni siquiera se habían publicado. En esta forma, mediante la delegación legislativa, los órganos del Estado lo que han hecho es

---

226 Véase sentencia de la Sala Política Administrativa del Tribunal Supremo N° 949 de 26 de abril de 2000, en *Revista de Derecho Público*, N° 82, Editorial Jurídica Venezolana, Caracas, 2000, pp. 163 ss.

227 Véase Tomás Aníbal Arias Castillo, "Las cuatro delegaciones legislativas hechas al Presidente de la república (1999-2012)," en *Revista de Derecho Público*, N° 130, Editorial Jurídica Venezolana, Caracas 2012, pp. 393-399.

228 Véase *Gacetas Oficiales* No. 40.543 y 40. 544 de 18 y 19 de noviembre de 2014.

burlarse de la Constitución, al violar el derecho que la misma garantiza a los ciudadanos de poder participar políticamente en el proceso de formación de las leyes, mediante una consulta popular que en cada caso la Asamblea Nacional está obligada a realizar antes de la sanción de las mismas.

En todo caso, el derecho ciudadano a la participación política que consagra el artículo 211 de la Constitución para que se conozca la opinión de las organizaciones de la sociedad sobre los proyectos de ley, y la obligación constitucional del Estado de consultar, así como el derecho de los Estados de la federación que establece el artículo 206 de la misma Constitución, de ser consultados en los casos de proyectos de leyes que los afecten o interesen, por supuesto, por su base constitucional, no debería entenderse que queda eliminado por el hecho de que se cambie la forma de sanción de las leyes y se haga mediante delegación legislativa. Sin embargo, lo contrario es lo que precisamente ha ocurrido en los últimos tres lustros, pues en la práctica política, el Ejecutivo Nacional, al emitir decretos leyes, nunca ha efectuado consulta popular alguna; y además, tampoco ha consultado a los Estados como lo exige la Constitución cuando las leyes los afecten. Y lo grave de esta situación inconstitucional, es que la misma fue regularizada en 2014 mediante una sentencia de la Sala Constitucional mediante la cual se mutó la Constitución y se eliminó el derecho a la participación política de los ciudadanos mediante la consulta pública de las leyes, precisamente cuando las mismas se aprueban mediante legislación delegada, que son la mayoría, en cuyo caso el Tribunal Supremo simplemente consideró que no existe derecho alguno a la participación política.[229]

### 2. Inflación de la inseguridad jurídica

En segundo lugar, en Venezuela también se puede afirmar que no hay un sistema de leyes justas, porque las mismas no están revestidas de seguridad jurídica alguna y más bien, lo que caracteriza a la legislación sancionada en el país durante los últimos lustros, ha sido una situación de inseguridad jurídica permanente respecto de su vigencia, lo que provoca que los ciudadanos a veces no llegan a saber con certeza qué ley está vigente, desde cuándo lo está, y cómo y cuándo es que se reforman.

Al contrario, para que puedan existir leyes justas para los ciudadanos, en efecto, lo primero que es necesario es que las mismas no sólo tengan validez general, sino además, que tengan garantía de estabilidad y seguridad jurídica, de manera que una vez sancionadas por la Asamblea Nacional se respete la voluntad de los diputados representantes del pueblo que la aprobaron, y se publique el texto sancionado; y que luego de promulgadas las leyes con su

---

229   Véase la sentencia Nº 203 de 25 de marzo de 2014 (Caso *Síndica Procuradora Municipal del Municipio Chacao del Estado Miranda, impugnación del Decreto Ley de Ley Orgánica de la Administración Pública de 2008*), en http://www.tsj.gov.ve/decisiones/scon/marzo/162349-203-25314-2014-09-0456.HTML Véase los comentarios en Allan R. Brewer-Carías, *Golpe a la democracia dado por la Sala Constitucional*, Editorial Jurídica Venezolana, Caracas 2014, pp. 319 ss.

publicación, las mismas sólo se modifiquen por otras leyes como lo prescribe la Constitución y el Código Civil, mediante el procedimiento prescrito para su formación y modificación.

Pero al contrario, las leyes en Venezuela, en el proceso de su elaboración y promulgación, ha estado signadas por una inseguridad jurídica permanente, que impide al ciudadano saber con exactitud cuál es la ley vigente, no garantizándose a los ciudadanos seguridad jurídica en relación con la vigencia de las mismas, siendo reformadas y modificadas indiscriminadamente por otras vías irregulares, distintas al procedimiento constitucional para de su formación y sanción.

Esto ha ocurrido, primero, con la práctica ilegal de reformar las leyes, pero obviando dictar una "ley de reforma" como lo prescribe la Ley de Publicaciones Oficiales, sino publicando íntegramente la Ley, de manera que se haga difícil, si no imposible, para el ciudadano común saber qué fue lo que se modificó; [230] y segundo, con la práctica generalizada de reformar las leyes, una vez sancionadas y promulgadas, mediante el irregular procedimiento de "re-publicación" del texto en la *Gaceta Oficial*, con cambios y reformas no aprobadas por la representación popular.

Esto último, incluso comenzó a ocurrir, desde el inicio del régimen autoritario en el año 1999 con el texto de la propia Constitución de 1999, pues incluso, el que fue publicado en la *Gaceta Oficial* del 30 de diciembre de 1999, no sólo no fue el texto sancionado por la Asamblea Nacional el 30 de noviembre de 1999, sino que tampoco fue el que se sometió al referendo popular aprobatorio el 15 de diciembre de 1999, habiendo aparecido en la publicación oficial de la *Gaceta*, modificaciones a los textos originales, como por ejemplo, el agregado con la excusa de ser modificaciones de estilo, del uso indiscriminado del género femenino, tema que ni siquiera se discutió en la Asamblea Nacional Constituyente, además de otras reformas sustanciales.[231]

Luego, el texto constitucional fue de nuevo modificado en marzo de 2000, cuando se "re-publicó" la Constitución, introduciéndose a su texto nuevos y numerosos cambios de palabras y frases por supuestos errores de copia y de "estilo," que no eran tales, sino que fueron modificaciones sustanciales, y además, se le agregó una "Exposición de Motivos," clandestina hasta enton-

---

230 Véase *Gacetas Oficiales* No. 40.543 y 40. 544 de 18 y 19 de noviembre de 2014.

231 Fue precisamente lo que ocurrió con los 48 decretos leyes contentivos de leyes y leyes orgánicas dictados el último día de vigencia de la Ley habilitante dictada en 2013, pues la mayoría se publicaron íntegras como si se tratase de leyes nuevas, siendo que fueron todas reformas de leyes anteriores, pero sin que el intérprete pueda saber en qué consistió la reforma en cada caso. Véase en *Gacetas Oficiales* Extraordinarias No. 6.150; 6.151; 6.152; y 6153 de 18-11-2014; y No. 6.154; 6.155; y 6.156 de 19 -11-2014. do.

ces, redactada *ex post facto*, que nadie conocía y que nunca fue debatida en la Asamblea Constituyente.[232]

O sea, los venezolanos, en ciertas materias, desde el inicio no han tenido seguridad de cuál es el texto constitucional realmente vigente, al punto de que el Fiscal General de la República llegó a intentar en 2000, una acción de interpretación constitucional específicamente sobre seis artículos que habían sido objeto de las "re-publicaciones" mencionadas, para saber cuál es el texto constitucional vigente, que la Sala Constitucional nunca resolvió.

Una situación igualmente irregular y grave, pero multiplicada con exceso, ha ocurrido también con las leyes, y para constatarlo basta revisar la *Gaceta Oficial* y captar la práctica cotidiana de los órganos del Estado de re-publicar el texto de las leyes después de promulgadas y publicadas en la *Gaceta Oficial*, incluso varias veces, por supuestos errores materiales de copia, siguiendo un procedimiento previsto en la vieja Ley de Publicaciones Oficiales de 1946, que quizás se justificaba, dicho sea de paso, cuando los textos se transcribían a mano o a máquina, y se imprimían con textos compuestos en linotipo, riesgo que no existe cuando se trata de archivos electrónicos, que ahora se copian escaneados y exactos en las páginas de la *Gaceta Oficial*, de manera que no hay riesgo alguno de errores de transcripción.

El procedimiento irregular es, sin duda, una manipulación inaceptable del proceso de publicación de las leyes y de los actos estatales de efectos generales, primero por parte del Poder Ejecutivo, y más recientemente, por parte de la propia Asamblea Nacional, siendo lo más grave el carácter discrecional y arbitrario de las re-publicaciones de los textos, con las cuales además se han introducido auténticas "reformas" a leyes sin haberse pasado por el procedimiento de formación de las mismas.[233]

Con esta práctica, por tanto, las leyes, luego de publicadas, se han reimpreso una y otra vez en la *Gaceta,* y con ello lo que se ha hecho es reformarlas clandestina y subrepticiamente mediante "Avisos" que publica el Secretario de la Asamblea Nacional, acrecentándose la inseguridad jurídica. Casos recientes de esta práctica están, por ejemplo, en la reimpresión por supuestos errores materiales, en 2010, de la Ley Orgánica de la Jurisdicción Contencioso Administrativa[234] y de la Ley Orgánica del Tribunal Supremo de Justicia.

En este último caso, en efecto, en 2010, después de la elección de los nuevos diputados a la Asamblea Nacional en septiembre de ese año, elección en

---

232  Véase el texto en *Gaceta Oficial* Nº 5453 extra de 24-3-200. Véanse los cambios sobre las "reformas" en Allan R. Brewer-Carías, *La Constitución de 1999*, 2ª edición, Editorial Jurídica Venezolana, Caracas 2000.

233  Véase Allan R. Brewer-Carías, "Autoritarismo e inseguridad jurídica en Venezuela. O sobre la irregular forma utilizada para "reformar" la Constitución y las leyes," en Rafael Valim, José Roberto Pimenta Oliveira, e Augusto Neves Dal Pozzo (Coordinadores), *Tratado sobre o princípio da segurança jurídica no Direito Administrativo*, Editora Fórum, Sao Paulo, 2013.

234  Véase Allan R. Brewer-Carías y Víctor Hernández Mendible, *Ley Orgánica de la Jurisdicción Contencioso Administrativa*, Editorial Jurídica Venezolana, Caracas 2010.

la cual los diputados oficialistas perdieron la mayoría calificada que tenían y que les había permitido designar libremente hasta entonces, sin la participación de los disputados de la oposición, a los magistrados del Tribunal Supremo, los diputados oficialistas acometieron una "reforma" burda de la Ley Orgánica, mediante su reimpresión por supuesto error de copia ordenada por el Secretario de la Asamblea, cambiando la palabra de calificación del lapso para la designación de los Magistrados, de ser un lapso "máximo" pasando a ser un lapso "mínimo." [235] Ese cambio de palabras de máximo por mínimo, fue suficiente para permitir a los viejos diputados, antes de la toma de posesión de los nuevos, designar los nuevos magistrados del Tribunal Supremo, llenando el Tribunal de miembros del partido oficial e incluso de exdiputados que no habían sido reelectos.[236]

Así se reforman las leyes en Venezuela, sin debate ni discusión parlamentaria, simplemente mediante un "Aviso" que publica el Secretario de la Asamblea, en ausencia absoluta de seguridad jurídica, lo que es la antítesis de un Estado de Justicia.

### 3. El sometimiento político del Poder Judicial

En *tercer lugar*, la ausencia de Estado de Justicia en Venezuela, deriva del ya comentado sometimiento del Poder Judicial en su conjunto, al Poder Ejecutivo y al Poder Legislativo. A este último, específicamente, mediante el control político que ha venido ejerciendo la Asamblea en forma progresiva, desde 2000 hasta 2010, sobre el Tribunal Supremo, mediante el nombramiento como Magistrados a personas totalmente comprometidas con el partido oficial, que han expresado además públicamente que su misión, antes que

---

235 Véase el texto de la Ley en *Gaceta Oficial* N° 39483 de 9-8-2010, en Allan R. Brewer-Carías y Víctor Hernández Mendible, *Ley Orgánica del Tribunal Supremo de Justicia*, Editorial Jurídica Venezolana, Caracas 2010, pp. 225-226. Véase sobre los cambios efectuados al texto de la Ley con su re-publicación en Víctor Hernández Mendible, "Sobre la nueva reimpresión por "supuestos errores" materiales de la Ley Orgánica del Tribunal Supremo, octubre de 2010," y Antonio Silva Aranguren, "Tras el rastro del engaño en la web de la Asamblea Nacional," en *Revista de Derecho Público*, N° 124, Editorial Jurídica Venezolana, Caracas 2010, pp. 110-114.

236 Ante la designación de los nuevos magistrados luego de la ilegal reforma de la Ley la ex Magistrada de la antigua Corte Suprema de Justicia, Hildegard Rondón de Sansó, advirtió que "El mayor de los riesgos que plantea para el Estado la desacertada actuación de la Asamblea Nacional en la reciente designación de los Magistrados del Tribunal Supremo de Justicia, no está solo en la carencia, en la mayoría de los designados de los requisitos constitucionales, sino el haber llevado a la cúspide del Poder Judicial la decisiva influencia de un sector d. Véase el Poder Legislativo, ya que para diferentes Salas, fueron elegidos cinco parlamentarios." Agregó que con ello: "todo un sector fundamental del poder del Estado, va a estar en manos de un pequeño grupo de sujetos que no son juristas, sino políticos de profesión, y a quienes corresponderá, entre otras funciones el control de los actos normativos;" agregando que "Lo más grave es que los designantes, ni un solo momento se percataron de que estaban nombrando a los jueces máximos del sistema jurídico venezolano que, como tales, tenían que ser los más aptos, y de reconocido prestigio como lo exige la Constitución." Véase en Hildegard Rondón de Sansó, *"Obiter Dicta. En torno a una elección,"* en *La Voce d'Italia*, Caracas 14-12-2010.

impartir justicia, es contribuir a la ejecución de la política socialista del gobierno.[237]

Además, como se ha indicado, la Asamblea Nacional se ha atribuido inconstitucionalmente la potestad de nombrar a los jueces de la corte y tribunal de la Jurisdicción Disciplinaria del Poder Judicial, que es la que ejecuta la remoción de los jueces del país, para lo cual, por supuesto, siguen la pauta dictada por el partido de gobierno en la Asamblea, de la cual dependen.

Además, como se dijo, en Venezuela, los jueces los designa el propio Tribunal Supremo de Justicia, sin que se cumpla la Constitución en cuanto a la exigencia de concurso público con participación ciudadana. El nombramiento ha sido libre, con el resultado de que la gran mayoría de los jueces son provisionales y temporales, y por tanto, totalmente dependientes y controlados políticamente.

Por ello, los jueces en Venezuela, en general, no son capaces ni pueden realmente impartir justicia justa, particularmente, si con ello afectan en alguna forma alguna política gubernamental o a algún funcionario público, sabiendo, como lo saben, que una decisión de ese tipo significa destitución inmediata, como tantas veces ha ocurrido en los últimos años. En algunos casos, incluso con encarcelamiento de los jueces que osaron dictar una sentencia que no complació al gobierno.

Allí está como muestra, el caso de la Juez Afiuni, destituida por haber seguido la recomendación del Grupo de Expertos de la ONU sobre detenciones arbitrarias, y cambiarle la detención a un procesado por un régimen libertad con presentación ante el Tribunal, que no le gustó al Presidente de la República. Por orden personal pública de éste último, la juez fue encarcelada de inmediato, con trato brutal, incluso sin desarrollo del proceso penal por algunos años, lo que llevó al mismo Grupo de Expertos de la ONU a considerar estos hechos como "un golpe del Presidente Hugo Chávez contra la independencia de los jueces y abogados" solicitando la "inmediata liberación de la juez," concluyendo que "las represalias ejercidas sobre jueces y abogados por el ejercicio de sus funciones garantizadas constitucionalmente creando un clima de temor, solo sirve para minar el Estado de derecho y obstruir la justicia."[238].

Con un Poder Judicial sometido políticamente, es evidente que no puede existir un Estado de Justicia, y menos aún si el mismo es utilizado como ins-

---

237 Véase el Discurso de Orden de la Magistrada Deyanira Nieves Bastidas, Apertura del Año Judicial 2014, en http://www.tsj.gov.ve/informacion/miscelaneas/DiscursodeOrdenApertura2014DeyaniraNieves.pdf.

238 Véase en at http://www.unog.ch/unog/website/news_media.nsf/%28httpNewsByYear_en%-29/93687E8429BD53A1C125768E00529DB6?OpenDocument&cntxt=B35C3&cookielang=fr. El 14-10-2010, el mismo Grupo de Trabajo de la ONU solicitó formalmente al Gobierno venezolano que la Juez fuse "sometida a un juicio apegado al debido proceso y bajo el derecho de la libertad provisional". Véase en *El Universal*, 14-10-2010, en http://www.eluniversal.com/2010/10/14/pol_ava_instancia-de-la-onu_14A4608051.shtml

trumento para la persecución política de la disidencia. En este sentido, los tribunales llenos están de causas abiertas por razones políticas para la persecución, con el objeto de apresar disidentes sin que exista voluntad efectiva de someterlos a juicio, porque ni motivos ni pruebas habría para ello. Ese fue, por ejemplo, el resultado de las detenciones de estudiantes realizadas con ocasión de la manifestaciones estudiantiles de febrero de 2014, quienes en su mayoría luego fueron liberados, pero sin gozar de libertad plena, después de sufrir brutal escarmiento. Otro ejemplo ha sido la detención del dirigente político de oposición Leopoldo López, a quien se ha sometido a juicio penal por los más graves delitos políticos, sin prueba alguna, sólo para encerrarlo en prisión con un juicio cuya audiencia preliminar ni siquiera se ha realizado y quizás, seguramente; no se realizará jamás. También hay que referirse al caso de la amenaza de detención, para que acudieran a declarar como testigos, proferida contra otro grupo de reconocidos dirigentes políticos, por un supuesto e imaginario delito de magnicidio, sólo basado en supuestos emails falsos,[239] sólo para amedrentarlos y buscar alejarlos el país.

### 4. *El Estado irresponsable, escapado de la justicia interna*

En cuarto lugar, en Venezuela tampoco existe Estado de Justicia, desde el momento en que el propio Estado, sus organizaciones y sus funcionarios se han escapado de la justicia, es decir, de hecho no están ni pueden ser sometidos a la Justicia. De ello ha resultado, que en Venezuela tenemos un Estado totalmente incontrolado e irresponsable, al cual no se lo puede someter a juicio, pues los tribunales garantizan que no responda ante los mismos de sus acciones inconstitucionales o ilegales, o que causan daños a las personas.

Basta analizar las sentencias del Tribunal Supremo de Justicia en los últimos tres lustros, para constar que en materia de control de constitucionalidad de las leyes y otros actos estatales, a pesar de que contamos con la acción popular y un completísimo sistema mixto de control de constitucionalidad de las leyes, las acciones intentadas por los particulares contra las leyes jamás son decididas, y por tanto, difícilmente se encuentra alguna sentencia anulatoria, salvo que haya sido intentada por los abogados del propio Estado, en interés del mismo

Ello ha afectado también a la Jurisdicción Contencioso Administrativa, la cual en los últimos quince años dejó de ser un efectivo sistema para el control judicial de las actuaciones administrativas, lo que se evidenció abiertamente desde 2003 con la lamentable destitución *in limine* de los Magistrados de la Corte Primera de lo Contencioso Administrativa. Todo se inició con ocasión de un proceso contencioso administrativo de nulidad y amparo formulado el 17 de julio de 2003 por la Federación Médica Venezolana en contra los actos del Alcalde Metropolitano de Caracas, del Ministro de Salud y del Colegio de Médicos del Distrito Metropolitano de Caracas, por la contratación indiscri-

---

239  Véase la información en http://www.venezuelaaldia.com/2014/07/gobierno-falsifico-correos-sobre-magnicidio-dice-pedro-burelli/

minada de médicos extranjeros no licenciados para ejercer la medicina en el país, para atender el desarrollo de un importante programa asistencial de salud en los barrios de Caracas; todo en violación de la Ley de Ejercicio de la Medicina.

La Federación Médica Venezolana consideró que la actuación pública era discriminatoria y violatoria de los derechos de los médicos venezolanos (derecho al trabajo, entre otros) a ejercer su profesión médica, al permitir a médicos extranjeros ejercerla sin cumplir con las condiciones establecidas en la Ley. Por ello la Federación intentó la acción de nulidad y amparo, en representación de los derechos colectivos de los médicos venezolanos, solicitando su protección.[240] Un mes después, el 21 de agosto de 2003, la Corte Primera dictó una medida cautelar de amparo considerando que había suficientes elementos en el caso que hacían presumir la violación del derecho a la igualdad ante la ley de los médicos venezolanos, ordenando la suspensión temporal del programa de contratación de médicos cubanos, y ordenando al Colegio de Médicos del Distrito metropolitano sustituir los médicos cubanos ya contratados sin licencia por médicos venezolanos o médicos extranjeros con licencia para ejercer la profesión en Venezuela.[241]

La respuesta gubernamental a esta decisión preliminar de carácter cautelar, que tocaba un programa social muy sensible para el gobierno, fue el anuncio público del Ministro de Salud, del Alcalde Metropolitano y del propio Presidente de la República en el sentido de que la medida cautelar dictada no sería acatada en forma alguna;[242] anuncios que fueron seguidos de varias decisiones gubernamentales:

La Sala Constitucional del Tribunal Supremo de Justicia, controlada por el Ejecutivo, adoptó la decisión de avocarse al conocimiento del caso decidido por la Corte Primera de lo Contencioso Administrativo, y usurpando competencias en la materia, declaró la nulidad del amparo cautelar decidido por esta. A ello siguió que un grupo de agentes de la policía política allanó la sede de la Corte Primera, después de detener a un escribiente o alguacil de la misma por motivos fútiles; el Presidente de la República, entre otras expresiones usadas, se refirió al Presidente de la Corte Primera como "un bandido;"[243] y unas semanas después, la Comisión Especial Judicial del Tribunal Supremo de Justicia, sin fundamento legal alguno, destituyó a los cinco magistrados de

---

240 Véase Claudia Nikken, "El caso "Barrio Adentro": La Corte Primera de lo Contencioso Administrativo ante la Sala Constitucional del Tribunal Supremo de Justicia o el avocamiento como medio de amparo de derechos e intereses colectivos y difusos," en *Revista de Derecho Público*, N° 93–96, Editorial Jurídica Venezolana, Caracas, 2003, pp. 5 ss.

241 Véase la decisión de 21 de agosto de 2003 en *Revista de Derecho Público*, N° 93–96, Editorial Jurídica Venezolana, Caracas, 2003, pp. 445 ss.

242 El Presidente de la República dijo: "*Váyanse con su decisión no sé para donde, la cumplirán ustedes en su casa si quieren…*", en el programa de TV *Aló Presidente*, N° 161, 24 de Agosto de 2003.

243 Discurso público, 20 septiembre de 2003.

la Corte Primera, la cual fue intervenida.[244] A pesar de la protesta de los Colegios de Abogados del país e, incluso, de la Comisión Internacional de Juristas;[245] el hecho es que la Corte Primera permaneció cerrada, sin jueces, por más de diez meses,[246] tiempo durante el cual simplemente no hubo justicia contencioso administrativa en el país.

Esa fue la respuesta gubernamental a un amparo cautelar dictado por el juez contencioso administrativo competente respecto de un programa gubernamental sensible; respuesta que fue dada y ejecutada a través de órganos judiciales controlados políticamente. Todo ello, por supuesto, lamentablemente significó, no sólo que los jueces que fueron luego nombrados para reemplazar a los destituidos comenzaron a entender cómo debían comportarse en el futuro frente al poder; sino que condujo a la abstención progresiva de todo control contencioso administrativa respecto de las acciones gubernamentales. La Jurisdicción contencioso administrativa en Venezuela, de larga tradición y de raigambre y jerarquía constitucional, simplemente hoy no existe en la práctica; y con ello, el derecho administrativo ya no es un parámetro legal para controlar a la Administración y sus funcionarios

Y para que quedara clara la situación catastrófica de estas actuaciones sobre el Poder Judicial, la demanda que intentaron los jueces contencioso administrativo destituidos ante el Sistema Interamericano de protección de los Derechos Humanos por violación a sus garantías constitucionales judiciales, a pesar de que fue decidida por la Corte Interamericana de Derechos Humanos, en 2008, condenando al Estado,[247] de nada sirvió sino para que la Sala Constitucional del Tribunal Supremo, en sentencia N° 1.939 de 12 de diciembre de 2008,[248] citando como precedente una sentencia del Tribunal Superior Militar del Perú de 2002, declarara que la sentencia del tribunal internacional era "inejecutable" en Venezuela. La Sala además, solicitó al Ejecutivo que denunciara la Convención Americana de Derechos Humanos porque la Corte Interamericana supuestamente había usurpado los poderes del Tribunal Supremo, lo que el Ejecutivo cumplió cabalmente en 2011.

La consecuencia de todo ello es que la Jurisdicción contencioso administrativa, cayó en desuso, de manera que no más del uno por ciento de la totali-

244 Véase la información en *El Nacional*, Caracas, Noviembre 5, 2003, p. A2. En la misma página el Presidente destituido de la Corte Primera dijo: *"La justicia venezolana vive un momento tenebroso, pues el tribunal que constituye un último resquicio de esperanza ha sido clausurado".*
245 Véase en *El Nacional*, Caracas, Octubre 12, 2003, p. A–5; y *El Nacional*, Caracas, Noviembre 18,2004, p. A–6.
246 Véase en *El Nacional*, Caracas, Octubre 24, 2003, p. A–2; y *El Nacional*, Caracas, Julio 16, 2004, p. A–6.
247 Véase sentencia de la Corte Interamericana de 5 de agosto de 2008, Caso *Apitz Barbera y otros* *("Corte Primera de lo Contencioso Administrativo") vs. Venezuela*, Excepción Preliminar, Fondo, Reparaciones y Costas, Serie C N° 182, en www.corteidh.or.cr
248 Véase sentencia de la Sala Constitucional, sentencia No 1.939 de 18 de diciembre de 2008 (Caso *Abogados Gustavo Álvarez Arias y otros*), en http://www.tsj.gov.ve/decisiones/scon/Diciembre/1939-181208-2008-08-1572.html

dad de las sentencias dictadas por dichos tribunales son anulatorias de actos administrativos o de responsabilidad administrativa,[249] habiendo quedado reducida a resolver cuestiones laborales de la función pública o tributarias.

Siendo el Estado venezolano uno no sometido al derecho, por no poder ser controlado ni respecto del cual los ciudadanos pueden exigir responsabilidad, sin duda, no puede haber Estado de Justicia, lo que conduce a consolidar la existencia de un derecho público al sólo servicio exclusivo del Estado, y al derecho administrativo como un orden desequilibrado, donde sólo encuentra protección el propio Estado sin que los particulares sean objeto de protección y menos de garantía.

### 5. *El Estado escapado de la justicia internacional*

La irresponsabilidad del Estado y la decisión de escaparse de la justicia y negarse a someterse a la misma ha llegado a tal nivel, que no sólo se ha desligado y desentendido de poder ser juzgado por los tribunales nacionales, sino que como antes se dijo se ha desligado de la justicia internacional. Ello ocurrió, primero, al denunciar en 2006 el Tratado de la Comunidad Andina de Naciones, escapándose de la jurisdicción del Tribunal Andino de Justicia,[250] y segundo, al denunciar en 2012 la Convención Americana sobre Derechos Humanos, para escaparse de la jurisdicción de la Corte Interamericana de Derechos Humanos,[251] incluso, en este último caso, después de haber declarado como "inejecutables" en Venezuela varias sentencias condenatorias contra el Estado venezolano pronunciadas por la Corte por responsabilidad derivada de la violación de derechos humanos.[252]

---

249  Véase Antonio Canova González, *La realidad del contencioso administrativo venezolano (Un llamado de atención frente a las desoladoras estadísticas de la Sala Político Administrativa en 2007 y primer semestre de 2008)*, Funeda, Caracas 2008.

250  Comunicación oficial del Ministro de Relaciones Exteriores de 22-4-2006 enviada a la CAN. Véase el texto en http://www10.iadb.org/intal/cartamensual/cartas/Articulo.aspx?Id=2e424fd3-30ec-46e9-8c92-fcce18b3e128. Véase así mismo la información en http://www10.iadb.org/intal/cartamensual/cartas/Articulo.aspx?Id=2e424fd3-30ec-46e9-8c92-fcce18b3e128. Véase los comentarios en "El largo camino para la consolidación de las bases constitucionales de la Integración Regional Andina y su abandono por el régimen autoritario de Venezuela", en André Saddy (Coord.), *Direito Público Econômico Supranacional*, Rio de Janeiro: Lumen Juris Editora, 2009, pp. 319-351.

251  Comunicación del Ministro de Relaciones Exteriores al Secretario General de la OEA de 6-9-2012. Véase la Nota de Prensa de la OEA lamentando la decisión en http://www.oas.org/es/cidh/prensa/comunicados/2012/117.asp

252  Véase en particular la sentencia Nº 1.939 de la Sala Constitucional del Tribunal Supremo de Venezuela de 18 de diciembre de 2008 (Caso *Abogados Gustavo Álvarez Arias y otros*), que declaró inejecutable una sentencia de la Corte Interamericana de Derechos Humanos (de 5 de agosto de 2008, caso *Apitz Barbera y otros ("Corte Primera de lo Contencioso Administrativo") vs. Venezuela*, Excepción Preliminar, Fondo, Reparaciones y Costas, Serie C Nº 182). Véase en http://www.tsj.gov.ve/decisiones/scon/Diciembre/1939-181208-2008-08-1572.html. Igualmente la sentencia Nº 1547 de 17 de octubre de 2011 (Caso *Estado Venezolano vs. Corte Interamericana de Derechos Humanos*) que declaró inejecutable otra sentencia de la Corte Interamericana (de 1º de septiembre de 2011, caso *Leopoldo López vs. Estado de Venezuela*), en

Además, incluso, la decisión del Estado de escaparse a toda costa de la justicia internacional, llevó al gobierno hasta a denunciar el Convenio sobre Arreglo de Diferencias Relativas a Inversiones entre Estados y Nacionales de Otros Estados, con base en el cual funciona el Centro Internacional de Arreglo de Diferencias Relativas a Inversiones (CIADI), que regula los medios de arbitraje internacional para la protección de inversiones.[253]

### 6. La Justicia al servicio del autoritarismo

En quinto lugar, en Venezuela tampoco tenemos un Estado de Justicia, porque la justicia impartida, particularmente en materia constitucional, en lugar de ser el supremo valor de dar a cada quien lo que le corresponde en plano de igualdad, se ha convertido en un instrumento utilizado por el propio Estado, que es utilizado "a la carta," para moldar la justicia de acuerdo con lo que sus órganos necesiten para la ejecución de las propias políticas estatales, así sean contrarias a la Constitución, y particularmente cuando se ha necesitado de una "interpretación" de la misma o de leyes para torcerlas, en forma acorde, no con la Constitución, sino con la decisión política del Ejecutivo de que se trate.

En esta forma, la Constitución, vía interpretación constitucional vinculante, como antes se ha dicho, por ejemplo, ha sido objeto de mutaciones decididas por la Sala Constitucional, por ejemplo, para centralizar competencias que eran exclusivas de los Estados de la Federación; para eliminar el principio de la alternabilidad republicana dando paso a la reelección indefinida; para asegurar el financiamiento de las actividades electorales del partido oficial; para impedir la revocación popular del mandato del Presidente de la República; para ampliar las competencias de la Jurisdicción Constitucional, como por ejemplo ocurrió en materia de interpretación abstracta de la Constitución[254] e incluso para asegurar el absurdo e improcedente "control de la cons-

---

http://www.tsj.gov.ve/decisiones/scon/Octubre/1547-171011-2011-11-1130.html. Véase los comentarios sobre estas sentencias en Allan R. Brewer-Carías, "La interrelación entre los Tribunales Constitucionales de América Latina y la Corte Interamericana de Derechos Humanos, y la cuestión de la inejecutabilidad de sus decisiones en Venezuela," en Armin von Bogdandy, Flavia Piovesan y Mariela Morales Antonzri (Coordinadores), *Direitos Humanos, Democracia e Integraçao Jurídica na América do Sul*, Lumen Juris Editora, Rio de Janeiro 2010, pp. 661-70; y en *Anuario Iberoamericano de Justicia Constitucional*, Centro de Estudios Políticos y Constitucionales, N° 13, Madrid 2009, pp. 99-136; y "El ilegítimo "control de constitucionalidad" de las sentencias de la Corte Interamericana de Derechos Humanos por parte la Sala Constitucional del Tribunal Supremo de Justicia de Venezuela: el caso de la sentencia *Leopoldo López vs. Venezuela, 2011*," en *Constitución y democracia: ayer y hoy. Libro homenaje a Antonio Torres del Moral*. Editorial Universitas, Vol. I, Madrid, 2013, pp. 1.095-1124.

253  Comunicación oficial del Estado enviada al CIADI el 24-1-2012. Véase la información del CIADI en https://icsid.worldbank.org/ICSID/FrontServlet?requestType=CasesRH&actionVal=OpenPage &PageType=AnnouncementsFrame&FromPage=Announcements&pageName=Announcement100

254  Véase Luis A. Herrera Orellana, "El recurso de interpretación de la Constitución: reflexiones críticas desde la argumentación jurídica y la teoría del discurso," en *Revista de Derecho Público*, N° 113, Editorial Jurídica Venezolana, Caracas 2008, pp. 7-29.

titucionalidad" de las sentencias de la Corte Interamericana de Derechos Humanos, que condujo a declararlas "inejecutables" en Venezuela. La interpretación constitucional a la carta, además, ha servido para que por la vía de interpretación inconstitucional, la Sala Constitucional ha procedido a reformar leyes, como por ejemplo sucedió, en materia del procedimiento de amparo[255] o para establecer normas tributarias nuevas en materia de impuesto sobre la renta;[256] y todo ello, casi siempre a iniciativa de los propios abogados del Estado.

Con una Constitución maleable en esa forma, es difícil imaginar un Estado de justicia, salvo que sea de justicia sólo impartida a la medida del propio Estado.

### 7. La ausencia de justicia

En sexto lugar, tampoco puede hablarse en Venezuela de Estado de Justicia, cuando hay áreas de la misma que el Estado ha eliminado, como es el caso de la justicia de paz, que la Constitución reguló para ser organizada en las comunidades y ser impartida por jueces electos mediante sufragio universal directo y secreto (art 258).

A tal efecto, desde la Ley Orgánica de la Justicia de Paz de 1994[257] se reguló la materia en el ámbito municipal y parroquial, debiendo los jueces ser electos en la forma prescrita en la Constitución. Sin embargo, todo ello se eliminó con la Ley Orgánica de la Jurisdicción de la Justicia de Paz Comunal de 2012,[258] al transformarse la justicia de paz en una supuesta "justicia de paz comunal," pero para simplemente eliminar la justicia de paz, o nombrarse unos escasos jueces provisionales, por supuesto, no electos, violándose así la Constitución.[259]

---

255   Véase Allan R. Brewer-Carías, "El juez constitucional como legislador positivo y la inconstitucional reforma de la Ley Orgánica de Amparo mediante sentencias interpretativas," en Eduardo Ferrer Mac-Gregor y Arturo Zaldívar Lelo de Larrea (Coordinadores), *La ciencia del derecho procesal constitucional. Estudios en homenaje a Héctor Fix-Zamudio en sus cincuenta años como investigador del derecho*, Instituto de Investigaciones Jurídicas, Universidad Nacional Autónoma de México, México 2008, Tomo V, pp. 63-80. Publicado en *Crónica sobre la "In" Justicia Constitucional. La Sala Constitucional y el autoritarismo en Venezuela*, Colección Instituto de Derecho Público. Universidad Central de Venezuela, Nº 2, Editorial Jurídica Venezolana, Caracas 2007, pp.545-563.

256   Véase Allan R. Brewer-Carías, "De cómo la Jurisdicción constitucional en Venezuela, no sólo legisla de oficio, sino subrepticiamente modifica las reformas legales que "sanciona", a espaldas de las partes en el proceso: el caso de la aclaratoria de la sentencia de Reforma de la Ley de Impuesto sobre la Renta de 2007, *Revista de Derecho Público*, Nº 114, Editorial Jurídica Venezolana, Caracas 2008, pp. 267-276

257   Véase en *Gaceta Oficial* Nº 4.817 Extra. de 21-12-1994.

258   Véase en *Gaceta Oficial* Nº 39.913 del 2-5-2012

259   Tan es así, que en agosto de 2014, el Tribunal Supremo anunciaba en su página web, que en un universo de 328 Municipios en el país, "la Comisión Judicial del Alto Tribunal, ha nombrado un total de 18 juezas y jueces de paz provisorios y suplentes.". Véase en http://www.tsj.gov.ve/informacion/notasdeprensa/notasdeprensa.asp?codigo=11987

## 8. La injusticia de la impunidad

En séptimo lugar, en Venezuela tampoco existe un Estado de Justicia, teniendo más bien un Estado de injusticia, por el hecho de que simplemente, la justicia no funciona para juzgar y castigar a quienes violan la ley. Así, la impunidad campea y es absoluta respecto de los depredadores del patrimonio público, es decir, a los funcionarios corruptos y a sus cómplices particulares, incluyendo a los que a la vista de todos incurren en peculado de uso, al tener a su servicio el uso bienes públicos, sin título alguno para ello, comenzando por el uso indebido de inmuebles oficiales. A esos, ni se los investiga y menos se los sanciona. Y los casos de investigaciones administrativa resueltos por la Contraloría General de la República por supuestos motivos de irregularidades administrativas, en general, sólo han concluido con medidas de inhabilitaciones políticas impuestas exclusivamente a funcionarios de oposición.[260]

La impunidad también es el signo de la injusticia en materia de delitos comunes, en un país como Venezuela, que tiene el récord mundial de violencia, secuestros y crímenes callejeros,[261] que en 2013 alcanzó la cifra de 24.773 personas asesinadas,[262] siendo considerado en 2014, como el país más inseguro del mundo,[263] y Caracas, la capital, como la segunda ciudad más peligrosa del Planeta;[264] pero donde dichos crímenes no se persiguen y quedan impunes.[265]

---

260 Véase por ejemplo, Allan R. Brewer-Carías, "La incompetencia de la Administración Contralora para dictar actos administrativos de inhabilitación política restrictiva del derecho a ser electo y ocupar cargos públicos (La protección del derecho a ser electo por la Corte Interamericana de Derechos Humanos en 2012, y su violación por la Sala Constitucional del Tribunal Supremo al declarar la sentencia de la Corte Interamericana como "inejecutable"), en Alejandro Canónico Sarabia (Coord.), *El Control y la responsabilidad en la Administración Pública, IV Congreso Internacional de Derecho Administrativo, Margarita 2012*, Centro de Adiestramiento Jurídico, Editorial Jurídica Venezolana, Caracas 2012, pp. 293-371

261 Por ello, con razón en un editorial del diario *Le Monde* de París, titulado "Los venezolanos en el callejón sin salida del chavismo", se afirmaba que "Al derrumbamiento de la economía se agrega una inseguridad galopante: 25 mil homicidios por año, sin contar los robos, agresiones de todo tipo y secuestros. Caracas es la capital más peligrosa del planeta. Se necesita toda la atracción del "exotismo latino" para que ciertos intelectuales franceses le encuentren algún encanto al "chavismo". Sobre todo porque este, ya sea bajo Maduro o bajo Chávez, cercena las libertades públicas, silencia a una parte de la prensa y maltrata a toda la oposición. En la realidad, el chavismo se ha convertido en una pesadilla." Véase Editorial de *Le Monde,* 30- marzo 2014, en http://www.eluniversal.com/nacional-y-politica/140330/le-monde-dedico-un-editorial-a-venezuela.

262 Véase César Miguel Rondón, "Cada vez menos país," en *Confirmado*, 16-8-2014, en http://confirmado.com.ve/opinan/cada-vez-menos-pais/

263 Véase el reportaje de la Encuesta Gallup, "Venezuela fue considerado como el país más inseguro del mundo," en *Notitarde.com*, Caracas 21 de agosto de 2014, en http://www.notitarde.com/Pais/Venezuela-fue-seleccionado-como-el-pais-mas-inseguro-del-mundo/2014/08/21/347656.

264 Después de San Pedro Sula, Caracas es considerada la segunda ciudad más peligrosa del mundo. Véase la información en *Sala de Información, Agencia de Comunicaciones Integradas. In-*

Tenemos lamentablemente un país lleno de asaltantes de caminos, como los había en la Venezuela del siglo XIX, pero no en el campo, sino ahora en las calles de nuestras ciudades, y más grave aún, en los barrios de las mismas, afectando a la población de menores recursos. Y frente a todo ello, lo que hay es una justicia totalmente ausente, siendo Venezuela el reino de la impunidad, donde al delincuente no se lo castiga, el que roba es protegido, al honrado se lo investiga, a la libertad no se la protege, a la propiedad se la depreda, y al trabajo honesto se desprecia, de lo cual resulta no sólo que no siempre tenemos leyes justas y seguras, sino que no siempre tenemos jueces justos y definitivamente, carecemos de un gobierno justo.

Por todo ello, el Estado venezolano no es un Estado de justicia, pues la práctica política del gobierno autoritario que se apoderó de la República desde 1999,[266] lo que ha originado es un Estado totalitario que además de haber empobrecido aún más al país, no está realmente sometido al derecho, cuyas normas no siempre son justas y la mayor de las veces se ignoran y desprecian; o se mutan o amoldan a discreción por los gobernantes; y que además, no está sometido a control judicial alguno, por la sumisión del Poder Judicial al Poder Ejecutivo y legislativo.

De todo lo anterior resulta entonces que en lugar de un Estado de Justicia, el Estado venezolano más bien puede considerarse como un "Estado de la injusticia," donde no hay garantía de la existencia de leyes justas, habiéndose sancionado las existentes sin que se haya respetado siquiera el derecho a la participación ciudadano mediante consulta popular de los proyectos de ley, habiéndose multiplicado las leyes inconsultas; donde además ha ocurrido una inflación ilimitada de la inseguridad jurídica, basada en la reforma irregular de leyes sin cumplirse el procedimiento de formación de las mismas; donde el Poder Judicial, como antes se ha dicho está controlado por el poder político y puesto a su servicio; lo que ha originado, de hecho, que el Estado sea un Estado irresponsable y ajusticiable, que se ha escapado de la justicia tanto interna como internacional, donde en su globalidad el Poder Judicial ha sido pues-

---

*formación, opinión y análisis,* 16-1-2914, en http://saladeinfo.wordpress.com/2014/01/16/caracas-es-la-segunda-ciudad-mas-peligrosa-del-planeta-2/. Véase igualmente la información en El País Internacional, 20 de agosto de 2014, en http://internacional.elpais.com/internacional/2014/08/20/actualidad/1408490113_417749.html

265    Sobre el tema de la "actividad hamponil" y la impunidad, Leandro Area ha observado que :"se ha convertido en el pan y plan nuestro y maestro de cada día, sea por el éxito malandro que se ve apenas reflejado en muerte y desolación en la prensa que queda y que está en vías de extinción o bien por el semblante que se enseña en el rostro de todo aquel que sigue vivo y que debe enfrentar la penuria de existir secuestrado por una realidad impuesta. Pero el asunto va más allá. El concubinato legitimado entre poder político, hampa común, poder judicial, policía, fuerzas armadas y demás, no es misterio ni secreto a voces. Es un plan convertido en acción permanente." Véase Leandro Area, "El 'Estado Misional' en Venezuela," en *Analítica.com,* 14 de febrero de 2014, en http://analitica.com/opinion/opinion-nacional/el-estado-misional-en-venezuela/

266    Véase Allan R. Brewer-Carías, *Authoritarian Government vs. The Rule of Law, Lectures and Essays (1999-2014) on the Venezuelan Authoritarian Regime Established in Contempt of the Constitution,* Fundación de Derecho Público, Editorial Jurídica Venezolana, Caracas 2014.

to al servicio del autoritarismo; y donde campea la impunidad particularmente en materia penal.

Ese es el Estado al cual sirve ahora el derecho público, y su funcionamiento es el que ahora permite fijar las tendencias del derecho administrativo como derecho al servicio del autoritarismo, que responde a esa realidad, no siendo en forma alguna independiente de la actuación del gobierno.

## SECCIÓN QUINTA: LA AUSENCIA DE ESTADO DESCENTRALIZADO[*]

Pero además de no ser, el Estado venezolano, un Estado de derecho, ni un Estado democrático, ni un Estado social, ni un Estado de economía mixta, ni un Estado de justicia, tampoco puede hoy considerarse como un Estado descentralizado, así sea precariamente en el marco de la Federación Centralizada que reguló la Constitución de 1999, siendo al contrario, un Estado centralizado.

En efecto, uno de los grandes cambios políticos que debió consolidar la Constitución de 1999, tenía que haber sido la transformación definitiva de la "Federación Centralizada" que existió en Venezuela durante todo el siglo XX, por una efectiva "Federación Descentralizada," montada en un real sistema de distribución territorial del poder entre los tres niveles de gobierno: nacional, estadal y municipal. En tal sentido es que debió apuntar la reforma constitucional, y que no se hizo, quedando el tema en sólo un enunciado nominal al definirse al Estado en la Constitución, como un "Estado Federal Descentralizado" (art. 4) que no lo es, pues está concebido en un marco centralista, en ausencia de una efectiva descentralización política de la Federación.

Es decir, la normativa sancionada en 1999 no significó ni siquiera avance sustancial alguno respecto del proceso de descentralización que se había venido desarrollando durante la última década del siglo pasado en el país, al amparo de la Constitución de 1961 y de las previsiones de la Ley Orgánica de Descentralización, Delimitación y Transferencia de competencias del Poder Público de 1989[267]; y más bien, en muchos aspectos, lo que significó fue un retroceso institucional,[268] que se ha consolidado con la práctica legislativa y gubernamental de los últimos quince años.

---

[*]   Esta Sección sexta, es el texto de la Ponencia sobre la "La destrucción de la Institución municipal en Venezuela, en nombre de una supuesta democracia "participativa y protagónica," redactada para el *XXX Congreso Ordinario de la Organización Iberoamericano de Cooperación Intermunicipal*, Estado de Jalisco, Ciudad de Guadalajara, Guadalajara 5-8 de noviembre de 2014.

267   Véase, en general, Allan R. Brewer-Carías, *Informe sobre la Descentralización en Venezuela 1993*, Memoria del Ministro de Estado para la Descentralización, Caracas 1993.

268   Véase Allan R. Brewer-Carías, "Reflexiones Críticas sobre la Constitución de Venezuela de 1999" en el libro de la Academia de Ciencias Políticas y Sociales, *La Constitución de 1999*, Caracas 2000, págs. 63 a 88.

Retroceso que por ejemplo quedó plasmado al lesionar incluso la igualdad de los Estados, al eliminarse el Senado y preverse una Asamblea Nacional uninominal (art. 186) y, con ello, impedirse la posibilidad de la participación política igualitaria de los Estados en la conducción de las políticas nacionales. Se rompió, así, con una tradición que se remonta a 1811, estableciendo una institución legislativa contradictoria con la forma federal del Estado, y un caso único de Estado federal con territorio extenso.

### 1. La concepción centralista de la "federación descentralizada"

Para facilitar el retroceso en materia de descentralización política, la Constitución comenzó por establecer un régimen "centralista" del Estado, aun cuando calificándolo contradictoriamente como "descentralizado," siendo esa contradicción el signo más característico de la Constitución al regular el régimen de las entidades territoriales,[269] pues en paralelo a regular la autonomía política, normativa y administrativa de los Estados y Municipios, el texto la niega al remitir a la Ley para su regulación, con lo que la garantía constitucional de la misma desapareció.

En efecto, la autonomía de los entes territoriales, es decir, de los Estados y de los Municipios, ante todo, como sucede en toda federación o Estado descentralizado, exigía la previsión de su garantía constitucional, en el sentido de que los límites a la misma sólo podían estar en la propia Constitución, y no podía ser remitida su regulación por ley nacional posterior. La Constitución de 1999, sin embargo, al regular el funcionamiento y la organización de los Consejos Legislativos Estadales remitió su regulación a la ley nacional (art. 162), que se dictó en 2001, como Ley Orgánica de los Consejos Legislativos de los Estados,[270] lo cual, además de contradictorio con la atribución a los mismos de dictarse su propia Constitución para organizar sus poderes públicos (art. 164.1), se configuró como una intromisión inaceptable del Poder Nacional en el régimen de los Estados.

En cuanto a los Municipios, la autonomía municipal tradicionalmente garantizada en la propia Constitución, también se interfirió en la Constitución, al señalarse que los Municipios gozan de la misma, no sólo "dentro de los límites" establecidos en la Constitución, sino de los establecidos en la ley nacional (art. 168), con lo cual el principio descentralizador básico, que es la autonomía, quedó minimizado.

---

269  Ello lo advertimos apenas se sancionó la Constitución en Allan R. Brewer-Carías, *Federalismo y municipalismo en la Constitución de 1999 (Alcance de una reforma insuficiente y regresiva)*, Cuadernos de la Cátedra Allan R. Brewer-Carías de Derecho Público, N° 7, Universidad Católica del Táchira, Editorial Jurídica Venezolana, Caracas-San Cristóbal 2001; y "El Estado federal descentralizado y la centralización de la federación en Venezuela. Situación y perspectiva de una contradicción constitucional" en *Federalismo y regionalismo*, Coordinadores Diego Valadés y José María Serna de la Garza, Universidad Nacional Autónoma de México, Tribunal Superior de Justicia del Estado de Puebla, Instituto de Investigaciones Jurídicas, Serie Doctrina Jurídica N° 229, México 2005, pp. 717-750.

270  *Gaceta Oficial* N° 37.282 del 13 de septiembre de 2001.

## 2. El desbalance hacia el nivel nacional en la distribución territorial del Poder

En cuanto a la distribución de competencias del Poder Público entre los entes político territoriales, que es lo que origina la descentralización política, el texto constitucional está concebido también bajo un signo centralista, de manera que casi todas las competencias quedaron en el Poder Nacional. Los Estados, en la Constitución materialmente carecen de materias sobre las cuales actuar como competencia exclusiva de los mismos, a pesar de que el artículo 164 hable, precisamente, de "competencias exclusivas."[271] Las pocas indicadas en dicha norma, en realidad, son en su mayoría materias de competencia parcial de los Estados, en algunos casos concurrentes con el Poder Nacional o con el Poder Municipal, y en cuanto a las competencias que se habían descentralizado y convertido en "exclusiva" de los Estados, como la de la administración y manejo de los aeropuertos y puertos nacionales ubicados en cada Estado, como se dijo, fue centralizada o nacionalizada por la Sala Constitucional del Tribunal Supremo de Justicia en 2008, mutándose a tal efecto la Constitución.[272]

En materia de competencias concurrentes, que los Estados hubieran podido haber asumido mediante ley estadal, las mismas, en la Constitución, quedaron sujetas a lo dispuesto en unas leyes nacionales denominadas "de base," con lo que pueden quedar condicionadas (art. 165), quedando en todo caso sujetas a lo dispuesto en la ley nacional. Y si bien en la Constitución se estableció la garantía de participación previa de los Estados en el proceso de elaboración de leyes nacionales que los puedan afectar (art. 206), que podía permitir a los Estados expresar su opinión sobre leyes que los afecten, ello nunca se ha garantizado en la práctica legislativa.

Y así las leyes nacionales dictadas en relación con materias de competencias concurrentes, en todo caso, lo que han producido es más bien una acentuada centralización, casi total, de las mismas, como ha ocurrido en materia de policía, respecto de la cual, los Estados y Municipios han sido vaciados casi completamente.[273]

---

271 Véase Allan R. Brewer-Carías, "La distribución territorial de competencias en la Federación venezolana" en *Revista de Estudios de Administración Local. Homenaje a Sebastián Martín Retortillo*, N° 291, enero-abril 2003, Instituto Nacional de Administración Pública, Madrid 2003, pp. 163-200.

272 Véase sentencia de la Sala Constitucional, N° 565 de 15 de abril de 2008 (*caso Procuradora General de la República, recurso de interpretación del artículo 164.10 de la Constitución de 1999*) en http://www.tsj.gov.ve/decisiones/scon/Abril/565-150408-07-1108.htm . Véase los comentarios sobre esta sentencia, en Allan R. Brewer-Carías, "La Sala Constitucional como poder constituyente: la modificación de la forma federal del estado y del sistema constitucional de división territorial del poder público, en *Revista de Derecho Público*, N° 114, (abril-junio 2008), Editorial Jurídica Venezolana, Caracas 2008, pp. 247-262.

273 Lo que comenzó a realizarse con la Ley de Coordinación de Seguridad Ciudadana, en *Gaceta Oficial* N° 37.318 del 6 de noviembre de 2001. Véase además, la Ley Orgánica del Servicio de

Por otra parte, en cuanto a la distribución de competencias entre los entes territoriales, el proceso de descentralización exigía, además, la asignación efectiva de competencias tributarias a los Estados, sobre todo en materia de impuestos al consumo, como sucede en casi todas las Federaciones. Los avances que se discutieron incluso en la Asamblea Constituyente en esta materia, sin embargo, se abandonaron, quitándosele a los Estados todas las competencias tributarias que se le habían asignado, con lo que incluso se retrocedió aún más respecto del esquema que existía en la Constitución de 1961.

Por tanto, en realidad, la Constitución de 1999 terminó de vaciar totalmente a los Estados de competencias tributarias, estableciéndose incluso en la Constitución una competencia residual, no a favor de los Estados como ocurre en las federaciones, sino en forma contraria al principio federal, a favor del Poder Nacional, en materia de impuestos, tasas y rentas no atribuidas a los Estados y Municipios por la Constitución o por la ley (art. 156,12). En consecuencia, a los Estados sólo les quedaron las competencias en materia de papel sellado, timbres y estampillas como se había establecido en la Ley Orgánica de Descentralización, Delimitación y Transferencia de Competencias del Poder Público de 1989,[274] y nada más, pues incluso las materias que se les había transferido como las relativas a la atención de la salud, han sido progresivamente centralizadas.[275]

La consecuencia de todo ese proceso de centralización es que los Estados han seguido siendo totalmente dependientes de los aportes provenientes del Presupuesto Nacional (Situado Constitucional), habiéndose atribuido la coordinación de la inversión de sus ingresos a un Consejo Federal de Gobierno (art. 185), que conforme a la Ley que lo reguló, lo que ha hecho es reforzar el control de los mismos por parte de los órganos nacionales. En efecto, en dicha la Ley Orgánica que regula el Consejo Federal de Gobierno de 2010,[276] además de preverse su organización y funcionamiento, se establecen "los lineamientos de la planificación y coordinación de las políticas y acciones necesarias para el adecuado desarrollo regional," e igualmente, "el régimen para la transferencia de las competencias entre los entes territoriales, y a las orga-

---

Policía y del Cuerpo de Policía Nacional, y la Ley Orgánica de la Función Policial en *Gaceta Oficial* N° 5940 de 7 de diciembre de 2009.

274  Véase Allan R. Brewer-Carías, "Bases legislativas para la descentralización política de la federación centralizada (1990: El inicio de una reforma", en Allan R. Brewer-Carías (Coordinador y editor), Carlos Ayala Corao, Jorge Sánchez Meleán, Gustavo Linares y Humberto Romero Muci, *Leyes para la Descentralización Política de la Federación,* Colección Textos Legislativos, N° 11, Editorial Jurídica Venezolana, Caracas 1990, pp. 7-53; y "La descentralización política en Venezuela: 1990. El inicio de una reforma" en Dieter Nohlen (editor), *Descentralización Política y Consolidación Democrática Europa-América del Sur,* Madrid-Caracas 1991, pp. 131-160.

275  Véase por ejemplo el Decreto N° 6.543, "mediante el cual se decreta la transferencia al Ministerio del Poder Popular para la Salud, de los Establecimientos y las Unidades Móviles de Atención Médica adscrito a la Gobernación del estado Bolivariano de Miranda," en *Gaceta Oficial* N° 39.072 de 3-12-2008.

276  Véase en *Gaceta Oficial* N° 5.963 Extra. de 22-2-2010.

nizaciones detentadoras de la soberanía originaria del Estado" (art. 1). En este último caso, además, haciendo referencia, sin duda, a los órganos del llamado Poder Popular o Estado Comunal, lo que significa que además del centralismo por asunción de poderes de intervención por parte del Poder Central, se ha previsto otro mecanismo de centralización pero por "vaciamiento" de competencias hacia las entidades del llamado Poder Popular que están controlados precisamente por el Poder Nacional.

Conforme a dicha Ley Orgánica, en efecto, dicho Consejo Federal es el órgano encargado de la planificación y coordinación de las políticas y acciones para el desarrollo del proceso de descentralización y transferencia de competencias del Poder Nacional a los Estados y Municipios, teniendo los lineamientos que dicte en materia de transferencia de competencias, carácter "vinculantes para las entidades territoriales" (art. 2). La Ley Orgánica estableció, además, que dicha transferencia de competencias "es la vía para lograr el fortalecimiento de las organizaciones de base del Poder Popular y el desarrollo armónico de los Distritos Motores de Desarrollo y regiones del país," (art. 7), órganos todos que por lo demás, como se ha dicho, son dependientes del Ejecutivo Nacional.

### 3. *El Municipio que no se quiso regular efectivamente como la unidad primaria en la organización nacional*

Por otra parte, en la Constitución de 1999, siguiendo la tradición formal anterior, se reguló al Municipio como la unidad política primaria de la organización nacional, gozando de personalidad jurídica y de gobierno democrático y, más importante, de autonomía (art. 169). Sin embargo, particularmente en cuanto a ésta última, como se dijo, se la previó en la Constitución no sólo dentro de los límites establecidos en la misma, como antes se disponía, y que era su garantía constitucional, sino también dentro de los límites establecidos por "la ley," con lo que se abrió el camino definitivo para la propia destrucción del régimen municipal. Para ello, la Sala Constitucional "interpretó" que la "libre gestión de las materias de su competencia" que garantiza la Constitución a los Municipios conforme a dicha autonomía, no es más que "una *libertad condicionada*, no sólo por las limitaciones que directamente impone el Constituyente sino por todas aquellas que pueda imponer el Legislador Nacional, y los legisladores estadales al ejercicio de la autonomía municipal, de acuerdo con las normas de la propia Constitución y dentro de los límites por ella indicados"[277].

Ello, precisamente, es lo que ha permitido que se haya venido implementando mediante ley, en paralelo al régimen municipal, para destruirlo, el de-

---

277 Véase sentencia Nº 2257 de 13 de noviembre de 2001, en *Revista de Derecho Público*, Nº 85-88, Editorial Jurídica Venezolana, Caracas, 2001, pp. 202 y ss.

nominado Poder Popular, con el que se dio inicio más bien al proceso de desmunicipalización del país. [278]

En efecto, para que el Municipio pudiera haber llegado a ser la unidad política primaria en la organización nacional, debió haberse regulado en la Constitución en una forma que estuviese bien descentralizado en el sentido de bien cerca del ciudadano, lo que debió haber implicado la efectiva municipalización del territorio, ubicando Municipios allí donde hubiera una comunidad con vínculos permanentes de vecindad. Pero lamentablemente ello no se logró prever en la Constitución, y el Municipio, tal como se lo había regulado en la ley nacional, se lo concibió bien lejos de los ciudadanos. Ello además, lo avaló la Sala Constitucional del Tribunal Supremo al interpretar que para que pueda existir un Municipio, conforme a los artículos 164 y 165 de la Constitución, el mismo debía poseer "como elementos esenciales de su existencia, los siguientes: un territorio claramente delimitado, una cantidad poblacional que amerite su existencia, un centro de población que funja de asiento permanente del gobierno local, un gobierno elegido democráticamente y una capacidad racional para autosatisfacer las necesidades del colectivo que se desarrolla bajo su jurisdicción, es decir, en términos de finanzas públicas, suficiencia presupuestaria (una relación coherente entre los ingresos y gastos que fomente el desarrollo de la entidad, atendiendo a sus propias necesidades)"[279]

Con esos "elementos esenciales" por supuesto, el Municipio perdió todo su carácter de unidad política primaria, quedando al contrario como una entidad territoriales ubicada territorialmente bien lejos de los ciudadanos y sus comunidades, lo que se evidencia de sólo tener en cuenta que en un territorio de casi un millón de kilómetros cuadrados, en Venezuela solo haya 338 Municipios, con promedio de casi 100.000 habitantes por autoridad local.

Y la lejanía respecto del ciudadano, que ha impedido la efectiva municipalización del territorio que debió haber conducido a multiplicar todos los centros urbanos con entidades locales con gobiernos propios electos democráticamente por vía del sufragio; lo que ha provocado, al contrario, es la desmunicipalización del territorio, lo que se ha consolidado con la creación de las Comunas y los Consejos Comunales, como integrantes del Estado Comunal que se ha venido implementando al margen de la Constitución y en fraude a la voluntad popular que lo rechazó en 2007. Con todo ello, lo que se ha buscado, como lo advirtió José Luis Villegas, ha sido "concentrar el poder, des-

---

278  Véase nuestras propuestas para la reforma hacia un Nuevo Municipalismo en Allan R. Brewer-Carías, *Debate Constituyente,* Tomo I, Fundación de Derecho Público, Editorial Jurídica Venezolana, Caracas 1999, pp. 164 a 169; y los comentarios críticos al proyecto constitucional en Tomo II, *op. cit.,* pp. 230 ss.

279  Véase sentencia N° 618 de 2 de mayo de 2001 (Caso: *Municipio Simón Bolívar, Estado Zulia*), en *Revista de Derecho Público*, N° 85-88, Editorial Jurídica Venezolana, Caracas, 2001, pp. 199 ss.

truyendo el federalismo, la descentralización y el municipio, e imponer un nebuloso Estado comunal como expresión de tránsito hacia el socialismo."[280]

Y además, ello, mediante entidades que no son democrático-representativas, sino integradas con "voceros" nombrados a mano alzada, y dependientes del Ejecutivo Nacional a través del partido oficial, mediante los cuales no sólo se ha buscado despojar a los Municipios de su carácter de unidad política primaria en la organización nacional, sino que se han regulado para vaciarlos de competencias mediante su transferencia a los mismos.[281]

Para lograrlo, además, en lugar de haberse multiplicado las Juntas Parroquiales representativas previstas en la Constitución que era lo que correspondía, con miembros electos mediante sufragio; al contrario, en la reforma de la Ley Orgánica del Poder Público Municipal de 2010,[282] las mismas fueron inconstitucionalmente eliminadas como entidades locales representativas de gobierno democráticamente electos, pasando a ser entes "consultivos" de los referidos Consejos Comunales a los cuales se asignó el carácter de representantes de las Comunas como entidades locales (art. 19), totalmente desligadas de los Municipios y sin que sus miembros sean electos mediante sufragio.

### 4. Las Comunas versus los Municipios

Las Comunas, que no existen en la Constitución, en efecto, y a pesar de que su creación fue una propuesta de la rechazada reforma constitucional de 2007, fueron creadas en fraude a la voluntad popular, y reguladas en la Ley Orgánica de las Comunas de 2010. Las mismas fueron además concebidas en la Ley Orgánica del Poder Popular, para suplantar al Municipio constitucional, como la "célula fundamental" del Estado Comunal.[283]

---

280    Véase lo expresado por José Luis Villegas M., "Hacia la instauración del Estado Comunal en Venezuela: Comentario al Decreto Ley Orgánica de la Gestión Comunitaria de Competencia, Servicios y otras Atribuciones, en el contexto del Primer Plan Socialista-Proyecto Nacional Simón Bolívar 2007-2013,"en *Revista de Derecho Público*, N° 130, Editorial Jurídica Venezolana, Caracas 2012, pp. 127 ss.

281    Véase *Ley Orgánica de los Consejos Comunales*, Editorial Jurídica Venezolana, Caracas 2010; y Armando Rodríguez García, "Participación ciudadana, institucionalidad local y consejos comunales en Venezuela," en *Revista de la Facultad de Ciencias Jurídicas y Políticas de la Universidad Central de Venezuela*, N° 129, Universidad Central de Venezuela, Caracas, 2007, pp. 125-164.

282    Véase en *Gaceta Oficial* N° 6.015 Extraordinario del 28 de diciembre de 2010.

283    Véase en *Gaceta Oficial* N° 6.011 Extra. de 21-12-2010. Véase sobre esta Ley el libro de Allan R. Brewer-Carías (Coordinador), Claudia Nikken, Luis A. Herrera Orellana, Jesús María Alvarado Andrade, José Ignacio Hernández y Adriana Vigilanza, *Leyes Orgánicas sobre el Poder Popular y el Estado Comunal (Los Consejos Comunales, las Comunas, la Sociedad Socialista y el Sistema Económico Comunal)*, Colección Textos Legislativos N° 50, Editorial Jurídica Venezolana, Caracas 2011. Véase además, Allan R. Brewer-Carías, "La Ley Orgánica del Poder Popular y la desconstitucionalización del Estado de derecho en Venezuela," en *Revista de Derecho Público*, N° 124, (octubre-diciembre 2010), Editorial Jurídica Venezolana, Caracas 2010, pp. 81-101.

Para ese efecto, a la Comuna se la definió en el artículo 15.2 de esta Ley Orgánica del Poder Popular, como el "espacio socialista que como entidad local es definida por la integración de comunidades vecinas con una memoria histórica compartida, rasgos culturales, usos y costumbres que se reconocen en el territorio que ocupan y en las actividades productivas que le sirven de sustento y sobre el cual ejercen los principios de soberanía y participación protagónica como expresión del Poder Popular, en concordancia con un régimen de producción social y el modelo de desarrollo endógeno y sustentable contemplado en el Plan de Desarrollo, Económico y Social de la Nación." Esta misma definición de la Comuna como "espacio socialista," está también en el artículo 5 de la Ley Orgánica de las Comunas; noción que implica que la misma está vedada a todo aquél que no sea socialista o que no crea en el socialismo, o que no comulgue con el socialismo como doctrina política. La concepción legal de la Comuna, por tanto, es contraria al pluralismo democrático que garantiza la Constitución (art. 6), siendo abiertamente discriminatoria y contraria a la igualdad que también garantiza el artículo 21 de la Constitución.

Pero para consolidar la institución, aún en forma contraria al pluralismo, en la Ley Orgánica del Poder Popular se define a la Comuna como una "entidad local," y la misma calificación se encuentra en el artículo 1 de la Ley Orgánica de las Comunas, que la define "como entidad local donde los ciudadanos y ciudadanas en el ejercicio del Poder Popular, ejercen el pleno derecho de la soberanía y desarrollan la participación protagónica mediante formas de autogobierno para la edificación del estado comunal, en el marco del Estado democrático y social de derecho y de justicia" (art. 1). También en la reforma de la Ley Orgánica del Poder Público Municipal de diciembre de 2010, se incluyó a las comunas en el listado de las "entidades locales territoriales" (art. 19) disponiéndose que las mismas, al estar reguladas por una legislación diferente como es la relativa al Poder Popular, y al poder constituirse "entre varios municipios," quedan exceptuadas de las disposiciones de la Ley Orgánica del Poder Público Municipal.

Ahora bien, en cuanto a calificar a las Comunas como "entidades locales," el Legislador olvidó que conforme a la Constitución (arts. 169, 173), esta expresión de "entidad local" sólo se puede aplicar a las "entidades políticas" del Estado en las cuales necesariamente tiene que haber gobiernos integrados por representantes electos mediante sufragio universal, directo y secreto (arts. 63, 169), ceñidos a los principios establecidos en el artículo 6 de la Constitución, es decir, que ser "siempre democrático, participativo, electivo, descentralizado, alternativo, responsable, pluralista y de mandatos revocables."

Conforme a la Constitución, por tanto, no puede haber "entidades locales" con gobiernos que no sean democráticos representativos en los términos mencionados, y menos "gobernadas" por "voceros" designados por otros órganos públicos. Y esto es precisamente lo que ocurre con los llamados "gobiernos de las comunas," que conforme a esta legislación sobre el Poder Popular y sus organizaciones, no se garantiza su origen democrático mediante elección por sufragio universal, directo y secreto, siendo en consecuencia inconstitucional su concepción. Por ello, con razón, Silva Michelena se ha referido al Estado Comunal como un "Estado de siervos," indicando que:

"El establecimiento de las comunas es la demolición de la República porque la República está asentada sobre el municipio que es su célula primaria. Las gobernaciones, consejos municipales, asambleas legislativas, alcaldes son la base de una República democrática. En esta estructura el voto es universal, directo y secreto. En las leyes aprobadas para las comunas se deja ese tema abierto sin mayor precisión, solo se menciona que habrá una elección popular, pero es a mano alzada, consulté con constitucionalistas y personas que han estado en consejos comunales en varios estados del país y es así. Después no hay más elecciones, la votación es de segundo o tercer grado.

Este es un sistema que sirve para que el chavismo continúe en el poder, la idea es que los voceros elegidos a mano alzada sean representantes del partido."[284]

## 5. *El ahogamiento de la institución municipal*

En este esquema de establecimiento del Poder Popular y el Estado Comunal, a los efectos de ahogar y estrangular progresivamente el Estado Constitucional, la primera de las instituciones territoriales afectadas, por supuesto, ha sido el Municipio, el cual, siendo la unidad política primaria dentro la organización de la República, ha quedado desvinculado totalmente del proceso de desarrollo comunal y de la llamada participación popular. A tal efecto, entre las diversas reformas se introdujeron en diciembre de 2010 a la Ley Orgánica del Poder Público Municipal (LOPP),[285] se destacan las siguientes:

En primer lugar, la previsión, como objetivo de la Ley, además de la regulación de los Municipios y su gobierno, del proceso denominado de comunas en su condición especial de entidad local, como a otras organizaciones del Poder Popular" (Art. 1). Se entiende que se trata de un proceso de transferencia de "competencias," aun cuando la misma no puede calificarse como "descentralización," pues ésta, en el marco territorial y político, exige que las entidades receptoras de las competencias a ser transferidas, sean entidades locales como entidades políticas con gobiernos electos democráticamente. No puede haber conceptualmente descentralización política mediante transferencia de competencias a órganos dependientes del Poder Central; y las Comunas, las cuales se denominan como "entidades locales especiales," no son gobernadas por órganos cuyos integrantes sean electos por votación universal

---

284 Véase en Víctor Salmerón, "La comuna es una sociedad de súbditos," Entrevista a Héctor Silva Michelena, en *Prodavinci*, 25 de septiembre de 2014, en http://prodavinci.com/2014/09/25/actualidad/la-comuna-es-una-sociedad-de-subditos-entrevista-a-hector-silva-michelena-por-victor-salmeron/1nm. Véase además, Héctor Silva Michelena, *Estado de Siervos. Desnudando al Estado Comunal*, bid & co., Caracas 2014.

285 Véase en *Gaceta Oficial* N° 6.015 Extraordinario del 28 de diciembre de 2010.

directa y secreta, y por tanto, no tienen autonomía política ni pueden formar parte del esquema de descentralización territorial del Estado, sino que son conducidas por "voceros" designados a mano alzada por asambleas controladas por el partido oficial, sujetas al gobierno nacional.

En segundo lugar, el artículo 2 de la Ley Orgánica del Poder Municipal, a pesar de que repite el principio constitucional de que el Municipio "constituye la unidad política primaria de la organización nacional de la República," ya no habla de que "gozan de autonomía" como lo garantiza el artículo 168 de la Constitución, sino de que "ejerce sus competencias de manera autónoma." Ello, sin embargo, es contradicho con lo que la propia Ley establece en el sentido de que "el municipio se regirá por el Sistema Nacional de Planificación establecido en la ley que regula la materia," (art. 110) que como se sabe, es una planificación centralizada regulada en la Ley que creó la Comisión Central de Planificación,[286] y desarrollada en la Ley Orgánica de Planificación Pública y Popular de 2010, reformada en 2014.[287]

A tal efecto, en la Ley Orgánica del Poder Público Municipal, además, se eliminó la iniciativa ejecutiva de la planificación local que se asignaba al Alcalde, quien debía presentar al Consejo Local de Planificación las líneas maestras de su plan de gobierno, y se establece, en cambio, que el Consejo Local de Planificación Pública es "el órgano encargado de diseñar el Plan Municipal de Desarrollo y los demás planes municipales, en concordancia con los lineamientos que establezca el Plan de Desarrollo Económico y Social de la Nación y los demás planes nacionales y estadales, garantizando la participación protagónica del pueblo en su formulación, ejecución, seguimiento, evaluación y control, en articulación con el Sistema Nacional de Planificación" (art. 111).

Ese Consejo, además, en la Ley Orgánica, quedó encargado de "diseñar el Plan de Desarrollo Comunal, en concordancia con los planes de desarrollo comunitario propuestos por los Consejos Comunales y los demás planes de interés colectivo, articulados con el Sistema Nacional de Planificación, de conformidad con lo establecido en la legislaciones que regula a las Comunas y los Consejos Comunales;" contando para ello con el apoyo de los órganos y entes de la Administración Pública. A tales efectos, agrega la norma, "es deber de las instancias que conforman la organización del municipio, atender los requerimientos de los diversos consejos de planificación existentes en cada una de las comunas para el logro de sus objetivos y metas" (art. 112).

En tercer lugar, en la reforma de la Ley Orgánica del Poder Púbico Municipal se encasilló y limitó el rol del Municipio como promotor de la participación del pueblo sólo "a través de las comunidades organizadas," que son las

---

286   Véase Allan R. Brewer-Carías, "Comentarios sobre la inconstitucional creación de la Comisión Central de Planificación, centralizada y obligatoria", en *Revista de Derecho Público*, N° 110, (abril-junio 2007), Editorial Jurídica Venezolana, Caracas 2007, pp. 79-89.

287   Véase en *Gaceta Oficial* N° 6.011 Extraordinario del 21 de diciembre de 2010; y en *Gaceta Oficial* No. 6.148 de 18 de noviembre de 2014.

que se regulan en las Leyes Orgánicas del Poder Popular identificadas con el socialismo, en contra de la previsión del artículo 62 de la Constitución que garantiza el carácter libre de la participación. La desvinculación de las comunidades organizadas respecto del Municipio, se aseguró además, en la propia Ley, al excluirse su registro ante los órganos competentes "del Municipio" como decía la Ley Orgánica anterior que se reformó, previéndose ahora su registro sólo ante "los órganos competentes" (art. 33.3) que en las Leyes Orgánica del Poder Popular es uno de los Ministerios del Ejecutivo Nacional, el Ministerio del Poder Popular para las Comunas y Movimientos Sociales.

Es decir, con la reforma de la Ley Orgánica del Poder Municipal se produjo la total desmunicipalización de las entidades locales, y su total control por el Poder central. Se recuerda, además, que de acuerdo con la Ley Orgánica del Poder Popular (art. 32), los Consejos Comunales y las Comunas adquieren personalidad jurídica mediante el registro ante el Ministerio del Poder Popular de las Comunas y Movimientos Sociales, con lo que, en definitiva, se deja en manos del Ejecutivo Nacional la decisión de registrar o no un Consejo Comunal, una Comuna o una Ciudad comunal, y ello debe hacerse, por supuesto, aplicando la letra de la Ley, lo que significa que si está dominada por "voceros" que no sean socialistas, no cabe su registro ni, por tanto, su reconocimiento como persona jurídica, así sea producto genuino de una iniciativa popular.

En cuarto lugar, como parte de ese proceso de desmunicipalización de la vida local, a las Comunas, como se dijo, se las incorporó en el régimen del Poder Público Municipal como "entidad local territorial" (art. 19) aun cuando de "carácter especial," pues conforme al artículo 19, "se rige por su ley de creación," y pueden constituirse "dentro del territorio del Municipio o entre los límites político administrativo de dos o más municipios, sin que ello afecte la integridad territorial de los municipios donde se constituya." Como tales "entidades locales" de carácter especial, sin embargo, se las excluyó completamente del régimen de la Ley Orgánica del Poder Municipal quedando "reguladas por la legislación que norma su constitución, conformación, organización y funcionamiento" (art. 5). Ello se reafirmó en el artículo 33 de la Ley, al disponer que "los requisitos para la creación de la comuna, en el marco de su régimen especial como entidad local," son los establecidos en la propia Ley Orgánica de las Comunas."

Es precisamente hacia las Comunas, hacia las cuales se prevé que se deben vaciar a los Municipios de sus competencias, al dictarse la Ley Orgánica para la Gestión Comunitaria de Competencias, Servicios y Otras Atribuciones (Decreto Ley N° 9.043),[288] con el objeto de implementar la "transferencia de la gestión y administración de servicios, actividades, bienes y recursos del Poder Público Nacional y de las entidades político territoriales, al pueblo organizado." La motivación de dicha transferencia, por otra parte, en esa ley fue la peregrina idea de que las entidades político territoriales que están goberna-

---

288   Véase en *Gaceta Oficial* N° 6.097 Extra. de 15 de junio de 2012.

das por representantes electos mediante sufragio, supuestamente, supuestamente "usurparon lo que es del pueblo soberano," y por tanto, supuestamente "restituyen al Pueblo Soberano, a través de las comunidades organizadas y las organizaciones de base del poder popular, aquellos servicios, actividades, bienes y recursos que pueden ser asumidas, gestionadas y administradas por el pueblo organizado" (art. 5.3).

Dicha Ley se ha sustituido en 2014, por la Ley Orgánica para la Transferencia al Poder Popular de la Gestión y Administración Comunitaria de Servicios,[289] precisamente con el objeto de implementar la "transferencia de la gestión y administración de servicios, actividades, bienes y recursos del Poder Público a las Comunidades, Comunas, Consejos Comunales, Empresas de propiedad Social Directas o Indirectas y otras organizaciones de base del Poder Popular legítimamente registradas" (art. 1) o reconocidas, por supuesto, por el gobierno central; de la cual sin embargo se eliminó la noción de "usurpación" como motivación de la transferencia y limitándose la idea de "restitución al pueblo soberano" sólo al supuesto de que una entidad territorial por cuenta propia, decida hacer la transferencia pero conforme al Plan Regional de Desarrollo y autorización del Consejo Federal de Gobierno (art. 5.3).

Además, se destaca que la transferencia para "restituir" las mencionadas competencias a las organizaciones del Poder Popular conforme por los lineamientos que a tal efecto dicte el Consejo Federal de Gobierno (art. 20), que es un órgano controlado por el Poder Central, abarca materialmente todas las competencia imaginables de las entidades de gobierno local, relativas a la salud, educación, vivienda, deporte, cultura, programas sociales, protección del ambiente, recolección de desechos sólidos, áreas industriales, mantenimiento y conservación de áreas urbanas, prevención y protección comunal, construcción de obras comunitarias, servicios públicos, además de prestación de servicios financieros y producción y distribución de alimentos y de bienes de primera necesidad, entre otras" (art. 27),[290] es decir, materialmente de todo lo imaginable como acción de gobierno local. Con ello, como se dijo, se bus-

---

289   Véase en *Gaceta Oficial* N° 40.540 de13 de noviembre de 2014.

290   Véase sobre esta Ley los comentarios de: José Luis Villegas Moreno, "Hacia la instauración del Estado Comunal en Venezuela: Comentario al Decreto Ley Orgánica de la Gestión Comunitaria de Competencia, Servicios y otras Atribuciones, en el contexto del Primer Plan Socialista-Proyecto Nacional Simón Bolívar 2007-2013"; de Juan Cristóbal Carmona Borjas, "Decreto con rango, valor y fuerza de Ley Orgánica para la Gestión Comunitaria de Competencias, Servicios y otras atribuciones;" Cecilia Sosa G., "El carácter orgánico de un Decreto con fuerza de Ley (no habilitado) para la gestión comunitaria que arrasa lentamente con los Poderes estadales y municipales de la Constitución;" José Ignacio Hernández, "Reflexiones sobre el nuevo régimen para la Gestión Comunitaria de Competencias, Servicios y otras Atribuciones;" Alfredo Romero Mendoza, "Comentarios sobre el Decreto con rango, valor y fuerza de Ley Orgánica para la Gestión Comunitaria de Competencias, Servicios y otras Atribuciones;," Enrique J. Sánchez Falcón, "El Decreto con Rango, Valor y Fuerza de Ley Orgánica para la Gestión Comunitaria de Competencias, Servicios y otras Atribuciones o la negación del federalismo cooperativo y descentralizado," en *Revista de Derecho Público*, N° 130, Editorial Jurídica Venezolana, Caracas 2012, pp. 127 ss.

ca vaciar de competencias a los entes políticos territoriales, especialmente los Municipios,[291] y ahogarlos financieramente, para lo cual, como lo afirmó la Sala Constitucional en la sentencia que analizó el carácter orgánico de la Ley, la misma "incide de forma evidente en la estructura orgánica o institucional de un Poder Público como es el Poder Ejecutivo, y a su vez los distintos entes político-territoriales quienes *están sujetos* a los planes de transferencia planteados en sus normas."[292]

Por supuesto, este proceso de transferencia no es, en absoluto, un proceso de descentralización. Más bien como lo destacó José Ignacio Hernández, "la descentralización no se concibe aquí como la transferencia de competencias a favor de Estados y Municipios para democratizar el Poder acercándolo al ciudadano," pues "la transferencia de competencias del Poder Nacional, Estadal y Municipal –así como por parte de los Distritos– a favor de las instancias del Poder Popular, [...] desnaturaliza el concepto constitucional de descentralización, pues el Poder Popular, como quedó regulado en las Leyes del Poder Popular, es en realidad el conjunto de instancias reguladas y controladas por el Poder Ejecutivo Nacional cuyo objetivo único, exclusivo y excluyente es el socialismo, que pasa a ser así a ser doctrina de Estado."[293]

En quinto lugar, también debe observarse, como antes se indicó, que se eliminó el carácter de entidad local que en la Constitución tienen las parroquias, y por tanto, se eliminó su carácter democrático representativo. Es más, en la Disposición Transitoria segunda de la Ley Orgánica se dispuso que unos días después de la promulgación de la Ley, los miembros principales y suplentes, así como los secretarios de las actuales juntas parroquiales, cesaron en sus funciones. En esta forma, eliminadas las Juntas parroquiales, las cuales en el artículo 35 de la Ley Orgánica pasaron a denominarse "juntas parroquiales comunales," las mismas se regularon sólo como entidades con "facultades consultivas, de evaluación y articulación entre el poder popular y los órganos del Poder Público Municipal," con las funciones enumeradas en el artículo 37 de la Ley Orgánica, de la cual se eliminó todo vestigio de gobierno local.

---

291  Como observó Cecilia Sosa Gómez, para entender esta normativa hay que "aceptar la desaparición de las instancias representativas, estadales y municipales, y su existencia se justicia en la medida que año a año transfiera sus competencias hasta que desaparezcan de hecho, aunque sigan sus nombres (Poderes Públicos Estadal y Municipal) apareciendo en la Constitución. El control de estas empresas, las tiene el Poder Público Nacional, específicamente el Poder Ejecutivo, en la cabeza de un Ministerio." Véase Cecilia Sosa G "El carácter orgánico de un Decreto con fuerza de Ley (no habilitado) para la gestión comunitaria que arrasa lentamente con los Poderes estadales y municipales de la Constitución;" *cit.* en *Revista de Derecho Público*, N° 130, Editorial Jurídica Venezolana, Caracas 2012, p. 152.

292  Véase sentencia N° 821 de la Sala Constitucional (Exp. N° AA50–T–2012–0702) de 18 de junio de 2012, en http://www.tsj.gov.ve/decisiones/scon/junio/821-18612-2012-12-0704.HTML.

293  Véase José Ignacio Hernández, "Reflexiones sobre el nuevo régimen para la Gestión Comunitaria de Competencias, Servicios y otras Atribuciones," *cit.*, en *Revista de Derecho Público*, N° 130, Editorial Jurídica Venezolana, Caracas 2012, pp. 157.

En esta forma, cada una de dichas juntas parroquiales comunales debe ser "coordinada por una junta parroquial comunal integrada por cinco miembros y sus respectivos suplentes cuando corresponda a un área urbana y tres miembros y sus respectivos suplentes cuando sea no urbana, elegidos o elegidas para un período de dos años," pero no por el pueblo mediante sufragio universal, directo y secreto, sino "por los voceros de los consejos comunales de la parroquia respectiva," quienes "en dicha elección deberán ser fiel expresión del mandato de sus respectivas asambleas de ciudadanos." La norma prevé que dicha designación, debe ser "validada por la asamblea de ciudadanos," quedando eliminado, en esta forma, toda suerte de sufragio universal, directo y secreto y con ello, la democracia representativa.

Al desmunicipalizarse las juntas parroquiales comunales, y eliminarse su carácter de entidad política local de orden democrático representativo, el artículo 36 previó que sus miembros, que deben ser avalados por la asamblea de ciudadanos, incluso pueden ser menores de edad, aun cuando mayores de quince años, e incluso extranjeros.

### 6. El ahogamiento y neutralización de las entidades territoriales por parte del Poder Nacional

Pero el proceso de centralización del Estado no sólo se ha producido por la creación paralela de los órganos del Estado Comunal en relación con el Estado Constitucional, para vaciarlo y ahogarlo, sino por la acción de los propios órganos del Poder Nacional, que han venido, a la vez, ahogando directamente a las entidades territoriales.

Ello comenzó a ocurrir mediante el establecimiento de una estructura organizativa de la Administración Pública nacional, dependiente del Vicepresidente Ejecutivo de la República, en forma paralela y superpuesta a la Administración de los Estados, denominada como "Órganos Desconcentrados de las Regiones Estratégicas de Desarrollo Integral (REDI),"[294] a cargo de funcionarios denominados "Autoridades Regionales," las cuales además, tienen "Dependencias" en cada Estado de la República, que están a cargo de Delegaciones Estadales, todos del libre nombramiento del Vicepresidente de la República. Dichos funcionarios se regularon en la reforma de la Ley Orgánica de la Administración Pública de 2014 con el nombre de "jefes de gobierno" (arts. 34, 41, 44).

Estos Delegados o jefes de gobierno, que ejercen sus funciones "dentro del territorio del Estado que le ha sido asignado" (art. 19), se los ha concebido como los canales de comunicación de los Gobernadores de Estado con el Poder Nacional y viceversa, del Poder Nacional con los Estados, teniendo

---

294  Véase Resolución Nº 031 de la Vicepresidencia de la República, mediante la cual se establece la Estructura y Normas de Funcionamiento de los órganos Desconcentrados de las Regiones Estratégicas de Desarrollo Integral (REDI), en *Gaceta Oficial* Nº 40.193 de 20-6-2013. Todo esto se ha regulado en noviembre de 2014 en la Ley de regionalización Integral para el desarrollo Socioproductivo de la Patria, publicada en *Gaceta Oficial* Nº 6.151 Extra. de 18-11-2014.

además como misión "realizar las acciones tendentes a impulsar la integración y operación de las comunidades organizadas, instancias del poder popular, organizaciones del poder popular, los consejos de economía y contraloría comunal bajo su demarcación, en términos de la normatividad aplicable, cumpliendo con los criterios establecidos por la Autoridad Regional de las Regiones Estratégicas de Desarrollo Integral (REDI)"(art. 20). En definitiva, estas Autoridades nacionales Regionales y los Delegados Estadales, son los órganos administrativos del Poder Nacional montados en paralelo a las autoridades estadales, con el objeto de asegurar el vaciamiento de sus competencias y la neutralización del poder de los Gobernadores de Estado, particularmente si no son miembros del partido oficial. Dichas autoridades, en todo caso, también han encontrado regulación en noviembre de 2014, en la Ley de Regionalización Integral para el Desarrollo Socioproductivo de la Patria.[295]

Ese proceso de ahogamiento y neutralización de las entidades territoriales de la República, se había comenzado particularmente respecto de las existentes en la Región Capital, en 2008, con la creación de autoridades en el Distrito Capital totalmente dependientes del Poder Ejecutivo, violándose la Constitución. En efecto, en la Constitución de 1999 se había buscado cambiar radicalmente la concepción del viejo Distrito Federal creado desde 1863 como entidad dependiente del Poder Nacional, estableciéndose el Distrito Capital como una entidad política más de la República (art. 16), con sus propios órganos legislativo y ejecutivo de gobierno democrático, es decir, integrado por funcionarios electos popularmente, que debía ser regulado por el Poder Nacional (art. 156,10). Debe mencionarse que ese esquema de autonomía territorial también se pretendió reformar en la rechazada Reforma Constitucional de 2007, en la cual se buscaba eliminar el Distrito Capital y recrear la desaparecida figura del Distrito Federal como entidad totalmente dependiente del Poder Nacional, en particular del Presidente de la República, sin gobierno propio.

Después del rechazo popular a dicha reforma constitucional, sin embargo, esta reforma se ha implementado en fraude a la Constitución, y por supuesto a la voluntad popular, mediante la Ley Especial Sobre la Organización y Régimen del Distrito Capital,[296] en la cual se lo ha regulado como una dependencia del Poder Nacional, con el mismo ámbito territorial del extinto Distrito Federal; y con un supuesto "régimen especial de gobierno," conforme al cual, la función legislativa en el Distrito está a cargo de la Asamblea Nacional, y el órgano ejecutivo es ejercido por un Jefe de Gobierno (art. 3), que de acuerdo con el artículo 7 de la Ley Especial, es "de libre nombramiento y remoción" por parte del Presidente de la República; es decir, un "régimen especial de gobierno" dependiente del Poder Central.

---

295    Véase .Decreto Ley N° 1.425, en *Gaceta Oficial* N° 6.151 Extra. de 18 de noviembre de 2014.

296    Véase en *Gaceta Oficial* N° 39.156 de 13 de abril de 2009.

Con ello, en el mismo territorio del Municipio Libertador y de parte del territorio del Distrito metropolitano a cargo de un Alcalde y un Consejo Metropolitanos de Caracas, se le ha superpuesto una estructura nacional, como entidad dependiente funcionalmente del Ejecutivo nacional, sin gobierno democrático ni autonomía político territorial, ignorando además la existencia del régimen municipal metropolitano a dos niveles previsto en la Constitución, duplicando las funciones del mismo, dispuesto para ahogarlo y controlarlo.

Como consecuencia de todo lo anteriormente expuesto, puede decirse entonces que la Federación que se plasmó en la Constitución de 1999 no sólo siguió siendo, más acentuadamente, la misma Federación centralizada desarrollada en las décadas anteriores, sino que los pocos elementos que podían contribuir a su descentralización política, fueron desmontados progresivamente en los últimos tres lustros.

En esta perspectiva, el Estado venezolano que nunca ha sido ni ha tenido realmente las características de un " Federal descentralizado," expresión que sólo fue una etiqueta contradictoria e ilusa inserta en una Constitución centralista, progresivamente se ha centralizado aún más, ubicándose todo el poder público en el Estado nacional, que ahora está configurado como un Estado Totalitario y centralizado. Esa centralización ha sido el resultado de un progresivo desbalance hacia el nivel nacional en la distribución territorial del Poder, en el cual se ha vaciado a los Estados de toda competencia sustantiva, y a los Municipios se les ha quitado su carácter de unidad primaria en la organización nacional, montándose en paralelo y en contra de la Constitución, una organización del llamado Poder Popular Estado Comunal, integrada por Comunas y Consejos Comunales, que han venido neutralizando y ahogando a los Municipios, como instrumentos realmente del Poder nacional. Con ese esquema estatal, sin duda, el derecho público y administrativo que se ha desarrollado es un derecho propio de un Estado centralizado.

### *APRECIACIÓN FINAL*: **EL ESTADO TOTALITARIO Y LA DES-CONSTITUCIONALIZACIÓN DEL ESTADO CONSTITUCIO-NAL**[*]

Todo lo que anteriormente hemos expuesto, nos confirma que en Venezuela, durante los últimos tres lustros, lo que se ha desarrollado en relación con el estado ha sido un proceso sistemático y permanente de demolición de las instituciones públicas y privadas que antes existían, particularmente las

---

[*] Estas Reflexiones finales también formaron parte del texto redactado para la conferencia sobre "¿Hacia dónde va el derecho público? : Estado Totalitario y nuevas tendencias del derecho administrativo," prevista para ser dictada en el *Congreso Internacional Conmemorativo del Acto Legislativo del 10 de septiembre de 1914 por el cual se estableció el Consejo de Estado*, sobre el tema general de las *Tendencias actuales del derecho público*, organizado por la Universidad del Rosario y el Consejo de Estrado, y celebrado en Bogotá en la Biblioteca Luis Ángel Arango, los días 8 al 10 de septiembre de 2014.

desarrolladas en el marco del Estado Constitucional, mediante su desconstitu-cionalización, desinstitucionalización, desjuridificación, desjusticiabilidad, desadministraivización y des-democratización, que han configurado progresi-vamente al Estado como un Estado totalitario, que terminó sustituyendo al Estado democrático, social, de derecho, descentralizado y de justicia del que habla la Constitución, pero sin que la misma se haya reformado conforme a los procedimientos de revisión constitucional.

Y decimos que lo que ha resultado es un Estado Totalitario, pues, limitán-donos incluso a la caracterización de Raymond Aron, el Estado venezolano está efectivamente montado sobre un régimen político fundamentado en un sistema de concentración total del poder, en el cual todos los órganos del Es-tado actúan en el mismo sentido que ordene el Poder Ejecutivo, para lo cual como instrumento facilitador, se ha configurado un partido único ayudado por un partido militar, que se encuentra fusionados al propio Estado y que posee el monopolio de la actividad política "legítima," que es la que define al Esta-do, y que es la doctrina "socialista." Dicho partido es el que garantiza la apli-cación de la ideología del Estado, que en definitiva es la verdad oficial.

Ese Estado Totalitario, además, de haber asumido el monopolio de la con-ducción del Estado, también ha asumido el monopolio de los medios de per-suasión y coacción, para imponer su voluntad a los ciudadanos; y además, ha asumido el monopolio de los medios de comunicación. Adicionalmente, el Estado Totalitario ha concentrado la casi totalidad de la economía, la cual ha quedado totalmente controlada por el mismo, configurándose un extraordina-rio Capitalismo de Estado, lo que ha sido facilitado por control total de la in-dustria petrolera por parte del Estado. El monopolio por parte del Estado de la actividad política y económica, ha producido además, la total politización de cualquier actividad que pueda realizarse en la vida social, económica y políti-ca, lo que ha originado una confusión entre sociedad y Estado, de manera que las faltas cometidas por los individuos en el marco de la actividad política, económica o profesional se conforman simultáneamente como faltas "ideoló-gicas," o políticas, originando un terror ideológico y policial.

Ese Estado configurado como Estado Totalitario, en primer lugar, ha hecho desaparecer todo vestigio de Estado de derecho que prevé la Constitu-ción, lo que ha resultado de la violación sistemática de la Constitución que ha perdido su carácter de ley suprema, lo que ha sido acompañado de un proceso sistemático de maleabilidad, mutabilidad y desrigidización constitucional, todo lo cual ha producido una completa desinstitucionalización y además, una desconstitucionalización del Estado por la creación fuera de la Constitución de un Estado Comunal en paralelo al Estado Constitucional.[297]

297 Véase lo expuesto en Allan R. Brewer-Carías, "La desconstitucionalización del Estado de dere-cho en Venezuela: del Estado Democrático y Social de derecho al Estado Comunal Socialista, sin reformar la Constitución," *en Libro Homenaje al profesor Alfredo Morles Hernández, Di-versas Disciplinas Jurídicas,* (Coordinación y Compilación Astrid Uzcátegui Angulo y Julio Rodríguez Berrizbeitia), Universidad Católica Andrés Bello, Universidad de Los Andes, Uni-

En segundo lugar, el Estado totalitario ha hecho desaparecer, igualmente, todo vestigio del Estado democrático que regula la Constitución, lo que ha resultado de la distorsión de la representatividad política en la legislación electoral; de las fallas en la implementación de la democracia participativa; de la ausencia de separación de poderes en la organización del Estado, y en particular, de la ausencia de autonomía e independencia del Poder Judicial; de la distorsión de la Administración Pública que dejó de estar al servicio del ciudadano; de la militarización avasallante de la sociedad y el Estado; de la eliminación de la libertad de expresión y comunicación; y de la eliminación y violación del principio democrático.

En tercer lugar, el Estado totalitario también ha hecho desaparecer todo vestigio del Estado Social y de Economía Mixta que regula la Constitución, y con ello, se ha logrado la material eliminación de la libertad económica y de la garantía del derecho de propiedad, resultando la configuración de un Estado Comunista, Burocrático acaparador de la totalidad de la actividad económica, basado en sistema de Capitalismo de Estado, de un Estado Populista, de un Estado Comunal y del Poder Popular, y de un Estado Clientelar.

En cuarto lugar, el Estado totalitario adicionalmente ha hecho desaparecer todo vestigio del Estado de Justicia que regula la Constitución, lo que ha resultado de la ausencia de leyes justas y la multiplicación de leyes inconsultas; de una extrema inflación de la inseguridad jurídica; del sometimiento político del Poder Judicial al Poder Ejecutivo; del hecho del Estado haberse escapado de la justicia interna y de la justicia internacional, tornándose en un Estado irresponsable; de haberse puesto la Justicia al servicio del autoritarismo; de haber áreas con carencia de justicia; y haberse desarrollado la injusticia de la impunidad.

Y por último, el Estado totalitario también ha hecho desaparecer todo vestigio del Estado descentralizado que bajo una concepción centralista de la "federación descentralizada" regula la Constitución, habiéndose consolidado un desbalance hacia el nivel nacional en la distribución territorial del poder; un Municipio que no se configuró efectivamente como la unidad primaria de la organización nacional; la creación, en paralelo a las entidades políticas territoriales previstas en la Constitución, del Estado Comunal y de las Comunas para acabar con los Municipios, los cuales han sido vaciados de competencia a favor de las mismas; y por último, el ahogamiento y neutralización de las mismas entidades políticas territoriales por parte del Poder Nacional.

Todo ello ha originado una desconstitucionalización del Estado Constitucional la cual incluso se ha pretendido realizar mediante el uso ilegítimo del

versidad Monteávila, Universidad Central de Venezuela, Academia de Ciencias Políticas y Sociales, Vol. V, Caracas 2012, pp. 51-82; en Carlos Tablante y Mariela Morales Antonorzzi (Coord.), *Descentralización, autonomía e inclusión social. El desafío actual de la democracia*, Anuario 2010-2012, Observatorio Internacional para la democracia y descentralización, En Cambio, Caracas 2011, pp. 37-84; y en *Estado Constitucional*, Año 1, N° 2, Editorial Adrus, Lima, junio 2011, pp. 217-236.

texto del artículo 5 de la Constitución que dispone que "La soberanía reside intransferiblemente en el pueblo, quien la ejerce directamente en la forma prevista en esta Constitución y en la ley, e indirectamente, mediante el sufragio, por los órganos que ejercen el Poder Público." Con base en ello, fue que precisamente se estructuró en la propia Constitución el Estado Constitucional, basado en el concepto de democracia representativa o indirecta que se ejerce mediante el sufragio por los órganos del Poder Público. Y ha sido igualmente con base en la primera parte de la norma, la que se refiere al ejercicio directo de la soberanía, que se ha pretendido estructurar otro Estado, el Estado Comunal, con la Comuna como su célula fundamental, pero carente de base democrática.

Ese Estado Comunal, producto del supuesto ejercicio de una democracia directa, sin sufragio ni representación, se ha concebido para ir vaciando progresivamente de competencias al Estado Constitucional; y en su organización formal, si bien se proclama como la negación de la representatividad democrática, en la práctica actúa mediante "representantes," pero sin que los mismos sean electos mediante sufragio, sino que son "nombrados" como "voceros" a mano alzada en "asambleas de ciudadanos" controladas por el partido de gobierno, para ejercer el Poder Popular, con la participación directa del partido oficial de gobierno y el propio Poder Ejecutivo.

Por ello, lo cierto es que el "Estado Comunal" que se ha buscado establecer en fraude a la Constitución y a la voluntad popular, nada democrático, en definitiva, está controlado todo por un Ministerio del Ejecutivo Nacional, el "Ministerio del Poder Popular para las Comunas y Movimientos Sociales" cuyo titular además es un "Vicepresidente del Consejo de Ministros para Desarrollo del Socialismo Territorial,"[298] por lo que lejos de ser un instrumento de descentralización –concepto que está indisolublemente unido a la autonomía política– es un sistema de centralización y control férreo de las comunidades por el Poder Central. Por ello la aversión al sufragio universal, directo y secreto que se aprecia en su implementación.

En realidad, si se tratase efectivamente de mecanismos de participación, los miembros de los Consejos Comunales, las comunas y todas las organizaciones e instancias del Poder Popular tendrían que ser electas por sufragio universal, directo y secreto, y no designadas a mano alzada por asambleas

---

298  Véase en *Gaceta Oficial* Nº 40.489 de 4 de septiembre de 2014. Sobre este Ministerio y Vicepresidencia, por ejemplo, el equipo de Redacción Internacional del Diario El Tiempo, expresó que tiene por objeto retomar la idea "de crear el "estado comunal", en el que el poder ya no se distribuye entre alcaldías y gobernaciones sino en miles de "comunas" creadas en todo el país pero coordinadas directamente por la Presidencia de la República." Se trata de un esquema para "redistribuir el poder entre las comunidades pero controlando directamente su fuente de ingresos y su funcionamiento, lo que en el fondo implica una mayor concentración en el Poder Ejecutivo." Véase en el reportaje "Qué hay detrás del 'revolcón' en el gabinete del Gobierno venezolano," en El Tiempo, Bogotá, 3 de septiembre de 2014, en http://www.eltiempo.com/mundo/latinoamerica/analisis-de-las-principales-reformas-en-el-gabinete-de-nicolas-maduro/14478895

controladas por el partido oficial y el Ejecutivo Nacional, en contravención al modelo de Estado democrático, social, de derecho, de justicia y descentralizado establecido en la Constitución.

Es decir, la supuesta democracia participativa no es más que una falacia, pues en definitiva en el "edificio" del Estado Comunal se le niega al pueblo el derecho de elegir libremente, mediante sufragio universal, directo y secreto a quienes van a representarlo en todos esos ámbitos. Se trata más bien de un "edificio" de organizaciones para evitar que el pueblo realmente ejerza la soberanía e imponerle mediante férreo control central, políticas por las cuales nunca tendrá la ocasión de votar.

Por otra parte, el principio esencial del régimen político democrático, basado en la igualdad, la no discriminación y el pluralismo se ha roto desde que el sistema de Estado Comunal, establecido en paralelo al Estado Constitucional, se monta sobre una concepción única, que es el Socialismo, de manera que quien no sea socialista está automáticamente discriminado e impedido de participar. [299]

No es posible, por tanto, en el marco de estas Leyes del Poder Popular, poder conciliar el pluralismo que garantiza la Constitución y el principio de la no discriminación por razón de "opinión política," con sus disposiciones que persiguen todo lo contrario, es decir, el establecimiento de un Estado Comunal, cuyas instancias sólo pueden actuar en función del Socialismo y en las cuales todo ciudadano que tenga otra opinión queda excluido.

En fin, la concepción misma del Estado Comunal para desarrollar y consolidar el Poder Popular, se ha formulado ignorando los valores y principios constitucionales básicos que tienen que tener todas las instancias de gobierno en Venezuela que deben ser los principios del "electivo, descentralizado, alternativo, responsable, pluralista y de mandatos revocables" (Artículo 6 de la Constitución). Al contrario, las "formas de autogobierno comunitarias y comunales, para el ejercicio directo del poder" que se regulan en la Ley Orgánica del Poder Popular (art. 1), son contrarias a la concepción de un Estado descentralizado, siendo carentes de autonomía política, y más bien son instrumentos para asegurar el centralismo de Estado que es lo que caracteriza al Estado Totalitario.

En esta forma, al fraude a la Constitución, que ha sido la técnica constantemente aplicada por el gobierno autoritario en Venezuela desde 1999 para

---

299 Véase el reportaje: "El Estado Comunal excluye a la mitad de la población," donde se cita lo expuesto por Maria Pilar García-Guadilla, en *Aporrea*: "El modelo reproduce un modelo de inclusión excluyente porque ignora a quienes difieren de la ideología socialista, es decir, la mitad de la población, si se revisan los últimos resultados electorales.[...] El financiamiento de los proyectos productivos pasa por el aparato político-ideológico (el PSUV), correa transmisora de las prebendas, Y en las Asambleas solo serán reconocidos como interlocutores del Estado las comunas socialistas." Véase en *El Nacional*, Caracas 7 de septiembre de 2014, en http://www.el-nacional.com/politica/comunal-excluye-mitad-poblacion_0_477552461.html

imponer sus decisiones a los venezolanos al margen de la Constitución,[300] se ha sumado el fraude a la voluntad popular, al imponerle a los venezolanos mediante leyes orgánicas, un modelo de Estado totalitario, comunista y centralizado por el cual nadie ha votado, con lo que se ha cambiado radical e inconstitucionalmente el texto de la Constitución de 1999, que no ha sido reformado conforme a sus previsiones, en abierta contradicción y desprecio al rechazo popular mayoritario que se expresó en diciembre de 2007 a la reforma constitucional que entonces se intentó realizar incluso violando la propia Constitución.

Es ese marco de Estado totalitario y de desconstitucionalización del Estado Constitucional, el cual en la actualidad está condicionando al derecho público en Venezuela, y es lo que está originando unas "nuevas tendencias al derecho administrativo," que nos lo muestran como una rama del derecho que dejó de ser el punto de equilibrio entre los poderes y prerrogativas del Estado y las garantías de derechos de los particulares, y en un marco de desquiciamiento, sólo sirve ahora, sin seguridad jurídica alguna, para regular exclusivamente al Estado, a sus poderes y prerrogativas, pero en la medida en la cual los gobernantes decidan, sin control judicial de naturaleza alguna; siendo su misión el servir de medio de imposición de la voluntad del Estado y los funcionarios a los ciudadanos

---

300    Véase Allan R. Brewer-Carías, *Reforma constitucional y fraude a la Constitución (1999-2009)*, Academia de Ciencias Políticas y Sociales, Caracas 2009; *Dismantling Democracy. The Chávez Authoritarian Experiment*, Cambridge University Press, New York 2010.

# TERCERA PARTE:
# LA DEMOLICIÓN DEL PRINCIPIO DE LA SEPARACIÓN DE PODERES Y DE LAS INSTITUCIONES JUDICIALES, Y LA DESTRUCCIÓN DE LA DEMOCRACIA

*SECCIÓN PRIMERA*: LA DEMOLICIÓN DEL PRINCIPIO DE LA SEPARACIÓN DE PODERES [*]

El principio de la separación de poderes se adoptó formalmente en el constitucionalismo venezolano, en el texto de la Constitución Federal de los Estados de Venezuela del 21 de diciembre de 1811[1] que, como sabemos, fue la primera Constitución republicana del mundo moderno después de la Cons-

---

[*]  El texto de esta sección primera, recoge básicamente lo que escribí para el Prólogo al libro del profesor Gustavo Tarre Briceño, *Solo el poder detiene al poder. La teoría de la separación de los poderes y su aplicación en Venezuela*, Editorial Jurídica Venezolana, Caracas 2014. Dicho texto lo he complementado con parte de lo expuesto en los siguientes documentos: "Las nuevas constituciones latinoamericanas y su impacto en la libertad de prensa," para la charla expuesta en la *Reunión de Medio Año de la Sociedad Interamericana de prensa (SIP)*, Cádiz, 22 de abril de 2012; "Los actos de gobierno, la universalidad del control jurisdiccional de constitucionalidad y los problemas de la politización de la Jurisdicción Constitucional en Venezuela," para la conferencia dictada en el *Seminario de derecho comparado sobre separación de poderes del Estado y la "Political Questions Doctrine" en los Estados Unidos de América*, organizado por Sala Constitucional de la Corte Suprema de Justicia en cooperación con Duquesne University (Pittsburh), San José, Costa Rica, 28 y 29 de marzo de 2012; y "El status del Tribunal Supremo de Justicia en Venezuela, en el marco de la ausencia de separación de poderes producto del régimen autoritario," que fue la ponencia presentada al *Segundo Congreso Colombiano de Derecho Procesal Constitucional*, Centro Colombiano de Derecho Procesal Constitucional, Bogotá, Colombia 15 de marzo de 2011.Igualmente recoge elementos tratados en el estudio "Sobre la mutación del principio de la separación de poderes en la jurisprudencia constitucional," publicado en la *Revista de Derecho Público*, N° 132 (octubre- diciembre 2012), Editorial Jurídica Venezolana, Caracas 2012, pp. 201-213.

[1]  Véase el texto en Allan R. Brewer-Carías *Las Constituciones de Venezuela*, Madrid, 1985, pp. 181 a 205. Además, en *La Constitución Federal de Venezuela de 1811 y documentos afines*, Biblioteca de la Academia Nacional de la Historia, Caracas, 1959.

titución norteamericana de 1787 y de la Constitución francesa de 1791. En ella se expresó el principio, indicándose en el preámbulo o preliminar del texto, con toda precisión, que el ejercicio de la autoridad confiada a la Confederación "no podrá jamás hallarse reunido en sus diversas funciones" por lo que, en consecuencia, "El Poder Supremo debe estar dividido en Legislativo, Ejecutivo y Judicial, y confiado a distintos Cuerpos independientes entre sí y en sus respectivas facultades".

Además, en el artículo 189 de la misma Constitución se insistió en el mismo principio al expresar que:

> "Los tres Departamentos esenciales del Gobierno, a saber: el Legislativo, el Ejecutivo y el Judicial, es preciso que se conserven tan separados e independientes el uno del otro cuanto lo exija la naturaleza de un gobierno libre, lo que es conveniente con la cadena de conexión que liga toda fábrica de la Constitución en un modo indisoluble de Amistad y Unión."

Sin duda, las enseñanzas del barón de Montesquieu, no podían haber sido recogidas tan nítidamente, lo que incluso ya había ocurrido antes de la sanción de la Constitución, en las mismas antiguas provincias de la Capitanía General de la República de España, cuando después de la revolución del 19 de abril de 1810, y de efectuada la elección de los diputados al Congreso General de las Provincias, al instalarse el Congreso el día 5 de marzo de 1811, que debía sustituir a la Junta Suprema de Caracas que había gobernado durante un año las provincias, se adoptó formalmente el mismo principio para organizar el nuevo gobierno, cuando el Congreso acordó reservarse el Poder Legislativo; designando a tres ciudadanos para ejercer el Poder Ejecutivo Nacional, que debían turnarse en la presidencia por períodos semanales; y constituyendo, además, una Alta Corte de Justicia para el ejercicio del Poder Judicial.

Un año antes, por otra parte, el principio también se había adoptado en Cádiz, el mismo día de la instalación de las Cortes Generales en la Isla de León el 24 de septiembre de 1810, formadas por diputados integrados en un solo cuerpo, abandonándose la antigua división en estamentos.[2] En dicha sesión de instalación, se afirmó que "no conviniendo queden reunidos el Poder Legislativo, el Ejecutivo y el Judiciario", las Cortes Generales también procedieron a reservarse el ejercicio del Poder Legislativo, y atribuyeron al Consejo de Regencia el ejercicio del Poder Ejecutivo.[3] El principio, por supuesto, también se recogió en la Constitución de Cádiz del 18 de marzo de 1812, al distribuir las potestades: la potestad de hacer las leyes a las Cortes con el rey

---

2   Véase en Rafael M. de Labra y Martínez, *Los presidentes americanos de las Cortes de Cádiz*, Madrid, 1912 (Reedición Congreso de Diputados), p. 31.

3   Véase Eduardo Roca Roca, *América en el ordenamiento jurídico de las Cortes de Cádiz*, Granada 1986, p. 193; y J. F. Blanco y R. Azpúrua, *Documentos para la historia de la vida pública del Libertador de Colombia, Perú y Bolivia. Puestos por orden cronológico y con adiciones y notas que la ilustran*, La Opinión Nacional, vol. III, Caracas, 1877, edición facsimilar: Ediciones de la Presidencia de la República, Caracas, 1977, 1983, tomo II, pp. 657.

(art. 15); la potestad de hacer ejecutar las leyes, al rey (art. 16); y la potestad de aplicar las leyes, a los tribunales (art. 17).

Con estas disposiciones, en paralelo, tanto España como Venezuela, desde el inicio, ingresaron en las corrientes del constitucionalismo moderno que derivaron de las revoluciones americana y francesa del siglo XVIII,[4] siguiendo las enseñanzas de los grandes pensadores que influyeron en las mismas, y que se reflejaron en la Declaración de los Derechos del Hombre y del Ciudadano de 1789, en cuyo artículo XVI —y siempre es bueno recordarlo— quedó asentada la máxima de que "Toda sociedad en la cual la garantía de los derechos no esté asegurada, ni la separación de poderes determinada, no tiene Constitución".

De este principio, inspirado, entre otros, en las reflexiones del barón de Montesquieu sobre la Constitución inglesa del siglo XVII,[5] en todas las Constituciones modernas derivó, no solo un principio que es esencial en la organización de los propios Estados,[6] sino fundamentalmente, con posterioridad y como fue evolucionando el Estado moderno, en un principio esencial de la propia democracia y, con ella, de la libertad.[7]

Sobre el mismo es que queremos hacer algunas reflexiones referidas en particular a la tradición jurisprudencial de la aplicación del principio, y de cómo el mismo fue demolido cuando el garante del mismo que es el supuestamente más débil de los poderes del Estado, el Poder Judicial, fue sometido por el poder político y puesto al servicio del autoritarismo.

1. *La tradición jurisprudencial sobre el principio de la separación de poderes como técnica de organización del Estado y el tema de las funciones del Estado*

El principio de la separación de poderes, en efecto, en tiempos contemporáneos, siempre ha sido valorado por la jurisprudencia constitucional de Venezuela, y no solo como técnica de organización del Estado, a pesar de que

---

4    Véase en general Allan R. Brewer-Carías, *Reflexiones sobre la Revolución americana (1776) y la Revolución francesa (1789) y sus aportes al constitucionalismo moderno*, Caracas, 1991. Una segunda edición ampliada de ese libro se publicó como *Reflexiones sobre la Revolución norteamericana (1776), la Revolución francesa (1789) y la Revolución hispanoamericana (1810-1830) y sus aportes al constitucionalismo moderno*, Serie Derecho Administrativo Nº 2, Universidad Externado de Colombia, Editorial Jurídica Venezolana, Bogotá, 2008.

5    *De l'Espirit des Lois* (ed. G. Tunc), París, 1949, vol. I, libro XI, cáp. IV, pp. 162-163.

6    Véase en general, Manuel García-Pelayo, "La división de poderes y la Constitución Venezolana de 1961", en *Libro homenaje a Rafael Caldera: Estudios sobre la Constitución*, tomo III, Facultad de Ciencias Jurídicas y Políticas, Universidad Central de Venezuela, Caracas 1979, pp. 1403 y 1420; Hildegard Rondón de Sansó, "La separación de los poderes en Venezuela", en *Libro homenaje a Rafael Caldera: Estudios sobre la Constitución*, tomo III, Facultad de Ciencias Jurídicas y Políticas, Universidad Central de Venezuela, Caracas 1979, pp. 1369-1403.

7    Véase Allan R. Brewer-Carías, *Los principios fundamentales del derecho público (Constitucional y Administrativo)*, Editorial Jurídica Venezolana, Caracas, 2005, pp. 67 y ss.

más recientemente se lo haya querido reducir a esto último.[8] Por ejemplo, en una sentencia relativamente reciente, la Nº 1368, del 13 de agosto de 2008, la Sala Constitucional del Tribunal Supremo de Justicia, al declarar sin lugar una acción que se había intentado contra un decreto presidencial de 1984 concediendo un indulto (acto de gobierno), luego de analizar el vicio de "usurpación de funciones" que el fiscal general de la República le había imputado al mismo por considerar que el Poder Ejecutivo no había respetado "la separación de funciones" establecida en la Constitución (artículos 117, 118 y 119, Constitución de 1961; y artículos 136, 137 y 138 de la Constitución de 1999), definió lo que consideró los siguientes "tres principios básicos sobre los cuales se sustenta el ordenamiento jurídico constitucional":

> "a) El de competencia, que actúa como un instrumento ordenador del ejercicio del poder una vez que éste es legitimado; b) El de separación de poderes, dejando a salvo la necesaria coordinación entre los mismos, así como el ejercicio de ciertas funciones que no siéndoles esenciales les cumple realizar naturalmente, con base al cual funciona un mecanismo de balance en la división del poder y de mutuos controles o contrapesos entre los órganos que lo ejercen; y c) El principio de ejercicio del poder bajo la ley, elemento esencial del Estado de Derecho y del sistema democrático, conforme al cual son excluidas la autocracia y la arbitrariedad (sentencia Nº 457/2001, del 5 de abril)."[9]

Sobre estos principios que la Sala calificó como "fundamentales al Estado de Derecho", y en particular sobre el segundo, la Sala constató que "exigen la distribución de funciones entre diversos órganos y la actuación de éstos con referencia a normas prefijadas, ya sea como un modo de interdicción de la arbitrariedad o como mecanismos de eficiencia en el cumplimiento de los cometidos del Estado (sentencia Nº 457/2001, del 5 de abril)"; pero considerando sin embargo, sin duda erradamente, que *"la división del poder no es un principio ideológico,* propio de la democracia liberal, sino un principio técnico del cual depende la vigencia de la seguridad jurídica como valor fundante del derecho y como proyecto de regulación de la conducta social (sentencia Nº 1309/2001, del 19 de julio)".

El principio sin duda que sí es un principio ideológico de la democracia liberal, y el hecho de ser además un principio o técnica de organización del Estado no autoriza a la Sala el tratar de "desideologizarlo" buscando poner de lado el significado del principio como un valor esencial de la democracia y la libertad. Son dos planos que son esenciales.

---

8  Véase en general Allan R. Brewer-Carías, "Sobre la mutación del principio de la separación de poderes en la jurisprudencia constitucional", en *Revista de Derecho Público*, Nº 132 (octubre-diciembre 2012), Editorial Jurídica Venezolana, Caracas, 2012, pp. 201-213.

9  Véase en http://www.tsj.gov.ve/decisiones/scon/Agosto/1368-130808-01-2503.htm.

Bajo el ángulo de técnica de organización del Estado, en efecto, se trata de la que origina la división horizontal o separación orgánica de poderes,[10] en órganos independientes y autónomos entre sí, y que ejercen las diversas ramas del Poder Público, las cuales, conforme a la Constitución de 1999, son las ramas: Legislativa, Ejecutiva, Judicial, Ciudadana y Electoral, cada una, además, realizando sus propias funciones.

Bajo este ángulo, al adoptar esta penta separación de poderes, la Constitución vigente, abandonó la otrora clásica división del poder entre las ramas Legislativa, Ejecutiva y Judicial, la cual, por lo demás, ya se había roto en el constitucionalismo moderno desde el siglo XX, de manera que, en general, el Poder Público se ejercía, además de por los órganos que componían las tres clásicas ramas, por otra serie de órganos que progresivamente habían sido constitucionalizados y dotados de autonomía funcional (Contraloría General de la República, Ministerio Público, Consejo Supremo Electoral), y que en el caso de Venezuela, en 1999 se erigieron como ramas formales del Poder Público.[11] Es el caso del Poder Ciudadano, que integra los ya clásicos órganos constitucionales de control (art. 273), como la Contraloría General de la República (art. 267); el Ministerio Público (art. 284) y la Defensoría del Pueblo (art. 280); y del Poder Electoral, que ejerce el Consejo Nacional Electoral (art. 293). En la Constitución de 1999, en todo caso, se eliminó el Consejo de la Judicatura, que también era un órgano constitucional con autonomía funcional, atribuyéndose las funciones de gobierno y administración de la rama judicial al Tribunal Supremo de Justicia (art. 267).

Por otra parte, la separación orgánica de poderes, particularmente en cuanto a las relaciones entre los mismos a los efectos de la conducción política de la sociedad, dio origen y configuró el sistema presidencial de gobierno, pero con una desmedida sujeción y distorsión parlamentaria que, al menos en la Constitución de 1999, hace que si el presidente no controla políticamente la Asamblea, el sistema de gobierno es difícil que pueda funcionar.[12]

---

10   Véase en general, Manuel García-Pelayo, "La división de poderes y la Constitución Venezolana de 1961", en *Libro homenaje a Rafael Caldera: Estudios sobre la Constitución*, tomo III, Facultad de Ciencias Jurídicas y Políticas, Universidad Central de Venezuela, Caracas, 1979, pp. 1403 y 1420; Hildegard Rondón de Sansó, "La separación de los poderes en Venezuela", en *Libro homenaje a Rafael Caldera: Estudios sobre la Constitución*, tomo III, Facultad de Ciencias Jurídicas y Políticas, Universidad Central de Venezuela, Caracas, 1979, pp. 1369-1403.

11   Conforme lo ha señalado la sentencia N° 3098 de la Sala Constitucional (Caso: *nulidad artículos Ley Orgánica de la Justicia de Paz*) de 13 de diciembre de 2004, la "redistribución orgánica del Poder Público" que establece la Constitución obedece, "según la Exposición de Motivos de la Constitución de 1999, a la necesidad de otorgar independencia y autonomía funcional a los órganos que están encargados de desarrollar determinadas competencias, especialmente las de ejecución de "*procesos electorales, así como el de la función contralora y la defensa de los derechos humanos*". Véase en *Gaceta Oficial* N° 38.120 de 2 de febrero de 2005.

12   Quizás por ello en la Exposición de Motivos de la Constitución se calificó el sistema de gobierno en la Constitución, en nuestro criterio incorrectamente como un "sistema semipresidencial". Véase en Allan R. Brewer-Carías, *La Constitución de 1999. Derecho Constitucional Venezolano*, Editorial Jurídica Venezolana, Caracas, 2004, tomo I, pp. 437 y ss. y tomo II, p. 1146.

En todo caso, el principio de la separación de poderes como instrumento de organización del Estado no es de manera alguna rígido, sino que responde a cierto grado de flexibilidad, tal como lo señaló la antigua Corte Suprema de Justicia en 1953, al señalar que:

"... si bien cada uno de ellos tiene definida su propia esfera de acción: el Legislativo, para dictar la ley, reformarla y revocarla; el Ejecutivo, para ejecutarla y velar por su cumplimiento; y el Judicial, para interpretarla, y darle aplicación en los conflictos surgidos, la demarcación de la línea divisoria entre ellos no es excluyente, ya que en muchos casos esos poderes ejercen funciones de naturaleza distinta de las que privativamente le están atribuidas."[13]

El principio, ciertamente, impide a unos órganos invadir las competencias propias de otro,[14] pero no les impide ejercer funciones de naturaleza similar a las de otros órganos.

La antigua Corte Suprema de Justicia, en este sentido, diez años después, en 1963, inclusive fue aún más clara y terminante sobre el tema de la relación entre poderes y funciones del Estado al señalar que:

"Lejos de ser absoluto el principio de la separación de los poderes, la doctrina reconoce y señala el carácter complementario de los diversos organismos a través de los cuales el Estado ejerce sus funciones; de suerte que unos y otros, según las atribuciones que respectivamente les señalan las leyes, realizan eventualmente actos de índole distinta a las que por su naturaleza les incumbe. [...] La doctrina establece que la división de poderes no coincide plenamente con la separación de funciones, pues corrientemente se asignan al Poder Legislativo potestades típicamente administrativas y aun jurisdiccionales y al Poder judicial funciones administrativas, como en el caso del nombramiento de jueces que hace este mismo tribunal y de la firma de libros de comercio o de registro civil que hacen los jueces de instancia; y a la inversa, se atribuyen al Poder Ejecutivo, funciones legislativas como la reglamentación, parcial o total de las leyes, sin alterar su espíritu, propósito o razón, que es considerada como el ejemplo más típico de la actividad legislativa del Poder Ejecutivo, por mandato del numeral 10 del artículo 190 de la Constitución Nacional;

---

13  Véase la sentencia de la antigua Corte Federal de 19 de junio de 1953 en *Gaceta Forense*, N° 1, Caracas, 1953, p. 77. En otra sentencia, al referirse a las funciones estatales, la Corte las diferenció así: "No realiza una función creadora dentro del ordenamiento jurídico, que es la función legislativa, ni conoce ni decide acerca de las pretensiones que una parte esgrime frente a la otra, que es la función judicial; sino que es sujeto de derecho, titular de intereses, agente propio de la *función administrativa*". Véase Sentencia de 18 de julio de 1963 de la antigua Corte Suprema de Justicia en Sala Político Administrativa, en *Gaceta Forense*, N° 41, Caracas 1963, p. 116.

14  Véase Sentencia de la antigua Corte Federal y de Casación en Corte Plena de 26 de mayo de 1951 en *Gaceta Forense*, N° 8, Caracas, 1952, p. 114 y Sentencia de la antigua Corte Suprema de Justicia en Corte Plena de 12 de junio de 1968 en publicación del Senado de la República, 1968, p. 201.

toda vez que el Reglamento es norma jurídica de carácter general dictado por la Administración Pública para su aplicación a todos los sujetos de derecho y en todos los casos que caigan dentro de sus supuestos de hecho. En otros casos la autoridad administrativa imparte justicia, decide una controversia entre partes litigantes en forma similar a como lo hace la autoridad judicial."[15]

De acuerdo con esta doctrina, que siempre hemos compartido, entonces, la separación de poderes como principio de organización del Estado ha de entenderse en el sistema venezolano, en *primer lugar*, como una separación orgánica entre los órganos de cada rama del Poder Público; y en *segundo lugar*, como una asignación de funciones propias a cada uno de dichos órganos; pero nunca como una separación de funciones atribuidas con carácter exclusivo a los diversos órganos. Al contrario, además de sus funciones propias, los órganos del Estado realizan funciones que por su naturaleza son semejantes a las funciones asignadas a otros órganos. En otras palabras, mediante este principio se reserva a ciertos órganos el ejercer una función en una forma determinada (funciones propias), lo que no excluye la posibilidad de que otros órganos ejerzan esa función en otra forma.

Por tanto, de acuerdo con lo establecido en el artículo 136 de la Constitución, la asignación de funciones propias a los órganos que ejercen los Poderes Públicos no implica que cada uno de los órganos del Estado siempre tenga el ejercicio exclusivo de alguna función estatal específica. Tal como lo reconoció la Sala Constitucional del Tribunal Supremo de Justicia en sentencia N° 3098 de 13 de diciembre de 2004 (Caso: *Nulidad de artículos de la Ley Orgánica de la Justicia de Paz*):

"No escapa a la Sala que, tal como argumentó en este juicio la representación de la Asamblea Nacional, el principio de separación de poderes que recoge el artículo 136 de nuestro Texto Fundamental, de idéntica manera a como lo establecía el artículo 118 de la Constitución de 1961, no implica, ni mucho menos, una división rígida de órganos y funciones, sino que, como la misma norma predica, "cada una de las ramas del Poder Público tiene sus funciones propias, pero los órganos a los que incumbe su ejercicio colaborarán entre sí en la realización de los fines del Estado".

Principio de colaboración de los Poderes Públicos que lleva a un control mutuo entre poderes y, en definitiva, admite, hasta cierto punto, una confusión funcional entre ellos, es decir, que cada una de las ramas del Poder Público puede ejercer excepcionalmente competencias que, por su

---

15  Esta doctrina fue establecida en Sentencia de la antigua Corte Suprema de Justicia en Sala Político Administrativa de 18 de julio de 1963 en *Gaceta Forense* N° 41, Caracas, 1963, pp. 116 y 117, y ratificados por la misma Corte y Sala en Sentencias de 27 de mayo de 1968 en *Gaceta Forense* N° 60, Caracas 1969, pp. 115 a 118, y de 9 de julio de 1969 en *Gaceta Forense* N° 65, Caracas, 1969, pp. 70 a 74.

naturaleza, corresponderían, en principio, a las otras y de allí que la Administración Pública cuente con potestades normativas (v. gr. la potestad reglamentaria) y jurisdiccionales (v. gr. resolución de conflictos entre particulares) y los órganos deliberantes y judiciales cumplan ciertas funciones típicamente administrativas (v. gr. la organización interna de sus dependencias y la potestad disciplinaria respecto de sus funcionarios, entre otras)."[16]

La Sala Constitucional ha seguido considerando el principio de la separación de poderes en esta vertiente de principio de organización del Estado como uno de los principios tradicionales del derecho público venezolano[17] al afirmar, en 2009, que el constituyente de 1999:

"... ha ensayado una distribución del Poder Público en niveles político-territoriales, así como una división en cada nivel. Esta distribución y división se cumplen mediante una asignación de tareas de diverso orden. Hay, por supuesto, potestades (legislar o resolver conflictos mediante actos con autoridad de cosa juzgada), tareas (satisfacer en lo concreto necesidades públicas), fines (denunciar la violación de derechos fundamentales), que caracterizan a dichos conjuntos de órganos. Pero ello no debe confundir al estudioso o al intérprete. En algunos casos, los efectos del acto que se emite sólo son propios de un grupo de órganos (la cosa juzgada); en otros la potestad es exclusiva (dirigir las relaciones exteriores de la República); y en no menor medida, la potestad es de uso común, aunque puede darse el caso que domine las tareas de un órgano en particular (por ejemplo, el control de la Administración Pública que comparten tanto la Asamblea Nacional como la Contraloría General de la República). Pero de lo que no caben dudas es [de] que todos los Poderes, según el caso, comparten mecanismos, instrumentos, métodos y fines. El Poder Legislativo nacional no sólo legisla, sino que también controla, con lo cual se acerca a la función contralora y a la judicial al mismo tiempo (art. 187.3); interviene en la discusión y aprobación del presupuesto, lo que ha sido catalogado como una tarea propia de la Administración (187.6), e interviene en el proceso judicial de destitución del Presidente de la República (art. 266.2). El Presidente de la República debe regular el ejercicio del derecho que se restrinja mediante decretos de estado de excepción (236.7 y 339), con lo cual ejerce una potestad normativa; concede indultos, incidiendo así directamente en la función judicial (236.19). El Poder Ciudadano puede investigar y sancionar los hechos que atenten contra la ética pública y la moral administrativa, para lo cual tendrá que valerse de técnicas que se asemejan a las que utiliza el Poder Judicial (274). El Poder Electoral dicta Reglamentos, los cuales contie-

---

16    Sentencia N° 3098 de la Sala Constitucional (Caso: *nulidad artículos Ley Orgánica de la Justicia de Paz*) de 13 de diciembre de 2004, en *Gaceta Oficial* N° 38.120 de 2 de febrero de 2005.

17    Véase Allan R. Brewer-Carías, *Los principios fundamentales del derecho público (Constitucional y Administrativo)*, Editorial Jurídica Venezolana, Caracas, 2005, pp. 67 y ss.

nen normas, es decir, es una técnica similar a la que usualmente ejerce el Poder Legislativo (293.1). Por último, el Poder Judicial se subroga a la Administración Pública en los casos que resuelve la Jurisdicción Contencioso-Administrativa."[18]

De lo anterior señaló la Sala, con razón, que "estos son algunos ejemplos del uso común de ciertos mecanismos por parte de algunos o de todos los Poderes Públicos", incluso sin referirse a "los medios en que los Poderes injieren en las tareas de los otros, que son abundantísimos"; considerando que "basta con los mencionados para probar que nuestro orden jurídico constitucional no se caracteriza por asignar de forma exclusiva, excluyente u homogénea los métodos, técnicas o procedimientos que en general son los usuales de ciertos poderes públicos en el cumplimiento de sus fines".[19]

Por ello concluyó la Sala que la separación de poderes:

"… no supone una distribución homogénea, exclusiva o excluyente, o no en todos los casos, de tareas, potestades o técnicas entre los conglomerados de órganos del Poder Público. Por tanto, no podría juzgarse inconstitucional una norma por el sólo hecho de atribuir una potestad a un Poder que es típica de otra, sobre la base de la violación de un pretendido principio de separación de poderes. Lo que corresponde en esos casos es examinar la particular regulación impugnada a la luz de la distribución que en concreto realiza el Constituyente. De su examen contrastante con la Constitución es que podría resultar la inconstitucionalidad de la norma porque, por ejemplo, se le hubiese atribuido al Poder Ciudadano la facultad de dictar sentencias con autoridad de cosa juzgada, o al Poder Judicial la potestad de gestionar servicios públicos, o al Legislador la de dirigir procesos electorales, o cuando se ponga en riesgo la autonomía e independencia del alguno de dichos poderes. Allí en ese contexto vislumbra indudablemente el principio de colaboración de poderes."[20]

En otra parte de la sentencia, la Sala advirtió que:

"… la Constitución de 1999 no refleja una estructura organizativa en la que la distribución de tareas entre los distintos Poderes corra paralela a una asignación de potestades homogéneas, exclusivas o excluyentes entre los mismos. La Constitución, sin duda, distribuye tareas, atribuye potestades, distingue entre un Poder de otro, pero no establece para todos los casos que ciertos tipos de potestades sólo pueden ser ejercidas por un Poder en particular. La división de Poderes en tanto supone independencia de Poderes cumple una función político-constitucional relevante, particularmente cuando de lo que se trata es de la autonomía del Poder Judicial. El Poder Judicial debe ser un árbitro independiente e imparcial. Pe-

---

18     Véase en http://www.tsj.gov.ve/decisiones/scon/Julio/1049-23709-2009-04-2233.html

19     Véase en http://www.tsj.gov.ve/decisiones/scon/Julio/1049-23709-2009-04-2233.html

20     Véase en http://www.tsj.gov.ve/decisiones/scon/Julio/1049-23709-2009-04-2233.html

ro ello no significa que sea el único árbitro. La Sala Constitucional tiene la potestad de interpretar la Constitución; pero ello no significa que sea su único intérprete. El Poder Legislativo tiene la potestad de dictar actos normativos con forma de Ley; pero no es el único órgano que produce actos normativos. ¿Por qué habría de ser la potestad de dirimir controversias exclusiva de un Poder en particular? Si bien han de haber ámbitos de las relaciones sociales en los cuales debe establecerse dicha exclusividad, ella no podría predicarse de todos los campos del quehacer social. Corresponderá en todo caso al Legislador determinar en cuáles circunstancias y en qué medida dicha potestad será exclusiva del Poder Judicial y en cuáles otros y en qué medida dicha potestad será ejercida por cualesquiera otro Poder Público, siempre atendiendo a las exigencias de los derechos fundamentales, particularmente de los consagrados en los artículos 26, 49 y 253 de la Constitución."[21]

Por último, a los efectos del tema de la universalidad del control jurisdiccional de la actividad del Estado, en sentencia N° 2208 de 28 de noviembre de 2007 (Caso *Antonio José Varela y Elaine Antonieta Calatrava Armas* vs. *Proyecto de Reforma de la Constitución de la República Bolivariana de Venezuela*), la Sala Constitucional indicó que el mismo:

"… responde igualmente a la visión contemporánea del principio de separación de poderes, el cual comporta la noción de control del ejercicio del Poder Público entre sus órganos, para asegurar la sujeción del obrar público a reglas y principios del derecho y, evidencia que el referido principio tiene carácter instrumental, en tanto está destinado a hacer efectiva la sujeción de los órganos del Poder Público al bloque de la constitucionalidad.

El arquetipo orgánico y funcional del Estado, según la Constitución de la República Bolivariana de Venezuela, acoge una conceptualización flexible de la división de poderes que permite que cada uno de los órganos que ejercen el Poder Público colaboren entre sí, surgiendo como consecuencia necesaria de esta característica, que la separación de funciones no coincida directamente con la división de poderes, encontrándose muchas veces en la actividad jurídica de los órganos del Estado que éstos ejerzan, además de las funciones que le son propias por orden constitucional, funciones que son características de otros Poderes.

El principio de separación de poderes se sostiene, entonces en "(…) la identificación de la pluralidad de funciones que ejerce el Estado y que aun cuando modernamente no se conciben distribuidas de forma exclusiva y excluyente entre los denominados poderes públicos, sí pueden identificarse desarrolladas preponderante[mente] por un conjunto de órganos específicos, lo cual deja entrever la vigencia del principio de colaboración de poderes como un mecanismo de operacionalización del poder del

---

21    Véase en http://www.tsj.gov.ve/decisiones/scon/Julio/1049-23709-2009-04-2233.html

Estado al servicio de la comunidad (…)" —Vid. Sentencia de esta Sala N.° 962/2006—, lo cual no sólo ha permitido, que órganos jurisdiccionales —jurisdicción contencioso administrativa— dispongan lo necesario para el restablecimiento de las situaciones jurídicas subjetivas lesionadas por la actividad administrativa, según señala el artículo 259 de la Constitución de la República Bolivariana de Venezuela, sino que mediante la jurisdicción constitucional se garantice la plena vigencia de los principios y garantías que informan la Constitución de la República Bolivariana de Venezuela." [22]

2. *Los intentos de desideologización del principio de la separación de poderes*

Como antes mencionamos, a pesar de que el principio de la separación de poderes surgió históricamente no solo como una técnica de organización del Estado para maximizar su funcionamiento, sino además como un principio ideológico dispuesto frente al absolutismo para asegurar el control del poder, lo que derivó luego en un principio para garantizar la libertad en la democracia liberal, este último aspecto ha venido progresivamente siendo ignorado, minimizado y, en todo caso, desmantelado por la propia Sala Constitucional del Tribunal Supremo de Justicia durante los últimos años de funcionamiento del régimen autoritario, al reducirlo a un simple principio de organización, pretendiéndole quitar su base garantista de la libertad, de los derechos fundamentales y de la democracia.[23]

Así, como antes mencionamos, ya desde 2004 la Sala Constitucional comenzó a afirmar que el principio de la separación de poderes "no es un principio ideológico, propio de la democracia liberal, sino un principio técnico del cual depende la vigencia de la seguridad jurídica como valor fundante del derecho",[24] con lo cual se ha pretendido ignorar el valor esencial del principio, precisamente en el marco de la ideología de la democracia liberal, que lo considera esencial para la existencia de la propia democracia y la libertad.

Lo que es cierto es que dicha afirmación de la Sala Constitucional no fue una afirmación inocente, sino que fue el comienzo de un viraje antidemocrático de la jurisprudencia constitucional que llevó a la Sala, cinco años después, a afirmar despectivamente en sentencia N° 1049 de 23 de julio de

---

22    Citada en la sentencia, en *Revista de Derecho Público*, N° 112, Editorial Jurídica Venezolana, Caracas, 2007, pp. 601-606.

23    Véase en general, Allan R. Brewer-Carías, "El principio de la separación de poderes como elemento esencial de la democracia y de la libertad, y su demolición en Venezuela mediante la sujeción política del Tribunal Supremo de Justicia", en *Revista Iberoamericana de Derecho Administrativo, Homenaje a Luciano Parejo Alfonso*, año 12, N° 12, Asociación e Instituto Iberoamericano de Derecho Administrativo Prof. Jesús González Pérez, San José, Costa Rica, 2012, pp. 31-43.

24    Ídem: Sentencia N° 3098 de la Sala Constitucional (Caso: *nulidad artículos Ley Orgánica de la Justicia de Paz*) de 13 de diciembre de 2004, en *Gaceta Oficial* N° 38.120 de 2-02-2005.

2009,[25] que "la llamada división, distinción o separación de poderes fue, al igual que la teoría de los derechos fundamentales de libertad, un instrumento de la doctrina liberal del Estado mínimo", concebido no como "un mero instrumento de organización de los órganos del Poder Público, sino un modo mediante el cual se pretendía asegurar que el Estado se mantuviera limitado a la protección de los intereses individualistas de la clase dirigente".

"Descubrió" así la Sala Constitucional, aun cuando distorsionándolo, el verdadero sentido que efectivamente tiene que tener el principio de la separación de poderes, no solo como mero instrumento de organización del Estado, sino como principio esencial de la democracia, la que es propia del Estado de Derecho, para garantizar los derechos y libertades fundamentales, aun cuando por supuesto no son solo los que derivan de "intereses individualistas de la clase dirigente" como con sesgo ideológico errado el Tribunal Supremo pretende confinar el principio.

A partir de este elemento "desideologizante" inserto en la jurisprudencia autoritaria de la Sala, en la cual incluso califica al principio democrático de la separación de poderes como un principio "conservador",[26] la Sala Constitucional luego comenzó a referirse al mismo como "*la llamada* división, distribución o separación de poderes", reafirmando su supuesto mero carácter instrumental en cuanto a que "no supone una distribución homogénea, exclusiva o excluyente, o no en todos los casos, de tareas, potestades o técnicas entre los conglomerados de órganos del Poder Público", en el sentido de que "la Constitución de 1999 no refleja una estructura organizativa en la que la distribución de tareas entre los distintos Poderes corra paralela a una asignación de potestades homogéneas, exclusivas o excluyentes entre los mismos".[27]

Lo cierto, en todo caso, es que a pesar de la instrumentalidad mencionada por la Sala Constitucional al referirse al principio de la separación de poderes, este no es solo una técnica para la organización y funcionamiento de los poderes del Estado, sino que tiene que considerarse, ante todo, como el fundamento para el control del poder, y particularmente, para el control judicial de la constitucionalidad y legalidad de los actos del Estado, a los efectos de que, como lo decía Montesquieu, el magistrado que tiene poder no pueda abusar de él, para lo cual deben imponérsele límites, de manera que mediante la distribución del poder, "el poder limite al poder" y se evite que "se pueda abusar del poder".

Por ello es que el tema de la separación de poderes no se reduce a ser un tema de orden jurídico e instrumental para disponer la organización del Estado o para identificar los actos estatales, sino que es, además, por

---

25   Véase en http://www.tsj.gov.ve/decisiones/scon/Julio/1049-23709-2009-04-2233.html

26   Véase sentencia de la Sala Constitucional N° 1683 de 4 de noviembre de 2008 (Caso: *Defensoría del Pueblo*), en *Revista de Derecho Público*, N° 116, Editorial Jurídica Venezolana, Caracas, 2008, pp. 222 y ss.

27   Véase en http://www.tsj.gov.ve/decisiones/scon/Julio/1049-23709-2009-04-2233.html

supuesto, un tema de orden político constitucional, considerado en el mundo contemporáneo como uno de los elementos esenciales de la democracia. Esta, en efecto, no es solo elección y contiendas electorales, sino un sistema político de interrelación y alianza global entre los gobernados que eligen y los gobernantes electos, dispuesto para garantizar, por una parte, primero, que los representantes sean elegidos por el pueblo, y que puedan gobernar representándolo; segundo, que el ciudadano, además, pueda tener efectiva participación política no limitada a la sola elección periódica; tercero, por sobre todo, un sistema donde el ser humano tiene primacía con él, su dignidad, sus derechos y sus libertades; cuarto, que el ejercicio del poder esté sometido a control efectivo, de manera que los gobernantes y gestores públicos sean controlados, rindan cuenta de su gestión y pueda hacérselos responsables; y quinto, como condición para todas esas garantías, que la organización del Estado esté realmente estructurada conforme a un sistema de separación de poderes, con la esencial garantía de su independencia y autonomía, particularmente del poder judicial.[28]

La Carta Interamericana de Derechos Humanos de 2001, que es quizás uno de los instrumentos internacionales más importantes del mundo contemporáneo -aun cuando lamentablemente en desuso- en este sentido fue absolutamente precisa al enumerar dentro de los *elementos esenciales* de la democracia: primero, el respeto a los derechos humanos y las libertades fundamentales; segundo, el acceso al poder y su ejercicio con sujeción al Estado de Derecho; tercero, la celebración de elecciones periódicas, libres, justas y basadas en el sufragio universal y secreto, como expresión de la soberanía del pueblo; cuarto, el régimen plural de partidos y organizaciones políticas; y quinto, *la separación e independencia de los poderes públicos* (art. 3).

Concebida la democracia conforme a estos elementos esenciales, la misma Carta Democrática los complementa con la exigencia de unos componentes esenciales de la misma, todos vinculados al control del poder, que son la transparencia de las actividades gubernamentales, la probidad y la responsabilidad de los gobiernos en la gestión pública; el respeto de los derechos sociales y de la libertad de expresión y de prensa; la subordinación constitucional de todas las instituciones del Estado, incluyendo el componente militar, a la

---

28    Véase Allan R. Brewer-Carías, "Los problemas del control del poder y el autoritarismo en Venezuela", en Peter Häberle y Diego García Belaúnde (coordinadores), *El control del poder. Homenaje a Diego Valadés,* Instituto de Investigaciones Jurídicas, Universidad Nacional Autónoma de México, tomo I, México, 2011, pp. 159-188; "Sobre los elementos de la democracia como régimen político: representación y control del poder", en *Revista Jurídica Digital IUREced,* Edición 01, Trimestre 1, 2010-2011, en http://www.megaupload.com/?d=ZN9Y2W1R ; "Democracia: sus elementos y componentes esenciales y el control del poder", en *Grandes temas para un observatorio electoral ciudadano,* tomo I,, *Democracia: retos y fundamentos, (compiladora Nuria González Martín),* Instituto Electoral del Distrito Federal, México 2007, pp. 171-220; "Los problemas de la gobernabilidad democrática en Venezuela: el autoritarismo constitucional y la concentración y centralización del poder", en Diego Valadés (coord.), *Gobernabilidad y constitucionalismo en América Latina,* Universidad Nacional Autónoma de México, México, 2005, pp. 73-96.

188 ALLAN R. BREWER-CARÍAS

autoridad civil legalmente constituida, y el respeto al Estado de Derecho por todas las entidades y sectores de la sociedad (art. 4).

Por todo ello es que el principio de la separación de poderes es tan importante para la democracia pues, en definitiva, del mismo dependen todos los demás elementos y componentes esenciales de la misma, de manera que, en definitiva, solo controlando el poder es que puede haber elecciones libres y justas, así como efectiva representatividad; solo controlando el poder es que puede haber pluralismo político; solo controlando el poder es que podría haber efectiva participación democrática en la gestión de los asuntos públicos; solo controlando el poder es que puede haber transparencia administrativa en el ejercicio del gobierno, así como rendición de cuentas por parte de los gobernantes; solo controlando el poder es que se puede asegurar un gobierno sometido a la Constitución y las leyes, es decir, un Estado de Derecho y la garantía del principio de legalidad; solo controlando el poder es que puede haber un efectivo acceso a la justicia de manera que esta pueda funcionar con efectiva autonomía e independencia; y en fin, solo controlando el poder es que puede haber real y efectiva garantía de respeto a los derechos humanos. De lo anterior resulta, por tanto, que solo cuando existe un sistema de control efectivo del poder es que puede haber democracia, y solo en esta es que los ciudadanos pueden encontrar asegurados sus derechos debidamente equilibrados con los Poderes Públicos.

No es difícil, por tanto, poder apreciar que haya sido precisamente por la ausencia de una efectiva separación de poderes en Venezuela, como sistema de control del poder, que la democracia haya sido tan afectada en los últimos tres lustros, período en el cual se ha producido un proceso continuo y sistemático de desmantelamiento de la misma,[29] mediante el proceso paralelo de concentración del poder, y que ha conducido, entre otro aspectos graves, al desmantelamiento de la autonomía e independencia del Poder Judicial en su conjunto,[30] y en particular, al control político por parte del Poder Ejecutivo del Tribunal Supremo y de su Sala Constitucional, los cuales han sido puestos

---

29 Véase Allan R. Brewer-Carías, *Dismantling Democracy. The Chávez Authoritarian Experiment*, Cambridge University Press, New York, 2010.

30 Véase, *en general*, Allan R. Brewer-Carías, "La progresiva y sistemática demolición de la autonomía e independencia del Poder Judicial en Venezuela (1999-2004)", en *XXX Jornadas J.M. Domínguez Escovar, Estado de Derecho, Administración de Justicia y Derechos Humanos*, Instituto de Estudios Jurídicos del Estado Lara, Barquisimeto, 2005, pp. 33-174; Allan R. Brewer-Carías, "El constitucionalismo y la emergencia en Venezuela: entre la emergencia formal y la emergencia anormal del Poder Judicial", en Allan R. Brewer-Carías, *Estudios sobre el Estado Constitucional (2005-2006)*, Editorial Jurídica Venezolana, Caracas, 2007, pp. 245-269; y Allan R. Brewer-Carías, "La justicia sometida al poder. La ausencia de independencia y autonomía de los jueces en Venezuela por la interminable emergencia del Poder Judicial (1999-2006)", en *Cuestiones Internacionales. Anuario Jurídico Villanueva 2007*, Centro Universitario Villanueva, Marcial Pons, Madrid 2007, pp. 25-57, *disponible en* www.allanbrewercarias.com, (Biblioteca Virtual, II.4. Artículos y Estudios N° 550, 2007) pp. 1-37. Véase también Allan R. Brewer-Carías, *Historia Constitucional de Venezuela*, Editorial Alfa, tomo II, Caracas 2008, pp. 402-454.

al servicio del autoritarismo,[31] afectando su rol de garantes de la Constitución y de los derechos humanos.[32]

La propia Comisión Interamericana de Derechos Humanos ha destacado la gravedad del problema, al punto de que en su *Informe Anual de 2009*, después de analizar la situación de los derechos humanos en Venezuela y el deterioro institucional que ha sufrido el país, apuntó que todo ello "indica *la ausencia de la debida separación e independencia entre las ramas del gobierno en Venezuela*".[33]

Esa situación general es, por otra parte, la que permite entender que haya sido la propia presidenta de la Sala Constitucional del Tribunal Supremo de Venezuela, quien haya afirmado a la prensa en diciembre de 2009, simplemente que "la división de poderes debilita al Estado", y que "hay que reformarla".[34]

La situación que derivaba de esta afirmación, y constatado el efectivo desmantelamiento del principio de separación de poderes que se ha producido en el país durante el régimen autoritario, llevó a Gustavo Tarre Briceño, en su libro sobre *Sólo el Poder detiene al Poder. La teoría de la separación de los poderes y su aplicación en Venezuela*, a indicar y preguntarse:

31 Véase Allan R. Brewer-Carías, "El rol del Tribunal Supremo de Justicia en Venezuela, en el marco de la ausencia de separación de poderes, producto del régimen autoritario", en *Segundo Congreso Colombiano de Derecho Procesal Constitucional, Bogotá D.C., 16 de marzo de 2011*, Centro Colombiano de Derecho Procesal Constitucional, Universidad Católica de Colombia, Bogotá, 2011, pp. 85-111; "El juez constitucional al servicio del autoritarismo y la ilegítima mutación de la Constitución: el caso de la Sala Constitucional del Tribunal Supremo de Justicia de Venezuela (1999-2009)", en *Revista de Administración Pública*, N° 180, Madrid 2009, pp. 383-418, y en IUSTEL, *Revista General de Derecho Administrativo*, N° 21, junio 2009, Madrid, ISSN-1696-9650; y "Los problemas del control del poder y el autoritarismo en Venezuela", en Peter Häberle y Diego García Belaúnde (coordinadores), *El control del poder. Homenaje a Diego Valadés*, Instituto de Investigaciones Jurídicas, Universidad Nacional Autónoma de México, tomo I, México, 2011, pp. 159-188.

32 Véase Allan R. Brewer-Carías, "El proceso constitucional de amparo en Venezuela: su universalidad y su inefectividad en el régimen autoritario", en *Horizontes Contemporáneos del Derecho Procesal Constitucional. Liber Amicorum Néstor Pedro Sagüés*, Centro de Estudios Constitucionales del Tribunal Constitucional, Lima, 2011, tomo II, pp. 219-261.

33 Véase IACHR, *2009 Annual Report*, para. 472, en http://www.cidh.oas.org/annualrep/2009eng/Chap.IV.f.eng.htm. El presidente de la Comisión, Felipe González, dijo en abril de 2010: "Venezuela es una democracia que tiene graves limitaciones, porque la democracia implica el funcionamiento del principio de separación de poderes, y un Poder Judicial libre de factores políticos". Véase en Juan Francisco Alonso, "Últimas medidas judiciales certifican informe de la CIDH", en *El Universal*, 4-4-2010. Disponible en http://universo.eluniversal.com/2010/04/04/pol_art_ultimas-medidas-jud_1815569.shtml.

34 Véase en Juan Francisco Alonso, "La división de poderes debilita al Estado. La presidenta del TSJ [Luisa Estela Morales] afirma que la Constitución hay que reformarla", *El Universal*, Caracas 5 de diciembre de 2009, en http://www.eluniversal.com/2009/12/05/pol_art_morales:-la-divisio_1683109.shtml. Véase la exposición completa de la presidenta del Tribunal Supremo en http://www.tsj.gov.ve/informacion/notasde prensa/notasdeprensa.asp?codigo=7342

"El Estado soy yo', se dice que dijo Luis XIV al Parlamento de París el 13 de abril de 1655. ¿Podría Hugo Chávez haber dicho lo mismo en el año 2012, antes de enfermar?", respondiendo que *"L'État c'est moi,* podía decir sin alejarse de la verdad, Hugo Chávez Frías."[35]

Y efectivamente, la apreciación de Tarre no está nada alejada de la realidad histórica, ya que un año antes de que la presidenta del Tribunal Supremo hiciese sus desafortunadas apreciaciones, en agosto de 2008, el entonces presidente Chávez había afirmado, al referirse a los decretos leyes que había dictado conforme a la ley habilitante de 2007, implementando en forma inconstitucional la reforma constitucional que había sido rechazada por el pueblo en referendo de diciembre de 2007, efectiva y simplemente: "Yo soy la *Ley. Yo soy el Estado",*[36] repitiendo incluso las mismas frases que él mismo ya había dicho en 2001, aun cuando con un pequeño giro -entonces dijo *"La Ley soy yo. El Estado soy yo"*[37]- al referirse también en aquella oportunidad a la sanción inconsulta de cerca de 50 decretos leyes violando la Constitución. Esas frases, se atribuyeron en 1661 a Luis XIV para calificar el gobierno absoluto de la monarquía cuando, a la muerte del cardenal Gulio Raimondo Mazarino, el rey decidió asumir él mismo el gobierno sin nombrar un sustituto como ministro de Estado. Pero la verdad histórica, lo que hace aún más grotescas las afirmaciones del presidente Chávez, es que ni siquiera Luis XIV llegó realmente a expresar esas frases que buscaban solo resumir su decisión de gobernar sin el apoyo de un primer ministro.[38] Por ello, haberlas oírlo de boca de un jefe de Estado de nuestros tiempos es suficiente para entender la trágica situación institucional de Venezuela, precisamente caracterizada por la completa ausencia de separación de poderes, de independencia y autonomía del Poder Judicial y, en consecuencia, de gobierno democrático.[39]

---

35    Véase Gustavo Tarre Briceño, *Sólo el Poder detiene al Poder. La teoría de la separación de los poderes y su aplicación en Venezuela*, Colección Estudios Jurídicos N° 102, Editorial Jurídica Venezolana, Caracas 2014.

36    Expresión del presidente Hugo Chávez Frías, el 28 de agosto de 2008. Ver en Gustavo Coronel, *Las armas de coronel*, 15 de octubre de 2008: http://lasarmasdecoronel.blog-spot.com/2008/10/yo-soy-la-leyyo-soy-el-estado.html

37    Véase en *El Universal,* Caracas 4–12–01, pp. 1,1 y 2,1. Es también lo único que puede explicar que un jefe de Estado en 2009 pueda calificar a "la democracia representativa, la división de poderes y el gobierno alternativo" como doctrinas que "envenenan la mente de las masas". Véase la reseña sobre "Hugo Chávez seeks to catch them young", *The Economist,* 22-28 de agosto 2009, p. 33.

38    Véase Yves Guchet, *Histoire Constitutionnelle Française (1789–1958),* Ed. Erasme, París 1990, p. 8.

39    Véase el resumen de esta situación en Teodoro Petkoff, "Election and Political Power. Challenges for the Opposition", en *ReVista. Harvard Review of Latin America*, David Rockefeller Center for Latin American Studies, Harvard University, Fall 2008, p. 12. Véase además, Allan R. Brewer-Carías, "Los problemas de la gobernabilidad democrática en Venezuela: el autoritarismo constitucional y la concentración y centralización del poder", en Diego Valadés (coord.),

3. *El progresivo proceso de aseguramiento del control político sobre el Tribunal Supremo de Justicia*

Al contrario de lo afirmado por la presidenta del Tribunal Supremo en 2009, y desde el punto de vista democrático, lo que hay que hacer con el principio de la separación de poderes es reforzarlo, no para debilitar al Estado, sino para garantizar la propia democracia, los derechos humanos y las libertades. Sin embargo, que hubiese sido la presidenta del Tribunal Supremo quien afirmase lo contrario lo que puso en evidencia es que, ya a finales de 2009, el sometimiento de dicho Tribunal al control político por parte del Ejecutivo se había completado en Venezuela, habiendo sido convertido el Poder Judicial en el instrumento esencial para el afianzamiento del autoritarismo.

Por ello, el Estado venezolano que ha derivado del experimento autoritario de los últimos tres lustros, a pesar de todo el lenguaje florido de la Constitución, no puede calificarse como un Estado democrático y social de Derecho, denominación que se tiene que negar a cualquier Estado en el cual el Tribunal Supremo carece de autonomía e independencia y está sometido a los dictados de los otros poderes del Estado, como la Asamblea Nacional o el Poder Ejecutivo. Simplemente, no puede haber Estado de Derecho en un país en el cual el Tribunal Supremo, al estar controlado políticamente, se convierte en un instrumento más para la ejecución de la política diseñada por los otros poderes. Y lamentablemente este es el caso de Venezuela, donde el Tribunal Supremo de Justicia, en lugar de ser el garante del Estado de Derecho y de contribuir al afianzamiento de la democracia y las libertades, ha sido el instrumento más artero utilizado por quienes ejercen el poder político para afianzar el autoritarismo, desmantelar la democracia como régimen político y acabar con el propio Estado de Derecho,[40] habiéndose convertido en un brazo del gobierno para la ejecución de políticas autoritarias.

Este proceso de control político sobre el Tribunal Supremo desarrollado en la última década en Venezuela, tiene su origen remoto en 1998 y 1999, cuando el presidente de la República comenzó a ejercer su indebida presión sobre la entonces Corte Suprema de Justicia para que decidiera permitiendo la realización de un referendo consultivo para elegir una Asamblea Constituyente que no estaba prevista en la Constitución, con lo cual, luego de unas ambiguas decisiones dictadas en enero de 1999, se abrió el camino para el proceso

---

*Gobernabilidad y constitucionalismo en América Latina*, Universidad Nacional Autónoma de México, México, 2005, pp. 73-96.

40   Véase Allan R. Brewer-Carías, "El rol del Tribunal Supremo de Justicia en Venezuela, en el marco de la ausencia de separación de poderes, producto del régimen autoritario", en *Segundo Congreso Colombiano de Derecho Procesal Constitucional, Bogotá D.C., 16 de marzo de 2011*, Centro Colombiano de Derecho Procesal Constitucional, Universidad Católica de Colombia, Bogotá 2011, pp. 85-111.

constituyente,[41] con el cual se comenzó el proceso de desmantelamiento de la propia democracia en el país

La Asamblea Constituyente que resultó electa de aquel proceso, lamentablemente, fue la que inició el proceso de demolición precisamente del principio de la separación de poderes, y con ello de las instituciones judiciales y del Estado de Derecho,[42] con la intervención expresa del Poder Judicial,[43] siendo el resultado, luego de tres largos lustros, que el país se encuentra sometido a un gobierno autoritario donde, si bien ha habido elecciones, aun cuando de dudosa libertad, sin embargo, no está asegurado el respeto de los derechos humanos y de las libertades fundamentales; ni la existencia de un régimen plural de partidos y organizaciones políticas; ni la separación e independencia de los poderes públicos; ni la transparencia de las actividades gubernamentales; ni la probidad y responsabilidad en la gestión pública; ni la libertad de expresión y de prensa; y ni siquiera la subordinación de las instituciones del Estado a la autoridad civil, pues lo que existe en definitiva es un régimen militar.

Y todo ello, lamentablemente, con el consentimiento y complicidad de la antigua Corte Suprema. Todos estos actos de la Asamblea Constituyente fueron impugnados ante la mencionada y sometida antigua Corte Suprema, la cual, en una altamente criticada decisión dictada el 14 de octubre de 1999,[44]

---

41 Véase el texto de las sentencias en Allan R. Brewer-Carías, *Poder Constituyente Originario y Asamblea Nacional Constituyente*, Editorial Jurídica Venezolana, Caracas, 1998, pp. 25 a 53; y véanse los comentarios a dichas sentencias en ese mismo libro, pp. 55 a 114 y en Allan R. Brewer-Carías, *Asamblea Constituyente y ordenamiento constitucional*, Academia de Ciencias Políticas y Sociales, Caracas, 1998, pp. 153 a 228. Igualmente en *Revista de Derecho Público*, N° 77–80, Editorial Jurídica Venezolana, Caracas 1999, pp. 56 y ss. y 68 y ss. Véase Allan R. Brewer-Carías, "La configuración judicial del proceso constituyente o de cómo el guardián de la Constitución abrió el camino para su violación y para su propia extinción", en *Revista de Derecho Público*, N° 77–80, Editorial Jurídica Venezolana, Caracas, 1999, pp. 453 y ss.; y *Golpe de Estado y proceso constituyente en Venezuela*, UNAM, México, 2001, pp. 60 y ss.

42 Véase en general Allan R. Brewer-Carías, "El autoritarismo establecido en fraude a la Constitución y a la democracia y su formalización en Venezuela mediante la reforma constitucional. (De cómo en un país democrático se ha utilizado el sistema eleccionario para minar la democracia y establecer un régimen autoritario de supuesta 'dictadura de la democracia' que se pretende regularizar mediante la reforma constitucional)" en el libro *Temas constitucionales. Planteamientos ante una Reforma*, Fundación de Estudios de Derecho Administrativo, FUNEDA, Caracas, 2007, pp. 13-74; "La demolición del Estado de Derecho en Venezuela. Reforma Constitucional y fraude a la Constitución (1999-2009)", en *El cronista del Estado Social y Democrático de Derecho*, N° 6, Editorial Iustel, Madrid, 2009, pp. 52-61.

43 El 19 de agosto de 1999, la Asamblea Nacional Constituyente resolvió declarar "al Poder Judicial en emergencia", *Gaceta Oficial* N° 36.772 del 25 de agosto de 1999, reimpreso en *Gaceta Oficial* N° 36.782 del 8 de septiembre de 1999. Véase en Allan R. Brewer-Carías, *Debate Constituyente*, tomo I, *ob. cit.*, pp. 57 a 73; y en *Gaceta Constituyente (Diario de Debates), agosto–septiembre de 1999*, Sesión del 18 de agosto de 1999, N° 10, pp. 17 a 22. Véase el texto del decreto en *Gaceta Oficial* N° 36.782 del 8 de septiembre de 1999.

44 Véase sentencia en el caso: *Impugnación del Decreto de Regulación de las Funciones del Poder Legislativo*, en *Revista de Derecho Público*, N° 77–80, Editorial Jurídica Venezolana, Caracas 1999, pp. 111 y ss.

avaló la constitucionalidad de los mismos reconociendo supuestos poderes "supraconstitucionales" de la Asamblea Constituyente. Era, sin duda, la única forma que tenía la Corte Suprema para justificar la inconstitucional intervención de los Poderes Públicos y, por tanto, el inicio de la ruptura del principio de la separación de poderes, decisión por lo cual dicha Corte habría de pagar un muy alto precio, como fue el de su propia existencia. Con esas decisiones, en realidad, la antigua Corte Suprema había firmado su propia sentencia de muerte, desapareciendo del panorama institucional dos meses después, como la primera de las víctimas del gobierno autoritario al cual había ayudado a apoderarse del poder.[45]

Luego vino el nombramiento de los magistrados del nuevo Tribunal Supremo de Justicia que efectuó la propia Asamblea Constituyente en diciembre de 1999, al dictar el mencionado régimen transitorio del Poder Público al margen de la Constitución, respecto del cual la propia Sala Constitucional nombrada en el mismo, decidiendo en causa propia, consideró que no estaba sometido ni a la nueva ni a la vieja Constitución,[46] dando como resultado una especie de régimen "paraconstitucional" que pasó a formar parte del "bloque de la constitucionalidad", a pesar de que nunca fue aprobado por el pueblo,[47] y con el cual se procedió a comenzar el desmantelamiento progresivo de la democracia con el control político del Tribunal Supremo.

Luego, en 2000, la Asamblea Nacional, en lugar de legislar para regularizar el nombramiento de los magistrados que habían sido designados en diciembre de 1999 en forma "provisional", dictó una "Ley Especial" tendiente a su ratificación o designación,[48] la cual, por ser inconstitucional, por violar el derecho a la participación política de los ciudadanos, fue impugnada ante el Tribunal Supremo por la defensora del pueblo,[49] acción que nunca se decidió. La Sala Constitucional, sin embargo, por vía cautelar decidió en su propia causa, resolviendo que la Constitución no les era aplicable porque supuestamente los magistrados decisores no iban a ser "designados", sino que lo que iban era a ser "ratificados", forjándose así una grotesca burla a la Constitución.[50]

45    Véase el "Decreto de Transición del Poder Público" en *Gaceta Oficial* N° 36.859 de 29 de diciembre de 1999.

46    Véase sentencia N° 6 de fecha 27 de enero de 2000, en *Revista de Derecho Público*, N° 81, (enero-marzo), Editorial Jurídica Venezolana, Caracas, 2000, pp. 81 y ss.

47    Véase sentencia del 28 de marzo de 2000, caso: *Allan R. Brewer-Carías y otros*, en *Revista de Derecho Público*, N° 81, (enero-marzo), Editorial Jurídica Venezolana, Caracas, 2000, p. 86.

48    *Gaceta Oficial* N° 37.077 del 14 de noviembre de 2000.

49    Véase *El Universal*, Caracas, 14 de diciembre de 2000, pp. 1-2.

50    Véase Tribunal Supremo de Justicia, Sala Constitucional, Decisión del 12-12-2000 en *Revista de Derecho Público*, N° 84, Editorial Jurídica Venezolana, Caracas, 2000, p. 109. Véanse comentarios en Allan R. Brewer-Carías, "La participación ciudadana en la designación de los titulares de los órganos no electos de los Poderes Públicos en Venezuela y sus vicisitudes políticas" en *Revista Iberoamericana de Derecho Público y Administrativo*, año 5, N° 5-2005, San José,

En esa forma se produjo el nombramiento y ratificación de los magistrados del Tribunal Supremo de Justicia en 2000, con una integración precariamente equilibrada con marcada influencia política, que lo tornó inefectivo en el control de la constitucionalidad de los actos ejecutivos. Ello se evidenció en la abstención total del Tribunal Supremo, hasta 2014, en el ejercicio del control de constitucionalidad, por ejemplo, de los casi 50 decretos leyes dictados en noviembre de 2001 con base en una ley habilitante sancionada en 2000, excediendo los términos de la delegación legislativa y violando el derecho a la participación de los ciudadanos en el proceso de elaboración y discusión de las leyes; precisamente los que llevaron a Chávez a afirmar que él era "la ley".[51]

Luego vino la sanción de la Ley Orgánica del Tribunal Supremo de Justicia de 2004,[52] la cual no solo incidió sobre la estabilidad de los magistrados, abriendo la posibilidad para su destitución por decisión de la mayoría absoluta de los diputados en lugar de la mayoría calificada exigida en la Constitución, sino también en su designación, elevándose su número de 20 a 32, distorsionándose las condiciones constitucionales para el nombramiento; que la Comisión Interamericana de Derechos Humanos consideró que carecía "de las salvaguardas necesarias para impedir que otras ramas del Poder Público pudieran minar la independencia del Tribunal".[53] Y ello se evidenció en el nombramiento de los magistrados en un proceso que fue completamente controlado por el presidente de la República, dado su control de la Asamblea, como lo reconoció públicamente el presidente de la Comisión Parlamentaria para la selección de los magistrados, al punto de afirmar públicamente en 2004, además, que "En el grupo de postulados no hay nadie que vaya a actuar contra nosotros".[54]

---

Costa Rica, 2005, pp. 76-95, *disponible* en www.allanbrewercarias.com (Biblioteca Virtual, II.4. Artículos y Estudios N° 469, 2005) pp. 1-48.

51   Véase Allan R. Brewer-Carías, "Apreciación general sobre los vicios de inconstitucionalidad que afectan los Decretos Leyes Habilitados" en *Ley Habilitante del 13-11-2000 y sus Decretos Leyes*, Academia de Ciencias Políticas y Sociales, Serie Eventos N° 17, Caracas, 2002, pp. 63-103.

52   Véase *Gaceta Oficial* N° 37.942 del 20 de mayo de 2004. Para los comentarios sobre esta ley, véase, en general, Allan R. Brewer-Carías, *Ley Orgánica del Tribunal Supremo de Justicia. Procesos y procedimientos constitucionales y contencioso-administrativos*, Editorial Jurídica Venezolana, Caracas, 2004.

53   Véase IACHR, *2004 Annual Report* (Follow-Up Report on Compliance by the State of Venezuela with the Recommendations made by the IACHR in its Report on the Situation of Human Rights in Venezuela [2003]), para. 174. Available at http://www.cidh.oas.org/annualrep/2004eng/chap.5b.htm

54   Declaró a la prensa: "Si bien los diputados tenemos la potestad de esta escogencia, el Presidente de la República fue consultado y su opinión fue tomada muy en cuenta". Añadió: "Vamos a estar claros, nosotros no nos vamos a meter autogoles. En la lista había gente de la oposición que cumplen con todos los requisitos. La oposición hubiera podido usarlos para llegar a un acuerdo en las últimas sesiones, pero no quisieron. Así que nosotros no lo vamos a hacer por ellos. En el grupo de postulados no hay nadie que vaya a actuar contra nosotros". Véase *El Nacional*, Caracas, 13 de diciembre de 2004. La Comisión Interamericana de Derechos Humanos sugirió en su Informe a la Asamblea General de la OEA para 2004 que "estas normas de la Ley Orgánica del

Ha sido esa configuración del Tribunal Supremo, altamente politizada y sujeta a los deseos del Presidente, lo que ha permitido la completa eliminación de la autonomía del Poder Judicial, y por ende, la destrucción del principio de la separación de poderes, permitiendo al gobierno ejercer un control absoluto sobre el Tribunal y, en particular, sobre su Sala Constitucional.

4. *El Tribunal Supremo de Justicia como instrumento para el control político de otros Poderes del Estado*

En el rol jugado por el Tribunal Supremo de Justicia en el proceso de desmantelamiento de la separación de poderes y del Estado de Derecho en Venezuela, debe mencionarse en particular cómo la Sala Constitucional ha sido el vehículo utilizado por el gobierno para secuestrar y tomar control directo de otras ramas del Poder Público.

Así sucedió, por ejemplo, con el Poder Electoral, que en Venezuela se concibe como uno de los poderes del Estado en la penta división de poderes que establece la Constitución (Poderes Ejecutivo, Legislativo, Judicial, Electoral y Ciudadano). Esto comenzó en 2002, después de la sanción de la Ley Orgánica del Poder Electoral,[55] cuando la Sala Constitucional, al declarar sin lugar un recurso de inconstitucionalidad que había ejercido el propio presidente Chávez contra una Disposición Transitoria de dicha Ley Orgánica, en un *obiter dictum* consideró que dicha ley era "inaplicable" al entonces en funciones Consejo Nacional Electoral en materia de quórum para decidir, impidiéndosele entonces a dicho órgano poder tomar decisión alguna, al considerar que debía hacerlo con una mayoría calificada de 4/5 que no estaba prevista en la ley (la cual disponía la mayoría de 3/5). Para ello, la Sala "revivió" una previsión que estaba en el derogado Estatuto Electoral transitorio que se había dictado en 2000 solo para regir las elecciones de ese año, y que ya estaba inefectivo.[56] Con ello, por la composición de entonces del Consejo Nacional Electoral, la Sala Constitucional impidió que dicho órgano funcionara y entre otras tareas que pudiera, por ejemplo, darle curso a la iniciativa popular, que ya estaba en desarrollo, de más de tres millones de firmas de convocar un referendo consultivo sobre la revocación del mandato del Presidente de la República.

En todo caso, ello significó, en la práctica, la parálisis total y absoluta del Poder Electoral, lo que se consolidó por decisión de otra Sala del Tribunal Supremo, la Sala Electoral, primero, impidiendo que uno de los miembros del Consejo pudiese votar,[57] y segundo, anulando la convocatoria que había

---

Tribunal Supremo de Justicia habrían facilitado que el Poder Ejecutivo manipulara el proceso de elección de magistrados llevado a cabo durante 2004". Véase Comisión Interamericana de Derechos Humanos, *Informe sobre Venezuela 2004*, párrafo 180.

55   Véase en *Gaceta Oficial* N° 37.573 de 19-11-2002.

56   Véase Sentencia N° 2747 de 7 de noviembre de 2002 (Exp. 02-2736).

57   Véase Sentencia N° 3 de 22 de enero de 2003 (Caso: *Darío Vivas y otros*). Véase en Allan R. Brewer-Carías, "El secuestro del Poder Electoral y de la Sala Electoral del Tribunal Supremo y

hecho el Consejo para un referendo consultivo sobre la revocación del mandato del presidente.[58]

La respuesta popular a estas decisiones, sin embargo, fue una nueva iniciativa respaldada también por tres millones y medio de firmas para la convocatoria de un nuevo referendo revocatorio del mandato del presidente de la República, para cuya realización resultaba indispensable designar los nuevos miembros del Consejo Nacional Electoral. La bancada oficialista en la Asamblea Nacional no pudo hacer por sí sola dichas designaciones, pues en aquel entonces no controlaba la mayoría de los 2/3 de los diputados que se requerían para ello, por lo que ante la imposibilidad o negativa de llegar a acuerdos con la oposición, y ante la perspectiva de que no se nombraran los miembros del Consejo Nacional Electoral, la vía que se utilizó para lograrlo, bajo el total control del gobierno, fue que la Sala Constitucional lo hiciera.

Para ello, se utilizó la vía de decidir un recurso de inconstitucionalidad contra la omisión legislativa en hacer las designaciones, que se había intentado, de manera que al decidir el recurso, la Sala, en lugar de exhortar a la Asamblea Nacional para que hiciera los nombramientos como correspondía, procedió a hacerlo directamente, usurpando la función del legislador, y peor aún, sin cumplir con las condiciones constitucionales requeridas para hacer los nombramientos.[59] Con esta decisión, la Sala Constitucional le aseguró al gobierno el completo control del Consejo Nacional Electoral, secuestrando a la vez el derecho ciudadano a la participación política y permitiendo al partido de gobierno manipular los resultados electorales.

La consecuencia de todo ello ha sido que las elecciones que se han celebrado en Venezuela durante la última década han sido organizadas por una rama del Poder Público supuestamente independiente pero tácticamente controlada por el gobierno, totalmente parcializada. Esa es la única explicación que se puede dar, por ejemplo, al hecho de que aún hoy día se desconozca cuál fue el resultado oficial de la votación efectuada en el referendo aprobatorio de 2007 mediante el cual el pueblo rechazó la reforma constitucional propuesta por el presidente de la República. Ello es igualmente lo que explica

---

la confiscación del derecho a la participación política mediante el referendo revocatorio presidencial: Venezuela: 2000-2004", en *Revista Costarricense de Derecho Constitucional,* tomo V, Instituto Costarricense de Derecho Constitucional, Editorial Investigaciones Jurídicas S.A., San José, 2004, pp. 167-312.

58    Véase Sentencia Nº 32 de 19 de marzo de 2003 (Caso: *Darío Vivas y otros*). Véase Allan R. Brewer-Carías, en "El secuestro del Poder Electoral y la confiscación del derecho a la participación política mediante el referendo revocatorio presidencial: Venezuela 2000-2004" en *Revista Jurídica del Perú*, año LIV, Nº 55, Lima, marzo-abril 2004, pp. 353-396.

59    Sentencia Nº 2073 de 4 de agosto de 2003 (Caso: *Hermann Escarrá Malavé y otros*); y sentencia Nº 2341 del 25 de agosto de 2003 (Caso: *Hemann Escarrá y otros*). Véase en Allan R. Brewer-Carías, "El secuestro del Poder Electoral y la confiscación del derecho a la participación política mediante el referendo revocatorio presidencial: Venezuela 2000-2004", en *Stvdi Vrbinati, Rivista trimestrale di Scienze Giuridiche, Politiche ed Economiche*, año LXXI – 2003/04 Nuova Serie A – N. 55,3, Università degli studi di Urbino, pp. 379-436.

que se pudiera sancionar la Ley Orgánica de los Procesos Electorales en 2008 para materialmente, en fraude a la Constitución, eliminar la representación proporcional en la elección de los diputados a la Asamblea Nacional, al punto de que en las últimas elecciones legislativas de septiembre de 2010, con una votación inferior al cincuenta por ciento de los votos, el partido oficial obtuviera casi los 2/3 de diputados a la Asamblea Nacional.

En este contexto de sujeción política, la Sala Constitucional del Tribunal Supremo, desde 2000, por otra parte, lejos de actuar como guardián de la Constitución, ha sido el instrumento más importante del gobierno autoritario para mutar ilegítimamente la Constitución,[60] imponiendo interpretaciones inconstitucionales,[61] no solo sobre sus propios poderes de control,[62] sino en materias sustantivas, sin estar sometida a control alguno.[63]

En este aspecto, uno de los instrumentos más letales utilizados para distorsionar la Constitución ha sido la "invención" de una acción directa para la interpretación abstracta de la Constitución, que es un medio procesal constitucional creado por la propia Sala Constitucional sin fundamento en la Cons-

---

60    Véase en general sobre el tema, Allan R. Brewer-Carías, "El juez constitucional al servicio del autoritarismo y la ilegítima mutación de la Constitución: el caso de la Sala Constitucional del Tribunal Supremo de Justicia de Venezuela (1999-2009)", en *Revista de Administración Pública*, N° 180, Madrid, 2009, pp. 383-418; "La fraudulenta mutación de la Constitución en Venezuela, o de cómo el juez constitucional usurpa el poder constituyente originario", en *Anuario de Derecho Público*, Centro de Estudios de Derecho Público de la Universidad Monteávila, año 2, Caracas, 2009, pp. 23-65; "La ilegítima mutación de la Constitución por el juez constitucional y la demolición del Estado de Derecho en Venezuela", en *Revista de Derecho Político*, N° 75-76, Homenaje a Manuel García-Pelayo, Universidad Nacional de Educación a Distancia, Madrid, 2009, pp. 289-325; "El juez constitucional al servicio del autoritarismo y la ilegítima mutación de la Constitución: el caso de la Sala Constitucional del Tribunal Supremo de Justicia de Venezuela (1999-2009)", en IUSTEL, *Revista General de Derecho Administrativo*, N° 21, junio 2009, Madrid, ISSN-1696-9650.

61    Véase Allan R. Brewer-Carías, *"Crónica sobre la "In" Justicia Constitucional. La Sala Constitucional y el autoritarismo en Venezuela*, Editorial Jurídica Venezolana, Caracas 2007.

62    La Sala Constitucional ha venido asumiendo y autoatribuyéndose competencias no previstas en la Constitución, no solo en materia de interpretación constitucional al crearse el recurso autónomo de interpretación abstracta de la Constitución, sino en relación con los poderes de revisión constitucional de cualquier sentencia dictada por cualquier tribunal, incluso por las otras Salas del Tribunal Supremo de Justicia; con los amplísimos poderes de avocamiento en cualquier causa; con los supuestos poderes de actuación de oficio no autorizados en la Constitución; con los poderes de solución de conflictos entre las Salas; con los poderes de control constitucional de las omisiones del legislador; con la restricción del poder de los jueces de ejercer el control difuso de la constitucionalidad de las leyes; y con la asunción del monopolio de interpretar los casos de prevalencia en el orden interno de los tratados internacionales en materia de derechos humanos. Véase además, en *Crónica sobre la "In" Justicia Constitucional. La Sala Constitucional y el autoritarismo en Venezuela*, Colección Instituto de Derecho Público, Universidad Central de Venezuela, N° 2, Caracas, 2007.

63    Véase Allan R. Brewer-Carías, *"Quis Custodiet ipsos Custodes*: De la interpretación constitucional a la inconstitucionalidad de la interpretación", en *VIII Congreso Nacional de Derecho Constitucional*, Fondo Editorial y Colegio de Abogados de Arequipa, Arequipa, Perú, 2005, 463-89; y *Crónica de la "In" Justicia constitucional: La Sala Constitucional y el autoritarismo en Venezuela*, Editorial Jurídica Venezolana, Caracas, 2007, pp. 11-44, 47-79.

titución y sin antecedentes en el derecho comparado.[64] Mediante este recurso, que puede ser interpuesto por cualquier persona con un mínimo interés, y también, muy convenientemente por el Abogado del Estado que está sujeto al Presidente (Procurador General de la República), la Sala Constitucional ha venido "reformando" en forma ilegítima la Constitución, e incluso ha venido implementando también en una forma ilegítima, las reformas constitucionales que propuso el Presidente en 2007 y que fueron rechazadas por el pueblo mediante referéndum.

La primera de todas las mutaciones constitucionales en el tiempo, realizada por la Sala Constitucional del Tribunal Supremo fue cuando decidió la acción de inconstitucionalidad interpuesta contra el Decreto de Transición del Poder Público dictado por la Asamblea Constituyente al margen de la voluntad popular, nombrando a los propios Magistrados del nuevo Tribunal Supremo de Justicia, quienes en lugar de inhibirse, pasaron a decidir en causa propia, apresuradamente, considerando el Decreto impugnado como "un acto de rango y naturaleza constitucional,"[65] y aceptando la existencia, no de uno, sino de dos regímenes constitucionales paralelos: uno aprobado por el pueblo y contenido en la Constitución de 1999; y otro, impuesto al pueblo por la Asamblea Constituyente, dictado con posterioridad a la aprobación popular de la Constitución. Con ello, el Tribunal Supremo abrió un largo e interminable periodo de inestabilidad e inseguridad constitucional que aún continúa once años después, socavando lo poco que queda de las ruinas del Estado de derecho.

Muchos otros casos pueden ilustrar este inconstitucional proceso de mutación constitucional, aun cuando sólo pueda en este documento referirme a algunos de ellos. Por ejemplo, ocurrió con el cambio de sentido que se hizo respecto del artículo 72 de la Constitución que regula el referendo revocatorio de mandatos de todos los cargos de elección popular. Dicha norma dispone que la revocatoria del mandato de funcionarios electos solicitada por iniciativa popular, se produce cuando en el referendo respectivo que se realice un número "*igual o mayor del número de electores* que eligieron al funcionario" vota a favor de la revocación.[66] Sin embargo, en una forma claramente in-

---

64 Véase Sentencia N° 1077 de la Sala Constitucional de 22-09-00, caso: *Servio Tulio León Briceño*. Véase en *Revista de Derecho Público*, N° 83, Caracas, 2000, pp. 247 y ss. Este criterio fue luego ratificado en sentencias de fecha 09-11-00 (N° 1347), 21-11-00 (N° 1387), y 05-04-01 (N° 457), entre otras. Véase Allan R. Brewer-Carías, "Le recours d'interprétation abstrait de la Constitution au Vénézuéla", en *Le renouveau du droit constitutionnel, Mélanges en l'honneur de Louis Favoreu*, Dalloz, Paris, 2007, pp. 61-70

65 Véase sentencia N° 4 de fecha 26 de enero de 2000, caso: *Eduardo García*, en *Revista de Derecho Público*, N° 81, Editorial Jurídica Venezolana, Caracas 2000, pp. 93 y ss.

66 Sentencia N° 2750 de 21 de octubre de 2003, Caso: *Carlos Enrique Herrera Mendoza, (Interpretación del artículo 72 de la Constitución (Exp. 03-1989). Sentencia N° 1139 de 5 de junio de 2002 (Caso: Sergio Omar Calderón Duque y William Dávila Barrios)* Véase en *Revista de Derecho Público*, N° 89-92, Editorial Jurídica Venezolana, Caracas 2002, p. 171. Criterio seguido en la sentencia N° 137 de 13-02-2003 (Caso: *Freddy Lepage Scribani y otros*) (Exp. 03-0287).

constitucional, en 2003, la Sala Constitucional convirtió dicho referendo "revocatorio" en un referendo "ratificatorio," al considerar que la revocación no se producía a pesar de que igual o mayor del número de electores que los que eligieron al funcionario votaran por la revocación, si en el referendo se depositaban más votos en contra de la revocación que a favor de la misma, en cuyo caso consideró la Sala que el funcionario antes que salir del cargo "debería seguir" en el mismo, "aunque votasen en su contra el número suficiente de personas para revocarle el mandato."[67]

Esta ilegítima mutación de la Constitución tuvo por supuesto un claro propósito, que fue el impedir que el mandato al Presidente de República, Hugo Chávez fuera revocado en 2004. Este había sido electo en agosto de 2000 con 3.757.774 votos, y n el referendo revocatorio de 2004, votaron por la revocación de su mandato 3.989.008 electores, por lo que constitucionalmente su mandato había quedado revocado automáticamente, *ex constitutione*. Sin embargo, como "por la no revocación" supuestamente habrían votado 5.800.629 de electores, el Consejo Nacional Electoral, conforme a la doctrina hecha a la medida del caso por la Sala Constitucional, decidió "ratificar" al Presidente de la República en su cargo hasta 2007.[68] Así, ilegítimamente, un referendo revocatorio fue transformado en un referendo ratificatorio o en un plebiscito que no existe en la Constitución.[69]

Otras mutaciones constitucionales ilegítimas no menos importantes han ocurrido en materia de protección de derechos humanos, también mediante sendas sentencias de la Sala Constitucional. En una de ellas, por ejemplo, la Sala Constitucional eliminó el rango supraconstitucional de los tratados internacionales en materia de derechos humanos establecido en el artículo 23 de la Constitución cuando contienen previsiones más favorables a su ejercicio que las establecidas en el derecho interno, al reservarse, a sí misma, la exclusiva competencia para decidir en la materia. Con esta mutación, además, la Sala implementó ilegítimamente una de las reformas constitucionales que había propuesto el Presidente en 2007 y que había sido rechazada por el pueblo.[70]

En otra decisión, a pesar de que el mismo artículo 23 de la Constitución dispone que los tratados internacionales en materia de derechos humanos son "de aplicación inmediata y directa por los tribunales y demás órganos del Poder Público," la misma Sala Constitucional, al contrario, les negó tal potestad

---

67    Sentencia N° 2750 de 21 de octubre de 2003 (Caso: *Carlos E. Herrera Mendoza, Interpretación del artículo 72 de la Constitución*). Véase *El Nacional*, Caracas, 28-08-2004, pp. A-1 y A-2.

68    Véase en *El Nacional*, Caracas, 28-08-2004, pp. A-1 y A-2.

69    Véase Allan R. Brewer-Carías, "La Sala Constitucional vs. el derecho ciudadano a la revocatoria de mandatos populares: de cómo un referendo revocatorio fue inconstitucionalmente convertido en un "referendo ratificatorio," in *Crónica sobre la "In" Justicia Constitucional. La Sala Constitucional y el autoritarismo en Venezuela*, Editorial Jurídica Venezolana, Caracas 2007, 349-78.

70    Véase sentencia N° 1.939 de 18 de diciembre de 2008 (Caso *Gustavo Álvarez Arias y otros*) Véase en http://www.tsj.gov.ve/decisiones/scon/Diciembre/1939-181208-2008-08-1572.html

a los tribunales, reservándose en forma exclusiva tal competencia, violando el texto constitucional.[71]

En otros casos, la mutación constitucional ha ocurrido respecto de previsiones fundamentales de la Constitución que fueron concebidas como principios pétreos, como sucedió por ejemplo con el principio de la alternabilidad republicana. Pues bien, la Sala Constitucional, simplemente, en forma deliberada, confundió el principio de "gobierno alternativo" con el principio de "gobierno electivo," ambos previstos en el artículo 6 de la Constitución, considerándolos como supuestamente sinónimos, cuando en realidad el primero apunta a evitar el continuismo o la permanencia en el poder por una misma persona, y el segundo apunta a asegurar la elección de los gobernantes. La Sala Constitucional, sin embargo, al confundir los conceptos, afirmó que la alternabilidad "lo que exige es que el pueblo como titular de la soberanía tenga la posibilidad periódica de escoger sus mandatarios o representantes" que es el principio de gobierno electivo, indicando además, que el principio "sólo se infringiría si se impide esta posibilidad al evitar o no realizar las elecciones."[72]

Con esta mutación constitucional que simplemente eliminaba el sentido de la alternabilidad, el Tribunal Supremo despejó el camino para que, en fraude a la Constitución, en febrero de 2009 se pudiera votar una Enmienda Constitucional para modificar un principio pétreo de la Constitución, lo que ocurrió sólo días después de dictada la sentencia. De ello resultó la previsión, en la Constitución, del principio contrario a la alternabilidad, que es el de la posibilidad de la reelección continua o ilimitada de cargos electivos.[73]

La ilegitimidad de las mutaciones constitucionales impuestas por la Sala Constitucional ha llegado incluso al extremo de cohonestar la realización de reformas constitucionales en forma contraria a la Constitución, y de implementarlas luego que las mismas fueron rechazadas por el pueblo mediante referendo.

En efecto, después de siete años del proceso constituyente de 1999, a los venezolanos se les impuso por vía de legislación y de acción de gobierno, un sistema de Estado centralizado y militarista, basado en la concentración del poder y en un modelo político de régimen socialista por el cual nadie ha votado, montado sobre una supuesta "democracia participativa" manejada por instituciones directamente controladas desde el poder central. Todas estas

---

71    Véase sentencia N° 1492 de 15 de julio de 2003 (Caso: *Impugnación de diversos artículos del Código Penal* Véase en *Revista de Derecho Público*, N° 93-96, Editorial Jurídica Venezolana, Caracas 2003, pp. 135 ss.

72    Véase la sentencia N° 53, de la Sala Constitucional de 2 de febrero de 2009 (Caso: *Interpretación de los artículos 340,6 y 345 de la Constitución*), en http:/www.tsj.gov.ve/decisions/scon/Febrero/53-3209-2009-08-1610.html y en *Revista de Derecho Público* 117, Editorial Jurídica venezolana, Caracas 2009, 205-211.

73    Véase Allan R. Brewer-Carías, "El Juez Constitucional vs. La alternabilidad republicana (La reelección continua e indefinida)," en *Revista de Derecho Público* 117, Editorial Jurídica venezolana, Caracas 2009, 205-211.

deformaciones institucionales condujeron al Presidente de la República en 2007, a proponer una reforma constitucional tendiente a consolidar formalmente en el texto mismo de la Constitución, un Estado socialista, centralizado, militarista y policial;[74] reforma que aún cuando fue sancionada por la Asamblea Nacional violando la propia Constitución que solo permite que reformas constitucionales sustantivas de ese tipo sean aprobadas mediante la convocatoria de una Asamblea Constituyente, fue rechazada por el pueblo.

Por supuesto, el Tribunal Supremo, muy diligentemente, en el curso del procedimiento de la reforma constitucional se negó a pronunciarse sobre el fraude constitucional que se estaba ejecutando, y en múltiples decisiones declaró "improponibles" las demandas de nulidad ejercidas contra el viciado proyecto de reforma,[75] lo contrario, por cierto, a lo que hizo por ejemplo, la Corte Constitucional colombiana en 2010, respecto de la Ley sobre la reforma constitucional referida al tema de la reelección presidencial.[76]

Afortunadamente, sin embargo, como se dijo, fue el pueblo quien rechazó en Venezuela mediante referendo del 2 de diciembre de 2007, la fraudulenta reforma constitucional propuesta por el Presidente; rechazo que desafortunadamente ha sido sistemáticamente burlado por el gobierno, el cual durante los últimos cuatro años, en un nuevo y continuo fraude no sólo a la Constitución sino a la voluntad popular, ha venido implementando las rechazadas reformas constitucionales mediante legislación ordinaria y decretos leyes delegados inconstitucionalmente sancionados, y que el Tribunal Supremo se ha abstenido de controlar.[77]

---

74    Véase Allan R. Brewer-Carías, *Hacia la consolidación de un Estado Socialista, Centralizado, Policial Y Militarista. Comentarios sobre el sentido y alcance de las propuestas de reforma constitucional 2007,* Colección Textos Legislativos, N° 42, Editorial Jurídica Venezolana, Caracas 2007.

75    Véase el estudio de las respectivas sentencias en Allan R. Brewer-Carías, "El juez constitucional vs. la supremacía constitucional. O de cómo la Jurisdicción Constitucional en Venezuela renunció a controlar la constitucionalidad del procedimiento seguido para la "reforma constitucional" sancionada por la Asamblea Nacional el 2 de noviembre de 2007, antes de que fuera rechazada por el pueblo en el referendo del 2 de diciembre de 2007", en *Revista de Derecho Público,* núm. 112, Caracas, Editorial Jurídica Venezolana, 2007, pp. 661-694

76    Véase la sentencia de la Corte Constitucional sobre la Ley N° 1354 de 2009, en Comunicado N° 9, de 26 de febrero de 2010, en www.corteconstitucional.com.

77    Véanse los trabajos de Lolymar Hernández Camargo, "Límites del poder ejecutivo en el ejercicio de la habilitación legislativa: Imposibilidad de establecer el contenido de la reforma constitucional rechazada vía habilitación legislativa," en *Revista de Derecho Público,* N° 115 *(Estudios sobre los Decretos Leyes),* Editorial Jurídica venezolana, Caracas 2008, pp. 51 ss.; Jorge Kiriakidis, "Breves reflexiones en torno a los 26 Decretos-Ley de Julio-Agosto de 2008, y la consulta popular refrendaría de diciembre de 2007", *Idem,* pp. 57 ss.; y José Vicente Haro García, Los recientes intentos de reforma constitucional o de cómo se está tratando de establecer una dictadura socialista con apariencia de legalidad (A propósito del proyecto de reforma constitucional de 2007 y los 26 decretos leyes del 31 de julio de 2008 que tratan de imponerla)", *Idem,* pp. 63 ss.

Así ocurrió, por ejemplo, mediante varios de los Decretos Leyes dictados en 2008 en ejecución de la Ley habilitante de febrero de 2007,[78] tendientes, por ejemplo, a establecer la planificación centralizada,[79] implementar las bases del Estado Socialista y del sistema económico socialista,[80] y transformar la Fuerza Armada en una Fuerza Armada Bolivariana con una Milicia no prevista en la Constitución,[81] todo lo cual había sido rechazado el pueblo.

También ha ocurrido mediante leyes, como por ejemplo, la dictada para regular el Distrito Capital como una entidad territorial totalmente dependiente del Poder Nacional,[82] reviviéndose el desaparecido "Distrito Federal" de 1864, contrariando abiertamente la Constitución que lo regula como una entidad con autonomía política. Lamentablemente para el Estado de derecho, el Presidente ha estado absolutamente seguro de que la sumisa Sala Constitucional que controla, jamás ejercerá el control de constitucionalidad sobre esos textos inconstitucionales.

Además, como se dijo, dicho control político sobre el Tribunal Supremo ha permitido que sea a través del mismo que muchas de las reformas constitucionales rechazadas por el pueblo en el referendo de 2007 hayan sido "implementadas" mediante mutaciones constitucionales dispuestas al interpretar la Constitución.

Así sucedió, por ejemplo, con el cambio operado por la vía de la interpretación de la Constitución, sobre las bases constitucionales del Estado federal, incidiendo en la distribución territorial del poder público, para implementar en fraude a la voluntad popular reformas constitucionales que fueron rechazadas por el pueblo. Ocurrió en 2008 mediante una sentencia dictada muy convenientemente, a solicitud del Abogado del Estado que como dije en Venezuela es un funcionario dependiente del Poder Ejecutivo (Procurador General de la República), con lo cual se transformó una competencia "exclusiva" de los Estados de la federación para la conservación, administración y aprovechamiento de autopistas y carreteras nacionales y de puertos y aeropuertos comerciales, en una competencia "concurrente" con el Poder Nacional y así permitir su centralización e intervención,[83] modificando el contenido de la

---

78  *Gaceta Oficial* 38.617, de fecha 1° de febrero de 2007.

79  Véase por ejemplo, Allan R. Brewer-Carías, "Comentarios sobre la inconstitucional creación de la Comisión Central de Planificación, centralizada y obligatoria", *Revista de Derecho Público*, N° 110, (abril-junio 2007), Editorial Jurídica Venezolana, Caracas 2007, pp. 79-89.

80  Por ejemplo, Ley Orgánica de Seguridad y Soberanía Agroalimentaria, y Ley para el fomento y desarrollo de la economía popular, *Gaceta Oficial* N° 5.890 Extraordinaria de 31 julio de 2008.

81  Véase Ley sobre la Ley Orgánica de la Fuerza Armada Nacional, *Gaceta Oficial* con fecha 31 de julio de 2008.

82  *Gaceta Oficial* N° 39.156 de 13 de abril de 2009.

83  Véase sentencia de la Sala Constitucional, N° 565 de 15 de abril de 2008, caso Procuradora General de la República, recurso de interpretación del artículo 164.10 de la Constitución de 1999 de fecha 15 de Abril de 2008, en http://www.tsj.gov.ve/decisiones/scon/Abril/565-150408-07-1108.htm.

norma constitucional. Con esta "interpretación constitucional," la Sala Constitucional usurpó la voluntad popular, obligando además a la Asamblea Nacional a dictar una legislación contraria a la Constitución,[84] lo que efectivamente hizo, entre otras, mediante la reforma en marzo de 2009, de la Ley Orgánica de Descentralización, Delimitación y Transferencia de Competencias del Poder Público,[85] a los efectos de eliminar las competencias exclusivas de los Estados. En esta forma, un nuevo fraude a la Constitución y a la voluntad popular que había rechazado dicha reforma constitucional en 2007, se consumó con la participación diligente del Tribunal Supremo de Justicia.[86]

5. *El Tribunal Supremo como instrumento para la restricción de la libertad de expresión*

Pero además de haber sido el instrumento para contribuir al desmantelamiento del principio de la separación de poderes, el Tribunal Supremo ha sido el instrumento más preciso para restringir indebidamente los derechos constitucionales, y en especial, los relativos a la libertad de expresión y sus consecuencias.

La Sala Constitucional, en efecto, en sentencia N° 1013 de 12 de junio de 2001 (Caso: *Elías Santana y Asociación Civil queremos elegir vs. Presidente de la República y Radio Nacional de Venezuela),*[87] sentó una doctrina vinculante para la interpretación de los artículos 57 y 58 de la Carta Fundamental, en la cual limitó el derecho de réplica y rectificación al afirmar que el mismo "no lo tienen ni los medios, ni quienes habitualmente ejercen en ellos el periodismo, ni quienes mantienen en ellos columnas o programas, ni quienes mediante 'remitidos' suscitan una reacción en contra," considerando que "se trata de un derecho concedido a quienes se ven afectados por la información de los medios, y que carecen de canales públicos para contestar o dar su versión de la noticia." La consecuencia de ello fue que al recurrente en ese caso, Sr. Elías Santana, quien había intentado una acción de amparo intentada contra el Presidente de la República y la Radio Nacional de Venezuela por expresiones que afectaban al recurrente, solicitando un derecho de réplica, se le negó dicho derecho considerando que el accionante era "un periodista con

---

84  De ello resulta según la sentencia: "la necesaria revisión general de la Ley Orgánica de Descentralización, Delimitación y Transferencia de Competencias del Poder Público, Ley General de Puertos y la Ley de Aeronáutica Civil, sin perjuicio de la necesaria consideración de otros textos legales para adecuar su contenido a la vigente interpretación."

85  *Gaceta Oficial N° 39 140 del 17 de marzo de 2009.*

86  Véase Allan R. Brewer-Carías, "La Sala Constitucional como poder constituyente: la modificación de la forma federal del estado y del sistema constitucional de división territorial del poder público, en *Revista de Derecho Público*, N° 114, (abril-junio 2008), Editorial Jurídica Venezolana, Caracas 2008, pp. 247-262.

87  Véase en *Revista de Derecho Público*, N° 85-88, Editorial Jurídica Venezolana, Caracas, 2001, pp. 117 y ss. Sobre esta sentencia véase Allan R. Brewer-Carías et al, *La Libertad de expresión amenazada. Sentencia 1013*, Instituto Interamericano de Derechos humanos, Editorial Jurídica Venezolana, Caracas / San José 2001.

una columna fija en el diario El Nacional (El Ombudsman), y un programa radial diario "Santana Total", en Radio Capital," que no podía pretender "refutar al Presidente de la República, por la vía de la réplica, en relación con unas opiniones dadas por éste en su programa radial "Aló, Presidente." La Sala consideró que carecía del derecho a réplica o rectificación, y lo que podía hacer era contestar al Presidente "tanto en su columna como en el diario donde la tiene." Es decir, la Sala consideró que el ejercicio de la libertad de expresión del pensamiento sólo origina responsabilidades ulteriores, pero no origina el derecho a rectificación o réplica por parte de una persona agraviada por la expresión del pensamiento o lesionada directamente por la información inexacta, limitando el derecho a réplica y rectificación sólo ante la libertad de información o comunicación; lo que no tiene asidero constitucional alguno, y contraría además lo expresado por la Corte Interamericana de Derechos Humanos en la *Opinión Consultiva OC-7/86* de 29-08-86 (Exigibilidad del Derecho de Rectificación o Respuesta).

En ese caso, la Sala Constitucional, además, argumentó sobre la prohibición de censura previa en relación con el derecho a la libre expresión del pensamiento (art. 57), que no ocurriría censura en los casos en los cuales se impida la difusión de ideas y conceptos que se emitan en violación del artículo 57, es decir, en los casos en que se pretenda expresar el pensamiento en forma anónima, que constituya propaganda de guerra, que contenga mensajes discriminatorios o que promueva la intolerancia religiosa. Esto fue otra cosa que "legitimar" la censura previa, lo cual es totalmente inconstitucional, agravándose con la afirmación de que mediante *ley* pueden regularse "mecanismos tendientes a impedir que sean difundidos anónimos, propaganda de guerra, mensajes discriminatorios o que promuevan la intolerancia religiosa, y que ello no constituiría censura" (p. 10 de 22). Para impedir la publicación de tales conceptos o ideas, por supuesto la ley tendría que establecer mecanismos de "revisión" previa de los textos, lo que no es otra cosa que censura previa. La Sala Constitucional, al hacer esta afirmación violó abiertamente la Constitución que establece una prohibición absoluta de la censura. La Ley puede, por supuesto, en cumplimiento de la Constitución (art. 78), dictar una legislación por ejemplo en protección del niño que prohíba determinadas expresiones contrarias a la niñez en los medios de comunicación; pero lo que no puede es permitir la instalación de "censores" en los medios, para revisar con carácter previo el material a ser publicado o divulgado, y poder impedir la difusión de lo que el "censor" considere que violaría las prohibiciones legales.

En otra sentencia, la N° 1942 de la Sala Constitucional de 15 de julio de 2003 (Caso: *Impugnación de los artículos 141, 148, 149, 150, 151, 152, 223, 224, 225, 226, 227, 444, 445, 446, 447 y 450 del Código Penal*),[88] sobre las llamadas leyes de desacato), la Sala Constitucional declaró sin lugar la acción

---

88 Véase en http://www.tsj.gov.ve/decisiones/scon/Julio/1942-150703-01-0415.htm Véase sobre esta sentencia los comentarios en Alberto Arteaga Sánchez et al, *sentencia 1942 vs. Libertad de expresión*, Caracas, 2004

de inconstitucionalidad interpuesta contra los mencionados artículos del Código Penal, por considerar que no colidían con la libertad de expresión e información consagrados en la Constitución, ignorando en esta forma el criterio contrario sentado por la Comisión Interamericana de Derechos Humanos en el *Informe N° 22/94, Caso 11.012 (Verbitsky)*.

Otro caso que debe mencionarse decidido por la Sala Constitucional fue el relativo a la confiscación de los bienes de la empresa Radio Caracas Televisión, acordada mediante sentencia N° 956 (Exp: 07-0720) de 25 de mayo de 2007,[89] al declarar admisible la acción de amparo intentada por unos Comités de Usuarios de las telecomunicaciones contra el Ministerio para las Telecomunicaciones y la Informática, y la Fundación Televisora Venezolana Social (TEVES), a los efectos de asegurar que esta última entidad estatal comenzara a transmitir la señal de televisión del Canal 2, en sustitución de la anterior concesionaria Radio Caracas Televisión con cobertura nacional, en lugar de solo en el centro occidente del país. Los recurrentes había solicitado como medida cautelar de que de se autorizara de manera temporal a la Fundación Televisora Venezolana Social (TEVES), "el acceso, uso y operación de la plataforma, conformada por transmisores, antenas y torres repetidoras ubicadas en distintos sitios del territorio nacional, que viene siendo utilizada por la sociedad mercantil Radio Caracas Televisión RCTV, C.A., para el uso y explotación de la porción del espectro radioeléctrico;" y la sala Constitucional al decidirla, ni más ni menos, decidió la confiscación de los bienes de propiedad privada de RCTV, empresa que no era siquiera parte en el juicio, y a la cual en violación a sus derechos al debido proceso y a la defensa no sólo no se la citó ni oyó, sino que ni siquiera se le permitió por si misma hacerse parte en el juicio. Como lo explicó el Magistrado Pedro Rafael Rondón Haaz en su voto disidente de esa sentencia, la Sala Constitucional con la medida cautelar acordada "asignó a CONATEL 'el derecho de uso' de los equipos propiedad de RCTV –suerte de expropiación o, a lo menos, de ocupación previa con prescindencia absoluta del procedimiento aplicable – para acordar su uso 'al operador que a tal efecto disponga.'" De acuerdo al mismo Magistrado disidente, ello implicó "la sustracción de un atributo del derecho de propiedad (el uso) de Radio Caracas Televisión RCTV C.A. sobre los bienes que fueron afectados, sin que se exprese ninguna fundamentación de naturaleza legal, la cual es la única fuente de limitación a la propiedad privada, siempre con los fundamentos que la Constitución Nacional preceptúa.

---

89    Véase en http://www.tsj.gov.ve/decisiones/scon/Mayo/956-250507-07-0720..htm Véanse los comentarios sobre esta sentencia en Allan R. Brewer-Carías, "El juez constitucional en Venezuela como instrumento para aniquilar la libertad de expresión plural y para confiscar la propiedad privada: El caso RCTV", *Revista de Derecho Público*, N° 110, (abril-junio 2007), Editorial Jurídica Venezolana, Caracas 2007, pp. 7-32. Publicado en *Crónica sobre la "In" Justicia Constitucional. La Sala Constitucional y el autoritarismo en Venezuela*, Colección Instituto de Derecho Público. Universidad Central de Venezuela, N° 2, Editorial Jurídica Venezolana, Caracas 2007, pp. 468-508

Esta decisión, fue seguida por otra N° 957 (Exp.: 07-0731) de 25 de mayo de 2007,[90] dictada por la Sala Constitucional al decidir la solicitud de amparo intentada contra el Ministro para las Telecomunicaciones y la Informática por otro grupo de usuarios, en defensa de los derechos colectivos y de los intereses difusos de la población venezolana, ante las amenazas gubernamentales de cierre de RCTV, en la cual se solicitaba que "se declare medida cautelar innominada a favor del pueblo venezolano, en virtud de la cual se le permita a dicho canal continuar con la trasmisión de su programación mientras dure la tramitación del presente procedimiento." La Sala Constitucional, deliberadamente, en el procedimiento que dispuso aseguró que RCTV no pudiera comparecer por sí misma y alegar y probar con independencia de los accionantes, a pesar de que estos habían solicitado que se le permitiera "a dicho canal continuar con la trasmisión de su programación mientras dure la tramitación del presente procedimiento," y decidió la petición en el sentido contrario a lo solicitado, de manera que actuando de oficio procedió a completar la anterior confiscación decretada de los bienes de RCTV, asignándoselos en uso, *sine die* y gratuitamente a CONATEL. El Magistrado Pedro Rafael Rondón Haaz también formuló un voto disidente en este caso, advirtiendo, primero, que: Que resultaba "jurídicamente imposible" que, "a un tiempo, se declarase la 'procedencia' de la medida que se pidió con la demanda y lo que se acordase fuese no sólo ajeno, sino contrario a la pretensión principal;" y segundo que "implica la sustracción de un atributo del derecho de propiedad (el uso) de Radio Caracas Televisión RCTV C.A. sobre los bienes que fueron afectados, sin que se exprese ninguna fundamentación de naturaleza legal, la cual es la única fuente de limitación a la propiedad privada, siempre con los fundamentos que la Constitución Nacional preceptúa.".

Es decir, en este caso, los recurrentes acudieron ante el juez constitucional en busca de una protección a sus derechos y los derechos de los venezolanos, los cuales consideraban asegurados temporalmente con que se permitiera a RCTV seguir transmitiendo su programación mientras durara el juicio, y se encontraron con que el juez constitucional, sin considerar en forma alguna su petitorio, de oficio, acordara una medida cautelar que aseguraba todo lo contrario, es decir, la cesación de las transmisiones de RCTV, la confiscación de sus bienes, la asignación de su uso a CONATEL, para que esta se los permitiera usar a la nueva entidad estatal trasmisora TEVES, de manera que pudiera cubrir nacionalmente con su programación.

---

90   Véase en http://www.tsj.gov.ve/decisiones/scon/Mayo/957-250507-07-0731.htm . Véanse los comentarios sobre esta sentencia en Allan R. Brewer-Carías, "El juez constitucional en Venezuela como instrumento para aniquilar la libertad de expresión plural y para confiscar la propiedad privada: El caso RCTV", *Revista de Derecho Público*, N° 110, (abril-junio 2007), Editorial Jurídica Venezolana, Caracas 2007, pp. 7-32. Publicado en *Crónica sobre la "In" Justicia Constitucional. La Sala Constitucional y el autoritarismo en Venezuela*, Colección Instituto de Derecho Público. Universidad Central de Venezuela, N° 2, Editorial Jurídica Venezolana, Caracas 2007, pp. 468-508.

6.  *Las últimas manifestaciones del sometimiento de todos los poderes al Poder Ejecutivo*

En septiembre de 2010 se produjeron las elecciones legislativas en Venezuela, en las cuales el gobierno perdió la mayoría de votos aun cuando "ganó" la mayoría de los diputados en la Asamblea. Sin embargo, a pesar de ese distorsionante resultado, la importancia de esas elecciones fue determinante, pues el Presidente y sus seguidores las plantearon como un plebiscito sobre su propio mandato y su modelo socialista, y el resultado fue que efectivamente perdieron el plebiscito y el gobierno pasó a ser minoría en el país, a pesar de los esfuerzos que se hicieron en el Consejo Nacional Electoral por maquillar los resultados electorales y mostrarlos como una suerte de empate, tratando de minimizar la importancia del hecho de que la oposición ganó el voto popular.

Fue a raíz de las elecciones legislativas realizadas en septiembre de 2010 que además se produjo el asalto final al Tribunal Supremo de Justicia, y con ello, su sometimiento total al poder, lográndose el desmantelamiento de la democracia como sistema político basado en el control del poder. En efecto, en dichas elecciones legislativas, a pesar de haber obtenido menos de la mitad del voto popular, los diputados oficialistas terminaron controlando la Asamblea nacional. La oposición al gobierno, por su parte, obtuvo la mayoría del voto popular, de lo que resultó que en virtud de que dichas elecciones fueron orientadas por el Presidente de la República y sus seguidores como una suerte de plebiscito sobre su propio mandato y su modelo socialista, el Presidente efectivamente perdió el "plebiscito," con lo cual el gobierno quedó como minoría en el país a pesar de los esfuerzos que hizo el Consejo Nacional Electoral por maquillar los resultados electorales y mostrarlos como una suerte de "empate electoral," tratando de minimizar la importancia del hecho de que la oposición hubiera ganado el voto popular. Lo cierto, en todo caso, es que el gobierno perdió la mayoría calificada que antes tenía en la Asamblea nacional, y con ello, la posibilidad de designar sin compromiso o consenso alguno a los magistrados del Tribunal Supremo y a los otros integrantes de los poderes públicos.

Después de una década de demolición del Estado de derecho mediante el control de las diferentes ramas del Poder Público, la pérdida de la mayoría del voto popular por parte del Gobierno que en cualquier democracia hubiera conducido a implementar la más elemental regla de que para gobernar hay que compartir el ejercicio del poder, en el caso del gobierno autoritario que existe en Venezuela, lo que el Gobierno anunció fue lo contrario, es decir, que no habría dialogo alguno con la oposición, amenazando incluso con aprobar durante los dos meses que faltan hasta que la nueva Asamblea Nacional tomase posesión en enero de 2011, leyes inconstitucionales tendientes a implementar fraudulentamente los restantes aspectos de la rechazada reforma constitucional de 2007.

Y así efectivamente ocurrió el 21 de diciembre de 2010, cuando la Asamblea Nacional materializó la amenaza que se había anunciado de implementar el llamado "Poder Popular" para ser ejercido por un "Estado Comunal" montado, en paralelo, al Estado Constitucional, sobre la base de unas Comunas y unos Consejos Comunales no previstos en la Constitución y que son controlados desde el Poder Central. Y todo ello, en fraude a la Constitución y a la voluntad popular que en 2007 había rechazado las reformas constitucionales que en tal sentido se habían propuesto, y que en septiembre de 2010, en las elecciones parlamentarias, igualmente el pueblo había se había manifestado rechazando las políticas socialistas propuestas por el Presidente de la República.

Sin embargo, a pesar de ello, como se dijo, la deslegitimada Asamblea Nacional precedente procedió a sancionar un conjunto de leyes orgánicas mediante las cuales se terminó de definir, al margen de la Constitución, el marco normativo de un nuevo Estado *paralelo al Estado Constitucional*, que no es otra cosa que un Estado Socialista, Centralizado, Militarista y Policial denominado "Estado Comunal." Dichas Leyes Orgánicas en efecto, fueron las del Poder Popular, de las Comunas, del Sistema Económico Comunal, de Planificación Pública y Comunal y de Contraloría Social.[91] Además, en el mismo marco de estructuración del Estado Comunal montado sobre el Poder Popular, igualmente en diciembre de 2010 se reformó la Ley Orgánica del Poder Público Municipal[92] eliminándose las Juntas parroquiales, y se reformó las Leyes de los Consejos Estadales de Planificación y Coordinación de Políticas Públicas, y de los Consejos Locales de Planificación Pública.[93] Dichas leyes han sido impugnadas por violar la Constitución y el derecho de participación de los ciudadanos en el proceso de su formación, pero frente a ello el Tribunal Supremo de Justicia solo tiene silencio.

La deslegitimada Asamblea Nacional, además, también sancionó en diciembre de 2010 una Ley habilitante autorizando al Presidente de la República para por vía de legislación delegada, dictar leyes en todas las materias imaginables, incluso de carácter orgánico, vaciando así de hecho por un período de 18 meses, hasta 2012, a la nueva Asamblea Nacional que se instaló en enero de 2011 de materias sobre las cuales poder legislar.

Es decir, contra todos los principios constitucionales que se refieren al Poder Legislativo en el mundo moderno, una Legislatura que estaba concluyendo su mandato legisló sobre todo lo imaginable en materia de reforma del Estado, comprometiendo la nueva Legislatura; y además, delegó en el Presidente de la República el legislar sobre todas las materias imaginables, vaciando de hecho a la nueva Legislatura de su poder de legislar. Y frente a ello, a pesar de todas las impugnaciones, de parte del Tribunal Supremo sólo resultó el silencio, lo que se ha asegurado, además, con el completo control político que se ha materializado respecto del mismo, igualmente en diciembre de 2010, al elegirse nuevos Magistrados por la ya a punto de terminar Asamblea

---

91  Véase en *Gaceta Oficial* N° 6.011 Extra. de 21-12-2010.

92  Véase en *Gaceta Oficial* N° 6.015 Extra. de 28-12-2010.

93  Véase en *Gaceta Oficial* N° 6.015 Extra. de 30-12-2010.

Nacional, arrebatándole tal decisión que en tal sentido correspondía ser adoptada por la nueva Legislatura.

En efecto, el abuso de poder en el control político del Tribunal Supremo se completó en diciembre de 2010, cuando la Asamblea Nacional procedió a hacer el nombramiento de nuevos Magistrados del Tribunal Supremo, a pesar de que no podía hacerlo de acuerdo con el texto de la reforma de Ley Orgánica del Tribunal Supremo que la Asamblea había sancionado en el mismo año 2010;[94] nombramiento que legalmente correspondía a la nueva Asamblea Nacional que se instaló en enero de 2011, y por tanto, con la participación de los diputados de oposición.

Para logar este fraude, y en vista de la imposibilidad que había de volver a reformar formalmente para ello la Ley Orgánica del Tribunal Supremo, a lo que se procedió fue a realizar una "reforma" de la Ley sin "reformarla" formalmente por las vías regulares, mediante la "reimpresión" de su texto en la *Gaceta Oficial* por un supuesto "error material" de copia del texto original, lo que se materializó sólo cuatro días después de que se efectuara la elección de los nuevos diputados a la Asamblea como consecuencia de lo cual a partir de enero de 2011, la bancada oficialista carecería de la mayoría calificada para hacer los nombramientos.[95]

El artículo 70 de la Ley Orgánica del Tribunal Supremo, en efecto, disponía que el plazo para presentar las candidaturas a Magistrados del Tribunal ante el Comité de Postulaciones Judiciales no debe ser *"menor de treinta días continuos,"* redacción que se ha cambiado gracias a un "aviso" del secretario de la Asamblea Nacional, en el cual se indica que en lugar de la palabra "menor" la palabra supuestamente correcta es la antónima, "mayor" en el sentido de que el plazo *"no será mayor de treinta días continuos."* Es decir, con un cambio de palabras, de "menor" a "mayor," un plazo mínimo se convirtió en un plazo máximo, con la clara intención de reducir los plazos para recibir las postulaciones y proceder a la inmediata designación de los nuevos Magistrados precisamente ahora antes de que se instale la nueva Asamblea Nacional.[96] Así se cambia el texto de las leyes en la Venezuela actual, reimprimiéndolo en la *Gaceta Oficial* sin institución judicial alguna que controle el desaguisado.

---

94   Véase en *Gaceta Oficial* N° 39.522, de 1 de octubre de 2010. Véase los comentarios en Allan R. Brewer-Carías y Víctor Hernández Mendible, *Ley Orgánica del Tribunal Supremo de Justicia de 2010*, Editorial Jurídica Venezolana, Caracas 2010.

95   Véase *Gaceta Oficial* N°*Gaceta Oficial* N° 39.522, de 1 de octubre de 2010.

96   Véanse los comentarios de Víctor Hernández Mendible, "Sobre la nueva reimpresión por "supuestos errores" materiales de la LOTSJ en la *Gaceta Oficial* N° 39.522, de 1 de octubre de 2010," y Antonio Silva Aranguren, "Tras el rastro del engaño, en la web de la Asamblea Nacional," publicados en el *Addendum* al libro de Allan R. Brewer-Carías y Víctor Hernández Mendible, *Ley Orgánica del Tribunal Supremo de Justicia de 2010*, Editorial Jurídica Venezolana, Caracas 2010.

Con la "reforma" de la Ley por esta irregular vía de republicar el texto por supuesto error de copia, cambiando en el artículo 70 la palabra "menor" por "mayor" en cuanto al lapso para nombrar los nuevos magistrados,[97] la Legislatura que concluía asumió la designación, llenando el Tribunal Supremo de Magistrados miembros del partido oficial e incluso de exparlamentarios que estaban concluyendo su período.[98]

La estructuración del Estado autoritario en Venezuela y la desconstitucionalización del propio Estado, ha sido el resultado de un largo proceso de fraude constitucional que comenzó con la propia génesis de la Constitución de 1999, cometido con la convocatoria de la Asamblea Nacional Constituyente contra el principio de la separación de poderes, a lo que siguió otro fraude cometido por la misma Asamblea al violentar el dicho principio y el orden jurídico, y dar un golpe de Estado, tanto contra la Constitución de 1961, cuya interpretación le había dado origen, como contra su producto final, que fue la Constitución de 1999 y su propio texto.[99]

La evolución posterior ha estado también signada, por una parte, por el fraude a la Constitución tanto en el desarrollo de la rechazada reforma constitucional de 2007, como de la aprobada "enmienda constitucional" de 1999, y por la otra, por el falseamiento o ilegítima mutación de la Constitución, en fraude a la voluntad popular, obra de una Sala Constitucional controlada por el Poder Ejecutivo, que ha estado al servicio del autoritarismo.

En esta forma, después de cuatro décadas de práctica democrática que tuvo Venezuela entre 1959 y 1999, durante los últimos tres lustros, a partir de 1999, en fraude continuo a la Constitución efectuado por el legislador y por el Tribunal Supremo de Justicia, guiados por el Poder Ejecutivo, a pesar de las excelentes normas constitucionales que teóricamente desarrollan el principio

---

97   Véanse los comentarios de Víctor Hernández Mendible, "Sobre la nueva reimpresión por 'supuestos errores' materiales de la LOTSJ en la *Gaceta Oficial* N° 39.522, de 1 de octubre de 2010", y Antonio Silva Aranguren, "Tras el rastro del engaño, en la web de la Asamblea Nacional", publicados en el *Addendum* al libro de Allan R. Brewer-Carías y Víctor Hernández Mendible, *Ley Orgánica del Tribunal Supremo de Justicia de 2010*, Editorial Jurídica Venezolana, Caracas, 2010. Véase en general Véase Allan R. Brewer-Carías, "Autoritarismo e inseguridad jurídica en Venezuela. O sobre la irregular forma utilizada para 'reformar' la Constitución y las leyes", en Rafael Valim, José Roberto Pimenta Oliveira y Augusto Neves Dal Pozzo (coordinadores), *Tratado sobre o princípio da segurança jurídica no Direito Administrativo*, Editora Fórum, Sao Paulo, 2013.

98   Véase la crítica a estos nombramientos en Hildegard Rondón de Sansó, "*Obiter Dicta*. En torno a una elección", en *La Voce d'Italia*, 14-12-2010.

99   Véase Allan R. Brewer-Carías, *Reforma constitucional y fraude a la Constitución (1999-2009)*, Academia de Ciencias Políticas y Sociales, Caracas 2009; "Reforma Constitucional y fraude a la Constitución: el caso de Venezuela 1999-2009", en Pedro Rubén Torres Estrada y Michael Núñez Torres (coordinadores), *La reforma constitucional. Sus implicaciones jurídicas y políticas en el contexto comparado*, Cátedra Estado de Derecho, Editorial Porrúa, México 2010, pp. 421-533; "La demolición del Estado de Derecho en Venezuela. Reforma Constitucional y fraude a la Constitución (1999-2009)", en *El cronista del Estado Social y Democrático de Derecho*, N° 6, Editorial Iustel, Madrid, 2009, pp. 52-61.

de la separación de poderes, se ha estructurado un Estado autoritario en contra del mismo, que ha aniquilado toda posibilidad de control del ejercicio del poder y, en definitiva, el derecho mismo de los ciudadanos a la democracia.

Además, se ha venido implementando fraudulentamente una reforma constitucional que fue rechazada por el pueblo en 2007, mediante decretos leyes dictados en 2008, y además, mediante las leyes emanadas de la Asamblea Nacional en diciembre de 2010 sobre el Poder Popular y el Estado Comunal, en las cuales se ha regulado un Estado socialista, centralizado y militarista, y un sistema económico comunista por el cual nadie ha votado en el país.

En este contexto, por tanto, son evidentes las catastróficas consecuencias que para el Estado de Derecho, para el principio de la separación de poderes y para la democracia ha tenido la conducta del Tribunal Supremo de Justicia, que con su acción y omisión ha terminado siendo el artífice de la masacre institucional que Venezuela ha sufrido impunemente. Su rol ha sido, como lo anunció en sentencia de 2004, la aniquilación de la "llamada" separación de poderes como "principio ideológico de la democracia liberal", y como se anunció en la apertura del Año Judicial de 2011, la destrucción "de las estructuras liberales-democráticas", con el objeto de la "construcción del Socialismo Bolivariano y Democrático."[100]

El principio de la separación de poderes, como principio fundamental del ordenamiento constitucional, no es ni puede ser considerado solamente como un principio técnico de organización del Estado, para solamente asegurar el adecuado ejercicio de las diversas funciones estatales por parte de los diversos órganos que ejercen el Poder Público. Al contrario, tiene que ser considerado como un principio esencial de la configuración del Estado constitucional y democrático de Derecho, el cual sin duda tiene un carácter ideológico vinculado al liberalismo democrático, concebido para asegurar el sistema de control y limitación del poder que le es esencial. Su justificación precisamente es esa: asegurar la libertad y la vigencia de los derechos fundamentales mediante la limitación y control del poder.

Por tanto, todo proceso tendiente a desvirtuarlo y reducirlo a ser un mero instrumento técnico, maleable por el poder, permitiendo su concentración en uno de los poderes del Estado no es sino el signo más característico de todos los autoritarismos.

---

100 Véase la nota de prensa oficial difundida por el Tribunal Supremo. Véase en http://www.tsj.gov.ve/informacion/notasdeprensa/notasdeprensa.asp?codigo=8239.

## SECCIÓN SEGUNDA: LA DEMOLICIÓN DE INDEPENDENCIA Y AUTONOMÍA DE LAS INSTITUCIONES JUDICIALES *

1. *Las normas constitucionales y el inicio de la interminable transitoriedad constitucional que aseguraron su inaplicación*

Las Constituciones se dictan para cumplirse, y sus normas, por ser de carácter supremo, son obligatorias no sólo para los ciudadanos sino más importante aún, para todos los órganos del Estado que encuentran en ellas la fuente de sus atribuciones y los límites de su poder (Art. 7). Por ello, los funcionarios públicos como titulares de los órganos que ejercen el Poder Público en todas sus ramas (Legislativo, Ejecutivo, Judicial, Ciudadano y Electoral), son los que tienen la mayor carga en cuanto a la obligación de realizar todo lo que sea necesario para asegurar la efectividad y el cumplimiento de la Constitución.

Sin embargo, en Venezuela, en particular respecto de las previsiones constitucionales establecidas con grandilocuencia en 1999, para garantizar la independencia y autonomía de los jueces, en lo que sin duda debería ser la pieza clave de sustento del Estado de Derecho, las mismas puede decirse que se sancionaron para no ser cumplidas, para lo cual todos los órganos del Estado lo que han hecho es desarrollar sus actividades y sus mejores esfuerzos, para no cumplirlas, y evitar precisamente que las mismas hayan podido haber llegado a tener en algún momento alguna vigencia.

En esta materia, materializada hasta 2011 en la deliberada abstención en la creación de la "Jurisdicción Disciplinaria Judicial" prevista en la Constitu-

---

* Este texto recoge lo expuesto en el documento elaborado para mi exposición en el *Seminario Internacional sobre Instituciones judiciales y democracia, Bicentenario de La Independencia y centenario del Acto Legislativo 3 de 1910*, organizado por la Sala de Consulta del *Consejo de Estado, en Bogotá, el* 3 de Noviembre de 2010, publicado en el libro: *Instituciones Judiciales y Democracia. Reflexiones con ocasión del Bicentenario de la Independencia y del Centenario del Acto Legislativo 3 de 1910*, Consejo de Estado, Sala de Consulta y Servicio Civil, Bogotá 2122, pp. 230-254El mismo lo he complementado con lo expuesto en el documento: "Sobre la ausencia de independencia y autonomía judicial en Venezuela a doce años de vigencia de la Constitución de 1999 (O sobre la interminable transitoriedad que en fraude continuado a la voluntad popular y a las normas de la Constitución, ha impedido la vigencia de la garantía de la estabilidad de los Jueces y el funcionamiento efectivo de una "jurisdicción disciplinaria judicial")," publicado en el libro *Independencia Judicial*, Colección Estado de Derecho, Tomo I, Academia de Ciencias Políticas y Sociales, Acceso a la Justicia org., Fundación de Estudios de Derecho Administrativo (Funeda), Universidad Metropolitana (Unimet), Caracas 2012, pp. 9-103. El texto tiene asimismo como antecedente lo redactado para la conferencia: "On the Situation of the Judiciary in Venezuela as an Instrument for Political Persecution," que dicté en el *Forum on Political Use of the Judicial System, The State of Justice in Latin America*, organizado por la American Forum for Freedom and Prosperity and the Inter American Institute for Democracy, and auspiciado por la Americas Forum for Freedom and Prosperity, The Heritage Foundation, Center for Freedom and Democracy, The Fund for American Studies, Inter American bar Association, *Diario Las Américas*, Human Rights Americas, at the Heritage Foundation, Allison Auditorium, en Washington DC, October 8th, 2013; y en la Ponencia sobre "The Government of Judges and Democracy. The Tragic Institutional Situation of the Venezuelan Judiciary," presentada al *19th International Congress of Comparative Law*, International Academy of Comparative Law, Vienna, 20-26 Julio 2014.

ción, y en 2011 con su creación pero sometida al control político, la letra de la Constitución e incluso, la letra de muchas leyes, y la realidad que ha resultado de la forma cómo se ha impedido su vigencia o se ha distorsionado su propósito, ha habido un abismo. El resultado es que en materia de la garantía de la estabilidad de los jueces, la Constitución no se ha llegado a aplicar y lo más grave de ello, es que ha sido como consecuencia de una política gubernamental deliberada que se definió desde 1999 y que ha sido invariablemente seguida y desarrollada por todos los órganos del Estado de impedir que las normas constitucionales sean efectivas. Por ello puede decirse que Venezuela carece de un sistema propio de un Estado de derecho, y las instituciones judiciales, en lugar de haber sido las garantes del mismo y de haber contribuido al afianzamiento de la democracia -que de paso sea dicho, es mucho más que elecciones periódicas-; han sido los instrumentos más arteros para afianzar el autoritarismo y desmantelar la democracia como régimen político.[101]

La sanción de la Constitución en 1999 y su no implementación posterior, en materia de autonomía e independencia judicial, ha sido un gran fraude a la voluntad popular que fue llamada a expresarse en el referendo aprobatorio del 15 de diciembre de 1999. La Asamblea Constituyente, luego de sancionar la Constitución en Noviembre de 1999, conforme a las bases comiciales que sirvieron para elegirla, sometió al pueblo la Constitución, buscando se aprobación, pero a sabiendas de que no se iba a permitir que esa Constitución, una vez aprobada, y en particular en esta materia de la autonomía e independencia de los jueces, lograra entrar en aplicación plena. Para ello, durante los últimos lustros y en fraude a la Constitución, se han dictado sucesivas leyes, con la anuencia cómplice del Tribunal Supremo de Justicia, que simplemente han impedido que las normas sobre el régimen disciplinario de los jueces, que es la garantía de la estabilidad, como pieza para asegurar su independencia y autonomía, haya sido implementado conforme a las normas constitucionales.[102] Ello se logró mediante normas "transitorias," adoptadas ilegítimamente

---

101    Véase, en general, Allan R. Brewer-Carías, "La progresiva y sistemática demolición de la autonomía e independencia del Poder Judicial en Venezuela (1999-2004)," en *XXX Jornadas J.M Domínguez Escovar, Estado de Derecho, Administración de Justicia y Derechos Humanos*, Instituto de Estudios Jurídicos del Estado Lara, Barquisimeto 2005, pp. 33-174; Allan R. Brewer-Carías, "El constitucionalismo y la emergencia en Venezuela: entre la emergencia formal y la emergencia anormal del Poder Judicial" en Allan R. Brewer-Carías, *Estudios Sobre el Estado Constitucional (2005-2006)*, Editorial Jurídica Venezolana, Caracas 2007, pp. 245-269; y Allan R. Brewer-Carías "La justicia sometida al poder. La ausencia de independencia y autonomía de los jueces en Venezuela por la interminable emergencia del Poder Judicial (1999-2006)" en *Cuestiones Internacionales. Anuario Jurídico Villanueva 2007*, Centro Universitario Villanueva, Marcial Pons, Madrid 2007, pp. 25-57, *disponible en* www.allanbrewercarias.com, (Biblioteca Virtual, II.4. Artículos y Estudios N° 550, 2007) pp. 1-37. Véase también Allan R. Brewer-Carías, *Historia Constitucional de Venezuela*, Editorial Alfa, Tomo II, Caracas 2008, pp. 402-454.

102    Como fue argumentado por la propia Sala Constitucional del Tribunal Supremo de Justicia en su conocida sentencia N° 74 de 25 de enero de 2006, un *fraude a la Constitución* ocurre cuando se destruyen las teorías democráticas "mediante el procedimiento de cambio en las instituciones existentes *aparentando respetar las formas y procedimientos* constitucionales," o cuando se utiliza "del procedimiento de reforma constitucional para proceder a la creación de un nuevo

en 1999 respecto de la Constitución, e incorporadas sucesivamente en las leyes dictadas en la materia hasta culminar con la Disposición Transitoria Tercera de la Ley del Código de Ética del Juez venezolano de 2010.[103]

El proceso de apoderamiento de la Justicia, en todo caso, comenzó antes de la sanción de la Constitución de 1999, con la ilegítima presión que el entonces Presidente electo Hugo Chávez Frías, ejerció a finales de 1998 sobre la antigua Corte Suprema, la cual con unas ambiguas decisiones dictadas en enero de 1999, abrió la vía para la convocatoria de la Asamblea Nacional Constituyente de aquél año, que no estaba prevista en la Constitución como mecanismo para su reforma.[104] Asamblea Constituyente que, lamentablemente, fue la que inició el proceso de demolición de las instituciones judiciales y del Estado de derecho,[105] siendo el resultado, luego de tres lustros, que el país se encuentra sometido a un gobierno autoritario donde si bien ha habido elecciones, sin embargo, no está asegurado el respeto de los derechos humanos y de las libertades fundamentales; no existe un régimen plural de partidos y organizaciones políticas; ni la separación e independencia de los poderes públicos; ni la transparencia de las actividades gubernamentales o la probidad y responsabilidad en la gestión pública; ni la libertad de expresión y de prensa; y ni siquiera la subordinación de las instituciones del Estado a la autoridad civil, pues lo que existe en definitiva es un régimen militar.

El primer producto de aquél proceso constituyente fue la sanción en 1999 de una nueva Constitución, considerada por muchos como una de las mejores de América Latina; afirmación con la cual sin embargo, nunca estuve de

---

régimen político, de un nuevo ordenamiento constitucional, sin alterar el sistema de legalidad establecido, como ocurrió con el *uso fraudulento de los poderes* conferidos por la ley marcial en la Alemania de la Constitución de *Weimar*, forzando al Parlamento a conceder a los líderes fascistas, en términos de dudosa legitimidad, la plenitud del poder constituyente, otorgando un poder legislativo ilimitado. Ha agregado además la Sala Constitucional que un *falseamiento de la Constitución* ocurre cuando se otorga "a las normas constitucionales una interpretación y un sentido distinto del que realmente tienen, que es, en realidad, una modificación no formal de la Constitución misma", concluyendo con la afirmación de que "Una reforma constitucional sin ningún tipo de límites, constituiría un fraude constitucional." Véase en *Revista de Derecho Público* N° 105, Editorial Jurídica Venezolana, Caracas 2006, pp. 76 ss.

103  Véase en *Gaceta Oficial* N° 39.493 de fecha 23-08-2010.

104  Véase Allan R. Brewer–Carías, "La configuración judicial del proceso constituyente o de cómo el guardián de la Constitución abrió el camino para su violación y para su propia extinción", en *Revista de Derecho Público*, N° 77–80, Editorial Jurídica Venezolana, Caracas 1999, pp. 453 y ss.; y *Golpe de Estado y proceso constituyente en Venezuela*, UNAM, México, 2001, pp. 60 y ss.

105  Véase en general Allan R. Brewer-Carías, "El autoritarismo establecido en fraude a la Constitución y a la democracia y su formalización en "Venezuela mediante la reforma constitucional. (De cómo en un país democrático se ha utilizado el sistema eleccionario para minar la democracia y establecer un régimen autoritario de supuesta "dictadura de la democracia" que se pretende regularizar mediante la reforma constitucional)" en el libro *Temas constitucionales. Planteamientos ante una Reforma*, Fundación de Estudios de Derecho Administrativo, FUNEDA, Caracas 2007, pp. 13-74; "La demolición del Estado de Derecho en Venezuela Reforma Constitucional y fraude a la Constitución (1999-2009)," en *El Cronista del Estado Social y Democrático de Derecho*, N° 6, Editorial Iustel, Madrid 2009, pp. 52-61.

acuerdo excepto en lo que se refiere precisamente a sus previsiones en materia de derechos humanos, de independencia judicial y de justicia constitucional. Todas ellas, sin embargo y lamentablemente, son letra muerta. Como miembro de aquella Asamblea Nacional Constituyente contribuí a la redacción de muchas de esas disposiciones; pero también fui de los pocos Constituyentes que abogó por el rechazo de dicha Constitución en el referéndum de diciembre de 1999.[106]

Pero lo más frustrante de esta celebrada Constitución es que durante su vigencia ha sido constantemente violada por todas las ramas del Poder Público, y más grave aún, precisamente por las instituciones judiciales, en particular, por el Tribunal Supremo de Justicia y su Sala Constitucional la cual como una suerte de Corte Constitucional, fue concebida para ser la garante de la supremacía constitucional. Pero contrariamente a ese rol, la Sala Constitucional en Venezuela, estando totalmente controlada por el Poder Ejecutivo, ha sido precisamente el mecanismo utilizado para erosionar el Estado de derecho y apuntalar el autoritarismo, legitimando todas las violaciones institucionales que se han producido, y además para el falseamiento de la Constitución lo que ocurre cuando se otorga "a las normas constitucionales una interpretación y un sentido distinto del que realmente tienen, lo que es en realidad una modificación no formal de la Constitución misma."[107]

Ese proceso de desmantelamiento del Estado de derecho y de falseamiento o mutación de la Constitución, incluso puede decirse que se inició a comienzos del mismo año 1999 cuando el entonces recién electo Presidente, el mismo día de la toma de posición de su cargo (2 de febrero de 1999), emitió un Decreto sin fundamento constitucional alguno,[108] convocando un referéndum consultivo para la convocatoria de una Asamblea Constituyente, sólo dos semanas después de que la mencionada y muy presionada Corte Suprema de la época, dictara las antes indicadas ambiguas sentencias de 19 de enero de 1999,[109] en las cuales, sin decidir lo que se le había requerido que era si se podía o no convocar dicha Asamblea no prevista en la Constitución sin reformarla previamente, abrió la vía para su convocatoria.

Entonces, el dilema que debía resolverse era entre soberanía popular y supremacía constitucional, el mismo dilema que una década antes se había plan-

---

106    Véase todas mis propuestas y votos salvados en: Allan R. Brewer-Carías, *Debate Constituyente (Aportes a la Asamblea Nacional Constituyente)*, Tres tomos, Fundación de Derecho Público, Editorial Jurídica Venezolana, Caracas 1999.

107    Véase en *Revista de Derecho Público*, Editorial Jurídica Venezolana, N° 105, Caracas 2006, pp. 76 ss.

108    Véase Decreto N° 3 de 2 de febrero de 1999, en *Gaceta Oficial* N° 36.634 de 02–02–99.

109    Véase el texto de las sentencias en Allan R. Brewer–Carías, *Poder Constituyente Originario y Asamblea Nacional Constituyente*, Editorial Jurídica Venezolana, Caracas 1998, pp. 25 a 53; y véanse los comentarios a dichas sentencias en ese mismo libro, pp. 55 a 114 y en Allan R. Brewer–Carías, *Asamblea Constituyente y Ordenamiento Constitucional*, Academia de Ciencias Políticas y Sociales, Caracas 1998, pp. 153 a 228. Igualmente en *Revista de Derecho Público*, N° 77–80, Editorial Jurídica Venezolana, Caracas 1999, pp. 56 y ss. y 68 y ss.

teado en Colombia en 1991, donde logró resolverse después de una enjundiosa decisión de la antigua Corte Suprema que dio paso a una evolución democrática ejemplar, basada en acuerdos políticos. El mismo dilema se planteó el año pasado en Honduras, donde los jueces contencioso administrativos lo resolvieron en otra forma, prohibiendo la realización de una consulta popular para violentar la Constitución.[110] En Venezuela, en cambio, en 1999, el máximo juez contencioso administrativo que en ese momento era la Sala Político Administrativa de la Corte Suprema de Justicia, se abstuvo de resolver el dilema planteado, dejando irresponsablemente a la libre interpretación de todos, el curso de los acontecimientos.[111]

El resultado fue precisamente la inicial e inconstitucional decisión del Presidente Chávez[112] adoptada con base en su propia interpretación de la ausencia de decisión judicial expresa por parte de la Corte Suprema,[113] conduciendo el proceso a la elección, en julio de 1999, de una Asamblea Constituyente hecha a su medida y completamente controlada por sus seguidores, conforme a un estatuto que él mismo impuso y que no fue objeto de consulta o consenso político alguno. Esa Asamblea, como dije, de la cual formé parte, fue el principal instrumento utilizado por el Presidente – con mis votos salvados en todos los casos – para materializar el violento asalto político al poder y a todas las ramas del Poder Público que se produjo, ignorando las previsiones de la entonces en vigencia Constitución de 1961.[114]

---

110  Véase Allan R. Brewer-Carías, *Reforma Constitucional, Asamblea Constituyente y Control Judicial: Honduras (209), Ecuador (2007) y Venezuela (1999)*, Universidad Externado de Colombia, Bogotá 2009.

111  Sobre esta decisión de la sentencia, por ejemplo, Lolymar Hernández Camargo señaló: "lejos de dar una respuesta directa a la importante interrogante planteada, abre la posibilidad para que se realice el referendo consultivo, pero no establece con precisión el mecanismo que permita tal convocatoria, sino que entrega tal cometido a los 'órganos competentes' " en *La Teoría del Poder Constituyente. Un caso de estudio: el proceso constituyente venezolano de 1999*, UCAT, San Cristóbal, 2000, pp. 54 a 63.

112  Véase el texto de la acción de nulidad intentada contra el decreto presidencial en Allan R. Brewer–Carías, *Asamblea Constituyente y Ordenamiento Constitucional*, Academia de Ciencias Políticas y Sociales, Caracas 1999, pp. 255 a 321. Véase además, Carlos M. Escarrá Malavé, *Proceso Político y Constituyente*, Caracas 1999, anexo 4.

113  Lo que la propia Corte trató luego de corregir en un tímido y tardío intento de rectificación en sentencias de marzo y abril de 1999 (Véase en Allan R. Brewer–Carías, *Poder Constituyente Originario y Asamblea Nacional Constituyente*, Caracas 1999, pp. 169 a 185 y 190 a 198. Igualmente en *Revista de Derecho Público*, N° 77–80, Editorial Jurídica Venezolana, Caracas 1999, pp. 73 y ss., y 85 y ss), provocando que el propio Presidente también tuviera a su vez que rectificar en sus propósitos absolutistas, como consta del "Aviso Oficial" publicado en *G.O.* N° 36.658 de 10–03–99, con las bases de la convocatoria de la asamblea nacional constituyente, para ser sometida para la aprobación del pueblo en el referéndum convocado para el 25 de abril de 1999.

114  Véase Allan R. Brewer–Carías, *Golpe de Estado y proceso constituyente en Venezuela, op. cit*, p. 160.

Esa Asamblea Constituyente, aun cuando no fue el producto de un golpe de Estado militar como tantas otras en nuestra historia política,[115] técnicamente fue el resultado de un golpe de Estado dado contra la Constitución,[116] y adicionalmente, fue en si misma el instrumento usado para dar un golpe de Estado continuado contra los poderes constituidos.[117] La Asamblea Constituyente, en efecto, intervino todos los poderes públicos existentes electos o constituidos unos meses antes,[118] en particular, el Poder Judicial, cuya autonomía e independencia comenzó a ser sistemáticamente demolida.[119] Y todo

---

115  Véase sobre las Asambleas Constituyentes y sus actos en la historia de Venezuela, Elena Plaza y Ricardo Combellas (Coordinadores), *Procesos Constituyentes y Reformas Constitucionales en la Historia de Venezuela: 1811–1999*, Universidad Central de Venezuela, 2 Tomos, Caracas 2005; Allan R. Brewer-Carías, *Las Constituciones de Venezuela*, Academia de Ciencias Políticas y Sociales, 2 vols., Caracas 2008; *Historia Constitucional de Venezuela*, Editorial Alfa, 2 vols., Caracas 2008.

116  La Asamblea asumió, en su Estatuto, un "poder constituyente originario." Véase en *Gaceta Constituyente (Diario de Debates), Agosto–Septiembre 1999*, Sesión de 07–08–99, N° 4, p. 144.En el acto de instalación, el presidente de la Asamblea señaló que "la Asamblea Nacional Constituyente es originaria y soberana", en *Gaceta Constituyente (Diario de Debates), Agosto–Septiembre 1999*, Sesión de 03–08–99, N° 1, p. 4. Véase el texto, además, en *Gaceta Oficial* N° 36.786 de 14–09–99. Como ha señalado Lolymar Hernández Camargo, con la aprobación del Estatuto "quedó consumada la inobservancia a la voluntad popular que le había impuesto límites a la Asamblea Nacional Constituyente... Se auto proclamó como poder constituyente originario, absoluto e ilimitado, con lo cual el Estado perdió toda razón de ser, pues si se mancilló la voluntad popular y su manifestación normativa (la Constitución), no es posible calificar al Estado como de derecho ni menos aun democrático", en *La Teoría del Poder Constituyente, cit.*, p. 73. Véase los votos salvados por razones de inconstitucionalidad respecto de la aprobación del Estatuto en Allan R. Brewer–Carías, *Debate Constituyente, (Aportes a la Asamblea Nacional Constituyente)* tomo I, *(8 agosto–8 septiembre 1999)*, Caracas 1999, pp. 15 a 39. Así mismo, en *Gaceta Constituyente (Diario de Debates), Agosto–Septiembre 1999*, Sesión de 07–08–99, N° 4, pp. 6 a 13.

117  Véase Allan R. Brewer-Carías, "Constitution Making in Defraudation of the Constitution and Authoritarian Government in Defraudation of Democracy. The Recent Venezuelan Experience", en *Lateinamerika Analysen*, 19, 1/2008, GIGA, Germa Institute of Global and Area Studies, Institute of latin American Studies, Hamburg 2008, pp. 119-142.

118  Véase Decreto mediante el cual se declara la *reorganización de todos los órganos del Poder Público*" de fecha 12 de agosto de 1999, en *Gaceta Oficial* N° 36.764 de 13–08–99; Decreto mediante el cual *se regulan las funciones del Poder Legislativo* de 25 de agosto de 1999, en *Gaceta Oficial* N° 36.772 de 25–08–99. Sobre esto último, véase en Allan R. Brewer–Carías, *Debate Constituyente*, tomo I, *op. cit.*, pp. 75 a 113; y en *Gaceta Constituyente (Diario de Debates), Agosto–Septiembre 1999, cit.*, Sesión de 25–08–99, N° 13, pp. 12 a 13 y 27 a 30 y Sesión de 30–08–99, N° 16, pp. 16 a 19. Con posterioridad, sin embargo, y con la intermediación de la Iglesia Católica, el 9-9–99, la directiva de la Asamblea llegó a un acuerdo con la directiva del Congreso, con lo cual, de hecho, se dejó sin efecto el contenido del Decreto, siguiendo el Congreso funcionando conforme al régimen de la Constitución de 1961. Véase el texto del Acuerdo en *El Nacional*, Caracas 10–9–99, p. D–4.

119  El 19 de agosto de 1999, la Asamblea Nacional Constituyente resolvió declarar "al Poder Judicial en emergencia," *Gaceta Oficial* N° 36.772 de 25–08–99 reimpreso en *Gaceta Oficial* N° 36.782 de 08–09–99. Véase en Allan R. Brewer–Carías, *Debate Constituyente*, tomo I, *op. cit.*, p. 57 a 73; y en *Gaceta Constituyente (Diario de Debates), Agosto–Septiembre de 1999, cit*, Sesión de 18–08–99, N° 10, pp. 17 a 22. Véase el texto del Decreto en *Gaceta Oficial* N° 36.782 de 08–09–99.

ello ocurrió, lamentablemente, con el consentimiento y complicidad de la antigua Corte Suprema la cual avaló la creación de una Comisión de Emergencia Judicial, llegando incluso a nombrar a uno de sus Magistrados como miembro de la misma.[120] Esa Comisión, once años después [2010], continúa en funcionamiento en violación de la nueva Constitución, aun cuando con otro nombre.

Todos estos actos de la Asamblea Constituyente fueron impugnados ante la entonces ya completamente sometida Corte Suprema, la cual en otra altamente criticada decisión dictada el 14 de octubre de 1999,[121] avaló la constitucionalidad de los mismos reconociendo supuestos poderes supraconstitucionales de la Asamblea. Era, sin duda, la única forma que tenía la Corte Suprema para justificar la inconstitucional intervención de los Poderes Públicos, por lo cual habría de pagar un muy alto precio, como fue el de su propia existencia. Con esas decisiones, en realidad la Corte Suprema había firmado su propia sentencia de muerte, desapareciendo del panorama institucional dos meses después, como la primera de las víctimas del gobierno autoritario al cual había ayudado para apoderarse del poder.

Esto sucedió el 22 de diciembre del mismo año 1999, cuando la Asamblea Constituyente, una semana después de aprobada de Constitución por voto popular (15 de diciembre de 1999), dictó un acto "constituyente" violando, a la vez, la antigua (que estaba aún vigente) Constitución de 1961, y la sancionada (aún no publicada) Constitución de 1999,[122] eliminando la misma Corte Suprema, y destituyendo sus magistrados junto con todos los demás altos funcionarios del Estado, incluso los que habían sido electos un año antes. Esto lo logró la Asamblea dictado un Decreto de Transición del Poder Público,[123] con disposiciones no aprobadas popularmente. Mediante este Decreto se organizó el nuevo Tribunal Supremo nombrándose los Magistrados sin cumplirse con las exigencias establecidas en la nueva Constitución, el cual resultó integrado completamente por personas adeptas al gobierno; transformándose la Comisión de Emergencia Judicial en una Comisión de Reorganización y Funcionamiento del Poder Judicial destinada a remover a los jueces sin debido proceso, la cual existió hasta 2010. El Tribunal Supremo de Justicia, en todo caso, lamentablemente, en lugar de cumplir con su deber como contralor de la constitucionalidad, precisamente cuando comenzaba a entrar en aplicación la nueva Constitución, decidió que ese ilegítimo régimen

---

120  Acuerdo de la Suprema de Justicia de 23 de agosto de 1999. Véanse nuestros comentarios sobre el Acuerdo en Allan R. Brewer–Carías, *Debate Constituyente*, tomo I, *op. cit.*, pp. 141 y ss. Véanse además, los comentarios de Lolymar Hernández Camargo, *La Teoría del Poder Constituyente, cit*, pp. 75 y ss.

121  Véase sentencia en el Caso: *Impugnación del Decreto de Regulación de las Funciones del Poder Legislativo*, en *Revista de Derecho Público*, N° 77–80, Editorial Jurídica Venezolana, Caracas 1999, pp. 111 y ss.

122  Véase en *Gaceta Constituyente (Diario de Debates), Noviembre 1999–Enero 2000, cit.*, Sesión de 22-12-9, N° 51, pp. 2 y ss. Véase *Gaceta Oficial* N° 36.859 de 29–12–99; y *Gaceta Oficial* N° 36.860 de 30–12–99.

123  Véase en *Gaceta Oficial* N° 36.859 de 29-12-99.

transitorio no estaba sometido ni a la nueva ni a la vieja Constitución;[124] era entonces una especie de régimen "para-constitucional" que sin embargo formaba parte del "bloque de la constitucionalidad" a pesar de no haber sido aprobado por el pueblo.[125]

Esa transitoriedad implicó que sólo fue en 2010 cuando se creó la Jurisdicción Disciplinaria para sustituir a la Comisión, pero reservándose la Asamblea Nacional, en forma inconstitucional, del nombramiento de los jueces de la Corte y Tribunal Disciplinarios, lo que significó que el control político sobre la misma ha continuado; [126] y todo ello con el aval del Tribunal Supremo. Ese Tribunal Supremo, como se ha dicho, ha sido precisamente el que durante la última década ha sido el más terrible instrumento para la consolidación del autoritarismo en el país.

Transcurridos quince años de aquél proceso constituyente, el resultado ha sido la imposición a los venezolanos de un sistema de Estado centralizado y militarista, basado en la concentración del poder y en un modelo político de un régimen socialista por el cual nadie ha votado, montado sobre una supuesta "democracia participativa" manejada por instituciones directamente controladas desde el poder central. En todo caso, de aquél proceso constituyente, además de haber sido el instrumento para el conducir el asalto al poder y materializar el apoderamiento de todas las ramas del Poder Público, quedó el texto de la Constitución de 1999, la cual a pesar de los avances que contiene por ejemplo en la formulación de los de derechos humanos, también contiene previsiones que han sido utilizadas para reforzar la concentración del poder, la centralización del Estado, el extremo presidencialismo y la casi ilimitada participación del Estado en las actividades económicas, todo en general y a pesar de toda la retórica "participativa," marginalizando a la sociedad civil de las actividades públicas

Todas estas deformaciones institucionales condujeron incluso al Presidente de la República, en 2007, a proponer una reforma constitucional tendiente a consolidar formalmente en el texto mismo de la Constitución, un Estado socialista, centralizado, militarista y policial;[127] reforma que fue sancionada por la Asamblea Nacional violando la propia Constitución que solo permite que

---

124 Véase sentencia N° 6 de fecha 27 de enero de 2000, en *Revista de Derecho Público*, N° 81, (enero-marzo), Editorial Jurídica Venezolana, Caracas, 2000, pp. 81 y ss.

125 Véase sentencia de 28 de marzo de 2000, *caso: Allan R. Brewer-Carías y otros*, en *Revista de Derecho Público*, N° 81, (enero-marzo), Editorial Jurídica Venezolana, Caracas, 2000, p. 86.

126 Véase la Ley del la Ley del Código de Ética del Juez Venezolano y Jueza Venezolana en *Gaceta Oficial* N° 39.494 de 24-8-2010. Véase los comentarios en Allan R. Brewer-Carías, "La Ley del Código de Ética del Juez Venezolano de 2010 y la interminable transitoriedad del régimen disciplinario judicial," en *Revista de Derecho Público*, N° 128 (octubre-diciembre 2011), Editorial Jurídica Venezolana, Caracas 2011, pp. 83-93.

127 Véase Allan R. Brewer-Carías, *Hacia la consolidación de un Estado Socialista, Centralizado, Policial Y Militarista. Comentarios sobre el sentido y alcance de las propuestas de reforma constitucional 2007*, Colección Textos Legislativos, N° 42, Editorial Jurídica Venezolana, Caracas 2007.

reformas constitucionales sustantivas de ese tipo sean aprobadas mediante la convocatoria de una Asamblea Constituyente. Por supuesto, la Sala Constitucional del Tribunal Supremo, muy diligentemente, se negó a pronunciarse sobre el fraude constitucional que se estaba ejecutando, y en múltiples decisiones declaró "improponibles" las demandas de nulidad ejercidas contra el viciado proyecto de reforma,[128] lo contrario, por cierto, a lo que hizo por ejemplo, la Corte Constitucional de Colombia en 2009, respecto de la Ley sobre la reforma constitucional referida al tema de la reelección presidencial.[129]

Afortunadamente, sin embargo, fue el pueblo quien rechazó mediante referendo el 2 de diciembre de 2007 la fraudulenta reforma constitucional propuesta por el Presidente; rechazo que desafortunadamente ha sido sistemáticamente burlado por el gobierno, el cual durante los últimos tres años, en un nuevo y continuo fraude no sólo a la Constitución sino a la voluntad popular, ha venido implementando las rechazadas reformas constitucionales mediante legislación ordinaria y decretos leyes delegados inconstitucionalmente sancionados, y que el Tribunal Supremo se ha abstenido de controlar.[130]

Además, ha ocurrido mediante sucesivas e ilegítimas mutaciones de la Constitución hechas por la Sala Constitucional del Tribunal Supremo en fraude a la misma,[131] siendo la primera de todas en el tiempo, la cometida por la Sala Constitucional del Tribunal Supremo al decidir la acción de inconstitucionalidad contra el Decreto de Transición del Poder Público dictado por la Asamblea Constituyente al margen de la voluntad popular, nombrando a los propios Magistrados del nuevo Tribunal Supremo de Justicia, quienes en lugar de inhibirse, pasaron a decidir en causa propia, apresuradamente, considerando el Decreto impugnado como "un acto de rango y naturaleza constitu-

---

128    Véase el estudio de las respectivas sentencias en Allan R. Brewer-Carías, "El juez constitucional vs. la supremacía constitucional. O de cómo la Jurisdicción Constitucional en Venezuela renunció a controlar la constitucionalidad del procedimiento seguido para la "reforma constitucional" sancionada por la Asamblea Nacional el 2 de noviembre de 2007, antes de que fuera rechazada por el pueblo en el referendo del 2 de diciembre de 2007", en *Revista de Derecho Público*, núm. 112, Caracas, Editorial Jurídica Venezolana, 2007, pp. 661-694.

129    Véase la sentencia de la Corte Constitucional sobre la Ley Nº 1354 de 2009, en Comunicado Nº 9, de 26 de febrero de 2010, en www.corteconstitucional.com.

130    Véanse los trabajos de Lolymar Hernández Camargo, "Límites del poder ejecutivo en el ejercicio de la habilitación legislativa: Imposibilidad de establecer el contenido de la reforma constitucional rechazada vía habilitación legislativa," en *Revista de Derecho Público*, Nº 115 *(Estudios sobre los Decretos Leyes)*, Editorial Jurídica venezolana, Caracas 2008, pp. 51 ss.; Jorge Kiriakidis, "Breves reflexiones en torno a los 26 Decretos-Ley de Julio-Agosto de 2008, y la consulta popular refrendaría de diciembre de 2007", *Idem*, pp. 57 ss.; y José Vicente Haro García, Los recientes intentos de reforma constitucional o de cómo se está tratando de establecer una dictadura socialista con apariencia de legalidad (A propósito del proyecto de reforma constitucional de 2007 y los 26 decretos leyes del 31 de julio de 2008 que tratan de imponerla)", *Idem*, pp. 63 ss.

131    Véase Allan R. Brewer-Carías, "El juez constitucional al servicio del autoritarismo y la ilegítima mutación de la Constitución: el caso de la Sala Constitucional del Tribunal Supremo de Justicia de Venezuela (1999-2009)", en *IUSTEL, Revista General de Derecho Administrativo*, Nº 21, junio 2009, Madrid, ISSN-1696-9650.

cional,"[132] y aceptando la existencia, no de uno, sino de dos regímenes constitucionales paralelos: uno aprobado por el pueblo y contenido en la Constitución de 1999; y otro, impuesto al pueblo por la Asamblea Constituyente, dictado con posterioridad a la aprobación popular de la Constitución. Con ello, el Tribunal Supremo abrió un largo e interminable periodo de inestabilidad e inseguridad constitucional que aún continúa quince años después, socavando lo poco que queda de las ruinas del Estado de derecho.

Uno de los resultados de este inconstitucional régimen de transición constitucional fue precisamente el nombramiento de los propios Magistrados del Tribunal Supremo de Justicia sin cumplirse con las condiciones impuestas en la Constitución para tales nombramientos, y sin garantizarse el derecho ciudadano a participar en los mismos a través del Comité de Postulaciones Judiciales que conforme a la Constitución debía estar integrado sólo y exclusivamente por representantes de los "diversos sectores de la sociedad." Ese Comité nunca ha sido creado, habiendo sido las normas constitucionales fraudulentamente distorsionadas al convertírselo de hecho en una simple comisión parlamentaria sujeta a la Asamblea.[133]

En esta forma, progresivamente los magistrados del Tribunal Supremo pasaron a ser controlados por el Poder Ejecutivo, a través del control de la Asamblea, por lo que mediante el control ejercido sobre del Tribunal Supremo, que en Venezuela es el órgano encargado del gobierno y administración del sistema judicial, el gobierno ha terminado ejerciendo un control político sobre la universalidad de las instituciones judiciales, con la cooperación de la Comisión de Reorganización del Poder Judicial que existió hasta 2010, legitimada por el propio Tribunal Supremo.[134] Con ello, se hicieron completamente inaplicables las magníficas previsiones constitucionales que buscaban garantizar la independencia y autonomía de los jueces.[135]

---

132  Véase sentencia N° 4 de fecha 26 de enero de 2000, caso: *Eduardo García,* en *Revista de Derecho Público,* N° 81, Editorial Jurídica Venezolana, Caracas 2000, pp. 93 y ss.

133  Véase Allan R. Brewer-Carías, "La participación ciudadana en la designación de los titulares de los órganos no electos de los Poderes Públicos en Venezuela y sus vicisitudes políticas", en *Revista Iberoamericana de Derecho Público y Administrativo,* Año 5, N° 5-2005, San José, Costa Rica 2005, pp. 76-95.

134  En 2010 la Comisión se sustituyó por una Corte y Tribunal Disciplinarios, pero integrados por unos jueces nombrados por la Asamblea Nacional, estando en consecuencia sujetos a mayor control político. Véase la Ley del la Ley del Código de Ética del Juez Venezolano y Jueza Venezolana en *Gaceta Oficial* N° 39.494 de 24-8-2010. Véase los comentarios en Allan R. Brewer-Carías, "La Ley del Código de Ética del Juez Venezolano de 2010 y la interminable transitoriedad del régimen disciplinario judicial," en *Revista de Derecho Público,* N° 128 (octubre-diciembre 2011), Editorial Jurídica Venezolana, Caracas 2011, pp. 83-93.

135  Véase, *en general,* Allan R. Brewer-Carías, "La progresiva y sistemática demolición de la autonomía e independencia del Poder Judicial en Venezuela (1999-2004)" en *XXX Jornadas J.M Dominguez Escovar, Estado de Derecho, Administración de Justicia y Derechos Humanos,* Instituto de Estudios Jurídicos del Estado Lara, Barquisimeto 2005, pp. 33-174; Allan R. Brewer-Carías, "El constitucionalismo y la emergencia en Venezuela: entre la emergencia formal y la emergencia anormal del Poder Judicial" en Allan R. Brewer-Carías, *Estudios Sobre el Estado*

2.   *La independencia y autonomía de los jueces en el florido lenguaje de la Constitución de 1999*

La Constitución venezolana de 1999 es, sin duda, entre todas las constituciones latinoamericanas, una de las que mayor énfasis hace en forma expresa sobre los valores fundamentales y principios constitucionales que deben orientar la actuación de la sociedad, de los individuos y del Estado social y democrático de derecho "y de Justicia". Sobre ellos, la Sala Constitucional del Tribunal Supremo de Justicia, ha sido explícita en considerar que "esas declaratorias de propósitos tienen un indudable valor, tanto para los órganos del Estado, que deben orientarse por ellas, como para los jueces, en especial esta Sala como máxima tutora judicial de la constitucionalidad," de manera que ha considerado que "los diversos cometidos que el Estado asume son órdenes que deben ser ejecutadas" pues "de poco serviría un texto carente de vinculación para sus destinatarios: autoridades públicas y particulares."[136]

A los efectos de materializar el rol de la Justicia en el Estado, que es uno de esos valores fundamentales, la Constitución consideró al proceso como el instrumento fundamental para la realización de la justicia, que debe desarrollarse mediante leyes procesales que establezcan la simplificación, uniformidad y eficacia de los trámites, de manera que no se sacrifique la justicia por la omisión de formalidades no esenciales (art. 257). A los efectos de dicha realización de la justicia, la Constitución declaró que "el Poder Judicial es independiente" (art. 254), disponiendo principios tendientes a "garantizar la imparcialidad y la independencia en el ejercicio de sus funciones" (art. 256) de los magistrados, jueces y demás funcionarios integrantes del sistema de justicia (Art. 256). Esa independencia y autonomía de los jueces, significa, en definitiva, como lo ha definido la Ley del Código de Ética del Juez Venezolano de 2010, que en "su actuación sólo deben estar sujetos a la Constitución de la República y al ordenamiento jurídico," y que "sus decisiones, en la interpretación y aplicación de la ley y el derecho, sólo podrán ser revisadas por los órganos jurisdiccionales que tengan competencia, por vía de los recursos procesales, dentro de los límites del asunto sometido a su conocimiento y decisión," de manera incluso que los órganos con competencia disciplinaria sobre los jueces sólo "podrán examinar su idoneidad y excelencia, sin que ello constituya una intervención indebida en la actividad jurisdiccional" (art. 4).[137]

---

Constitucional (2005-2006), Editorial Jurídica Venezolana, Caracas 2007, pp. 245-269; y Allan R. Brewer-Carías "La justicia sometida al poder. La ausencia de independencia y autonomía de los jueces en Venezuela por la interminable emergencia del Poder Judicial (1999-2006)" en *Cuestiones Internacionales. Anuario Jurídico Villanueva 2007*, Centro Universitario Villanueva, Marcial Pons, Madrid 2007, pp. 25-57, *disponible en* www.allanbrewercarias.com, (Biblioteca Virtual, II.4. Artículos y Estudios N° 550, 2007) pp. 1-37. Véase también Allan R. Brewer-Carías, *Historia Constitucional de Venezuela*, Editorial Alfa, Tomo II, Caracas 2008, pp. 402-454.

136   Sentencia N° 1278 de 17 de Junio de 2005 (Aclaratoria de sentencia de interpretación de los artículos 156, 180 Y 302 de la Constitución).

137   Véase la Ley del Código de Ética del Juez Venezolano y Jueza Venezolana en *Gaceta Oficial* N° 39.494 de 24-8-2010. El Código derogó expresamente el Reglamento que regía el funciona-

Específicamente, para garantizar la independencia y autonomía del Poder Judicial, aparte de atribuirle el gobierno y administración del Poder Judicial al Tribunal Supremo de Justicia (Art. 267), la Constitución asegura que el ingreso a la carrera judicial solo puede realizarse mediante un proceso de selección pública, con participación ciudadana, estableciendo además el principio de su estabilidad judicial, al consagrar la inamovilidad de los jueces salvo cuando sea como consecuencia de sanciones disciplinarias que sólo pueden ser impuestas por jueces disciplinarios integrados en una Jurisdicción Disciplinaria Judicial (Arts. 255, 267).

Por tanto, en Venezuela, conforme a la Constitución, jueces sólo pueden ser quienes ingresen a la carrera judicial mediante concursos públicos que aseguren la idoneidad y excelencia de los participantes, quienes deben ser seleccionados por los jurados de los circuitos judiciales en la forma y condiciones que establezca la ley. A tal efecto, la Constitución exige que se garantice "la participación ciudadana en el procedimiento de selección y designación de los jueces."[138] La finalidad de los concursos públicos, como lo ha dicho el Tribunal Supremo en sentencia N° 2221 de 28 de noviembre de 2000, estriba "en la necesidad de que el Poder Judicial venezolano esté conformado, en su totalidad (jueces titulares y suplentes) por funcionarios de carrera, y de garantizar la idoneidad de quienes tienen la encomiable labor de administrar justicia;"[139] a cuyo efecto, precisamente conforme al mismo artículo 255, se les garantiza su estabilidad de manera que sólo pueden ser removidos o suspendidos de sus cargos mediante los procedimientos expresamente previstos en la ley, a ser desarrollados por una Jurisdicción Disciplinaria Judicial, a cargo de jueces disciplinarios (art. 267).

Lamentablemente, sin embargo, quince años después de aprobada la Constitución, ninguno de estos principios ha sido implementado en su totalidad. Nunca, en efecto, se han realizado los concursos públicos prescritos en la Constitución, habiéndose conformado durante doce años al Poder Judicial casi exclusivamente con jueces temporales y provisorios, sin estabilidad al-

---

miento de la Comisión de Funcionamiento y reorganización del Poder Judicial. Los jueces del Tribunal Disciplinario Judicial y de la Corte Disciplinaria Judicial fueron nombrados por Actos Legislativos publicados en *Gaceta Oficial* N° 39693 de 10-06-2011. Véase el "Acta de Constitución del Tribunal Disciplinario Judicial," de 28-06-2011, en *Gaceta Oficial* N° 39.704 de 29-06-2011. Véase los comentarios en Allan R. Brewer-Carías, "La Ley del Código de Ética del Juez Venezolano de 2010 y la interminable transitoriedad del régimen disciplinario judicial," en *Revista de Derecho Público*, N° 128 (octubre-diciembre 2011), Editorial Jurídica Venezolana, Caracas 2011, pp. 83-93.

138   Sobre las Normas de Evaluación y Concursos de Oposición para el Ingreso y Permanencia en el Poder Judicial dictadas por la Comisión de Funcionamiento y Reestructuración del Sistema Judicial, convertida en Dirección Ejecutiva de la Magistratura (*Gaceta Oficial* N° 36.910, de 14-03-2000), véase la sentencia de la Sala Constitucional del Tribunal Supremo N° 1326 de 02-11-2000, en *Revista de Derecho Público*, N° 84, Editorial Jurídica Venezolana, Caracas, 2000, pp. 111 y ss.

139   Véase en *Revista de Derecho Público*, N° 84, Editorial Jurídica Venezolana, Caracas, 2000, pp. 116 y ss.

guna. A algunos de ellos se les ha "regularizado" un status de carrera judicial pero sin concurso público alguno, con lo cual aparentemente podría considerarse que gozan de cierta estabilidad. La realidad es que como lo advirtió desde 2003 la Comisión Interamericana de Derechos Humanos[140] en su *Informe Anual de 2008* calificó esta situación como propia de un "problema endémico" que exponía a los jueces a su destitución discrecional, a cuyo efecto llamó la atención sobre el "permanente estado de emergencia al cual están sometidos los jueces."[141]

Pero si se lee el texto de la Constitución, lo que resulta es que al contrario, los jueces sólo podrían ser removidos a través de procedimientos disciplinarios conducidos por jueces disciplinarios que debía formar una Jurisdicción Disciplinaria Judicial. Sin embargo, de nuevo, esta última sólo, como se dijo, solo se creó en 2010, habiendo hasta esa fecha asumido la función disciplinaria la antes mencionada Comisión ad hoc,[142] la cual, además de remover a los jueces en forma discrecional sin garantía alguna del debido proceso,[143] como lo destacó la misma Comisión Interamericana en su *Informe de 2009*, lo peor es que ella misma, no goza de independencia, pues sus integrantes son de la libre remoción discrecional de la Sala Constitucional.[144]

Esa Comisión de Reorganización, por tanto, literalmente "depuró" la judicatura de jueces que no estaban en línea con el régimen autoritario, como lo reconoció la propia Sala Constitucional,[145] removiendo discrecionalmente

---

140   Un juez provisorio es un juez designado mediante un concurso público. Un juez temporal es un juez designado para cumplir una tarea específica o por un periodo específico de tiempo. En 2003, la Comisión Interamericana de Derechos Humanos indicó que había sido: "informada que sólo 250 jueces han sido designados por concurso de oposición de conformidad a la normativa constitucional. De un total de 1772 cargos de jueces en Venezuela, el Tribunal Supremo de Justicia reporta que son 183 son titulares, 1331 son provisorios y 258 son temporales." *Reporte sobre la Situación de Derechos Humanos en Venezuela*; OAS/Ser.L/V/II.118. doc.4rev.2; 29-12-2003, parágrafo 174, *en* http://www.cidh.oas.org/countryrep/Venezuela2003eng/toc.htm. La Comisión también agregó que "un aspecto vinculado a la autonomía e independencia del Poder Judicial es el relativo al carácter provisional de los jueces en el sistema judicial de Venezuela. Actualmente, la información proporcionada por las distintas fuentes indica que más del 80% de los jueces venezolanos son 'provisionales.'" *Id.*, par. 161.

141   Véase *Annual Report 200*8 (OEA/Ser.L/V/II.134. Doc. 5 rev. 1. 25-02-2009), parágrafo 39.

142   La Sala Político-Administrativa del Tribunal Supremo de Justicia ha resuelto que la remoción de jueces temporales es una facultad discrecional de la Comisión de Funcionamiento y Reestructuración del Sistema Judicial, la cual adopta sus decisiones sin seguir procedimiento administrativo alguno. Véase Decisión N° 00463-2007 del 20 de marzo de 2007; Decisión N° 00673-2008 del 24 de abril de 2008 (citada en la Decisión N° 1.939 del 18 de diciembre de 2008, p. 42). La Sala Constitucional ha establecido la misma posición en la Decisión N° 2414 del 20 de diciembre de 2007 y Decisión N° 280 del 23 de febrero de 2007.

143   Véase Tribunal Supremo de Justicia, Decisión N° 1.939 del 18 de diciembre de 2008 (Caso: *Gustavo Álvarez Arias et al.*)

144   Véase *Annual Report 2009*, Par. 481, en http://www.cidh.org/annualrep/2009eng/-Chap.IV.f.eng.htm.

145   Decision N° 1.939 (Dec. 18, 2008) (Case: *Abogados Gustavo Álvarez Arias y otros*), in which the Constitutonal Chamber decided the nonenforceability of the decision of the Inter American

jueces que pudieran haber dictado decisiones que no complacían al Ejecutivo. Esto llevó a la Comisión Interamericanas de Derechos Humanos a decir, en el mismo *Informe Anual* de 2009, que "en Venezuela los jueces y fiscales no gozan de la garantía de permanencia en su cargo necesaria para asegurar su independencia en relación con los cambios de políticas gubernamentales."[146]

Como se dijo, una "Jurisdicción Disciplinaria Judicial" solo vino a conformarse en 2011, para asumir la función disciplinaria que durante doce largos años ejerció una Comisión ad hoc[147] que al margen de la Constitución funcionó desde 1999 con el aval del Tribunal Supremo, la cual, además de remover a los jueces en forma discrecional sin garantía alguna del debido proceso,[148] como lo destacó la misma Comisión Interamericana en su *Informe de 2009*, la misma no gozaba de independencia, pues sus integrantes designados por la Sala Constitucional, eran de su libre remoción.[149]

En 2011, sin embargo, con la conformación de la "Jurisdicción Disciplinaria Judicial" que se ha creado en la Ley del Código de Ética del Juez, integrada por una Corte Disciplinaria Judicial y un Tribunal Disciplinario Judicial, nada ha cambiado, pues conforme a una nueva Disposición Transitoria que se incorporó en la Ley del Código (Tercera), dicha Jurisdicción tampoco goza efectivamente de autonomía e independencia algunas, siendo más bien un apéndice de la mayoría que controla políticamente la Asamblea Nacional. En realidad, lo que ha ocurrido con esta nueva legislación y en virtud de la interminable transitoriedad, no ha sido otra cosa que lograr, primero, cambiarle el nombre a la antigua Comisión de Funcionamiento y Reorganización del Poder Judicial, y segundo, hacerla depender ya no del Tribunal Supremo, sino a la Asamblea Nacional, es decir, someterla a mayor control político.

Como consecuencia de todo ello, el lenguaje florido de la Constitución y de las leyes lamentablemente no han pasado de ser eso, lenguaje y sólo flori-

---

Court of Human Rights of Aug. 5, 2008 (Case: *Apitz Barbera y otros ["Corte Primera de lo Contencioso Administrativo"] vs. Venezuela [Corte IDH],* Case: *Apitz Barbera y otros ["Corte Primera de lo Contencioso Administrativo"] vs. Venezuela,* Sentencia de 5 de agosto de 2008, Serie C, N° 182.

146   Véase *Informe Anual de 2009*, parágrafo 480, en http://www.cidh.oas.org/annualrep/2009eng/-Chap.IV.f.eng.htm

147   La Sala Político-Administrativa del Tribunal Supremo de Justicia ha resuelto que la remoción de jueces temporales es una facultad discrecional de la Comisión de Funcionamiento y Reestructuración del Sistema Judicial, la cual adopta sus decisiones sin seguir procedimiento administrativo alguno. Véase Decisión N° 00463-2007 del 20-03-2007; Decisión N° 00673-2008 del 24-04-2008 (citada en la Decisión N° 1.939 del 18-12-2008, p. 42). La Sala Constitucional ha establecido la misma posición en la Decisión N° 2414 del 20-12-2007 y Decisión N° 280 del 23-02-2007.

148   Véase Tribunal Supremo de Justicia, Decisión N° 1.939 del 18 de diciembre de 2008 (Caso: *Gustavo Álvarez Arias et al.*), en *Revista de Derecho Público*, N° 116, Editorial Jurídica Venezolana, Caracas, 2008, pp. 89-106. También en http://www.tsj.gov.ve/decisiones/scon/Diciembre/1939-181208-2008-08-1572.html

149   Véase *Annual Report 2009*, Par. 481, en http://www.cidh.org/annualrep/2009eng/-Chap.IV.f.eng.htm.

do y exuberante, dada la poca aplicación y efectividad que en la práctica han tenido las previsiones constitucionales durante todo el tiempo de vigencia de la Constitución de 1999. La realidad de esa práctica política, es que la justicia ha estado y sigue en una permanente y anormal situación de transitoriedad o de emergencia, la cual continúa en 2011, a pesar de la conformación de la "Jurisdicción Disciplinaria Judicial." De esa permanente e interminable transitoriedad, lo que ha resultado es un proceso también permanente y sistemático de progresiva demolición de lo que existía de autonomía e independencia del Poder Judicial, que ha sido llevado a cabo, deliberadamente, por diversos órganos del Estado, incluido el propio Tribunal Supremo de Justicia[150], con lo cual los valores de la Constitución en materia de justicia, no han pasado de ser sólo, simples enunciados.

Ese proceso de control político sobre el Poder Judicial, comenzó con las actuaciones de la Asamblea Nacional Constituyente en 1999 la cual declaró la "emergencia judicial" que no ha cesado hasta la fecha, y continuó durante los últimos doce años con sucesivas normas constitucionales y legales imponiendo siempre un régimen transitorio, siendo la última actuación en el tiempo, después de la sanción de la Ley Orgánica del Tribunal Supremo de Justicia en 2010 y de la Ley del Código de Ética del Juez venezolano, la inconstitucional reserva que se hizo a sí misma la Asamblea Nacional para el nombramiento de los "jueces" integrantes de los órganos de la Jurisdicción Disciplinaria Judicial.

3.  *El inicio del proceso de sometimiento de los jueces al poder político en 1999: la intervención constituyente del Poder Judicial y el control político sobre el Tribunal Supremo*

La Asamblea Nacional Constituyente electa en julio de 1999, luego de intensos debates sobre la problemática del Poder Judicial y de su gobierno,[151] al instalarse en agosto de ese mismo año, se auto atribuyó el carácter de "poder constituyente originario" asumiendo potestades públicas por encima de la

---

150 Véase Allan R. Brewer-Carías, "La progresiva y sistemática demolición de la autonomía e independencia del Poder Judicial en Venezuela (1999-2004)" en *XXX Jornadas J.M Domínguez Escovar, Estado de Derecho, Administración de Justicia y Derechos Humanos*, Instituto de Estudios Jurídicos del Estado Lara, Barquisimeto 2005, pp. 33-174; Allan R. Brewer-Carías, "El constitucionalismo y la emergencia en Venezuela: entre la emergencia formal y la emergencia anormal del Poder Judicial" en Allan R. Brewer-Carías, *Estudios Sobre el Estado Constitucional (2005-2006)*, Editorial Jurídica Venezolana, Caracas 2007, pp. 245-269; y Allan R. Brewer-Carías "La justicia sometida al poder. La ausencia de independencia y autonomía de los jueces en Venezuela por la interminable emergencia del Poder Judicial (1999-2006)" en *Cuestiones Internacionales. Anuario Jurídico Villanueva 2007*, Centro Universitario Villanueva, Marcial Pons, Madrid 2007, pp. 25-57, *disponible* en www.allanbrewercarias.com, (Biblioteca Virtual, II.4. Artículos y Estudios Nº 550, 2007) pp. 1-37. Véase también Allan R. Brewer-Carías, *Historia Constitucional de Venezuela*, Editorial Alfa, Tomo II, Caracas 2008, pp. 402-454.

151 Véase Allan R. Brewer-Carías, "La configuración judicial del proceso constituyente o de cómo el guardián de la Constitución abrió el camino para su violación y para su propia extinción", en *Revista de Derecho Público*, Nº 77-80, Editorial Jurídica Venezolana, Caracas, 1999, pp. 453 y ss.

Constitución de 1961,[152] de cuya interpretación había surgido,[153] y entre ellas, la de intervenir todos los poderes públicos existentes electos y constituidos unos meses antes,[154] en particular, el Poder Judicial, cuya autonomía e independencia comenzó a ser sistemáticamente demolida.

En efecto, la Asamblea Nacional Constituyente declaró "al Poder Judicial en emergencia" (art. 1°),[155] creando una "Comisión de Emergencia Judicial," con la cual se inició en Venezuela el interminable proceso de intervención política del Poder Judicial,[156] la cual asumió atribuciones incluso de evaluar hasta el desempeño de la propia antigua Corte Suprema de Justicia (arts. 3,3 y 4), decidir sobre la destitución y suspensión de jueces y funcionarios judicia-

---

152    La Asamblea asumió, en su Estatuto, un "poder constituyente originario." Véase en *Gaceta Constituyente (Diario de Debates), Agosto–Septiembre 1999*, Sesión de 07-08-1999, N° 4, p. 144. Véase los votos salvados por razones de inconstitucionalidad respecto de la aprobación del Estatuto en Allan R. Brewer–Carías, *Debate Constituyente, (Aportes a la Asamblea Nacional Constituyente)* tomo I, *(8 agosto–8 septiembre 1999)*, Caracas 1999, pp. 15 a 39. Así mismo, en *Gaceta Constituyente (Diario de Debates), Agosto–Septiembre 1999*, Sesión de 07–08–1999, N° 4, pp. 6 a 13.

153    Con ello se comenzó a ejecutar el golpe de estado constituyente. Véase Allan R. Brewer-Carías, *Golpe de Estado y Proceso Constituyente en Venezuela*, UNAM, México, 2002. Como ha señalado Lolymar Hernández Camargo, con la aprobación del Estatuto "quedó consumada la inobservancia a la voluntad popular que le había impuesto límites a la Asamblea Nacional Constituyente... Se auto proclamó como poder constituyente originario, absoluto e ilimitado, con lo cual el Estado perdió toda razón de ser, pues si se manchó la voluntad popular y su manifestación normativa (la Constitución), no es posible calificar al Estado como de derecho ni menos aun democrático", en *La Teoría del Poder Constituyente. Un caso de estudio: el proceso constituyente venezolano de 1999*, Universidad Católica del Táchira, San Cristóbal 2000, p. 73.

154    Véase Decreto mediante el cual se declara la *reorganización de todos los órganos del Poder Público*" de fecha 12 de agosto de 1999, en *Gaceta Oficial* N° 36.764 de 13–08–99; Decreto mediante el cual *se regulan las funciones del Poder Legislativo* de 25 de agosto de 1999, en *Gaceta Oficial* N° 36.772 de 25-08-1999. Sobre esto último, véase en Allan R. Brewer–Carías, *Debate Constituyente*, tomo I, *op. cit.*, pp. 75 a 113; y en *Gaceta Constituyente (Diario de Debates), Agosto–Septiembre 1999, cit.*, Sesión de 25-08-99, N° 13, pp. 12 a 13 y 27 a 30 y Sesión de 30-08-1999, N° 16, pp. 16 a 19. Con posterioridad, sin embargo, y con la intermediación de la Iglesia Católica, el 09-09-1999, la directiva de la Asamblea llegó a un acuerdo con la directiva del Congreso, con lo cual, de hecho, se dejó sin efecto el contenido del Decreto, siguiendo el Congreso funcionando conforme al régimen de la Constitución de 1961. Véase el texto del Acuerdo en *El Nacional*, Caracas 10-09-1999, p. D–4. Todos estos actos de la Asamblea Constituyente fueron impugnados ante la entonces ya completamente sometida Corte Suprema, la cual en otra altamente criticada decisión dictada el 14-10-1999 (Véase sentencia en el Caso: *Impugnación del Decreto de Regulación de las Funciones del Poder Legislativo*, en *Revista de Derecho Público*, N° 77–80, Editorial Jurídica Venezolana, Caracas 1999, pp. 111 y ss.), avaló la constitucionalidad de los mismos reconociendo supuestos poderes supra-constitucionales de la Asamblea.

155    El 19 de agosto de 1999, la Asamblea Nacional Constituyente resolvió declarar "al Poder Judicial en emergencia," *Gaceta Oficial* N° 36.772 de 25-08-1999 reimpreso en *Gaceta Oficial* N° 36.782 de 08-09-1999. Véase en Allan R. Brewer–Carías, *Debate Constituyente*, tomo I, *op. cit.*, pp. 57 a 73; y en *Gaceta Constituyente (Diario de Debates), Agosto–Septiembre de 1999, cit*, Sesión de 18-08-1999, N° 10, pp. 17 a 22. Véase el texto del Decreto en *Gaceta Oficial* N° 36.782 de 08–09–1999.

156    *Gaceta Oficial* N° 36.772 de 25-08-1999 reimpreso en *Gaceta Oficial* N° 36.782 de 08-09-1999.

les, y sobre la designación de suplentes o conjueces para sustituir temporalmente a los jueces destituidos o suspendidos (art. 8).

La Emergencia Judicial declarada en agosto de 1999, supuestamente debía tener vigencia hasta que se sancionara la nueva Constitución (art. 32). La Constitución, en efecto, se sancionó en noviembre de 1999, se aprobó por el pueblo en referendo de 15 de diciembre de 1999, y se publicó el 30 de diciembre del mismo año 1999, pero sin embargo, la situación de emergencia no cesó, y en la práctica continuó *sine die*, entre otras razones, fundamentalmente, por la decisión del Tribunal Supremo de Justicia de no asumir la organización de la Jurisdicción Disciplinaria Judicial como parte de su función de gobierno judicial conforme a las competencias que le asignó la nueva Constitución de 1999 (art. 267). El Tribunal Supremo, en cambio, aceptó y cohonestó la prórroga de la transitoriedad constitucional, renunciando incluso a ejercer la iniciativa legislativa en materia judicial conforme a las expresas competencias que le asignó la Constitución (Art. 204.4), prefiriendo incluso, que la irregular Comisión de Funcionamiento y Reestructuración del Poder Judicial que sustituyó a la de "Emergencia," fuese la que dictase hasta la normativa pertinente del procedimiento de selección y designación de los jueces, sin garantizarse siquiera la participación ciudadana.[157]

Además, debe recordarse que la Asamblea Nacional Constituyente, en 1999, también dictó otro Decreto mediante el cual se le atribuyeron a la Comisión de Emergencia Judicial, la cual en este decreto se precisó que supuestamente debía tener duración "hasta el 16 de diciembre del presente año" (1999), en forma completamente al margen de la Constitución, unas atribuciones para reglamentar el plan de evaluación de los jueces, determinar la permanencia o sustitución de los mismos y el régimen de selección y concursos (art. único).[158]

En todo caso, fue con fundamento en el Decreto de la Emergencia Judicial que originó la inconstitucional intervención del Poder Judicial, que se comenzó a realizar en el país una verdadera "depuración" del Poder Judicial, mediante la destitución y suspensión de centenares de jueces con precaria garantía al derecho a la defensa, para sustituirlos mediante la designación en forma indiscriminada por "nuevos" jueces suplentes e interinos sin sistema alguno de selección, quedando dependientes del nuevo Poder político que los había designado. Luego, con el tiempo, se procedió a transformarlos en jueces "titulares" sin concurso público alguno ni participación ciudadana. Con ello, el Poder Judicial en Venezuela quedó signado por la provisionalidad[159] y la

---

157 Véase las Normas de Evaluación y Concursos de Oposición para el Ingreso y Permanencia en el Poder Judicial dictadas por la Comisión de Funcionamiento y Reestructuración del Sistema Judicial de marzo de 2000. En *Gaceta Oficial* N° 36.910, de fecha 14 de marzo de 2000). Véase la sentencia de la Sala Constitucional del Tribunal Supremo N° 1326 de 02-11-2000, en *Revista de Derecho Público*, N° 84, Editorial Jurídica Venezolana, Caracas, 2000, pp. 111 y ss.

158 *Gaceta Oficial* N° 36.832 de 18-11-1999.

159 Por ello, sólo dos años después del inicio del proceso de intervención, en agosto de 2001, los Magistrados del Tribunal Supremo de Justicia ya admitían que más del 90% de los jueces de la

temporalidad, convertida luego en "titularidad," con su inevitable secuela de dependencia respecto del nuevo Poder político, sin que se hubiera realizado concurso alguno para la selección de jueces.

La antigua Corte Suprema de Justicia, por su parte, durante el proceso constituyente de intervención judicial, en fecha 23 de agosto de 1999, adoptó un desafortunado Acuerdo[160] con el cual se hizo cómplice de la violación de la Constitución y de la propia autonomía del Supremo Tribunal, en el cual no sólo fijó posición ante el Decreto de Reorganización del Poder Judicial dictado por la Asamblea Nacional Constituyente, sin condenarlo; sino que avaló la creación de una Comisión de Emergencia Judicial, llegando incluso a nombrar a uno de sus Magistrados como miembro de la misma. Con dicho Acuerdo, en definitiva, la Corte Suprema de Justicia había decretado su propia extinción, como de hecho ocurrió sólo tres meses después, al dictar el "Decreto de Régimen Transitorio del Poder Público"[161] el 22 de diciembre de 1999, cuando fue eliminada, y los Magistrados del nuevo Tribunal Supremo de Justicia, aún sin haber entrado en vigencia la Constitución que fue publicada el 31 de diciembre, fueron designados. Con ello, la intervención constituyente del Poder Judicial también tocó al Tribunal Supremo, el cual desde 1999 fue objeto de interferencia habiéndose sometido desde el inicio a los designios de quienes han controlado el poder político desde el Poder Ejecutivo y la Asamblea Nacional.

En efecto, mediante el mencionado Decreto de Transición del Poder Público de 22 de diciembre de 1999, la Asamblea Nacional Constituyente organizó el nuevo Tribunal Supremo nombrando sus Magistrados en un número de 20 (5 en la Sala Constitucional y 3 en cada una de las Salas: Político Administrativa, de Casación Civil, Penal, Electoral y Social), número que ni siquiera la Constitución había previsto pues ello se había dejado para ser establecido en la ley, sin cumplirse con las exigencias y condiciones para ser Magistrado establecidas en la nueva Constitución[162]. Con ello, el Tribunal resultó "transitoriamente" integrado casi completamente por personas afectas al gobierno. El Decreto, además, como se dijo, transformó la Comisión de

---

República eran provisionales. Véase *El Universal*, Caracas 15-08-2001, p. 1-4. En mayo de 2001 otros Magistrados del Tribunal Supremo reconocían el fracaso de la llamada "emergencia judicial". Véase *El Universal*, Caracas 30-05-2001, p. 1-4.

160    Acuerdo de la Suprema de Justicia de 23-08-1999. Véase nuestros comentarios sobre el Acuerdo, en Allan R. Brewer-Carías, *Debate Constituyente (Aportes a la Asamblea nacional Constituyente)*, Tomo I, Fundación de Derecho, Caracas 1999, pp. 141 y ss. Véanse además, los comentarios de Lolymar Hernández Camargo, *La Teoría del Poder Constituyente, cit.*, pp. 75 y ss.

161    Véase en *Gaceta Constituyente (Diario de Debates), Noviembre 1999–Enero 2000, cit.*, Sesión de 22-12-1999, N° 51, pp. 2 y ss. Véase *Gaceta Oficial* N° 36.859 de 29-12-1999; y *Gaceta Oficial* N° 36.860 de 30–12–1999.

162    Véase TSJ/SC Sentencia n° 1562, *Caso: Defensoría del Pueblo contra la Ley Especial para la Ratificación o Designación de los Funcionarios y Funcionarias del Poder Ciudadano y Magistrados y Magistradas del Tribunal Supremo de Justicia*, de 12-12-2000, en *Revista de Derecho Público*, N° 84, Editorial Jurídica Venezolana, Caracas, 2000, p. 109.

Emergencia Judicial que había creado la Asamblea Constituyente para intervenir el Poder Judicial, en una Comisión de Reorganización y Funcionamiento del Poder Judicial.

La primera actuación que puso a prueba la efectividad del Tribunal Supremo de Justicia, recién creado, como supuesto garante de la supremacía constitucional, fue precisamente, cuando al comenzar a entrar en aplicación la nueva Constitución, decidió que el ilegítimo régimen transitorio mediante el cual se lo había creado, y que no se había sometido a aprobación popular como sí había ocurrido con el texto de la Constitución, no estaba sometido ni a la nueva (1999) ni a la vieja (1961) Constitución,[163] resultando de ello una especie de régimen "para-constitucional" que pasó a formar parte del "bloque de la constitucionalidad," a pesar de que, cómo se dijo, no haber sido aprobado por el pueblo.[164]

Uno de los objetivos de ese inconstitucional régimen de transición constitucional había sido precisamente la "creación" y el nombramiento de los propios Magistrados del Tribunal Supremo de Justicia por la Asamblea Constituyente sin autoridad alguna para ello que le hubiera sido conferida por el pueblo, y peor aún, sin cumplir las condiciones impuestas en la nueva Constitución para tales nombramientos, y sin garantizar el derecho ciudadano a participar en los mismos a través del Comité de Postulaciones Judiciales que conforme a la Constitución debía estar integrado sólo y exclusivamente por representantes de los "diversos sectores de la sociedad" (art. 270).

Ese Comité, en la forma como fue concebido nunca ha sido creado hasta el presente, habiendo sido las normas constitucionales fraudulentamente distorsionadas por la Asamblea Nacional, con el silencio cómplice de la Sala Constitucional, al convertírselo de hecho en una simple "comisión parlamentaria" sujeta a la Asamblea Nacional.[165] Esto ocurrió en 2000, cuando la recién electa Asamblea Nacional, en lugar de sancionar la Ley Orgánica del Tribunal Supremo para regular dicho Comité de Postulaciones Judiciales, lo que dictó fue una ley "para no legislar" como fue la "Ley Especial para la Ratificación o Designación de los Funcionarios del Poder Ciudadano y Magistrados y Magistradas del Tribunal Supremo de Justicia para su Primer Período Constitucional,"[166] en la cual deliberadamente el Legislador se abstuvo

---

163 Véase sentencia N° 6 de fecha 27-01-2000, en *Revista de Derecho Público*, N° 81, Editorial Jurídica Venezolana, Caracas, 2000, pp. 81 y ss.

164 Véase sentencia de 28 de marzo de 2000, caso: *Allan R. Brewer-Carías y otros,* en *Revista de Derecho Público*, N° 81, Editorial Jurídica Venezolana, Caracas, 2000, p. 86.

165 Véase Allan R. Brewer-Carías, "La participación ciudadana en la designación de los titulares de los órganos no electos de los Poderes Públicos en Venezuela y sus vicisitudes políticas", en *Revista Iberoamericana de Derecho Público y Administrativo*, Año 5, N° 5-2005, San José, Costa Rica 2005, pp. 76-95.

166 Véase *Gaceta Oficial* N° 37.077 del 14-11-2000. En esta Ley, en violación a la Constitución en lugar de crearse el Comité de Postulaciones Judiciales creó una Comisión Parlamentaria integrada con mayoría de diputados para escoger a los referidos funcionarios. La sociedad civil fue así marginada, y los titulares de los órganos de los Poderes Ciudadano y Judicial fueron nom-

de legislar y organizar el mencionado Comité de Postulaciones Judiciales. Por ello, esa Ley Especial fue incluso impugnada ante el nuevo Tribunal Supremo por la Defensora del Pueblo, por inconstitucionalidad, por violar el derecho a la participación política de los ciudadanos;[167] acción que nunca fue decidida; y cuya introducción lo costó a aquella la permanencia en el cargo.

Lo sorprendente fue, sin embargo, que mediante una medida cautelar de amparo que había solicitado la Defensora del Pueblo, los Magistrados de la Sala Constitucional, en lugar de inhibirse de conocer del caso que los involucraba a ellos mismos, decidieron en causa propia, resolviendo que la Constitución no les era aplicable porque supuestamente ellos no iban a ser "designados" sino que lo que iban era a ser "ratificados," [168] forjándose así una gro-

---

brados con la más absoluta discrecionalidad (Fiscal General de la República, Defensor del Pueblo y Contralor General de la República) y los Magistrados del Tribunal Supremo se designaron, incluso y sin atender algunos de los criterios objetivos que la Constitución establece como condición para ocupar dichos cargos. A través de esta legislación, se consolidó el control político del Ejecutivo a través del dominio de la Asamblea Nacional en relación con todos los Poderes Públicos. Esta violación constitucional fue advertida desde el inicio. Este problema constitucional, por ejemplo, fue destacado por el Secretario General de la OEA, en su Informe a la Asamblea General de fecha 18 de abril de 2002, y lo indicó con mayor fuerza la Comisión Interamericana de Derechos Humanos en el comunicado de prensa Nº 23/02 que emitió el 10 de mayo de 2002, en el cual destacó los cuestionamientos que había recibido "relacionados con la legitimidad del proceso de elección de los máximos titulares del Poder Judicial…, procedimientos éstos no contemplados por la Constitución Venezolana. La información recibida indica que dichas autoridades no fueron postuladas por los comités establecidos por la Constitución sino sobre la base de una ley dictada por la Asamblea Nacional con posterioridad a la aprobación de la Constitución…" (Nº 7). El tema lo desarrolló más detenidamente la propia Comisión Interamericana en la Observaciones Preliminares de fecha 10 de mayo de 2002, constatando que "Las reformas constitucionales introducidas en la forma de elección de estas autoridades no fueron utilizadas en este caso. Esas normas eran precisamente las que buscaban limitar injerencias indebidas, asegurar mayor independencia e imparcialidad y permitir que diversas voces de la sociedad sean escuchadas en la elección de tan altas autoridades" (Nº 26); agregando: '27. La Comisión también pudo constatar diversos cuestionamientos al ejercicio de las facultades del poder judicial sin la debida independencia e imparcialidad. En diversas oportunidades, el Tribunal Supremo de Justicia habría adoptado decisiones exclusivamente fundadas en favorecer los intereses del Poder Ejecutivo. Entre otros, se mencionaron las decisiones sobre el cuestionamiento a la Ley Especial para la Ratificación o Designación de los Funcionarios y Funcionarias del Poder Ciudadano y Magistrados y Magistradas del Tribunal Supremo de Justicia, y la decisión sobre la duración del período presidencial. 28. La Comisión se encuentra preocupada por la posible falta de independencia y autonomía de los otros poderes respecto al Poder Ejecutivo, pues indicarían que el equilibrio de poderes y la posibilidad de controlar los abusos de poder que debe caracterizar un Estado de Derecho estaría seriamente debilitado. Al respecto, la CIDH debe señalar que la separación e independencia de los poderes es un elemento esencial de la democracia, de conformidad con el artículo 3 de la Carta Democrática Interamericana.

167 Véase *El Universal*, Caracas, 14-12-2000, pp. 1-2.

168 La Sala Constitucional adoptó el punto de vista de que ellos podían ser "ratificados" por la Ley Especial sin cumplir con la Constitución porque la Constitución sólo establecía la "postulación" de los Magistrados y no contemplaba la "ratificación" de los que ya estaban ocupando el cargo. La Sala decidió: "Consecuencia de la necesaria aplicación del Régimen de Transición de los Poderes Públicos el cual - como lo ha señalado esta Sala – tiene rango constitucional, es que es sólo con respecto a los Magistrados del Tribunal Supremo de Justicia que se aplicará el concepto de ratificación [concepto] que no está previsto en la Constitución, como resultado de lo cual

tesca burla a la Constitución. Dichos Magistrados, en efecto, adoptaron el punto de vista de que ellos podían ser "ratificados" en sus cargos de acuerdo con la Ley Especial sin cumplir las condiciones impuestas para los nombramientos en la Constitución, porque esta sólo regulaba el "nombramiento" de los Magistrados y no contemplaba normas relativas a su "ratificación," que era la que se aplicaba a los que estaban ocupando el cargo, y era la que se regulaba en el Régimen de Transición de los Poderes Públicos que la Sala consideraba que tenía rango constitucional.[169]

En esa forma se produjo el nombramiento y ratificación de los Magistrados del Tribunal Supremo de Justicia en 2000, con una integración precariamente equilibrada con marcada influencia política, que lo tornó inefectivo en el control de la constitucionalidad de los actos ejecutivos. Ello se evidenció en la abstención total del Tribunal Supremo en el ejercicio del control de constitucionalidad, por ejemplo, de los casi 50 decretos leyes dictados en noviembre de 2001 con base en una ley habilitante dictada en 2000, excediendo los términos de la delegación legislativa y violando el derecho a la participación de los ciudadanos en el proceso de elaboración y discusión de las leyes.[170]

4.  *El inicio de la transitoriedad constitucional en 2000 y la complicidad inmediata del Tribunal Supremo de Justicia en los atentados a la independencia y autonomía de los jueces*

La Asamblea Nacional Constituyente, al sancionar la Constitución eliminó el órgano con autonomía funcional que había sido creado en la Constitución de 1961 para el gobierno y administración del Poder Judicial, denominado "Consejo de la Judicatura," y en su lugar, asignó dichas funciones al Tribunal Supremo de Justicia, para lo cual la Constitución dispuso que el mismo tendría una Dirección Ejecutiva de la Magistratura (art. 267). En el texto de la

---

la frase en el Artículo 21 del Régimen de Transición de los Poderes Públicos, conforme al cual se harán ratificaciones definitivas de conformidad con la Constitución, es inaplicable, ya que, como lo ha señalado previamente esta Sala, la Constitución actual no establecía (*sic*) normas sobre ratificación de Magistrados para el Tribunal Supremo de Justicia." Véase Tribunal Supremo de Justicia, Sala Constitucional, Decisión del 12 de diciembre de 2000 en *Revista de Derecho Público* N° 84, Editorial Jurídica Venezolana, Caracas, 2000, p. 109. Véanse comentarios en Allan R. Brewer-Carías, "La participación ciudadana en la designación de los titulares de los órganos no electos de los Poderes Públicos en Venezuela y sus vicisitudes políticas" en *Revista Iberoamericana de Derecho Público y Administrativo*, Año 5, N° 5-2005, San José, Costa Rica 2005, pp. 76-95, *disponible en* www.allanbrewercarias.com, (Biblioteca Virtual, II.4. Artículos y Estudios N° 469, 2005) pp. 1-48.

169 Véase Tribunal Supremo de Justicia, Sala Constitucional, Decisión del 12-12-2000 en *Revista de Derecho Público*, N° 84, Editorial Jurídica Venezolana, Caracas, 2000, p. 109. Véase comentarios en Allan R. Brewer-Carías, "La participación ciudadana en la designación de los titulares de los órganos no electos de los Poderes Públicos en Venezuela y sus vicisitudes políticas" en *Revista Iberoamericana de Derecho Público y Administrativo*, Año 5, N° 5-2005, San José, Costa Rica 2005, pp. 76-95.

170 Véase Allan R. Brewer-Carías, "Apreciación general sobre los vicios de inconstitucionalidad que afectan los Decretos Leyes Habilitados" en *Ley Habilitante del 13-11-2000 y sus Decretos Leyes*, Academia de Ciencias Políticas y Sociales, Serie Eventos N° 17, Caracas 2002, pp. 63-103.

Constitución, por otra parte, en la *Disposición Transitoria Cuarta,* solo se hizo mención a una "Comisión de Funcionamiento y Reestructuración del Sistema Judicial" única y exclusivamente para que desarrollase transitoriamente el "sistema de defensa pública" hasta que se dictase la ley respectiva.[171] Debe recordarse que para el momento de la aprobación mediante refrendo de la Constitución el 15 de diciembre de 1999, lo único que existía era la "Comisión de Emergencia Judicial" que había funcionado durante las sesiones de la Asamblea Nacional Constituyente. La Disposición Transitoria Cuarta del texto constitucional aprobado popularmente y que fue el publicado, por tanto, se refería a una inexistente, para ese momento, "Comisión de Funcionamiento y Reestructuración del Sistema Judicial."

En todo caso, esa incongruencia constitucional pronto tendría su razón de ser, lo cual se materializaría días después del referendo aprobatorio de la Constitución, como se dijo, con la creación formal de la mencionada "Comisión de Funcionamiento y Reestructuración del Sistema Judicial," con atribuciones universales en materia judicial, en el ilegítimo régimen transitorio dictado por la Asamblea Nacional Constituyente y contenido en el "Decreto del Régimen de Transición del Poder Público" (art. 27) de 22 de diciembre de 1999.[172] En el mismo se dispuso que mientras el Tribunal Supremo organizaba la Dirección Ejecutiva de la Magistratura, el gobierno y administración del Poder Judicial, la inspección y vigilancia de los Tribunales, y todas las competencias que la legislación para ese momento vigente atribuían al antiguo Consejo de la Judicatura, serían ejercidas por una Comisión de Funcionamiento y Reestructuración del Sistema Judicial (art. 21) que entonces sustituyó a la Comisión de Emergencia Judicial.

En esta forma, la Asamblea Nacional Constituyente, en una forma evidentemente contraria a la Constitución, le confiscó al Tribunal Supremo, cuyos miembros había designado en el mismo Decreto donde cesó a los antiguos magistrados de la anterior Corte Suprema, una de sus nuevas funciones, incluso para que no la pudiera ejercer después de que la nueva Constitución entrara en vigencia, atribuyéndosela a la "Comisión ad hoc" creada y designada por la propia Asamblea Nacional Constituyente, y no por el nuevo Tribunal Supremo; situación irregular que el propio Tribunal Supremo de Justicia luego aceptó resignadamente por más de un lustro, renunciando a ejercer sus competencias constitucionales.

---

171   Y en efecto, el Sistema Autónomo de la Defensa Pública fue creado por la Comisión de Funcionamiento y Reestructuración del Sistema Judicial, mediante Resolución N° 1.191 del 16 de junio de 2000, en *Gaceta Oficial N°* 37.024 del 29 de agosto de 2000. Conforme al artículo primero de la misma: "Se crea el Sistema Autónomo de la Defensa Pública a los fines de garantizar el derecho a la defensa. Este sistema es un servicio dotado de autonomía funcional y administrativa y estará adscrito a la Comisión de Funcionamiento y Reestructuración del Sistema Judicial hasta tanto sancione la Ley Orgánica del Servicio de la Defensa Pública".

172   Véase en *Gaceta Oficial* N° 36859 de 29-12-1999. Véase los comentarios en Allan R. Brewer-Carías, *La Constitución de 1999. Derecho Constitucional Venezolano,* Editorial Jurídica Venezolana, Caracas 2004, Tomo II, pp. 1017 y ss.

Por otra parte, la disposición del artículo 23 del Decreto del 22 de diciembre de 1999 –aún sin ser parte de la Constitución– se configuró como una verdadera "Disposición Transitoria Constitucional" que como tal debió haber sido incorporada en las Disposiciones Transitorias de la propia Constitución. Ello, sin embargo, como se dijo, no estaba en el proyecto sancionado por la Asamblea Constituyente (15 de Noviembre de 1999) ni en el aprobado popularmente, habiendo sido dictado por la Asamblea Constituyente en evidente usurpación de la voluntad popular (la del pueblo), disponiendo que la competencia disciplinaria judicial que conforme a la Constitución debía corresponder a los tribunales disciplinarios de conformidad con lo que se regula en el artículo 267 de la Constitución recién aprobada, sería en cambio ejercida por la referida Comisión de Funcionamiento y Reestructuración del Sistema Judicial, y no por los jueces. Dicho artículo 23 del Decreto, en todo caso, fue claro en disponer que esa inconstitucional transitoriedad, estaría "vigente *hasta* que la Asamblea Nacional *apruebe la legislación* que determine los *procesos y tribunales* disciplinarios." Ello sólo ocurrió doce años después, en 2011, con lo cual durante más de una década la Jurisdicción disciplinaria simplemente no existió; y si bien se creó en 2011, de nuevo transitoriamente se la hizo depender de la Asamblea nacional en forma evidentemente inconstitucional.

Era evidente que conforme a la nueva Constitución, a partir de 1999 sólo los jueces podían ejercer la función disciplinaria judicial (art. 253), por lo que era totalmente ilegítimo y contrario a la garantía del debido proceso (art. 49), el que se atribuyeran funciones judiciales disciplinarias respecto de los jueces a una "Comisión" *ad hoc* como la mencionada, que no era siquiera un Tribunal. Si se trataba de establecer, así fuera arbitrariamente, un régimen transitorio para la jurisdicción disciplinaria, las funciones judiciales que ello implicaba constitucionalmente, debieron haberse atribuirse al menos a tribunales o jueces preexistentes, y no a una "Comisión" *ad hoc*, pues ello, además, violaba la garantía del debido proceso y del juez natural que la nueva Constitución regulaba expresamente (art. 49).

Con posterioridad al Decreto sobre Régimen Transitorio de diciembre de 1999 que creó la mencionada Comisión, la Asamblea Nacional Constituyente, como antes se indicó, incluso ya habiendo cesado sus funciones de redacción de la Constitución, dictó otros dos Decretos el 18 de enero de 2000 en relación con el Poder Judicial, también "en ejercicio del poder soberano constituyente originario", que fueron el relativo a la designación del "Inspector de Tribunales,"[173] y el relativo a la designación de los miembros de la Comisión de Funcionamiento y Reestructuración del Poder Judicial;[174] todo marginando al Tribunal Supremo de Justicia que supuestamente era quien tenía a su cargo el gobierno y administración del Poder Judicial. Como luego lo constataría la Sala Político Administrativa del Tribunal Supremo hizo en la sentencia N° 1173 de 23 de mayo de 2000, correspondiendo al Tribunal Supremo "con-

---

173   *Gaceta Oficial* N° 36.878 de 26-01-2000.
174   *Gaceta Oficial* N° 36.878 de 26-01-2000.

forme a lo previsto en la Constitución de la República Bolivariana de Venezuela, la función de dirección, gobierno y administración del Poder Judicial, que antes tenía atribuida el Consejo de la Judicatura," mientras se establecía la Dirección Ejecutiva de la Magistratura, "la Asamblea Nacional Constituyente creó la Comisión de Funcionamiento y Reestructuración del Sistema Judicial, como órgano encargado de garantizar el buen funcionamiento del Poder Judicial, a los fines de establecer un nuevo Poder."[175]

La prolongación del régimen de transición constituyente, con la anuencia del Tribunal Supremo, hizo entonces nugatoria la aplicación de la exigencia de los concursos para la designación de los jueces, quedando la norma constitucional sólo como una buena intención. Incluso, sobre el tema, la propia Sala Político Administrativa del Tribunal Supremo, en sentencia N° 659 de 24 de marzo de 2000 (Caso: *Rosario Nouel*), llegó a justificar la "necesaria intervención del Poder judicial" argumentado que "para que ese poder (judicial) se adapte y cumpla con el rol que le asigna el nuevo texto constitucional, es necesario que quienes lo componen sean el resultado de un proceso público de evaluación y concurso, que no tan solo aseguren su idoneidad y excelencia, sino que garantice el conocimiento por parte de éstos de los principios y valores de la Constitución, a los efectos de evitar una ruptura entre Estado y Sociedad. En ese sentido el rol protagónico del pueblo consustanciado con la idea democrática, se materializa a través de su participación intensa en los procesos de selección y evaluación de los Jueces (Artículo 255 de la Constitución de la República Bolivariana de Venezuela)."[176] Por supuesto, textos como este no pasaron de ser pura retórica, habiendo llegado la sentencia a decir que:

> "...la participación ciudadana debe orientarse y manifestarse desde la selección de jurados en el inicio de los procesos de evaluación y concurso a través de la sociedad civil organizada; en la consulta sobre los aspirantes a ser jueces o juezas; en su presencia o intervención en los concursos públicos; así como en la selección definitiva del Juez y en el control permanente que la sociedad debe hacer en relación a la conducta pública y privada, en la actuación del Juez como administrador de justicia, en su comportamiento profesional, académico y aún familiar."[177]

Nada de ello, por supuesto, ha ocurrido hasta la fecha (2011), y al contrario, si algo ha sido constante ha sido la negativa sistemática a la posibilidad misma de la participación ciudadana en el proceso de elección de los jueces, derivada de un interminable régimen transitorio que la ha impedido. Y lo peor es que luego de esas declaraciones floridas, la misma sentencia de la Sala Político Administrativa pasó a justificar "*la necesaria intervención de los Poderes Públicos a fin de la relegitimación de los mismos en el marco de un*

---

175    Véase en *Revista de Derecho Público*, N° 82, Editorial Jurídica Venezolana, Caracas, 2000, p. 160.

176    Véase sentencia N° 659 de 24-03-2000 (Caso: *Rosario Nouel*), en *Revista de Derecho Público*, N° 81, Editorial Jurídica Venezolana, Caracas, 2000, p. 104.

177    *Id.*

*Proceso Constituyente"* señalando al no haber estado supuestamente garanti-zada en el anterior régimen legal y constitucional (de la Constitución de 1961) "la intervención y participación de los ciudanos en los distintos pro-cesos de selección y nombramiento de los jueces" se había supuestamente:

> "producido una inconstitucionalidad sobrevenida, decayendo el obje-to de los diferentes actos de nombramiento, por lo que se establece con las "Normas de Evaluación y Concurso de Oposición para el Ingreso y Permanencia en el Poder Judicial", de fecha 14 de febrero del año 2000, publicadas en *Gaceta Oficial* N° 36.899 de fecha 24 de febrero del mis-mo año, el desarrollo de procedimientos destinados a garantizar la credi-bilidad y legitimidad del sistema de justicia, por medio de controles so-ciales e institucionales sobre el comportamiento de los jueces, idoneidad que se hace indispensable para lograr su capacidad profesional e inde-pendencia."[178]

Por supuesto, nada de ello ocurrió, y la intervención constituyente del Po-der Judicial se prolongó mucho más allá de la transición constitucional su-puestamente limitada, por lo que a pesar de la creación de la Dirección Ejecu-tiva de la Magistratura, la Comisión ad hoc de intervención siguió funcionan-do sin que se hubiese atendido el llamado "de atención" que la misma Sala Político Administrativa del Tribunal Supremo hizo en la sentencia N° 1173 de 23 de mayo de 2000, indicándole:

> "a la Comisión de Funcionamiento y Reestructuración del Sistema Judicial, respecto del ejercicio de los importantes cometidos que le han sido impuestos, mientras se establece la Dirección Ejecutiva de la Magis-tratura, toda vez que de su oportuno ejercicio depende en gran medida la deseada reestructuración y relegitimación del Poder Judicial. En efecto, debe esta Sala advertir que resulta imperioso para el mantenimiento del Estado de Derecho, el libre acceso de los ciudadanos a los órganos de justicia consagrado en el artículo 26 de la Constitución de la República Bolivariana de Venezuela y la vigencia de las instituciones y que el Po-der Judicial pueda, en la práctica, cumplir con sus objetivos mediante la designación de los jueces y funcionarios necesarios para ello. En razón de ello, se deben tomar las medidas pertinentes a los fines de proveer de forma inmediata los cargos de Jueces en los Tribunales donde fueron suspendidos o destituidos Jueces durante la emergencia judicial, a los fi-nes de garantizar el nuevo modelo de Estado, comprometido con una jus-ticia proba, honesta, idónea, de calidad, donde se garantice a los ciuda-danos, el acceso a la justicia y el obtener de los órganos encargados de la administración de justicia, una tutela judicial efectiva.[179]

---

178  *Id.*
179  Véase en *Revista de Derecho Público*, N° 82, Editorial Jurídica Venezolana, Caracas, 2000, p. 160.

Sin embargo, la realidad fue que la situación de absoluta transitoriedad y de inaplicación del texto constitucional se prolongó posteriormente por la omisión del mismo Tribunal Supremo en implementarlo, incluso a pesar de que el 2 de agosto de 2000, dictó la "Normativa Sobre la Dirección, Gobierno y Administración del Poder Judicial," con la cual supuestamente se daría satisfacción al expreso mandato constitucional del artículo 267, supuestamente para "poner fin a la vigencia del régimen transitorio dictado por el Constituyente," lo cual sin embargo, no ocurrió.

En efecto, en el artículo 1° de la referida Normativa el Tribunal Supremo dispuso la creación de "la Dirección Ejecutiva de la Magistratura como órgano auxiliar del Tribunal Supremo de Justicia, con la finalidad de que ejerza por delegación las funciones de dirección, gobierno y administración del Poder Judicial." Esta Dirección Ejecutiva de la Magistratura se erigió entonces como un órgano del Tribunal Supremo en el ejercicio de sus atribuciones relativas a la dirección, gobierno y administración del Poder Judicial, es decir, se trató de un órgano que ejerce por delegación tales atribuciones que, se insiste, son propias de este Tribunal Supremo de Justicia.

Pero en materia de jurisdicción disciplinaria de los jueces, en el artículo 30 de la misma Normativa, el Tribunal Supremo, sin justificación ni competencia algunas, y en fraude a la Constitución, prorrogó la existencia y funcionamiento de la Comisión de Funcionamiento y Reestructuración, que debía ser organizada en la forma que determinase el Tribunal Supremo de Justicia, la cual sólo tendría a su cargo, luego de la vigencia de la referida Normativa, "funciones disciplinarias mientras se dicta la legislación y se crean los correspondientes Tribunales Disciplinarios." El Tribunal Supremo, así, renunció expresamente a ejercer una de sus funciones incluso en materia de dictar la normativa respecto del gobierno del Poder judicial, y tan fue así, que fue la propia "Comisión de Funcionamiento y Reestructuración del Sistema Judicial," la que, sin base constitucional o legal alguna, en noviembre de 2000 dictó la nueva "normativa" para la sanción y destitución de los jueces, contenida en el Reglamento de la Comisión y Funcionamiento y Reestructuración del Sistema Judicial;[180] "normativa", con el cual procedió definitivamente a "depurar" el Poder Judicial de jueces no afectos al régimen. Lo insólito, es que dicho "reglamento" ni siquiera fue dictado por el propio Tribunal Supremo que, conforme a la Constitución, es el que tiene a su cargo el gobierno y administración del Poder Judicial, y ésta lo haya aceptado sumisamente, avalando el funcionamiento de una inconstitucional Comisión, admitiendo no sólo que esta dictase sus propias normas de funcionamiento, sino el régimen disciplinario de los jueces, es decir, el régimen sancionatorio y de destitución de los mismos.

De todo ello resultó que después de dictada la Constitución, su artículo 267 que dispone que la jurisdicción disciplinaria judicial estará a cargo de los tribunales disciplinarios; que el régimen disciplinario de los magistrados y jueces estará fundamentado en el *Código de Ética* del Juez Venezolano, que

---

180    Véase en *Gaceta Oficial* N° 37.080, de 17-11-2000.

debe dictar la Asamblea Nacional; y que el procedimiento disciplinario debe ser público, oral y breve, conforme al debido proceso, no tuvo nunca aplicación alguna hasta 2010, cuando fue que se pretendió ejecutar la norma Constitucional pero sin resultado efectivo alguno.

Durante más de una década, la ausencia de desarrollo legislativo de la Constitución hizo prolongar la transitoriedad constituyente, violándose abiertamente la Constitución, lo que se desprende, incluso, de las propias decisiones del Tribunal Supremo. Así lo reconoció y avaló la Sala Plena en su sentencia N° 40 de 15 de noviembre de 2001, en la cual se detalla que el artículo 22 del Régimen de Transición del Poder Público de diciembre de 1999 había dispuesto que *mientras el Tribunal Supremo de Justicia no organizase a la Dirección Ejecutiva de la Magistratura* (prevista, en el artículo 267 constitucional), las competencias relativas a "inspección y vigilancia de los Tribunales" serían ejercidas por la "Comisión de Funcionamiento y Reestructuración del Sistema Judicial" que la Asamblea había establecido.

Además, el artículo 29 del mismo Régimen estableció que la Inspectoría General de Tribunales -hasta ese entonces organizada y regida por las normas de la Ley Orgánica del Consejo de la Judicatura- sería un órgano auxiliar de la nombrada Comisión, en la inspección y vigilancia de los Tribunales de la República con facultades para la instrucción de los expedientes disciplinarios de los Jueces y demás funcionarios judiciales. Asimismo, dispuso dicha norma que el Inspector General de Tribunales y su suplente, serían designados por la Asamblea Nacional Constituyente, con carácter provisional hasta el funcionamiento efectivo de la Dirección Ejecutiva de la Magistratura.

Ahora bien, como se ha dicho, el 2 de agosto de 2000 el Tribunal Supremo de Justicia, actuando en acatamiento de lo ordenado en el artículo 267 de la Constitución, dictó la "Normativa Sobre la Dirección, Gobierno y Administración del Poder Judicial", con lo que se buscó, como lo afirmó el Supremo Tribunal en la sentencia N° 40, la parcial satisfacción de un expreso mandato constitucional (artículo 267), ya que la "emergencia" continuó en cuanto al régimen disciplinario de los jueces. La propia Sala Plena apuntó sobre la transitoriedad en la sentencia N° 40 de 2001, que el artículo 30 de la misma Normativa estableció que "la Comisión de Funcionamiento y Reestructuración organizada en la forma que lo determine el Tribunal Supremo de Justicia, sólo tendrá a su cargo [luego de la vigencia de esta Normativa] funciones disciplinarias mientras se dicta la legislación y se crean los correspondientes Tribunales Disciplinarios". Quedó así esa Comisión en el ejercicio de funciones transitorias en la materia antes indicada.[181]

La Sala Plena, además, estableció que mediante la norma contenida en el artículo 2 de la Normativa Sobre la Dirección, Gobierno y Administración del Poder Judicial se había creado la Comisión Judicial, como órgano del Tribu-

---

181   Véase en *Revista de Derecho Público*, N° 85-88, Editorial Jurídica Venezolana, Caracas, 2001, pp. 159 y ss.

nal Supremo de Justicia, "con la finalidad de que ejerza por delegación las funciones de control y supervisión de la Dirección Ejecutiva de la Magistratura y las demás previstas en esta normativa." Se trataba, dijo la Sala, "también en este caso de un órgano carente de atribuciones propias ya que su finalidad específica es ejercer, por delegación las atribuciones constitucionalmente asignadas al Tribunal Supremo de Justicia." Igualmente se refirió el Tribunal Supremo al artículo 22 de la misma Normativa que había creado a la Inspectoría General de Tribunales como "una unidad autónoma dirigida por el Inspector General de Tribunales y adscrita a la Comisión Judicial del Tribunal Supremo de Justicia," agregando que:

> "Se inscribe así la Inspectoría General de Tribunales en el marco de la organización prevista, en desarrollo del Texto Constitucional, para el ejercicio de las funciones de este Supremo Tribunal relativas a la inspección y vigilancia de los Tribunales de la República. Se configura así este órgano, como un instrumento que, dotado de cierto grado de autonomía - cuyo alcance no es ilimitado, y debe, por ello, ser precisado por la Sala Plena de este Tribunal Supremo de Justicia- coadyuva en el ejercicio de tales funciones que son propias del Máximo Tribunal."[182]

Toda esta transitoriedad descrita en esta sentencia del Tribunal Supremo, en la cual se resume, en definitiva, cómo y porqué la garantía constitucional de la autonomía e independencia de los jueces consistente en que los mismos solo pueden ser removidos de sus cargos mediante procedimientos disciplinarios, llevados por jueces disciplinarios que formen parte de una Jurisdicción Disciplinaria Judicial, continuó posteriormente siendo inaplicada con el aval tanto de la Asamblea nacional como del propio Tribunal Supremo.

Incluso, la Sala Político-Administrativa del Tribunal Supremo de Justicia llegó a resolver que la remoción de jueces temporales era una facultad discrecional de la Comisión de Funcionamiento y Reestructuración del Sistema Judicial, la cual podía adoptar sus decisiones sin seguir procedimiento administrativo alguno,[183] la cual, además de remover a los jueces en forma discrecional sin garantía alguna del debido proceso,[184] como lo destacó la Comisión Interamericana de Derechos Humanos en su *Informe de 2009*, lo peor es que ella misma, no gozaba de independencia, pues sus integrantes eran de la libre remoción discrecional de la Sala Constitucional.[185]

---

182  *Id.*

183  Véase Decisión N° 00463-2007 del 20-03-2007; Decisión N° 00673-2008 del 24-04-2008 (citada en la Decisión N° 1.939 del 18-12-2008, p. 42). La Sala Constitucional ha establecido la misma posición en la Decisión N° 2414 del 20-12-2007 y Decisión N° 280 del 23-02-2007.

184  Véase Tribunal Supremo de Justicia, Decisión N° 1.939 del 18-12-2008 (Caso: *Gustavo Álvarez Arias et al.*), en *Revista de Derecho Público*, N° 116, Editorial Jurídica Venezolana, Caracas, 2008, pp. 89-106. También en http://www.tsj.gov.ve/decisiones/scon/Diciembre/1939-181208-2008-08-1572.html

185  Véase *Annual Report 2009*, parágrafo 481, en http://www.cidh.org/annualrep/2009eng/-Chap.IV.f.eng.htm.

Esa Comisión ad hoc, por tanto, literalmente "depuró" la judicatura de jueces que no estaban en línea con el régimen autoritario, como lo reconoció la propia Sala Constitucional,[186] removiendo discrecionalmente jueces que pudieran haber dictado decisiones que no complacieran al Poder Ejecutivo. Esto llevó a la misma Comisión Interamericana de Derechos Humanos a decir, en el *Informe Anual* de 2009, que "en Venezuela los jueces y fiscales no gozan de la garantía de permanencia en su cargo necesaria para asegurar su independencia en relación con los cambios de políticas gubernamentales."[187]

5.   *La prolongación de la transitoriedad constitucional en las regulaciones de la Ley Orgánica del Tribunal Supremo de Justicia de 2004, mediante una nueva "prórroga" del funcionamiento de la Comisión ad hoc de disciplina judicial, en ausencia de la Jurisdicción Disciplinaria*

En mayo de 2004 se sancionó la entonces muy esperada Ley Orgánica del Tribunal Supremo de Justicia,[188] con la cual, lamentablemente, no sólo se aumentó y consolidó el control del mismo por parte del Poder Ejecutivo, sino que se aumentó la dependencia de los propios Magistrados al haberse incluso regulado en forma inconstitucional la posibilidad de su remoción con el voto de los integrantes de la Asamblea Nacional por mayoría absoluta mediante la "anulación del nombramiento de los Magistrados," la cual se podía adoptar con mayoría absoluta, en lugar de la mayoría calificada que exige la Constitución.[189]

---

186   Decisión N° 1.939 de 18-12-2008 (Caso: *Abogados Gustavo Álvarez Arias y otros*), en la cual la Sala Constitucional decidió que una decisión de 05-08-2008 de la Corte Interamericana de Derechos Humanos es inejecutables en Venezuela (Caso: *Apitz Barbera y otros ["Corte Primera de lo Contencioso Administrativo"] vs. Venezuela [Corte IDH]*, Case: *Apitz Barbera y otros ["Corte Primera de lo Contencioso Administrativo"] vs. Venezuela*, Sentencia de 5 de agosto de 2008, Serie C, N° 182. Véase en en *Revista de Derecho Público*, N° 116, Editorial Jurídica Venezolana, Caracas, 2008, pp. 89-106. También en http://www.tsj.gov.ve/decisiones/scon/Diciembre/1939-181208-2008-08-1572.html

187   Véase *Informe Anual de 2009*, parágrafo 480, en http://www.cidh.oas.org/annualrep/2009eng/-Chap.IV.f.eng.htm

188   Véase en *Gaceta Oficial* N° 37942 de 20-05-2004. Véase sobre dicha Ley, véase Allan R. Brewer-Carías, *Ley Orgánica del Tribunal Supremo de Justicia. Procesos y procedimientos constitucionales y contencioso-administrativos*, Editorial Jurídica Venezolana, Caracas 2004

189   Esta inconstitucional potestad, por supuesto, fue ejercida en forma inmediata por la Asamblea Nacional, el 15 de junio de 2004, al aprobar un informe de una Comisión que investigaba la crisis en el Poder Judicial, en el cual se recomendó a "anular" el acto el nombramiento de quien para el momento era el Magistrado Vicepresidente del Tribunal Supremo, en razón de haber supuestamente "suministrado falsa información para el momento de la aceptación de su postulación para ser ratificado en ese cargo." Según la investigación parlamentaria, el Magistrado no habría tenido 15 años como profesor universitario titular, ni tampoco estudios de postgrado. Véase la información en *El Nacional*, Caracas, 16-06-2004, p. A-5. Debe precisarse que dicho Vicepresidente del Tribunal Supremo había sido precisamente el Magistrado Ponente en la sentencia de la Sala Plena Accidental de 14 de agosto de 2002, (Caso: Antejuicio de mérito a oficiales de la Fuerza Armada Nacional), que consideró que lo que había ocurrido en el país el 12 de abril de 2002 no había sido una crisis gubernamental debido al vacío de poder provocado por la renuncia del Presidente de la República, sentencia que había sido intensamente criticada por

Por otra parte, en la Ley Orgánica del Tribunal Supremo de Justicia de 2004, reiterando las inconstitucionalidades que ya habían ocurrido en 2000 con la llamada y ya comentada "Ley Especial para la Ratificación o Designación de los Funcionarios y Funcionarias del Poder Ciudadano y Magistrados y Magistradas del Tribunal Supremo de Justicia para el primer período constitucional," se produjo otra inconstitucional lesión a la independencia del Tribunal Supremo al burlarse la exigencia de la necesaria participación directa ciudadana en la designación de sus Magistrados mediante representantes de los diversos sectores de la sociedad integrados en un Comité de Postulaciones Judiciales (Art. 270).[190] Sin embargo, en la Ley Orgánica de 2004, en fraude constitucional se estableció en definitiva, otro sistema de elección de Magistrados escapándose del control de los representantes de la sociedad civil, al integrarse el Comité de Postulaciones Judiciales, por once miembros principales, de los cuales cinco eran diputados a la Asamblea, y otros seis supuestamente de los "demás sectores de la sociedad," electos por la Asamblea (Art. 13, párrafo 2°).

En efecto, la Ley Orgánica del Tribunal Supremo de Justicia de 2004 distorsionó las condiciones constitucionales para el nombramiento y remoción de los Magistrados, consolidando la conformación del Comité de Postulaciones Judiciales como la "comisión parlamentaria" antes referida, sujeta a la Asamblea Nacional. Esta reforma, fue altamente criticada, al punto de que, por ejemplo, incluso la Comisión Interamericana de Derechos Humanos en su *Informe Anual de 2004*, señalo que carecía "de las salvaguardas necesarias para impedir que otras ramas del Poder Público pudieran minar la independencia del Tribunal."[191]

Después de esa reforma, en todo caso, el proceso de postulación y designación de los Magistrados del Tribunal Supremo, a pesar de ser supuestamente de la exclusiva competencia del Poder Legislativo, fue completamente con-

---

el Presidente de la República, y que dos años después, complacientemente sería anulada por la Sala Constitucional del Tribunal Supremo por motivos formales. El mencionado magistrado, incluso había sido protegido en su titularidad por una decisión de amparo adoptada por la Sala Constitucional con ocasión de una decisión anterior de la Asamblea Nacional contra el mismo el 3 de diciembre de 2002. Véase la información en *El Nacional*, Caracas, 18-06-2004, p. A-4. La Sala, sin embargo, en vista de la efectiva "remoción" del magistrado, muy "convenientemente" no extendió la protección constitucional de amparo que se la había otorgado, lo que originó efectivamente su "remoción" o la "revocación de su nombramiento".

190   Debe recordarse que esta reforma constitucional se adoptó como consecuencia de la crítica generalizada que se había formulado al sistema tradicional de designación de los Magistrados, tal como la establecía la Constitución de 1961, conforme a la cual el órgano legislativo tenía todo el poder discrecional para, mediante solo acuerdos entre los partidos políticos, efectuar dichas designaciones. El sistema constitucional adoptado, en consecuencia, por una parte, buscaba impedir que se pudieran formular postulaciones directamente para tales designaciones, ante la Asamblea Nacional; y por otra parte, buscaba asegurar que la Asamblea Nacional no pudiera designar para dichos cargos personas distintas a las postuladas por los Comités de Postulaciones

191   Véase IACHR, *2004 Annual Report* (Follow-Up Report on Compliance by the State of Venezuela with the Recommendations made by the IACHR in its Report on the Situation of Human Rights in Venezuela [2003]), parágrafo 174. En http://www.cidh.oas.org/annualrep/2004eng/-chap.5b.htm

trolado por el Presidente de la República, dado su control político de la Asamblea tal y como lo reconoció públicamente el Presidente de la Comisión Parlamentaria para la selección de los Magistrados, al punto de afirmar en 2004, además, que "En el grupo de postulados no hay nadie que vaya actuar contra nosotros."[192] Ello, incluso se repitió en 2010, al punto de que la Comisión Interamericana de derechos Humanos en su Informe sobre Venezuela de 2010, indicó que: "*los 49 magistrados elegidos (17 principales y 32 suplentes) serían simpatizantes del gobierno, incluyendo a dos nuevos magistrados que eran parlamentarios activos de la mayoría oficialista en la Asamblea Nacional.*"[193] Y ha sido esa configuración del Tribunal Supremo, altamente politizada y sujeta a los deseos del Presidente, lo que ha permitido la completa eliminación de la autonomía del Poder Judicial, y por ende, de la separación de poderes, permitiendo al gobierno ejercer un control absoluto sobre el Tribunal y en particular, sobre su Sala Constitucional.

Ello ha llegado al punto, por ejemplo, de que en algún caso en el cual el Tribunal dictó una absurda sentencia "reformando" la Ley de Impuesto sobre la Renta,[194] el Presidente la criticó, pero no por su insólito contenido, sino porque se hubiese dictado sin consultar previamente al "líder de la Revolución," advirtiendo a los tribunales que eso de decidir sin que se le consultaran

---

192  Declaró a la prensa: "Si bien los diputados tenemos la potestad de esta escogencia, el Presidente de la República fue consultado y su opinión fue tomada muy en cuenta." Añadió: "Vamos a estar claros, nosotros no nos vamos a meter autogoles. En la lista había gente de la oposición que cumplen con todos los requisitos. La oposición hubiera podido usarlos para llegar a un acuerdo en las últimas sesiones, pero no quisieron. Así que nosotros no lo vamos a hacer por ellos. En el grupo de postulados no hay nadie que vaya actuar contra nosotros." Véase *El Nacional*, Caracas, 13 de diciembre de 2004. La Comisión Interamericana de Derechos Humanos sugirió en su Informe a la Asamblea General de la OEA para 2004 que "estas normas de la Ley Orgánica del Tribunal Supremo de Justicia habrían facilitado que el Poder Ejecutivo manipulara el proceso de elección de magistrados llevado a cabo durante 2004." Véase Comisión Interamericana de Derechos Humanos, *Informe sobre Venezuela 2004*, párrafo 180.

193  Véase IICHR, *Informe Anual 2010*, OEA/Ser.L/V/II. Doc. 5 corr. 1, 7-3-2011. Véase el Informe sobre Venezuela en: http://www.cidh.oas.org/annualrep/2010sp/CAP.IV.VENEZUELA.2010.FINAL.doc.

194  Tribunal Supremo de Justicia, Sala Constitucional, Decisión N° 301 del 27 de febrero de 2007 (Caso: *Adriana Vigilanza y Carlos A. Vecchio*) (Exp. N° 01-2862) en Gaceta Oficial N° 38.635 del 1 de marzo de 2007. Véanse comentarios en Allan R. Brewer-Carías, "El juez constitucional en Venezuela como legislador positivo de oficio en materia tributaria" en *Revista de Derecho Público* N° 109, Editorial Jurídica Venezolana, Caracas 2007, pp. 193-212, *disponible en* www.allanbrewercarias.com, (Biblioteca Virtual, II.4. Artículos y Estudios N° 508, 2007) pp. 1-36; y Allan R. Brewer-Carías, "De cómo la Jurisdicción constitucional en Venezuela, no sólo legisla de oficio, sino subrepticiamente modifica las reformas legales que "sanciona", a espaldas de las partes en el proceso: el caso de la aclaratoria de la sentencia de Reforma de la Ley de Impuesto sobre la Renta de 2007" en *Revista de Derecho Público* N° 114, Editorial Jurídica Venezolana, Caracas 2008, pp. 267-276, disponible en http://www.brewercarias.com/Content/449725d9-f1cb-474b-8ab2-41efb849fea8/Content/II.4.575.pdf.

los asuntos al Ejecutivo, podía considerarse "traición al Pueblo" o a "la Revolución."[195]

Y ha sido mediante el control ejercido sobre del Tribunal Supremo, que en Venezuela es el órgano encargado del gobierno y administración del sistema judicial, que el gobierno ha ejercido un control político sobre la universalidad de las instituciones judiciales, con la cooperación de la largamente sobreviviente Comisión ad hoc de Funcionamiento y reestructuración del Poder Judicial, legitimada hasta 2010 por el propio Tribunal Supremo. Con ello, por supuesto, se hicieron completamente inaplicables las magníficas previsiones constitucionales que buscaban garantizar la independencia y autonomía de los jueces relativos al ingreso a la carrera judicial y a los juicios disciplinarios.

Pero en la materia específica de la estabilidad de los jueces y del régimen disciplinario, la Ley Orgánica del Tribunal Supremo de Justicia de 2004, en lugar de haber puesto fin a la transitoriedad constitucional que implicaba la ausencia de la Jurisdicción Disciplinaria, y el ejercicio de la misma por una Continuó ad hoc; al contrario, nuevamente prorrogó la transitoriedad al disponer en su *Disposición Transitoria Única*, párrafo 2, e) que:

> La Comisión de Funcionamiento y Reestructuración del Sistema Judicial sólo tendrá a su cargo funciones disciplinarias, *mientras se dicte la legislación y se crea la jurisdicción disciplinaria* y los correspondientes tribunales disciplinarios.

La vigencia efectiva de la norma constitucional que exigía que "la jurisdicción disciplinaria judicial estará a cargo de los tribunales disciplinarios que determine la ley" (art. 267) de nuevo fue pospuesta, quedando como letra muerta; y quedando los jueces sin garantía alguna de estabilidad, a la merced de una Comisión "no judicial," que continuó suspendiéndolos a mansalva, particularmente cuando han dictado decisiones que no han complacido al Poder. Lamentablemente en esta materia, el "activismo judicial" de la Sala Constitucional que la llevó, incluso, a juzgar de oficio la inconstitucionalidad de la omisión del Legislador, por ejemplo, al no haber sancionado en el tiempo requerido la Ley Orgánica del Poder Municipal,[196] nunca fue ejercida en su propia materia, la judicial, ni fue aplicada para tratar de obligar al legislador a dictar las leyes básicas para garantizar, precisamente, la autonomía e

---

195 "Muchas veces llegan, viene el Gobierno Nacional Revolucionario y quiere tomar una decisión contra algo por ejemplo que tiene que ver o que tiene que pasar por decisiones judiciales y ellos empiezan a moverse en contrario a la sombra, y muchas veces logran neutralizar decisiones de la Revolución a través de un juez, o de un tribunal, o hasta en el mismísimo Tribunal Supremo de Justicia, a espaldas del líder de la Revolución, actuando por dentro contra la Revolución. Eso es, repito, traición al pueblo, traición a la Revolución" Discurso en el Primer Encuentro con Propulsores del Partido Socialista Unido de Venezuela desde el teatro Teresa Carreño, 24-03-2007, en http://www.minci.gob.ve/alocuciones/4/13788/primer_encuentro_con.html, p. 45.

196 Véase la sentencia N° 3118 de 06-10-2003 en *Revista de Derecho Público*, N° 93-96, Editorial Jurídica Venezolana, Caracas 2003. Véanse los comentarios en Allan R. Brewer-Carías, *La Constitución de 1999. Derecho Constitucional Venezolano*, Tomo II, *cit.*, pp. 970 y ss.

independencia del Poder Judicial, que el Tribunal Supremo administra y gobierna, mediante la garantía de estabilidad de los jueces.

6. *La inconstitucional conversión de jueces temporales en jueces titulares sin concursos públicos de oposición y sin participación ciudadana*

Por otra parte, estando el Poder Judicial como consecuencia de la "depuración" efectuada por la Comisión ad hoc, integrado mayoritariamente por jueces temporales y provisionales" designados precisamente. Esa tarea correspondió a la Comisión Judicial del Tribunal Supremo de Justicia nombrada en agosto de 2000, que comenzó a funcionar en paralelo con la Comisión ad hoc de Funcionamiento, de manera que para 2004 el Poder Judicial el Venezuela estaba integrado en más del 90% por dichos jueces temporales y provisionales, y por tanto, dependientes y vulnerables a las presiones del poder[197], con lo cual habiendo materialmente desaparecido todo vestigio de autonomía e independencia del Poder Judicial.

Sobre este problema de la administración de justicia en Venezuela, la Comisión Interamericana de Derechos Humanos ya desde mayo de 2002, había señalado lo siguiente:

8. Otro aspecto vinculado a la autonomía e independencia del Poder Judicial es lo relativo al carácter provisorio de los jueces. La CIDH no desconoce que el problema de la provisionalidad de los jueces en Venezuela es de larga data. Según lo informado a la CIDH durante la visita, actualmente habría entre un 60% un 90% de jueces provisionales lo cual, a consideración de la CIDH, afecta la estabilidad, independencia y autonomía que debe regir a la judicatura. La Comisión expresa la importancia de que se inicie en Venezuela de manera inmediata y conforme a su legislación interna y las obligaciones internacionales derivadas de la Convención Americana, un proceso destinado a revertir la situación de provisionalidad de la mayoría de los jueces.[198]

---

197 Véase lo indicado en el Informe de Human Rights Watch *Manipulando el Estado de Derecho: Independencia del Poder Judicial amenazada en Venezuela*, junio de 2004, Vol. 16, Nº 3 (B), p. 11, donde se habla incluso de los "jueces desechables".

198 Véase "Comunicado de Prensa" de 10-05-2000, en *El Universal*, Caracas 11-5-2002. En el texto de las Observaciones Preliminares formuladas por la Comisión el día 10-05-2002, se ahondó en el tema de la provisionalidad de los jueces, indicando: 30. Otro aspecto vinculado a la autonomía e independencia del Poder Judicial es lo relativo al carácter provisorio de los jueces. Al respecto, luego de casi tres años de reorganización del Poder Judicial, un número significativo de los jueces tiene carácter provisorio, que oscila entre el 60 y el 90% según las distintas fuentes. Ello afecta la estabilidad, independencia y autonomía que debe regir a la judicatura. / 31. La Comisión no desconoce que el problema de la provisionalidad de los jueces precede en muchos años a la presente administración. Sin embargo, la Comisión ha sido informada que el problema de la provisionalidad de los jueces se ha profundizado y aumentado desde que el presente Gobierno inició un proceso de reestructuración judicial. El Presidente del Tribunal Supremo de Justicia informó a la CIDH sobre la marcha del proceso destinado a corregir dicha situación. / 32. El poder judicial ha sido establecido para asegurar el cumplimiento de las leyes y es indudablemente el órgano fundamental para la protección de los derechos humanos. En el

Los concursos públicos para la designación de los jueces que se intentaron desarrollar en marzo de 2000, mediante una normativa que fue dictada, no por el Tribunal Supremo de Justicia, sino por la Comisión de Funcionamiento y Reestructuración del Sistema Judicial[199], fueron suspendidos definitivamente poco tiempo después; y tanto la destitución de los jueces sin fórmula de juicio ni derecho a ser oídos, como la designación a dedo de sus sustitutos temporales, siguió siendo la regla en el funcionamiento del Poder Judicial.

Lo absurdo del régimen transitorio que eliminó todo el sistema de concurso para el ingreso a la carrera judicial que exige la Constitución, llegó a su clímax con la sentencia de la Sala Constitucional del Tribunal Supremo de Justicia Nº 1424 de 3 de mayo de 2005, dictada con ocasión de decidir un recurso de nulidad por inconstitucionalidad del artículo 6,23 de la Ley Orgánica del Tribunal Supremo de Justicia que atribuía a la Sala Político Administrativa del mismo Tribunal la competencia para designar los jueces de la jurisdicción contencioso administrativa, a los efectos de que como lo solicitaron los recurrentes, "en consecuencia se designe a los jueces de la jurisdicción contencioso-administrativa, a través de los procedimientos de concurso de oposición aplicado a las demás jurisdicciones del país, tal como lo prevé el mandato constitucional plasmado en el artículo 255 de la Constitución".

En dicha sentencia, sin embargo, la Sala resolvió declarar de oficio una medida cautelar suspendiendo la aplicación de la norma impugnada, alegando como "peligro en la mora", "el riesgo de que la Sala Político-Administrativa, con apoyo en la Ley, haga designaciones durante la pendencia de este juicio las cuales, pese a que sean legales, podrían ser declaradas luego inconstitucionales, con nefastas consecuencias para todo el Sistema de Justicia"; por lo que entonces resolvió que durante "la tramitación de esta causa las designaciones a que se refiere la norma cuya suspensión provisional se acuerda se harán por la Comisión Judicial del Tribunal Supremo de Justicia, mediante el mismo procedimiento a través del cual se nombra el resto de los jueces de la República", es decir, a dedo, sin concurso.

En consecuencia, de una designación de jueces de la Jurisdicción Contencioso-Administrativa por el máximo tribunal de dicha Jurisdicción (la Sala

---

sistema interamericano de derechos humanos, el funcionamiento adecuado del poder judicial es un elemento esencial para prevenir el abuso de poder por parte de otros órganos del Estado, y por ende, para la protección de los derechos humanos. Para que el poder judicial pueda servir de manera efectiva como órgano de control, garantía y protección de los derechos humanos, no sólo se requiere que éste exista de manera formal, sino que además el poder judicial debe ser independiente e imparcial. / 33. La Comisión expresa la importancia de que, de manera inmediata y conforme a la legislación interna y las obligaciones internacionales derivadas de la Convención Americana, se acelere el proceso destinado a revertir la situación de provisionalidad en que se encuentra un número significativo de jueces venezolanos. La necesidad de que la designación de jueces se realice con todas las garantías, no puede justificar que la situación de provisionalidad se mantenga por largos períodos.

199 Véase Normas de Evaluación y Concursos de Oposición para ingresos y permanencia en el Poder Judicial de 13-03-2000.

Político Administrativa) con posibilidad de velar más adecuadamente por el nivel de los mismos, se pasó a la designación a dedo, sin concurso de dichos jueces como se hace con "el resto de los jueces de la República"; y ello, por decisión de la Sala Constitucional.

Toda esta irregular conformación de la judicatura en Venezuela, por jueces provisorios y temporales, que han sido designados sin concurso, en sustitución de todos los que han sido destituidos o removidos sin garantía el debido proceso, el propio Tribunal Supremo ha pretendido convertirla en "regular", mediante la aprobación y entrada en vigencia desde septiembre de 2005, de una normativa que ha pretendido establecer ese proceso "reconversión" regulando una inconstitucional transformación de dichos jueces provisorios en "jueces titulares", sin el concurso público de oposición que exige la Constitución.

A los efectos de llevar a cabo este fraude a la Constitución, en efecto, el Tribunal Supremo de Justicia dictó unas "Normas de Evaluación y Concurso de oposición para el ingreso y ascenso de la carrera judicial" mediante Acuerdo de 6 de julio de 2005[200], en las cuales, luego de regular muy detalladamente los concursos públicos para el nombramiento de jueces, suspende su aplicación durante un año (2005-2006) en unas Disposiciones Finales y Transitorias, en cuyo artículo 46 estableció una llamada "Regularización de la Titularidad de los Jueces Provisorios", a los efectos "de regular la situación de los Jueces no titulares". Para ello, incluso antes de dictarse estas normas, la Sala Plena del Tribunal Supremo de Justicia en fecha 6 de abril de 2005, había aprobado "el proyecto de normas presentado por la Escuela Nacional de la Magistratura que incluye el Programa Especial para la Regularización de la Titularidad (PET), conformado por un Programa Académico de Capacitación, evaluación médica y psicológica, evaluación de desempeño, y el correspondiente examen de conocimiento, todo de acuerdo con lo previsto en la presente normativa".

La norma del artículo 46 agregó que "El referido programa tendrá una vigencia de doce meses contados a partir de la aprobación por la Sala Plena del Tribunal Supremo de Justicia de las presentes normas". Con ello, se ha pretendido titularizar a todos los jueces provisionales y transitorios, que para el momento de entrada en vigencia de las normas tuvieran solo más de tres meses en ejercicio de sus cargos[201], de manera que la misma norma agrega además que solo "aquellos jueces que, para la fecha en que cese la vigencia de dicho Programa, mantengan la condición de Provisorios, Temporales o

---

200    Véase en *Gaceta Oficial* N° 38282 de 29-09-2005. Dicho Acuerdo, sin embargo, no derogó expresamente las Normas de Evaluación y Concursos de oposición para ingresos y permanencia en el Poder Judicial que había dictado la Comisión de Funcionamiento y reestructuración del Sistema Judicial en 2000.

201    El artículo 47 de dichas normas transitorias, establece sobre la convocatoria a concurso, que "La Escuela Nacional de la Magistratura convocará a concurso sólo a aquellos jueces no titulares, con al menos tres (3) meses en el ejercicio de la función judicial para la fecha de inicio del Programa Académico de Capacitación. Tal convocatoria deberá cumplir con los requisitos de publicidad y fases establecidas en las presentes normas'.

Accidentales, y no tengan al menos tres (3) meses en el ejercicio de sus funciones judiciales", serán los que deben "participar y aprobar el Programa de Formación Inicial (PFI) para obtener la titularidad".

En esta forma, el propio Tribunal Supremo en evidente fraude a la Constitución, dispuso la conversión de los jueces temporales, provisorios y accidentales en jueces titulares, sin cumplir con los concursos públicos de oposición establecidos en la Constitución, mediante un procedimiento que se desarrolla en las referidas Normas, basadas en una supuesta evaluación que se le hace a cada juez provisorio, individualmente considerado, al cual se le da un curso de pocos días, y se le hace un examen, sin concurso público. Este proceso, que se ha realizado desde 2005, es lo que le permitió al Presidente del Tribunal Supremo de Justicia, anunciar públicamente en octubre de 2006, que "para diciembre de 2006, 90% de los jueces serán titulares,"[202] hecho que fue denunciado ante la Comisión Interamericana de Derechos Humanos como un nuevo atentado a la autonomía del Poder Judicial hecho en fraude a la Constitución.[203]

7.  *La inconstitucional "regularización" de la inexistencia de la Jurisdicción Disciplinaria Judicial por parte de la Sala Constitucional del Tribunal Supremo en 2005*

La intervención, debido a la "emergencia" permanente a que se sometió al Poder Judicial, que condujo a que las normas constitucionales no llegasen a aplicarse, por supuesto que lo que más afectó fue a la estabilidad de los jueces dada la inexistencia de la jurisdicción disciplinaria judicial prevista en la Constitución.

El Legislador, por tanto, estuvo en mora tanto en cuanto a su creación como en la sanción del régimen disciplinario de los magistrados y jueces debía estar además fundamentado en el Código de Ética del Juez Venezolano que sólo llegó a ser dictado en 2010. Antes, sin embargo, en su lugar, como dijimos, la Asamblea Nacional lo que hizo fue dictar la Ley Orgánica del Tribunal Supremo de mayo de 2004 para prorrogó una vez más la emergencia, al disponerse en la Disposición Transitoria Única, párrafo 2, e) que la Comisión de Funcionamiento y Reestructuración del Sistema Judicial seguiría ejerciendo las funciones disciplinarias, "mientras se dicte la legislación y se crea la jurisdicción disciplinaria y los correspondientes tribunales disciplinarios." Es decir, el Legislador, de nuevo, decidió legislar para no legislar y para prorrogar una inconstitucional emergencia, que siguió durante *sine die*, mientras el propio legislador decidiera, en el futuro, llegar a legislar en la materia, lo que sólo hizo en 2010. Y todo ello, con la anuencia del propio Tribunal Supremo

---

202  Véase en *El Universal*, Caracas 11-10-2006.

203  Véase la denuncia de Cofavic, Provea, Espacio Público, Centro de Derechos Humanos de la UCAB, Unión Afirmativa y otras organizaciones no gubernamentales ante la Comisión Interamericana de Derechos Humanos, en Washington. Véase en *El Universal*, Caracas, 20 de octubre de 2006.

de Justicia, que ha sido cómplice en dicha prórroga y en la violación de la Constitución en materia del régimen disciplinario del Poder judicial.

En esta materia, incluso, la propia Sala Constitucional del Tribunal Supremo, con ocasión de conocer de la inconstitucional omisión de la Asamblea Nacional al no haber enviado al Presidente de la República para su promulgación una Ley del Código de Ética del Juez que se había sancionada, en 2005, en lugar de censurar la omisión legislativa y exigirle a la Asamblea Nacional que remitiera para su promulgación tal Ley, lo que hizo fue, contradictoriamente, prorrogar la existencia de la mencionada Comisión de Funcionamiento y Reestructuración del Sistema Judicial, llegando incluso a designar y remover sus integrantes, sustituyéndose, la Sala Constitucional, en el propio Tribunal Supremo de Justicia. En efecto, en la sentencia N° 1957 de mayo de 2005, dictada con el motivo indicado, la Sala resolvió:

> Observa la Sala, tal y como se indicó anteriormente, que la presente demanda se intentó con fundamento en la supuesta omisión en que incurrió la Asamblea Nacional, *"por cuanto aún no han remitido la Ley sancionada el 16 de octubre de 2003 del Código de Ética del Juez o Jueza Venezolana' al Presidente de la República Bolivariana para que se proceda a su promulgación en la Gaceta Oficial".*

Lo anterior ha traído entre sus consecuencias la continuidad en sus funciones de un órgano como la Comisión de Funcionamiento y Reestructuración del Sistema Judicial, el cual estaba destinado a regir durante un período de transición.

En efecto, la Asamblea Nacional Constituyente elaboró el Régimen de Transición del Poder Público, publicado en *Gaceta Oficial* N° 36.920 del 28 de marzo de 2000, en el cual se creó la Comisión de Funcionamiento y Reestructuración del Sistema Judicial en los siguientes términos:

> *"Artículo 28. Se crea la Comisión de Funcionamiento y Reestructuración del Sistema Judicial que será integrada por los ciudadanos que designe la asamblea nacional constituyente.*
>
> *Las Designaciones que realice la Asamblea Nacional Constituyente lo <u>serán hasta el funcionamiento efectivo de la Dirección Ejecutiva de la Magistratura, de los Tribunales Disciplinarios y del Sistema Autónomo de la Defensa Publica"</u>.*

Por su parte, el artículo 24 *eiusdem*, destaca igualmente la transitoriedad de la referida Comisión, al disponer lo siguiente:

> *"La competencia disciplinaria judicial que corresponda a los Tribunales disciplinarios de conformidad con el artículo 267 de la Constitución aprobada, será ejercida por la Comisión de Funcionamiento y Reestructuración Sistema Judicial de acuerdo con el presente régimen de transición y hasta que la Asamblea Nacional apruebe la legislación determine los procesos y tribunales disciplinarios".*

En justa correspondencia con lo anterior, este Tribunal Supremo de Justicia, procedió a dictar la Normativa sobre la Dirección, Gobierno y Administración del Poder Judicial, publicada en la *Gaceta Oficial* N° 37.014, de 15 de agosto de 2000, en cuyo capítulo correspondiente a las disposiciones finales y transitorias (artículo 30), dispuso que:

*"La Dirección Ejecutiva de la Magistratura iniciará su funcionamiento efectivo el día primero de septiembre del año dos mil.*

*(Omissis)*

*La Comisión de Funcionamiento y Reestructuración,* **reorganizada en la forma que lo determine el Tribunal Supremo de Justicia***, sólo tendrá a su cargo funciones disciplinarias, mientras se dicta la legislación y se crean los correspondientes Tribunales Disciplinarios" (Resaltado de la Sala)*

Pero después de de todo este razonamiento, de la manera más absurda, la Sala, en lugar de velar por la corrección de la omisión legislativa, lo que hizo fue constatar que:

"Visto que conforme a la Normativa sobre la Dirección, Gobierno y Administración del Poder Judicial corresponde a este Tribunal Supremo de Justicia, la reorganización de la Comisión de Funcionamiento y Reestructuración y visto que conforme al Decreto del Régimen de Transición del Poder Público, las designaciones que realizó la Asamblea Nacional Constituyente de los integrantes de dicha Comisión fueron realizadas de manera temporal hasta el funcionamiento efectivo de la Dirección Ejecutiva de la Magistratura y la Comisión Judicial, lo que constituye un hecho notorio en la actualidad, y visto que hasta la presente fecha la Asamblea Nacional ha omitido culminar el proceso de formación del Código de Ética del Juez o Jueza Venezolana."

Y con base en ello, "a los fines de reorganizar el funcionamiento de la referida Comisión, según lo establecido en el artículo 267 de la Constitución de la República Bolivariana de Venezuela y artículo 30 de la Normativa sobre la Dirección, Gobierno y Administración del Poder Judicial", pura y simplemente procedió a ordenar la sustitución de los ciudadanos que se desempeñan como miembros integrantes de la citada Comisión por otros ciudadanos que procedió a designar. Es decir, la Sala Constitucional procedió a formalizar, aún más, la transitoriedad judicial y la inexistencia del régimen disciplinario judicial de los jueces.[204]

---

204 Véase las referencias a esta sentencia, en la sentencia N° 1793 de 19 de junio de 2005 de la misma Sala Constitucional, *Caso: Henrique Iribarren Monteverde, (acción de inconstitucionalidad por omisión contra la Asamblea Nacional,* en *Revista de Derecho Público,* N° 103, Editorial Jurídica venezolana, Caracas 2005, pp. 165 ss.

Unas semanas después, la misma Sala Constitucional, dictó la sentencia N° 1793 de 19 de junio de 2005,[205] en la cual resolvió "suspender" la aplicación del Reglamento que contiene el procedimiento disciplinario aplicable a los jueces y juezas en sede administrativa, por ser contrario a los postulados constitucionales, y procedió a facultar a la Comisión de Funcionamiento y Reestructuración del Sistema Judicial para modificar su Reglamento y adecuarlo a las disposiciones constitucionales, hasta tanto entre en vigencia la legislación correspondiente. En efecto, luego de la anterior sentencia, y teniendo en cuenta su contenido, la Sala Constitucional consideró a la referida Comisión, según su propia jurisprudencia, como "un órgano de rango constitucional, (*V.*, sent. N° 731/2005 del 5 de marzo, recaída en el caso Marcos Ronald Marcano Cedeño) [...] sujeto a un régimen de transitoriedad, habida cuenta que el sistema jurídico que debe regir su funcionamiento aún no ha entrado en vigencia" pues como "lo ha reconocido esta Sala en sentencia del 28 de marzo de 2000 Caso *Gonzalo Pérez Hernández y Luis Morales Parada*), cuando dispuso que las normas supraconstitucionales "*mantienen su vigencia, más allá del mandato cumplido de la Asamblea Nacional Constituyente, hasta que los poderes constituidos, entre ellos la Asamblea Nacional, sean electos y empiecen a ejercer su competencia normadora conforme a la Constitución vigente.*" Y con base en ello, así como en el "Reglamento de la Comisión de Funcionamiento y Reestructuración del Sistema Judicial" dictado por la propia Comisión[206] y el la Disposición Derogatoria, Transitoria y Final, literal e) de la Ley Orgánica del Tribunal Supremo de Justicia de 2004, estimó en definitiva:

> "que la Comisión de Funcionamiento y Reestructuración del Sistema Judicial está facultada para conocer y decidir los procedimientos disciplinarios -que han de ser públicos, orales y breves- en contra de los jueces, hasta tanto se dicte la legislación y se creen los correspondientes Tribunales Disciplinarios, conforme al artículo 267 de la Constitución de la República Bolivariana de Venezuela y, el Régimen Disciplinario de los Jueces que se regirá por el Código de Ética del Juez Venezolano o Jueza Venezolana, el cual originó la presente acción de inconstitucionalidad contra omisión legislativa. [207]

Sin embargo, la Sala Constitucional consideró que normas del referido Reglamento eran contrarias a los artículo 257 y 267 de la Constitución, por lo cual "dado el vacío normativo existente sobre la materia, producto de la falta de adecuación de la legislación existente a los postulados constitucionales antes transcritos, "procedió "de oficio" a suspender su aplicación. Sin embar-

---

205  Véase Caso: *Henrique Iribarren Monteverde, (acción de inconstitucionalidad por omisión contra la Asamblea Nacional)*, en *Revista de Derecho Público*, N° 103, Editorial Jurídica venezolana, Caracas 2005, pp. 165 ss.

206  Véase acto administrativo N° 155, del 28 de marzo de 2000, publicado en *Gaceta Oficial de la República Bolivariana de Venezuela* N° 36.925, del 4 de abril de 2000.

207  *Id.*

go, "a fin de evitar la paralización de los procedimientos disciplinarios pendientes y los que haya lugar," la Sala Constitucional, con base en al artículo 336.7 de la Constitución que la autoriza a establecer los lineamientos para corregir la omisión, procedió a facultar:

"a la Comisión de Funcionamiento y Reestructuración del Sistema Judicial para modificar su Reglamento y adecuarlo a las disposiciones constitucionales referidas supra; hasta tanto entre en vigencia la legislación correspondiente, y para cumplir con su cometido, podrá reorganizar su personal interno, designar el personal auxiliar que requiera y dictar su propio reglamento de funcionamiento, sin que ello colida con el Decreto del Régimen de Transición del Poder Público." [208]

La Sala Constitucional, así, en definitiva avaló la transitoriedad del régimen de ausencia de garantías a la estabilidad de los jueces, y en esta materia, como antes se dijo, no demostró activismo judicial alguno, y lejos de declarar la inconstitucionalidad de la omisión legislativa, lo que hizo fue asumir la dirección de la inconstitucional emergencia judicial, al haber primero removido a los miembros de la Comisión de Funcionamiento y Reorganización del Sistema Judicial y haber designado a los nuevos integrantes de dicho órgano interventor, y disponer la forma para que continuase la emergencia..

En esta materia, por tanto, como dijimos al inicio, el contraste entre la normativa constitucional y la realidad política ha sido patética: hay una serie de garantías constitucionales respecto de la autonomía e independencia del Poder Judicial que no han existido en la práctica, por la implantación de una anormal situación de "emergencia judicial" construida y gerenciada por la Asamblea Nacional y por el propio Tribunal Supremo de Justicia, órganos que han suspendido fácticamente la aplicación de la Constitución en lo que se refiere al régimen disciplinario de los jueces y, por tanto, en cuanto a la estabilidad de los mismos, sin lo cual no puede hablarse ni de autonomía ni de independencia judicial.

Uno de los casos emblemáticos que muestra esta aberrante situación tuvo lugar en 2003, cuando la Corte Primera de lo Contencioso Administrativo dictó una medida cautelar suspendiendo la ejecución de un programa de contratación pública de médicos extranjeros sin licencia, para programas sociales de atención médica; medida que se dictó a solicitud del Colegio de Médicos de Caracas que alegaba discriminación contra los médicos licenciados."[209] La respuesta del Gobierno contra una simple medida cautelar de suspensión de efectos, además de anunciar públicamente que no sería acatada,[210] fue el alla-

---

208   *Id.*

209   Véase Claudia Nikken, "El caso "Barrio Adentro": La Corte Primera de lo Contencioso Administrativo ante la Sala Constitucional del Tribunal Supremo de Justicia o el avocamiento como medio de amparo de derechos e intereses colectivos y difusos," en *Revista de Derecho Público*, N° 93-96, Editorial Jurídica Venezolana, Caracas, 2003, pp. 5 y ss.

210   "Váyanse con su decisión no sé para donde, la cumplirán ustedes en su casa si quieren..." Exposición en el programa radial *Aló Presidente*, N° 161, 24-08-2004

namiento policial de la sede del tribunal; la destitución de todos sus Magistrados y la clausura del mismo por casi un año, y el insulto público proferido por el Presidente de la República contra los Magistrados destituidos.[211] El caso fue llevado ante la Corte Interamericana de Derechos Humanos, la cual dictó sentencia en 2008 condenando al Estado venezolano por la violación de las garantías judiciales de los Magistrados,[212] pero la respuesta de la Sala Constitucional del Tribunal Supremo a solicitud del gobierno, fue simplemente declarar que las decisiones de la Corte Interamericana son inejecutables en Venezuela.[213] Tan simple como eso, mostrando la total subordinación de las instituciones judiciales respecto de las políticas, deseos y dictados del Presidente de la República.

Más recientemente tuvo lugar otro asombroso caso, que fue la detención policial arbitraria, en diciembre de 2009, de una juez penal (María Lourdes Afiuni Mora) por habérsele ocurrido ordenar, conforme a sus atribuciones y siguiendo las recomendaciones del Grupo de Trabajo de las Naciones Unidas sobre Detenciones Arbitrarias, la excarcelación de un individuo investigado por delitos financieros a los efectos de que fuese enjuiciado en libertad como lo garantiza la Constitución. El mismo día de la decisión, el Presidente de la Republica pidió públicamente la detención de la juez, exigiendo que se le aplicara la pena máxima de 30 años establecida en Venezuela para crímenes horrendos y graves.

La juez fue efectivamente detenida por la policía ese mismo día, y permaneció en detención hasta 2011, sin que se hubiera iniciado juicio alguno contra ella, cuando se le cambio la privación de libertad con libertad sujeta a presentación pero con prohibición de declarar sobre su caso. El mismo Grupo de Expertos de Naciones Unidas consideró aquellos hechos como "un golpe del Presidente Hugo Chávez contra la independencia de los jueces y abogados" solicitando la "inmediata liberación de la juez" concluyendo que "las represalias ejercidas sobre jueces y abogados por el ejercicio de sus funciones garantizadas constitucionalmente creando un clima de temor, solo sirve para minar el Estado de derecho y obstruir la justicia."[214]

---

211  Exposición pública el 20-09-2004. Véase la información en *El Nacional*, Caracas 05-11-2004, p. A2, donde el Presidente destituido de la Corte Primera señaló que: "La justicia venezolana vive un momento tenebroso, pues el tribunal que constituye un último resquicio de esperanza ha sido clausurado".

212  Véase sentencia de la Corte Interamericana de 05-08-2008 Caso *Apitz Barbera y otros ("Corte Primera de lo Contencioso Administrativo") vs. Venezuela*, en www.corteidh.or.cr. Excepción Preliminar, Fondo, Reparaciones y Costas, Serie C N° 182.

213  Véase sentencia de la Sala Constitucional, sentencia N° 1.939 de 18-12-2008 (Caso *Abogados Gustavo Álvarez Arias y otros*), en *Revista de Derecho Público*, N° 116, Editorial Jurídica Venezolana, Caracas, 2008, pp. 89-106. También en http://www.tsj.gov.ve/decisiones/scon/Diciembre/1939-181208-2008-08-1572.html

214  Véase       en       at       http://www.unog.ch/unog/website/newsmedia.nsf/%28httpNewsByYearen%29/93687E8429BD53A1C125768E00529DB6?OpenDocument&cntxt=B35C3&cookielang=fr . El 14-10-2010, el mismo Grupo de Trabajo de la ONU solicitó formalmente al Gobierno venezolano que la Juez fuse "sometida a un juicio apegado al de-

El hecho es que en Venezuela ningún juez ha podido ni puede adoptar una decisión que pueda afectar las políticas gubernamentales, los deseos del Presidente, los intereses del Estado o la voluntad de los funcionarios públicos, por lo que por ejemplo, la Jurisdicción Contencioso Administrativa ha dejado de tener efectividad e importancia.[215] Por ello la Comisión Interamericana de Derechos Humanos después de describir con preocupación en su *Informe Anual de 2009* que en muchos casos, "los jueces son removidos inmediatamente después de adoptar decisiones judiciales en casos con impactos políticos importantes," concluyó señalando que "la falta de independencia judicial y de autonomía en relación con el poder político es, en opinión de la Comisión el punto más débil de la democracia venezolana."[216]

8.  *El asalto final al Poder Judicial mediante la "reforma" de la Ley Orgánica del Tribunal Supremo de Justicia en 2010, mediante su ilegítima "re-publicación" en la Gaceta Oficial*

En 2010 se dictaron dos importantes leyes en materia judicial: por una parte, en mayo de ese año se sancionó la reforma de la Ley Orgánica del Tribunal Supremo de Justicia, corrigiéndose la catastrófica redacción y forma de la Ley de 2004;[217] y se dictó en agosto del mismo año la "Ley del Código de Ética del Juez Venezolano y la Jueza Venezolana," que fue reformado casi de inmediato.[218] En la primera, desapareció la Disposición Transitoria que había prorrogado el funcionamiento de la Comisión de Funcionamiento y Reorganización del Poder Judicial, y en la segunda, al derogarse la Normativa que la regulaba, se sustituyó dicha Comisión por unos órganos disciplinarios judiciales, la Corte Disciplinaria Judicial y el Tribunal Disciplinario Judicial.

En cuanto a la primera de dichas leyes, la que reguló al Tribunal Supremo, en sus normas se estableció en detalle el procedimiento a seguir para la selección y nombramiento de sus Magistrados, lo que debía ocurrir en los meses subsiguientes, y en particular, en 2011 dado los lapsos que fueron expresamente establecidos.

Sin embargo, como es sabido, en septiembre de 2010 se realizaron elecciones legislativas en el país, en las cuales, a pesar de que los candidatos de oposición al gobierno obtuvieron la mayoría del voto popular, los candidatos

---

bido proceso y bajo el derecho de la libertad provisional". Véase en *El Universal*, 14-10-2010, en http://www.eluniversal.com/2010/10/14/pol_ava_instancia-de-la-onu_14A4608051.shtml

215  Véase Antonio Canova González, *La realidad del contencioso administrativo venezolano (Un llamado de atención frente a las desoladoras estadísticas de la Sala Político Administrativa en 2007 y primer semestre de 2008)*, cit., p. 14.

216  Véase en ICHR, *Annual Report 2009*, para. 483. Available at http://www.cidh.oas.org/annualrep/2009eng/ Chap.IV.f.eng.htm.

217  La Ley Orgánica fue publicada en *Gaceta Oficial* N° 5.991 Extra. de 29-07-2010, y luego fue republicada, para corregir supuestos errores materiales, en *Gaceta Oficial* N° 39.483 de 9-08-2010. Véanse los comentarios en Allan R. Brewer-Carías y Víctor Hernández Mendible, *Ley Orgánica del Tribunal Supremo de Justicia*, Caracas 2010, pp. 225-226.

218  *Gaceta Oficial* N° 39.493 de fecha 23-8-2010

del oficialismo, a pesar de que haber obtenido menos de la mitad del voto popular, por el diseño formal de la ley, terminaron controlando la Asamblea. Ello, sin embargo, no afectó la repercusión política evidente que tuvo la elección, particularmente porque el Presidente de la República y sus seguidores la habían planteado como una suerte de "plebiscito" sobre su propio mandato y su modelo socialista. El resultado de dicho plebiscito fue que efectivamente el Presidente y el partido de gobierno lo perdieron, con lo cual el gobierno quedó como minoría en el país, a pesar de los esfuerzos que se hicieron por mostrar los resultados electorales como una suerte de "empate," tratando de minimizar la importancia del hecho de que la oposición hubiera ganado el voto popular.

Además, y quizás lo que tuvo mayor importancia práctica, fue que con la elección legislativa de septiembre de 2010, la bancada oficialista perdió el control de la mayoría calificada que desde 2005 habían tenido en la Asamblea Nacional, lo que le impedía con el solo voto oficial designar a los nuevos magistrados del Tribunal Supremo.

Después de una década de demolición del Estado de derecho mediante el control absoluto de las diferentes ramas del Poder Público,[219] la pérdida de la mayoría del voto popular por parte del Gobierno que en cualquier país democrático hubiera conducido a implementar la elemental regla de que para gobernar hay que compartir el ejercicio del poder, en Venezuela condujo al gobierno a anunciar lo contrario, indicando que no habría dialogo alguno con la oposición, amenazando incluso con aprobar durante los dos meses que faltaban hasta que la nueva Asamblea Nacional tomase posesión en enero de 2011, leyes inconstitucionales tendientes a implementar fraudulentamente diversos aspectos de la rechazada reforma constitucional de 2007.

Así ocurrió con las Leyes relativas al Poder Popular y al Estado Comunal,[220] y además, al haber la deslegitimada Asamblea Nacional, sancionado

---

219　Véase Allan R. Brewer-Carías, *Dismantling Democracy. The Chávez Authoritarian Experiment*, Cambridge University Press, 2010.

220　Efectivamente, el 21 de diciembre de 2010, la Asamblea Nacional materializó la amenaza que se había anunciado de implementar un llamado "Poder Popular" para ser ejercido por un "Estado Comunal" montado, en paralelo, al Estado Constitucional, sobre la base de unas Comunas y unos Consejos Comunales no previstos en la Constitución y que son controlados desde el Poder Central. Y todo ello, en fraude a la Constitución y a la voluntad popular que en 2007 había rechazado las reformas constitucionales que en tal sentido se habían propuesto, y que en septiembre de 2010 en las elecciones parlamentarias, igualmente el pueblo había se había manifestado rechazando las políticas socialistas propuestas por el Presidente de la República. Sin embargo, a pesar de ello, la deslegitimada Asamblea Nacional precedente procedió a sancionar de un conjunto de Leyes Orgánicas, mediante las cuales se ha terminado de definir, al margen de la Constitución, el marco normativo de un nuevo Estado *paralelo al Estado Constitucional*, que no es otra cosa que un Estado Socialista, Centralizado, Militarista y Policial denominado "Estado Comunal." Dichas Leyes Orgánicas en efecto, fueron las del Poder Popular, de las Comunas, del Sistema Económico Comunal, de Planificación Pública y Comunal y de Contraloría Social (Véase en *Gaceta Oficial* N° 6.011 Extra. de 21-12-2010). Además, en el mismo marco de estructuración del Estado Comunal montado sobre el Poder Popular, igualmente en diciembre de 2010 se reformó la Ley Orgánica del Poder Público Municipal eliminándose las Juntas parro-

también en diciembre de 2010 una Ley habilitante autorizando al Presidente de la República para por vía de legislación delegada, dictar leyes en todas las materias imaginables, incluso de carácter orgánico, vaciando así de hecho por un período de 18 meses, hasta 2012, a la nueva Asamblea Nacional que se instaló en enero de 2011 de materias sobre las cuales poder legislar.

Es decir, contra todos los principios constitucionales que se refieren al Poder legislativo en el mundo moderno, una Legislatura que estaba concluyendo su mandato, legisló sobre todo lo imaginable en materia de reforma del Estado, comprometiendo la nueva Legislatura, y además, delegó en el Presidente todas las materias imaginables, vaciando de hecho a la nueva Legislatura de su poder de legislar. Y frente a ello, a pesar de todas las impugnaciones efectuadas, de parte del Tribunal Supremo sólo ha habido silencio, lo que se ha asegurado, además, con el completo control político que se ha materializado respecto del mismo, igualmente en diciembre de 2010, al elegirse nuevos Magistrados por la Asamblea Nacional, arrebatándole tal decisión que en tal sentido correspondía ser adoptada por la nueva Legislatura.

En efecto, lo más grave en relación con el Poder Judicial que ocurrió una vez que el resultado de la elección legislativa de septiembre de 2010 se supo, fue el aceleramiento del abuso de poder en el control político del Tribunal Supremo, lo que se completó al proceder, la Asamblea Nacional, a hacer el nombramiento de nuevos Magistrados del Tribunal Supremo, a pesar de que conforme a la reforma de la Ley Orgánica del Tribunal Supremo que la Asamblea había sancionado e incluso republicado unos meses antes en el mismo año 2010,[221] no podía hacerlo pues de acuerdo al procedimiento de postulación que estableció, el nombramiento le correspondía a la nueva Asamblea Nacional que se debía instalar en enero de 2011, y por tanto, con la participación de de los diputados de oposición.

Ante la imposibilidad que tenía la casi fenecida Asamblea Nacional de volver a reformar la Ley Orgánica del Tribunal Supremo de Justicia, para superar el escollo formal-temporal, y sin embargo logar el fraude a la ley, lo que la Asamblea hizo sólo cuatro días después de que se efectuara la elección de los nuevos diputados a la Asamblea como consecuencia de lo cual la bancada oficialista iba a carecer en enero de 2011 de la mayoría calificada para hacer libremente los nombramientos, fue proceder a realizar una "reforma" de dicha Ley Orgánica pero sin "reformarla" formalmente las vías regulares,

---

quiales, y se reformó las Leyes de los Consejos Estadales de Planificación y Coordinación de Políticas Públicas, y de los Consejos Locales de Planificación Pública (Véase en *Gaceta Oficial* N° 6.015 Extra. de 28-12-2010). Dichas leyes han sido impugnadas por violar la Constitución y el derecho de participación de los ciudadanos en el proceso de su formación, pero frente a ello el Tribunal Supremo de Justicia solo tiene silencio.

221    Véase en *Gaceta Oficial* N° 39.522, de 01-10-2010. Véase los comentarios en Allan R. Brewer-Carías y Víctor Hernández Mendible, *Ley Orgánica del Tribunal Supremo de Justicia de 2010,* Editorial Jurídica Venezolana, Caracas 2010.

mediante el insólito mecanismo de su "reimpresión" en la *Gaceta Oficial* por un supuesto error material de copia del texto legal.[222]

En efecto, el artículo 70 de la Ley Orgánica del Tribunal Supremo disponía que el plazo para presentar las candidaturas a Magistrados del Tribunal ante el Comité de Postulaciones Judiciales no debía ser *"menor de treinta días continuos,"* lo que implicaba que la Legislatura que concluía en diciembre de 2010 no alcanzaba a hacer los nombramientos. Fue esa redacción de dicho artículo el que precisamente se cambió o "reformó" ilegítimamente gracias a un "Aviso" del Secretario de la Asamblea Nacional publicado en la *Gaceta Oficial*, en el cual indicó que en lugar de la palabra "menor" la palabra supuestamente correcta de la norma es la antónima, es decir, "mayor" en el sentido de que la norma debía decir lo contrario, que el plazo *"no será mayor de treinta días continuos."*

En esta forma, con un cambio de palabras, de "menor" a "mayor," un plazo legal mínimo se convirtió en un plazo máximo, con la clara intención de reducir los plazos para recibir las postulaciones y proceder a la inmediata designación de los nuevos Magistrados, precisamente antes de que se instalara la nueva Asamblea Nacional en enero de 2011.[223] Así se cambia ahora el texto de las leyes en Venezuela, sin reformarlas formalmente; simplemente reimprimiendo el texto en la *Gaceta Oficial*, sin que haya institución judicial alguna que controle el desaguisado.

Con esa "reforma" legal, la Asamblea Nacional integrada por diputados que ya para ese momento no representaban la voluntad mayoritaria del pueblo, procedió entonces a materializar el asalto final al Tribunal Supremo, y llenarlo de Magistrados miembros del partido político oficial y que, además, para el momento de su elección, incluso eran de los parlamentarios que estaban terminando su mandato por efecto de la elección parlamentaria, y que por tanto, no cumplían con las condiciones para ser Magistrados que establece la Constitución.

Como lo señaló la ex Magistrada de la antigua Corte Suprema de Justicia, Hildegard Rondón de Sansó:

> "El mayor de los riesgos que plantea para el Estado la desacertada actuación de la Asamblea Nacional en la reciente designación de los Magistrados del Tribunal Supremo de Justicia, no está solo en la carencia, en la mayoría de los designados de los requisitos constitucionales, sino el haber llevado a la cúspide del Poder Judicial la decisiva influencia de un

---

222   Véase *Gaceta Oficial* Nº 39.522, de 01-10-2010

223   Véanse los comentarios de Víctor Hernández Mendible, "Sobre la nueva reimpresión por 'supuestos errores' materiales de la LOTSJ" en la *Gaceta Oficial* Nº 39.522, de 01-10-2010," y Antonio Silva Aranguren, "Tras el rastro del engaño, en la web de la Asamblea Nacional," publicados en el *Addendum* al libro de Allan R. Brewer-Carías y Víctor Hernández Mendible, *Ley Orgánica del Tribunal Supremo de Justicia de 2010*, Editorial Jurídica Venezolana, Caracas 2010. Publicados también en *Revista de Derecho Público*, Nº 124, Editorial Jurídica Venezolana, Caracas 2010, pp. 100-113.

sector del Poder Legislativo, ya que para diferentes Salas, fueron elegidos cinco parlamentarios."[224]

Destacó además la ex Magistrada Sansó que "todo un sector fundamental del poder del Estado, va a estar en manos de un pequeño grupo de sujetos que no son juristas, sino políticos de profesión, y a quienes corresponderá, entre otras funciones el control de los actos normativos;" agregando que "Lo más grave es que los designantes, ni un solo momento se percataron de que estaban nombrando a los jueces máximos del sistema jurídico venezolano que, como tales, tenían que ser los más aptos, y de reconocido prestigio como lo exige la Constitución."

Concluyó reconociendo entre "los graves errores" que incidieron sobre la elección, el hecho de:

> "la configuración del Comité de Postulaciones Judiciales, al cual la Constitución creó como un organismo neutro, representante de los "diferentes sectores de la sociedad" (Art. 271), pero la Ley Orgánica del Tribunal Supremo de Justicia, lo convirtió en forma inconstitucional, en un apéndice del Poder Legislativo. La consecuencia de este grave error era inevitable: los electores eligieron a sus propios colegas, considerando que hacerlo era lo más natural de este mundo y, ejemplo de ello fueron los bochornosos aplausos con que se festejara cada nombramiento."[225]

Como puede apreciarse de todo lo anteriormente expuesto, después de cuatro décadas de práctica democrática que tuvo Venezuela entre 1959 y 1999, durante algo más de una década entre 1999 y 2011, en fraude continuo a la Constitución efectuado por la Asamblea Constituyente en 1999, por el Legislador y por el Tribunal Supremo de Justicia, guiados por el Poder Ejecutivo, a pesar de las excelentes normas constitucionales de las cuales dispone Venezuela, se ha venido estructurando un Estado autoritario en contra de las mismas, que ha aniquilado toda posibilidad de control del ejercicio del poder y, en definitiva, el derecho mismo de los ciudadanos a la democracia. Además, se ha venido implementando fraudulentamente una reforma constitucional rechazada de 2007, tanto mediante decretos leyes como los dictados en 2008, como mediante las leyes emanadas de la Asamblea Nacional, como las dictadas en diciembre de 2010 sobre el Poder Popular[226] y el Estado Co-

---

224   En Hildegard Rondón de Sansó, *"Obiter Dicta.* En torno a una elección," en *La Voce d'Italia,* Caracas 14-12-2010.

225   *Idem*

226   Véase Allan R. Brewer-Carías, "Introducción General al Régimen del Poder Popular y del Estado Comunal (O de cómo en el siglo XXI, en Venezuela se decreta, al margen de la Constitución, un Estado de Comunas y de Consejos Comunales, y se establece una sociedad socialista y un sistema económico comunista, por los cuales nadie ha votado)," en *Leyes Orgánicas sobre el Poder Popular y el Estado Comunal (Los Consejos Comunales, las Comunas, la Sociedad Socialista y el Sistema Económico Comunal),* Editorial Jurídica Venezolana, Caracas, 2011, pp. 9-182

munal, en las cuales se ha regulado un Estado Socialista y un sistema económico comunista por el cual nadie ha votado en el país.[227]

En este contexto, por tanto, son evidentes las catastróficas consecuencias que para el Estado de derecho y para la democracia ha tenido la conducta del Tribunal Supremo de Justicia, es decir, del guardián de la Constitución que con su acción y omisión ha terminado siendo el artífice de la masacre institucional que Venezuela ha sufrido impunemente.

Ello se confirma, por lo demás, con lo expresado en el discurso de apertura del Año Judicial el 5 de febrero de 2011 pronunciado, como Orador de Orden, por Magistrado de la Sala Electoral del Tribunal Supremo, Fernando Vargas, en el cual destacó que "el Poder Judicial venezolano está en el deber de dar su aporte para la eficaz ejecución, en el ámbito de su competencia, de la Política de Estado que adelanta el gobierno nacional" en el sentido de desarrollar "una acción deliberada y planificada para conducir un socialismo bolivariano y democrático," y que "la materialización del aporte que debe dar el Poder Judicial para colaborar con el desarrollo de una política socialista, conforme a la Constitución y la leyes, viene dado por la conducta profesional de jueces, secretarios, alguaciles y personal auxiliar," agregando que:

> "Así como en el pasado, bajo el imperio de las constituciones liberales que rigieron el llamado estado de derecho, la Corte de Casación, la Corte Federal y de Casación o la Corte Suprema de Justicia y demás tribunales, se consagraban a la defensa de las estructuras liberal-democráticas y combatían con sus sentencias a quienes pretendían subvertir ese orden en cualquiera de las competencias ya fuese penal, laboral o civil, de la misma manera este Tribunal Supremo de Justicia y el resto de los tribunales de la República, deben aplicar severamente las leyes para sancionar conductas o reconducir causas que vayan en desmedro de la construcción del Socialismo Bolivariano y Democrático."[228]

Queda claro, por tanto, cual ha sido la razón del rol asumido por el Tribunal Supremo en Venezuela, como queda evidenciado de lo que hemos reseñado anteriormente, y que no es otra que, como se ha anunciado en la apertura del Año Judicial de 2011, la destrucción del "llamado estado de derecho" y "de las estructuras liberales-democráticas," con el objeto de la "construcción del Socialismo Bolivariano y Democrático."

---

227    En 2009, en efecto, se sancionó la Ley Orgánica de los Consejos de 2009 (*Gaceta Oficial* N° 39.335 de 28-12-2009) y en 2010, las Leyes Orgánicas del Poder Popular, de las Comunas, del Sistema Económico Comunal, de Planificación Pública y Comunal y de Contraloría Social (*Gaceta Oficial* N° 6.011 Extra. de 21-12-2010).

228    Véase la Nota de Prensa oficial difundida por el Tribunal Supremo. Véase en http://www.tsj.gov.ve/informacion/notasdeprensa/notasdeprensa.asp?codigo=8239.

9.  *Un nuevo fraude a la Constitución en 2011: la creación mediante el Código de Ética del Juez Venezolano, de una "Jurisdicción Disciplinaria Judicial" sometida al poder político, con jueces nombrados por la Asamblea Nacional sin tener competencia constitucional para ello*

Ahora bien, en paralelo al asalto final perpetrado contra el Tribunal Supremo de Justicia, y después de que durante más de una década se hubiese logrado la "depuración" del Poder Judicial a la cual se refirió la Sala Constitucional, en el mismo año 2010, a pesar de que parecía que había llegado el momento de ejecutar el mandato constitucional en materia de organización definitiva de la Jurisdicción Disciplinaria Judicial, cesando a la Comisión ad hoc que se había utilizado para ejercer la función disciplinaria, lamentablemente ello no ocurrió.

Como se dijo, en la reforma de la Ley Orgánica del Tribunal Supremo de Justicia de 2010 se había eliminado la Disposición Transitoria que disponía la sobrevivencia de la Comisión de Funcionamiento y Reestructuración del Sistema Judicial; y segundo, la Asamblea Nacional procedió a sancionar la Ley del Código de Ética del Juez Venezolano y la Jueza Venezolana,[229] derogando, al fin, la vieja Ley Orgánica del Consejo de la Judicatura de 1998,[230] órgano que había desaparecido con la sanción de la Constitución de 1999; y derogando también, los artículos 38, 39, 40 de la vieja Ley de Carrera Judicial de 1998,[231] y los artículos 34, 35 y 36 de Ley Orgánica del Poder Judicial de 1998.[232]

Además, en la Disposición Derogatoria, también se derogó, "*salvo lo dispuesto en la Disposición Transitoria Tercera,* el Reglamento de la Comisión de Funcionamiento y Reestructuración del Sistema Judicial, publicado en la *Gaceta Oficial* de la República Bolivariana de Venezuela N° 38.317, de fecha 18 de noviembre de 2005."

Parecía, con ello, que al fin se estaba creando la esperada Jurisdicción Disciplinaria Judicial integrada por tribunales judiciales en el sistema judicial bajo la conducción del Tribunal Supremo de Justicia, por lo que se derogaba el reglamento de la Comisión ad hoc que sin ser un órgano judicial, había ejercido dicha "Jurisdicción." Pero la verdad es que no fue así, precisamente por lo dispuesto en la mencionada "Disposición Transitoria Tercera" de la Ley del Código de Ética del juez, en la cual se dispuso que:

> *Tercera.* Hasta tanto se conformen los Colegios Electorales Judiciales para la elección de los jueces y juezas de la competencia disciplinaria judicial, la Asamblea Nacional procederá a designar los jueces y juezas y los respectivos suplentes del Tribunal Disciplinario Judicial y la Corte

---

229   *Gaceta Oficial* N° 39.493 de 23-08-2010.

230   *Gaceta Oficial* N° 36.534, de 08-09-1998.

231   *Gaceta Oficial* N° 5.262, Extra. de 11-09-1998.

232   *Gaceta Oficial* N° 5.262, Extra. de 11-09-1998.

Disciplinaria Judicial, previa asesoría del Comité de Postulaciones Judiciales.

Con ello, en realidad, lo que hizo en la práctica fue cambiarle el nombre a la "Comisión de Funcionamiento y Reestructuración del Sistema Judicial," y desdoblándola en dos, procediéndose a crear un "Tribunal Disciplinario Judicial" y una "Corte Disciplinaria Judicial" pero no integrada por jueces que conforme a la Constitución sólo pueden ser designados por el Tribunal Supremo de Justicia, sino por unos llamados "jueces disciplinarios" nombrados directamente en forma totalmente inconstitucional por la Asamblea Nacional, sin concurso público alguno y sin participación ciudadana alguna, violándose por tanto todas las disposiciones constitucionales relativas al Poder Judicial. Por tanto, de un órgano inconstitucional como la mencionada Comisión ad hoc se pasó a otro órgano inconstitucionalmente constituido, controlado directamente por el poder político representado por la Asamblea Nacional.

Al analizarse las normas del Código de Ética del Juez Venezolano de 2010, por tanto, en lo que respecta a la Jurisdicción Disciplinaria Judicial, tiene que tenerse en cuenta el abismo que de nuevo hay entre la letra de las normas y la práctica.

En cuanto a la letra de las normas, en efecto, se constata que la Ley crea los "Tribunales disciplinarios" como los "órganos que en el ejercicio de la jurisdicción tienen la competencia disciplinaria sobre los jueces o juezas de la República," y que son el Tribunal Disciplinario Judicial y la Corte Disciplinaria Judicial, con competencia para conocer y aplicar en primera y segunda instancia, respectivamente, los procedimientos disciplinarios por infracción a los principios y deberes contenidos en el mencionado Código de Ética (art. 39). Tanto el Tribunal Disciplinario Judicial como la Corte Disciplinaria Judicial deben estar integrados cada uno por tres jueces principales y sus respectivos suplentes (Arts. 41 y 43), que deben cumplir con las condiciones indicadas en la ley (art. 44); y a ambos órganos la Ley le encomendó la tarea de dictar "su reglamento orgánico, funcional e interno" (art. 45). [233]

La Ley del Código, por otra parte, estableció todo un complejo procedimiento para la selección y nombramiento de los "jueces disciplinarios" tanto de la Corte como del Tribunal Disciplinarios, en la mejor de las tradiciones de leguaje floridos de las previsiones constitucionales y legales, consistente en lo siguiente:

1. Los aspirantes a jueces deben ser elegidos por los Colegios Electorales Judiciales con el asesoramiento del Comité de Postulaciones Judiciales al cual se refiere el artículo 270 de la Constitución de la República (art. 46).

2. A tal efecto, los Colegios Electorales Judiciales deben estar constituidos en cada estado y por el Distrito Capital por un representante del Poder Judicial, un representante del Ministerio Público, un representante de la Defensa

---

233 Dicho Reglamento se dictó en septiembre de 2011. Véase en *Gaceta Oficial* N° 39.750 del 05-09-2011.

Pública, un representante por los abogados autorizados para el ejercicio, así como por diez delegados de los Consejos Comunales "legalmente organizados por cada una de las entidades federales en ejercicio de la soberanía popular y de la democracia participativa y protagónica." Los Consejos Comunales en asamblea de ciudadanos deben proceder a elegir de su seno a un vocero que los representará para elegir a los delegados que integrarán al respectivo Colegio de cada estado, conforme al procedimiento que establezca el reglamento de la ley que lo rija (art.. 47). El Consejo Nacional Electoral es el órgano responsable de la organización, administración, dirección y vigilancia de todos los actos relativos a la elección de los delegados de los Consejos Comunales (art. 48).

3. El Comité de Postulaciones Judiciales es el órgano competente para recibir, seleccionar y postular los candidatos a jueces disciplinarios que deben ser elegidos por los Colegios Electorales Judiciales (Art. 48). A tal efecto, el Comité de Postulaciones Judiciales debe efectuar una preselección de los candidatos que cumplan con los requisitos exigidos para ser juez de la Jurisdicción Disciplinaria Judicial y debe proceder a elaborar la lista definitiva de los candidatos (art. 49). Los ciudadanos y las organizaciones comunitarias y sociales pueden ejercer fundamentadamente objeciones ante el Comité de Postulaciones Judiciales sobre cualquiera de los postulados a ejercer los cargos de jueces de la Corte Disciplinaria Judicial y el Tribunal Disciplinario Judicial (Art. 49).

4. Los candidatos a jueces seleccionados por el Comité de Postulaciones Judiciales deben someterse a los Colegios Electorales Judiciales, a los que corresponde realizar la elección, debiendo dichos Colegios Electorales Judiciales notificar de la elección definitiva a la Asamblea Nacional (art. 49).

Todo este procedimiento complejo, sin embargo –y esta es la otra cara de la moneda– fue barrido de un plumazo, al incorporarse la Disposición Transitoria Tercera de la ley conforme a la cual, "hasta tanto se conformen los Colegios Electorales Judiciales para la elección de los jueces de la competencia disciplinaria judicial," se atribuye a la Asamblea Nacional la inconstitucional atribución de proceder "a designar los jueces y juezas y los respectivos suplentes del Tribunal Disciplinario Judicial y la Corte Disciplinaria Judicial, previa asesoría del Comité de Postulaciones Judiciales."

Es decir, todo el detallado y complejo procedimiento es letra muerta, y tan muerta que publicado el Código de Ética del Juez venezolano en agosto de 2010, ocho meses después, mediante Acto Legislativo de 9 junio de 2011[234] la Asamblea Nacional designó a los referidos jueces de la Corte Disciplinaria Judicial y Tribunal Disciplinario Judicial, quienes habiéndose juramentado

---

234  *Gaceta Oficial* N° 39.693 de 10-06-2011.

ante la propia Asamblea el 14 de junio de 2011, se constituyeron mediante Acta levantada el 28 de junio de 2011.[235]

La Disposición Transitoria Tercera antes mencionada de la Ley del Código de Ética del Juez venezolano, simplemente es inconstitucional, pues dispone el nombramiento de jueces por un órgano que conforme a la Constitución no puede tener esa competencia, violándose además el derecho constitucional a la participación ciudadana.[236] El artículo 255 de la Constitución, en efecto, dispone que "El nombramiento y juramento de los jueces o juezas corresponde al Tribunal Supremo de Justicia. La ley garantizará la participación ciudadana en el procedimiento de selección y designación de los jueces o juezas." Ni siquiera en forma transitoria esta disposición constitucional podría ser ignorada como ha ocurrido con la Ley del Código, razón por la cual los nombramientos de los llamados "jueces" de la Corte Disciplinaria Judicial y Tribunal Disciplinario Judicial por un órgano distinto al Tribunal Supremo de Justicia, es decir por la Asamblea Nacional, son inconstitucionales, como también, por tanto, la auto "constitución" de dichos tribunales.

Por otra parte, siendo órganos dependientes de la Asamblea Nacional, que es el órgano político por excelencia del Estado, es difícil imaginar que esos "jueces disciplinarios" nombrados por ella, puedan ser realmente en sus funciones "independientes y autónomos, por lo que su actuación sólo debe estar sujeta a la Constitución de la República y al ordenamiento jurídico," y que además, puedan dar cumplimiento cabal a los "principios de la jurisdicción disciplinaria" a que se refiere el artículo 3 del Código, en el sentido de que deben garantizar "el debido proceso, así como los principios de legalidad, oralidad, publicidad, igualdad, imparcialidad, contradicción, economía procesal, eficacia, celeridad, proporcionalidad, adecuación, concentración, inmediación, idoneidad, excelencia e integridad."

La antigua Comisión de Funcionamiento y Reestructuración del Sistema Judicial, aún cuando no era un órgano o tribunal judicial, al menos tenía una adscripción al Tribunal Supremo de Justicia, y sus miembros habían incluso sido designados por la Sala Constitucional. Era sin duda un instrumento para asegurar el control político sobre los jueces, pero organizado en forma indirecta. En cambio, ahora, con la última reforma legal, al disponerse que los jueces de las Corte Disciplinaria Judicial y del Tribunal Disciplinaria Judicial sean designados por la Asamblea Nacional, lo que se ha asegurado es un mayor control político directo sobre los jueces en el país. Por otra parte, el Tribunal Supremo de Justicia, por lo demás, con la reforma, ha perdido en contra

---

235   Véase el "Acta de Constitución del Tribunal Disciplinario Judicial," de 28-06-2011, en *Gaceta Oficial* N° 39.704 de 29-06-2011

236   Debe mencionarse incluso que el nombramiento de jueces y suplentes hecho por la Asamblea nacional es tan "permanente" para la Corte Disciplinaria Judicial y Tribunal Disciplinario judicial, que en el Reglamento orgánico, funcional e interno de la Jurisdicción que dictaron en septiembre de 2011, se regula que "las faltas absolutas, temporales o accidentales de los jueces o juezas principales, serán cubiertas por el juez o jueza suplente, convocado según el *orden de designación de la Asamblea Nacional*" (art. 10) Véase en *Gaceta Oficial* N° 39.750 de 05-09-2011.

de la Constitución, el gobierno y administración de una de las Jurisdicciones de rango constitucional, como es la Jurisdicción Disciplinaria Judicial (Art. 267).

Nada por tanto ha variado desde 1999 en esta materia, de manera que la estabilidad de los jueces, como garantía de su independencia y autonomía, sigue sin tener aplicación en el país.

10. *La eliminación definitiva del régimen de estabilidad de los jueces por la Sala Constitucional en 2013*

Sin embargo, en cuanto al régimen jurídico aplicable a los jueces, particularmente a los jueces transitorios o temporales, que son la gran mayoría de los que componen el Poder Judicial, la Ley del Código de Ética de 2010 había dado un tímido paso de regulación y garantía, al buscar extender a los mismos cierto grado de estabilidad, disponiendo en su artículo 2 lo siguiente:

"*Artículo 2.* El presente Código se aplicará a todos los jueces y todas las juezas dentro del territorio de la República Bolivariana de Venezuela. Se entenderá por juez o jueza todo aquel ciudadano o ciudadana que haya sido investido o investida conforme a la ley, para actuar en nombre de la República en ejercicio de la jurisdicción de manera permanente, temporal, ocasional, accidental o provisoria."

Con ello, respecto de los jueces provisorios o temporales, lo que buscaba la Ley del Código de Ética, al otorgarles la estabilidad propia de la carrera judicial, era limitar el poder discrecional de la Comisión Judicial del Tribunal Supremo de justicia para removerlos sin que medien razones o procedimiento previo."

Esta ilusión en la que incurrió la propia Asamblea Nacional al sancionar la Ley del Código, se desvaneció rápidamente por decisión adoptada de oficio por la Sala Constitucional del Tribunal Supremo de Justicia, la cual en sentencia N° 516 de 7 de mayo de 2013, [237] dictada en el juicio de nulidad por inconstitucionalidad intentado contra la Ley, acordó una medida cautelar, suspendiendo los efectos de la mencionada normas que extendía la aplicación del Código a jueces temporales y provisorios, "por no tratarse de jueces o juezas que hayan ingresado a la carrera judicial, correspondiéndole a la Comisión Judicial la competencia para sancionarlos y excluirlos de la función jurisdiccional," quedando así completamente excluidos del ámbito de la Jurisdicción Disciplinaria, y a la merced de la Comisión Judicial mencionada del Tribunal Supremo.

Para fundamentar su decisión, la Sala Constitucional indicó, respecto de dicha norma del artículo 2 de la Ley, que la misma, a pesar de que consideró que la misma "guarda consonancia con el orden constitucional,:

"[…] sin embargo, cuando se considera que el Código de Ética del Juez Venezolano y la Jueza Venezolana, además de fijar los referentes

---

237    Véase en http://www.tsj.gov.ve/decisiones/scon/Mayo/516-7513-2013-09-1038.html.

éticos con base en los cuales se ha de determinar la idoneidad y excelencia de un juez o una jueza para la función jurisdiccional, estatuye un régimen de inamovilidad propio de la carrera judicial; la extensión de este proceso disciplinario judicial a los jueces temporales, ocasionales, accidentales o provisorios para poder excluirlos de la función jurisdiccional, pese a que formalmente no han ingresado a la carrera judicial, pareciera colidir con el texto Constitucional." [238]

Consideró por tanto, la Sala Constitucional del Tribunal Supremo, conforme a su propia doctrina, que los jueces temporales y provisorios son esencialmente de libre nombramiento y remoción, por lo que constató que conforme al artículo 255 de la Constitución, el ingreso a la carrera judicial y el ascenso de los jueces "se debe hacer por concursos de oposición públicos que aseguren la idoneidad y excelencia de los participantes"; y que además, los jueces sólo pueden "ser removidos o suspendidos de sus cargos mediante los procedimientos expresamente previstos en la ley;" agregando que cuando dicha norma constitucional se refiere a que "*los*" jueces sólo podrán ser removidos o suspendidos mediante los procedimientos previstos en la ley." Esto último, para la Sala Constitucional, sólo:

"Alude a aquellos jueces que han ingresado a la carrera judicial por haber realizado y ganado el concurso de oposición público, como lo exige el encabezado del artículo; pues es dicho mecanismo el que hace presumir (de forma *iuris tantum*) la idoneidad y excelencia del juez o jueza; una presunción que es, efectivamente, desvirtuable mediante el proceso disciplinario judicial como parte de la validación constante y permanente de la idoneidad y excelencia; pero que se erige a su vez como una garantía de la inamovilidad propia de la carrera judicial." [239]

De ello dedujo la Sala Constitucional, que aun cuando el Código de Ética del Juez Venezolano "le es efectivamente aplicable a todos los jueces -indistintamente de su condición- como parámetro ético de la función jurisdiccional"; sin embargo, en cuanto al:

"[…] procedimiento para la sanción que dicho Código contempla pareciera, salvo mejor apreciación en la definitiva, *no ser extensible a los Jueces y juezas temporales, ocasionales, accidentales o provisorios*, ya que dicho proceso es una garantía de la inamovilidad ínsita a la carrera judicial; y se obtiene la condición de juez o jueza de carrera si se gana el concurso de oposición público." [240]

---

238  *Idem.*

239  *Ibidem.*

240  *Ibidem.*

Y por ello, supuestamente para "no contradecir el contenido normativo del artículo 255 de la Constitución," la Sala procedió a suspender cautelarmente, de oficio, mientras durase el juicio de nulidad de dicho Código:

> "La referencia que hace el artículo 2 del Código de Ética del Juez Venezolano y la Jueza Venezolana a los *jueces y juezas temporales, ocasionales, accidentales o provisorios* y que permite la extensión, a esta categoría de jueces y juezas, del procedimiento disciplinario contemplado en los artículos 51 y siguientes del mencionado Código, por no tratarse de jueces o juezas que hayan ingresado a la carrera judicial, correspondiéndole a la Comisión Judicial la competencia para sancionarlos y excluirlos de la función jurisdiccional, visto que se trata de un órgano permanente, colegiado y delegado de la Sala Plena de este Tribunal Supremo de Justicia, al que compete coordinar las políticas, actividades y desempeño de la Dirección Ejecutiva de la Magistratura, la Escuela Nacional de la Magistratura y la Inspectoría General de Tribunal (*ex*: artículo 73 del Reglamento Interno del Tribunal Supremo de Justicia), así como someter a la consideración de la Sala Plena las políticas de reorganización del Poder Judicial y su normativa (artículo 79 *eiusdem*). Así se declara." [241]

Se eliminó así, en cuanto a la remoción de los jueces, cualquier tipo de intento de establecer alguna garantía para asegurar la estabilidad de los jueces temporales y provisionales.

Pero en cuanto al ingreso a la judicatura, también respecto de jueces temporales o provisionales, la misma Sala Constitucional observó en la sentencia, que el único aparte del artículo 16 del Código de Ética del Juez contemplaba, que "antes de proceder a la designación o ingreso de cualquier funcionario o funcionaria se consultará en el Registro de Información Disciplinaria Judicial" y además, "que cualquier ingreso o designación realizada al margen de dicha norma será nula." Sin embargo, ante ello, la Sala Constitucional consideró "que es competencia de la Comisión Judicial, como órgano delegado de la Sala Plena del Tribunal Supremo de Justicia, la designación de los jueces y las juezas temporales, ocasionales, accidentales o provisorios; por lo que "al no desarrollar los términos en que se ha de verificar la consulta del Registro de Información Disciplinaria ni la naturaleza pública o privada de dicho Registro," de lo que la Sala Constitucional en virtud de que la norma de dicho artículo 16 "restringe la aludida competencia de la Comisión Judicial," concluyó suspendiendo también cautelarmente, hasta tanto se dicte sentencia en el presente juicio, "el único aparte del artículo 16 del Código de Ética del Juez Venezolano y la Jueza Venezolana."

Con ello, quedaron incólumes los poderes de la Comisión Judicial del Tribunal Supremo para designar sin restricción de cualquier clase, a los jueces temporales y provisorios, sin garantía alguna de idoneidad, y por supuesto,

---

241  *Ibidem.*

sin concurso y consecuente estabilidad y garantía de autonomía e independencia en ejercicio de la función jurisdiccional."

## SECCIÓN TERCERA: LA DEMOCRACIA PARTICIPATIVA Y SUS FALACIAS[*]

### 1.  La democracia y los peligros del discurso autoritario

Si algo ha resultado de la práctica democrática que la mayoría de los países de América Latina han experimentado en las últimas décadas, ha sido la toma de conciencia de que la democracia, como régimen político, no puede quedar reducida sólo a garantizar la elección de los gobernantes. Más bien tiene que ser concebida como una alianza global entre los gobernados que eligen, y los gobernantes electos, dispuesta para garantizar, por una parte, que el ejercicio del poder por los últimos sea efectivo, y por la otra la participación de los primeros en la conducción política de la sociedad, todo basado en la primacía que debe tener el ser humano, y con él, su dignidad y sus derechos.

Pero llegar a esta conclusión no ha sido fácil. Los ciudadanos de nuestros países en efecto, de cara a nuestras democracias, ha tenido que enfrentar y siguen enfrentando tremendas incomprensiones y distorsiones que tanto de buena como de mala fe, derivan de un discurso político persistente que se solaza en la crítica de las muchas deficiencias que ha mostrado la práctica de la democracia representativa, la cual, efectivamente, en muchos países ha terminado por no representar a los diversos componentes de la población. Esa práctica democrática, por otra parte, en muchos casos no ha logrado servir de instrumento para la efectiva construcción de sociedades donde el ciudadano logre sentirse realmente incluido, y participe efectivamente en el quehacer político que en muchas ocasiones ha quedado secuestrado por los partidos políticos.

Ello ha dado origen, entre otros factores, al clamor que tan seguidamente se oye en nuestros países latinoamericanos por la construcción de una "democracia participativa," la cual, la verdad sea dicha, muchos demócratas con-

---

[*]   El texto de esta sección tercera es el redactado para la Video Conferencia, para el Seminario sobre "*Democracia y participación ciudadana en el contexto del derecho comparado y del derecho nacional*," organizado por la Facultad de Jurisprudencia de la Universidad del Rosario, Bogotá, 3 de Mayo de 2010. El texto lo he complementado con lo expuesto en los siguientes trabajos: "La necesaria revalorización de la democracia representativa ante los peligros del discurso autoritario sobre una supuesta "democracia participativa" sin representación," presentado al *II Congreso Iberoamericano de Derecho*, celebrado en Bogotá, del 31 agosto al-1° septiembre 2011, publicado en el libro: *Derecho Electoral de Latinoamérica*,. Consejo Superior de la Judicatura, Bogotá 2013, pp. 425-449; "Democracia participativa, descentralización política y régimen municipal," publicado en Miguel Alejandro López Olvera y Luis Gerardo Rodríguez Lozano (Coordinadores), *Tendencias actuales del derecho público en Iberoamérica*, Editorial Porrúa, México 2006, pp. 1-23; y 'Democracia participativa, descentralización política y régimen municipal", publicado en *Urbana*, Revista editada por el Instituto de Urbanismo, Facultad de Arquitectura y Urbanismo, Universidad Central de Venezuela y por el Instituto de Investigaciones de la Facultad de Arquitectura y Diseño, Universidad del Zulia, No 36, 2005, pp.33-48.

funden con la democracia directa, llegando incluso a preferirla respecto de la democracia representativa; y muchos no demócratas la esgrimen con el deliberado propósito de, precisamente, acabar con esta última, confundiendo la movilización popular con la participación.

En todo caso, todo ello ha conducido al establecimiento de un falso enfrentamiento entre la democracia representativa, la cual se ataca despiadadamente, y la democracia participativa, por la cual se clama, a veces incluso planteando el tema como una dicotomía que no existe, como si la segunda –la democracia participativa– pudiera sustituir a la primera; falsa dicotomía en la cual ciertamente, y sin quererlo, muchos demócratas han caído inadvertidamente buscando de buena fe el perfeccionamiento de la democracia representativa; y también, queriéndolo y de mala fe, muchos otros falsos demócratas han propugnado ocultando la faz y las fauces del autoritarismo, pretendiendo sustituir la democracia representativa, en fraude a la propia democracia.

Sobre estos temas es que quisiera compartir hoy algunas reflexiones con ustedes, es decir, sobre la democracia representativa y su significado político; sobre las exigencias de la participación ciudadana, en el sentido de que la democracia sin dejar de ser representativa debe asegurar la inclusión del ciudadano en el proceso político; y sobre la falsedad de los cantos de sirenas que se oyen con la persistente difusión de la llamada "democracia participativa" para acabar con la representación. Y por supuesto, sin desconocer que en muchos países la democrática representativa ha quedado reducida a ser un mecanismo dispuesto para la sola elección de gobernantes, –y por ello se habla tanto de democracia formal–, sin lograr satisfacer las exigencias de participación de los ciudadanos, quienes sin duda se han sentido excluidos del proceso político. Y además, teniendo en cuenta que incluso, ante tantas insatisfacciones de vieja data, no se ha logrado realmente identificar lo que es necesario implementar para hacer de la democracia representativa el instrumento de inclusión política que pueda asegurar la participación ciudadana. Es precisamente en medio de esas realidades, de estas insatisfacciones y de las frustraciones que derivan, donde soplan los vientos del falaz discurso autoritario que vendiendo la idea de la participación, lo que busca es sustituir la democracia representativa pero contradictoriamente, en nombre de una supuesta participación, eliminando el único instrumento político que puede permitir la participación ciudadana que es la descentralización política, que es la que puede dar origen al desarrollo de gobiernos locales que es donde se puede asegurar la inclusión política.

Lo que tenemos que tener claro desde las trincheras democráticas, es que esta llamada democracia participativa en el discurso autoritario, que busca excluir la representación a nivel local y, con ello, todo vestigio de descentralización política, pretendiendo que funcione montada sobre instituciones de democracia directa como asambleas de ciudadanos y consejos comunales a la usanza de los soviets de hace casi cien años, en realidad, es imposible que pueda permitir y asegurar una efectiva participación política del ciudadano en la conducción de los asuntos públicos, como sólo la descentralización y la municipalización podrían lograr. En realidad, en ese discurso autoritario de la democracia participativa, lo único que la misma ofrece es la posibilidad de movilización popular conducida y manejada desde el centro del poder, mediante paridos únicos, por lo que de democracia sólo tiene el nombre, el cual es hábilmente utilizado por quienes se aprovechan de los fracasos políticos de las democracias representativas reducidas a asegurar la elección de gobernantes.

Estamos en presencia, en realidad, de un engañoso slogan propagandístico, el cual, sin embargo, hay que reconocerlo, no deja de tener su atractivo, sobre todo porque quienes claman por que se asegure más participación piensan que ello se puede logar con la sola movilización popular. Pero como antes dije, la verdad es que el slogan lo que oculta es un feroz modelo de gobierno autoritario que creíamos superado en nuestro Continente, y que comienza ahora a aparecer envuelto en ropa militar de camuflaje, con pintas populares y de legalidad, con algún apoyo de masas empobrecidas que reciben dádivas, pero sin que se genere riqueza ni empleo. Así, por ejemplo, hemos visto florecer un neo populismo rico o petrolero que está rampante en América Latina, como el que tenemos en mi país, que reparte para lograr apoyos populares, pero sin lograr disminuir la pobreza, y más bien aumentarla y generalizarla, y por sobre todo, sin asegurar la democracia como forma de vida.

En medio de toda esta confusión, y de los discursos tanto democráticos como autoritarios que, a la vez, y al unísono, desde sus propias trincheras claman por la democracia participativa, la verdad es que lo que se impone es comenzar por tratar de poner orden en el debate y distinguir lo que es realmente la democracia como régimen político que por esencia, es contrario al autoritarismo. Para ello, necesariamente tenemos que comenzar por replantearnos los principios básicos de la propia democracia, y tratar de poder situar entonces el concepto de la democracia participativa donde corresponde, que es precisamente donde haya efectiva representación en el ámbito de la vida y del gobierno local.

2. *Sobre los elementos esenciales de la democracia y el control del ejercicio del poder*

En el mundo contemporáneo, sin duda, la democracia como régimen político hay que definirla identificando sus elementos esenciales y sus componentes fundamentales, los cuales por lo demás, desde 2001 se encuentran plasmados en un excepcional instrumento internacional destinado precisamente a regularla, como es la *Carta Democrática Interamericana* de la Organización de los Estados Americanos; cuyos elementos básicos, incluso en 2007 han sido recogidos en la *Carta Africana de la Democracia, las Elecciones y la Gobernabilidad.*

Allí se identifica a la democracia, como un régimen político en el cual tienen que estar garantizados los siguientes *elementos esenciales*: el respeto a los derechos humanos y las libertades fundamentales; el acceso al poder y su ejercicio con sujeción al Estado de derecho; la celebración de elecciones periódicas, libres, justas y basadas en el sufragio universal y secreto, como expresión de la soberanía del pueblo; la existencia de un régimen plural de partidos y organizaciones políticas, y la separación e independencia de los poderes públicos (Art. 3).

Todos los ciudadanos en un régimen democrático puede decirse que tienen derecho a todos esos elementos esenciales (al respeto de sus derechos, al Estado de derecho, al sufragio, a los partidos políticos, a la separación de poderes) que pueden ser considerados por lo demás como derechos políticos, siendo el sufragio uno de ellos.

Lo importante de concebir la a democracia conforme a esos elementos, no sólo es tomar conciencia de que ella no se agota en el sufragio, sino que todos ellos, en conjunto, lo que buscan es asegurarles a los ciudadanos la posibilidad de ejercer un control efectivo del ejercicio del poder por parte de los gobernantes. De eso se trata la democracia, del ejercicio del poder en nombre de los ciudadanos y de la posibilidad real para estos de controlar dicho ejercicio, el cual necesariamente presupone, además, otros componentes esenciales de la democracia, como la transparencia de las actividades gubernamentales, la probidad y la responsabilidad de los gobiernos en la gestión pública; el respeto de los derechos sociales y de la libertad de expresión y de prensa; la subordinación constitucional de todas las instituciones del Estado, incluyendo e componente militar, a la autoridad civil legalmente constituida, y el respeto al Estado de derecho por todas las entidades y sectores de la sociedad (Art. 4).

Por tanto, insisto, la democracia es mucho más que elecciones y participación, configurándose como un sistema político dispuesto para asegurar el control del poder, que es a lo que en definitiva el ciudadano en una democracia tiene derecho, incluso participando en su ejercicio. Por ello la importancia, por ejemplo, del principio de la separación de poderes, del cual en definitiva dependen todos los otros elementos de la democracia, pues sólo controlando al Poder es que puede haber elecciones libres y justas, así como efectiva representatividad; sólo controlando al poder es que puede haber pluralismo político; sólo controlando al Poder es que podría haber efectiva participación democrática en la gestión de los asuntos públicos; sólo controlando al Poder es que puede haber transparencia administrativa en el ejercicio del gobierno, así como rendición de cuentas por parte de los gobernantes; sólo controlando el Poder es que se puede asegurar un gobierno sometido a la Constitución y las leyes, es decir, un Estado de derecho y la garantía del principio de legalidad; sólo controlando el Poder es que puede haber un efectivo acceso a la justicia de manera que ésta pueda funcionar con efectiva autonomía e independencia; y en fin, sólo controlando al Poder es que puede haber real y efectiva garantía de respeto a los derechos humanos. De lo anterior resulta, por tanto, que sólo cuando existe un sistema de control efectivo del poder es que puede haber democracia, y sólo en esta es que los ciudadanos pueden encontrar asegurados sus derechos debidamente equilibrados con los poderes Públicos.

Por ello es que al inicio calificaba a la democracia como una alianza destinada a asegurar el control del poder, lo que implica entre otros, tres derechos políticos claves que los ciudadanos tienen, y que son, además del derecho a la separación de poderes, el derecho a la distribución vertical o territorial del poder para asegurar la participación política; y el derecho al control judicial del ejercicio poder, para asegurar la vigencia de los derechos humanos y el sometimiento del Estado al derecho.

Lo cierto es que, como lo enseña la historia de la humanidad, demasiada concentración y centralización del poder, como ocurre en cualquier régimen autoritario por más velo democrático que lo cubra por su eventual origen electoral, inevitablemente conduce a la tiranía; y el mundo contemporáneo ha tenido demasiadas experiencias que ya han mostrado toda suerte de tiranos que precisamente usaron el voto popular para acceder al poder, y que luego, mediante su ejercicio incontrolado, desarrollaron gobiernos autoritarios, contrarios al pueblo, el cual fue movilizado al antojo de los gobernantes quienes acabaron con la propia democracia y con todos sus elementos, comenzando por el respeto a los derechos humanos.

Por ello, los gobiernos autoritarios no soportan la existencia de un sistema de descentralización política o de distribución vertical del poder público hacia entidades territoriales dotadas de autonomía política que estén efectivamente más cerca del ciudadano, que es lo único que puede garantizar la efectiva posibilidad de la participación política democrática en la toma de decisiones y en la gestión de los asuntos públicos. Es decir, y es bueno destacarlo siempre, porque se olvida cuando se habla de democracia participativa, ésta es sólo posible cuando el poder está cerca del ciudadano, lo que sólo se logra multiplicando autoridades locales dotadas de autonomía política.[242]

Por ello, la participación política no es simple movilización popular ni se logra estableciendo mecanismos asamblearios de democracia directa. La participación política es la cotidianeidad de la vida ciudadana, que en democracia sólo se asegura a nivel local, en unidades territoriales políticas y autónomas descentralizadas donde se practique el autogobierno mediante representantes electos en forma directa, universal y secreta.

Por ello es que nunca ha habido autoritarismos descentralizados, y menos aún autoritarismos que hayan podido permitir el ejercicio efectivo del derecho a la participación política. Al contrario, en nombre de ésta lo que han impuesto es la exclusión política al concentrar el poder en unos pocos, independientemente de que hayan sido electos. Por ello, insisto, es que los autoritarismos temen y rechazan tanto la descentralización política como la participación democrática, y en su lugar, lo que usualmente hacen es concebir parapetos políticos de control del poder a través de asambleas de ciudadanos controladas por el poder central o por un partido de gobierno, como los Consejos

---

242 Allan R. Brewer-Carías, "El Municipio, la descentralización política y la democracia" en *XXV Congreso Iberoamericano de Municipios, Guadalajara, Jalisco, México, 23 al 26 de octubre del 2001*, 53-61 (México 2003); y *Reflexiones sobre el constitucionalismo en América*, (Editorial Jurídica Venezolana, Caracas 2001, pp. 105-125 y 127-141.

Comunales que se están creando en Venezuela,[243] configurados como instituciones de manejo centralizado, dispuestas para hacerle creer al ciudadano que participa, cuando lo que se hace es, si acaso, movilizarlo en forma totalmente controlada.

De todo lo anterior resulta, por tanto, que para pueda existir democracia como régimen político, no son suficientes las declaraciones contenidas en los textos constitucionales que hablen de derecho al sufragio y de participación ciudadana; ni siquiera de separación de poderes. Tampoco bastan las declaraciones constitucionales sobre "democracia participativa" o incluso sobre descentralización del Estado; ni las solas enumeraciones de los derechos humanos.

Además de todas esas declaraciones, lo que es necesario en la práctica política democrática, es que se pueda asegurar efectivamente la posibilidad de controlar el poder. Solo así es que se puede hablar de democracia, la cual, por lo demás, además de implicar siempre la representación, es un sistema para la participación. Lo único es que esta última no puede quedar reducida a participar en elecciones o votaciones.

3.  *Sobre la democracia: la representación y la participación*

Lo que queda claro, en todo caso, es que el ejercicio de la democracia como derecho ciudadano implica siempre la conjunción de dos principios fundamentales, el principio de la representación y el principio de la participación, que no son excluyentes. Ello es así, incluso, aún cuando tengan circunstancialmente peso diverso, como por ejemplo cuando la democracia siendo representativa sólo asegure en forma deficiente la participación. Lo contrario, en cambio, no es posible en el sentido de que no puede haber democracia que sea supuestamente participativa, sin representación. Es decir, la democracia representativa que no asegura la efectiva participación, es deficiente; pero la supuesta democracia participativa que no asegura la representación es inexistente. De ello resulta, por tanto, que la dicotomía que por incomprensión o por destrucción se trata de establecer entre democracia representativa y democracia participativa, es falsa.

En efecto, si a algo se contrapone la representación, es a la democracia directa, de manera que la dicotomía en cuanto a la forma de ejercicio de la de-

---

243  Ley de los Consejos Comunales en *Gaceta Oficial* N° 5.806 Extraordinaria de 10 de abril de 2006; reformada en 2009, *Gaceta Oficial* N° 39.335 de 28 de diciembre de 2009. Véase Allan R. Brewer-Carías, "El inicio de la desmunicipalización en Venezuela: La organización del Poder Popular para eliminar la descentralización, la democracia representativa y la participación a nivel local", en *AIDA, Opera Prima de Derecho Administrativo. Revista de la Asociación Internacional de Derecho Administrativo*, 49-67 (Universidad Nacional Autónoma de México, Facultad de Estudios Superiores de Acatlán, Coordinación de Postgrado, Instituto Internacional de Derecho Administrativo "Agustín Gordillo", Asociación Internacional de Derecho Administrativo, México, 2007; y *Ley de los Consejos Comunales*, Editorial Jurídica venezolana, Caracas 2009.

mocracia, está entre la democracia indirecta o representativa y la democracia directa,[244] o asamblearia.

Otra cosa es el tema de la participación, que si a algo se contrapone, no es a la representación, sino a la exclusión. La dicotomía en este caso, está entre democracia de inclusión o participativa y democracia de exclusión o exclusionísta; es decir, entre un régimen democrático en el cual el ciudadano tenga efectiva participación en la conducción de los asuntos públicos, y un régimen democrático en el cual el ciudadano, aparte de elegir, esté excluido de participar en ello.

Y esto es precisamente lo que no se tiene claro cuando se habla equivocadamente de "democracia participativa" como supuestamente "contrapuesta" a la democracia representativa, lo que ocurre en todos los frentes: por una parte, desde la mismas trincheras democráticas, queriendo en realidad referirse, sin saberlo, a la necesidad de introducir a la democracia representativa mecanismos de democracia directa; y por la otra, desde las trincheras autoritarias, confundiendo los conceptos para propugnar la eliminación o minimización de la representatividad y establecer una supuesta relación directa entre un líder y el pueblo, a través de los mecanismos institucionales del Estado dispuestos para movilizar a la población y hacer creer que con ellos se participa, cuando en realidad a lo que conducen es a la destrucción de la democracia.

Partiendo del supuesto de que la democracia representativa o democracia indirecta, es y seguirá siendo de la esencia de la democracia, de manera que nunca podrá haber una democracia que sólo sea asamblearia, refrendaria o de cabildos abiertos permanentes, el tema central a resolver es cómo hacer de la democracia un régimen de inclusión política, es decir, participativa, donde el ciudadano sea efectivamente parte de su comunidad política, y pueda contribuir a toma de las decisiones que le conciernen; de manera que la participación no quede reducida a votar en elecciones o en consultas populares.

Hay que recordar que incluso de acuerdo con el Diccionario de la Lengua, participar, en realidad, es estar incluido, lo que no debe confundirse con mecanismos de democracia directa como las iniciativas legislativas, las consultas populares, los cabildos abiertos y los referendos. Participar, en efecto, en el lenguaje común, es ser parte de…; es pertenecer a…, es incorporarse a, contribuir a, estar asociado a o comprometerse a…; es tener un rol en…, es tomar parte activa en, estar envuelto en o tener una mano en…; es en fin, asociarse con…, es compartir con o tener algo que ver con… Por ello, la participación política para el ciudadano no es otra cosa que ser parte de o estar incluido en una comunidad política, en la cual el individuo tenga un rol específico de carácter activo conforme al cual contribuye a la toma de decisiones. Ello se materializa, por ejemplo, sin duda, en el ejercicio del derecho al sufragio o en votar en referendos o consultas populares, que son formas mínimas de parti-

---

244   Véase en general, Luis Aguiar de Luque, *Democracia directa y Estado Constitucional*, Editorial Revista de Derecho Privado, Edersa, Madrid 1977.

cipación; o en ser miembro de sociedades intermedias. Pero la participación no se agota allí, pues para estar incluido es necesario que el ciudadano pueda ser parte efectiva de su comunidad política; permitiéndosele desarrollar, incluso, la conciencia de su efectiva pertenencia a un determinado orden social y político, por ejemplo, a una comunidad; a un lugar; a una tierra; a un campo; a una comarca; a un pueblo; a una región; a una ciudad; en fin, a un Estado.[245]

En todo caso, el tema central a resolver siempre que se trata de la participación democrática, es determinar cómo y en qué lugar la misma puede realizarse. Como lo advirtió hace años Giovanni Sartori, cuando se refería a quienes primero habían hablado sobre el tema de la democracia participativa, decía: "O el autor de la democracia participativa se decide a clarificar positivamente dónde está lo que corresponde a cuál participación (¿de cuál naturaleza?) y en cuáles lugares (¿en todas partes?); o nos quedamos con un animal que no logró identificar." Sobre ello, con razón, agregaba, que lo que había era "mucho ruido" y "mucha polémica furiosa," provocando dudas sobre si efectivamente había "nacido algo nuevo"[246].

4. *La participación como esencia histórica de la democracia y como fenómeno de la vida local*

La verdad, sin embargo, es que la democracia participativa no era ni es nada nuevo; ha estado siempre, desde los mismos días de las Revoluciones Francesa y Norteamericana del Siglo XIX, en muchos países hoy con democracias consolidadas; ha estado siempre, allí, en el nivel más ínfimo de los territorios políticos de los Estados, en las Asambleas locales, en los Municipios, en las Comunas. Lo que pasa es que muchos no la han querido reconocer, e insisten en confundirla. Es decir, muchos no han querido entender *qué es*, efectivamente, participar en política, y *dónde es* que se puede realmente participar, aún siendo ello parte en la corriente sanguínea de la propia democracia, de manera que incluso, quienes la ejercen y la viven cotidianamente ni se dan cuenta de ella; ni le prestan atención y por ello, a veces no se la logra identificar. Ello sucede por ejemplo, en las democracias europeas, que son democracias inclusivas, en las cuales, por ello, ni siquiera el tema es de discusión política, pues la participación es asunto de todos los días.

En todo caso, y vale la pena recordarlo, la democracia participativa puede decirse que fue descubierta para Europa en las mismas tumultuosas décadas iniciales del nacimiento del Estado constitucional contemporáneo por quien puede considerarse el primer gran constitucionalista moderno, Alexis de Tocqueville, cuando en 1831 se topó de frente, sin quererlo, –como en general se han hecho los grandes descubrimientos– con el régimen de gobierno local de asambleas que funcionaba desparramado en todo el territorio de las colonias inglesas en la costa este de Norteamérica, y que hervía en los *Town Halls*. Él

---

245  Véase en general, Norberto Bobbio, *El futuro de la democracia*, Fondo de Cultura Económica, México 1992, p. 42.

246  Giovanni Sartori, *¿Que es democracia?*, Altamira Editores, Bogotá, 1994.

había ido a estudiar el régimen carcelario en el naciente Estado americano, y lo que resultó fue su gran obra *La Democracia en América* publicada en 1835.[247] Esas instituciones comunales, decía De Tocqueville, "son a la libertad lo que las escuelas vienen a ser a la ciencia; la ponen al alcance del pueblo, le hacen paladear su uso político y lo habitúan a servirse de ella."[248] Pero para cuando eso escribía, ya en Europa misma, esa democracia local también estaba en procedo de configurarse como uno de los productos más acabados y a veces incomprendidos de la propia Revolución Francesa. Ello, incluso, lo advirtió el propio De Tocqueville en su otra clásica obra del constitucionalismo histórico, *El Antiguo Régimen y la Revolución*, escrito veinte años después, al constatar que: "La administración local tiene un contacto diario con [los ciudadanos]; toca continuamente sus puntos más sensibles; influye en todos los pequeños intereses que forman el gran interés que se pone en la vida; es el objeto principal de sus temores y también el de sus esperanzas más queridas; los mantiene vinculados a ella por una infinidad de lazos invisibles que los arrastran sin que se den cuenta"[249].

Sin quererlo, puede decirse que De Tocqueville había descubierto la participación, precisamente desarrollada en los gobiernos locales representativos en el sentido de participación política como democracia de inclusión, en la cual el ciudadano toma parte personalmente en un proceso decisorio, interviniendo en actividades estatales y en función del interés general,[250] lo cual sólo puede tener lugar efectivamente en los estamentos territoriales más reducidos, en el nivel local, comunal o municipal. Es decir, sólo en los niveles político territoriales inferiores de la organización del Estado es que se puede montar una organización participativa que permita la incorporación del ciudadano individual, o en grupos o en comunidades, en la vida pública, y particularmente, en la toma de decisiones públicas generales o de orden administrativo.

Como lo señaló Jaime Castro, uno de los destacados Alcaldes que ha tenido la ciudad de Bogotá en el pasado, "La democracia moderna no se concibe sin audaces formas de participación ciudadana y comunitaria en el ejercicio del poder a nivel local y regional. Sin la garantía de que todas y todos pueden y deben participar en la preparación de las decisiones que se piensen tomar sobre temas de interés general, en su adopción y ejecución, esto último mediante el control que realicen sobre la gestión de las autoridades y los particulares que ejerzan funciones públicas. Sólo esas formas democráticas de parti-

---

247   Alexis de Tocqueville, *La democracia en América*, Fondo de Cultura Económica, México 1973, pp. 79 y ss.

248   *Idem.*, p. 78.

249   Alexis de Tocqueville, *El Antiguo Régimen y la Revolución*, Alianza Editorial, Tomo I, Madrid 1982, p. 15.

250   Véase por ejemplo, en relación con la administración de justicia, Alberto González, "Participación en la Administración de Justicia" en Jorge Londoño U. (Compilador), *Constitucionalismo, participación y democracia*, Librería Jurídica Ethos, Uniboyacá, Bogotá-Tunja, 1997, pp. 76-77.

cipación le cambian la cara a las instituciones y permiten hablar de un nuevo régimen político."[251]

Pero por supuesto, para la concepción de ese "nuevo régimen político" que como decía, sin embargo, es tan antiguo como la democracia misma, el tema central que tiene que resolverse es determinar el nivel territorial que se requiere para que pueda haber participación como cotidianeidad democrática, y la opción en esta materia, tal como ocurre por ejemplo en Francia, en Norteamérica, y todos los países europeos con democracias arraigadas; la opción está en el municipio desparramado en todos los rincones del Estado, en cada villa, pueblo y caserío, situado bien cerca del ciudadano. Definitivamente, al contrario, la opción para la participación no está situada en el gran municipio urbano o rural, ubicado, sin duda, bien lejos del ciudadano.

En esta materia, en efecto, la práctica democrática de los países europeos muestra una realidad incontestable en cuanto al predominio de la existencia en cada Estado de muchos municipios, y entre ellos, incluso, de muchos municipios pequeños. Alemania, por ejemplo, tiene algo más de 16.000 municipios, de los cuales un 75% tiene menos de 5.000 habitantes; y España, tiene más de 8.000 municipios, de los cuales un 85% también tienen menos de 5.000 habitantes. En España, incluso, el 61% de todos los municipios tienen menos de 1.000 habitantes[252]. Es más, en una sola de las Comunidades Autónomas españolas, por ejemplo, la de Castilla y León, hay 2.248 Municipios, de los cuales más de la mitad, es decir, 1.540 Municipios tienen menos de 500 habitantes.[253] O sea en una sola Comunidad Autónoma española, con un área territorial diez veces inferior a la de toda Colombia, hay el doble de municipios que en este país. Allá, en Castilla y León, sin duda, hay participación de todos los días, aún cuando los propios ciudadanos castellanos no lo crean o no se den cuenta. En cambio, en contraste, y este es un caso extremo, en un país como Venezuela, con un territorio que también tiene diez veces más área que el de Castilla y León, algo inferior al de Colombia, sólo hay 338 Municipios, es decir, solo un décimo de los que existen en el país castellano. Por eso

---

251   Véase Jaime Castro, *La cuestión territorial*, Editorial Oveja Negra, Bogotá 2003, pp. 201-202. Por ello, cabría preguntarse ¿Por qué será entonces, que en un excelente libro sobre *Las democracias. Entre el Derecho Constitucional y la Política*, de los profesores Olivier Duhamel y Manuel José Cepeda Espinosa en sus más de 400 páginas donde los autores analizan los regímenes democráticos contemporáneos de Europa y América Latina, en la única página en la cual se habla y se usa la expresión de "democracia de participación" es en relación con el sistema suizo? Véase Olivier Duhamel y Manuel José Cepeda Espinosa, *Las Democracias. Entre el Derecho Constitucional y la Política*, TM Editores. Universidad de los Andes. Facultad de Derecho, Bogotá, 1997, p. 56. Acaso el régimen constitucional de Suiza, entre otros factores por la superficie incluso del país, no es el paradigma del federalismo y del régimen local o cantonal?

252   Véase Torsten Sagawe, "La situación de los pequeños municipios en Europa: con especial referencia a la República Federal de Alemania", en Luis Villar Borla et al, *Problemática de los pequeños Municipios en Colombia ¿Supresión o reforma?*, Universidad Externado de Colombia, Bogotá 2003, p. 40.

253   *Informe sobre el Gobierno Local*, Ministerio para las Administraciones Públicas. Fundación Carles Pi i Sunyer dÉtudis Autonòmics y Locals, Madrid 1992, p. 27.

es que en Venezuela, con esa estructura territorial de gobiernos locales, simplemente no hay ni podrá haber real participación política.[254]

Lo cierto, en todo caso, es que la Revolución Francesa, entre los muchos aportes que dio al constitucionalismo moderno, dio el de la participación ciudadana al haber desparramado el poder que hasta entonces estaba concentrado en pocas manos de la Monarquía y de los señores feudales,[255] en más de 40.000 Comunas, como allí se denomina a los municipios, lo que permitió que el Municipio se comenzara a ubicar, en Europa, en cuanta aldea, pueblo, villas y ciudad existía, bien cerca del ciudadano. Todo comenzó en los mismos días de la Revolución, el 4 de agosto de 1789, veinte días antes de que la Asamblea Nacional adoptara la declaración de los Derechos del Hombre y del Ciudadano, cuando la misma Asamblea Nacional declaró irrevocablemente abolidos "todos los privilegios particulares de provincias, principados, cantones, ciudades y comunidades de habitantes, sean pecuniarios o de cualquier otra naturaleza;"[256] disponiendo los días 14 y 22 de diciembre del mismo año 1789, la instauración de una Municipalidad "en cada villa, burgo, parroquia y comunidad del campo."[257] De ello resultó que para 1791 en la Francia revolucionaria ya había 43.915 municipios, los cales comenzaron a llamarse comunas, y que fueron las que en definitiva dieron origen a los más de 34.000 municipios o comunas que hoy existen en ese país. Y de nuevo, comparemos esa realidad con la nuestra, donde en países con territorio que doblan el área del de Francia, como son Colombia y Venezuela, solo tenemos escasos 1.100 o 338 Municipios.

Frente a estas realidades, acaso nos hemos preguntado ¿porqué será entonces que en los países que llamamos democráticamente desarrollados como los europeos, donde impera la fragmentación municipal, no se plantea con tanta urgencia la necesidad de la participación ciudadana; y, en cambio en todos nuestros países latinoamericanos, donde al contrario, hay muy pocos municipios para sus enormes territorios y su población, es donde más se grita contra nuestras insuficiencias democráticas clamándose a la vez por una democracia participativa?

Creo que la respuesta es obvia, sobre todo cuando constatamos que lo mismo que he señalado respecto de Francia, se repite en todos los demás paí-

---

254 En nuestros países de América Latina la situación no es muy diferente: Argentina: 1.617 municipios; Bolivia: 312 municipios; Brasil: 5.581 municipios; Chile: 340; Cuba: 169 municipios; Ecuador: 1.079 municipios; El Salvador: 262 municipios; Guatemala: 324 municipios: en Honduras: 293 municipios; México: 2.418 municipios; Nicaragua: 143 municipios; Paraguay: 212 municipios; Perú: 1.808 municipios; República Dominicana: 90 municipios; Uruguay: 19 municipios. Véase las referencias en Allan R. Brewer-Carías, *Reflexiones sobre el constitucionalismo en América*, Editorial Jurídica Venezolana, Caracas 2001, pp. 139 y ss.

255 Véase en general, Eduardo García de Enterría, *Revolución Francesa y administración contemporánea*, Taurus Ediciones, Madrid 1981, pp. 17, 41, 46, 49, 50, 56.

256 Luciano Vandelli, *El Poder Local. Su origen en la Francia revolucionaria y su futuro en la Europa de las regiones*, Ministerio para las Administraciones Públicas, Madrid 1992, p. 28, nota 10.

257 Albert Soboul, *La révolution française*, Gallimard, París 1981, pp. 198 y ss.

ses europeos. Me refiero, siempre teniendo en cuenta las cifras de los 1.100 Municipios colombianos, o los 338 Venezolanos, a los 2.539 Municipios que existen en Bélgica; a los 16.121 Municipios que hay en la Alemania unificada;[258]; a los 8.104 Municipios que hay en Italia y a los más de 3.000 cantones que hay en Suiza.[259] O sea, en Suiza con un territorio algo mayor que el Departamento de Santander, hay tres veces más municipios que en toda Colombia.

Lamentablemente, en América latina la conformación del municipio, aún cuando tributario de los principios organizativos del europeo, tomó otro rumbo de distribución territorial. En efecto, a pesar de sus raíces en el municipalismo francés, y haber incluso desarrollado mucho antes que en Europa el concepto mismo de autonomía municipal el cual, por ejemplo en Francia, sólo se introdujo con las reformas de Mitterrand en 1982[260] mediante la Ley de Libertad de las Comunas; y en España con la Ley de Bases del Régimen Local de 1985. Ese diferente rumbo derivó, primero, del condicionamiento territorial que en estas tierras impuso el desarrollo institucional del proceso colonial, que terminó por ubicar a los Municipios en las capitales provinciales, abarcando enormes territorios; y segunda, por el proceso de conformación del régimen republicano luego de la Independencia, que no sólo acogió el esquema de Municipios establecidos en ámbitos territoriales cada vez más y más alejados de los ciudadanos y de sus comunidades, sino que trató al poder municipal con recelo, particularmente desde el Poder Central que se estaba conformando. No olvidemos, incluso, que en Colombia, cuando el Gran Estado concebido por Bolívar comprendía también los territorios de Venezuela y Ecuador, el mismo Libertador llegó a suprimir los Municipios en 1828, considerando que eran "una verdadera carga para los ciudadanos, y producen muy pocas utilidades al público."[261].

Pero lo cierto es que en los 200 años que han transcurrido desde la Independencia, el panorama territorial de la distribución vertical del poder en los países latinoamericanos ha variado muy poco, careciendo nuestros países del nivel político territorial necesario para que la democracia pueda efectivamente ser participativa, que es el gobierno local. Y nos empeñamos en buscar en otras partes soluciones, que la verdad, no encontraremos.

---

258   Torsten Sagawe, "La situación de los pequeños municipios en Europa: con especial referencia a la República Federal de Alemania", en Luís Villar Borla et al, *Problemática de los pequeños Municipios en Colombia ¿Supresión o reforma?*, Universidad Externado de Colombia, Bogotá 2003, pp. 42-43.

259   Véase Luciano Vandelli, *El Poder Local. Su origen en la Francia revolucionaria y su futuro en la Europa de las regiones*, Ministerio para las Administraciones Públicas, Madrid 1992, pp. 179; Allan R. Brewer-Carías, *Reflexiones sobre el constitucionalismo en América*, Editorial Jurídica Venezolana, Caracas 2001, pp. 139 y ss.

260   Sobre la aplicación de la Ley de 2 de marzo de 1982, véase en general, André Terrazoni, *La décentralization a l'épreuve des faits*, LGDJ, Paris1987.

261   Véase el decreto de Supresión de las Municipalidad de 17 de noviembre de 1828, en Allan R. Brewer-Carías, *Las Constituciones de Venezuela*, Academia de Ciencias Políticas y Sociales, Vol. I, Caracas 2008, p. 681.

Y aquí volvemos a lo que afirmaba al inicio, sobre que la democracia participativa está indisolublemente ligada, no a la democracia directa, sino a la descentralización política y la municipalización, de manera que la misma no se puede materializar con solo propuestas de incorporación al régimen democrático, de instrumentos como los referendos o las consultas o las iniciativas populares, y mucho menos eliminando la representación.

En realidad, la participación política como cotidianeidad democrática o como parte de la democracia como forma de vida, sólo puede darse a nivel local. No hay otra instancia para ello en los Estados; lo demás es falacia y engaño, o mecanismos de democracia directa que son otra cosa. Por ello es que el tema, precisamente, no tiene tanta notoriedad en los países europeos, donde la participación es de todos los días, en las pequeñas cosas que pueden tratarse en esos pequeños municipios urbanos y rurales.

La participación política o la democracia participativa están por tanto, íntimamente unidas al localismo y a la descentralización política, y ésta, a la limitación del poder, lo que es consustancial con la democracia. Por ello, Eduardo García de Enterría afirmó con razón que el régimen local "da curso al derecho ciudadano a participar en todos, completamente en todos los asuntos públicos que afectan a la propia comunidad;"[262]; de manera que como también dijo Sebastián Martín Retortillo, hace más de treinta años cuando España aún no había entrado en el proceso de transición hacia la democracia, la participación efectiva del ciudadano común, siempre presupone la descentralización.[263]

De manera que sin temor a equivocarnos podemos afirmar que no puede haber participación política sin descentralización política territorial, es decir, sin que exista una multiplicidad de poderes locales y regionales; sin ellos, en definitiva, no puede haber una democracia participativa. Lo que habría es centralismo, que es la base de la exclusión política al concentrar el poder en unos pocos electos, y a la vez, el motivo del desprestigio de la democracia representativa por más aditivos de democracia directa o refrendaria se le implante.

No hay otra forma de perfeccionar la democracia y hacerla más participativa y más representativa, que no sea acercando el Poder al ciudadano, lo que sólo puede llevarse a cabo descentralizando política y territorialmente el Poder del Estado y llevarlo hasta la más pequeña de las comunidades; es decir, distribuyendo el Poder en el territorio nacional.[264] Por tanto, sólo municipalizando los territorios de nuestros países, rescatamos, más de doscientos años después, lo que fue la decisión terminante de la Asamblea Nacional Constituyente francesa en aquél diciembre de 1789, y que hoy se traduciría en la frase

---

262  Citado en Sebastián Martín Retortillo, en "Introducción" al libro Sebastián Martín Retortillo et al, *Descentralización administrativa y organización política*, Tomo I, Ediciones Alfaguara, Madrid, 1973, p. LVIII.

263  *Idem*, p. LIX.

264  Véase en *XXV Congreso Iberoamericano de Municipios, Guadalajara, Jalisco, México del 23 al 26 de octubre de 2001*, Fundación Española de Municipios y Provincias, Madrid 2003, pp. 453 y ss.

de que toda comunidad rural, todo caserío, todo pueblo, todo barrio urbano, debería tener su autoridad local como comunidad política. Como se enunció, por ejemplo en la Constitución de la Provincia del Chaco, de Argentina: "Todo centro de población constituye un municipio autónomo…[265]

Pero por supuesto, para ello, es decir, para una reforma política de esta naturaleza, tenemos que pensar en otro municipio, para no desparramar territorialmente la estructura burocrática local, mal y uniformemente concebida que tenemos en muchos de nuestros países y que lo que podría provocar es peor democracia; lo que también se podría originar con los intentos que a veces se han realizado en algunos de nuestros países, donde al contrario de multiplicar los gobiernos locales, se ha propuesto una política de reducción de municipios, calificada con acierto por el mismo Jaime Castro como un verdadero "genocidio municipal" al comentar el intento que se hizo en Colombia, en 2001, con el Proyecto de Ley 041/01, que proponía la desaparición de materialmente la mitrad de los 1.067 entonces existentes municipios colombianos, aquellos que tenían menos de 14.000 habitantes. Castro advertía además, que en Colombia "los municipios son el Estado –la única presencia del Estado– en extensas y abandonadas regiones del país", por lo que lo que habría que hacer, al contrario, era "fortalecer y transformar el pequeño municipio [para] convertirlo en herramienta eficaz de una política de poblamiento territorial y de ocupación continua del espacio físico.[266]

De allí la enorme revalorización que requiere en nuestros países el tema del pequeño municipio como parte del proceso de descentralización político-territorial, para asegurar no sólo la presencia del Estado en el territorio, sino para hacer posible la participación democrática, partiendo de la necesaria diversidad que deben tener las entidades locales; es decir, todo lo contrario al uniformismo organizacional.

En fin, lo que debemos concientizar es que no hay que temerle a la descentralización política, pues se trata de un fenómeno propio de las democracias, que por supuesto es temido por los autoritarismos. Lo cierto es que no hay ni ha habido autocracias descentralizados, siendo los autoritarismos los que rechazan tanto la descentralización política como la participación democrática, incluyendo los autoritarismos que tradicionalmente nos han go-

---

265  Artículo 182. Citado por Augusto Hernández Barrera, "Objetivos inéditos de la categorización municipal" en Luis Villar Borda et al, *Problemática de los Pequeños Municipios en Colombia ¿Supresión o reforma?*, Universidad Externado de Colombia, Bogotá 2003, p. 108. Véase además, Augusto Hernández Becerra, *Ordenamiento y desarreglo territorial en Colombia*, Instituto de Estudios Constitucionales Carlos Restrepo Piedrahita, Bogotá 2001.

266  Véase Jaime Castro, *La cuestión territorial*, Editorial Oveja Negra, Bogotá 2003, pp. 136-137. No puede dejar de pensarse en los mismos términos de "genocidio municipal," cuando se lee una noticia de enero de 2010 sobre que para conmemorar los 200 años de la Independencia, el Gobierno colombiano proyecta la abolición de los resguardos indígenas de origen colonial, retirando a los municipios respectivos los pagos compensatorios del impuesto predial. Véase en http://surcolombiano.com/index.php?option=com_content&task=view&id=148&Itemid=121&showall=1.

bernado bajo el ropaje del "centralismo democrático," de cualquier cuño que sea, incluso de orden partidista.

No nos dejemos engañar con los cantos de sirenas autoritarios que no se cansan de hablar de "democracia participativa," pero no para hacerla posible descentralizando el poder en el territorio, sino para acabar con la democracia representativa, imposibilitando a la vez la participación. No nos confundamos los demócratas al intentar dar respuesta a las exigencias políticas crecientes de participación democrática, con el sólo establecimiento de paños calientes de carácter refrendario o de iniciativas o consultas populares, que no la agotan en absoluto. En fin, no le tengamos miedo a lo pequeño, que territorialmente hablando es precisamente la lugarización, el pequeño municipio rural y la subdivisión municipal suburbana.

En definitiva, y para concluir, como dijo Santiago Ramón y Cajal, quien fue Premio Nobel de Medicina en 1906 quien tuvo la posibilidad de escribir un libro que tituló: *El mundo visto a los ochenta años*, -ojala todos pudiéramos llegar a hacerlo-: "No hay cuestiones pequeñas -dijo-; las que lo parecen son cuestiones grandes no comprendidas". Y eso es precisamente lo que ocurre con la multiplicidad de municipios y la cuestión de la democracia participativa que plantea: es más grande de lo que a veces creemos, porque en ello nos va la vida de la propia democracia, representativa y participativa.

## *SECCIÓN CUARTA*: **LA NECESARIA REVALORIZACIÓN DE LA DEMOCRACIA REPRESENTATIVA ANTE LOS PELIGROS DEL DISCURSO AUTORITARIO SOBRE UNA SUPUESTA "DEMOCRACIA PARTICIPATIVA" SIN REPRESENTACIÓN**[*]

1. *La democracia, la representación, los derechos humanos y el control del poder*

En esta segunda década del Siglo XXI, es evidente que la democracia en nuestros países de América Latina, tal como ha sucedido en todos los países con democracias consolidadas, ya no puede sobrevivir como un sistema político que tenga solamente como básico objetivo el asegurar la elección de los gobernantes. La democracia es mucho más que la sola elección de de representantes, y ésta por lo demás, ya garantiza la democracia misma.

Demasiados ejemplos contemporáneos tenemos en el Continente de gobernantes elegidos por voluntad popular, es decir, partiendo de la elección democrática, que han desarrollado gobiernos autoritarios, anti-democráticos,

---

[*] Esta sección cuarta es el texto de la Ponencia redactada para el *II Congreso Iberoamericano de Derecho Electoral de Latinoamérica*. Organizado en Bogotá, 31 agosto-1 septiembre 2011; y que tiene su antecedentes remoto en el estudio redactado para la conferencia sobre "La opción entre democracia y autoritarismo (El perfeccionamiento de la democracia para hacerla más representativa y más participativa)," dictada en la *XV Conferencia de la Asociación de Organismos Electorales de Centro América y El Caribe*, Santo Domingo, República Dominicana, 2 de julio de 2001.

de manera que una vez afianzados en el poder mediante elección, incluso con cierto apoyo popular, no sólo lo han utilizado para desmantelar los propios instrumentos e instituciones democráticas, sino para ahogar las ansias de participación de quienes los llevaron al poder oyendo cantos de sirena autoritarios basados, precisamente, en la crítica a la democracia representativa y en la promesa de una "democracia participativa" que la sustituiría.

La experiencia de Venezuela en la última década, en este aspecto, ha sido demasiado patética, donde desde 1998 ha existido un gobierno electo, además, con una minoría impresionante de votos en relación con el universo de votantes por la enorme abstención electoral causada por el cansancio electorero del régimen tradicional de partidos y que provocó la renuncia colectiva a participar políticamente en la sola elección;[267] y que desde el poder y mediante sucesivas reelecciones se ha dedicado a destruir a la propia democracia representativa y directa, y además, a materialmente hacer desaparecer la posibilidad misma de participación popular. En Venezuela, en una década, lo que ha ocurrido, por tanto es un proceso progresivo de desmantelamiento de las instituciones democráticas, realizado desde el poder y mediante su ejercicio, guiado por "representantes" electos.[268]

Todo ello confirma que la democracia no es sólo elección y contiendas electorales, siendo más bien un sistema de interrelación y alianza global entre los gobernados que eligen, y los gobernantes electos, que tiene que estar dispuesta a garantizar, por una parte, primero, sí, que los representantes sean elegidos por el pueblo, y que puedan gobernar representándolo; segundo, que el ciudadano además, pueda tener efectiva participación política no limitada a la elección, sino que se pueda manifestar también en la votación para la expresión de la opinión del ciudadano en consultas populares mediante referen-

---

267  Sobre la crisis del sistema de partidos en la década de los noventa véase Allan R. Brewer-Carías, "Venezuela: Historia y crisis política" en *Derecho y Sociedad. Revista de Estudiantes de Derecho de la Universidad Monteávila*, N° 3, Caracas, Abril 2002, pp. 217-244; "Reflexiones sobre la crisis del sistema político, sus salidas democráticas y la convocatoria a una Constituyente", en Allan R. Brewer-Carías (Coord.), *Los Candidatos Presidenciales ante la Academia. Ciclo de Exposiciones 10-18 Agosto 1998,* Serie Eventos N° 12, Biblioteca de la Academia de Ciencias Políticas y Sociales, Caracas 1998, pp. 9-66; "La crisis de las instituciones: Responsables y salidas", en *Revista del Centro de Estudios Superiores de las Fuerzas Armadas de Cooperación*, N° 11, Caracas 1985, pp. 57-83.

268  Véase Allan R. Brewer-Carías, *Dismantling Democracy. The Chavez Authoritarian Experiment*, Cambridge University Press, New York, 2010; "La demolición del Estado de derecho y la destrucción de la democracia en Venezuela," en *Revista Trimestral de Direito Público (RTDP)*, N° 54, Instituto Paulista de Direito Administrativo (IDAP), Malheiros Editores, Sao Paulo, 2011, pp.5-34; "La demolición del Estado de derecho y la destrucción de la democracia en Venezuela (1999-2009)," en José Reynoso Núñez y Herminio Sánchez de la Barquera y Arroyo (Coordinadores), *La democracia en su contexto. Estudios en homenaje a Dieter Nohlen en su septuagésimo aniversario,* Instituto de Investigaciones Jurídicas, Universidad Nacional Autónoma de México, México 2009, pp. 477-517; "Constitution Making in Defraudation of the Constitution and Authoritarian Government in Defraudation of Democracy. The Recent Venezuelan Experience," en *Lateinamerika Analysen*, 19, 1/2008, GIGA, German Institute of Global and Area Studies, Institute of latin American Studies, Hamburg 2008, pp. 119-142..

dos, en asambleas de ciudadanos, o en comités de gestión pública; tercero, por sobre todo, la primacía que debe tener el ser humano, y con él, su dignidad y sus derechos; cuarto que el ejercicio del poder estará sometido a control efectivo, de manera que los gobernantes y gestores públicos rindan cuenta de su gestión y pueda hacérselos responsables; y quinto, como condición para todas esas garantías, que la organización del Estado esté realmente estructurada conforme a un sistema de separación de poderes, con la esencial garantía de la independencia y autonomía del poder judicial.[269] La Carta Interamericana de Derechos Humanos de 2001, en este sentido fue absolutamente precisa al enumerar dentro de los *elementos esenciales* de la democracia 2001: el respeto a los derechos humanos y las libertades fundamentales; el acceso al poder y su ejercicio con sujeción al Estado de derecho; la celebración de elecciones periódicas, libres, justas y basadas en el sufragio universal y secreto, como expresión de la soberanía del pueblo; el régimen plural de partidos y organizaciones políticas y la separación e independencia de los poderes públicos (art. 3). Sobre estos elementos, la Corte Interamericana de derechos Humanos, en sentencia reciente dictada en el caso *López Mendoza vs. Venezuela* el de septiembre de 2011, ha decidido lo siguiente:

"26. Los derechos políticos y su ejercicio propician el fortalecimiento de la democracia y el pluralismo político. Como lo ha dicho la Corte Interamericana, *"[l]a democracia representativa es determinante en todo el sistema del que la Convención forma parte"*, y constituye *"un 'principio' reafirmado por los Estados americanos en la Carta de la OEA, instrumento fundamental del Sistema Interamericano."* En el Sistema Interamericano la relación entre derechos humanos, democracia representativa y los derechos políticos en particular, quedó plasmada en la Carta Democrática Interamericana. En este instrumento interamericano se estipuló que entre otros elementos esenciales de la democracia representativa se encuentran el acceso al poder y su ejercicio con sujeción al Estado de derecho así como la celebración de elecciones periódicas, libres, jus-

---

269  Véase Allan R. Brewer-Carías, "Los problemas del control del poder y el autoritarismo en Venezuela", en Peter Häberle y Diego García Belaúnde (Coordinadores), *El control del poder. Homenaje a Diego Valadés,* Instituto de Investigaciones Jurídicas, Universidad Nacional Autónoma de México, Tomo I, México 2011, pp. 159-188; "Sobre los elementos de la democracia como régimen político: representación y control del poder," en *Revista Jurídica Digital IUREced,* Edición 01, Trimestre 1, 2010-2011, en http://www.megaupload.com/?d=ZN9Y2W1R ; "Democracia: sus elementos y componentes esenciales y el control del poder", Grandes temas para un observatorio electoral ciudadano, Tomo I, Democracia: retos y fundamentos, *(Compiladora Nuria González Martín),* Instituto Electoral del Distrito Federal, México 2007, pp. 171-220; "Los problemas de la gobernabilidad democrática en Venezuela: el autoritarismo constitucional y la concentración y centralización del poder" en Diego Valadés (Coord.), *Gobernabilidad y constitucionalismo en América Latina,* Universidad Nacional Autónoma de México, México 2005, pp. 73-96.

tas y basadas en el sufragio universal y secreto como expresión de la soberanía del pueblo."[270]

De lo anterior resulta, en todo caso, que en el derecho constitucional contemporáneo se pueda identificar claramente un derecho a la democracia con todos esos elementos esenciales que los Estados signatarios de dicha Carta están obligados a garantizar.[271] Sin llegar a esta conclusión no ha sido fácil. Los ciudadanos de nuestros países, de cara a nuestras democracias, han tenido que enfrentar y siguen enfrentando tremendas incomprensiones y distorsiones que tanto de buena, como de mala fe, derivan de un persistente discurso político que se solaza en la crítica de las muchas deficiencias que ha mostrado la práctica de la democracia representativa, la cual, efectivamente, en muchos países ha terminado por no representar a los diversos componentes de la población. Esa práctica democrática, por otra parte, en muchos casos no ha logrado servir de instrumento para la efectiva construcción de sociedades donde el ciudadano logre sentirse realmente incluido, y participe efectivamente en el quehacer político que en muchas ocasiones ha quedado secuestrado por los partidos políticos.

Ello ha dado origen, entre otros factores, al clamor que tan seguidamente se oye en nuestros países latinoamericanos por la búsqueda y construcción de una "democracia participativa," la cual, la verdad sea dicha, en lo que ha desembocado en general, es en el establecimiento de mecanismos de democracia directa,[272] confundiéndose e identificándose la "participación" con el solo ejercicio "directo" de la democracia, lo que es un grave error, pues se participa políticamente, tanto eligiendo representantes, como votando en referendos o como participando en asambleas. Esa confusión, a veces vendida deliberadamente, ha hecho que muchos lleguen incluso ilusamente a preferir la democracia "directa" a la democracia representativa; y otros muchos lo que hacen es confundir la movilización popular con la participación.

---

270   Corte Interamericana de Derechos Humanos, (FONDO, REPARACIONES Y COSTAS) 1 septiembre 2011, Voto concurrente Diego García Sayán, párr. 26. Véase en http://www.corteidh.or.cr/docs/casos/articulos/seriec_233_esp1.pdf.

271   Véase Allan R. Brewer-Carías, Sobre el derecho a la democracia, véase Allan R. Brewer-Carías, "Prólogo sobre el derecho a la democracia y el control del poder", al libro de Asdrúbal Aguiar, *El derecho a la democracia. La democracia en el derecho y la jurisprudencia interamericanos. La libertad de expresión, piedra angular de la democracia*, Colección Estudios Jurídicos N° 87, Editorial Jurídica Venezolana, Caracas 2008, pp. 17-37; "Sobre las nuevas tendencias del derecho constitucional: del reconocimiento del derecho a la Constitución y del derecho a la democracia", en *UNIVERSITAS, Revista de Ciencias Jurídicas (Homenaje a Luis Carlos Galán Sarmiento)*, Pontificia Universidad Javeriana, facultad de Ciencias Jurídicas, N° 119, Bogotá 2009, pp. 93-111; "Algo sobre las nuevas tendencias del derecho constitucional: el reconocimiento del derecho a la constitución y del derecho a la democracia," en Sergio J. Cuarezma Terán y Rafael Luciano Pichardo (Directores), *Nuevas tendencias del derecho constitucional y el derecho procesal constitucional*, Instituto de Estudios e Investigación Jurídica (INEJ), Managua 2011, pp. 73-94.

272   Véase en general, Luis Aguiar de Luque, *Democracia directa y Estado Constitucional*, Editorial Revista de Derecho Privado, Edersa, Madrid 1977.

Todo ello ha conducido al establecimiento de un falso enfrentamiento entre la democracia representativa, a la cual se ataca despiadadamente, y la democracia participativa, por la cual se clama, a veces incluso planteando el tema como una falsa dicotomía que no puede existir. La democracia representativa es esencialmente participativa, es decir, es una de las formas de participación política por excelencia, de manera que es inconcebible sin considerarla como un medio de participación. Por tanto, no hay oposición entre representación y participación, y lo que debe plantearse es que la forma cómo se asegura la elección y la presencia del ciudadano en la misma sea más participativa, es decir, que el votante se pueda sentir más incluido y más integrado. Por ello, no tiene sentido plantear que la democracia participativa pudiera llegar a sustituir a la democracia representativa.

Como se dijo, es una falsa dicotomía en la cual ciertamente y sin quererlo, muchos demócratas han caído inadvertidamente buscando de buena fe el perfeccionamiento de la democracia representativa, y hacerla más participativa, para lo cual han recurrido a introducir mecanismos de democracia directa; y también, falsa dicotomía que han esgrimido, queriéndolo y de mala fe, muchos falsos demócratas que ocultando la faz y las fauces del autoritarismo, han pretendido sustituir la democracia representativa por una supuesta "democracia participativa" que no es otra cosa que un sistema de control de la sociedad entera por el poder político de una oligarquía gubernamental que nadie ha electo, en fraude a la propia democracia, y vendiendo una "participación" que no es otra cosa que una movilización de los ciudadanos controlada por el poder de un partido o del gobierno autoritario.

Sobre estos temas es que quiero insistir en esta Ponencia para el *II Congreso Iberoamericano de Derecho Electoral*, organizado por el Consejo de Estado de Colombia e IDEA (Bogotá, 31 agosto-1 septiembre 2011), bajo la acertada conducción del Consejero Augusto Hernández, a quien debe agradecer muy especialmente su invitación; para lo cual retomo las ideas fundamentales que expuse en el *Primer Congreso Internacional de Derecho Electoral*,[273] contentiva de algunas reflexiones sobre la democracia representativa y su significado político; sobre las exigencias de la participación ciudadana, en el sentido de que la democracia, sin dejar de ser representativa, debe asegurar la inclusión del ciudadano en el proceso político; y sobre la falsedad de los cantos de sirenas que se oyen con la persistente difusión de la llamada "democracia participativa" para acabar con la representación. Y por supuesto, sin desconocer que en muchos casos, al plantear las reformas, no se ha logrado realmente identificar lo que es necesario implementar para hacer de la demo-

273  Véase Allan R. Brewer-Carías, "La democracia representativa y la falacia de la llamada "democracia participativa," ponencia al *Congreso Iberoamericano de Derecho Electoral*, Universidad de Nuevo León, Monterrey, 27 de noviembre 2010. Véase en http://www.allanbrewercarias.com/Content/449725d9-f1cb-474b-8ab2-41efb849fea2/Content/I,%201,%201019.%20La%20democracia%20representativa%20%20y%20las%20falacias%20de%20la%20llamada%20democracia%20paticipativa.%20Mexico%202010.do.pdf

cracia representativa el instrumento de inclusión política que pueda asegurar la participación ciudadana. Y más aún, en medio de la confusión que genera la venta de la idea de que la participación pueda llegar a sustituir la representativa, pero contradictoriamente eliminando el único instrumento político que puede permitir la participación ciudadana que es la descentralización política, es decir, los gobiernos locales que es donde se puede asegurar la inclusión política. Este ha sido, precisamente, el lamentable destino de la Venezuela contemporánea, con la sanción de las Leyes sobre el Poder Popular y el Estado Comunal.[274] Lo cierto, al contrario es que no hay ni puede haber participación sin descentralización, y descentralización política es establecer gobiernos electos, es decir, sobre la base de representación

En la experiencia venezolana de esta última década, sin embargo, lo que se ha presenciado es un discurso autoritario que al vender la llamada "democracia participativa," lo que ha venido buscando es excluir la representación a nivel local y, con ello, todo vestigio de descentralización política, pretendiendo que el sistema político funcione montado sobre instituciones de "democracia directa" como asambleas de ciudadanos y los consejos comunales a la usanza de los soviets de hace casi cien años. Ello, en realidad, es imposible que pueda permitir y asegurar una efectiva participación política del ciudadano en la conducción de los asuntos públicos, como sólo la descentralización y la municipalización podrían lograr. Para ello, incluso, entidades locales otrora descentralizadas como las Juntas parroquiales, se les quita su antiguo carácter representativo, transformándolas en entes consultivos conducidos por "juntas" nombradas por los Consejos Comunales, que a su vez no se gobiernan por representantes electos mediante sufragio universal, directo y secreto. Esos consejos comunales y juntas parroquiales comunales, en realidad, es imposible que puedan permitir y asegurar una efectiva participación política del ciudadano en la conducción de los asuntos públicos, como sólo la descentralización y la municipalización podrían lograr. En realidad, en ese discurso autoritario de la democracia participativa, lo único que la misma ofrece es la posibilidad de movilización popular pero conducida, manejada y controlada desde el centro del poder, mediante un partido único, por lo que de democracia sólo tiene el nombre, el cual es hábilmente utilizado por quienes se aprovechan de los fracasos políticos de la democracia sólo representativa reducida a asegurar la elección de gobernantes que existió en otras épocas.

---

274   Sin embargo, en el reglamento de la Ley Orgánica del Consejo Federal de Gobierno se llega a definir la descentralización vaciándola de contenido político, indicando en forma distorsionada que es una "Política estratégica para la restitución plena del poder al Pueblo Soberano, mediante la transferencia paulatina de competencias y servicios desde las instituciones nacionales, regionales y locales hacia las comunidades organizadas y otras organizaciones de base del Poder Popular, dirigidas a fomentar la participación popular, alcanzar la democracia auténtica restituyendo las capacidades de gobierno al pueblo, instalando prácticas eficientes y eficaces en la distribución de los recursos financieros e impulsar el desarrollo complementario y equilibrado de las regiones del país" (art. 3). Véase en *Gaceta Oficial* Nº 39.382 del 9 de marzo de 2010.

Esta "democracia participativa" que se vende desde las trincheras de un gobierno militarista y autoritario, en realidad, no es más que un engañoso slogan propagandístico, que oculta un feroz modelo de gobierno autoritario que creíamos superado en nuestro Continente, y que comienza ahora a aparecer envuelto en ropa militar de camuflaje, con pintas populares y de legalidad, con algún apoyo de masas empobrecidas que reciben dádivas, pero sin que se genere riqueza ni empleo. Así, por ejemplo, hemos visto florecer un neo populismo rico o petrolero que está rampante en Venezuela, que reparte para lograr apoyos populares, pero sin lograr disminuir la pobreza.

2.  *La democracia, control del poder, la descentralización política y la participación*

Ahora bien, concebida la democracia conforme a los elementos esenciales definidos en la Carta Democrática Interamericana de 2001, antes mencionados, la misma carta los complementa con la exigencia de unos componentes esenciales de la misma, todos vinculados al control del poder, que son la transparencia de las actividades gubernamentales, la probidad y la responsabilidad de los gobiernos en la gestión pública; el respeto de los derechos sociales y de la libertad de expresión y de prensa; la subordinación constitucional de todas las instituciones del Estado, incluyendo el componente militar, a la autoridad civil legalmente constituida, y el respeto al Estado de derecho por todas las entidades y sectores de la sociedad (Art. 4).

Por ello, la importancia que tiene respecto de la democracia el mencionado principio de la separación de poderes, del cual, en definitiva, dependen todos los otros elementos de la democracia. En efecto, sólo controlando al Poder es que puede haber elecciones libres y justas, así como efectiva representatividad; sólo controlando al poder es que puede haber pluralismo político; sólo controlando al Poder es que podría haber efectiva participación democrática en la gestión de los asuntos públicos; sólo controlando al Poder es que puede haber transparencia administrativa en el ejercicio del gobierno, así como rendición de cuentas por parte de los gobernantes; sólo controlando el Poder es que se puede asegurar un gobierno sometido a la Constitución y las leyes, es decir, un Estado de derecho y la garantía del principio de legalidad; sólo controlando el Poder es que puede haber un efectivo acceso a la justicia de manera que ésta pueda funcionar con efectiva autonomía e independencia; y en fin, sólo controlando al Poder es que puede haber real y efectiva garantía de respeto a los derechos humanos. De lo anterior resulta, por tanto, que sólo cuando existe un sistema de control efectivo del poder es que puede haber democracia, y sólo en esta es que los ciudadanos pueden encontrar asegurados sus derechos debidamente equilibrados con los poderes Públicos.

Por ello es que al inicio calificábamos a la democracia como una alianza destinada a asegurar el control del poder, lo que implica entre otros, tres derechos políticos claves que los ciudadanos tienen, y que son, además del derecho a la separación de poderes, el derecho a la distribución vertical o territorial del poder para asegurar la participación política; y el derecho al control judicial del ejercicio poder, para asegurar la vigencia de los derechos humanos y el sometimiento del Estado al derecho. Al contrario, demasiada concentración y centralización del poder, como ocurre en cualquier régimen autoritario por más velo democrático que lo cubra por su eventual origen electoral, inevitablemente conduce a la tiranía; y el mundo contemporáneo ha tenido demasiadas experiencias que ya han mostrado toda suerte de tiranos que precisamente usaron el voto popular para acceder al poder, y que luego, mediante su ejercicio incontrolado, desarrollaron gobiernos autoritarios, contrarios al pueblo, el cual fue movilizado al antojo de los gobernantes quienes acabaron con la propia democracia y con todos sus elementos, comenzando por el respeto a los derechos humanos.

Por ello, los gobiernos autoritarios no soportan la existencia de un sistema de descentralización política o de distribución vertical del poder público hacia entidades territoriales regionales y locales dotadas de autonomía política que estén efectivamente más cerca del ciudadano, que es lo único que puede garantizar la efectiva posibilidad de la participación política democrática en la toma de decisiones y en la gestión de los asuntos públicos. Es decir, y es bueno destacarlo siempre, porque se olvida cuando se habla de "democracia participativa," ésta simplemente es sólo posible cuando el poder está cerca del ciudadano, lo que sólo se logra multiplicando autoridades locales dotadas de autonomía política.[275] Por ello es que dijimos anteriormente, que participación no es posible sin descentralización, y descentralización no existe sin representación. Por ello, en este contexto, la participación política no es simple movilización popular ni se logra estableciendo mecanismos asamblearios de democracia directa. La participación política es la cotidianeidad de la vida ciudadana, que en democracia sólo se asegura a nivel local, en unidades territoriales políticas y autónomas descentralizadas donde se practique el efectivamente el autogobierno mediante representantes electos en forma directa, universal y secreta, y no mediante 'voceros" designados sin sufragio universal directo y secreto.

---

275  Véase, Allan R. Brewer-Carías, "El Municipio, la descentralización política y la democracia" en *XXV Congreso Iberoamericano de Municipios, Guadalajara, Jalisco, México, 23 al 26 de octubre del 2001*, México 2003, pp. 53-61; *Reflexiones sobre el constitucionalismo en América*, Editorial Jurídica Venezolana, Caracas 2001, pp. 105-125 y 127-141; "Democracia participativa, descentralización política y régimen municipal", en Miguel Alejandro López Olvera y Luis Gerardo Rodríguez Lozano (Coordinadores), *Tendencias actuales del derecho público en Iberoamérica*, Editorial Porrúa, México 2006, pp. 1-23; "Democracia participativa, descentralización política y régimen municipal", en *Urbana*, Revista editada por el Instituto de Urbanismo, Facultad de Arquitectura y Urbanismo, Universidad Central de Venezuela y por el Instituto de Investigaciones de la Facultad de Arquitectura y Diseño, Universidad del Zulia, No 36, 2005, pp.33-48; "Democracia participativa, descentralización política y régimen municipal", en *La responsabilidad del Estado frente a terceros. Ponencias Continentales del II Congreso Iberoamericano de Derecho Administrativo y Público*, Asociación Iberoamericana de Profesionales en Derecho Público y Administrativo "Jesús González Pérez" Capítulo Ecuador, Ecuador 2005, pp. 273-294.

Por ello es que nunca ha habido autoritarismos descentralizados, y menos aún autoritarismos que hayan podido permitir el ejercicio efectivo del derecho a la participación política. Al contrario, en nombre de ésta lo que han impuesto es la exclusión política al concentrar el poder en unos pocos, independientemente de que hayan sido electos. Por ello, insisto, es que los autoritarismos temen y rechazan tanto la descentralización política como la participación democrática, y en su lugar, lo que usualmente hacen es concebir parapetos políticos de control del poder a través de asambleas de ciudadanos controladas por el poder central o por un partido de gobierno, como los Consejos Comunales que se están creando en Venezuela,[276] configurados como instituciones de manejo centralizado, dispuestas para hacerle creer al ciudadano que participa, cuando lo que se hace es, si acaso, movilizarlo en forma totalmente controlada.

De todo lo anterior resulta, por tanto, que para pueda existir democracia como régimen político, no son suficientes las declaraciones contenidas en los textos constitucionales que hablen de derecho al sufragio y de participación ciudadana; ni siquiera de separación de poderes. Tampoco bastan las declaraciones constitucionales sobre "democracia participativa" o incluso sobre descentralización del Estado; ni las solas enumeraciones de los derechos humanos.

Además de todas esas declaraciones, lo que es necesario en la práctica política democrática, es que se pueda asegurar efectivamente la posibilidad de controlar el poder. Solo así es que se puede hablar de democracia, la cual, por lo demás, además de implicar siempre la representación, es un sistema para la participación. Lo único es que esta última no puede quedar reducida a participar en elecciones o votaciones; pero tampoco puede quedar reducida a ser sólo asamblearia, refrendaria o de cabildos abiertos permanentes. La exigencia de la participación en la democracia es, en realidad, hacer de la democracia un régimen de inclusión política, es decir, "participativa," donde el ciudadano sea efectivamente parte de su comunidad política, y pueda contribuir a toma de las decisiones que le conciernen; de manera que la participación no quede reducida a votar en elecciones o en consultas populares. Por ello, la participación política para el ciudadano no es otra cosa que "ser parte de" o "estar incluido en" una comunidad política, en la cual el individuo tenga un rol específico de carácter activo conforme al cual contribuye a la toma de decisiones. Ello se materializa, por ejemplo, sin duda, en el ejercicio del derecho al sufragio o en votar en referendos o consultas populares, que son formas mínimas de participación; o en ser miembro de sociedades intermedias.

---

276  Ley de los Consejos Comunales en *Gaceta Oficial* Nº 5.806 Extraordinaria de 10 de abril de 2006; reformada en 2009, *Gaceta Oficial* Nº 39.335 de 28 de diciembre de 2009. Véase Allan R. Brewer-Carías, "El inicio de la desmunicipalización en Venezuela: La organización del Poder Popular para eliminar la descentralización, la democracia representativa y la participación a nivel local", en *AIDA, Opera Prima de Derecho Administrativo. Revista de la Asociación Internacional de Derecho Administrativo*, 49-67 (Universidad Nacional Autónoma de México, Facultad de Estudios Superiores de Acatlán, Coordinación de Postgrado, Instituto Internacional de Derecho Administrativo "Agustín Gordillo", Asociación Internacional de Derecho Administrativo, México, 2007; y *Ley de los Consejos Comunales*, Editorial Jurídica venezolana, Caracas 2009.

Pero la participación no se agota allí, pues para estar incluido es necesario que el ciudadano pueda ser parte efectiva de su comunidad política; permitiéndosele desarrollar, incluso, la conciencia de su efectiva pertenencia a un determinado orden social y político, por ejemplo, a una comunidad; a un lugar; a una tierra; a un campo; a una comarca; a un pueblo; a una región; a una ciudad; en fin, a un Estado.[277]

Y ello sólo se logra mediante la distribución del poder en los niveles regionales y locales de gobierno producto de sufragio, es decir, de gobiernos representativos donde es que puede materializarse la participación política como democracia de inclusión, en los cuales el ciudadano pueda tomar parte personalmente en el proceso decisorio de los asuntos locales, que le interesan, interviniendo en actividades estatales y en función del interés general.[278] Como se dijo, ello sólo puede tener lugar efectivamente en los estamentos territoriales más reducidos, en el nivel local, comunal o municipal. Es decir, sólo en los niveles político territoriales inferiores de la organización del Estado es que se puede montar una organización participativa que permita la incorporación del ciudadano individual, o en grupos o en comunidades, en la vida pública, y particularmente, en la toma de decisiones públicas generales o de orden administrativo.

Como Jaime Castro, lo destacó hace años, "La democracia moderna no se concibe sin audaces formas de participación ciudadana y comunitaria en el ejercicio del poder a nivel local y regional. Sin la garantía de que todas y todos pueden y deben participar en la preparación de las decisiones que se piensen tomar sobre temas de interés general, en su adopción y ejecución, esto último mediante el control que realicen sobre la gestión de las autoridades y los particulares que ejerzan funciones públicas. Sólo esas formas democráticas de participación le cambian la cara a las instituciones y permiten hablar de un nuevo régimen político."[279]

Pero por supuesto, para la concepción de ese "nuevo régimen político" que en realidad es tan antiguo como la democracia misma, el tema central que tiene que resolverse es determinar el nivel territorial que se requiere para que

---

277  Véase en general, Norberto Bobbio, *El futuro de la democracia,* Fondo de Cultura Económica, México 1992, p. 42.

278  Véase por ejemplo, en relación con la administración de justicia, Alberto González, "Participación en la Administración de Justicia" en Jorge Londoño U. (Compilador), *Constitucionalismo, participación y democracia*, Librería Jurídica Ethos, Uniboyacá, Bogotá-Tunja, 1997, pp. 76-77.

279  Véase Jaime Castro, *La cuestión territorial*, Editorial Oveja Negra, Bogotá 2003, pp. 201-202. Por ello, cabría preguntarse ¿Por qué será entonces, que en un excelente libro sobre *Las democracias. Entre el Derecho Constitucional y la Política,* de los profesores Olivier Duhamel y Manuel José Cepeda Espinosa en sus más de 400 páginas donde los autores analizan los regímenes democráticos contemporáneos de Europa y América Latina, en la única página en la cual se habla y se usa la expresión de "democracia de participación" es en relación con el sistema suizo? Véase Olivier Duhamel y Manuel José Cepeda Espinosa, *Las Democracias. Entre el Derecho Constitucional y la Política,* TM Editores. Universidad de los Andes. Facultad de Derecho, Bogotá, 1997, p. 56. Acaso el régimen constitucional de Suiza, entre otros factores por la superficie incluso del país, no es el paradigma del federalismo y del régimen local o cantonal?

pueda haber participación como cotidianeidad democrática, y la opción en esta materia, tal como ocurre por ejemplo en Francia, en Norteamérica, y todos los países europeos con democracias arraigadas, es que el municipio o el ente local esté desparramado en todos los rincones del Estado, en cada villa, pueblo y caserío, situado bien cerca del ciudadano. En esos países, donde impera la fragmentación municipal, no se plantea con tanta urgencia la necesidad de la participación ciudadana; y, en cambio en todos nuestros países latinoamericanos, donde al contrario, hay muy pocos municipios para sus enormes territorios y su población, es donde más se grita contra nuestras insuficiencias democráticas clamándose a la vez por una democracia participativa. Por ello, la opción para la participación definitivamente no está situada en el gran municipio urbano o rural, tan común en América Latina, ubicado bien lejos del ciudadano, y que lo que origina es frustración participativa.[280] La realidad ha sido que en los 200 años que han transcurrido desde la Independencia, el panorama territorial de la distribución vertical del poder en los países latinoamericanos ha variado muy poco, careciendo nuestros países del nivel político territorial necesario para que la democracia pueda efectivamente ser participativa, que es el gobierno local. Y nos empeñamos en buscar en otras partes soluciones, que la verdad, no encontraremos.

Y aquí volvemos a lo que afirmaba al inicio, sobre que la democracia participativa está indisolublemente ligada, no a la democracia directa, sino a la descentralización política y la municipalización, de manera que la misma no se puede materializar con solo propuestas de incorporación al régimen democrático, de instrumentos como los referendos o las consultas o las iniciativas populares, y mucho menos eliminando la representación.

En realidad, la participación política como cotidianeidad democrática o como parte de la democracia como forma de vida, sólo puede darse a nivel local. No hay otra instancia para ello en los Estados; lo demás es falacia y engaño, o mecanismos de democracia directa que son otra cosa. Por ello es que el tema, precisamente, no tiene tanta notoriedad en los países europeos, donde la participación es de todos los días, en las pequeñas cosas que pueden tratarse en esos pequeños municipios urbanos y rurales.

Por ello, sin temor a equivocarnos podemos afirmar que no puede haber participación política sin descentralización política territorial, es decir, sin que exista una multiplicidad de poderes locales y regionales; sin ellos, en definitiva, no puede haber una democracia participativa. Lo que habría es cen-

---

280   Véase por ejemplo, Torsten Sagawe, "La situación de los pequeños municipios en Europa: con especial referencia a la República Federal de Alemania", en Luis Villar Borla et al, *Problemática de los pequeños Municipios en Colombia ¿Supresión o reforma?*, Universidad Externado de Colombia, Bogotá 2003, p. 40; *Informe sobre el Gobierno Local*, Ministerio para las Administraciones Públicas. Fundación Carles Pi i Sunyer d'Étudis Autonòmics y Locals, Madrid 1992, p. 27; Luciano Vandelli, *El Poder Local. Su origen en la Francia revolucionaria y su futuro en la Europa de las regiones*, Ministerio para las Administraciones Públicas, Madrid 1992, p. 28; Allan R. Brewer-Carías, *Reflexiones sobre el constitucionalismo en América*, Editorial Jurídica Venezolana, Caracas 2001, pp. 139 y ss.

tralismo, que es la base de la exclusión política al concentrar el poder en unos pocos electos, y a la vez, el motivo del desprestigio de la democracia representativa por más aditivos de democracia directa o refrendaria se le implante.

No hay otra forma de perfeccionar la democracia y hacerla más participativa y más representativa, que no sea acercando el Poder al ciudadano, lo que sólo puede llevarse a cabo descentralizando política y territorialmente el Poder del Estado y llevarlo hasta la más pequeña de las comunidades; es decir, distribuyendo el Poder en el territorio nacional.[281] Por tanto, sólo municipalizando los territorios de nuestros países, rescatemos, más de doscientos años después, lo que fue la decisión terminante de la Asamblea Nacional Constituyente francesa en aquél diciembre de 1789, y que hoy se traduciría en la frase de que toda comunidad rural, todo caserío, todo pueblo, todo barrio urbano, debería tener su autoridad local como comunidad política. Como se enunció, por ejemplo en la Constitución de la Provincia del Chaco, de Argentina: "Todo centro de población constituye un municipio autónomo…"[282]

De allí la enorme revalorización que requiere en nuestros países el tema del pequeño municipio como parte del proceso de descentralización político-territorial, para asegurar no sólo la presencia del Estado en el territorio, sino para hacer posible la participación democrática, partiendo de la necesaria diversidad que deben tener las entidades locales; es decir, todo lo contrario al uniformismo organizacional.

En fin, lo que debemos concientizar es que no hay que temerle a la descentralización política, pues se trata de un fenómeno propio de las democracias, que por supuesto es temido por los autoritarismos. Por ello es que hemos dicho que no hay ni ha habido autocracias descentralizados, siendo los autoritarismos los que rechazan tanto la descentralización política como la participación democrática, incluyendo los autoritarismos que tradicionalmente nos han gobernado bajo el ropaje del "centralismo democrático," de cualquier cuño que sea, incluso de orden partidista.

No nos dejemos engañar con los cantos de sirenas autoritarios que no se cansan de hablar de "democracia participativa," pero no para hacerla posible descentralizando el poder en el territorio, sino para acabar con la democracia representativa, imposibilitando a la vez la participación. No nos confundamos los demócratas al intentar dar respuesta a las exigencias políticas crecientes de participación democrática, con el sólo establecimiento de paños calientes de carácter refrendario o de iniciativas o consultas populares, que no la ago-

---

281  Véase en *XXV Congreso Iberoamericano de Municipios, Guadalajara, Jalisco, México del 23 al 26 de octubre de 2001*, Fundación Española de Municipios y Provincias, Madrid 2003, pp. 453 y ss.

282  Artículo 182. Citado por Augusto Hernández Barrera, "Objetivos inéditos de la categorización municipal" en Luis Villar Borda et al, *Problemática de los Pequeños Municipios en Colombia ¿Supresión o reforma?*, Universidad Externado de Colombia, Bogotá 2003, p. 108. Véase además, Augusto Hernández Becerra, *Ordenamiento y desarreglo territorial en Colombia*, Instituto de Estudios Constitucionales Carlos Restrepo Piedrahita, Bogotá 2001.

tan en absoluto. En fin, no le tengamos miedo a lo pequeño, que territorialmente hablando es precisamente la lugarización, el pequeño municipio rural y la subdivisión municipal suburbana.

3.  *El comienzo del gran engaño: la creación de los Consejos Comunales en 2006, sin representación, como supuestos instrumentos de la "democracia participativa" violando la Constitución*

Ahora bien, ante las deficiencias de la democracia puramente representativa, con la cual la participación se había reducido a la votación para la elección de representantes, y a la inscripción en partidos políticos que había asumido el monopolio de la representatividad y de la propia participación política, comenzó a surgir el discurso a favor de la democracia participativa que desde el gobierno autoritario que se instaló en Venezuela desde 1998, lo que ha hecho es acabar con la democracia en su globalidad, y en engañar a los amantes de su perfeccionamiento, mediante un sistema denominado de "democracia participativa" mediante un esquema de Estado Comunal, que no es otra cosa que un sistema institucional para el centralismo, para hacerle creer a la población que participa en la toma de decisiones públicas, cuando en realidad lo que se hace es manipularla desde el poder central.

Así, en 2006 se comenzó en Venezuela a institucionalizar un Estado Socialista, mediante Ley de los Consejos Comunales,[283] conforme a la cual el gobierno autoritario comenzó a regular y confinar la participación ciudadana con un doble propósito: por una parte, para eliminar la democracia representativa; y por la otra, como antes se dijo, para desmunicipalizar su ámbito de ejercicio. En efecto, en la Constitución, el Municipio es la unidad política primaria dentro de la organización pública nacional (art. 168) que, como parte del sistema constitucional de distribución vertical del Poder Público (art. 136), en el nivel territorial inferior es la entidad política llamada a hacer efectiva la participación ciudadana. Por ello, el artículo 2° de la Ley Orgánica del Poder Público Municipal de 2005[284] conforme a lo dispuesto en el artículo 168 de la Constitución disponía que las actuaciones del municipio debían incorporar "la participación ciudadana de manera efectiva, suficiente y oportuna, en la definición y ejecución de la gestión pública y en el control y evaluación de sus resultados."

Para ello, en todo caso, lo que resultaba necesario era acercar el poder municipal al ciudadano, municipalizándose el territorio, lo que la propia Ley Orgánica impidió. Pero en lugar de reformar dicha Ley Orgánica y establecer entidades municipales o del municipio más cerca de las comunidades, lo que se buscó establecer con la Ley de los Consejos Comunales de 2006 fue un

---

283   Véase *Gaceta Oficial* N° 5806 Extra. de 10 de abril de 2006.

284   Véase la Ley de Reforma Parcial de la Ley Orgánica del Poder Público Municipal, *Gaceta Oficial* N° 38.327 de 02-12-2005. Véanse los comentarios a esta Ley en el libro: *Ley Orgánica del Poder Público Municipal*, Editorial Jurídica Venezolana, Caracas 2007. La Ley fue reformada en 2010, *Gaceta Oficial* N° 6.015 Extra. de 28 de diciembre de 2010.

sistema institucional centralizado en paralelo e ignorando la propia existencia del régimen municipal, concibiéndose a la "comunidad" fuera del mismo Municipio, organizada en Consejos Comunales, "en el marco constitucional de la democracia participativa y protagónica", como "instancias de participación, articulación e integración entre las diversas organizaciones comunitarias, grupos sociales y los ciudadanos." Fue en estos Consejos Comunales, conforme a la Ley de 2006, establecidos sin relación alguna con los Municipios, en los que se ubicaron las Asambleas de Ciudadanos como la instancia primaria para el ejercicio del poder, la participación y el protagonismo popular, cuyas decisiones se concibieron como de carácter vinculante para el consejo comunal respectivo (art. 4,5).

Con esta Ley de los Consejos Comunales de 2006, además, supuestamente abogando por una "participación popular," pero en un esquema completamente antidemocrático, se sustituyó la "representación" que origina el sufragio en entidades políticas como los Municipales, por la organización de entidades denominadas del "Poder Popular" que no tienen origen representativo electoral, en las cuales se pretendió ubicar la participación ciudadana, pero sometida al control del vértice del poder central, sin que los titulares rindan cuentas al pueblo, completamente paralelo y desvinculado totalmente de la descentralización política o la distribución vertical del poder público que establece la Constitución, es decir, desvinculado de los Estados, Municipios y Parroquias. Por ello, los Consejos Comunales se integraron conforme a un esquema estatal centralizado, que tenía en su cúspide una Comisión Nacional Presidencial del Poder Popular designada y presidida por el Presidente de la República, la cual, a su vez, designaba en cada Estado a las Comisiones Regionales Presidenciales del Poder Popular, previa aprobación del Presidente de la República (art. 31); y designaba además, en cada municipio, las Comisiones Locales Presidencial del Poder Popular, también previa aprobación del Presidente de la República (art. 32); sin participación alguna de los Gobernadores de Estado ni de los Alcaldes municipales. En la práctica, en todo caso, lo que se evidenció fue que no se logró desarrollar los concejos comunales conforme al discurso gubernamental y a las previsiones teóricas de la Ley, al punto de que como lo observó María Pilar García-Guadilla, "Mientras que los objetivos y el discurso presidencial hablan de empoderamiento, transformación y democratización, las praxis observadas apuntan hacia el clientelismo, la cooptación, la centralización y la exclusión por razones de polarización política."[285]

La Ley de 2006, además, en paralelo al Municipio como la unidad primaria para la participación, concibió a la Asamblea de Ciudadanos como la instancia primaria para el ejercicio del poder, la participación y el protagonismo popular, cuyas decisiones dispuso que eran de carácter vinculante para el con-

---

285 Véase en María Pilar García-Guadilla "La praxis de los consejos comunales en Venezuela: ¿Poder popular o instancia clientelar?," en *Revista Venezolana de Economía y Ciencias Sociales*, abr. 2008, Vol. 14, N° 1, p. 125-151. Véase en http://www.scielo.org.ve/scielo.php?pid=S1315-64112008000100009&script =sci_arttext

sejo comunal respectivo.(art. 4,5). Esta Asamblea de Ciudadanos se la reguló como "la máxima instancia de decisión del Consejo Comunal", integrada por los habitantes de la comunidad, mayores de 15 años. El legislador, quizás, lo que quiso fue regular las antiguas Asambleas de vecinos, pero las denominó erróneamente como Asambleas de ciudadanos, violando la Constitución. La Asamblea de Ciudadanos conforme al artículo 6 de la Ley de 2006, tenía entre sus atribuciones, "elegir" a los integrantes de los diversos voceros e integrantes de los órganos comunitarios ("voceros"), y revocarles el mandato, eliminando de esta instancia toda idea de representación y de sufragio universal, directo y secreto. Los consejos comunales debían ser registrados ante la Comisión Presidencial del Poder Popular, con lo que se les revestía de personalidad jurídica;[286] inscripción que, por tanto, dejaba en manos del Poder Ejecutivo aceptar o no la existencia misma de dichos Consejos, controlándolos políticamente.[287]

Estas reformas que se comenzaron a implementar legalmente en 2006, fueron parte del proyecto de reforma constitucional que en 2007 el Presidente de la República presentó ante la Asamblea Nacional y con la cual se buscaba establecer un Estado Socialista, Centralizado, Policial y Militarista[288] montado sobre el denominado Poder Popular, en el cual jugaban importante papel,

---

286   Para 2007 se daba una cifra de entre 18.000 y 20.000 Consejos Comunales. Véase María Pilar García-Guadilla, "La praxis de los consejos comunales en Venezuela: ¿Poder popular o instancia clientelar?," en *Revista Venezolana de Economía y Ciencias Sociales*, abr. 2008, Vol. 14, N° 1, p. 125-151. Véase en http://www.scielo.org.ve/scielo.php?pid=S1315-64112008000100009&script-=sci_arttext. Véase en general sobre el proceso de creación de consejos comunales de acuerdo con la Ley de 2006, en Steve Ellner, "Un modelo atractivo con fallas: los Consejos Comunales de Venezuela", en http://www.rebelion.org/-noticia.php?id=87637; y Miguel González Marregot, "La ley de los consejos comunales: un año después (y II)", Sábado, 21 de abril de 2007, en http://queremoselegir.org/la-ley-de-los-consejos-comunales-un-ano-despues-y-ii/

287   Sobre esto Miguel González Marregot ha señalado que "El elemento central de las críticas a los consejos comunales es su dependencia y sujeción a una red de Comisiones Presidenciales del Poder Popular, designada "a dedo" desde del Poder Nacional. Sin embargo, las Comisiones Presidenciales del Poder Popular no existen por ahora, en el ámbito municipal. Y su creación no ha sido implementada aún; quizás por una mezcla de la incapacidad operativa oficial con una dosis de cálculo político. Las Comisiones Presidenciales del Poder Popular son una demostración de la visión centralista y concentradora de la gestión pública que va a suprimir las propias posibilidades de participación popular que brindarían los consejos comunales. Una deuda sensible, en este contexto, es la inoperancia del Servicio Autónomo Fondo Nacional de los Consejos Comunales, que estaría adscrito al Ministerio de Finanzas; y cuyo Reglamento Orgánico fue publicado en *la Gaceta Oficial* N° 346.196 de fecha 18 de Mayo de 2006; es decir, hace nueve meses. Por si fuera, poco la Ley de los Consejos Comunales, promulgada en Abril del año pasado, no ha sido aún reglamentada mediante un proceso de consulta pública." En "Consejos Comunales: ¿Para qué?," en *Venezuela Analítica*, Viernes, 9 de febrero de 2007, http://www.analitica.com/va/politica/opinion/7483372.asp

288   Véase Allan R. Brewer-Carías, *Hacia la consolidación de un Estado Socialista, Centralizado, Policial y Militarista, Comentarios sobre el sentido y alcance de las propuestas de reforma constitucional 2007*, Colección Textos Legislativos, N° 42, Editorial Jurídica Venezolana, Caracas 2007, 157 pp.

precisamente, los consejos comunales; y la cual, luego de aprobarla,[289] fue sometido a referendo aprobatorio en diciembre de 2007, habiendo sido rechazado mayoritariamente por el pueblo. La orientación de la reforma la dio el propio Presidente de la República durante todo el año 2007, y en particular en su "Discurso de Presentación del Anteproyecto de reforma a la Constitución ante la Asamblea Nacional" en agosto de 2007,[290] en el cual señaló con toda claridad que el objetivo central de la misma era "la construcción de la Venezuela bolivariana y socialista"[291]; es decir, como lo expresó, se trataba de una propuesta para sembrar "el socialismo en lo político y económico,"[292] considerando que todos los que habían votado por su reelección en 2006 habían "votado por el socialismo"[293] lo que por supuesto no era cierto.

Por ello, el Anteproyecto de Reforma que presentó ante la Asamblea Nacional, era para "la construcción del Socialismo Bolivariano, el Socialismo venezolano, nuestro Socialismo, nuestro modelo socialista"[294], cuyo "núcleo básico e indivisible" era "la comunidad", "donde los ciudadanos y las ciudadanas comunes, tendrán el poder de construir su propia geografía y su propia historia."[295] Y todo ello bajo la premisa de que "sólo en el socialismo será posible la verdadera democracia."[296] pero por supuesto, una "democracia" sin representación que, como lo propuso el Presidente y fue sancionado por la

---

289   Véase Allan R. Brewer-Carías, *La Reforma Constitucional de 2007 (Comentarios al proyecto inconstitucionalmente sancionado por la Asamblea Nacional el 2 de noviembre de 2007)*, Colección Textos Legislativos, N° 43, Editorial Jurídica Venezolana, Caracas 2007, 224 pp.

290   Véase *Discurso de Orden pronunciado por el ciudadano Comandante Hugo Chávez Frías, Presidente Constitucional de la República Bolivariana de Venezuela en la conmemoración del Ducentésimo Segundo Aniversario del Juramento del Libertador Simón Bolívar en el Monte Sacro y el Tercer Aniversario del Referendo Aprobatorio de su mandato constitucional*, Sesión especial del día Miércoles 15 de agosto de 2007, Asamblea Nacional, División de Servicio y Atención legislativa, Sección de Edición, Caracas 2007.

291   *Idem*, p. 4.

292   *Idem*, p. 33.

293   *Idem*, p. 4. Lo que no era cierto. En todo caso, se pretendió imponer al 56% de los votantes que no votaron por la reelección del presidente, la voluntad expresada por sólo el 46% de los votantes inscritos en el Registro Electoral que votaron por la reelección del Presidente. Según las cifras oficiales del CNE, en las elecciones de 2006, de un universo de 15.784.777 votantes inscritos en el Registro Electoral, sólo 7.309.080 votaron por el Presidente.

294   Véase *Discurso...* p. 34.

295   *Idem*, p. 32.

296   *Idem*, p. 35. Estos conceptos se recogieron igualmente en la *Exposición de Motivos* para la Reforma Constitucional, Agosto 2007, donde se expresó la necesidad de "ruptura del modelo capitalista burgués" (p. 1), de desmontar la superestructura que le da soporte a la producción capitalista"(p. 2); de "dejar atrás la democracia representativa para consolidar la democracia participativa y protagónica"(p. 2); de "crear un enfoque socialista nuevo" (p. 2) y "construir la vía venezolana al socialismo"(p. 3); de producir "el reordenamiento socialista de la geopolítica de la Nación" (p. 8); de la "construcción de un modelo de sociedad colectivista" y "el Estado sometido al poder popular"(p. 11); de "extender la revolución para que Venezuela sea una República socialista, bolivariana", y para "construir la vía venezolana al socialismo; construir el socialismo venezolano como único camino a la redención de nuestro pueblo"(p. 19).

Asamblea Nacional en la rechazada reforma del artículo 136 de la Constitución, se buscaba establecer una "democracia" que "no nace del sufragio ni de elección alguna, sino que nace de la condición de los grupos humanos organizados como base de la población." Es decir, se buscaba establecer una "democracia" que no era democracia, pues en el mundo moderno no hay ni ha habido democracia sin elección de representantes. Se buscaba además, establecer una doctrina política oficial de carácter socialista, que se denominaba además como "doctrina bolivariana", con lo cual se eliminaba toda posibilidad de pensamiento distinto al "oficial" y, por tanto, la posibilidad de criminalizar toda disidencia.

Por la otra, también se buscaba transformar el Estado en un Estado Centralizado, de poder concentrado bajo la ilusión del Poder Popular, lo que implicaba la eliminación definitiva de la forma federal del Estado, imposibilitando la participación política y degradando la democracia representativa; todo ello, mediante la supuesta organización de la población para la participación en los Consejos del Poder Popular, como los Comunales, que eran y son instituciones sin autonomía política alguna, cuyos miembros se pretendía declarar, en la propia Constitución, que no fueran electos.

En específico, la reforma constitucional propuesta en relación con el artículo 16 de la Constitución, buscaba crear las comunas y comunidades como "el núcleo territorial básico e indivisible del Estado Socialista Venezolano"; con el artículo 70, se definían los medios de participación y protagonismo del pueblo en ejercicio directo de su soberanía mediante todo tipo de consejos, "para la construcción del socialismo", haciéndose mención a las diversas asociaciones "constituidas para desarrollar los valores de la mutua cooperación y la solidaridad socialista"; con el artículo 158, se buscaba eliminar toda mención a la descentralización como política nacional, y definir como política nacional, "la participación protagónica del pueblo, restituyéndole el poder y creando las mejores condiciones para la construcción de una democracia socialista"; con el artículo 168 relativo al Municipio, se buscaba precisar la necesidad de incorporar "la participación ciudadana a través de los Consejos del Poder Popular y de los medios de producción socialista"; con el artículo 184, se buscaba orientar la descentralización de Estados y Municipios para permitir "la construcción de la economía socialista."

Segundo, en relación con el artículo 158 se buscaba eliminar toda referencia a la descentralización política siguiendo la orientación de la práctica política centralista de los últimos años, y centralizar completamente el Estado, eliminando toda idea de autonomía territorial y de democracia representativa a nivel local, es decir, de la unidad política primaria en el territorio. Con la rechazada reforma constitucional, en este campo, se buscaba materializar una supuesta "nueva geometría del poder" donde no había ni podía haber autonomías, con la propuesta de creación de nuevas instancias territoriales, todas sometidas al poder Central, mediante las cuales el Poder Popular[297] supuestamente iba a desarrollar "formas de agregación comunitaria política territorial" que constituían formas de autogobierno, pero sin democracia representativa alguna, sino sólo como "expresión de democracia directa" (art. 16). Con ello se pretendía lograr la eliminación de los entes territoriales descentralizados políticamente, sin las cuales no puede haber efectivamente democracia participativa, y la creación en su lugar de Consejos del poder popular que no pasan de ser una simple manifestación de movilización controlada desde el Poder Central. Ello fue lo que efectivamente ocurrió con los Consejos Comunales creados por Ley en 2006[298], cuyos miembros no eran electos mediante sufragio sino designados por Asambleas de ciudadanos controladas por el propio Poder Ejecutivo Nacional. Ello era lo que con la rechazada reforma constitucional, se pretendía consolidar en el texto fundamental, al proponerse una "nueva geometría del poder" en la cual se sustituía a los Municipios, por las comunidades, como el "núcleo territorial básico e indivisible del Estado Socialista Venezolano", que debían agrupar a las comunas (socialistas)[299] como "células sociales del territorio", las cuales se debían agrupar en ciudades que eran las que se pretendía concebir como "la unidad política primaria de la organización territorial nacional". En la rechazada reforma constitucional se buscaba establecer en forma expresa que los integrantes de los diversos Consejos del Poder Popular no nacían "del sufragio ni de elección alguna, sino que nace de la condición de los grupos humanos organizados como base de la población".

Con ello, en definitiva, en nombre de una "democracia participativa y protagónica", lo que se buscaba era poner fin en Venezuela a la democracia representativa a nivel local, y con ello, de todo vestigio de autonomía política territorial que es la esencia de la descentralización.

---

297  En la *Exposición de Motivos del Proyecto de Reforma Constitucional* presentado por el Presidente de la República en agosto 2007, se lee que el Poder Popular "es la más alta expresión del pueblo para la toma de decisiones en todos sus ámbitos (político, económico, social, ambiental, organizativo, internacional y otros) para el ejercicio pleno de su soberanía. Es el poder constituyente en movimiento y acción permanente en la construcción de un modelo de sociedad colectivista de equidad y de justicia. Es el poder del pueblo organizado, en las más diversas y disímiles formas de participación, al cual está sometido el poder constituido. No se trata del poder del Estado, es el Estado sometido al poder popular. Es el pueblo organizado y organizando las instancias de poder que decide las pautas del orden y metabolismo social y no el pueblo sometido a los partido políticos, a los grupos de intereses económicos o a una particularidad determinada", *cit.*, p. 11.

298  Véase los comentarios sobre ello en Allan R. Brewer-Carías, "Introducción General al Régimen del Poder Público Municipal," en *Ley Orgánica del Poder Público Municipal*, Editorial Jurídica Venezolana, Caracas 2007, pp. 75 y ss.

299  En la *Exposición de Motivos* del Proyecto de Reforma Constitucional presentado por el Presidente de la República en agosto 2007, a las comunas se las califica como "comunas socialistas", y se la define como "Es un conglomerado social de varias comunidades que poseen una memoria histórica compartida, usos, costumbres y rasgos culturales que los identifican, con intereses comunes, agrupadas entre sí con fines político-administrativos, que persiguen un modelo de sociedad colectiva de equidad y de justicia", *cit.*, p. 12.

Tercero, en relación con el artículo 62 de la Constitución que consagra el derecho de los ciudadanos "de participar libremente en los asuntos públicos," con la reforma constitucional se buscaba agregar a los mecanismos de participación enumerados en el artículo 70, a los Consejos del Poder Popular, con los cuales aquella perdía su carácter libre pues se buscaba que quedaran reducidos al único propósito de "la construcción del socialismo", de manera que quien no quisiera construir socialismo alguno, hubiera quedado excluido del derecho a la participación política, que sólo estaba destinado a desarrollar los valores de "la solidaridad socialista" y no era libre como indica el artículo 62.

4. *La eliminación definitiva de la democracia representativa y el secuestro de la participación a nivel local con el régimen del Estado Comunal y de los Consejos Comunales*

Como se dijo, la propuesta presidencial de reforma constitucional de 2007 fue rechazada por el pueblo en el referendo de diciembre de ese mismo año, en votación mayoritaria, cuyos resultados finales, sin embargo, nunca fueron dados oficialmente por el Consejo Nacional Electoral. No es difícil imaginar la razón de esta abstención.

En 2009, sin embargo, se reformó la Ley relativa a los Consejos Comunales de 2009, con la cual ahora con un carácter orgánico,[300] se trató de nuevo de implementar algunos de los postulados esenciales de la rechazada reforma constitucional.

En efecto, la Ley Orgánica de 2009 tiene por objeto regular la constitución, conformación, organización y funcionamiento de los consejos comunales "como una instancia de participación para el ejercicio directo de la soberanía popular" (art. 1); definiéndoselos supuestamente "en el marco constitucional de la democracia participativa y protagónica," como "instancias de participación, articulación e integración entre los ciudadanos, ciudadanas y las diversas organizaciones comunitarias, movimientos sociales y populares, que permiten al pueblo organizado ejercer el gobierno comunitario y la gestión directa de las políticas públicas y proyectos orientados a responder a las necesidades, potencialidades y aspiraciones de las comunidades, en la *construcción del nuevo modelo de sociedad socialista* de igualdad, equidad y justicia social (art. 2). Sobre este aspecto insiste el artículo 3, al prescribir que la organización, funcionamiento y acción de los consejos comunales se rige por los principios y valores de "participación, corresponsabilidad, democracia, identidad nacional, libre debate de las ideas, celeridad, coordinación, cooperación, solidaridad, transparencia, rendición de cuentas, honestidad, bien común, humanismo, territorialidad, colectivismo, eficacia, eficiencia, ética, responsabilidad social, control social, libertad, equidad, justicia, trabajo vo-

---

300 Véase en *Gaceta Oficial* N° 39.335 de 28-12-2009. Véase Claudia Nikken, "La Ley Orgánica de los Consejos Comunales y el derecho a la participación ciudadana en los asuntos públicos," en Allan R. Brewer-Carías et al., *Leyes Orgánicas del Poder Popular*, Editorial Jurídica Venezolana, Caracas 2011, pp. 183 ss.

luntario, igualdad social y de género, *con el fin de establecer la base socio-política del socialismo* que consolide un nuevo modelo político, social, cultural y económico."

De estas normas resulta, por tanto, que lo que se quiso establecer en la Ley Orgánica fue un medio de participación política "para el ejercicio directo de la soberanía popular," en el "marco constitucional de la democracia participativa y protagónica," como "instancias de participación, articulación e integración entre los ciudadanos," para "ejercer el gobierno comunitario." Ello, sin duda, corresponde a los ciudadanos, y es distinto a los medios de participación vecinal o comunitaria que no son reservados a los ciudadanos. La Ley Orgánica, por tanto, en forma evidentemente incorrecta e inconstitucional mezcló dos derechos de las personas a la participación: la participación ciudadana con la participación individual o comunitaria.

Esta Ley Orgánica de los Consejos Comunales de 2009, por otra parte, se completó en diciembre de 2010, con un conjunto de leyes orgánicas, todas sancionadas al margen de la Constitución, que han organizado un Estado paralelo al Estado Constitucional, denominado "del Poder Popular" o "Estado Comunal," y que tiene a las Comunas y a los Consejos Comunales como sus pilares fundamentales de su funcionamiento.[301] Dichas leyes orgánicas de diciembre de 2010 fueron las Leyes Orgánicas del Poder Popular, de las Comunas, del Sistema Económico Comunal, de Planificación Pública y Comunal y de Contraloría Social.[302] Además, en el mismo marco de estructuración del Estado Comunal montado sobre el Poder Popular antes se había sancionado la Ley Orgánica del Consejo Federal de Gobierno,[303] y luego se reformó de la Ley Orgánica del Poder Público Municipal,[304] y de las Leyes de los Consejos Estadales de Planificación y Coordinación de Políticas Públicas, y de los Consejos Locales de Planificación Pública.[305]

Mediante estas leyes se ha pretendido, en efecto, desarrollar el derecho a la participación política en forma *directa* que regula la Constitución de 1999, que está concebido, primero, como un derecho *político* (distinto a los civiles, sociales, educativos, culturales, ambientales, etc.), el cual, por tanto corresponde sólo a los *ciudadanos*, es decir, a los venezolanos que no estén sujetos a inhabilitación política ni a interdicción civil y conforme a la edad que se determine en la ley (art. 30); segundo, se lo concibe como un derecho político que tiene que poder ejercerse *libremente*, es decir, sin limitaciones o condicionamientos algunos salvo los que puedan derivarse "del derecho de las demás y del orden público y social" (art. 20), razón por la cual no pueden estar

301    Véase sobre ese conjunto de leyes, Allan R. Brewer-Carías et al., *Leyes Orgánicas del Poder Popular*, Editorial Jurídica Venezolana, Caracas 2011.

302    Véanse en *Gaceta Oficial* N° 6.011 Extra. de 21-12-2010.

303    Véase en *Gaceta Oficial* N° 5.963 Extra. de 22-02-2010.

304    Véase en *Gaceta Oficial* N° 6.015 Extra. de 28-12-2010.

305    Véanse en *Gaceta Oficial* N° 6.017 Extra. de 30-12-2010.

encasillados en una ideología única compulsiva como el socialismo; tercero, se lo concibe como tal derecho político que debe ejercerse en el marco de la organización descentralizada del Poder Público (Nacional, Estadal y Municipal) que responde a su distribución en el territorio conforme a la forma federal del Estado (arts. 4 y 136); y cuarto, se lo concibe como un derecho político que por su naturaleza (la necesidad de que el Poder esté cerca del ciudadano), ha de ejercerse particularmente en la unidad política primaria y autónoma de la organización nacional que conforme a la Constitución es el Municipio, concebido como una entidad política con gobierno propio electo mediante sufragio universal directo y secreto (democracia representativa). Es en las actuaciones de esta unidad política, conforme al artículo 168 de la Constitución, que fundamentalmente se debe incorporar "la participación ciudadana al proceso de definición y ejecución de la gestión pública y al control y evaluación de sus resultados, en forma efectiva, suficiente y oportuna."

Es contrario a la Constitución, por tanto, que el derecho político a la participación se extienda a quienes no son ciudadanos, como son los extranjeros o los menores; que se lo conciba en forma restringida, es decir, sin poder ejercerse libremente, al reducírselo en su ejercicio sólo para la ejecución de una orientación política exclusionista como es el socialismo, eliminando cualquier otra; que su ejercicio se organice en forma centralizada, sometido a la sola conducción por parte del Poder Nacional y en particular del Ejecutivo Nacional, excluyéndose de su ámbito a los Estados y Municipios; y en particular, que se excluya a este último (el Municipio) como unidad política primaria que es en la organización nacional, del ámbito de su ejercicio, desmunicipalizándoselo, al concebirse otra entidad no autónoma políticamente para materializarlo como es el caso de los Concejos Comunales creados sin autonomía política y fuera del gobierno local.

En otras palabras, sólo mediante una reforma constitucional del artículo 30 de la Constitución es que podría extenderse la ciudadanía a los extranjeros, a los efectos de que puedan ejercer el derecho político a la participación; sólo mediante una reforma constitucional del artículo 62 de la Constitución es que podría eliminarse el carácter libre del ejercicio del derecho a la participación ciudadana y restringírselo sólo para la consecución del socialismo; sólo mediante una reforma constitucional de los artículos 4 y 136 de la Constitución, es que se podría eliminar la forma descentralizada del ejercicio de la participación ciudadana en el sistema de distribución vertical del Poder Público, y concebir su ejercicio sólo sometido a la sola conducción por parte del Poder Nacional y, en particular, del Ejecutivo Nacional; y sólo mediante una reforma constitucional del artículo 168 de la Constitución es que se podría excluir al Municipio del ámbito de ejercicio del derecho político a la participación ciudadana, desmunicipalizándoselo, y concebirse una unidad primaria no autónoma políticamente, como los Concejos Comunales creados sin autonomía política y fuera del gobierno local, para canalizar su ejercicio.

Y esto es precisamente lo que se ha establecido en las Leyes Orgánicas del Poder Popular, de los Consejos Comunales y de las Comunas, al regularse el régimen del derecho a la participación ciudadana, y crearse a dichos Concejos Comunales, como "una instancia de participación para el ejercicio directo de la soberanía popular" (art. 1) "en la construcción del nuevo modelo de sociedad socialista"(art. 2), "con el fin de establecer la base sociopolítica del socialismo que consolide un nuevo modelo político, social, cultural y económico" (art. 3); en una forma completamente distinta a la establecida en la Constitución, cuyo texto se viola abiertamente. Con estas Leyes Orgánicas, en realidad, y en forma completamente inconstitucional, lo que se ha pretendido es implementar las reformas constitucionales sobre el "Poder Popular" que se habían pretendido introducir con la Reforma Constitucional sancionada de 2007,[306] la cual, sin embargo, fue rechazada mayoritariamente por el pueblo.

En efecto, por ejemplo, en la Ley Orgánica de los Consejos Comunales se regula la participación vinculada necesariamente a "construcción del nuevo modelo de sociedad socialista" y "con el fin de establecer la base sociopolítica del socialismo," lo que es inconstitucional pues elimina el carácter libre de la participación política que garantiza el artículo 62 de la Constitución, siendo además contrario al derecho constitucional que todos tienen al "libre desenvolvimiento de su personalidad" (art. 20); niega el carácter plural del sistema político que garantizan los artículos 2 y 6 de la Constitución, al encasillar un instrumento de gobierno como es el de los Consejos Comunales, dentro de un marco ideológico único y ahora "oficial," como es el socialismo, de manera que las personas que no crean ideológicamente en esta doctrina o se opongan legítimamente a ella, quedarían excluidos de la posibilidad de participar en aquellos, lo que es contrario a la democracia; y establece un sistema discriminatorio, contrario al principio de igualdad establecido en el artículo 21 de la Constitución.[307]

Ahora bien, y teniendo en cuenta todas estas violaciones a la Constitución derivadas de tratar de "imponer" a las personas una ideología, al punto de

---

306  Véase Sobre dicha reforma Allan R. Brewer-Carías, *La Reforma Constitucional de 2007*, Editorial Jurídica Venezolana, Caracas 2007.

307  Sobre esto, contradiciendo lo que se ha previsto en el texto de la Ley Orgánica y en la práctica de los consejos comunales, Marta Harnecker, ha insistido en que "el poder popular no elimina el pluralismo político-ideológico" por lo que "no puede teñirse del color de un partido político, ni de una corriente religiosa; el poder popular debe ser de muchos colores, debe ser un arco iris y debe dar cabida a todas y todos los ciudadanos de Venezuela que deseen participar. Son las personas que habitan en una comunidad, centro de trabajo o estudio las que deben elegir democráticamente sus voceras y voceros y estos naturalmente representan diferentes posiciones políticas e ideológicas, dependiendo de la fuerza que esas posiciones tengan en sus respectivas comunidades." Véase Marta Harnecker, *De los Consejos Comunales a las Comunas. Construyendo el Socialismo del Siglo XXI*, 2 abril 2009, párrafo 268, en http://www.scribd.com/doc/16299191/Harnecker-Marta-De-los-consejos-comunales-a-las-comunas-2009 . En el mismo libro la autora ha advertido sobre la necesidad de "evitar la manipulación política" ya que "los consejos comunales deben ser arco iris", indicando que "Se ha insistido mucho en que es necesario evitar toda manipulación política o de otra índole en la conformación de los consejos comunales. No se trata de conformar los consejos comunales sólo con los partidarios de Chávez; estas instituciones comunitarias deben estar abiertas a todos los ciudadanos y ciudadanas, sean del color político que sean." *Idem*, Párrafo 185.

cerrarle las puertas a la participación política a aquellos que no compartan la misma, debe destacarse que el sistema de participación que regula la Ley Orgánica tiene su base fundamental territorial en la unidad social dispuesta para el funcionamiento de los Consejos Comunales, y que la Ley califica como la "Comunidad," la cual se concibe como el "núcleo espacial básico e indivisible constituido por personas y familias que habitan en un ámbito geográfico determinado, vinculadas por características e intereses comunes; comparten una historia, necesidades y potencialidades culturales, económicas, sociales, territoriales y de otra índole." Ese ámbito geográfico donde habitan las personas que conforman la comunidad es "el territorio que ocupan" y "cuyos límites geográficos se establecen o ratifican en Asamblea de Ciudadanos, de acuerdo con sus particularidades y considerando la base poblacional de la comunidad" (art. 4,1 y 2).

La base poblacional para la conformación de una Comunidad a los efectos de la constitución de los Consejos Comunales, es decir, el número de habitantes que debe existir en su ámbito geográfico y que mantiene la "indivisibilidad de la comunidad" y garantiza "el ejercicio del gobierno comunitario y la democracia protagónica," debe oscilar entre 150 y 400 familias en el ámbito urbano; y alrededor de 120 familias en el ámbito rural. En las comunidades indígenas el punto de referencia para la conformación de una Comunidad se estableció en 10 familias; (art. 4,3). Esta referencia poblacional, particularmente en el ámbito de las comunidades urbanas, es muy similar a la que se había establecido en la vieja Ley Orgánica de Régimen Municipal para la constitución de las Asociaciones de Vecinos, las cuales, en definitiva, han sido sustituidas por los Consejos Comunales.[308]

En la Ley Orgánica los Consejos Comunales, a los efectos del funcionamiento de los mismos, los integra con las siguientes organizaciones: por una parte, por la Asamblea de Ciudadanos del Consejo Comunal, y por la otra, por las Unidades Ejecutiva, Administrativa y Financiera Comunitaria; y de Contraloría Social (art 19). En cuanto a la Asamblea de Ciudadanos conforme a la Ley Orgánica de 2009, pasó ahora a ser parte integrante de cada Consejo Comunal, concebida como la máxima instancia de deliberación y decisión para el ejercicio del poder comunitario, la participación y el protagonismo popular (art. 20), cuyas decisiones "son de carácter vinculante" pero sólo "pa-

---

308  Con razón María Pilar García-Guadilla consideró las Asociaciones de Vecinos como los antecedentes de los Consejos Comunales. Véase en "La praxis de los consejos comunales en Venezuela: ¿Poder popular o instancia clientelar?," en *Revista Venezolana de Economía y Ciencias Sociales*, abr. 2008, Vol. 14, N° 1, p. 125-151. Véase en http://www.scielo.org.ve/scielo.php?pid=S1315-6411200-8000100009&script=sci_arttext. Sin embargo, Marta Harnecker, al analizar algunos de los "problemas" relativos al funcionamiento de los consejos comunales, destaca el hecho de que "se han transformado en una asociación de vecinos más, porque se deja toda la responsabilidad en manos de los voceros y voceras y a veces sólo en alguno de ellos." Véase Marta Harnecker, *De los Consejos Comunales a las Comunas. Construyendo el Socialismo del Siglo XXI*, 2 abril 2009, párrafo 216, en http://www.scribd.com/doc/16299191/Harnecker-Marta-De-los-consejos-comunales-a-las-comunas-2009 .

ra el Consejo Comunal." (art. 20). De allí la importancia de estas Asambleas de ciudadanos y la obligación que el Legislador debió regularlas junto con los Consejos Comunales como real y verdaderamente "representativas" de la Comunidad, y asegurar que en ellas, efectivamente "participen" los habitantes de la misma.

Pero la Ley Orgánica, sin embargo, no garantizó nada de esto, pues en cuanto a la integración de las Asambleas de ciudadanos, conforme al artículo 21 de la Ley Orgánica, las mismas están constituida por "los habitantes de la comunidad mayores de quince años, conforme a las disposiciones de la presente Ley" (art. 21), lo que, como se ha dicho, es una contradicción *in terminis* y además, inconstitucional, pues los extranjeros o menores de 18 años no son ciudadanos. En la Ley, las decisiones de tales Asambleas de Ciudadanos, se adoptan por mayoría simple de los asistentes, siempre que concurran a la Asamblea en primera convocatoria, un quórum mínimo del 30% de los habitantes miembros de la Comunidad y del 20% mínimo de los mismos en segunda convocatoria (art. 22). La Ley, por tanto, no garantiza efectiva la representatividad de la Comunidad en la Asamblea, al permitir que un órgano con los poderes decisorios que tiene, por ejemplo, de una Comunidad de 400 familias, que implica un universo de aproximadamente 1600 personas, se pueda constituir con solo la presencia de 320 personas, y pueda tomar decisiones con el voto de sólo 161 personas; es decir, en definitiva, con el voto del 10% de los habitantes de la Comunidad. Estas previsiones, por otra parte, en lugar de estimular la participación, lo que fomentan es la ausencia de participación, pues si las decisiones se pueden adoptar en esa forma, los habitantes no tendrán interés o posibilidad en participar.[309]

Por otra parte, es a la Asamblea de ciudadanos a la que corresponde elegir y revocar a los voceros del Consejo Comunal "a través de un proceso de elección popular comunitaria (art. 23,3); designar a los voceros del Consejo Comunal para las distintas instancias de participación popular y de gestión de políticas públicas (art. 23,10); elegir y revocar los integrantes de la comisión electoral (art. 23,4); evaluar la gestión de cada una de las unidades que conforman el Consejo Comunal (art. 23,8); y designar a los y las miembros de la comisión de contratación, conforme a la Ley de Contrataciones Públicas (art. 23,12). Con esto, por supuesto, se eliminó toda idea de democracia representativa mediante personas electas por sufragio universal directo y secreto.

---

309 Esto lo ha advertido Marta Harnecker, al destacar que "uno de los problemas que ha habido cuando se han conformado los consejos comunales, es que las asambleas de ciudadanas y ciudadanos no han logrado, en muchos casos, convocar a todas las personas que debían convocar. En algunos casos esto se debe a la apatía de la gente, en otros se debe a los defectos de la convocatoria. Muchas veces hay sectores de esa comunidad, especialmente los sectores más alejados que nunca han llegado a enterarse de que existe una asamblea, nunca fueron citados" Véase Marta Harnecker, *De los Consejos Comunales a las Comunas. Construyendo el Socialismo del Siglo XXI*, 2 abril 2009, párrafo 190, en http://www.scribd.com/doc/16299191/Harnecker-Marta-De-los-consejos-comunales-a-las-comunas-2009 .

En efecto, conforme al artículo 4,6 de la Ley, los voceros de las Unidades de los Consejos Comunales son las personas electas mediante "proceso de elección popular," a fin de coordinar el funcionamiento del Consejo Comunal, y la "instrumentación de las decisiones de la Asamblea de Ciudadanos." Conforme a las atribuciones que les asigna la Ley, estos voceros de los Consejos Comunales, son los agentes a cuyo cargo está la conducción de las actividades de los mismos, y que en definitiva, "representan" a la Comunidad para el ejercicio de su derecho a participar. Sin embargo, precisamente porque en la práctica dichos voceros sean resultan realmente en "representantes"[310] de la Comunidad, conforme a la Constitución tendrían que ser electos como tales, mediante votación, no de un número reducido de personas-habitantes que puedan participen en una Asamblea de ciudadanos, que puede ser escuálida, sino de todos los ciudadanos habitantes que forman la Comunidad y que deben estar inscritos en el registro electoral que debe llevar la Comisión Electoral Permanente. Y dicha elección, en todo caso, tendría que realizarse conforme lo exige el artículo 63 de la Constitución mediante votaciones libres, universales, directas y secretas en las cuales se garantice el principio de la personalización del sufragio y la representación proporcional. En contraste con esta previsión constitucional, sin embargo, la supuesta "elección popular" que se establece en la Ley Orgánica de 2009 no es directa ni secreta, ya que incluso podría hacerse "a mano alzada,"[311] y en cuanto a la elección de los voceros de las unidades Ejecutiva, Administrativa y Financiera Comunitaria y de Contraloría Social, la hace la Asamblea de ciudadanos necesariamente "de manera uninominal" lo que implica que "en ningún caso, se efectuará por plancha o lista electoral" (art. 11), lo que no se ajusta a la previsión constitucional.

Por otra parte, a los efectos de la elección de los voceros, el artículo 11 de la Ley Orgánica establece el derecho de los "ciudadanos" de manera individual o colectiva a participar y postular los candidatos a voceros a las unidades del Consejo Comunal. Este derecho de participar y postular, por tanto, contradictoriamente no se atribuye en la Ley Orgánica a los "habitantes" de la comunidad, que son los supuestos electores, sino sólo a los venezolanos ciudadanos. Pero en cambio, al regular la condición de vocero de las Unidades de los Concejos Comunales, la Ley Orgánica establece que pueden postularse para tales cargos (al igual que para los integrantes de la comisión electoral),

---

310  A pesar de que en la página web del "Ministerio del Poder Popular para la Participación y Protección Social" se afirmaba que el vocero, a pesar de ser la persona "electa por la asamblea de ciudadanos y ciudadanas para cumplir con los *mandatos* de la comunidad," sin embargo "no es un o una representante a quien le hemos entregado nuestro poder para que decida por nosotros." Véase el anuncio sobre "Consejos Comunales. Base del Poder Popular. ¡Construir el Poder desde Abajo!," en http://gp.cnti.ve/site/minpa-des.gob.ve/view/Consejos%20Comunales.php

311  Así se informaba por el "Ministerio del Poder Popular para la Participación y Protección Social" en su página web al indicar dentro de las tareas del "equipo promotor" el "recoger ideas para definir con que sistema se va a votar: voto secreto o a mano alzada." Véase el anuncio sobre "Consejos Comunales. Base del Poder Popular. ¡Construir el Poder desde Abajo!," en http://gp.cnti.ve/site/minpades.gob.ve/view/Consejos%20Comunales.php.

los venezolanos o extranjeros residentes, mayores de 15 años, habitantes de la comunidad con al menos un año de residencia en la misma, salvo en los casos de comunidades recién constituidas (at. 15,1). Esto significa que sólo pueden postular a los voceros, quienes sean ciudadanos; pudiendo ser electos como voceros, los extranjeros residentes y, por tanto, no ciudadanos. Sólo en el caso de los voceros de las Unidades Administrativa y Financiera Comunitaria y de Contraloría Social se exige que sean mayores de 18 años, no pudiendo formar parte de la comisión electoral (art. 15, in fine).

Los cargos de voceros de los Concejos Comunales, por otra parte, son revocables por la Asamblea de Ciudadanos (art. 39), mediante decisión tomada por mayoría simple de los asistentes a la Asamblea de Ciudadanos, siempre que la misma cuente con un quórum del 20% de la población mayor de quince años de esa comunidad (art. 41).

A partir de la reforma de la Ley Orgánica de los Consejos Comunales de 2009 por otra parte, los mismos adquieren su personalidad jurídica mediante su registro ante el Ministerio del Poder Popular para las Comunas y Protección Social (art. 17), es decir, ante una unidad del Poder Ejecutivo Nacional, la cual tiene competencia para abstenerse a registrarlo cuando "tenga por objeto finalidades distintas a las previstas en la presente Ley" (art 18), es decir, por ejemplo, cuando sus voceros no estén comprometidos con la ideología socialista y quieran implantar el socialismo. Con ello la Ley Orgánica de 2009 ha completado el proceso de centralización de la conducción de la participación ciudadana, al haber sustituido a las Comisiones Presidenciales del Poder Popular que establecía la Ley de 2006, como "órgano rector" del proceso, por uno de los Ministerios del Ejecutivo Nacional, en concreto, el "Ministerio del Poder Popular con competencia en materia de participación ciudadana," es decir, el Ministerio del Poder Popular para las Comunas y Protección Social[312] al cual le asigna las funciones de dictar las políticas, estratégicas, planes generales, programas y proyectos para la participación comunitaria en los asuntos públicos, el cual debe acompañar a los consejos comunales en el cumplimiento de sus fines y propósitos, y facilitar la articulación en las relaciones entre éstos y los órganos y entes del Poder Público (art. 56).

---

312   Decreto de 17 de junio de 2009. Véase en *Gaceta Oficial* N° 39.202 de 17-06-2009.

# CUARTA PARTE:

# LA DESCONSTITUCIONALIZACIÓN DEL ESTADO DEMOCRÁTICO Y SOCIAL DE DERECHO, DE JUSTICIA, DE ECONOMÍA MIXTA Y DESCENTRALIZADO

*SECCIÓN PRIMERA:* ¿REFORMA CONSTITUCIONAL O MUTACIÓN CONSTITUCIONAL?[*]

1.  *la supremacía y la rigidez constitucional y el rol de la Jurisdicción Constitucional*

La Constitución venezolana de 1999, como lo precisa su propio texto (art. 7), es la ley suprema y fuente de todo el ordenamiento jurídico, lo que implica no sólo que la misma obliga a todos los poderes públicos a respetarla y a garantizar su supremacía, y a todos los ciudadanos a acatarla, sino además, que los ciudadanos tienen un derecho fundamental a dicha supremacía. Además, otra consecuencia fundamental del principio de la supremacía constitucional, es el principio de la rigidez de la Constitución, lo que implica que las modifi-

---

[*]  Esta sección primera es el texto de la Ponencia presentada al *IV Congreso Colombiano de Derecho Procesal Constitucional*, organizado por el Centro Colombiano de Derecho Procesal Constitucional, Bogotá 2014; en el cual recogí reflexiones hechas en diversos documentos anteriores publicados, en particular: "El juez constitucional al servicio del autoritarismo y la ilegítima mutación de la Constitución: el caso de la Sala Constitucional del Tribunal Supremo de Justicia de Venezuela (1999-2009)", en *Revista de Administración Pública*, N° 180, Madrid 2009, pp. 383-418; "La fraudulenta mutación de la Constitución en Venezuela, o de cómo el juez constitucional usurpa el poder constituyente originario,", en *Anuario de Derecho Público*, Centro de Estudios de Derecho Público de la Universidad Monteávila, Año 2, Caracas 2009, pp. 23-65; "La ilegítima mutación de la Constitución por el juez constitucional y la demolición del Estado de derecho en Venezuela.," *Revista de Derecho Político*, N° 75-76, Homenaje a Manuel García Pelayo, Universidad Nacional de Educación a Distancia, Madrid, 2009, pp. 291-325; y "El juez constitucional al servicio del autoritarismo y la ilegítima mutación de la Constitución: el caso de la Sala Constitucional del Tribunal Supremo de Justicia de Venezuela (1999-2009)", en *IUSTEL, Revista General de Derecho Administrativo*, N° 21, Madrid junio 2009.

caciones a la misma sólo pueden realizarse mediante los procedimientos establecidos en el propio texto constitucional, no pudiendo por supuesto ni la Asamblea Nacional, ni el Ejecutivo ni la Jurisdicción Constitucional realizar "reforma" alguna de la Constitución.

Para garantizar tal rigidez constitucional, en la Constitución se establecen tres procedimientos específicos para reformarla, garantizándose en todos la intervención del pueblo como poder constituyente originario: primero, el procedimiento de "enmienda constitucional", que tienen por objeto agregar o modificar uno o varios artículos de la Constitución (artículo 340), para cuya aprobación se estableció la sola participación del pueblo manifestado mediante referendo aprobatorio; segundo, el procedimiento de "reforma constitucional", orientado a la revisión parcial de la Constitución, o a la sustitución de una o varias de sus normas (artículo 342), para cuya aprobación se estableció además de la participación del pueblo manifestado mediante referendo, la participación de la Asamblea Nacional como poder constituido, la cual debe discutir y sancionar el proyecto antes de su sometimiento a aprobación popular; y tercero, el procedimiento de convocatoria y desarrollo de una "Asamblea Nacional Constituyente," que es necesario en caso de que se proponga transformar el Estado, crear un nuevo ordenamiento jurídico y redactar una nueva Constitución (Artículo 347), para cuyo funcionamiento se estableció la necesaria participación del pueblo como poder constituyente originario, tanto en la definición del Estatuto de la Constituyente como en la elección de sus miembros.

Cualquier modificación de la Constitución efectuada fuera de estos tres procedimientos o en violación a los mismos, es inconstitucional e ilegítima, razón por la cual la Sala Constitucional del Tribunal Supremo, como Jurisdicción Constitucional, es el órgano llamado a ejercer el control de constitucionalidad del procedimiento adoptado.

Ahora bien, en contraste con todos estos principios y previsiones constitucionales, si algo ha caracterizado el proceder del régimen autoritario en Venezuela durante los últimos tres lustros, a partir de la entrada en vigencia de la Constitución de 1999, ha sido el desprecio más absoluto de su texto, de su supremacía y de su rigidez. La Constitución se ha convertido, en realidad, en un conjunto normativo maleable por absolutamente todos los poderes públicos, cuyas normas tienen la vigencia y el alcance que los órganos del Estado han dispuesto, sea mediante leyes ordinarias, decretos leyes e incluso mediante sentencias de la Jurisdicción Constitucional, todas hechas a la medida, y con la "garantía" de que dichas actuaciones constitucionales no serán controladas por la sujeción de la Jurisdicción Constitucional al control político.

La consecuencia de ello ha sido, por ejemplo, que los procedimientos de reforma constitucional regulados en la Constitución han sido utilizados a conveniencia, violándose las normas que los regulan, lo que ocurrió con la "reforma constitucional" que se presentó ante la Asamblea Nacional en 2007, y con la "enmienda constitucional" propuesta por la misma Asamblea en 2009. La primera, por su contenido, requería más bien del procedimiento de "convocatoria de una Asamblea Constituyente," y en todo caso, sometida a voto popular, fue rechazada por el pueblo; y la segunda, por su contenido, requería más bien de una "reforma constitucional," por lo cual además, no podía formularse luego del rechazo de la anterior. Sin embargo, ésta, luego de sometida a voto popular, fue aprobada.[1]

El rechazo popular de la amplísima propuesta de "reforma constitucional" de 2007, sin embargo, no impidió que los órganos de los poderes públicos procedieran a implementarla desde 2008, violando la Constitución, mediante la sanción de leyes ordinarias o decretos leyes, cuya inconstitucionalidad la Jurisdicción Constitucional se abstuvo o se negó a controlar, habiendo incluso llegado dicha Jurisdicción a ser el instrumento para efectuar las reformas constitucionales mediante mutaciones constitucionales; todo ello, en abierto desprecio y violación al principio de la rigidez constitucional que el Juez Constitucional se ha negado a controlar.

No debe olvidarse, en relación con la Jurisdicción Constitucional, que en general los constructores del Estado Constitucional nunca pensaron que el máximo órgano judicial podía llegar a usurpar el poder constituyente o violar la Constitución, por lo que le control de constitucionalidad más bien se concibió como el instrumento para corregir las desviaciones de los otros órganos del Estado, en particular de los órganos legislativos y ejecutivos. De allí, incluso la previsión de que las decisiones de los Tribunales Supremos o Tribunales Constitucionales, respecto de los cuales no se concibe que violen la Constitución, no están sujetas a control alguno.

Por ello, en Venezuela, la Sala Constitucional del Tribunal Supremo de Justicia de Venezuela es, sin duda, el instrumento más poderoso diseñado para garantizar la supremacía de la Constitución y el Estado de Derecho, para lo cual, por supuesto, como guardián de la Constitución, también está sometida a la Constitución. Como tal guardián, y como sucede en cualquier Estado de derecho, el sometimiento del tribunal constitucional a la Constitución es una preposición absolutamente sobreentendida y no sujeta a discusión, ya que es inconcebible que el juez constitucional pueda violar la Constitución que está llamado a aplicar y garantizar. Esa la pueden violar los otros poderes del Estado, pero no el guardián de la Constitución. Pero por supuesto, para garantizar que ello no ocurra, el Tribunal Constitucional debe gozar de absoluta independencia y autonomía, pues un Tribunal Constitucional sujeto a la voluntad del poder en lugar del guardián de la Constitución se convierte en el instrumento más atroz del autoritarismo. El mejor sistema de justicia constitucional, por tanto, en manos de un juez sometido al poder, es letra muerta para los individuos y es un instrumento para el fraude a la Constitución.

Lamentablemente, sin embargo, esto último es lo que ha venido ocurriendo en Venezuela en los últimos años, donde la Sala Constitucional del Tribunal Supremo, como Juez Constitucional, lejos de haber actuado en el marco

---

1    Véase en general, Allan R. Brewer-Carías, *Reforma Constitucional y fraude a la Constitución (1999-2009)*, Academia de Ciencias Políticas y Sociales, Caracas 2009, 278 pp.

de las atribuciones expresas constitucionales antes indicadas, ha sido el instrumento más artero para la destrucción de la institucionalidad democrática y el apuntalamiento del autoritarismo, particularmente al ejercer su facultad de interpretación del contenido y alcance de las normas constitucionales (art. 334). Así, en ejercicio de estas competencias y poderes, como máximo intérprete de la Constitución, al margen de la misma y mediante interpretaciones inconstitucionales, la Sala Constitucional al ejercer su facultad de interpretación del contenido y alcance de las normas constitucionales, y sin que se trate de normas ambiguas, imprecisas, mal redactadas y con errores de lenguaje, ha venido ilegítimamente modificando el texto constitucional, legitimando y soportando la estructuración progresiva de un Estado autoritario. Es decir, ha falseado el contenido de la Constitución, mediante una "mutación" ilegítima y fraudulenta de la misma. [2]

Esa ha sido la trágica experiencia venezolana en la materia que queremos resumir en estas páginas, analizando, *primero*, el inconstitucional procedimiento que se utilizó para sancionar y someter a referendo la rechazada "reforma constitucional" de 2007, y la renuncia de la Jurisdicción Constitucional a ejercer el control de constitucionalidad sobre el mismo; *segundo*, el inconstitucional procedimiento utilizado para la "enmienda constitucional" de 2009, con la anuencia de la jurisdicción constitucional; *tercero,* la inconstitucional implementación de la rechazada "reforma constitucional" de 2007 por parte de la Jurisdicción Constitucional mediante mutaciones constitucionales ilegítimas; y *cuarto*, la inconstitucional implementación de la rechazada "reforma constitucional" de 2007 mediante leyes y decretos leyes (legislación ordinaria), no controlados por la jurisdicción constitucional.

2. *El rechazado Proyecto de Reforma Constitucional de 2007, y el inconstitucional procedimiento utilizado para su sanción, que la Jurisdicción Constitucional se negó a controlar*

En agosto de 2007, Hugo Chávez Frías, a los pocos meses de haber sido reelecto en la Presidencia de la República, después de haber nombrado una

---

2    La Sala Constitucional del Tribunal Supremo de Justicia en la sentencia N° 74 de 25-01-2006 señaló que un *fraude a la Constitución* ocurre cuando se destruyen las teorías democráticas "mediante el procedimiento de cambio en las instituciones existentes aparentando respetar las formas y procedimientos constitucionales", o cuando se utiliza "del procedimiento de reforma constitucional para proceder a la creación de un nuevo régimen político, de un nuevo ordenamiento constitucional, sin alterar el sistema de legalidad establecido, como ocurrió con el *uso fraudulento de los poderes* conferidos por la ley marcial en la Alemania de la Constitución de *Weimar*, forzando al Parlamento a conceder a los líderes fascistas, en términos de dudosa legitimidad, la plenitud del poder constituyente, otorgando un poder legislativo ilimitado"; y que un *falseamiento de la Constitución* ocurre cuando se otorga "a las normas constitucionales una interpretación y un sentido distinto del que realmente tienen, que es en realidad una modificación no formal de la Constitución misma", concluyendo con la afirmación de que "*Una reforma constitucional sin ningún tipo de límites, constituiría un fraude constitucional*". Véase en *Revista de Derecho Público,* Editorial Jurídica Venezolana, N° 105, Caracas 2006, pp. 76 ss. Véase Néstor Pedro Sagües, *La interpretación judicial de la Constitución*, Buenos Aires 2006, pp. 56-59, 80-81, 165 ss.

Comisión Constitucional para elaborarla integrada por representantes de todos los poderes públicos, incluido el Tribunal Supremo, todos sometidos a un "pacto de confidencialidad," con base en las propuestas que recibió,[3] presentó formalmente ante la Asamblea Nacional un proyecto de "reforma constitucional,"[4] que luego de haber sido discutido y sancionado por la misma el 15 de noviembre de ese mismo año, fue sometido a referendo aprobatorio el 7 de diciembre de 2007. Con la misma, como lo indicamos en su oportunidad, se pretendía transformar radical al Estado, es decir, ni más ni menos, trastocar el Estado Social y Democrático de Derecho y de Justicia de orden civil, y convertirlo en un Estado Socialista, Centralizado, Policial y Militarista.[5]

Las pautas para la reforma constitucional que en diversos discursos y alocuciones fue dando el Presidente de la República durante 2007, apuntaron, por una parte, a la conformación de un nuevo "Estado del Poder Popular" o del Poder Comunal, o Estado Comunal, estructurado desde los Consejos Comunales que ya desde 2006 habían sido creados al margen de la Constitución[6], como unidades u organizaciones sociales no electas mediante sufragio universal, directo y secreto y sin autonomía territorial, supuestamente dispuestos para canalizar la participación ciudadana, pero conforme a un sistema de conducción centralizado desde la cúspide del Poder Ejecutivo Nacional; y por la otra, a la estructuración de un "Estado socialista," con una doctrina

---

3   El documento circuló en junio de 2007 con el título *Consejo Presidencial para la Reforma de la Constitución de la República Bolivariana de Venezuela, "Modificaciones propuestas".* El texto completo fue publicado como *Proyecto de Reforma Constitucional. Versión atribuida al Consejo Presidencial para la reforma de la Constitución de la república Bolivariana de Venezuela,* Editorial Atenea, Caracas 01 de julio de 2007, 146 pp. Véase mis comentarios al proyecto en Allan R. Brewer-Carías, *Hacia la Consolidación de un Estado Socialista, Centralizado, Policial y Militarista. Comentarios sobre el sentido y alcance de las propuestas de reforma constitucional 2007,* Colección Textos Legislativos, N° 42, Editorial Jurídica Venezolana, Caracas 2007.

4   Véase el documento *Proyecto de Exposición de Motivos para la Reforma Constitucional, Presidencia de la República, Proyecto Reforma Constitucional. Propuesta del presidente Hugo Chávez Agosto 2007;* y la publicación*: Proyecto de Reforma Constitucional. Elaborado por el ciudadano Presidente de la República Bolivariana de Venezuela, Hugo Chávez Frías* Editorial Atenea, Caracas agosto 2007. Véase mis comentarios a la propuesta de reforma constitucional, en Allan R. Brewer-Carías, *La Reforma Constitucional de 2007 (Comentarios al Proyecto Inconstitucionalmente sancionado por la Asamblea Nacional el 2 de Noviembre de 2007),* Colección Textos Legislativos, N° 43, Editorial Jurídica Venezolana, Caracas 2007

5   Véase Allan R. Brewer-Carías, *Hacia la Consolidación de un Estado Socialista, Centralizado, Policial y Militarista. Comentarios sobre el sentido y alcance de las propuestas de reforma constitucional 2007,* Colección Textos Legislativos, N° 42, Editorial Jurídica Venezolana, Caracas 2007.

6   Ley de Consejos Comunales *Gaceta Oficial,* N° 5.806 *Extraordinario,* 10-04-2006. Véase mis comentarios sobre esta Ley y su significado en "El inicio de la desmunicipalización en Venezuela: La organización del Poder Popular para eliminar la descentralización, la democracia representativa y la participación a nivel local", en *AIDA, Opera Prima de Derecho Administrativo. Revista de la Asociación Internacional de Derecho Administrativo,* Universidad Nacional Autónoma de México, Facultad de Estudios Superiores de Acatlán, Coordinación de Postgrado, Instituto Internacional de Derecho Administrativo "Agustín Gordillo", Asociación Internacional de Derecho Administrativo, México, 2007, pp. 49 a 67.

socialista y "bolivariana" como doctrina oficial, sustituyendo al sistema plural de libertad de pensamiento y acción que siempre ha existido en el país y, en particular, sustituyendo la libertad económica y el Estado de economía mixta que siempre ha existido, por un sistema de economía estatista y colectivista, de capitalismo de Estado, sometido a una planificación centralizada, minimizando el rol del individuo y eliminando todo vestigio de libertad económica y de propiedad privada. Es decir, con la reforma constitucional de 2007, de haber sido aprobada, hubiera desaparecido la democracia representativa, la alternabilidad republicana y toda idea de descentralización del poder, se hubiera retrocedido en materia de protección de los derechos humanos, y se hubiera concentrado todo el poder en la Jefatura del Estado, desapareciendo la libertad económica y el derecho de propiedad

En síntesis, el proyecto de reforma constitucional sancionado por la Asamblea Nacional en Noviembre de 2007, que fue rechazado por el pueblo, buscaba efectuar una radical transformación del Estado y sentar las bases para la creación de un nuevo ordenamiento jurídico, para:

*Primero*, transformar el Estado en un Estado Socialista, con una doctrina política oficial de carácter socialista, que se denominaba además como "doctrina bolivariana", con lo cual se eliminaba toda posibilidad de pensamiento distinto al oficial y, por tanto, toda disidencia, pues la doctrina política oficial se quería incorporar en la Constitución, como política y doctrina del Estado y la Sociedad, hubiera constituido un deber constitucional de todos los ciudadanos cumplir y hacerla cumplir. Con ello, se buscaba sentar las bases para la criminalización de la disidencia.

*Segundo*, transformar el Estado en un Estado Centralizado, de poder concentrado bajo la ilusión del Poder Popular, lo que implicaba la eliminación definitiva de la forma federal del Estado, imposibilitando la participación política y degradando la democracia representativa; todo ello, mediante la supuesta organización de la población para la participación en los Consejos del Poder Popular, como los Comunales, que son instituciones sin autonomía política alguna, cuyos miembros se pretendía declarar en la propia Constitución, que no fueran electos. Dichos Consejos, creados por Ley en 2006, están controlados desde la Jefatura del gobierno y para cuyo funcionamiento, el instrumento preciso es el partido socialista unificado que el Estado comenzó a crear durante 2007.

*Tercero,* transformar el Estado en un Estado de economía estatista, socialista y centralizada, propia de un capitalismo de Estado, con lo que se buscaba eliminar la libertad económica y la iniciativa privada, y desaparecía la propiedad privada, que con la reforma dejaban de ser derechos constitucionales, buscándose darle al Estado la propiedad de los medios de producción, la planificación centralizada y la posibilidad de confiscar bienes de las personas materialmente sin límites, configurándolo como un Estado del cual todo dependía, y a cuya burocracia quedaba sujeta la totalidad de la población. Ello choca, sin embargo, con las ideas de libertad y solidaridad social que se proclaman en la propia Constitución, y lo que se buscaba era sentar las bases para que el Estado sustituyera a la propia sociedad y a las iniciativas particulares, minimizándoselas.

*Cuarto*, transformar el Estado en un Estado Policial (represivo), con la tarea fundamental de someter a toda la población a la doctrina oficial socialista y "bolivariana" que se pretendía constitucionalizar, y velar por que la misma se cumpliera en todos los órdenes, lo que se buscaba asegurar mediante la regulación, con acentuado carácter regresivo y represivo, del ejercicio de los derechos civiles en situaciones de excepción, para lo cual se preveían amplios márgenes de restricción y suspensión.

*Quinto*, transformar el Estado en un Estado Militarista, dado el rol que se le pretendía dar a la "Fuerza Armada Bolivariana" en su configuración y funcionamiento, toda sometida al Jefe de Estado, y con la propuesta de creación en la Constitución de la Milicia Popular Bolivariana como nuevo componente.[7]

En definitiva, el objetivo era consolidar en el propio texto de la Constitución un Estado Centralizado del Poder Popular, como Estado Socialista, de economía estatal y centralizada, y como Estado Militarista y Policial de ideología única oficial, lo que se apartaba radicalmente de la concepción del Estado descentralizado, civil, social, democrático y pluralista de derecho y de justicia, y de economía mixta que regula la Constitución de 1999.

Se trataba, por tanto, sin duda de una propuesta que buscaba *transformar radicalmente al Estado y crear un nuevo ordenamiento jurídico*, lo que no podía realizarse mediante el mecanismo de "reforma constitucional" que fue utilizado en fraude a la Constitución, sino que exigía, conforme a su artículo 347, que se convocara y eligiera una Asamblea Nacional Constituyente, lo que por supuesto, hubiera podido implicar que la reforma se le escapara de su control férreo. Tan era una reforma constitucional que implicaba originar un nuevo texto constitucional, que la Asamblea Nacional, al sancionarla, dispuso que con la misma se sustituyera completamente la Constitución de 1999, ordenando a tal efecto en la Disposición Final que la Constitución –de haber sido aprobada por el pueblo- se imprimiera "íntegramente en un solo texto […] con la reforma aquí sancionada y en el correspondiente texto único corríjanse los artículos aplicando la nueva terminología señalada en esta Reforma Constitucional, en cuanto sea aplicable suprimiéndose y sustituyéndose de acuerdo al contenido de esta Reforma así como las firmas, fechas y demás datos de sanción y promulgación". Es decir, de haberse aprobado la reforma por referendo, la Constitución hubiera tenido que conocerse como la "Constitución de 2007", es decir, una Constitución diferente, como efectivamente resultaba de su contenido

Esa transformación radical del Estado y la creación de un nuevo ordenamiento jurídico que se propuso en 2007, se insiste, de haber sido aprobada,

---

7    Véase Allan R. Brewer-Carías, *La Reforma Constitucional de 2007 (Comentarios al Proyecto Inconstitucionalmente sancionado por la Asamblea Nacional el 2 de Noviembre de 2007)*, Colección Textos Legislativos, Nº 43, Editorial Jurídica Venezolana, Caracas 2007.

hubiera sido, sin duda, una de las más sustanciales de toda la historia constitucional del país, cambiándose formalmente el modelo de Estado descentralizado, democrático, pluralista y social de derecho que está regulado en la Constitución de 1999, por el de un Estado Socialista, centralizado, policial y militarista, con una doctrina oficial "bolivariana" identificada como "el Socialismo del Siglo XXI" y un sistema económico de capitalismo de Estado.

De haber sido aprobada la propuesta de reforma a la Constitución se habría establecido formalmente en Venezuela, una ideología y doctrina de Estado, de corte socialista y supuestamente "bolivariana", la cual en consecuencia, a pesar de su imprecisión –y he allí lo más peligroso–, como doctrina "oficial" no hubiera admitido disidencia alguna. No se olvide que todos los ciudadanos tienen un deber constitucional esencial y es cumplir y hacer cumplir la Constitución (art. 131), por lo que de haberse aprobado la reforma, todos los ciudadanos hubieran tenido el deber de contribuir activamente en la implementación de la doctrina oficial del Estado. En ello no hubiera podido admitirse ni siquiera la neutralidad. Por tanto, todo pensamiento, toda expresión del pensamiento, toda acción o toda omisión que pudiera considerarse como contraria a la doctrina oficial socialista y "bolivariana", o que simplemente la "autoridad" no considerase que contribuía a la construcción y siembra del socialismo, hubiera constituido una violación a un deber constitucional, y hubiera podido, por tanto, ser criminalizada, es decir, hubiera podido haber dado lugar a sanciones incluso penales. Se trataba de crear un pensamiento único, que constitucionalmente no hubiera admitido disidencia.

Por lo demás, con las reformas que fueron sancionadas por la Asamblea Nacional, y que el pueblo rechazó en el referendo, materialmente desaparecía la democracia representativa y las autonomías político territoriales, que se buscaba sustituir por un esquema estatal centralizado supuestamente montado sobre una democracia "participativa y protagónica" que estaba controlada total y centralizadamente desde arriba, por el Jefe de Estado, en la cual quedaba proscrita toda forma de descentralización política y autonomía territorial, y que a la vez, restringía los mecanismos de participación política que están directamente regulados en la Constitución, como son los referendos y la participación de la sociedad civil en los Comité de Postulaciones de altos funcionarios.

Todo ello evidencia que las propuestas que contenía el proyecto de "reforma constitucional" tocaban aspectos medulares de la organización del Estado, por lo que las mismas no podían ser aprobadas siguiéndose el procedimiento establecido para las reformas constitucionales", sino más bien el procedimiento de convocatoria de una Asamblea Constituyente. Por ello, contra el procedimiento utilizado para la reforma se intentaron múltiples acciones de nulidad por inconstitucionalidad y amparo contra el inconstitucional procedimiento seguido, todas las cuales fueron declaradas inadmisibles, e incluso, "improponibles," renunciando así la Jurisdicción Constitucional a controlar el inconstitucional proceder que escogieron tanto el Presidente de la República, como la Asamblea Nacional y el Consejo Nacional Electoral al convocar el referendo aprobatorio.[8]

Ello, por lo demás, ya lo había anunciado la Presidenta de la Sala Constitucional el 17 de agosto de 2007, sólo dos días después de presentado el proyecto de reforma a la Asamblea Nacional, adelantándose a cualquier impugnación, al declarar públicamente que "la Sala Constitucional no tramitará ninguna acción relacionada con las modificaciones al texto fundamental, hasta tanto éstas no hayan sido aprobadas por los ciudadanos en el referendo" agregando que "Cualquier acción debe ser presentada después del referendo cuando la reforma ya sea norma, porque no podemos interpretar una tentativa de norma. Después de que el proyecto sea una norma podríamos entrar a interpretarla y a conocer las acciones de nulidad"[9].

La consecuencia de este anuncio público anticipado, como se dijo, fue la declaración como inadmisibles e "inproponibles" por la Sala Constitucional, con la participación de su Presidenta quien había adelantado opinión pública en la materia, de numerosos recursos de amparo y nulidad que se habían interpuesto contra todos los actos de los poderes constituidos que había intervenido en el procedimiento de "reforma constitucional". Entre dichas sentencias

---

8 Véase Allan R. Brewer-Carías, *El juez constitucional vs. la supremacía constitucional. O de cómo la Jurisdicción Constitucional en Venezuela renunció a controlar la constitucionalidad del procedimiento seguido para la "reforma constitucional" sancionada por la Asamblea Nacional el 2 de noviembre de 2007, antes de que fuera rechazada por el pueblo en el referendo del 2 de diciembre de 2007,* en Eduardo Ferrer Mac Gregor y César de Jesús Molina Suárez (Coordinadores), *El juez constitucional en el Siglo XXI,* Universidad nacional Autónoma de México, Suprema Corte de Justicia de la Nación, México 2009, Tomo I, pp. 385-435.

9 Véase la reseña del periodista Juan Francisco Alonso, en *El Universal,* Caracas 18-08-07. Esto, por lo demás, fue lo que decidió la Sala Constitucional en su sentencia N° de 22-11-07 (Expediente N° 07-1596) al declarar "inproponible" una acción de inconstitucionalidad contra el acto de la Asamblea nacional sancionando la reforma constitucional, con la participación y firma de la misma Presidente de la Sala, quien no se inhibió a pesar de haber adelantado públicamente opinión sobre lo decidido. Por otra parte, luego de varias solicitudes de recursos de interpretación sobre el artículo 342 de la Constitución, y de nulidad del acto sancionatorio de la reforma por la Asamblea Nacional, con motivo de la recusación que efectuaron los peticionantes contra la Presidenta de la Sala por estar comprometida su imparcialidad en la materia al haber formado parte de la Comisión Presidencial para la Reforma Constitucional, en decisión de 01-11-07, el magistrado Jesús Eduardo Cabrera de la misma Sala, decidió que de la lectura del Decreto de creación del Consejo de Reforma (art. 5), "se desprende que la Secretaria Ejecutiva, cumplia funciones administrativas y no de redacción, corredacción, o ponencia sobre el contenido de un anteproyecto de reforma constitucional; por lo que la Dra. Luisa Estella Morales Lamuño no es –necesariamente– promovente del "Proyecto de Reforma Constitucional" que ha presentado el Presidente de la República, y los recusantes no señalan cuál aporte de la Secretaria Ejecutiva fue incorporado al Proyecto de Reforma, ni siquiera alguno que haga presumir la intervención de la Dra. Morales"; agregando que "Además, por ser parte del Consejo Presidencial, la Secretaria Ejecutiva no está dando ninguna recomendación sobre el juicio de nulidad de que trata esta causa, ya que nada ha manifestado en ese sentido, ni se le imputa declaración alguna de su parte que adelante opinión sobre la inconstitucionalidad denunciada en esta causa". Véase también, la Reseña periodística de JFA, *El Universal,* Caracas 2-11-07. Posteriormente, en sentencia de 22-11-07, el mismo Magistrado Cabrera declaró sin lugar otra recusación contra la Presidenta de la Sala por motivos similares (Exp. 07-1597).

se puede mencionar la dictada en el caso de la acción de nulidad por inconstitucionalidad que la Confederación de Profesionales Universitarios de Venezuela y el Colegio de Abogados del Estado Carabobo presentaron contra el acto de la Asamblea Nacional sancionatorio del proyecto de reforma constitucional (N° 2189) de 22 de noviembre de 2007 (Exp. N° 07-1596), en la cual, luego de referirse a previas sentencias (Nos. 2108/2007 y 2147/2007), la Sala Constitucional precisó que "el procedimiento para la reforma constitucional es un *"proceso complejo"* que comienza con la iniciativa (artículo 342); continúa con la discusión y aprobación, que corresponde a la Asamblea Nacional (artículo 343); sigue con el referendo constitucional, regulado en el artículo 344, que corresponde ejercerlo al pueblo *"como validante definitivo de la reforma"*; y, finalmente, la promulgación por el Presidente de la República, según lo dispuesto en el artículo 346 constitucional"; concluyó, erradamente, afirmando que siendo "un proceso complejo de formación de actos normativos … se asemeja al ordinario de formación de leyes; y una de las coincidencias absolutas es que no se puede hablar de un acto definitivo si no se han cumplido todos los pasos de este trámite procedimental"; y que dicho procedimiento complejo, "no causa gravamen hasta tanto no exteriorice sus efectos (mediante la promulgación y publicación en Gaceta Oficial)".

Con base en estas erradas premisas, confundiendo el proceso de reforma constitucional con el procedimiento de formación de las leyes, la Sala Constitucional renunció por tanto, en contra del principio de la universalidad del control, a ejercer el control de constitucionalidad respecto del acto definitivo de iniciativa presidencial al presentar el proyecto de reforma ante la Asamblea Nacional; del acto definitivo de la Asamblea Nacional al sancionar el proyecto de reforma constitucional y del acto definitivo del Consejo Nacional Electoral que lo sometió a referendo, considerando que "mientras el proyecto de reforma esté en proceso de trámite no es susceptible de control jurisdiccional, salvo que el proceso de reforma *"aborte"* en alguna de esas etapas sucesivas y no se perfeccione el acto normativo (Vid. sentencia N° 2147 del 13 de noviembre de 2007, caso: *Rafael Ángel Briceño*)"; y concluyendo que "el proyecto de reforma constitucional sancionado por la Asamblea Nacional el día 2 de noviembre de 2007, al tratarse de un acto normativo no perfeccionado, no puede producir efectos jurídicos externos y, por lo tanto, no es posible controlar jurisdiccionalmente a *priori* su contenido". De todo estos ilógicos argumentos, la Sala concluyó declarando "improponible en derecho la presente acción popular de inconstitucionalidad".[10]

---

10    Véase sobre todas las referidas sentencias los comentarios en Allan R. Brewer-Carías, *El juez constitucional vs. la supremacía constitucional. O de cómo la Jurisdicción Constitucional en Venezuela renunció a controlar la constitucionalidad del procedimiento seguido para la "reforma constitucional" sancionada por la Asamblea Nacional el 2 de noviembre de 2007, antes de que fuera rechazada por el pueblo en el referendo del 2 de diciembre de 2007*, en Eduardo Ferrer Mac Gregor y César de Jesús Molina Suárez (Coordinadores), *El juez constitucional en el Siglo XXI*, Universidad nacional Autónoma de México, Suprema Corte de Justicia de la Nación, México 2009, Tomo I, pp. 385-435.

Al contrario de la afirmado por la Sala, sin embargo, cuando las Constituciones han establecido precisos procedimientos que los poderes constituidos, cuando ejercen funciones de poder constituyente derivado, deben seguir para la revisión constitucional, los cuales se constituyen en límites constitucionales adjetivos o procedimentales para la revisión constitucional, la consecuencia lógica de estas regulaciones y obligación de sometimiento a la Constitución, es precisamente que el cumplimiento de dichos procedimientos de reforma o enmienda constitucional por los órganos del poder constituidos, dado el principio de la supremacía constitucional, debe y tiene que estar sujeto a control de constitucionalidad por parte de los órganos de la Jurisdicción Constitucional antes de que se manifieste la voluntad popular, es decir, antes de que se manifieste el poder constituyente originario.[11] Es absurdo pretender, en cambio, que una vez efectuado un referendo, es decir, manifestado el poder constituyente originario, un órgano del poder constituido como es la Sala Constitucional del Tribunal Supremo, pueda pretender ejercer el control de constitucionalidad de la voluntad popular, es decir, del poder constituyente originario, que es el pueblo, manifestada en referendo.

La propuesta de Reforma Constitucional de 2007, en todo caso, luego de haber sido sometida a referendo aprobatorio el 2 de diciembre de 2007, fue abrumadoramente rechazada por el pueblo.[12] Ello no impidió, sin embargo, su sistemática implementación por el régimen autoritario, en fraude a la Constitución y, además, en fraude a la voluntad popular.

3. *La Enmienda Constitucional de 2009, y el inconstitucional procedimiento utilizado para aprobarla, con la anuencia de la Jurisdicción Constitucional*

Una de las "reformas constitucionales" que contenía el proyecto de reforma constitucional de 2007, y que como todas fue rechazada por el voto popular, fue la que pretendía acentuar el presidencialismo y la concentración del poder mediante la reforma del artículo 230 de la Constitución con el objeto de

---

11    Véase sobre el control de constitucionalidad de las reformas constitucionales en Allan R. Brewer-Carías, "La reforma constitucional en América Latina y el control de constitucionalidad", en *Reforma de la Constitución y control de constitucionalidad. Congreso Internacional, Pontificia Universidad Javeriana, Bogotá Colombia, junio 14 al 17 de 2005*, Bogotá, 2005, pp. 108-159.

12    El proyecto de reforma constitucional sólo recibió el voto favorable del 28% de los votantes inscritos en el Registro Electoral. Como aún en julio de 2008 no se conocen los resultados definitivos de la votación en el referendo, si sólo se toma en cuenta los resultados anunciados por el Consejo Nacional Electoral el día 2 de diciembre de 2007 en la noche, del un universo de más de 16 millones de electores inscritos, sólo acudieron a votar 9 millones doscientos mil votantes, lo que significó un 44% de abstención; y de los electores que votaron, sólo votaron por aprobar la reforma (voto SI), 4 millones trescientos mil votantes, lo que equivale sólo al 28 % del universo de los electores inscritos en el Registro Electoral o al 49,2% de los electores que fueron a votar. En dicho referendo, por tanto, en realidad, no fue que "triunfó" el voto NO por poco margen, sino que lo que ocurrió fue que la propuesta de reforma fue rechazada por el 72% de los electores inscritos, quienes votaron por el NO (50,7%) o simplemente no acudieron a votar para aprobar la reforma.

establecer la posibilidad de la reelección indefinida del Presidente de la República, que afectaba el principio de la alternabilidad republicana del gobierno, y el aumento de su período constitucional de 6 a 7 años. Dicha "reforma constitucional," una vez que fue rechazada por el pueblo, conforme al artículo 345 de la Constitución, no se podía volver a presentar de nuevo ante la Asamblea Nacional durante "el mismo período constitucional," lo que implicaba que dicha reforma sobre la elección presidencial no se podía volver a presentar en el período constitucional 2007-2013; y tampoco podía presentarse de nuevo dicha reforma utilizando la vía de la "enmienda constitucional" pues tocaba principios fundamentales del gobierno democrático.

Pero nada de ello importó, habiendo correspondido a la Sala Constitucional del Tribunal Supremo de Justicia en decisión N° 53 de 3 de febrero de 2009,[13] allanar el camino constitucional para la aprobación popular mediante referendo aprobatorio que se realizó el 15 de febrero de 2009, de una "Enmienda Constitucional" relativa al mismo artículo 230 de la Constitución (y además de los artículos 160, 162, 174 y 192 y 230) para establecer el principio de la reelección continua del Presidente de la República y de todos cargos electivos, contrariando el principio constitucional de la alternabilidad republicana (art. 6), y violando la prohibición constitucional de realizar una consulta popular sobre "reformas" a la Constitución ya rechazadas por el pueblo en un mismo período constitucional (art. 345).

La Sala Constitucional, en efecto, sobre el primer aspecto, de la prohibición constitucional de poder someter de nuevo a consulta popular, una reforma rechazada por el pueblo, durante el mismo período constitucional, olvidó que el propósito de la misma está dirigido a regular los efectos de la voluntad popular expresada mediante referendo, en el sentido de que no se debe consultar al pueblo, de nuevo, la misma modificación constitucional que el pueblo ya ha rechazado en un mismo período constitucional. Al contrario, la Sala Constitucional confundiendo el sentido de la prohibición del artículo 345 de la Constitución, sostuvo que la misma no estaba destinada a regular los efectos de la manifestación de rechazo popular de la reforma propuesta, sino que sólo dirigida a regular a la Asamblea Nacional, en el sentido de que lo que no podría era exigírsele que debatiera una reforma constitucional una vez que ya la había debatido en el mismo período constitucional y había sido rechazada por el pueblo. La Sala olvidó que la norma constitucional, a lo que estaba dirigida, era a regular las consultas a la voluntad popular en materia de modi-

---

13   Véase la sentencia N° 53, de la Sala Constitucional de 2 de febrero de 2009 (Caso: *Interpretación de los artículos 340,6 y 345 de la Constitución*), en http:/www.tsj.gov.ve/decisions/scon/Febrero/ 53-3209-2009-08-1610.html. Véase sobre esta sentencia, Allan R. Brewer-Carías, "La Sala Constitucional vs. el derecho ciudadano a la revocatoria de mandatos populares: de cómo un referendo revocatorio fue inconstitucionalmente convertido en un "referendo ratificatorio", publicado en el libro *Crónica sobre la "in" justicia constitucional. La Sala Constitucional y el autoritarismo en Venezuela*, Colección Instituto de Derecho Público, Universidad Central de Venezuela, N° 2, Caracas 2007, Allan pp. 349-378.

ficación de la Constitución y sus efectos, y no los efectos de los debates en la Asamblea Nacional.

Lo importante de la prohibición establecida en un Título de la Constitución relativo a la "Reforma Constitucional" que en Venezuela sólo puede realizarse con la participación del pueblo, es que la misma se refiere precisamente a los efectos de la expresión de la voluntad popular que es manifestación del poder constituyente originario, y no a los efectos del debate que pueda haber habido en la Asamblea Nacional en la materia, que no es poder constituyente, ni siquiera derivado, ya que no puede haber modificación constitucional alguna sin aprobación popular.

La decisión de la Sala Constitucional fue una nueva burla a la Constitución al ignorar la prohibición de sucesivas consultas populares, basándose en dos artilugios que se utilizaron en ese caso de la Enmienda 2008-2009: primero, el utilizado por la Asamblea Nacional, en su iniciativa de Enmienda, al extenderla a otros artículos constitucionales además del 230, para tratar de diferenciar la Enmienda de 2008-2009 de la rechazada Reforma Constitucional de 2007; y segundo, el utilizado por la Sala Constitucional al considerar que la prohibición constitucional de consultar al pueblo sobre reformas rechazadas era sólo formal respecto de las discusiones en la Asamblea Nacional, ignorando su propósito esencial de respetar la voluntad popular una vez que esta se ha expresado en forma negativa respecto de una modificación de la Constitución. Esa voluntad había que respetarla, que era lo que perseguía la Constitución, por lo que una vez que el pueblo se manifestó rechazando la modificación al texto constitucional en 2007 no se lo podía convocarlo sucesivamente sin límites en el mismo período constitucional para volver a pronunciarse sobre lo mismo. Sin embargo, con base en la decisión de la Sala Constitucional, en febrero de 2009 bajo la iniciativa de 'la Asamblea Nacional el Consejo nacional Electoral sometió la Enmienda Constitucional N° 1 al voto popular, la cual fue aprobada,[14] en burla a la Constitución

Pero aparte de esa burla a la prohibición constitucional, en la misma sentencia, la Sala Constitucional procedió a mutar ilegítimamente la Constitución, eliminando el carácter de principio fundamental del gobierno que además de "democrático" y "electivo" conforme al artículo 6 de la Constitución, debe ser *siempre* "alternativo," considerando que dicho principio no se alteraba con la reforma propuesta en la Enmienda Constitucional de 2009[15] que estableció la posibilidad de la reelección continua y sin límites de los cargos electivos alterando un principio fundamental del constitucionalismo venezolano establecido desde 1830 en casi todas las Constituciones, que es el de la "alternabilidad" en el gobierno, y que en el artículo 6 de la Constitución

---

14    Véase en *Gaceta Oficial* N° 5908 Extra de 19-02-2009.

15    Véase los comentarios sobre esta sentencia en Allan R. Brewer-Carías, "El Juez Constitucional vs. La alternabilidad republicana (La reelección continua e indefinida), en *Revista de Derecho Público*, N° 117, (enero-marzo 2009), Caracas 2009, pp. 205-211. Publicado también en http://www.analitica.com/va/politica/opinion/6273405.asp.

de 1999 se formula como uno de los principios fundamentales del mismo, con una fórmula que lo convierte en una de las llamadas "cláusulas pétreas" o inmodificables. Dispone la norma que "El gobierno *es y será siempre* [...] alternativo [...]", lo que implica que ello nunca podría ser alterado. Esa fue la voluntad del pueblo al aprobar la Constitución en 1999. Recuérdese por lo demás, que ese principio fue incorporado como reacción al continuismo en el poder y entre otros aspectos, con base en la propia "doctrina de Simón Bolívar" en la cual la República se fundamenta conforme al artículo 1 de la Constitución, al expresar en su Discurso de Angostura que:

> "...La continuación de la autoridad en un mismo individuo frecuentemente ha sido el término de los gobiernos democráticos. Las repetidas elecciones son esenciales en los sistemas populares, porque nada es tan peligroso como dejar permanecer largo tiempo en un mismo ciudadano el poder. El pueblo se acostumbra a obedecerle y él se acostumbra a mandarlo; de donde se origina la usurpación y la tiranía [...] nuestros ciudadanos deben temer con sobrada justicia que el mismo Magistrado, que los ha mandado mucho tiempo, los mande perpetuamente."[16].

De acuerdo con esta doctrina, en el constitucionalismo venezolano, la palabra usada al expresar el principio del gobierno "alternativo" o de la "alternabilidad" en el poder, siempre ha tenido el significado que la misma tiene en castellano cuando se refiere a cargos, y que implica la idea de que las personas deben *turnarse sucesivamente* en los cargos o que los cargos deben desempeñarse *por turnos* (*Diccionario de la Real Academia Española*).[17] Como lo señaló la Sala Electoral del Tribunal Supremo de Justicia en sentencia n° 51 de 18-3-2002, alternabilidad significa "*el ejercicio sucesivo de un cargo por personas distintas, pertenezcan o no a un mismo partido*." El principio de "gobierno alternativo," por tanto, no es equivalente al de "gobierno electivo." La elección es una cosa, y la necesidad de que las personas se turnen en los cargos es otra.

Ha sido este principio de la alternabilidad, como principio fundamental del constitucionalismo venezolano, el que ha implicado la inclusión en las Constituciones de limitaciones a las posibilidades de reelección en cargos electivos. Así sucedió en casi todas nuestras Constituciones, como las de 1830, 1858, 1864, 1874, 1881, 1891, 1893, 1901, 1904, 1909, 1936, 1845 y 1947[18] en las que se estableció, por ejemplo, la prohibición de la reelección del Presidente de la República para el período constitucional inmediato. En la historia constitucional del país, en realidad, la prohibición de la reelección

---

16    Véase en Simón Bolívar, *Escritos Fundamentales*, Caracas, 1982.

17    Véase el Voto Salvado a la sentencia N° 53, de la Sala Constitucional de 2 de febrero de 2009 (Caso: *Interpretación de los artículos 340,6 y 345 de la Constitución*), en http://www.tsj.gov.ve/decisions/scon/Febrero/53-3209-2009-08-1610.html.

18    Véase el texto de todas las Constituciones en Allan R. Brewer-Carías, *Las Constituciones de Venezuela*, 2 vols., Academia de Ciencias Políticas y Sociales, Caracas 2008.

presidencial inmediata solamente dejó de establecerse en las Constituciones de los gobiernos autoritarios: en la efímera Constitución de 1857; en las Constituciones de Juan Vicente Gómez de 1914, 1922, 1925, 1928, 1929 y 1931, y en la Constitución de Marcos Pérez Jiménez de 1953. La prohibición, en cambio, respecto del Presidente de la República, en el período democrático iniciado en 1958[19] fue más amplia y se extendió en la Constitución de 1961 a los dos períodos siguientes (10 años). La flexibilización del principio, en cambio, se produjo en la Constitución de 1999, en la cual se permitió la posibilidad de reelección presidencial de inmediato y por una sola vez, para un nuevo período. Conforme a ella, fue que se reeligió al Presidente Chávez en 2006, y a pesar de que fue sancionada por una Asamblea Nacional Constituyente enteramente controlada por él, diez años después el mismo Presidente ya reelecto, fue quien propuso reformarla. Sin embargo, como se dijo, alternabilidad del gobierno es un principio histórico del constitucionalismo venezolano y además, propio de los sistemas presidenciales de gobierno, que se opone al continuismo o a la permanencia en el poder por una misma persona, por lo que toda previsión que permita que esto ocurra, es contraria a dicho principio.

Este principio, por tanto, no se puede confundir con el principio "electivo" del gobierno o el más general principio "democrático" que el mismo artículo 6 de la Constitución establece. Una cosa es poder elegir a los gobernantes, y otra cosa es el principio de alternabilidad que impide poder escoger al mismo gobernante ilimitadamente.

Es contrario a la Constitución, por tanto, interpretar, como lo hizo la Sala Constitucional en su sentencia N° 53 de 3 de febrero de 2009, que el principio de la alternabilidad "lo que exige es que el pueblo como titular de la soberanía tenga la posibilidad periódica de escoger sus mandatarios o representantes", confundiendo "gobierno alternativo" con "gobierno electivo." Por ello es falso lo que afirmó la Sala Constitucional en el sentido de que "sólo se infringiría el mismo si se impide esta posibilidad al evitar o no realizar las elecciones". Con su sentencia, la Sala Constitucional de nuevo lo que hizo fue mutar ilegítimamente el texto de la Constitución, y al contrario de lo que afirmó, la eliminación de la causal de inelegibilidad para el ejercicio de cargos públicos derivada de su ejercicio previo por parte de cualquier ciudadano, sí trastocó el principio de alternabilidad en el ejercicio del poder.

Se insiste, lo expuesto por la Sala Constitucional se refirió al principio de gobierno "electivo" que en los términos del mismo artículo 6 de la Constitución, es el que implica que "el electorado, como actor fundamental del proceso democrático, acuda a procesos comiciales periódicamente en los que compitan, en igualdad de condiciones, las diversas opciones políticas que integran el cuerpo social;" pero no al principio de gobierno "alternativo" que implica que no se pueda elegir indefinidamente una misma persona para el mismo

---

19 Ver Allan R. Brewer-Carías, *Historia Constitucional de Venezuela*, 2 vols., Editorial Alfa, Caracas 2008.

cargo, así haya hecho un "buen gobierno." El principio de la alternabilidad, para evitar el continuismo en el poder, precisamente implica la limitación que el pueblo, como poder constituyente originario, se ha impuesto a sí mismo, en cuanto a que supuestamente pueda tener la "oportunidad de decidir entre recompensar a quienes estime como sus mejores gobernantes, o bien renovar completamente las estructuras del poder cuando su desempeño haya sido pobre." Esta supuesta "oportunidad," por el principio de la alternabilidad en la Constitución, pudo ejercerse antes de 1999, sólo después de que, en sus casos, transcurrieron uno o dos períodos constitucionales siguientes al ejercicio de la Presidencia por quien pretendiera de nuevo optar a dicho cargo, y en la Constitución de 1999 sólo ocurrió en 2006, por una sola vez para un período inmediato, mediante la reelección ya efectuada del Presidente Chávez. Pero establecer dicha "oportunidad" como reelección continua, sin límite, sería contrario al principio de la alternabilidad.

Por tanto, al contrario de que decidió la Sala Constitucional, la posibilidad de reelección continúa sí alteraba el principio fundamental del gobierno "alternativo", que es uno de los valores democráticos que informan nuestro ordenamiento jurídico. Dicho principio, que se alteraba si se establecía la posibilidad de elección continua de cargos electivos y que es distinto del principio del gobierno "electivo," al tener una formulación pétrea en el artículo 6 de la Constitución (es y será siempre) no podía ser objeto de modificación constitucional alguna, y en el supuesto negado de que pudiera ser modificado, ello ni siquiera podía hacerse por los procedimientos de Enmienda ni de Reforma Constitucional, y en realidad, sólo mediante la convocatoria de una Asamblea Nacional Constituyente.

La Sala Constitucional, sin embargo, con su sentencia N° 53 de 3 de febrero de 2009, una vez más al servicio del autoritarismo, mutó la Constitución a través de una interpretación, modificando ilegítimamente el sentido del principio del gobierno 'alternativo" que los venezolanos dispusieron *que siempre* debía regir sus gobiernos, obviando la prohibición constitucional de que se pudiera consultar en un mismo período constitucional, la voluntad popular sobre modificaciones constitucionales que ya el pueblo ha rechazado. La inconstitucional sentencia, en todo caso, lo que tuvo por objeto fue despejar el camino para que el régimen autoritario pudiera someter a referendo la Enmienda Constitucional N° 1 relativa a un principio fundamental, pétreo, de la Constitución, que sólo podía modificarse mediante la convocatoria a una Asamblea Nacional Constituyente.

En todo caso, mediante estos artilugios interpretativos y constitucionales utilizados por el régimen autoritario, con la complicidad de la Sala Constitucional, una de las "reformas constitucionales" rechazadas por el pueblo en 2007 (la posibilidad de reelección presidencial indefinida), fue implementada mediante esta Enmienda Constitucional N° 1 de 2009.

4. *La inconstitucional implementación de la rechazada Reforma Constitucional de 2007 por parte de la Jurisdicción Constitucional mediante mutaciones constitucionales ilegítimas*

Además, la rechazada la reforma constitucional de 2007, ha sido parcialmente implementada por la misma Sala Constitucional mediante interpretaciones constitucionales establecidas con carácter vinculante, mutando la Constitución, en fraude a la misma,[20] en general, al decidir recursos autónomos de interpretación abstracta de la Constitución, el cual sin haber estado dentro de sus atribuciones constitucionales, la propia Sala lo creó en una de sus sentencias.[21]

En efecto, entre las "reformas constitucionales" propuestas en 2007 y que fueron rechazadas por el pueblo en el referendo del 7 de diciembre de 2007, estaban entre otras, la reforma del artículo 164.10 de la Constitución para modificar la forma federal del Estado al eliminar, entre otras, la "competencia exclusiva" de los Estados de la federación, para la conservación, administración y aprovechamiento de carreteras y autopistas nacionales, así como de puertos y aeropuertos de uso comercial, en coordinación con el Poder Nacional; la reforma del artículo 67, para eliminar la prohibición constitucional al financiamiento de las asociaciones con fines políticos con fondos provenientes del Estado; la reforma del artículo 23 para eliminar el rango constitucional de los tratados internacionales en materia de derechos humanos y su aplicación inmediata; la reforma del artículo 31 para eliminar el derecho de acceso a la protección internacional de los derechos humanos; y la reforma del artículo 72 sobre referendos revocatorios.

Estas y todas las reformas propuestas, como se dijo, fueron rechazadas en el referendo del 2 de diciembre de 2007, por lo que las normas constitucionales pertinentes quedaron con la misma redacción que tienen en la Constitución de 1999, estableciendo lo que establecen, y diciendo lo que dicen, sin que exista duda alguna sobre su redacción o sentido. La claridad de las normas fue lo que originó, precisamente, que el régimen autoritario propusiera las reformas constitucionales que precisamente fueron rechazadas por el pueblo.

Sin embargo, en fraude a la Constitución, el régimen autoritario, burlado la voluntad popular y en fraude a la misma, logró efectuar las mismas modificaciones constitucionales rechazadas pero utilizando para ello al Juez Consti-

---

20  Véase Allan R. Brewer-Carías, "El juez constitucional al servicio del autoritarismo y la ilegítima mutación de la Constitución: el caso de la Sala Constitucional del Tribunal Supremo de Justicia de Venezuela (1999-2009)", en *IUSTEL, Revista General de Derecho Administrativo*, Nº 21, Madrid junio 2009.

21  Véase Allan R. Brewer-Carías, "La ilegítima mutación de la constitución por el juez constitucional: la inconstitucional ampliación y modificación de su propia competencia en materia de control de constitucionalidad," en *Libro Homenaje a Josefina Calcaño de Temeltas*. Fundación de Estudios de Derecho Administrativo (FUNEDA), Caracas 2009, pp. 319-362. Véase igualmente, Allan R. Brewer-Carías, "*Quis Custodiet Ipsos Custodes*: De la interpretación constitucional a la inconstitucionalidad de la interpretación", en *Revista de Derecho Público*, Nº 105, Editorial Jurídica Venezolana, Caracas 2006, pp. 7-27.

tucional, que ha estado a su servicio,[22] el cual mediante "mutaciones constitucionales" efectuada por la vía de la "interpretación" constitucional, sin cambiar formalmente el texto de la Constitución,[23] en diversas e ilegítimas sentencias dictadas a partir de 2008, ha cambiado el contenido de las normas
constitucionales pertinentes, y ha resuelto al contrario de lo establecido en la
Constitución, que la "competencia exclusiva" de los Estados antes mencionada, ya no es una competencia exclusiva, sino concurrente y sujeta a la voluntad del Ejecutivo Nacional, el cual puede intervenirla y reasumirla; que la
prohibición de financiar con fondos públicos a las asociaciones con fines
políticos, ya no es tal, reduciendo la prohibición de la norma a sólo financiar
el "funcionamiento interno" de los partidos, pero estableciendo, en cambio,
que las actividades electorales de los mismos si son financiables por el Estado, por lo que la norma que dejó entonces de ser prohibitiva; que los tratados
internacionales sobre derechos humanos no tienen prevalencia sobre el derecho interno sino sólo cuando la sala Constitucional lo decida, y que no tienen
aplicación inmediata por los jueces; que sólo los tribunales nacionales pueden
controlar las violaciones a derechos humanos, siendo las sentencias de la Corte Interamericana de Derechos Humanos inejecutables en Venezuela; y que el
referendo revocatorio ha pasado a ser un "referendo ratificatorio" no previsto
en la Constitución.

Para dictar las sentencias mencionadas, la Jurisdicción Constitucional no
sólo desconoció el principio de la supremacía constitucional que se impone a
todos los órganos del Estado, incluyendo al Juez Constitucional, sino que
ejerció ilegítimamente su potestad de interpretación de la Constitución para
mutarla, es decir, modificarla sin alterar su texto.

A. *La modificación de del sistema federal de distribución de competencias entre los niveles territoriales de los Poderes Públicos*

El artículo 4 de la Constitución de 1999 declara que "la República Bolivariana de Venezuela es un *Estado federal descentralizado* en los términos consagrados en esta Constitución." Con ello, y a pesar de las contradicciones en
que incurre la Constitución que permiten calificar la forma de Estado como la
de una "federación Centralizada",[24] en la misma se prevé un núcleo esencial

---

22    Véase Allan R. Brewer-Carías, *Crónica sobre la "In" Justicia Constitucional. La Sala Consti-*
      *tucional y el autoritarismo en Venezuela*, Caracas 2007.

23    Una mutación constitucional ocurre cuando se modifica el contenido de una norma constitucio-
      nal de tal forma que aún cuando la misma conserva su contenido, recibe una significación dife-
      rente. Véase Salvador O. Nava Gomar, "Interpretación, mutación y reforma de la Constitución.
      Tres extractos" en Eduardo Ferrer Mac-Gregor (coordinador), Interpretación Constitucional,
      Tomo II, Ed. Porrúa, Universidad Nacional Autónoma de México, México 2005, pp. 804 ss.
      Véase en general sobre el tema, Konrad Hesse, "Límites a la mutación constitucional", en *Es-*
      *critos de derecho constitucional*, Centro de Estudios Constitucionales, Madrid 1992.

24    Véase nuestros estudios sobre el tema, elaborados apenas la Constitución fue sancionada: Allan
      R. Brewer-Carías, *Federalismo y Municipalismo en la Constitución de 1999 (Alcance de una*
      *reforma insuficiente y regresiva)*, Editorial Jurídica Venezolana, Caracas-San Cristóbal 2001;
      "El Estado federal descentralizado y la centralización de la federación en Venezuela. Situación

de distribución de competencias entre los niveles territoriales, municipal, estadal y nacional, que no puede cambiarse sino mediante una reforma constitucional (artículos 136, 156, 164, 178 y 179).[25]

Específicamente, en materia de infraestructura para la circulación y el transporte, la Constitución establece que corresponde en forma exclusiva a los Estados, "La conservación, administración y aprovechamiento de carreteras y autopistas nacionales... en coordinación con el Poder Nacional;" competencia que deben ejercer sujetos a "la coordinación con el Poder Nacional," que éste debe regular.

Este tema de la forma federal del Estado y de la distribución territorial de competencias establecidas en los artículos 156 y 164 de la Constitución, como se dijo, fue uno de los que se quiso cambiar con la rechazada "reforma constitucional" de 2007, terminando de centralizar materialmente todas las competencias del Poder Público en el nivel nacional; particularmente con la "nacionalización" de la referida competencia exclusiva de los Estados. Al haber sido rechazada la reforma constitucional de 2007, entonces, la competencia de los Estados establecida en el referido artículo 164,10 de la Constitución, quedó sin modificación.

Sin embargo, la Sala Constitucional, mediante sentencia N° 565 de 15 de abril de 2008[26], dictada con motivo de decidir un recurso autónomo de interpretación de dicho artículo formulado por el Procurador General de la República, pura y simplemente ha modificado el contenido de esta norma constitucional y dispuso, como interpretación vinculante de la misma, que esa "competencia exclusiva" *no es tal competencia exclusiva*, sino una competencia concurrente y que, incluso, el Poder Nacional puede revertirla a su favor eliminando toda competencia de los Estados.

La Sala Constitucional, en efecto, decidió que la Administración Nacional "en ejercicio de la potestad de coordinación pueda asumir directamente la conservación, administración y el aprovechamiento de las carreteras y auto-

---

y perspectiva de una contradicción constitucional" en Diego Valadés y José María Serna de la Garza (Coordinadores), *Federalismo y regionalismo*, Universidad Nacional Autónoma de México, Tribunal Superior de Justicia del Estado de Puebla, Instituto de Investigaciones Jurídicas, Serie Doctrina Jurídica N° 229, México 2005, pp. 717-750.

25  Véase Allan R. Brewer-Carías, "Consideraciones sobre el régimen de distribución de competencias del Poder Público en la Constitución de 1999" en Fernando Parra Aranguren y Armando Rodríguez García Editores, *Estudios de Derecho Administrativo. Libro Homenaje a la Universidad Central de Venezuela, Facultad de Ciencias Jurídicas y Políticas, con ocasión del Vigésimo Aniversario del Curso de Especialización en Derecho Administrativo*, Tomo I, Tribunal Supremo de Justicia, Colección Libros Homenaje N° 2, Caracas 2001, pp. 107-136.

26  *Cfr.* Sentencia de la Sala Constitucional, N° 565, caso Procuradora General de la República, recurso de interpretación del artículo 164.10 de la Constitución de 1999 de fecha 15 de Abril de 2008, en http://www.tsj.gov.ve/decisiones/scon/Abril/565-150408-07-1108.htm. Véase mis comentarios sobre esta sentencia, en Allan R. Brewer-Carías, "La Sala Constitucional como poder constituyente: la modificación de la forma federal del estado y del sistema constitucional de división territorial del poder público, en *Revista de Derecho Público*, N° 114, (abril-junio 2008), Editorial Jurídica Venezolana, Caracas 2008, pp. 247-262.

pistas nacionales, así como los puertos y aeropuertos de uso comercial,", y que "corresponde al Ejecutivo Nacional por órgano del Presidente de la República en Consejo de Ministros, decretar la intervención para asumir la prestación de servicios y bienes de las carreteras y autopistas nacionales, así como los puertos y aeropuertos de uso comercial," en aquellos casos que la prestación del servicio "por parte de los Estados es deficiente o inexistente."

Con esta interpretación, lo que el Juez Constitucional hizo fue mutar el texto constitucional usurpando la soberanía popular a la cual está reservado el poder constituyente, cambiado la forma federal del Estado al trastocar el sistema de distribución territorial de competencias entre el Poder Nacional y los Estados, y en particular "nacionalizando," contra lo que expresamente dispone la Constitución, competencias atribuidas en forma exclusiva a los Estados. La reforma constitucional de 2007 que fue rechazada por el pueblo, en fraude a la Constitución, y a solicitud del representante del Poder Nacional (Procurador General de la República) fundamentándose en la existencia de una supuesta "incertidumbre jurídica en cuanto al alcance y límites de su competencia" que existía en el Ministerio de Infraestructura." El Procurador General de la República, en efecto, consideró que la norma "no era lo suficientemente clara para lograr establecer de una forma eficiente y precisa el ámbito y forma de actuación del Ejecutivo Nacional, respecto a la coordinación con los Estados de la administración, conservación y aprovechamiento de carreteras y autopistas nacionales, así como de puertos y aeropuertos de uso comercial."

El resultado de la petición de interpretación, fue que la Sala Constitucional, de oficio, reformó la Constitución, y pura y simplemente, eliminó la competencia exclusiva de los Estados en la materia, y la convirtió en una competencia concurrente sujeta a la técnica puntual de "descentralización" que puede ser intervenida, revertida y reasumida por el Poder Nacional. Después de una ilegítima "modificación constitucional" de esta naturaleza, realizada mediante interpretación vinculante, que trastocó el orden jurídico o, como lo dijo la propia Sala, la misma "genera una necesaria revisión y modificación de gran alcance y magnitud del sistema legal vigente." Por supuesto, después de lo que hizo, la Sala Constitucional no pudo concluir en otra forma que no fuera advirtiendo "de oficio y por razones de orden público constitucional, ... que el contenido de la presente decisión debe generar una necesaria revisión y modificación del ordenamiento jurídico legal vigente," para lo cual exhortó a la Asamblea Nacional que "proceda a la revisión y correspondiente modificación de la normativa legal vinculada con la interpretación vinculante establecida en la presente decisión[27], en orden a establecer una regulación legal congruente con los principios constitucionales y derivada de la interpretación efectuada por esta Sala en ejercicio de sus competencias." Es decir, la

---

27    De ello resultó, según la sentencia, "la necesaria revisión general de la Ley Orgánica de Descentralización, Delimitación y Transferencia de Competencias del Poder Público, Ley General de Puertos y la Ley de Aeronáutica Civil, sin perjuicio de la necesaria consideración de otros textos legales para adecuar su contenido a la vigente interpretación."

Sala conminó al legislador a legislar en contra de la Constitución de 1999, y conforme a una ilegítima modificación constitucional de la misma impuesta por la propia Sala. Ello provocó que después del triunfo electoral de la oposición en Estados y Municipios claves, desplazando los Gobernadores oficialistas en las elecciones de diciembre de 2008, la Asamblea Nacional muy diligentemente reformara en marzo de 2009, entre otras, la Ley Orgánica de Descentralización, Delimitación y Transferencia de Competencias del Poder Público,[28] a los efectos de eliminar las competencias exclusivas de los Estrados establecidas en los ordinales 3 y 5 del artículo 11 de dicha Ley, agregando dos nuevas normas en dicha Ley en las cuales se dispone que "el Poder Público Nacional por órgano del Ejecutivo Nacional, podrá revertir por razones estratégicas, de mérito, oportunidad o conveniencia, la transferencia de las competencias concedidas a los estados, para la conservación, administración y aprovechamiento de los bienes o servicios considerados de interés público general, conforme con lo previsto en el ordenamiento jurídico y al instrumento que dio origen a la transferencia" (art. 8); y que "El Ejecutivo Nacional, por órgano del Presidente o Presidenta de la República en Consejo de Ministros, podrá decretar la intervención conforme al ordenamiento jurídico, de bienes y prestaciones de servicios públicos transferidos para su conservación, administración y aprovechamiento, a fin de asegurar a los usuarios, usuarias, consumidores y consumidoras un servicio de calidad en condiciones idóneas y de respeto de los derechos constitucionales, fundamentales para la satisfacción de necesidades públicas de alcance e influencia en diversos aspectos de la sociedad" (art. 9). Con ello se completó el fraude constitucional dispuesto por la Sala Constitucional, trastocándose el régimen federal.

B. *La eliminación de la prohibición constitucional de financiamiento público de las actividades de los partidos políticos.*

Otra de las normas constitucionales que se quiso reformar mediante la rechazada reforma constitucional de 2007, fue el artículo 67 de la Constitución de 1999 que prohíbe "el financiamiento de las asociaciones con fines políticos con fondos provenientes del Estado", al establecer enfáticamente que el mismo "no se permitirá".[29] Con ello, el constituyente de 1999 cambió radicalmente el régimen de financiamiento público a los partidos políticos que se había previsto en el artículo 230 de la Ley Orgánica del Sufragio y Participación Política de 1998.[30] Con la prohibición constitucional, al derogarse este

---

28  *Gaceta Oficial* N° 39 140 del 17 de marzo de 2009.

29  Véase sobre la versión inicial de esta norma y sobre nuestra propuesta para su redacción en Allan R. Brewer-Carías *Debate Constituyente (Aportes a la Asamblea Nacional Constituyente),* Tomo II (9 septiembre - 17 octubre 1999). Fundación de Derecho Público - Editorial Jurídica Venezolana. Caracas, 1999. p. 129.

30  Véase en general sobre el tema, Allan R. Brewer-Carías, "Consideraciones sobre el financiamiento de los partidos políticos en Venezuela" en *Financiamiento y democratización interna de partidos políticos. Memoria del IV Curso Anual Interamericano de Elecciones,* San José, Costa Rica, 1991, pp. 121 a 139.

artículo de la Ley Orgánica, quedó derogado con el régimen de financiamiento público a los partidos políticos, abandonándose la tendencia inversa que predomina en el derecho comparado.

Con la rechazada reforma constitucional de 2007, se pretendía establecer en la Constitución, al contrario, que "el Estado podrá financiar las actividades electorales", pero sin indicarse si se trata de un financiamiento a los partidos políticos en general. En todo caso, con el rechazo popular de la reforma, el régimen de financiamiento a los partidos políticos, a su funcionamiento interno y a sus actividades electorales continuó prohibida en la Constitución.

Sin embargo, a pesar de dicha prohibición constitucional y del rechazo popular a modificarla, la Sala Constitucional del Tribunal Supremo de Justicia, actuando como Jurisdicción Constitucional, en fraude a la Constitución y a la voluntad popular expresa, en sentencia N° 780 de 8 de mayo de 2008 (Exp. N° 06-0785),[31] mediante una interpretación constitucional vinculante, de nuevo mutó la Constitución, sustituyéndose a la voluntad popular y al poder constituyente originario, disponiendo que "en lo que respecta al alcance de la prohibición de financiamiento público de asociaciones políticas" contenida en la mencionada norma, la misma:

> "se circunscribe a la imposibilidad de aportar fondos a los gastos corrientes e internos de las distintas formas de asociaciones políticas, pero...dicha limitación, no resulta extensiva a la campaña electoral, como etapa fundamental del proceso electoral".

Es decir, la Sala Constitucional, ante una norma tan clara e igualmente tan criticable como la contenida en el artículo 67 de la Constitución, cuya reforma se había intentado hacer en 2007 pero sin lograrse por ser rechazada por la voluntad popular, en esta sentencia, ni más ni menos se erigió en poder constituyente, sustituyendo al pueblo, disponiendo la reforma de la norma, vía su interpretación, en el mismo sentido que se había pretendido en la rechazada reforma constitucional, disponiendo en definitiva, que la prohibición constitucional "no limita que en el marco del proceso electoral y como gasto inherente a una fase esencial del mismo, el Estado destine fondos con el objeto de financiar el desarrollo de las campañas electorales, de los partidos y asociaciones políticas," es decir, lo contrario de lo que dispone la Constitución.

Es evidente que siendo el financiamiento de las campañas electorales la motivación fundamental del financiamiento de los partidos políticos, pues los mismos tienen por objeto conducir a la ciudadanía en las opciones democráticas que necesariamente desembocan en elecciones, la Ley Orgánica del Sufragio y participación Política había dispuesto el financiamiento de los paridos políticos; y ello fue lo que sin embargo, se eliminó expresamente en la

---

31   Véase mis comentarios sobre esta sentencia, en Allan R. Brewer-Carías, "El juez constitucional como constituyente: el caso del financiamiento de las campañas electorales de los partidos políticos en Venezuela," en *Revista de Derecho Público*, N° 117, (enero-marzo 2009), Caracas 2009, pp. 195-203.

Constitución de 1999.[32] Y eso fue precisamente lo que se quiso corregir, de nuevo, con la proyectada Reforma Constitucional de 2007, la cual, sin embargo, fue rechazada por el pueblo.

Pero la Sala Constitucional, sin límite alguno, se sustituyó al pueblo y asumió el rol de poder constituyente originario, disponiendo que lo que la Constitución prohíbe cuando establece en el artículo 67 que no se permite "el financiamiento de las asociaciones con fines políticos con fondos provenientes del Estado", es sólo una prohibición al financiamiento por el Estado de "los gastos corrientes e internos de las distintas formas de asociaciones políticas", pero no de la "campaña electoral, como etapa fundamental del proceso electoral."

Es decir, el Juez Constitucional, simplemente, dispuso que la Constitución no dice lo que dice, sino todo lo contrario; que cuando dice que no se permite "el financiamiento de las asociaciones con fines políticos con fondos provenientes del Estado", no es eso lo que establece, sino que lo que prohíbe es solamente "el financiamiento de los gastos corrientes e internos de las asociaciones con fines políticos con fondos provenientes del Estado"; y que los gastos de las campañas electorales de dichas asociaciones con fines políticas, en cambio, si pueden ser financiadas con fondos provenientes del Estado. Se trata por lo demás, de una conclusión absurda, que contra toda lógica democrática se deriva de una premisa falsa, y es que en sistemas democráticos supuestamente podría ocurrir que el Estado financie los gastos corrientes e internos de los partidos. Ello no se concibe en las democracias, por lo que no requiere de prohibición alguna. En democracias lo que se financia es el funcionamiento de los partidos pero con miras siempre a las campañas electorales, al punto de que este se suspende si los mismos no llegan a obtener un determinado porcentaje de votación en las elecciones.

Pudo ser muy loable la intención del Juez Constitucional de permitir el financiamiento de las campañas electorales de los partidos políticos con fondos provenientes del Estado, pero habiendo sido ello prohibido expresamente por la Constitución, sólo reformándola es que se podría lograr lo contrario; y el pueblo, además, en 2007 había rechazado expresamente la reforma. Sin embargo, la misma fue inconstitucionalmente implementada por el Juez Constitucional, reformando la Constitución, usurpando el poder constituyente originario que es del pueblo e, incluso contra su propia voluntad expresada cinco meses antes al rechazar precisamente esa reforma constitucional en igual sen-

---

32  Por ello fue, incluso, que entre otros aspectos salvamos nuestro voto en relación con dicha norma. Véase Allan R. Brewer-Carías, *Debate Constituyente (Aportes a la Asamblea Nacional Constituyente)*, Tomo III (18 octubre-30 noviembre 1999). Fundación de Derecho Público - Editorial Jurídica Venezolana. Caracas, 1999. pp. 239, 259. Véase además, Allan R. Brewer-Carías, "Regulación jurídica de los partidos políticos en Venezuela" en *Estudios sobre el Estado Constitucional (2005-2006)*, Cuadernos de la Cátedra Fundacional Allan R. Brewer Carías de Derecho Público, Universidad Católica del Táchira, Nº 9, Editorial Jurídica Venezolana. Caracas, 2007, pp. 655-686.

tido, estableció la posibilidad de financiar las campañas electorales de los partidos políticos.

C. *La eliminación del rango supra constitucional de los Tratados internacionales en materia de derechos humanos con previsiones más favorables y del principio de la aplicación inmediata de los tratados internacionales en materia de derechos humanos*

Otra de las normas constitucionales que se quiso reformar en 2007, fue la contenida en el artículo 23, en el cual se estableció, no sólo la jerarquía constitucional de los tratados internacionales en materia de derechos humanos,[33] sino su jerarquía supranacional en caso de establecer previsiones más favorables a las previstas en el derecho interno, incluida la Constitución. Dispone, en efecto, dicha norma, lo siguiente:

*Artículo 23.* Los tratados, pactos y convenciones relativos a derechos humanos, suscritos y ratificados por Venezuela, tienen jerarquía constitucional y prevalecen en el orden interno, en la medida en que contengan normas sobre su goce y ejercicio más favorables a las establecidas en esta Constitución y en las leyes de la República, y son de aplicación inmediata y directa por los tribunales y demás órganos del Poder Público.

Esta previsión significó, sin duda, un avance significativo en la construcción del esquema de protección de los derechos humanos, que se aplicó por los tribunales declarando la prevalencia de las normas de Convención Americana de Derechos Humanos en relación con normas constitucionales y legales.[34] Ello fue así, sin embargo, hasta 2008 cuando en sentencia N° 1.939 de

---

33 Sobre este véase: Rodolfo E. Piza R., *Derecho internacional de los derechos humanos: La Convención Americana*, San José 1989; y Carlos Ayala Corao, "La jerarquía de los instrumentos internacionales sobre derechos humanos", en *El nuevo derecho constitucional latinoamericano*, IV Congreso venezolano de Derecho constitucional, Vol. II, Caracas 1996 y *La jerarquía constitucional de los tratados sobre derechos humanos y sus consecuencias*, México, 2003; Humberto Henderson, "Los tratados internacionales de derechos humanos en el orden interno: la importancia del principio *pro homine*", en *Revista IIDH*, Instituto Interamericano de Derechos Humanos, N° 39, San José 2004, pp. 71 y ss. Véase también, Allan R. Brewer-Carías, *Mecanismos nacionales de protección de los derechos humanos*, Instituto Internacional de Derechos Humanos, San José, 2004, pp.62 y ss.

34 Fue el caso, por ejemplo, del derecho a la revisión judicial de sentencias, a la apelación o derecho a la segunda instancia que en materia contencioso administrativa se excluía en la derogada Ley Orgánica de la Corte Suprema de Justicia de 1976 respecto de la impugnación de actos administrativos ante la Jurisdicción contencioso administrativa emanados de institutos autónomos o Administraciones independientes'. La Constitución de 1999 solo reguló como derecho constitucional el derecho de apelación en materia de juicios penales a favor de la persona declarada culpable (art. 40,1); por lo que en el mencionado caso de juicios contencioso administrativos, no existía una garantía constitucional expresa a la apelación, habiendo sido siempre declarada inadmisible la apelación contra las decisiones de única instancia de la Corte Primera de lo Contencioso. La aplicación del artículo 23 de la Constitución llevó finalmente a la Sala Constitucional del Tribunal Supremo, a resolver en 2000 la aplicación prevalente de la Convención Interamericana de Derechos Humanos garantizando el principio de las dos instancias. Véase sentencia N° 87 del 13 de marzo de 2000, Caso: C.A. Electricidad del Centro (Elecentro) y otra vs.

18 de diciembre de 2008 (Caso *Gustavo Álvarez Arias y otros*) la Sala Constitucional al declarar inejecutable una sentencia de la Corte Interamericana de Derechos Humanos, de fecha 5 de agosto de 2008, dictada en el caso de los ex-magistrados de la Corte Primera de lo Contencioso Administrativo (*Apitz Barbera y otros ("Corte Primera de lo Contencioso Administrativo") vs. Venezuela*), decidió en contra de lo que dispone la norma, que:

> "el citado artículo 23 de la Constitución no otorga a los tratados internacionales sobre derechos humanos rango "supraconstitucional", por lo que, en caso de antinomia o contradicción entre una disposición de la Carta Fundamental y una norma de un pacto internacional, correspondería al Poder Judicial determinar cuál sería la aplicable, tomando en consideración tanto lo dispuesto en la citada norma como en la jurisprudencia de esta Sala Constitucional del Tribunal Supremo de Justicia, atendiendo al contenido de los artículos 7, 266.6, 334, 335, 336.11 eiusdem y el fallo número 1077/2000 de esta Sala."

A los efectos de fundamentar su decisión, y rechazar la existencia de valores superiores no moldeables por el proyecto político autoritario, la Sala aclaró los siguientes conceptos:

> "Sobre este tema, la sentencia de esta Sala N° 1309/2001, entre otras, aclara que el derecho es una teoría normativa puesta al servicio de la política que subyace tras el proyecto axiológico de la Constitución y que la interpretación debe comprometerse, si se quiere mantener la supremacía de la Carta Fundamental cuando se ejerce la jurisdicción constitucional atribuida a los jueces, con la mejor teoría política que subyace tras el sistema que se interpreta o se integra y con la moralidad institucional que le sirve de base axiológica (*interpretatio favor Constitutione*). Agrega el fallo citado: "en este orden de ideas, los estándares para dirimir el conflicto entre los principios y las normas deben ser compatibles con el proyecto político de la Constitución (Estado Democrático y Social de Derecho y de Justicia) y no deben afectar la vigencia de dicho proyecto con elecciones interpretativas ideológicas que privilegien los derechos individuales a ultranza o que acojan la primacía del orden jurídico internacional sobre el derecho nacional en detrimento de la soberanía del Estado".

> Concluyo la sentencia que: "no puede ponerse un sistema de principios supuestamente absoluto y suprahistórico por encima de la Constitución" y que son inaceptables las teorías que pretenden limitar "so pretexto de valideces universales, la soberanía y la autodeterminación nacional".

---

Superintendencia para la Promoción y Protección de la Libre Competencia. (Procompetencia), en *Revista de Derecho Público*, N° 81, Editorial Jurídica Venezolana, Caracas 2000, pp. 157. Véase los comentarios en Allan R. Brewer-Carías y Josefina Calcaño de Temeltas, *Ley Orgánica de la Corte Suprema de Justicia*, Editorial Jurídica Venezolana, Caracas 1978.

En el mismo sentido, la sentencia de esta Sala N° 1265/2008 estableció que en caso de evidenciarse una contradicción entre la Constitución y una convención o tratado internacional, "deben prevalecer las normas constitucionales que privilegien el interés general y el bien común, debiendo aplicarse las disposiciones que privilegien los intereses colectivos…(…) sobre los intereses particulares…" [35]

En esta forma, la Sala Constitucional dispuso una ilegítima mutación constitucional, reformando el artículo 23 de la Constitución al eliminar el carácter supranacional de la Convención Americana de Derechos Humanos en los casos en los cuales contenga previsiones más favorables al goce y ejercicio de derechos humanos respecto de las que están previstas en la propia Constitución.

Debe advertirse, por otra parte, que tan se trató de una reforma constitucional ilegítima, que esa fue otra de las propuestas de reforma que se formularon en 2007 por el "Consejo Presidencial para la Reforma de la Constitución," designado por el Presidente de la República,[36] en el cual, en relación con el artículo 23 de la Constitución, lo que se buscaba era eliminar totalmente la jerarquía constitucional de las previsiones de los tratados internacionales de derechos humanos y su prevalencia sobre el orden interno, proponiéndose la formulación de la norma sólo en el sentido de que: "los tratados, pactos y convenciones relativos a derechos humanos, suscritos y ratificados por Venezuela, mientras se mantenga vigentes, forma parte del orden interno, y son de aplicación inmediata y directa por los órganos del Poder Público".

Esa propuesta de reforma constitucional que afortunadamente no llegó a cristalizar, era un duro golpe al principio de la progresividad en la protección de los derechos que se recoge en el artículo 19 de la Constitución, que no permite regresiones en la protección de los mismos.[37] Sin embargo, lo que no pudo hacer el régimen autoritario mediante una reforma constitucional, la cual al final fue rechazada por el pueblo, lo hizo la Sala Constitucional del Tribunal Supremo mutando la Constitución.

Igual ocurrió con la previsión de la misma norma del artículo 23 que declara además expresamente que los mismos son "de aplicación inmediata y directa por los tribunales y demás órganos del Poder Público" (art. 23).

---

35    Véase en http://www.tsj.gov.ve/decisiones/scon/Diciembre/1939-181208-2008-08-1572.html

36    Véase Decreto N° 5138 de 17-01-2007, *Gaceta Oficial* N° 38.607 de 18-01-2007`. El documento circuló en junio de 2007 con el título Consejo Presidencial para la Reforma de la Constitución de la República Bolivariana de Venezuela, "Modificaciones propuestas". El texto completo fue publicado como *Proyecto de Reforma Constitucional. Versión atribuida al Consejo Presidencial para la reforma de la Constitución de la república Bolivariana de Venezuela,* Editorial Atenea, Caracas 01 de julio de 2007, 146 pp.

37    Véase está proyectada reforma constitucional Allan R. Brewer-Carías, *Hacia la consolidación de un Estado Socialista, Centralizado, Policial y Militarista. Comentarios sobre el sentido y alcance de las propuestas de reforma constitucional 2007,* Colección Textos Legislativos, N° 42, Editorial Jurídica Venezolana, Caracas 2007, pp. 122 ss.

Sobre esta norma, la Sala Constitucional del Tribunal Supremo, al reivindicar un carácter de máximo y último intérprete de la Constitución y de los tratados, pactos y convenios sobre derechos humanos que no tiene, pues todas las Salas del Tribunal Supremo lo tienen, estableció en sentencia N° 1492 de 15 de julio de 2003 (Caso: *Impugnación de diversos artículos del Código Penal*), que por adquirir los mencionados tratados jerarquía constitucional e integrarse a la Constitución vigente, "*el único capaz de interpretarlas*, con miras al derecho venezolano, es el juez constitucional, conforme al artículo 335 de la vigente Constitución, en especial, al intérprete nato de la Constitución de 1999, y, que es la Sala Constitucional, y así se declara". De allí la Sala señaló que

> "es la Sala Constitucional quien determina cuáles normas sobre derechos humanos de esos tratados, pactos y convenios, prevalecen en el orden interno; al igual que cuáles derechos humanos no contemplados en los citados instrumentos internacionales tienen vigencia en Venezuela"[38].

Con esta decisión inconstitucional, la Sala Constitucional también mutó ilegítimamente la Constitución, pues conforme a la norma de su artículo 23, esa potestad no sólo corresponde a la Sala Constitucional, sino a todos los tribunales de la República cuando actúen como juez constitucional, por ejemplo, al ejercer el control difuso de la constitucionalidad de las leyes o al conocer de acciones de amparo. La pretensión de la Sala Constitucional en concentrar toda la justicia constitucional no se ajusta a la Constitución y al sistema de justicia constitucional que regula, de carácter mixto e integral; y menos aún en materia de derechos humanos, cundo es la propia Constitución la que dispone que los tratados, pactos e instrumentos internacionales sobre derechos humanos ratificados por la República son "de aplicación inmediata y directa por los tribunales" (art. 23).

D.  *La negación del derecho ciudadano a la protección internacional de los derechos humanos y la "inejecutabilidad" de las sentencias de la Corte interamericana de derechos humanos*

En los proyectos de reforma constitucional de 2007, también se busca reformar el mismo artículo 23 de la Constitución mediante la propuesta que formuló el "Consejo Presidencial para la Reforma de la Constitución," designado por el Presidente de la República, agregándole, también en forma regresiva, un párrafo precisando que "corresponde a los tribunales de la República conocer de las violaciones sobre las materias reguladas" en los Tratados Internacionales sobre derechos humanos; con lo que en realidad se buscaba establecer una prohibición constitucional para que la Corte Interamericana de Derechos Humanos pudiera conocer de las violaciones de la Convención Americana de Derechos Humanos. Es decir, con una norma de este tipo, Ve-

---

38  Véase en *Revista de Derecho Público*, N° 93-96, Editorial Jurídica Venezolana, Caracas 2003, pp. 135 ss.

nezuela hubiera quedado excluida constitucionalmente de la jurisdicción de dicha Corte internacional y del sistema interamericano de protección de los derechos humanos,[39] ello contrariando lo que el propio texto de la Constitución establece.

En efecto, la Constitución de 1999 garantizó expresamente el derecho de las personas a la protección internacional en materia de derechos humanos, imponiéndole al Estado la obligación de ejecutar las decisiones de los órganos internacionales. A tal efecto el artículo 31 de de la Constitución dispone:

> **Artículo 31.** Toda persona tiene derecho, en los términos establecidos por los tratados, pactos y convenciones sobre derechos humanos ratificados por la República, a dirigir peticiones o quejas ante los órganos internacionales creados para tales fines, con el objeto de solicitar el amparo a sus derechos humanos.
>
> El Estado adoptará, conforme a procedimientos establecidos en esta Constitución y en la ley, las medidas que sean necesarias para dar cumplimiento a las decisiones emanadas de los órganos internacionales previstos en este artículo.

Este derecho constitucional, que se buscaba minimizar con las fracasadas propuestas de reforma constitucional de 2007, sin embargo, ha sido la Sala Constitucional del Tribunal Supremo, la que se ha encargado de vaciarlo al decidir mediante sentencia N° 1.939 de 18 de diciembre de 2008 (Caso *Gustavo Álvarez Arias y otros*, o más bien, Caso: *Estado venezolano vs. La Corte Interamericana de Derechos Humanos*), la eficacia de las decisiones de la Corte Interamericana de Derechos Humanos, declarándolas "inejecutables" en el país, contrariando así el régimen internacional de los tratados y el propio texto de la Constitución.[40]

Con dicha sentencia, dictada en juicio iniciado por la Procuraduría General de la República que es un órgano dependiente del Ejecutivo Nacional, la Sala Constitucional comenzó a declarar "inejecutables" en Venezuela las sentencias de la Corte Interamericana de Derechos Humanos, en ese caso, la sentencia dictada el 5 de agosto de 2008," en el caso de los ex-magistrados de la Corte Primera de lo Contencioso Administrativo (*Apitz Barbera y otros ("Corte Primera de lo Contencioso Administrativo") vs. Venezuela*).[41] Con

39 Véase sobre esta proyectada reforma constitucional Allan R. Brewer-Carías, *Hacia la consolidación de un Estado Socialista, Centralizado, Policial y Militarista. Comentarios sobre el sentido y alcance de las propuestas de reforma constitucional 2007*, Colección Textos Legislativos, N° 42, Editorial Jurídica Venezolana, Caracas 2007, p. 122.

40 Véanse mis comentarios a dicha sentencia en Allan R. Brewer-Carías, "La interrelación entre los Tribunales Constitucionales de América Latina y la Corte Interamericana de Derechos Humanos, y la cuestión de la inejecutabilidad de sus decisiones en Venezuela," en *Gaceta Constitucional*. Análisis multidisciplinario de la jurisprudencia del Tribunal Constitucional, Gaceta Jurídica, Tomo 16 Año 2009, Lima 2009, pp. 17-48.

41 Véase en www.corteidh.or.cr . Excepción Preliminar, Fondo, Reparaciones y Costas, Serie C N° 182.

ello, además, la Sala Constitucional violó el artículo 68.1 de la Convención Americana de Derechos Humanos, que dispone que los Estados Partes que han reconocido la jurisdicción de la Corte Interamericana de Derechos Humanos, "se comprometen a cumplir la decisión de la Corte en todo caso en que sean partes."[42]

No fue esta, sin embargo, la primera vez que un Estado a través de su Poder Judicial se ha rebelado contra las decisiones de la Corte Interamericana, buscando eludir su responsabilidad en el cumplimiento de las mismas. La sentencia de la Corte Interamericana en el *Caso Castillo Petruzzi* de 30 de mayo de 1999 (Serie C, núm. 52), contra Perú es prueba de ello, pues después de que declarar que el Estado peruano había violado en un proceso los artículos 20; 7.5; 9; 8.1; 8.2.b,c,d y f; 8.2.h; 8.5; 25; 7.6; 5; 1.1 y 2,[43] la Sala Plena del Consejo Supremo de Justicia Militar del Perú se negó a ejecutar el fallo, considerando que la misma desconocía la Constitución Política del Perú y la sujetaba a "la Convención Americana sobre Derechos Humanos en la interpretación que los jueces de dicha Corte efectúan *ad-libitum* en esa sentencia."[44]

---

42  Como lo señaló la Corte Interamericana de Derechos Humanos en la decisión del *Caso Castillo Petruzzi*, sobre "Cumplimiento de sentencia" del 7 de noviembre de 1999 (Serie C, núm. 59), "Las obligaciones convencionales de los Estados parte vinculan a todos los poderes y órganos del Estado," (par. 3) agregando "Que esta obligación corresponde a un principio básico del derecho de la responsabilidad internacional del Estado, respaldado por la jurisprudencia internacional, según el cual los Estados deben cumplir sus obligaciones convencionales de buena fe (*pacta sunt servanda*) y, como ya ha señalado esta Corte, no pueden por razones de orden interno dejar de asumir la responsabilidad internacional ya establecida." (par. 4). Véase en Sergio García Ramírez (Coord.), *La Jurisprudencia de la Corte Interamericana de Derechos Humanos*, Universidad Nacional Autónoma de México, Corte Interamericana de Derechos Humanos, México, 2001, pp. 628-629.

43  Como consecuencia, en la sentencia la Corte Interamericana declaró "la invalidez, por ser incompatible con la Convención, del proceso en contra de los señores Jaime Francisco Sebastián Castillo Petruzzi" y otros, ordenando "que se les garantice un nuevo juicio con la plena observancia del debido proceso legal," y además, "al Estado adoptar las medidas apropiadas para reformar las normas que han sido declaradas violatoria de la Convención Americana sobre Derechos Humanos en la presente sentencia y asegurar el goce de los derechos consagrados en la Convención Americana sobre derechos Humanos a todas las personas que se encuentran bajo su jurisdicción, sin excepción alguna." Véase en http://www.tsj.gov.ve/decisiones/scon/Diciembre/1939-181208-2008-08-1572.html.

44  Precisamente frente a esta declaratoria por la Sala Plena del Consejo Supremo de Justicia Militar del Perú sobre la inejecutabilidad del fallo de 30 de mayo de 1999 de la Corte Interamericana de Derechos Humanos en el Perú, fue que la misma Corte Interamericana dictó el fallo subsiguiente, antes indicado, de 7 de noviembre de 1999, declarando que "el Estado tiene el deber de dar pronto cumplimiento a la sentencia de 30 de mayo de 1999 dictada por la Corte Interamericana en el caso Castillo Petruzzi y otros." Sergio García Ramírez (Coord.), *La Jurisprudencia de la Corte Interamericana de Derechos Humanos*, Universidad Nacional Autónoma de México, Corte Interamericana de Derechos Humanos, México, 2001, p. 629 Ello ocurrió durante el régimen autoritario que tuvo el Perú en la época del Presidente Fujimori, y que condujo a que dos meses después de dictarse la sentencia de la Corte Interamericana del 30 de mayo de 1999, el Congreso del Perú aprobase el 8 de julio de 1999 el retiro del reconocimiento de la competencia contenciosa de la Corte, lo que se depositó al día siguiente en la Secretaría General de la OEA/ Este retiro fue declarado inadmisible por la propia Corte Interamericana, en la sentencia del caso *Ivcher Bronstein* de 24 de septiembre de 1999, considerando que un "Estado

A partir de 2008 le correspondió la labor a Venezuela, siguiendo los pasos del régimen autoritario de Fujimori en el Perú, siendo la Sala Constitucional del Tribunal Supremo, la que declaró en la mencionada decisión N° 1.939 de 18 de diciembre de 2008 (Caso *Abogados Gustavo Álvarez Arias y otros*), como "inejecutable" la sentencia de la Corte Interamericana de Derechos Humanos Primera de 5 de agosto de 2008 en el caso *Apitz Barbera y otros ("Corte Primera de lo Contencioso Administrativo") vs. Venezuela* acusando a la Corte Interamericana de haber usurpado el poder del Tribunal Supremo.[45]

En su decisión, la Sala Constitucional, citando la previa decisión N° 1.942 de 15 de julio de 2003, y considerando que se trataba de una petición de interpretación formulada por la República, precisó que la Corte Interamericana de Derechos Humanos no podía "pretender excluir o desconocer el ordenamiento constitucional interno," y que había dictado "pautas de carácter obligatorio sobre gobierno y administración del Poder Judicial que son competencia exclusiva y excluyente del Tribunal Supremo de Justicia" y establecido "directrices para el Poder Legislativo, en materia de carrera judicial y responsabilidad de los jueces, violentando la soberanía del Estado venezolano en la organización de los poderes públicos y en la selección de sus funcionarios, lo cual resulta inadmisible." Acusó además, a la Corte Interamericana de haber utilizado su fallo "para intervenir inaceptablemente en el gobierno y administración judicial que corresponde con carácter excluyente al Tribunal Supremo de Justicia," argumentando que con la "sentencia cuestionada" la Corte Interamericana pretendía "desconocer la firmeza de decisiones administrativas y judiciales que han adquirido la fuerza de la cosa juzgada, al ordenar la reincorporación de los jueces destituidos." Para realizar estas afirmaciones, la Sala Constitucional recurrió como precedente para considerar que la sentencia de la Corte Interamericana de Derechos Humanos era inejecutable en Venezuela, precisamente la decisión antes señalada de 1999 de la Sala Plena del Consejo Supremo de Justicia Militar del Perú, que consideró inejecutable la sentencia de la Corte Interamericana de 30 de mayo de 1999, dictada en el caso: *Castillo Petruzzi y otro*.

Pero no se quedó allí la Sala Constitucional, sino en una evidente usurpación de poderes, ya que las relaciones internacionales es materia exclusiva del Poder Ejecutivo, instó "al Ejecutivo Nacional proceda a denunciar esta Con-

---

parte sólo puede sustraerse a la competencia de la Corte mediante la denuncia del tratado como un todo." *Idem*, pp. 769-771. En todo caso, posteriormente en 2001 Perú derogó la Resolución de julio de 1999, restableciéndose a plenitud la competencia de la Corte interamericana para el Estado.

45    El tema, ya lo había adelantado la Sala Constitucional en su conocida sentencia N° 1.942 de 15 de julio de 2003 (Caso: *Impugnación de artículos del Código Penal, Leyes de desacato*) (Véase en *Revista de Derecho Público*, N° 93-96, Editorial Jurídica Venezolana, Caracas 2003, pp. 136 ss.) en la cual al referirse a los Tribunales Internacionales "comenzó declarando en general, que en Venezuela "por encima del Tribunal Supremo de Justicia y a los efectos del artículo 7 constitucional, no existe órgano jurisdiccional alguno, a menos que la Constitución o la ley así lo señale, y que aun en este último supuesto, la decisión que se contradiga con las normas constitucionales venezolanas, carece de aplicación en el país, y así se declara."

vención, ante la evidente usurpación de funciones en que ha incurrido la Corte Interamericana de los Derechos Humanos con el fallo objeto de la presente decisión; y el hecho de que tal actuación se fundamenta institucional y competencialmente en el aludido Tratado." Así se inició el proceso de Venezuela de desligarse de la Convención Americana sobre Derechos Humanos, y de la jurisdicción de la Corte Interamericana de Derechos Humanos por parte del Estado Venezolano, utilizando para ello a su propio Tribunal Supremo de Justicia. La rebelión de la Sala Constitucional se repitió de nuevo en la sentencia N° 1547 de fecha 17 de octubre de 2011 (Caso *Estado Venezolano vs. Corte Interamericana de Derechos Humanos*),[46] al declarar inejecutable la sentencia de la Corte Interamericana de Derechos Humanos dictada en el 1° de septiembre de 2011 (caso *Leopoldo López vs. Estado de Venezuela*), todo lo cual condujo a que en septiembre de 2012, Venezuela denunciara la Convención.

En esta materia, también, lo que no pudo hacer el régimen autoritario mediante una reforma constitucional, la cual al final fue rechazada por el pueblo, lo hizo la Sala Constitucional del Tribunal Supremo en su ya larga carrera al servicio del autoritarismo.

E. *La modificación del régimen del referendo revocatorio de mandatos de representación popular.*

Por último, otras de las reformas constitucionales rechazadas por el pueblo, fueron las que se refirieron a las restricciones que se buscaba establecer respecto de los mecanismos de democracia directa mediante referendos, y en particular, respecto del refrendo revocatorio de mandatos.

En relación con ello, el artículo 72 de la Constitución fue muy preciso al disponer que transcurrida la mitad del período para el cual fue elegido un funcionario, a instancia popular de un número no menor del 20% de los electores inscritos en la correspondiente circunscripción, se puede solicitar la convocatoria de un referendo para revocarle su mandato. La Constitución dispuso expresamente que "*Cuando igual o mayor número de electores* que eligieron al funcionario hubieren votado a favor de la revocación, siempre que haya concurrido al referendo un número de electores igual o superior al 25 % de los electores inscritos, se considerará revocado su mandato y se procederá de inmediato a cubrir la falta absoluta conforme a lo dispuesto en esta Constitución y en la ley."

Es decir, que los votos necesarios para que se produzca la revocatoria del mandato deben ser en un número igual o mayor de los votos de los electores

---

46 Véase en http://www.tsj.gov.ve/decisiones/scon/Octubre/1547-171011-2011-11-1130.html. Véase mis comentarios sobre esta sentencia en Allan R. Brewer-Carías, "El ilegítimo "control de constitucionalidad" de las sentencias de la Corte Interamericana de Derechos Humanos por parte la Sala Constitucional del Tribunal Supremo de Justicia de Venezuela: el caso de la sentencia *Leopoldo López vs. Venezuela, 2011*," en *Constitución y democracia: ayer y hoy. Libro homenaje a Antonio Torres del Moral*. Editorial Universitas, Vol. I, Madrid, 2013, pp. 1.095-1.124.

que eligieron al funcionario, con independencia del número de votos que se puedan depositar contra la revocación. Ello, incluso lo ratificó la Sala Constitucional en varias sentencias,[47] ya que de lo que se trata es de un referendo "revocatorio" de mandatos de elección popular y no de un referendo "ratificatorio" o plebiscito respecto de tales mandatos, el cual no existe en el texto constitucional. Precisamente por ello, nada previó la Constitución para el caso de que votando a favor de la revocación de un mandato un número de electores superior al número de votos que obtuvo el funcionario cuando fue electo, sin embargo, se hubiesen pronunciado por la "no revocación" un número mayor de votos. Ello podría ocurrir, pero conforme al texto de la Constitución, no tendría efecto jurídico alguno, pues la regulación constitucional lo que establece es un referendo "revocatorio", de manera que basta que la votación favorable a la revocación sea igual o mayor que la que el funcionario obtuvo cuando fue electo, para que el mandato quede revocado. Y ello es así, incluso a pesar de que el Registro Electoral haya variado con el transcurso del tiempo.

Sin embargo, debe observarse que de manera evidentemente inconstitucional, en las *Normas para regular los procesos de Referendos Revocatorios de mandatos de Elección Popular* dictadas por el Consejo Nacional Electoral en 25 de septiembre de 2003[48], luego de ratificarse que se considera revocado el mandato "si el número de votos a favor de la revocatoria es igual o superior al número de los electores que eligieron al funcionario", se agregó una frase indicando: "y no resulte inferior al número de electores que votaron en contra de la revocatoria" (Art. 60). Con este agregado, en una norma de rango sublegal, se restringió el derecho ciudadano a la participación política mediante la revocación de mandatos populares, al establecerse un elemento que no está en la Constitución relativo a los votos por la "no revocación," trastocándose la naturaleza "revocatoria" del referendo que regula el artículo 72 de la Constitución, y en evidente fraude a la Constitución, convirtiéndolo en un referendo "ratificatorio" de mandatos de elección popular.

Lo inaudito de este fraude constitucional, es que dicha "reforma" constitucional ilegítima fue avalada por la Sala Constitucional del Tribunal Supremo al decidir un recurso de interpretación abstracta de la Constitución en la sentencia N° 2750 de 21 de octubre de 2003 (Caso: *Carlos E. Herrera Mendoza, Interpretación del artículo 72 de la Constitución*), en la cual señaló que:

> "Se trata de una especie de relegitimación del funcionario y en ese proceso democrático de mayorías, incluso, *si en el referendo obtuviese más votos la opción de su permanencia, debería seguir en él*, aunque vo-

---

47    Véase sentencia N° 2750 de 21 de octubre de 2003, Caso: *Carlos Enrique Herrera Mendoza, (Interpretación del artículo 72 de la Constitución (Exp. 03-1989). Sentencia* N° 1139 de 5 de junio de 2002 (Caso: *Sergio Omar Calderón Duque y William Dávila Barrios*) Véase en *Revista de Derecho Público,* N° 89-92, Editorial Jurídica Venezolana, Caracas 2002, p. 171. Criterio seguido en la sentencia N° 137 de 13-02-2003 (Caso: *Freddy Lepage Scribani y otros*) (Exp. 03-0287).

48    Resolución N° 030925-465 de 25-09-2003.

ten en su contra el número suficiente de personas para revocarle el mandato."[49]

En realidad, en un referendo "revocatorio" no puede haber votos por "la permanencia" del funcionario; lo que puede haber son votos por la "revocación" (votos SI) del mandato o por la "no revocación" (votos NO). El voto por la "no revocación" del mandato es un voto negativo (No); y un voto negativo no puede ser convertido en un voto positivo (Si) por la permanencia del funcionario. Con esta mutación de la Constitución, la Sala Constitucional cambió la naturaleza del referendo revocatorio, ratificando el trastocamiento de la naturaleza de la revocación del mandato, convirtiéndolo en un voto para "relegitimar" o para "ratificar" mandatos de elección popular, cuando ello no sólo no fue la intención del constituyente, sino que no puede derivarse del texto del artículo 72 de la Constitución. Lo único que la Constitución regula es la revocación de mandatos, y para ello, lo único que exige en materia de votación es que un número "igual o mayor de electores que eligieron al funcionario hubieren votado a favor de la revocación."

Sin embargo, la Constitución fue cambiada sin seguirse los procedimientos de reforma, y ello, específicamente para evitar que en 2004, el mandato del Presidente de República, Hugo Chávez, fuera revocado. El mismo había sido electo en agosto de 2000 con 3.757.774 votos, por lo que bastaba para que su mandato fuese revocado, que el voto a favor de la revocación superara esa cifra. Como lo anunció el Consejo Nacional Electoral el 27 de agosto de 2004, el voto a favor de la revocación del mandato del Presidente de la República en el referendo efectuado ese mismo mes y año, fue de 3.989.008, por lo que constitucionalmente el mandato de Chávez había quedado revocado.

Sin embargo, para cuando se realizó el referendo, ya se había cambiado ilegítimamente la Constitución, e independientemente de las denuncias de fraude que se formularon respecto del referendo revocatorio del 15 de agosto de 2004, el Consejo Nacional Electoral el mencionado día 27 de agosto de 2004, no sólo dio los datos definitivos de la votación efectuada en el referendo revocatorio, sino que acordó "ratificar" al Presidente de la República en su cargo hasta la terminación del período constitucional en enero de 2007.[50]

49  Exp. 03-1989.

50  En efecto, en la *página web* del Consejo Nacional Electoral del día 27 de agosto de 2004, apareció la siguiente nota: "El presidente del Consejo Nacional Electoral, Francisco Carrasquero López, se dirigió al país en cadena nacional para anunciar las cifras definitivas y oficiales del evento electoral celebrado el pasado 15 de agosto, *las cuales dan como ratificado en su cargo al Presidente de la República*, Hugo Rafael Chávez Frías, con un total de 5 millones 800 mil 629 votos a favor de la opción "No". En la contienda electoral participaron 9 millones 815 mil 631 electores, de los cuales 3.989.008 se inclinaron por la opción "Sí" para revocar el mandato del Presidente Chávez. La totalización arrojó que la opción "No" alcanzó el 59,25% de los votos, mientras el "Sí" logró el 40,74% del total general, y la abstención fue del 30,02%. Vale destacar que para estos comicios el Registro Electoral se incrementó significativamente, alcanzando un universo de 14. 027.607 de electores con derecho a sufragar en el RR. Con base en la expresión de la voluntad popular, el Consejo Nacional Electoral, este viernes 27 de agosto, *ratificará en la*

5.  *La inconstitucional implementación de la rechazada Reforma Constitucional de 2007 mediante leyes y decretos leyes (legislación ordinaria), no controlados por la Jurisdicción Constitucional*

La reforma constitucional de 2007, sancionada por la Asamblea nacional y rechazada popularmente mediante referendo de 7 de diciembre de 2007, sin embargo, en forma evidentemente inconstitucional ha sido también implementada sistemáticamente durante el último lustro, mediante legislación ordinaria, tanto a través de leyes sancionadas por la Asamblea nacional como mediante decretos leyes dictados con ocasión de delegaciones legislativas (leyes habilitantes) a partir de 2008.[51]

Esa inconstitucional implementación de la rechazada reforma constitucional mediante legislación ordinaria ha ocurrido en muchos campos, de los cuales a continuación sólo nos referiremos a unos cuantos significativos, en relación con la inconstitucional estructuración del Estado Comunal o Socialista en paralelo al Estado Constitucional; con la inconstitucional eliminación de órganos democráticos de representación local en el Distrito Capital y de las Juntas Parroquiales a nivel municipal; y con la inconstitucional implementación de las reformas constitucionales al sistema económico para establecer un sistema de economía socialista.

Todas esas leyes fueron impugnadas por ante la Sala Constitucional por razones de inconstitucionalidad, y en ningún caso ha habido sentencia. Más bien, en la mayoría de los casos, las acciones ni siquiera han sido admitidas por la Sala Constitucional.

---

*Presidencia de la República* Bolivariana de Venezuela a Hugo Chávez Frías, quien culminará su período constitucional en el año 2006. Y en efecto, en acto solemne efectuado ese día, el Consejo Nacional Electoral acordó "ratificar" al Presidente de la República en su cargo, a pesar de que un número de electores mayor que los que lo eligieron hubieran votado a favor de la revocación de su mandato. Otro tanto haría la Asamblea Nacional, sin que esa figura de la ratificación estuviese prevista en norma constitucional alguna." Véase además, *El Nacional*, Caracas, 28-08-2004, pp. A-1 y A-2.

51  Véase sobre ese proceso: Lolymar Hernández Camargo, "Límites del poder ejecutivo en el ejercicio de la habilitación legislativa: Imposibilidad de establecer el contenido de la reforma constitucional rechazada vía habilitación legislativa," en *Revista de Derecho Público*, N° 115, Editorial Jurídica Venezolana 2008, pp. 51-56; Jorge Kiriakidis, *"Breves reflexiones en torno a los 26 Decretos-Ley de Julio-Agosto de 2008, y la consulta popular refrendaría de diciembre de 2007," Idem,* pp. 57-62; José Vicente HARO GARCÍA, "Los recientes intentos de reforma constitucional o de cómo se está tratando de establecer una dictadura socialista con apariencia de legalidad (A propósito del proyecto de reforma constitucional de 2007 y los 26 decretos leyes del 31 de julio de 2008 que tratan de imponerla)," *Idem,* pp. 63- 76; Aurilivi Linares Martínez, "Notas sobre el uso del poder de legislar por decreto por parte del Presidente venezolano," *Idem, pp.* 79- 92; Carlos Luis Carrillo Artiles, "La paradójica situación de los Decretos Leyes Orgánicos frente a la Ingeniería Constitucional de 1999" *Idem, pp.* 93-100; y Freddy J. Orlando S., "El *paquetazo", un conjunto de leyes que conculcan derechos y amparan injusticias," Idem.* 101 ss.

A.  *La inconstitucional implementación de la estructuración de un*
*Estado Socialista en paralelo al Estado Constitucional*

El Presidente de la República, durante todo el año 2007, y en particular en su "Discurso de Presentación del Anteproyecto de reforma a la Constitución ante la Asamblea Nacional" en agosto de 2007[52], señaló con toda claridad que el objetivo central de la reforma que estaba proponiendo era "la construcción de la Venezuela bolivariana y socialista"[53]; es decir, como lo expresó, se trataba de una propuesta para sembrar "el socialismo en lo político y económico"[54], lo que –dijo– no se había hecho en la Constitución de 1999. Cuando ésta se sancionó –dijo el Jefe de Estado– "no proyectábamos el socialismo como camino", agregando, que "así como el candidato Hugo Chávez repitió un millón de veces en 1998, "Vamos a Constituyente", el candidato Presidente Hugo Chávez dijo: "Vamos al Socialismo", y todo el que votó por el candidato Chávez, votó por ir al socialismo"[55]. Por ello, el proyecto de Constitución que presentó ante la Asamblea Nacional, era para "la construcción del Socialismo Bolivariano, el Socialismo venezolano, nuestro Socialismo, nuestro modelo socialista"[56], cuyo "núcleo básico e indivisible" era "la comunidad", "donde los ciudadanos y las ciudadanas comunes, tendrán el poder de construir su propia geografía y su propia historia"[57]. Y todo ello bajo la premisa de que "sólo en el socialismo será posible la verdadera democracia"[58], pero por supuesto, una "democracia" sin representación que, como lo propuso el Presidente y fue sancionado por la Asamblea Nacional en la rechazada re-

---

52   Véase *Discurso de Orden pronunciado por el ciudadano Comandante Hugo Chávez Frías, Presidente Constitucional de la República Bolivariana de Venezuela en la conmemoración del Ducentécimo Segundo Aniversario del Juramento del Libertador Simón Bolívar en el Monte Sacro y el Tercer Aniversario del Referendo Aprobatorio de su mandato constitucional*, Sesión especial del día Miércoles 15 de agosto de 2007, Asamblea Nacional, División de Servicio y Atención legislativa, Sección de Edición, Caracas 2007.

53   *Idem*, p. 4.

54   *Idem*, p. 33.

55   *Idem*, p. 4. Es decir, se pretende imponer al 56% de los votantes que no votaron por la reelección presidencial, la voluntad expresada por sólo el 46% de los votantes inscritos en el Registro Electoral que votaron por la reelección del Presidente. Según las cifras oficiales del CNE, en las elecciones de 2006, de un universo de 15.784.777 votantes inscritos en el Registro Electoral, sólo 7.309.080 votaron por el Presidente.

56   Véase *Discurso...* p. 34.

57   *Idem*, p. 32.

58   *Idem*, p. 35. Estos conceptos se recogen igualmente en la *Exposición de Motivos* para la Reforma Constitucional, Agosto 2007, donde se expresa la necesidad de "ruptura del modelo capitalista burgués" (p. 1), de desmontar la superestructura que le da soporte a la producción capitalista"(p. 2); de "dejar atrás la democracia representativa para consolidad la democracia participativa y protagónica"(p. 2); de "crear un enfoque socialista nuevo" (p. 2) y "construir la vía venezolana al socialismo"(p. 3); de producir "el reordenamiento socialista de la geopolítica de la Nación" (p. 8); de la "construcción de un modelo de sociedad colectivista" y "el Estado sometido al poder popular"(p. 11); de "extender la revolución para que Venezuela sea una República socialista, bolivariana", y para "construir la vía venezolana al socialismo; construir el socialismo venezolano como único camino a la redención de nuestro pueblo"(p. 19).

forma del artículo 136 de la Constitución, que decía que "no nace del sufragio ni de elección alguna, sino que nace de la condición de los grupos humanos organizados como base de la población". Es decir, se buscaba establecer una "democracia" que no era democracia, pues en el mundo moderno no hay ni ha habido democracia sin elección de representantes.

Todas estas propuestas que fueron rechazadas por el pueblo en diciembre de 2007, las resumió el Presidente en su Discurso del 15 agosto de 2007, así:

> "en el terreno político, profundizar la democracia popular bolivaria-na; en el terreno económico, preparar las mejores condiciones y sembrar-las para la construcción de un modelo económico productivo socialista, nuestro modelo, lo mismo en lo político la democracia socialista; en lo económico, el modelo productivo socialista; en el campo de la Adminis-tración Pública incorporar novedosas figuras para aligerar la carga, para dejar atrás el burocratismo, la corrupción, la ineficiencia administrativa, cargas pesadas del pasado, que todavía tenemos encima como rémoras, como fardos en lo político, en lo económico, en lo social"[59].

En todo caso, la reforma constitucional sancionada por la Asamblea Na-cional y rechazada popularmente, tocaba las bases fundamentales del Estado, en particular, con la sustitución del Estado democrático y social de derecho por el Estado Socialista, montado sobre una "doctrina bolivariana socialista."

Esa reforma Constitucional pretendía trastocar el principio del artículo 2 de la Constitución de 1999, que define a Venezuela como un Estado de-mocrático y social de derecho y de justicia *no socialista*, para en su lugar cre-ar un Estado Socialista mediante la reforma del artículo 16 constitucional, donde se buscaba crean las comunas y comunidades como "el núcleo territo-rial básico e indivisible del Estado Socialista Venezolano"; del artículo 70, donde al definirse los medios de participación y protagonismo del pueblo en ejercicio directo de su soberanía mediante todo tipo de consejos, se pretendía indicar que era "para la construcción del socialismo", haciéndose mención a las diversas asociaciones "constituidas para desarrollar los valores de la mu-tua cooperación y la solidaridad socialista", de manera que quien no quisiera construir socialismo alguno, hubiera quedado excluido del derecho a la parti-cipación política, que sólo estaba destinado a desarrollar los valores de "la solidaridad socialista" y no era libre como indica el artículo 62; del artículo 112 donde se proponía indicar, en relación con el modelo económico del Es-tado, que era para crear "las mejores condiciones para la construcción colec-tiva y cooperativa de una economía socialista"; del artículo 113 en el cual se buscaba indicar la necesidad de la constitución de "empresas mixtas o unida-des de producción socialistas"; del artículo 158, del que se buscaba eliminar toda mención a la descentralización como política nacional, y definir como política nacional, "la participación protagónica del pueblo, restituyéndole el poder y creando las mejores condiciones para la construcción de una demo-

---

59    *Idem*, p. 74.

cracia socialista"; del artículo 168 relativo al Municipio, en el que se buscaba precisar la necesidad de incorporar "la participación ciudadana a través de los Consejos del Poder Popular y de los medios de producción socialista"; del artículo 184 en el que se buscaba orientar la descentralización de Estados y Municipios para permitir "la construcción de la economía socialista"; del artículo 299, relativo al régimen socioeconómico de la República, en el que se pretendía indicar que se debía fundamentar "en los principios socialistas"; del artículo 300 relativo a la creación de empresas públicas, que se pretendía orientar sólo "para la promoción y realización de los fines de la economía socialista"; del artículo 318, sobre el sistema monetario nacional en el cual se pretendía indicar que debía "propender al logro de los fines esenciales del Estado Socialista", todo de acuerdo con el Plan de Desarrollo Integral de la Nación cuyo objetivo, se pretendía indicar que era "para alcanzar los objetivos superiores del Estado Socialista"; y del artículo 321 sobre el régimen de las reservas internacionales, respecto de las cuales los fondos que se pretendía regular, se buscaba declarar que fueran sólo para "el desarrollo integral, endógeno, humanista y socialista de la Nación".

En particular, el proyecto de reforma constitucional estaba destinado a la construcción del socialismo, de una sociedad colectivista y de supuesta "participación protagónica"[60], eliminando de la Constitución toda referencia a la descentralización política, y por tanto, de efectiva posibilidad de participación, y además, la sustitución de la democracia representativa por una supuesta "democracia participativa". Para ello, lo que se buscaba era acabar con la propia democracia como régimen político, tratando de sustituirla por un régimen autoritario, centralizador y concentrador del Poder que hubiera impedido la real participación política, al no existir entidades locales autónomas, y depender los consejos comunales de la cúspide del poder ejecutivo nacional. Ello se pretendía lograr con la eliminación de los entes territoriales descentralizados políticamente, sin las cuales no puede haber efectivamente democracia participativa, y la creación en su lugar de consejos del poder popular que no pasan de ser una simple manifestación de movilización controlada desde el Poder Central. Ello incluso fue lo que comenzó a ocurrir con los Consejos Comunales que se crearon con la Ley de los Consejos Comunales

---

60   En la *Exposición de Motivos del Proyecto de Reforma Constitucional* presentado por el Presidente de la República en agosto 2007, se lee que el Poder Popular "es la más alta expresión del pueblo para la toma de decisiones en todos sus ámbitos (político, económico, social, ambiental, organizativo, internacional y otros) para el ejercicio pleno de su soberanía. Es el poder constituyente en movimiento y acción permanente en la construcción de un modelo de sociedad colectivista de equidad y de justicia. Es el poder del pueblo organizado, en las más diversas y disímiles formas de participación, al cual está sometido el poder constituido. No se trata del poder del Estado, es el Estado sometido al poder popular. Es el pueblo organizado organizando las instancias de poder que decide las pautas del orden y metabolismo social y no el pueblo sometido a los partido políticos, a los grupos de intereses económicos o a una particularidad determinada", *cit,* p 11.

de 2006[61], cuyos miembros no son electos mediante sufragio, sino que son designados por Asambleas de ciudadanos controladas por el propio Poder Ejecutivo Nacional. Ello era lo que con la rechazada reforma constitucional de 2007 se pretendía consolidar en el texto constitucional, al proponerse una "nueva geometría del poder" en la cual se sustituía a los Municipios, por las comunidades, como el "núcleo territorial básico e indivisible del Estado Socialista Venezolano", que debían agrupar a las comunas (socialistas)[62] como "células sociales del territorio", las cuales se debían agrupar en ciudades que eran las que se pretendía concebir como "la unidad política primaria de la organización territorial nacional". En la rechazada reforma constitucional se buscaba establecer en forma expresa que los integrantes de los diversos Consejos del Poder Popular no nacían "del sufragio ni de elección alguna, sino que nace de la condición de los grupos humanos organizados como base de la población".

Con ello, en definitiva, en nombre de una "democracia participativa y protagónica", lo que se buscaba era poner fin en Venezuela a la democracia representativa a nivel local, y con ello, de todo vestigio de autonomía política territorial que es la esencia de la descentralización.

Ahora bien, a pesar de que dicha reforma constitucional de 2007 fue rechazada por el pueblo, lo cierto es que todo su contenido ha sido implementado en Venezuela, no sólo en fraude de la Constitución sino en fraude de la voluntad popular que la rechazó, mediante la multitud de leyes y decretos leyes que se han dictado en los últimos años, particularmente desde 2010, luego de que el Presidente de la República, su gobierno, la Asamblea Nacional que controlaba y el partido oficial que presidía perdieron las elecciones parlamentarias de septiembre de 2010. Con ocasión de ese hecho, la Asamblea Nacional ya deslegitimada, en fraude a la voluntad popular y a la Constitución, y en los últimos días de su mandato, procedió en diciembre de 2010, procedió atropelladamente a sancionar un conjunto de leyes sobre el Poder Popular, en particular, las Leyes Orgánicas del Poder Popular, de las Comunas, del Sistema Económico Comunal, de la Planificación Pública y Comunal y de la Contraloría Social;[63] y a reformar la Ley Orgánica del Poder Público

61    Véase los comentarios sobre ello en Allan R. Brewer-Carías et al, *Ley Orgánica del Poder Público Municipal*, Editorial Jurídica Venezolana, Caracas 2007, pp. 75 y ss.

62    En la *Exposición de Motivos* del Proyecto de Reforma Constitucional presentado por el Presidente de la República en agosto 2007, a las comunas se las califica como "comunas socialistas", y se la define como "Es un conglomerado social de varias comunidades que poseen una memoria histórica compartida, usos, costumbres y rasgos culturales que los identifican, con intereses comunes, agrupadas entre sí con fines político-administrativos, que persiguen un modelo de sociedad colectiva de equidad y de justicia", *cit.*, p. 12.

63    Véase en *Gaceta Oficial* N° 6.011 Extra. de 21-12-2010. Sobre estas leyes véase mis comentarios en Allan R. Brewer-Carías, "Las leyes del Poder Popular dictadas en Venezuela en diciembre de 2010, para transformar el Estado Democrático y Social de Derecho en un Estado Comunal Socialista, sin reformar la Constitución," en *Cuadernos Manuel Giménez Abad*, Fundación Manuel Giménez Abad de Estudios Parlamentarios y del Estado Autonómico, N° 1, Madrid, Junio 2011, pp. 127-131. Véase en general los comentarios de Allan R. Brewer-Carías, Claudia

Municipal, y las Leyes de los Consejos Estadales de Planificación y Coordinación de Políticas Públicas, y de los Consejos Locales de Planificación Pública,[64] completando mediante legislación ordinaria la institucionalización del Estado Comunista que no su pudo formalizar en la reforma constitucional de 2007, denominado Estado Comunal, el cual por lo demás, ya se había esbozado en la Ley de los Consejos Comunales de 2006 y en la Ley Orgánica del Consejo Federal de Gobierno.[65]

Con estas leyes puede decirse que se terminó de definir, sin reformarse la Constitución y al margen de la misma, el marco normativo de un nuevo Estado, *paralelo al Estado Constitucional*, que se denomina "Estado Comunal" y que si nos atenemos a las experiencias históricas precedentes, todas fracasadas, unas desaparecidas como el de la Unión Soviética, y otros en vías de extinción como el de Cuba, no es otra cosa que un Estado Comunista, para el cual se adopta al Socialismo como doctrina oficial pública, impuesta a los ciudadanos para poder participar, montado sobre un sistema político centralizado, militarista y policial para el ejercicio del poder. El objetivo fundamental de estas leyes es la organización del "Estado Comunal" que tiene a la Comuna como a su célula fundamental, suplantando inconstitucionalmente al Municipio en el carácter que tiene de "unidad política primaria de la organización nacional" (art. 168 de la Constitución). A través de la organización de ese Estado Comunal o Comunista, se ejerce en Venezuela el Poder Popular, el cual se concreta en el ejercicio de la soberanía popular supuestamente sólo directamente por el pueblo, y no mediante representantes. Se trata por tanto, de un sistema político estatal en el cual se ignora la democracia representativa violándose así abiertamente la Constitución de la República.

El Estado Comunista o Estado Comunal que se ha implantado con estas leyes, *en paralelo* al Estado Constitucional, se basa en este simple esquema: como el artículo 5 de la Constitución dispone que "La soberanía reside intransferiblemente en el pueblo, quien la ejerce *directamente* en la forma prevista en esta Constitución y en la ley, e *indirectamente*, mediante el sufragio, por los órganos que ejercen el Poder Público," habiéndose estructurado el Estado Constitucional basado en el concepto de democracia representativa, es decir, el ejercicio de la soberanía en forma indirecta mediante el sufragio; entonces ahora se estructura el Estado Comunal, basado en el ejercicio de la soberanía en forma directa.

Ello incluso ha sido "legitimado" por las sentencias dictadas por la Sala Constitucional del Tribunal Supremo de Justicia cuando al analizar el carácter

---

Nikken, Luis A. Herrera Orellana, Jesús María Alvarado Andrade, José Ignacio Hernández y Adriana Vigilanza, en *Leyes Orgánicas sobre el Poder Popular y el Estado Comunal (Los Consejos Comunales, Las Comunas, La Sociedad Socialista y el Sistema Económico Comunal)*, Colección Textos Legislativos N° 50, Editorial Jurídica Venezolana, Caracas 2011, 720 pp.

64    Véase en *Gaceta Oficial* N° 6.017 Extra. de 30-12-2010.

65    Véase en *Gaceta Oficial* N° 5.963 Extra. de 22-02-2010.

orgánico de las leyes, como en la dictada en relación con la Ley Orgánica de las Comunas, señaló que la misma se dictó:

"en desarrollo del principio constitucional de la democracia participativa y descentralizada que postula el preámbulo constitucional y que reconocen los artículos 5 y 6 de la Constitución de la República Bolivariana de Venezuela, de cuyo contenido se extrae el principio de soberanía, cuyo titular es el pueblo, quien está además facultado para ejercerla "*directamente*" y no sólo "*indirectamente*" por los órganos del Poder Público; así como del artículo 62 *ejusdem*, que estatuye el derecho de las personas a la libre participación en los asuntos públicos y, especialmente, el artículo 70 del mismo texto fundamental, que reconoce expresamente medios de autogestión como mecanismos de participación popular protagónica del pueblo en ejercicio de su soberanía, medios que son sólo enunciativos en los términos de la predicha norma."[66]

Es con base en estos principios que en el artículo 8.8 de la LOPP, se define al Estado comunal, como la:

"Forma de organización político social, fundada en el Estado democrático y social de derecho y de justicia establecido en la Constitución de la República, en la cual el poder es ejercido directamente por el pueblo, con un modelo económico de propiedad social y de desarrollo endógeno sustentable, que permita alcanzar la suprema felicidad social de los venezolanos y venezolanas en la sociedad socialista. La célula fundamental de conformación del estado comunal es la Comuna.[67]

Se ha establecido así, un Estado Comunal en paralelo al Estado Constitucional: el primero basado en el ejercicio de la soberanía directamente por el pueblo; y el segundo, basado en el ejercicio de la soberanía indirectamente por el pueblo, mediante representantes electos por sufragio universal; en un sistema, en el cual el primero irá vaciando progresivamente de competencias al segundo. Todo ello es inconstitucional, particularmente porque en la estructura del Estado Comunal que se ha montado legalmente, el ejercicio de la soberanía en definitiva es indirecta mediante "representantes" que se "eligen" para ejercer el Poder Popular en nombre del pueblo, y que son denominados "voceros" o "vocerías," pero no son electos mediante sufragio.

---

66　Véase la sentencia N° 1.330, Caso: Carácter Orgánico de la Ley Orgánica de Comunas, de fecha 17/12/2010. Véase en http://www.tsj.gov.ve/decisiones/scon/Diciembre/1330-171210-2010-10-1436.html

67　En la Ley Orgánica de las Comunas, sin embargo, se define al Estado Comunal de la siguiente manera: "Forma de organización político-social, fundada en el Estado democrático y social de derecho y de justicia establecido en la Constitución de la República, en la cual el poder es ejercido directamente por el pueblo, a través de los autogobiernos comunales, con un modelo económico de propiedad social y de desarrollo endógeno y sustentable, que permita alcanzar la suprema felicidad social de los venezolanos y venezolanas en la sociedad socialista. La célula fundamental de conformación del estado comunal es la Comuna" (art. 4.10).

El sistema que se ha montado, en definitiva, controlado todo por un Ministerio del Ejecutivo Nacional, lejos de ser un instrumento de descentralización –concepto que está indisolublemente unido a la autonomía política– es un sistema de centralización y control férreo de las comunidades por el Poder Central. Por ello la aversión al sufragio.[68] En ese esquema, una verdadera democracia participativa sería la que garantizaría que los miembros de los Consejos Comunales, las comunas y todas las organizaciones e instancias del Poder Popular fueran electas por sufragio universal, directo y secreto, y no a mano alzada por asambleas controladas por el partido oficial y el Ejecutivo Nacional, en contravención al modelo de Estado democrático y social de derecho y de justicia descentralizado establecido en la Constitución.

Pues bien, es en este contexto, y buscando establecer en paralelo al Estado Constitucional en el cual el pueblo ejerce indirectamente el Poder Público mediante representantes electos por sufragio universal directo y secreto, un Estado Comunal en el cual el pueblo supuestamente ejercería directamente el Poder Popular mediante voceros que no son electos por sufragio universal, directo y secretos, sino en asambleas de ciudadanos, el artículo 2 de la LOPP, define al Poder Popular, como:

"el ejercicio pleno de la soberanía por parte del pueblo en lo político, económico, social, cultural, ambiental, internacional, y en todo ámbito del desenvolvimiento y desarrollo de la sociedad, a través de sus diversas y disímiles formas de organización, que edifican el estado comunal."

Todo lo cual no es más que una falacia, pues en definitiva en ese "edificio" del Estado Comunal se le niega al pueblo el derecho de elegir libremente, mediante sufragio universal, directo y secreto a quienes van a representarlo en todos esos ámbitos, incluyendo el internacional; y además, se niega toda idea de pluralismo al imponerse a los ciudadanos una ideología única compulsiva como es el socialismo. Se trata más bien de un "edificio" de organizaciones para evitar que el pueblo realmente ejerza la soberanía e imponerle mediante férreo control central políticas por las cuales nunca tendrá la ocasión de votar.

Por otra parte, según el artículo 4 de la LOPP, la finalidad de este Poder Popular que se ejerce por los órganos del Estado Comunal,

"garantizar la vida y el bienestar social del pueblo, mediante la creación de mecanismos para su desarrollo social y espiritual, procurando la igualdad de condiciones para que todos y todas desarrollen libremente su personalidad, dirijan su destino, disfruten los derechos humanos y alcan-

---

68 Véase lo expuesto en los estudios de José Ignacio Hernández G., "Descentralización y Poder Popular," y Adriana Vigilanza García, "La descentralización política de Venezuela y las nuevas leyes del 'Poder Popular'," en Allan R. Brewer-Carías et al., *Leyes Orgánicas sobre el Poder Popular y el Estado Comunal (Los Consejos Comunales, Las Comunas, La Sociedad Socialista y el Sistema Económico Comunal)*, Colección Textos Legislativos N° 50, Editorial Jurídica Venezolana, Caracas 2011, pp. 459 ss. y 477 ss., respectivamente.

cen la suprema felicidad social; sin discriminaciones por motivos de origen étnico, religioso, condición social, sexo, orientación sexual, identidad y expresión de género, idioma, opinión política, nacionalidad u origen, edad, posición económica, condición de discapacidad o cualquier otra circunstancia personal, jurídica o social, que tenga por resultado anular o menoscabar el reconocimiento, goce o ejercicio de los derechos humanos y garantías constitucionales."

Por supuesto todos estos principios de igualdad se rompen desde que el sistema de Estado Comunal o Comunista, paralelo al Estado Constitucional, se monta, como se ha dicho, sobre una concepción única, que es el Socialismo, de manera que quien no sea socialista está automáticamente discriminado y no puede participar. No es posible, por tanto, en el marco de esta Ley, poder conciliar el pluralismo que garantiza la Constitución y el principio de la no discriminación por razón de "opinión política" a que se refiere este artículo, con el resto de las disposiciones de la Ley que persiguen todo lo contrario, es decir, el establecimiento de un Estado Comunista o Comunal, cuyas instancias sólo pueden actuar en función del Socialismo y en las cuales todo ciudadano que tenga otra opinión queda excluido. [69]

Es decir, mediante esta Ley Orgánica se ha establecido el marco definitorio de un nuevo modelo de Estado paralelo y distinto al Estado Constitucional, denominado el Estado Comunal basado en forma exclusiva y exclusionista en el socialismo como doctrina y práctica política, que es la organización política a través de la cual se produce el ejercicio del Poder Popular que es a la vez "el ejercicio pleno de la soberanía por parte del pueblo."

Ese Poder Popular se fundamenta, como se declara en el artículo 3 de la LOPP, "en el principio de soberanía y el sentido de progresividad de los derechos contemplados en la Constitución de la República, cuyo ejercicio y desarrollo está determinado por los niveles de conciencia política y organización del pueblo" (art. 3).

---

69    En el diario *El Nacional* del 12 de febrero de 2011, se reseñó lo siguiente: "Representantes de 120 consejos comunales del Distrito Capital y de Miranda denunciaron en una asamblea celebrada en presencia del diputado William Ojeda que son víctimas de discriminación por razones políticas. Aseguraron que aunque cumplieron con los requisitos para registrarse en Fundacomunal no pudieron iniciar el proceso porque no presentaron la planilla de inscripción en el PSUV, que es un requisito indispensable. "El Gobierno está aplicando una política de discriminación y exclusión. Está ocurriendo un *apartheid* político. Hay centenares de consejos comunales en el país que están organizados y que no han podido registrarse porque no militan en la tolda roja", indicó Ojeda." Véase en Diana Lozano Parafán, "Consejos Comunales rechazan discriminación. El diputado William Ojeda se reunió con representantes de 120 comunidades que no han podido inscribirse por razones partidistas," en *El Nacional*, Caracas 12-02-2011. Véase en http://impresodigital.el-nacional.com/ediciones/011/02/12/default.asp?cfg=1081FGHH666&iu=757. En todo caso, en la "Ficha de caracterización de las Comunas" (2013) elaborada por el Ministerio del Poder Popular para las Comunas y Protección Social, un dato de obligatoria información es la inscripción en el Partido oficial PSUV.

Con esta declaración, sin embargo, lejos de la universalidad, prevalencia y progresividad de los derechos humanos que se garantizan la Constitución, lo que se ha establecido es la desaparición total de la concepción universal de los derechos humanos, el abandono a su carácter prevalente y el retroceso ante los principios *pro homines* y *favor libertatis*, al condicionarse su existencia, alcance y progresividad a lo que se determine "por los niveles de conciencia política y organización del pueblo," es decir, por lo que dispongan y prescriban las organizaciones del Poder Popular con las que se busca "organizar" al pueblo, todas sometidas al Socialismo. Con ello desaparece la concepción de los derechos humanos como esferas que son innatas al hombre e inmunes frente al poder; pasándose a una concepción de los derechos humanos dependientes de lo que ordene un poder central, que en definitiva controla todo el "edificio" del Estado Comunal o Estado Socialista, como clara demostración del totalitarismo que está a la base de esta Ley.

En el mismo sentido se dispone en el artículo 5 de la LOPP, que "la organización y participación del pueblo en el ejercicio de su soberanía se inspira en la doctrina del Libertador Simón Bolívar, y se rige por los principios y valores socialistas,"[70] con lo cual, como se ha dicho, se vincula la organización del Estado Comunal que se organiza en paralelo al Estado Constitucional, con la ideología política socialista, es decir, con el *socialismo*, el cual se define en el artículo 8.14 como:

"un modo de relaciones sociales de producción centrado en la convivencia solidaria y la satisfacción de necesidades materiales e intangibles de toda la sociedad, que tiene como base fundamental la recuperación del valor del trabajo como productor de bienes y servicios para satisfacer las necesidades humanas y lograr la suprema felicidad social y el desarrollo humano integral. Para ello es necesario el desarrollo de la propiedad social sobre los factores y medios de producción básicos y estratégicos que permita que todas las familias, ciudadanos venezolanos y ciudadanas venezolanas posean, usen y disfruten de su patrimonio, propiedad individual o familiar, y ejerzan el pleno goce de sus derechos económicos, sociales, políticos y culturales."[71]

---

70    La misma expresión se utilizó en la Ley Orgánica de las Comunas respecto de la constitución, conformación, organización y funcionamiento de las mismas (art. 2); en la Ley Orgánica de los Consejos Comunales respecto de los mismos (art. 1), en la Ley Orgánica de Contraloría Social (art. 6); en la Ley Orgánica de Planificación Pública y Popular (art. 3), que regula la planificación pública, popular y participativa como herramienta fundamental para construcción de la nueva sociedad (art. 3); y en la Ley Orgánica del Sistema Económico Comunal respecto del mismo (art.5).

71    Igual definición se encuentra en el artículo 4.14 de la Ley Orgánica de las Comunas. También en el artículo 3 del Reglamento de la Ley Orgánica del Consejo federal de Gobierno se define el socialismo como "un modo de relaciones sociales de producción centrado en la convivencia solidaria y la satisfacción de las necesidades materiales e intangibles de toda la sociedad, que tiene como base fundamental la recuperación del valor del trabajo como productor de bienes y servicios para satisfacer las necesidades humanas y lograr la Suprema Felicidad Social y el Desarro-

Lo primero que debe observarse respecto de esta norma, es la insostenible pretensión de vincular "la doctrina del Libertador Simón Bolívar" con los principios y valores socialistas. En la obra de Bolívar y en relación con su concepción del Estado nada puede encontrarse al respecto,[72] no siendo la norma sino una pretensión más de continuar manipulando el "culto" a Bolívar para justificar los autoritarismos, como tantas veces ha ocurrido antes en nuestra historia.[73] Con la norma, por otra parte y por supuesto, se viola abiertamente la garantía del derecho de propiedad que está en la Constitución (art. 115) que no permite su restricción sólo a la propiedad colectiva o social excluyendo la propiedad privada de los medios de producción.

En todo caso, a partir de todas las Leyes sobre el Poder Popular dictadas en 2010, todas las leyes y decretos leyes posteriores han sido dictadas en fraude a la Constitución y a la voluntad popular, conforme al mismo principio de establecer un Estado Socialista en sustitución del Estado democrático y social de derecho; todas con la impronta de lograr la implantación del socialismo en Venezuela, al punto de que en diciembre de 2013 la Asamblea Nacional ha aprobado el llamado "*Plan de la Patria. Proyecto Nacional Simón Bolívar, Segundo Plan Socialista de Desarrollo Económico y Social de la Nación 2013-2019*"[74] en el cual por ejemplo se establece, entre sus objetivos:

---

llo Humano Integral. Para ello es necesario el desarrollo de la propiedad social sobre los factores y medios de producción básicos y estratégicos que permita que todas las familias y los ciudadanos y ciudadanas venezolanos y venezolanas posean, usen y disfruten de su patrimonio o propiedad individual o familiar, y ejerzan el pleno goce de sus derechos económicos, sociales, políticos y culturales." Véase en *Gaceta Oficial* N° 39.382 del 9 de marzo de 2010. Muchas son las definiciones de socialismo, pero en todas, se pueden identificar sus elementos básicos: (i) un sistema de organización social y económico, (ii) basado en la propiedad y administración colectiva o estatal de los medios de producción, y (iii) en regulación por el Estado de las actividades económicas y sociales y de la distribución de los bienes, (iv) buscando la progresiva desaparición de las clases sociales.

72    Véase Allan R. Brewer-Carías, "Ideas centrales sobre la organización el Estado en la Obra del Libertador y sus Proyecciones Contemporáneas," en *Boletín de la Academia de Ciencias Políticas y Sociales*, N° 95-96, enero-junio 1984, pp. 137-151.

73    Fue el caso de Antonio Guzmán Blanco en el siglo XIX y de Cipriano Castro, Juan Vicente Gómez, Eleazar López Contreras y Marcos Pérez Jiménez en el siglo XX. John Lynch ha señalado que: "El tradicional culto a Bolívar ha sido usado como ideología de conveniencia por dictadores militares, culminando con los regímenes de Juan Vicente Gómez y Eleazar López Contreras; quienes al menos respetaron, más o menos, los pensamientos básicos del Libertador, aún cuando tergiversaron su significado." Concluye Lynch señalando que en el caso de Venezuela, en la actualidad, el proclamar al Libertador como fundamento de las políticas del régimen autoritario, constituye una distorsión de sus ideas. Véase John Lynch, *Simón Bolívar: A Life*, Yale University Press, New Haven 2007, p. 304. .Véase también, Germán Carrera Damas, *El culto a Bolívar, esbozo para un estudio de la historia de las ideas en Venezuela*, Universidad Central de Venezuela, Caracas 1969; Luis Castro Leiva, *De la patria boba a la teología bolivariana*, Monteávila, Caracas 1987; Elías Pino Iturrieta, *El divino Bolívar. Ensayo sobre una religión republicana*, Alfaíl, Caracas 2008; Ana Teresa Torres, *La herencia de la tribu. Del mito de la independencia a la Revolución bolivariana*, Editorial Alfa, Caracas 2009. Sobre la historiografía en relación con estos libros véase Tomás Straka, *La épica del desencanto*, Editorial Alfa, Caracas 2009.

74    *Gaceta Oficial* N° 6118 Extraordinario de 4 de diciembre de 2013

"1.1. Garantizar la continuidad y consolidación de la Revolución Bolivariana en el poder," y "2.4. Convocar y promover una nueva orientación ética, moral y espiritual de la sociedad, basada en los valores liberadores del socialismo." Dicho Plan se aprobó mediante "Acuerdo" por la Asamblea Nacional, es decir, sin las discusiones propias del procedimiento de formación de las leyes, indicándose, sin embargo, en forma evidentemente inconstitucional, como si se hubiese aprobado con forma de ley, que el mismo "se aprueba en todas sus partes y para que surta efecto jurídico, y sea de obligatorio cumplimiento en todo el territorio de la República Bolivariana de Venezuela".

Con ello, se consolidan los mecanismos de vaciamiento progresivo del Estado Constitucional cuyos órganos son electos por votación popular, por el Estado Comunal que fue implementado en paralelo al mismo, cuyos órganos, integrados por órganos no electos por sufragio universal directo y secreto, dependen del Ejecutivo Nacional. Se trata de dos Estados establecidos en paralelo, uno en la Constitución y otro en una ley inconstitucional, pero con previsiones en las leyes del Poder popular que permiten al Estado Comunal ahogar y secar al Estado Constitucional.

A tal efecto, en la LOPP se establecen las siguientes previsiones para regular las relaciones entre el Estado o el Poder Público y el Poder Popular:

En *primer lugar*, se establece como obligación legal para los órganos, entes e instancias del Poder Público el promover, apoyar y acompañar las iniciativas populares para la constitución, desarrollo y consolidación de las diversas formas organizativas y de autogobierno del pueblo (art. 23).[75] En particular, incluso, la Ley Orgánica de Comunas dispone que "los órganos integrantes del Poder Ciudadano apoyarán a los consejos de contraloría comunal a los fines de contribuir con el cumplimiento de sus funciones" (art. 48).

En *segundo lugar*, se sujeta a todos los órganos del Estado Constitucional que ejercen el Poder Público, a los mandatos de las organizaciones del Poder Popular, al instaurarse un nuevo principio de gobierno, consistente en "gobernar obedeciendo." El artículo 24 de la LOPP en efecto dispone:

*Artículo 24.* Actuaciones de los órganos y entes del Poder Público. Todos los órganos, entes e instancias del Poder Público guiarán sus actuaciones por el principio de gobernar obedeciendo, en relación con los mandatos de los ciudadanos, ciudadanas y de las organizaciones del Poder Popular, de acuerdo a lo establecido en la Constitución de la República y las leyes.

Como las organizaciones del Poder Popular no tienen autonomía política pues no sus "voceros" no son electos democráticamente mediante sufragio universal, directo y secreto, sino designados por asambleas de ciudadanos controladas e intervenidas por el partido oficial y el Ejecutivo Nacional que

---

75    Una norma similar está en el artículo 62 de la Ley Orgánica de las Comunas, a los efectos de "la constitución, desarrollo y consolidación de las comunas como forma de autogobierno."

controla y guía todo el proceso organizativo del Estado Comunal, en el ámbito exclusivo de la ideología socialista, sin que tenga cabida vocero alguno que no sea socialista, o que no esté inscrito en el Partido Socialista Unificado de Venezuela (PSUV); en definitiva esto de "gobernar obedeciendo" es una limitación a la autonomía política de los órganos del Estado Constitucional electos, como la Asamblea Nacional, los Gobernadores y Consejos Legislativos de los Estados y los Alcaldes y Concejos Municipales, a quienes se le impone en definitiva la obligación de obedecer lo que disponga el Ejecutivo Nacional y el partido oficial enmarcado en el ámbito exclusivo del socialismo como doctrina política.[76] La voluntad popular expresada en la elección de representantes del Estado Constitucional, por tanto, no tiene valor alguno, y al pueblo se le confisca su soberanía trasladándola de hecho a unas asambleas que no lo representan.

En *tercer lugar*, en particular, se establece la obligación para el Poder Ejecutivo Nacional, para que "conforme a las iniciativas de desarrollo y consolidación originadas desde el Poder Popular," planifique, articule y coordine "acciones conjuntas con las organizaciones sociales, las comunidades organizadas, las comunas y los sistemas de agregación y articulación que surjan entre ellas, con la finalidad de mantener la coherencia con las estrategias y políticas de carácter nacional, regional, local, comunal y comunitaria"(art. 25).

En *cuarto lugar*, se establece la obligación para los órganos y entes del Poder Público en sus relaciones con el Poder Popular, de dar "preferencia a las comunidades organizadas, a las comunas y a los sistemas de agregación y articulación que surjan entre ellas, en atención a los requerimientos que las mismas formulen para la satisfacción de sus necesidades y el ejercicio de sus derechos, en los términos y lapsos que establece la ley" (art. 29). Igualmente se prevé que los órganos, entes e instancias del Poder Público, en sus diferentes niveles político-territoriales, deben adoptar "medidas para que las organizaciones socio-productivas de propiedad social comunal, gocen de prioridad y preferencia en los procesos de contrataciones públicas para la adquisición de bienes, prestación de servicios y ejecución de obras" (art. 30).[77]

En *quinto lugar*, se establece la obligación para la República, los estados y municipios, de acuerdo con la ley que rige el proceso de transferencia y descentralización de competencias y atribuciones, la obligación de trasferir "a las comunidades organizadas, a las comunas y a los sistemas de agregación que de éstas surjan; funciones de gestión, administración, control de servicios y ejecución de obras atribuidos a aquéllos por la Constitución de

---

76    Véase por ejemplo, Allan R. Brewer-Carías, "La Ley Orgánica del Poder Popular y la desconstitucionalización del Estado de derecho en Venezuela," en *Revista de Derecho Público*, Nº 124, (octubre-diciembre 2010), Editorial Jurídica Venezolana, Caracas 2010, pp. 81-101.

77    En particular, conforme al artículo 61 de la Ley Orgánica de las Comunas, se dispone que "todos los órganos y entes del Poder Público comprometidos con el financiamiento de proyectos de las comunas y sus sistemas de agregación, priorizarán aquéllos que impulsen la atención a las comunidades de menor desarrollo relativo, a fin de garantizar el desarrollo territorial equilibrado.

la República, para mejorar la eficiencia y los resultados en beneficio del colectivo" (art. 27).[78]

Con ello, se dispone legalmente el vaciamiento de competencias de los Estados y Municipios, de manera que queden como estructuras vacías, con gobiernos representativos electos por el pueblo pero que no tienen materias sobre las cuales gobernar.

Este proceso, por lo demás, se completó con la reforma de la Ley Orgánica de Régimen Municipal y con la Ley Orgánica del Consejo Federal de Gobierno. En esta última, la trasferencia de competencias de los Estados a los Municipios, a las comunidades y a los grupos vecinales que se prevé en la Constitución (art. 184), y que en la Ley Orgánica del Poder Público Municipal se atribuía a los Consejos Legislativos de los Estados para establecer el procedimiento a dichos fines, se ha cambiado radicalmente, asignándose esa función al Consejo Federal de Gobierno, el cual ha sido organizado de manera tal que está completamente controlado por el Ejecutivo Nacional (art. 11). En esta forma, además, se limitó inconstitucionalmente la autonomía de los Estados y Municipios que les garantiza la Constitución.

> B. *La inconstitucional eliminación mediante ley, de órganos democráticos de representación local, con la recreación del desaparecido "Distrito Federal" sin autonomía política ni gobierno democrático local en la organización del Distrito capital; y con la eliminación de las Juntas Parroquiales*

La Constitución de 1999, además de regular al Poder Público Municipal, como una de las ramas del Poder Público, con su propio gobierno democrático local a cargo de Consejos Legislativos y Alcaldes electos, aseguró definitivamente la existencia de un régimen de gobierno local descentralizado y democrático tanto en el régimen político de la ciudad capital, Caracas, garantizando en el mismo la autonomía municipal y la participación política de las diversas entidades que componen la ciudad; como en el nivel sub-municipal de las Parroquias.

En cuanto al gobierno municipal en Caracas, la Constitución estableció un gobierno metropolitano a dos niveles, con órganos electos democráticamente mediante sufragio universal directo y secreto, eliminando definitivamente la figura vieja y tradicional figura territorial del "Distrito Federal" que había quedado como vestigio decimonónico del esquema tradicional de las federaciones, en el cual la ciudad capital carecía de autogobierno.

Con la rechazada reforma constitucional de 2007, sin embargo, de acuerdo con el modelo centralista que la caracterizó, en esta materia de régimen político de la capital, Caracas, se propuso volver al mismo esquema del siglo

---

78    Esta misma norma se repite en la Ley Orgánica de las Comunas (art. 64). El 31 de diciembre de 2010, aún estaba pendiente en la Asamblea Nacional la segunda discusión del proyecto de Ley Orgánica del Sistema de Transferencia de Competencias y atribuciones de los Estados y Municipios a las organizaciones del Poder Popular.

XIX, restableciendo el Distrito Federal sin garantía alguna de la autonomía municipal o territorial ni sistema democrático y participativo de gobierno, cuyas autoridades se pretendía quedaran totalmente sujetas y controladas por el Poder Nacional y, en particular, por el Presidente de la República a quien se buscaba atribuir la designación y remoción de sus autoridades. La reforma constitucional rechazada, además, buscaba "nacionalizar" totalmente las competencias públicas respecto de todos los asuntos que concernieran a la ciudad capital, asignándose al "Poder Nacional por intermedio del Poder Eje-cutivo" (con la colaboración y participación de todos los entes del Poder Público Nacional, Estadal y Municipal, así como del Poder Popular) la com-petencia para disponer "todo lo necesario para el reordenamiento urbano, re-estructuración vial, recuperación ambiental, logros de niveles óptimos de se-guridad personal y pública, fortalecimiento integral de la infraestructura del hábitat de las comunidades, sistemas de salud, educación, cultura, deporte y recreación, recuperación total de su casco y sitios históricos, construcción de un sistema de pequeñas y medianas ciudades a lo largo de sus ejes territoria-les de expansión". Es decir, todo lo que era propio de los gobiernos locales, se pretendía asignar al Ejecutivo Nacional.

De nada sirvió sin embargo, el rechazo popular a dicha reforma constitu-cional de 2007, pues mediante la Ley Especial Sobre la Organización y Régimen del Distrito Capital[79], lejos de haber establecido una organización democrática de una entidad política de la Republica, se implementó inconsti-tucionalmente la reforma y se reguló dicho Distrito Capital como una depen-dencia del Poder Nacional, con ámbito territorial según se indica en el artículo 4, igual al que "correspondían al extinto Distrito Federal a la fecha de entrada en vigencia de la Constitución de la República Bolivariana de Venezuela y que comprende el territorio del actual Municipio Bolivariano Libertador."

Por otra parte, en cuanto al régimen del gobierno municipal, en la Consti-tución de 1999 en el marco de regulación de la autonomía municipal y de los diversos entidades locales, en su artículo 173, además del Municipio, reguló expresamente a las "parroquias" como entidades locales, en el nivel territorial sub-municipal, que aún se regulaban ampliamente en la Ley Orgánica del Poder Público Municipal de 2009.

En el modelo centralista de la rechazada reforma constitucional de 2007, sin embargo, con motivo de la propuesta de estructuración del Estado Comu-nal, montado sobre órganos no electos popularmente como son los Consejos Comunales, se propuso formalmente eliminar como entidad local territorial, dentro del ámbito municipal, a las parroquias y por tanto a las juntas parro-quiales que eran tradicionalmente electas popularmente.

---

79  *Gaceta Oficial* N° 39.156 de 13 de abril de 2009. Véase sobre esta Ley, Allan R. Brewer-Carías, Manuel Rachadell, Nelson Socorro, Enrique Sánchez Falcón, Juan Carmona Borjas, Tulio Álva-rez, *Leyes sobre el Distrito Capital y el Área Metropolitana de Caracas*, Colección Textos Le-gislativos N° 45, Editorial Jurídica Venezolana. Caracas 2009, 209 pp.

Dicha reforma constitucional rechazada, sin embargo, ha sido inconstitucionalmente implementada mediante la reforma de la Ley Orgánica de Régimen del Poder Público Municipal de 2010,[80] de cuya normativa simplemente desapareció toda mención a la existencia de las parroquias y de las juntas parroquiales (las cuales, en las Disposiciones Transitorias se dispuso su cesación) habiendo legalmente desaparecido de la organización territorial del país, habiéndose atribuido a las Comunas (art. 19) integradas por "voceros" no electos las funciones y competencias de aquéllas, en lesión abierta a la democracia representativa local que buscaba garantizar la Constitución.

C. *La inconstitucional implementación de las reformas constitucionales al sistema económico para establecer un sistema de economía socialista.*

Uno de los componentes normativos esenciales de toda Constitución contemporánea, es la llamada *Constitución Económica* que deriva de los principios constitucionales que guían el régimen de las relaciones económicas y el papel que, en las mismas, corresponde a la iniciativa privada y al propio Estado, y que conforme al constitucionalismo desarrollado desde mitades del siglo pasado, está montada sobre un modelo económico de economía mixta, basado en el principio de la libertad como opuesto al de economía dirigida, similar al que existe en todos los países occidentales. Este sistema económico, por tanto, se fundamenta en la libertad económica, la iniciativa privada y la libre competencia, pero con la participación del Estado como promotor del desarrollo económico, regulador de la actividad económica, y planificador con la participación de la sociedad civil.

Conforme a esa orientación, la Constitución de 1999 establece un sistema económico de economía mixta, es decir, de economía social de mercado que se fundamenta en la libertad económica, pero que debe desenvolverse conforme a principios de justicia social, que requiere de la intervención del Estado. Ese régimen socioeconómico, conforme al artículo 299 de la Constitución de 1999, se fundamenta en los siguientes principios: justicia social, democratización, eficiencia, libre competencia, protección del ambiente, productividad y solidaridad, a los fines de asegurar el desarrollo humano integral y una existencia digna y provechosa para la colectividad. Por ello, el mismo artículo constitucional dispone expresamente que el Estado, "conjuntamente con la iniciativa privada", debe promover "el desarrollo armónico de la economía nacional con el fin de generar fuentes de trabajo, alto valor agregado nacional, elevar el nivel de vida de la población y fortalecer la soberanía económica del país, garantizando la seguridad jurídica, solidez, dinamismo, sustentabilidad, permanencia, equidad del crecimiento de la economía, para garantizar una justa distribución de la riqueza mediante una planificación estratégica democrática, participativa y de consulta abierta".

---

80  Véase en *Gaceta Oficial* N° 6.015 Extraordinario del 28 de diciembre de 2010.

Como lo precisó la Sala Constitucional del Tribunal Supremo de Justicia en sentencia N° 117 de 6 de febrero de 2001, se trata de "un sistema socioeconómico intermedio entre la economía de libre mercado (en el que el Estado funge como simple programador de la economía, dependiendo ésta de la oferta y la demanda de bienes y servicios) y la economía interventora (en la que el Estado interviene activamente como el "empresario mayor")", conforme al cual, el texto constitucional promueve "expresamente la actividad económica conjunta del Estado y de la iniciativa privada en la persecución y concreción de los valores supremos consagrados en la Constitución"; persiguiendo "el equilibrio de todas las fuerzas del mercado y la actividad conjunta del Estado e iniciativa privada". Conforme a este sistema, dijo además la Sala Constitucional en esa sentencia, la Constitución: "propugna una serie de valores normativos superiores del régimen económico, consagrando como tales la libertad de empresa en el marco de una economía de mercado y fundamentalmente el del Estado Social de Derecho (*Welfare State*, Estado de Bienestar o Estado Socialdemócrata), esto es un Estado social opuesto al autoritarismo"[81].

Ahora bien, con el rechazado proyecto de reforma constitucional de 2007, se pretendió cambiar radicalmente este modelo, transformándolo en un sistema de economía estatal, de planificación centralizada, propia de un Estado y economía socialista, donde desaparecía la libertad económica y el derecho de propiedad como derechos constitucionales. Para ello se propuso, sin más, la eliminación del artículo 112 de la Constitución que regula el derecho y la libertad económica, sustituyéndola por otra en la cual lo que se establecía era una definición de la política estatal para promover "el desarrollo de un modelo económico productivo, intermedio, diversificado e independiente, fundado en los valores humanísticos de la cooperación y la preponderancia de los intereses comunes sobre los individuales, que garantice la satisfacción de las necesidades sociales y materiales del pueblo, la mayor suma de estabilidad política y social y la mayor suma de felicidad posible"; proponiéndose agregar que el Estado, asimismo, "fomentará y desarrollará distintas formas de empresas y unidades económicas de propiedad social, tanto directa o comunal como indirecta o estatal, así como empresas y unidades económicas de producción o distribución social, pudiendo ser estas de propiedad mixta entre el Estado, el sector privado y el poder comunal, creando las mejores condiciones para la construcción colectiva y cooperativa de una economía socialista".

Con ello, se buscaba eliminar el derecho al libre ejercicio de las actividades económicas y la propia libertad económica y, además, eliminar la garantía de la reserva legal para establecer las limitaciones o restricciones al mismo,

---

81    Esos valores aludidos conforme a la doctrina de la Sala Constitucional "se desarrollan mediante el concepto de libertad de empresa, que encierra, tanto la noción de un derecho subjetivo "a dedicarse libremente a la actividad económica de su preferencia", como un principio de ordenación económica dentro del cual se manifiesta la voluntad de la empresa de decidir sobre sus objetivos. En este contexto, los Poderes Públicos, cumplen un rol de intervención, la cual puede ser directa (a través de empresas) o indirecta (como ente regulador del mercado)". Véase en *Revista de Derecho Público*, N° 85-88, Editorial Jurídica Venezolana, Caracas, 2001, pp. 212-218.

abriendo la posibilidad de limitaciones mediante decretos reglamentarios del Ejecutivo.

Además, con la rechazada reforma constitucional respecto del artículo 299, se buscaba eliminar de la Constitución, como fundamentos del sistema económico, los principios de justicia social, libre competencia, democracia y productividad y en su lugar se buscaba establecer, entre otros, los principios socialistas, antiimperialistas, humanistas, a los fines asegurar el desarrollo humano integral y una existencia digna y provechosa para la colectividad.

En cuanto al derecho de propiedad regulado en el 115 de la Constitución, cuya regulación también está signada por el principio de la reserva legal y la garantía de la expropiación "sólo por causa de utilidad pública o interés social, mediante sentencia firme y pago oportuno de justa indemnización", la misma también se buscó cambiar radicalmente, eliminándose como derecho constitucional, y reduciéndolo sólo respecto de "bienes de uso, consumo y medios de producción legítimamente adquiridos, quedando por tanto minimizada y marginalizada en relación con la propiedad pública.[82]. Además, se pretendía eliminar con la rechazada reforma constitucional la garantía de la propiedad al proponerse eliminar la exigencia de que "sólo" mediante expropiación podía extinguirse la propiedad como se ha establecido siempre en el ordenamiento constitucional, lo que abría la vía para que por ley se pudiera establecer otras formas de extinción de la propiedad.

Ante el rechazo de la reforma constitucional para cambiar de raíz el sistema económico de economía mixta montado sobre las garantías de la libertad económica y la propiedad privada, la misma comenzó a ser inconstitucionalmente implementada mediante diversas leyes destinadas a regular las bases de un sistema socialista, progresivamente regulando poderes exorbitantes del Estado en los diversos sectores de la economía que materialmente eliminaron toda libertad económica, estableciendo además mecanismos de ocupación y apropiación administrativa de la propiedad privada, sin la garantía constitucional de la expropiación. Ello comenzó a ocurrir a partir de 2008, mediante los decretos leyes dictados en uso de la delegación legislativa (ley habilitante) de 2007, justo después del rechazo de la reforma constitucional de 2007, entre

---

82  Sobre esto, el magistrado Jesús Eduardo Cabrera en el Voto salvado a la sentencia N° 2042 de la Sala Constitucional de 2 de noviembre de 2007 en la cual se declaró inadmisible un amparo constitucional ejercido contra el Presidente de la República y la Asamblea Nacional, con motivo de la inconstitucional "reforma constitucional", sostuvo lo siguiente:"El artículo 113 del Proyecto, plantea un concepto de propiedad, que se adapta a la propiedad socialista, y que es válido, incluso dentro del Estado Social; pero al limitar la propiedad privada solo sobre bienes de uso, es decir aquellos que una persona utiliza (sin especificarse en cual forma); o de consumo, que no es otra cosa que los fungibles, surge un cambio en la estructura de este derecho que dada su importancia, conduce a una transformación de la estructura del Estado. Los alcances del Derecho de propiedad dentro del Estado Social, ya fueron reconocidos en fallo de esta Sala de 20 de noviembre de 2002, con ponencia del Magistrado Antonio García García". Véase Caso *Néstor Luis Ramírez* en http://www.tsj.gov.ve/decisiones/scon/Noviembre/2042-021107-07-1374.htm

ellos, el Decreto Ley N° 6.130 de 2008, contentivo de la Ley para el Fomento y Desarrollo de la Economía Popular.[83]

Todo ese proyecto de establecer un sistema económico socialista, se completó posteriormente, al margen de la Constitución, con la regulación del Sistema Económico Comunal, mediante la Ley Orgánica del Sistema Económico Comunal,[84] dictada con la finalidad, entre otras, de "impulsar el sistema económico comunal a través de un modelo de gestión sustentable y sostenible para el fortalecimiento del desarrollo endógeno (art. 3.2); "fomentar el sistema económico comunal en el marco del modelo productivo *socialista*, a través de diversas formas de organización socio-productiva, comunitaria y comunal en todo el territorio nacional (art. 3.3); e "incentivar en las comunidades y las comunas los valores y principios *socialistas* para la educación, el trabajo, la investigación, el intercambio de saberes y conocimientos, así como la solidaridad, como medios para alcanzar el bien común.(art. 3.8). Para ello, el sistema de economía comunal se lo define en el artículo 2, como:

> "el conjunto de relaciones sociales de producción, distribución, intercambio y consumo de bienes y servicios, así como de saberes y conocimientos, desarrolladas por las instancias del Poder Popular, el Poder Público o por acuerdo entre ambos, a través de organizaciones socio-productivas bajo formas de propiedad social comunal."

Se trata, por tanto, de la regulación legal de un sistema económico que contraría el establecido en la Constitución, que se desarrolla exclusivamente "a través de organizaciones socio-productivas bajo formas de propiedad social comunal" que conforme a dicha Ley son solamente las empresas del Estado Comunal creadas por las instancias del Poder Público, las empresas públicas creadas por los órganos que ejercen del Poder Público, las unidades productivas familiares o los grupos de trueque, donde está excluida toda iniciativa privada y la propiedad privada de los medios de producción y comercialización de bienes y servicios.

---

83    La Ley derogó expresamente la Ley la Ley para el Fomento y Desarrollo de la Economía Popular, publicado en la *Gaceta Oficial de la República Bolivariana de Venezuela* N° 5.890 Extraordinario de fecha 31 de julio de 2008. Véase sobre dicha Ley, Alfredo Morles Hernández, "El nuevo modelo económico del socialismo del siglo XXI y su reflejo en el contrato de adhesión," en Revista de Derecho Público, N° 115, Editorial Jurídica Venezolana, Caracas w2008, pp. 229 y ss.

84    Véase en *Gaceta Oficial* N° 6.011 Extraordinario del 21 de diciembre de 2010. Véase mis comentarios sobre esta Ley Orgánica, en Allan R. Brewer-Carías, "Sobre la Ley Orgánica del Sistema Económico Comunal o de cómo se implanta en Venezuela un sistema económico comunista sin reformar la Constitución," en *Revista de Derecho Público*, N° 124, (octubre-diciembre 2010), Editorial Jurídica Venezolana, Caracas 2010, pp. 102-109; y Jesús María Alvarado Andrade, "La 'Constitución económica' y el sistema económico comunal (Reflexiones Críticas a propósito de la Ley Orgánica del Sistema Económico Comunal)," en Allan R. Brewer-Carías (Coordinador), Claudia Nikken, Luis A. Herrera Orellana, Jesús María Alvarado Andrade, José Ignacio Hernández y Adriana Vigilanza, *Leyes Orgánicas sobre el Poder Popular y el Estado Comunal (Los Consejos Comunales, Las Comunas, La Sociedad Socialista y el Sistema Económico Comunal),*Colección Textos Legislativos N° 50, Editorial Jurídica Venezolana, Caracas 2011, pp. 375 ss.

Con ello, mediante ley, se ha establecido un sistema económico socialista, contrario completamente el sistema de economía mixta que garantiza la Constitución basado, al contrario, en la libertad económica, la iniciativa privada, y la libertad de trabajo, empresa, comercio, industria, "sin perjuicio de su facultad para dictar medidas para planificar, racionalizar y regular la economía e impulsar el desarrollo integral del país;" (art. 112), así como en el derecho de propiedad privada (art. 115), limitándose este último materialmente sólo sobre los bienes de uso y de consumo, así como de los medios de producción estrictamente familiar.

Una reforma constitucional de esa naturaleza, sin duda, sólo podría realizarse mediante la convocatoria de una Asamblea Constituyente (ni siquiera mediante reforma o enmienda constitucional), pues simplemente, elimina el sistema constitucional de economía mixta, sustituyéndolo por un sistema económico estatista o controlado por el Estado, mezclado con previsiones propias de sociedades primitivas y lugareñas que presuponen la miseria como forma de vida, como regular y justificar el trueque como sistema, o la llamada "moneda comunal" como medio de intercambio de bienes y servicios. Por ello es que este sistema económico comunal se lo concibe como la "herramienta fundamental para construcción de la nueva sociedad," que supuestamente debe regirse sólo "por los principios y valores socialistas" que en esta LOSEC también se declara que supuestamente se inspira en la doctrina de Simón Bolívar (art. 5). A tal efecto, la propiedad privada se reduce a la mínima expresión, regulándose en sustitución un sistema económico comunal basado en la "propiedad social" como derecho de la "sociedad" (art. 6.15), pero montado casi exclusivamente en la propiedad pública, del Estado (dominio del Estado), sobre los medios de producción, de manera que en la práctica, no se trata de ningún derecho "de la sociedad," sino del aparato Estatal, cuyo desarrollo, regido por un sistema de planificación centralizada, elimina toda posibilidad de libertad económica e iniciativa privada, y convierte a las "organizaciones socio-productivas" en meros apéndices del aparato estatal. El sistema omnicomprensivo que se regula, al contrario está basado en la "propiedad social comunal" y que debe ser desarrollada tanto por el Estado Constitucional (los órganos del Poder Público) como por el Estado Comunal (instancias del Poder Popular), como se dijo, exclusivamente a través de "organizaciones socio-productivas bajo formas de propiedad comunal."

En este contexto socialista, la Ley Orgánica define el "modelo productivo socialista" como el

> "modelo de producción basado en la *propiedad social*, orientado hacia la *eliminación de la división social del trabajo* propio del modelo capitalista. El modelo de producción socialista está dirigido a la satisfacción de necesidades crecientes de la población, a través de nuevas formas de generación y apropiación así como de la *reinversión social del excedente*." (art. 6.12)

Se trata en consecuencia, de una Ley mediante la cual se ha cambiado de raíz el sistema capitalista y se lo ha sustituido a la fuerza por un sistema socialista, imponiendo un sistema comunista, para lo cual sus redactores, pura y simplemente han parafraseado lo que escribieron Carlos Marx y Federico Engels, en 1845 y 1846, sobre la sociedad comunista, en su libro *La Ideología Alemana*, refiriéndose a la sociedad primitiva de la época, en muchas partes aún esclavista y en todas, preindustrial,[85] y basándose en los clásicos principios utópicos comunistas de la "propiedad social de los medios de producción," la "eliminación de la división social del trabajo" y la "reinversión social del excedente," los cuales se han copiado en la Ley para implantar en Venezuela el sistema comunista como contrario al sistema capitalista.

## APRECIACIÓN FINAL

Todo ello, sin duda, podría hacerse pero sólo reformando la Constitución conforme al procedimiento de convocatoria de una Asamblea Constituyente establecido en el artículo 347 de la Constitución. Como incluso lo advirtió uno de los Magistrados de la Sala Constitucional, Jesús Eduardo Cabrera, quien con sus ponencias durante años había sido uno de los que más había contribuido a asegurar el afianzamiento del régimen autoritario en Venezuela, expresando en un Voto salvado a la sentencia N° 2042 de la Sala Constitucional de 2 de noviembre de 2007 (Caso *Néstor Luis Romero*)[86] que decidió la "inadmisibilidad" de una acción de amparo contra la "reforma constitucional" de 2007, lo siguiente:

"En criterio de quien disiente, un sistema de organización social o económico basado en la propiedad y administración colectiva o estatal de los medios de producción, como lo es básicamente el socialista, en sus distintas concepciones, cual es el propuesto en el Proyecto de Reforma, chocaría con lo que quien suscribe, y la propia Sala, era considerado Estado Social, y ello -en criterio del disidente- puede afectar toda la estructura y los principios fundamentales del Texto Constitucional, hasta el punto que un nuevo ordenamiento jurídico tendría que ser creado para desarrollar la construcción del socialismo.

No es que Venezuela no puede convertirse en un Estado Socialista. Si ello lo decide el pueblo, es posible; pero a juicio del voto salvante, tal logro sería distinto al que la Sala ha sostenido en el fallo de 24 de enero de 2002 (Caso: *Créditos Indexados*) y ello conduciría no a una reforma de la Constitución sino a una nueva Constitución, la cual debería ser votada

---

85    Véase en Karl Marx and Frederich Engels, "The German Ideology," en *Collective Works*, Vol. 5, International Publishers, New York 1976, p. 47. Véanse además los textos pertinentes en http://www.educa.madrid.org/cms_tools/ files/0a24636f-764c-4e03-9c1d-6722e2ee60d7/Texto%20Marx%20y%20 Engels.pdf.

86    Véase sentencia del Tribunal Supremo de Justicia en Sala Constitucional N° 2042 del 2 de Noviembre de 2007, *Caso Néstor Luis Romero Méndez* en http://www.tsj.gov.ve/decisiones/scon/Noviembre/2042-021107-07-1374.htm.

por el Poder Constituyente Originario. Al menos, en nuestro criterio esto es la consecuencia del fallo N° 85 de 24 de enero de 2002."[87]

En esta apreciación, el Magistrado disidente no se equivocó, pues evidentemente que una reforma constitucional que trastocara todo el ordenamiento y estructura del Estado, conforme a la Constitución venezolana, sólo podía hacerse mediante la convocatoria de una Asamblea Constituyente.

Sin embargo, como hemos visto, y ello es precisamente la consecuencia de haber contribuido a afianzar el autoritarismo en Venezuela, no sólo la reforma constitucional de 2007 se sancionó contrariándose el procedimiento constitucional pautado, sino que luego del rechazo popular, fue impunemente implementada mediante leyes y decretos leyes, es decir, mediante una inconstitucional legislación ordinaria, y mediante ilegítimas mutaciones constitucionales efectuadas por la propia Sala Constitucional del Tribunal Supremo. Para que ello fuera posible, por supuesto, la propia Sala Constitucional, violando la misma Constitución, renunció a ejercer el control de la constitucionalidad de los actos de los poderes constituidos cumplidos para llevar adelante la "reforma constitucional" de 2007 y, en particular, del acto del Presidente de la República de presentación del anteproyecto de reforma ante la Asamblea Nacional el 15 de agosto de 2007; del acto definitivo de ésta de sanción del proyecto de reforma de la Constitución del día 2 de noviembre de 2007, y de la convocatoria a referendo por parte del Consejo Nacional Electoral el mismo día, todo conforme al procedimiento de "reforma constitucional regulado en los artículos 342 y siguientes de la Constitución", cuando por las trasformaciones fundamentales que contenía el proyecto debía haberse sometido al procedimiento de la Asamblea Nacional Constituyente conforme al artículo 347 y siguientes del texto fundamental. Y luego, después de que el pueblo rechazó el proyecto de reforma constitucional en el "referendo aprobatorio" del 2 de diciembre de 2007, en el cual dicho proyecto sólo recibió el voto favorable del 28% de los votantes inscritos en el Registro Electoral, la misma Sala Constitucional renunció a ejercer el control de constitucionalidad de las diversas leyes y decretos leyes que implementaron la reforma constitucional, y además, procedió ella misma a implementar aspectos de la misma mediante mutaciones constitucionales ilegítimas.

Todo ello demuestra cómo en un sistema donde no hay control del poder, no puede haber Estado de derecho ni democracia; y cómo, cuándo quien está llamado a controlar el poder que es la Jurisdicción Constitucional, está controlada políticamente y está al servicio del mismo, de nada valen los principios de la Constitución, ni su supremacía ni su rigidez, que pasan a ser pura retórica, como actualmente ocurre en Venezuela.

---

87    *Idem.*

## SECCIÓN SEGUNDA: LA DESCONSTITUCIONALIZACIÓN DEL ESTADO CONSTITUCIONAL Y LA CREACIÓN EN PARALELO DE UN ESTADO DEL PODER POPULAR O ESTADO COMUNAL[*]

La Constitución de 1999 de Venezuela, actualmente vigente, constituyó al país como un *Estado Democrático y Social de Derecho y de Justicia*, "que propugna como valores superiores de su ordenamiento jurídico y de su actuación, la vida, la libertad, la justicia, la igualdad, la solidaridad, la democracia, la responsabilidad social y, en general, la preeminencia de los derechos humanos, la ética y el pluralismo político" (art. 2), organizando a la República como "un *Estado federal descentralizado*" que "se rige por los principios de integridad territorial, cooperación, solidaridad, concurrencia y corresponsabilidad" (art. 4).

Ese es el Estado Constitucional en Venezuela: un Estado Federal descentralizado, Democrático y Social de Derecho y de Justicia,[88] que está montado sobre un sistema de distribución vertical del Poder Público en tres niveles territoriales de entidades políticas: el Poder Nacional que ejercen los órganos de la República; el Poder de los Estados que ejercen los Estados de la Federación, y el Poder Municipal (art. 136) que ejercen los Municipios, cada uno debiendo tener siempre un gobierno de carácter "electivo, descentralizado, alternativo, responsable, pluralista y de mandatos revocables," tal como lo manda el artículo 6 de la Constitución. [89]

---

[*]   El texto de esta sección segunda es la "Introducción General al régimen del Poder Popular y del Estado Comunal," al libro Allan R. Brewer-Carías et al., *Leyes Orgánicas del Poder Popular*, Editorial Jurídica Venezolana, Caracas 2011, pp. 9-182. Este texto recoge y refunde las reflexiones hechas en diversas conferencias y documentos, y entre ellos, los siguientes publicados: "La Ley Orgánica del Poder Popular y la desconstitucionalización del Estado de derecho en Venezuela," en *Revista de Derecho Público*, Nº 124, (octubre-diciembre 2010), Editorial Jurídica Venezolana, Caracas 2010, pp. 81-101; y "La desconstitucionalización del Estado de derecho en Venezuela: del Estado Democrático y Social de derecho al Estado Comunal Socialista, sin reformar la Constitución," que fue publicado en *Estado Constitucional*, Año 1, Nº 2, Editorial Adrus, Lima, junio 2011, pp. 217-236; en Revista *Aequitas*, Facultad de Ciencias Jurídicas, Universidad de El Salvador, Tercera Etapa, Año V, Número 5, Buenos Aires 2011, pp. 105-138; y en *Revista Aequitas Virtual*, Número 15, Año V, Facultad de Ciencias Jurídicas, Universidad de El Salvador, Buenos Aires, Mayo 2011; en *El Cronista del Estado Social y Democrático de Derecho*, Nº 19, Editorial Iustel, Madrid 2011, pp. 26-39; en Carlos Tablante y Mariela Morales Antonorzzi (Coord.), *Descentralización, autonomía e inclusión social. El desafío actual de la democracia*, Anuario 2010-2012, Observatorio Internacional para la democracia y descentralización, En Cambio, Caracas 2011, pp. 37-84; y en *Libro Homenaje al profesor Alfredo Morles Hernández, Diversas Disciplinas Jurídicas,* (Coordinación y Compilación Astrid Uzcátegui Angulo y Julio Rodríguez Berrizbeitia), Universidad Católica Andrés Bello, Universidad de Los Andes, Universidad Monteávila, Universidad Central de Venezuela, Academia de Ciencias Políticas y Sociales, Vol. V, Caracas 2012, pp. 51-82.

[88]   Véase el estudio de la Constitución en cuanto a la regulación de este modelo de Estado Constitucional en Allan R. Brewer-Carías, *La Constitución de 1999. Derecho Constitucional venezolano*, 2 tomos, Caracas 2004.

[89]   En el Reglamento de la Ley Orgánica del Consejo Federal de Gobierno, sin embargo, se ha definido el "federalismo" en forma totalmente contraria al esquema de división política territorial que consagra la Constitución, indicándose que ahora es un: "Sistema de organización políti-

No es posible, por tanto, constitucionalmente hablando, crear por ley instancias políticas que vacíen de competencias a los órganos del Estado (la República, los Estados, los Municipios y demás entidades locales) y menos aún establecerlos con funciones políticas sin que se asegure su carácter electivo-representativo mediante la elección de representantes del pueblo a través de sufragio universal, directo y secreto; sin que se asegure su autonomía política, propia del carácter descentralizado del Estado y del gobierno; y sin que se garantice su carácter pluralista, en el sentido de que no pueden estar vinculados a una ideología determinada como es el Socialismo.

Ese modelo de Estado Constitucional desarrollado a partir de la Constitución de 1961 y que se consolidó formalmente en la Constitución de 1999, se intentó cambiar radicalmente mediante una Reforma Constitucional que fue sancionada por la Asamblea Nacional en noviembre de 2007 con el objeto de establecer un Estado Socialista, Centralizado, Militarista y Policial[90] denominado Estado del Poder Popular o Estado Comunal,[91] la cual sin embargo, una vez sometida a consulta popular, fue rechazada por el pueblo en el referendo de 7 de diciembre de 2007.[92]

Sin embargo, en burla a la voluntad popular y en fraude a la Constitución, desde antes de que se efectuara dicho referendo, la Asamblea Nacional, en abierta violación a la Constitución, comenzó a desmantelar el Estado Constitucional para sustituirlo por un Estado Socialista, imponiendo a la fuerza como ideología única la socialista, mediante la estructuración *paralela* de un Estado del Poder Popular o Estado Comunal, a través de la sanción de la Ley

---

ca de la República Bolivariana de Venezuela, regido por los principios de integridad territorial, económica y política de la Nación venezolana, cooperación, solidaridad, concurrencia y corresponsabilidad entre las instituciones del Estado y el pueblo soberano, para la construcción de la sociedad socialista y del Estado Democrático y Social de Derecho y de Justicia, mediante la participación protagónica del pueblo organizado en las funciones de gobierno y en la administración de los factores y medios de producción de bienes y servicios de propiedad social, como garantía del ejercicio pleno de la soberanía popular frente a cualquier intento de las oligarquías nacionales y regionales de concentrar, centralizar y monopolizar el poder político y económico de la Nación y de las regiones"(art. 3). Véase en *Gaceta Oficial* N° 39.382 del 9 de marzo de 2010.

90  Véase Allan R. Brewer-Carías, *Hacia la Consolidación de un Estado Socialista, Centralizado, Policial y Militarista. Comentarios sobre el sentido y alcance de las propuestas de reforma constitucional 2007,* Colección Textos Legislativos, N° 42, Editorial Jurídica Venezolana, Caracas 2007.

91  Véase Allan R. Brewer-Carías, *La reforma constitucional de 2007 (Comentarios al Proyecto inconstitucionalmente sancionado por la Asamblea Nacional el 2 de noviembre de 2007),* Colección Textos Legislativos, N° 43, Editorial Jurídica Venezolana, Caracas 2007.

92  Véase Allan R. Brewer-Carías, "La proyectada reforma constitucional de 2007, rechazada por el poder constituyente originario", en *Anuario de Derecho Público 2007,* Año 1, Instituto de Estudios de Derecho Público de la Universidad Monteávila, Caracas 2008, pp. 17-65.

de los Consejos Comunales de 2006,[93] reformada posteriormente y elevada al rango de ley orgánica en 2009.[94]

Posteriormente, el empeño por implantar en Venezuela ese Estado Socialista y borrando todo vestigio de pluralismo, fue indirectamente rechazado de nuevo con ocasión de las elecciones legislativas efectuadas el 26 de septiembre de 2010, las cuales fueron planteadas por el Presidente de la República y la mayoría oficialista de la propia Asamblea Nacional, quienes hicieron una masiva campaña a favor de sus candidatos como un "plebiscito" respecto al propio Presidente, y de su actuación y sus políticas socialistas ya previamente rechazadas por el pueblo en 2007; "plebiscito" que el Presidente de la República y su partido perdieron abrumadoramente pues la mayoría del país votó en contra de las mismas.

Sin embargo, al haber perdido en dichas elecciones parlamentarias, el Presidente y su partido, teniendo aún el control absoluto sobre la Asamblea Nacional y sabiendo que luego de las elecciones legislativas de diciembre de 2010 ya no podrían imponer a su antojo la legislación que quisieran, antes de que los nuevos diputados electos a la Asamblea pudieran tomar posesión de sus cargos en enero de 2011, en diciembre de 2010, atropelladamente y de nuevo en fraude a la voluntad popular y a la Constitución, utilizaron la deslegitimada Asamblea Nacional precedente para proceder a la sanción de un conjunto de Leyes Orgánicas mediante las cuales se ha terminado de definir, al margen de la Constitución y en violación a la misma, [95] el marco normativo de un nuevo Estado Socialista, *paralelo al Estado Constitucional*, que se denomina "Estado Comunal" y que si nos atenemos a las experiencias históricas precedentes, todas fracasadas, unas desaparecidas como el de la Unión Soviética, y otros en vías de extinción como el de Cuba, no es otra cosa que un Estado Comunista, para el cual se adopta al Socialismo como doctrina oficial pública impuesta a los ciudadanos para poder participar, montado en un sistema Centralizado, Militarista y Policial para el ejercicio del poder; y se adoptan expresa y textualmente los postulados marxistas más tradicionales sobre el comunismo, como son la propiedad social de los medios de producción; eliminación de la división social del trabajo; y reinversión social del excedente productivo tal como ha quedado plasmado en la Ley

---

93     Véase en *Gaceta Oficial* N° 5.806 Extra. de 10-04-2006

94     Véase en *Gaceta Oficial* N° 39.335 de 28-12-2009. Véase la sentencia N° 1.676 de 03-12-2009 de la Sala Constitucional del Tribunal Supremo de Justicia sobre la constitucionalidad del carácter orgánico de esta Ley Orgánica de los Consejos Comunales. Véase en http://www.tsj.gov.ve/decisiones/scon/diciembre/1676-31209-2009-09-1369.html

95     Véase el estudio de José Ignacio Hernández, Jesús María Alvarado Andrade y Luis A. Herrera Orellana, "Sobre los vicios de inconstitucionalidad de la Ley Orgánica del Poder Popular," en Allan R. Brewer-Carías (Coordinador), Claudia Nikken, Luis A. Herrera Orellana, Jesús María Alvarado Andrade, José Ignacio Hernández y Adriana Vigilanza, *Leyes Orgánicas sobre el Poder Popular y el Estado Comunal (Los Consejos Comunales, las Comunas, la Sociedad Socialista y el Sistema Económico Comunal)* pp. 509 ss.

Orgánica del Sistema Económico Comunal de 2010[96] (arts. 2; 3.2; 3.3;. 3.8; 5; 6.12; 6.15 y 9).

Las Leyes Orgánicas dictadas en diciembre de 2010, en efecto fueron las Leyes Orgánicas del Poder Popular,[97] de las Comunas,[98] del Sistema Económico Comunal,[99] de Planificación Pública y Comunal[100] y de Contraloría Social.[101] Además, en el mismo marco de estructuración del Estado Comunal montado sobre el Poder Popular se destaca la sanción de la Ley Orgánica del Consejo Federal de Gobierno,[102] y la reforma de la Ley Orgánica del Poder Público Municipal,[103] y de las Leyes de los Consejos Estadales de Planificación y Coordinación de Políticas Públicas,[104] y de los Consejos Locales de Planificación Pública.[105]

La deslegitimada Asamblea Nacional, además, sancionó una Ley habilitante autorizando al Presidente de la República para, por vía de legislación delegada, dictar leyes en todas las materias imaginables, incluso de carácter orgánico, vaciando así por un período de 18 meses, hasta 2012, a la nueva Asamblea Nacional de materias sobre las cuales poder legislar;[106] y la propia Asamblea Nacional en diciembre de 2010, en la víspera de cesar su mandato, reformó el Reglamento Interior y de Debates[107] para materialmente impedir que la nueva Asamblea Nacional que tomó posesión en enero de 2011, pueda funcionar.[108]

---

96  Véase en *Gaceta Oficial* N° 6.011 Extra. de 21-12-2010. La Sala Constitucional mediante sentencia N° 1329 de 16-12-2010 declaró la constitucionalidad del carácter orgánico de esta Ley. Véase en http://www.tsj.gov.ve/decisiones/scon/Diciembre/1329-161210-2010-10-1434.html.

97  Véase en *Gaceta Oficial* N° 6.011 Extra. de 21-12-2010. La Sala Constitucional mediante sentencia N° 1329 de 16-12-2009 declaró la constitucionalidad del carácter orgánico de esta Ley.

98  Véase en *Gaceta Oficial* N° 6.011 Extra. de 21-12-2010. La Sala Constitucional mediante sentencia N° 1330 de 17-12-2010 declaró la constitucionalidad del carácter orgánico de esta Ley. Véase en http://www.tsj.gov.ve/decisiones/scon/Diciembre/1330-171210-2010-10-1436.html.

99  Véase en *Gaceta Oficial* N° 6.011 Extra. de 21-12-2010. La Sala Constitucional mediante sentencia N° 1329 de 16-12-2010 declaró la constitucionalidad del carácter orgánico de esta Ley. Véase en http://www.tsj.gov.ve/decisiones/scon/Diciembre/1329-161210-2010-10-1434.html.

100 Véase en *Gaceta Oficial* N° 6.011 Extra. de 21-12-2010. La Sala Constitucional mediante sentencia N° 1326 de 16-12-2009 declaró la constitucionalidad del carácter orgánico de esta Ley.

101 Véase en *Gaceta Oficial* N° 6.011 Extra. de 21-12-2010. La Sala Constitucional mediante sentencia N° 1329 de 16-12-2010 declaró la constitucionalidad del carácter orgánico de esta Ley. Véase en http://www.tsj.gov.ve/decisiones/scon/Diciembre/%201328-161210-2010-10-1437.html.

102 Véase en *Gaceta Oficial* N° 5.963 Extra. de 22-02-2010.

103 Véase en *Gaceta Oficial* N° 6.015 Extra. de 28-12-2010.

104 Véase en *Gaceta Oficial* N° 6.017 Extra. de 30-12-2010.

105 Véase en *Gaceta Oficial* N° 6.017 Extra. de 30-12-2010.

106 Véase en *Gaceta Oficial* N° 6.009 Extra. de fecha 17 de diciembre de 2010.

107 Véase en *Gaceta Oficial* N° 6.014 Extra. de 23 de diciembre de 2010.

108 Se redujeron las sesiones de la Asamblea a sólo cuatro por semana y se limitó el tiempo durante el cual los diputados podrían intervenir.

Ahora bien, el marco definitorio general del Estado Comunista con una ideología única Socialista que se quiere imponer a los venezolanos, y por el cual nadie ha votado; montado sobre el supuesto ejercicio de la soberanía por el pueblo exclusivamente en forma directa a través del ejercicio del "Poder Popular" y el establecimiento de un "Estado Comunal," está contenido básicamente en la Ley Orgánica del Poder Popular (LOPP), en la Ley Orgánica de los Consejos Comunales, en la Ley Orgánica de las Comunas y en la Ley Orgánica de Contraloría Social, cuyas disposiciones, conforme al artículo 6 de la LOPP, "son aplicables a todas las organizaciones, expresiones y ámbitos del Poder Popular, ejercidas directa o indirectamente por las personas, las comunidades, los sectores sociales, la sociedad en general y las situaciones que afecten el interés colectivo, acatando el principio de legalidad en la formación, ejecución y control de la gestión pública."

Es decir, las disposiciones de la LOPP y de las otras leyes son omnicomprensivas, aplicándose a todos, y a todo, como piezas esenciales de un nuevo y paralelo Estado regido por un principio de legalidad "socialista" que se impone a todos para la formación, ejecución y control de la gestión pública.

Nuestro objetivo en estas líneas, es estudiar el sentido de las regulaciones establecidas en estas Leyes en torno al Estado Comunal o Comunista. Antes sin embargo, analizaremos el marco constitucional de la democracia y de la participación política con cuya distorsión se quiere acabar con la primera; los intentos de reformar la Constitución para institucionalizar el Estado Socialista en 2007; y el logro de dicha institucionalización violando la Constitución y en fraude a la voluntad popular impuesta en diciembre de 2010 mediante las referidas Leyes relativas al Poder Popular, los Consejos Comunales, las Comunas y el Estado Comunal; y las relativas a la Contraloría Social y al Sistema Económico Comunal, que no es otro que un sistema comunista concebido dentro de la más clara ortodoxia marxista.

Con estas leyes orgánicas, no cabe duda de la decisión política adoptada en diciembre de 2010 por la completamente deslegitimada Asamblea Nacional que había sido electa en 2005, y que ya no representaba a la mayoría de la voluntad popular que se expresó el 26 de septiembre de 2010 en contra del Presidente de la República, de la propia Asamblea Nacional y de la política socialista que han adelantado; de imponerle a los venezolanos en contra de la voluntad popular y en fraude a la Constitución, un modelo de Estado Comunista montado sobre el Socialismo como doctrina de Estado y como dogma político impuesto a la Sociedad, denominado "Estado Comunal," basado en el ejercicio del Poder Popular por el pueblo, como supuesta forma de ejercicio de la soberanía en forma directa (lo que no es cierto pues se ejerce mediante "voceros" que lo "representan" y que no son electos en votaciones universales, directas y secretas).

Ese modelo de Estado Comunal o Comunista, se ha establecido en forma paralela al Estado Constitucional como Estado federal descentralizado, democrático y social, de derecho, y de justicia previsto en la Constitución de 1999, establecido para el ejercicio del Poder Público por el pueblo tanto en forma indirecta mediante representantes electos en votaciones universales, directas y secretas, como en forma directa mediante los mecanismos autorizados en la Constitución, donde se incluye a las Asambleas de Ciudadanos.

Esta regulación, en paralelo, de dos Estados y dos formas de ejercicio de la soberanía, uno, el Estado Constitucional regulado en la Constitución y el otro, el Estado Comunal o Estado Comunista basado en el Socialismo exclusionista regulado en leyes orgánicas inconstitucionales, se ha dispuesto en forma tal que el segundo irá actuando como el árbol *Ficus benjamina L.*, es decir, como "estranguladora," rodeando al primero hasta formar un tronco hueco, destruyéndolo.

En esta forma, al fraude a la Constitución, que ha sido la técnica constantemente aplicada por el gobierno autoritario en Venezuela desde 1999 para imponer sus decisiones a los venezolanos al margen de la Constitución,[109] se suma ahora el fraude a la voluntad popular, al imponerle a los venezolanos mediante leyes orgánicas, un modelo de Estado por el cual nadie ha votado y que cambia radical e inconstitucionalmente el texto de la Constitución de 1999, que no ha sido reformada conforme a sus previsiones, en abierta contradicción al rechazo popular mayoritario que se expresó en diciembre de 2007 respecto de la reforma constitucional que se intentó aprobar, incluso violando la propia Constitución, y al rechazo popular mayoritario del pueblo expresado respecto de la política del Presidente de la República y de su Asamblea Nacional con ocasión de las elecciones parlamentarias del 26 de septiembre de 2010.

Lo que está claro de todo esto, es que ya no hay máscaras que puedan engañar a alguien, o con motivo de las cuales, alguien pretenda ser engañado o dejarse engañar.

1. *La democracia y de la participación política y popular, y el ahogamiento de la democracia representativa en nombre de una supuesta "democracia participativa"*

Una de las más importantes innovaciones contenidas en la Constitución de 1999, fue sin duda, la inclusión del principio y del derecho a la participación política de las personas en los asuntos públicos, materializados en dos ámbitos diferenciados:

Por una parte, la participación política o participación ciudadana, concebida como derecho político que se otorga únicamente a los ciudadanos, quienes además tienen el deber de participar solidariamente en la vida política del país (art. 132); y por la otra, la participación individual y comunitaria en los asuntos públicos, concebida como un derecho de toda persona individualmente considerada o como derecho colectivo, concebido, incluso, como un deber

---

109  Véase Allan R. Brewer-Carías, *Reforma constitucional y fraude a la Constitución (1999-2009)*, Academia de Ciencias Políticas y Sociales, Caracas 2009; *Dismantling Democracy. The Chávez Authoritarian Experiment*, Cambridge University Press, New York 2010.

general de participar solidariamente en la vida civil y comunitaria del país (art. 132).

En relación con la participación política o participación ciudadana, se trata del derecho constitucional de todos los ciudadanos "de participar libremente en los asuntos públicos, directamente o por medio de sus representantes elegidos" (art. 62), a los efectos de la conformación de un gobierno democrático y participativo (arts. 6, 18, 171), regulándose a tal efecto diversas manifestaciones concretas de su ejercicio (arts. 55, 62, 70, 125, 168, 173, 178, 187, 253, 255, 294.

En relación con la participación en la vida civil y comunitaria, responde al principio general de organización de la sociedad que la Constitución de 1999 ha previsto como "una sociedad democrática, participativa y protagónica, multiétnica y pluricultural" (Preámbulo), declarando que "la participación del pueblo en la formación, ejecución y control de la gestión pública es el medio necesario para lograr el protagonismo que garantice su completo desarrollo, tanto individual como colectivo" (art. 62). Ello, en particular, se materializa en el ejercicio de diversos derechos sociales (arts. 79, 80, 81, 83, 84, 86, 91, 102, 118, 119, 122) y ambientales (art. 127, 128) o en mecanismos de participación de las comunidades en los asuntos públicos (art. 184, 299).

En el régimen constitucional sobre la participación, por tanto, la participación ciudadana como derecho político, es distinto al derecho que tiene todo habitante de una comunidad de participar en los asuntos relativos con dicha comunidad. En este último caso, no se trata de un "derecho político" que en la Constitución se reserva a los venezolanos-ciudadanos (por ejemplo, el participar en elecciones, en referendos o en las asambleas de ciudadanos), sino que se trata de un derecho de toda persona de participar en los asuntos públicos que es consecuencia del derecho esencial al libre desenvolvimiento de la personalidad que toda persona tiene (art. 20).

Es importante hacer esta distinción entre "participación ciudadana" como derecho político y "participación general" como derecho individual y comunitario, pues conforme a la Constitución, los titulares para su ejercicio son distintos: en cuanto al derecho político a la participación ciudadana el mismo sólo corresponde a los venezolanos-ciudadanos; en cambio, el derecho individual y social a la participación comunitaria, corresponde a todo habitante de la comunidad, incluyendo a los extranjeros y a los menores.

Por otra parte, y ahora concentrándonos en la previsión del artículo 62 de la Constitución que consagra el derecho político de los ciudadanos "de participar libremente en los asuntos públicos, directamente o por medio de sus representantes elegidos," en el mismo, al regularse el derecho a la participación política en los asuntos públicos, se establece un derecho esencial de la democracia que siempre tiene que poder ejercerse *libremente*, o sea, con entera libertad, en las dos formas precisas que establece la norma: por una parte, *directamente*, conforme a los mecanismos establecidos en el artículo 70 de la misma Constitución, mediante referendos, consultas populares, revocación de mandatos, iniciativas legislativas, cabildos abiertos y asamblea de ciudadanos; y por la otra, *indirectamente*, conforme al artículo 63 de la Constitución, mediante sufragio para la elección de representantes elegidos a través de votaciones libres, universales, directas y secretas, en las cuales se garantice el principio de la personalización del sufragio y la representación proporcional.

El derecho a la participación política ejercido *indirectamente* se materializa en la democracia representativa, a cuyo efecto la Constitución ha establecido como sistema de gobierno de todas las entidades políticas, un sistema electivo, garantizándose el derecho de los ciudadanos al sufragio y a ser electos, conforme a un sistema electoral que garantice votaciones libres, universales, directas y secretas, y el principio de la personalización del sufragio y la representación proporcional (art. 63).

En cuanto al derecho a la participación política ejercido *directamente*, el mismo se materializa en la democracia participativa, a cuyo efecto la Constitución ha previsto su ejercicio a través de diversos mecanismos, todos vinculados a la organización descentralizada del Poder Público entre el Poder Nacional, el Poder Estadal y el Poder Municipal, como los referendos (en materias de índole nacional, estadal y municipal), las consultas populares (sobre asuntos nacionales, estadales o municipales), la revocación de mandatos (de los funcionarios electos en el ámbito nacional, estadal y municipal), las iniciativas legislativas (ante la Asamblea Nacional, los Consejos Legislativos de los Estados y los Concejos Municipales), los cabildos abiertos (en los Concejos Municipales) y las asambleas de ciudadanos (en los ámbitos de la unidad primaria de la organización nacional que son los Municipios).[110]

Ahora bien, partiendo de lo anteriormente señalado y teniendo en cuenta el marco constitucional sobre la democracia y la participación, incluyendo la mencionada distinción entre la participación ciudadana como derecho político, y la participación popular como derecho individual y colectivo de todo habitante de una comunidad de hacerse parte en los asuntos relativos a dicha comunidad, es que debe analizarse el régimen establecido en las Leyes sobre el Poder Popular y el Estado Comunal, y en particular, la Ley Orgánica de los Consejos Comunales de 2009. En todas las referidas leyes se ha establecido una mezcolanza en el ejercicio de ambos derechos, y por ejemplo en la Ley Orgánica del Poder Popular, de los Consejos Comunales y de las Comunas, se

---

110 Véase sobre el tema Allan R. Brewer-Carías,. "La necesaria revalorización de la democracia representativa ante los peligros del discurso autoritario sobre una supuesta "democracia participativa" sin representación," en *Derecho Electoral de Latinoamérica. Memoria del II Congreso Iberoamericano de Derecho*, Bogotá, 31 agosto-1 septiembre 2011, Consejo Superior de la Judicatura, ISBN 978-958-8331-93-5, Bogotá 2013, pp. 425-449; "Democracia participativa, descentralización política y régimen municipal", en Miguel Alejandro López Olvera y Luis Gerardo Rodríguez Lozano (Coordinadores), *Tendencias actuales del derecho público en Iberoamérica*, Editorial Porrúa, México 2006, pp. 1-23; y 'Democracia participativa, descentralización política y régimen municipal", en *Urbana*, Revista editada por el Instituto de Urbanismo, Facultad de Arquitectura y Urbanismo, Universidad Central de Venezuela y por el Instituto de Investigaciones de la Facultad de Arquitectura y Diseño, Universidad del Zulia, No 36, 2005, pp.33-48.

ha otorgado un derecho político que es exclusivo de los ciudadanos, como es el de la participación *en las Asambleas de Ciudadanos* consagrado en los artículos 62 y 70 de la Constitución, a quienes no son ciudadanos, como son los extranjeros y los menores de 18 años. Con ello, la base de toda la regulación establecida en estas leyes, simplemente, fue mal concebida.

Sin duda es posible y deseable que los extranjeros y menores participen en asambleas de la comunidad, vecinales o en cualquier otra instancia comunitaria como manifestación del derecho a la participación social y comunitaria que corresponde a toda persona habitante de la República, pero no es posible constitucionalmente que se les otorgue el derecho de participar en las Asamblea de "ciudadanos," o de votar en referendos que son específicos mecanismos de participación "política" que, como se dijo, de acuerdo con la Constitución, son una manifestación esencial de un derecho político que se ha reservado a los ciudadanos.

Ahora bien, refiriéndonos ahora en concreto al derecho a la participación política en forma *directa* (democracia participativa) en la Constitución de 1999, como se ha dicho, el mismo está concebido, primero, como un derecho *político* (distinto a los civiles, sociales, educativos, culturales, ambientales, etc.), el cual, por tanto corresponde sólo a los *ciudadanos*, es decir, a los venezolanos que no estén sujetos a inhabilitación política ni a interdicción civil y conforme a la edad que se determine en la ley (art. 30); segundo, se lo concibe como un derecho político que tiene que poder ejercerse *libremente*, es decir, sin limitaciones o condicionamientos algunos salvo los que puedan derivarse "del derecho de las demás y del orden público y social" (art. 20), razón por la cual no pueden estar encasillados en una ideología única compulsiva como el socialismo; tercero, se lo concibe como tal derecho político que debe ejercerse en el marco de la organización descentralizada del Poder Público (Nacional, Estadal y Municipal) que responde a su distribución en el territorio conforme a la forma federal del Estado (arts. 4 y 136); y cuarto, se lo concibe como un derecho político que por su naturaleza (la necesidad de que el Poder esté cerca del ciudadano), ha de ejercerse particularmente en la unidad política primaria y autónoma de la organización nacional que conforme a la Constitución es el Municipio, concebido como una entidad política con gobierno propio electo mediante sufragio universal directo y secreto (democracia representativa). Es en las actuaciones de esta unidad política, conforme al artículo 168 de la Constitución, que fundamentalmente se debe incorporar "la participación ciudadana al proceso de definición y ejecución de la gestión pública y al control y evaluación de sus resultados, en forma efectiva, suficiente y oportuna."

Es contrario a la Constitución, por tanto, que el derecho político a la participación se extienda a quienes no son ciudadanos, como son los extranjeros o los menores; que se lo conciba en forma restringida, es decir, sin poder ejercerse libremente, al reducírselo en su ejercicio sólo para la ejecución de una orientación política exclusionista como es el socialismo, eliminando cualquier otra; que su ejercicio se organice en forma centralizada, sometido a la sola conducción por parte del Poder Nacional y en particular del Ejecutivo Nacional, excluyéndose de su ámbito a los Estados y Municipios; y en particular, que se excluya a este último (el Municipio) como unidad política primaria que es en la organización nacional, del ámbito de su ejercicio, desmunicipalizándoselo, al concebirse otra entidad no autónoma políticamente para materializarlo como es el caso de los Concejos Comunales creados sin autonomía política y fuera del gobierno local.

En otras palabras, sólo mediante una reforma constitucional del artículo 30 de la Constitución es que podría extenderse la ciudadanía a los extranjeros, a los efectos de que puedan ejercer el derecho político a la participación; sólo mediante una reforma constitucional del artículo 62 de la Constitución es que podría eliminarse el carácter libre del ejercicio del derecho a la participación ciudadana y restringírselo sólo para la consecución del socialismo; sólo mediante una reforma constitucional de los artículos 4 y 136 de la Constitución, es que se podría eliminar la forma descentralizada del ejercicio de la participación ciudadana en el sistema de distribución vertical del Poder Público, y concebir su ejercicio sólo sometido a la sola conducción por parte del Poder Nacional y, en particular, del Ejecutivo Nacional; y sólo mediante una reforma constitucional del artículo 168 de la Constitución es que se podría excluir al Municipio del ámbito de ejercicio del derecho político a la participación ciudadana, desmunicipalizándoselo, y concebirse una unidad primaria no autónoma políticamente, como los Concejos Comunales creados sin autonomía política y fuera del gobierno local, para canalizar su ejercicio.

Y esto es precisamente lo que se ha establecido en las Leyes Orgánicas del Poder Popular, de los Consejos Comunales y de las Comunas, al regularse el régimen del derecho a la participación ciudadana, y crearse a dichos Concejos Comunales, como "una instancia de participación para el ejercicio directo de la soberanía popular" (art. 1) "en la construcción del nuevo modelo de sociedad socialista"(art. 2), "con el fin de establecer la base sociopolítica del socialismo que consolide un nuevo modelo político, social, cultural y económico" (art. 3); en una forma completamente distinta a la establecida en la Constitución, cuyo texto se viola abiertamente. Con estas Leyes Orgánicas, en realidad, y en forma completamente inconstitucional, lo que se ha pretendido es implementar las reformas constitucionales sobre el "Poder Popular" que se habían pretendido introducir con la Reforma Constitucional sancionada de 2007,[111] la cual, sin embargo, fue rechazada mayoritariamente por el pueblo.

Ahora bien, para entender adecuadamente el contenido y sentido de estas nuevas regulaciones relativas al Poder Popular y al Estado Comunal, montado sobre las Comunas y los Consejos Comunales, consideramos necesario referirnos a sus antecedentes inmediatos: primero, al contenido de la rechazada reforma constitucional de 2007, en lo que se refería a la estructuración del Poder Popular en paralelo al Poder Público, y que, como se dijo, fue rechaza-

---

111   Véase Sobre dicha reforma Allan R. Brewer-Carías, *La Reforma Constitucional de 2007*, Editorial Jurídica Venezolana, Caracas 2007.

do mayoritariamente por el pueblo en el referendo de diciembre de 2007; y segundo, a la institucionalización efectuada en 2006 de los Consejos Comunales como pieza del Estado Socialista.

2. *Los antecedentes del nuevo régimen del Poder Popular y del Estado Comunal en una Ley inconstitucional de 2006 y en el intento de Reforma Constitucional en 2007*

Como se dijo, los antecedentes inmediatos de las leyes del Poder Popular y del Estado Comunal en Venezuela, es decir, para el establecimiento del Estado Comunista, fueron: primero, la sanción en 2006 y sin soporte alguno en la Constitución, de la Ley de los Consejos Comunales[112] con la que se inició el proceso de desmunicipalización en el país; y segundo, la formulación del proyecto de reforma constitucional por el Presidente de la República en 2007, para la institucionalización de un Estado centralista Socialista y Militarista, el cual a pesar de haber sido sancionado por la Asamblea Nacional en noviembre de 2007, fue rechazada por el pueblo en el referendo de diciembre de 2007.

A. *La "desmunicipalización" de la participación ciudadana y los Consejos Comunales creados en 2006*

a. *Los Municipios y los Consejos Comunales*

En efecto, desde 2006, con la sanción de la Ley de los Consejos Comunales y la progresiva creación de los mismos, el gobierno autoritario había venido tratando de regular y confinar la participación ciudadana con un doble propósito: por una parte, para eliminar la democracia representativa; y por la otra, para desmunicipalizar su ámbito de ejercicio.[113]

Como se ha dicho, conforme a la Constitución, el Municipio es la unidad política primaria dentro de la organización pública nacional (art. 168) que, como parte del sistema constitucional de distribución vertical del Poder Público (art. 136), en el nivel territorial inferior es la entidad política llamada a hacer efectiva la participación ciudadana. Por ello, el artículo 2° de la Ley

---

112   Véase *Gaceta Oficial* N° 5806 Extra. de 10 de abril de 2006. Véase sobre esta Ley de 2006, lo expuesto en el estudio de Claudia Nikken, "La Ley Orgánica de los Consejos Comunales y el derecho a la participación ciudadana en los asuntos públicos," en Allan R. Brewer-Carías (Coordinador), Claudia Nikken, Luis A. Herrera Orellana, Jesús María Alvarado Andrade, José Ignacio Hernández y Adriana Vigilanza, *Leyes Orgánicas sobre el Poder Popular y el Estado Comunal (Los Consejos Comunales, las Comunas, la Sociedad Socialista y el Sistema Económico Comunal),* Editorial Jurídica Venezolana, Caracas 2011, pp. 183 ss.

113   Véase lo que hemos expuesto en Allan R. Brewer-Carías, "El inicio de la desmunicipalización en Venezuela: La organización del Poder Popular para eliminar la descentralización, la democracia representativa y la participación a nivel local", en *AIDA, Opera Prima de Derecho Administrativo. Revista de la Asociación Internacional de Derecho Administrativo*, Universidad Nacional Autónoma de México, Facultad de Estudios Superiores de Acatlán, Coordinación de Postgrado, Instituto Internacional de Derecho Administrativo "Agustín Gordillo", Asociación Internacional de Derecho Administrativo, México, 2007, pp. 49 a 67.

Orgánica del Poder Público Municipal de 2005[114] conforme a lo dispuesto en el artículo 168 de la Constitución dispuso que las actuaciones del municipio deberían incorporar "la participación ciudadana de manera efectiva, suficiente y oportuna, en la definición y ejecución de la gestión pública y en el control y evaluación de sus resultados."

Para ello, en todo caso, lo que resultaba necesario era acercar el poder municipal al ciudadano, municipalizándose el territorio, lo que la propia Ley Orgánica impidió. Pero en lugar de reformar dicha Ley Orgánica y establecer entidades municipales o del municipio más cerca de las comunidades, lo que se buscó establecer con la Ley de los Consejos Comunales de 2006 fue un sistema institucional centralizado para la supuesta participación popular, denominado "del Poder Popular", en paralelo e ignorando la propia existencia del régimen municipal, concibiéndose a la "comunidad" fuera del mismo Municipio, organizada en Consejos Comunales, "en el marco constitucional de la democracia participativa y protagónica", como "instancias de participación, articulación e integración entre las diversas organizaciones comunitarias, grupos sociales y los ciudadanos." Fue en estos Consejos Comunales, conforme a la Ley de 2006, establecidos sin relación alguna con los Municipios, en los que se ubicaron las Asambleas de Ciudadanos como la instancia primaria para el ejercicio del poder, la participación y el protagonismo popular, cuyas decisiones se concibieron como de carácter vinculante para el consejo comunal respectivo (art. 4,5).

Con esta Ley de los Consejos Comunales de 2006, puede decirse que se comenzó el inconstitucional proceso de desmunicipalización de la participación ciudadana, sustituyéndose al Municipio como la unidad política primaria en la organización nacional que exige la Constitución conforme a un sistema de descentralización política (distribución vertical) del poder, por un sistema de entidades sin autonomía política alguna que se denominaron del "Poder Popular" (Consejos Comunales), directamente vinculadas y dependientes en un esquema centralizado del poder, dirigido desde el más alto nivel del Poder Ejecutivo Nacional, por el Presidente de la República mediante una Comisión Presidencial del Poder Popular.[115]

La Ley, además, supuestamente abogando por una participación popular, en un esquema completamente antidemocrático, sustituyó la representación

---

114  Véase la Ley de Reforma Parcial de la Ley Orgánica del Poder Público Municipal, *Gaceta Oficial* N° 38.327 de 02-12-2005. Véanse los comentarios a esta Ley en el libro: *Ley Orgánica del Poder Público Municipal*, Editorial Jurídica Venezolana, Caracas 2007. La Ley ha sido reformada en 2010, *Gaceta Oficial* N° 6.015 Extra. de 28 de diciembre de 2010.

115  Sobre esto, por ejemplo, María Pilar García-Guadilla ha señalado al referirse al "solapamiento y usurpación de competencias entre los Concejos Comunales y el concejo municipal," que los primeros "debilitan la idea de un gobierno municipal autónomo con propiedad sobre el espacio geográfico en donde tiene jurisdicción y no promueven la descentralización," en "La praxis de los consejos comunales en Venezuela: ¿Poder popular o instancia clientelar?," en *Revista Venezolana de Economía y Ciencias Sociales*, abr. 2008, Vol. 14, N° 1, p. 125-151. Véase en http://www.scielo.org.ve/scielo.php?pid=S1315-6411200-8000100009&script=sci_arttext.

que origina el sufragio en entidades políticas como los Municipales, por la organización de entidades denominadas del "Poder Popular" que no tienen origen representativo electoral, en las cuales se pretendió ubicar la participación ciudadana, pero sometida al control del vértice del poder central, y sin que los titulares rindan cuentas al pueblo.

En efecto, en abril de 2006, en lugar de reformarse nuevamente la Ley Orgánica del Poder Público Municipal para municipalizar el país y hacer efectiva la participación ciudadana en un esquema de descentralización política del poder público, se optó por sancionarse la Ley de los Consejos Comunales con el objeto de crear, desarrollar y regular la conformación de dichas supuestas instancias de participación, totalmente desvinculadas de Municipios, parroquias y organizaciones vecinales, estableciéndose su integración, organización y funcionamiento, así como su relación con los órganos del Estado, para la formulación, ejecución, control y evaluación de las políticas públicas (art. 1).

Estos Consejos Comunales, supuestamente "en el marco constitucional de la democracia participativa y protagónica", se regularon como se dijo, sin relación alguna con la organización municipal, para en paralelo, supuestamente permitir "al pueblo organizado ejercer directamente la gestión de las políticas públicas y proyectos orientados a responder a las necesidades y aspiraciones de las comunidades en la construcción de una sociedad de equidad y justicia social" (art. 2). Se trata, como se dijo, de un esquema organizacional completamente paralelo y desvinculado con la descentralización política o la distribución vertical del poder público; es decir, completamente desvinculado de la organización territorial del Estado que establece la Constitución, es decir, desvinculado de los Estados, Municipios y Parroquias.

Por ello, los Consejos Comunales se integraron conforme a un esquema estatal centralizado, que tenía en su cúspide una Comisión Nacional Presidencial del Poder Popular designada y presidida por el Presidente de la República, la cual, a su vez, designaba en cada Estado a las Comisiones Regionales Presidenciales del Poder Popular, previa aprobación del Presidente de la República (art. 31); y designaba además, en cada municipio, las Comisiones Locales Presidencial del Poder Popular, también previa aprobación del Presidente de la República (art. 32); sin participación alguna de los Gobernadores de Estado ni de los Alcaldes municipales.

En todo caso, la Ley dispuso que la organización, funcionamiento y acción de dichos consejos comunales "se rige conforme a los principios de corresponsabilidad, cooperación, solidaridad, transparencia, rendición de cuentas, honestidad, eficacia, eficiencia, responsabilidad social, control social, equidad, justicia e igualdad social y de género"(art. 3). La práctica, sin embargo, no evidencia que no se logró desarrollar los concejos comunales conforme al discurso gubernamental y a las previsiones teóricas de la Ley, de manera que como lo ha observado María Pilar García-Guadilla, "Mientras que los objetivos y el discurso presidencial hablan de empoderamiento, transformación y democratización, las praxis observadas apuntan hacia el clientelismo, la cooptación, la centralización y la exclusión por razones de polarización política."[116]

b. *La "comunidad" como la unidad básica de organización del pueblo*

La Ley de 2006 estableció como unidad social básica para el funcionamiento de los Consejos Comunales a la "comunidad" la cual se definió como "el conglomerado social de familias, ciudadanos y ciudadanas que habitan en un área geográfica determinada, que comparten una historia e intereses comunes, se conocen y relacionan entre sí, usan los mismos servicios públicos y comparten necesidades y potencialidades similares: económicas, sociales, urbanísticas y de otra índole (art. 4,1). Ella, en realidad, debió haber sido el nuevo municipio que debió haberse creado en otra concepción democrática y participativa del mismo.

La Ley de 2006 definió además, a las Comunidades Indígenas como "grupos humanos formados por familias indígenas asociadas entre sí, pertenecientes a uno o más pueblos indígenas, que están ubicados en un determinado espacio geográfico y organizados según las pautas culturales propias de cada pueblo, con o sin modificaciones provenientes de otras culturas (art. 4,2).

La Ley de 2006 estableció tres elementos claves para identificar a la "comunidad" como organización social, que fueron un territorio, una población y una organización.

En cuanto al territorio, el de las comunidades debía estar formado por el área geográfica atribuida a la misma, conformado por el Territorio que ocupan sus habitantes, cuyos límites geográficos se debían establecer en Asamblea de Ciudadanos dentro de los cuales debía funcionar el Consejo Comunal. El área geográfica debía ser decidida por la Asamblea de Ciudadanos de acuerdo con las particularidades de cada comunidad (art. 4,3).

En cuanto a la población, a los efectos de "la participación protagónica, la planificación y la gobernabilidad de los consejos comunales", la misma se debía determinar conforme a una "base poblacional de la comunidad" haciendo la Ley referencia a los criterios técnicos y sociológicos que señalaban -en cierto sentido similar a los que se utilizaron en la vieja Ley Orgánica de Régimen Municipal para las asociaciones de vecinos- que las comunidades se agrupaban en familias, entre 200 y 400 en el área urbana, a partir de 20 familias en el área rural y a partir de 10 familias en las comunidades indígenas. La base poblacional debía ser decidida por la Asamblea de Ciudadanos de acuerdo con las particularidades de cada comunidad, tomando en cuenta las comunidades aledañas. (art. 4,4).

---

116 Véase en María Pilar García-Guadilla "La praxis de los consejos comunales en Venezuela: ¿Poder popular o instancia clientelar?," en *Revista Venezolana de Economía y Ciencias Sociales*, abr. 2008, Vol. 14, N° 1, p. 125-151. Véase en http://www.scielo.org.ve/scielo.php?pid=S1315-64112008000100009&script =sci_arttext

En cuanto a la organización política de las Comunidades, la Ley estableció las siguientes estructuras básicas de la comunidad, sin ningún elemento de democracia representativa o de gobierno electivo: la Asamblea de Ciudadanos, el Consejo Comunal y sus órganos ejecutivo, financiero y de control, y las demás organizaciones comunitarias. Estas últimas eran las que "existen o pueden existir en las comunidades y que agrupan a un conjunto de ciudadanos y ciudadanas con base en objetivos e intereses comunes, tales como: comités de tierras, comités de salud, mesas técnicas de agua, grupos culturales, clubes deportivos, puntos de encuentro y organizaciones de mujeres, sindicatos y organizaciones de trabajadores y trabajadoras, organizaciones juveniles o estudiantiles, asociaciones civiles, cooperativas, entre otras" (art. 4,8).

### c. *Las asambleas de ciudadanos*

La Ley de 2006, en paralelo al Municipio como la unidad primaria para la participación, concibió a la Asamblea de Ciudadanos como la instancia primaria para el ejercicio del poder, la participación y el protagonismo popular, cuyas decisiones son de carácter vinculante para el consejo comunal respectivo.(art. 4,5). Esta Asamblea de Ciudadanos se la reguló como "la máxima instancia de decisión del Consejo Comunal", integrada por los habitantes de la comunidad, mayores de 15 años. En esta forma, como se dijo, se violó la Constitución (arts. 62 y 70) que reserva el derecho de participar en las "Asambleas de ciudadanos," como lo indica su nombre, solo a los "ciudadanos," lo que excluye a los extranjeros y a los menores de 18 años. El legislador, quizás, lo que quiso fue regular Asambleas de la comunidad o de vecinos, pero las denominó erróneamente como Asambleas de ciudadanos, violando la Constitución.

La Ley reguló todo el proceso de constitución inicial (por primera vez) de las Asambleas de Ciudadanos (Asamblea Constituyente Comunal o Comunitaria) con la asistencia de al menos el 20% de los miembros de la comunidad, mayores de 15 años (art. 19), convocada, conducida y organizada por una comisión promotora integrada por el número variable de miembros de la comunidad que asumieran esta iniciativa, con la participación de un representante designado por la Comisión Presidencial del Poder Popular respectivo. (arts. 15, 16). Esta Comisión promotora debía, conforme al artículo 17 de la Ley de 2006, entre otras funciones, difundir entre los habitantes de la comunidad el alcance, objeto y fines de los Consejos Comunales; elaborar un croquis del área geográfica de la comunidad; recabar la información de su historia; organizar y coordinar la realización del censo demográfico y socioeconómico comunitario; y convocar a la Asamblea Constituyente Comunitaria. La Comisión Promotora cesaba en sus funciones al momento de la conformación del Consejo Comunal.

La Asamblea de Ciudadanos conforme al artículo 6 de la Ley de 2006, tenía entre sus atribuciones, el aprobar las normas de convivencia de la comunidad; aprobar los estatutos y el acta constitutiva del Consejo Comunal con la indicación de su nombre, el área geográfica, el número de familias que lo integraban, el listado de asistentes y el lugar, fecha y hora de reunión; la aprobación del Plan de Desarrollo de la Comunidad y los proyectos presentados al Consejo Comunal en beneficio de la comunidad; el ejercicio de la contraloría social; y la adopción de las decisiones esenciales de la vida comunitaria, y entre ellas, elegir a los integrantes de los diversos voceros e integrantes de los órganos comunitarios, y revocarles el mandato. La Asamblea de Ciudadanos también debía determinar y elegir el número de voceros de los diversos comités de trabajo, de acuerdo a la cantidad que se conformasen en la comunidad (art. 9), en áreas como salud, educación, tierra urbana o rural, vivienda, protección e igualdad social, economía popular, cultura, seguridad integral, medios de comunicación, recreación y deportes, alimentación, agua, energía y gas, y servicios (art. 9).

Todos los voceros de los comités de trabajo, conforme al artículo 12 de la Ley de 2006 debían ser electos en "votaciones directas y secretas por la Asamblea de Ciudadanos," para lo cual el artículo 13 de la Ley exigía ser habitante de la comunidad, con al menos 6 meses de residencia en la misma; mayor de 15 años, y no ocupar cargos de elección popular. Iguales condiciones se establecieron para los integrantes de las diversas unidades del Consejo Comunal. Se eliminaba así el sufragio universal, y se otorgaba la "ciudadanía" a quien no podía tenerla constitucionalmente.

La Asamblea de Ciudadanos debía nombrar una Comisión Electoral (art. 18) con el fin de organizar y conducir el proceso de elección de los voceros y demás integrantes de los órganos del Consejo Comunal, debiendo a tal efecto, entre otras funciones, elaborar un registro electoral y conducir el proceso de designación los mismos.

### d.  *La organización de los Consejos Comunales*

El Consejo Comunal organizado por la Asamblea de Ciudadanos, conforme a lo dispuesto en el artículo 7 de la Ley de 2006, debía estar integrado por un órgano ejecutivo, integrado por los voceros de cada comité de trabajo; una Unidad de Gestión Financiera, como órgano económico-financiero; y una Unidad de Contraloría Social, como órgano de control. Los ciudadanos integrantes de los consejos comunales debían responder a los principios de corresponsabilidad social, rendición de cuentas, y manejo transparente, oportuno y eficaz de los recursos que dispusieran (art. 5).

A los efectos de una adecuada articulación de su trabajo, el artículo 24 de la Ley disponía que los órganos ejecutivo, de control y económico financiero del Consejo Comunal, debían realizar reuniones de coordinación y seguimiento, y los gastos que se generasen por concepto de la actividad de los voceros y demás integrantes de los órganos del Consejo Comunal, debían ser compensados por el fondo de gastos de funcionamiento del Consejo Comunal.

Los consejos comunales debían ser registrados ante la Comisión Local Presidencial del Poder Popular, para lo cual debían hacer entrega de los estatutos y acta constitutiva aprobados por la Asamblea de Ciudadanos (art. 20). Este registro ante la Comisión Presidencial del Poder Popular respectiva, era lo que revestía a los Consejos de personalidad jurídica para todos los efectos relacionados con la Ley. Las tareas de procesamiento de este registro, sin embargo, fueron delegadas en la Fundación estatal FUNDACOMÚN, de larga tradición en materia de desarrollo de la comunidad, desde los años sesenta.[117]

El órgano ejecutivo del Consejo Comunal, integrado por los voceros de cada comité de trabajo (art. 7), se lo concibió en la Ley de 2006 como la instancia encargada de promover y articular la participación organizada de los integrantes de la comunidad, los grupos sociales y organizaciones comunitarias en los diferentes comités de trabajo, y tenía como funciones básicas, conforme al artículo 21 de la Ley de 2006, ejecutar las decisiones de la Asamblea de Ciudadanos; promover la creación de nuevas organizaciones en defensa del interés colectivo y el desarrollo integral, sostenible y sustentable de las comunidades; elaborar planes de trabajo para solventar los problemas que la comunidad pueda resolver con sus propios recursos y evaluar sus resultados; organizar el voluntariado social en cada uno de los comités de trabajo; promover la solicitud de transferencias de servicios, participación en los procesos económicos, gestión de empresas públicas y recuperación de empresas paralizadas mediante mecanismos autogestionarios y cogestionarios; promover el ejercicio de la iniciativa legislativa y participar en los procesos de consulta en el marco del parlamentarismo social; promover el ejercicio y defensa de la soberanía e integridad territorial de la Nación; y elaborar el Plan de Desarrollo de la Comunidad a través del diagnóstico participativo, en el marco de la estrategia endógena.

La unidad de gestión financiera del Consejo Comunal, conforme al artículo 10 de la Ley de 2006 fue concebida como un órgano integrado por 5 habitantes de la comunidad electos por la Asamblea de Ciudadanos (art. 12), que debía funcionar como el ente de ejecución financiera de los consejos comunales para administrar recursos financieros y no financieros, servir de ente de inversión y de crédito, y realizar intermediación financiera con los fondos generados, asignados o captados. A tal efecto, la Ley de 2006 denominó a esta unidad de gestión financiera como "Banco Comunal," definido como la forma de organización y gestión económico-financiera de los recursos de los consejos comunales (art. 4,10), del cual debían ser "socios" todos los ciudadanos que habitasen en el ámbito geográfico definido por la Asamblea de Ciudadanos. Ese Banco Comunal debía adquirir la figura jurídica de cooperati-

---

117 Para 2007 se daba una cifra de entre 18.000 y 20.000 Consejos Comunales. Véase María Pilar García-Guadilla, "La praxis de los consejos comunales en Venezuela: ¿Poder popular o instancia clientelar?," en *Revista Venezolana de Economía y Ciencias Sociales*, abr. 2008, Vol. 14, N° 1, p. 125-151. Véase en http://www.scielo.org.ve/scielo.php?pid=S1315-6411200800100009&script-=sci_arttext. Véase en general sobre el proceso de creación de consejos comunales de acuerdo con la Ley de 2006, en Steve Ellner, "Un modelo atractivo con fallas: los Consejos Comunales de Venezuela", en http://www.rebelion.org/-noticia.php?id=87637; y Miguel González Marregot, "La ley de los consejos comunales: un año después (y II)", Sábado, 21 de abril de 2007, en http://queremoselegir.org/la-ley-de-los-consejos-comunales-un-ano-despues-y-ii/

va y regirse por la Ley Especial de Asociaciones Cooperativas, la Ley de Creación, Estímulo, Promoción y Desarrollo del Sistema Microfinanciero y otras leyes aplicables. Estos Bancos Comunales, quedaron exceptuados de la regulación de la Ley General de Bancos y Otras Instituciones Financieras (art. 10).

Conforme al artículo 22 de la Ley de 2006, estos Bancos Comunales tenían entre sus funciones, administrar los recursos asignados, generados o captados tanto financieros como no financieros; promover la constitución de cooperativas para la elaboración de proyectos de desarrollo endógeno, sostenibles y sustentables; impulsar el diagnóstico y el presupuesto participativo, sensible al género, jerarquizando las necesidades de la comunidad; promover formas alternativas de intercambio, que permitan fortalecer las economías locales; prestar servicios no financieros en el área de su competencia; prestar asistencia social; realizar la intermediación financiera; y promover formas económicas alternativas y solidarias, para el intercambio de bienes y servicios.

Por último, la Unidad de Contraloría Social del Consejo Comunal se lo configuró en la Ley de 2006 como un órgano conformado por 5 habitantes de la comunidad electos por la Asamblea de Ciudadanos para realizar la contraloría social y la fiscalización, control y supervisión del manejo de los recursos asignados, recibidos o generados por el consejo comunal, así como sobre los programas y proyectos de inversión pública presupuestados y ejecutados por el gobierno nacional, regional o municipal (art. 11), con las siguientes funciones establecidas en el artículo 23: dar seguimiento a las actividades administrativas y de funcionamiento ordinario del Consejo Comunal en su conjunto; ejercer la coordinación en materia de contraloría social comunitaria; ejercer el control, fiscalización y vigilancia de la ejecución del plan de desarrollo comunitario; y ejercer el control, fiscalización y vigilancia del proceso de consulta, planificación, desarrollo, ejecución y seguimiento de los proyectos comunitarios.

El artículo 25 de la Ley de 2006 enumeró los siguientes recursos que los Consejos Comunales debían recibir de manera directa: los que fueran transferidos por la República, los estados y los municipios; los que provinieran de lo dispuesto en la Ley de Creación del Fondo Intergubernamental para la Descentralización (FIDES) y la Ley de Asignaciones Económicas Especiales derivadas de Minas e Hidrocarburos (LAEE); los que provinieran de la administración de los servicios públicos que les fueran transferidos por el Estado; los generados por su actividad propia, incluido el producto del manejo financiero de todos sus recursos, y los que provinieran de donaciones.

### e. *La organización centralizada de la participación ciudadana*

Los Consejos Comunales fueron articulados en la Ley de 2006 en una organización centralizada tanto desde el punto de vista financiero como de conducción administrativa, la cual en la práctica resultó totalmente inoperante.[118]

---

118 Sobre esto Miguel González Marregot ha señalado que "El elemento central de las críticas a los consejos comunales es su dependencia y sujeción a una red de Comisiones Presidenciales del Poder Popular, designada "a dedo" desde el Poder Nacional. Sin embargo, las Comisiones Pre-

Por una parte, en efecto, la Ley de 2006 creó un Fondo Nacional de los Consejos Comunales, como servicio autónomo sin personalidad jurídica, adscrito al Ministerio de Finanzas (art. 28), con una junta directiva conformada por un presidente, tres miembros principales y tres suplentes, todos designados por el Presidente de la República, en Consejo de Ministros. Este Fondo Nacional de los Consejos Comunales, conforme al artículo 29 de la Ley debía tener por objeto financiar los proyectos comunitarios, sociales y productivos, presentados por la Comisión Nacional Presidencial del Poder Popular en sus componentes financieros y no financieros. La transferencia de los recursos financieros se debía hacer a través de las unidades de gestión financieras, es decir, los Bancos Comunales, creadas por los consejos comunales.

Por otra parte, el artículo 30 de la Ley de 2006 organizó a los Consejos Comunales en diversas Comisiones Presidenciales del Poder Popular establecidas a nivel nacional, regional y municipal.

La Comisión Nacional Presidencial del Poder Popular, que debía ser designada por el Presidente de la República de conformidad con el artículo 71 de la Ley Orgánica de la Administración Pública, tenía por función: orientar, coordinar y evaluar el desarrollo de los Consejos Comunales a nivel nacional, regional y local; fortalecer el impulso del poder popular en el marco de la democracia participativa y protagónica, y el desarrollo endógeno, dando impulso al desarrollo humano integral que eleve la calidad de vida de las comunidades; generar mecanismos de formación y capacitación; recabar los diversos proyectos aprobados por los consejos comunales; tramitar los recursos técnicos, financieros y no financieros necesarios para la ejecución de los proyectos de acuerdo a los recursos disponibles en el Fondo Nacional de los Consejos Comunales; crear en las comunidades donde se amerite o considere necesario, equipos promotores externos para impulsar la conformación de los Consejos Comunales.

Además, el artículo 31 de la Ley de 2006 reguló unas Comisiones Regionales Presidenciales del Poder Popular por cada estado, designadas por la Comisión Nacional Presidencial del Poder Popular previa aprobación del Presidente de la República; y el artículo 32 dispuso que la Comisión Nacional Presidencial del Poder Popular podía designar las Comisiones Locales Presi-

---

sidenciales del Poder Popular no existen por ahora, en el ámbito municipal. Y su creación no ha sido implementada aún; quizás por una mezcla de la incapacidad operativa oficial con una dosis de cálculo político. Las Comisiones Presidenciales del Poder Popular son una demostración de la visión centralista y concentradora de la gestión pública que va a suprimir las propias posibilidades de participación popular que brindarían los consejos comunales. Una deuda sensible, en este contexto, es la inoperancia del Servicio Autónomo Fondo Nacional de los Consejos Comunales, que estaría adscrito al Ministerio de Finanzas; y cuyo Reglamento Orgánico fue publicado en *la Gaceta Oficial* N° 346.196 de fecha 18 de Mayo de 2006; es decir, hace nueve meses. Por si fuera, poco la Ley de los Consejos Comunales, promulgada en Abril del año pasado, no ha sido aún reglamentada mediante un proceso de consulta pública." En "Consejos Comunales: ¿Para qué?," en *Venezuela Analítica*, Viernes, 9 de febrero de 2007, http://www.analitica.com/va/politica/opinion/7483372.asp

denciales del Poder Popular por cada municipio, previa aprobación del Presidente de la República.

Por último, en esta estructura centralizada, conforme al artículo 33 de la Ley de 2006, en la Asamblea Nacional también se debía designar una comisión especial para que conjuntamente con las comisiones presidenciales respectivas, realizasen una evaluación del proceso de constitución y funcionamiento de los consejos comunales.

> B. *La rechazada Reforma Constitucional de 2007 y el proyecto para la estructuración del Estado Socialista del Poder Popular o Poder Comunal*

En 2007 el Presidente de la República presentó ante la Asamblea Nacional un proyecto de Reforma Constitucional el cual después de haber sido sancionado por la misma,[119] una vez que fue sometido a referendo aprobatorio en diciembre de 2007, fue rechazado mayoritariamente por el pueblo. Con la misma se buscaba establecer un Estado Socialista, Centralizado, Policial y Militarista[120] montado sobre el denominado Poder Popular que se propuso crear, en el cual jugaban importante papel, precisamente, los consejos comunales.

La orientación de la reforma la dio el propio Presidente de la República durante todo el año 2007, y en particular en su "Discurso de Presentación del Anteproyecto de reforma a la Constitución ante la Asamblea Nacional" en agosto de 2007,[121] en el cual señaló con toda claridad que el objetivo central de la misma era "la construcción de la Venezuela bolivariana y socialista"[122]; es decir, como lo expresó, se trataba de una propuesta para sembrar "el socialismo en lo político y económico,"[123] lo que -dijo- no se había hecho en la Constitución de 1999. Cuando ésta se sancionó -dijo el Jefe de Estado- "no proyectábamos el socialismo como camino", agregando, que "así como el candidato Hugo Chávez repitió un millón de veces en 1998, "Vamos a Constituyente", el candidato Presidente Hugo Chávez dijo: "Vamos al Socialis-

---

119  Véase Allan R. Brewer-Carías, *La Reforma Constitucional de 2007 (Comentarios al proyecto inconstitucionalmente sancionado por la Asamblea Nacional el 2 de noviembre de 2007)*, Colección Textos Legislativos, N° 43, Editorial Jurídica Venezolana, Caracas 2007, 224 pp.

120  Véase Allan R. Brewer-Carías, *Hacia la consolidación de un Estado Socialista, Centralizado, Policial y Militarista, Comentarios sobre el sentido y alcance de las propuestas de reforma constitucional 2007*, Colección Textos Legislativos, N° 42, Editorial Jurídica Venezolana, Caracas 2007, 157 pp.

121  Véase *Discurso de Orden pronunciado por el ciudadano Comandante Hugo Chávez Frías, Presidente Constitucional de la República Bolivariana de Venezuela en la conmemoración del Ducentésimo Segundo Aniversario del Juramento del Libertador Simón Bolívar en el Monte Sacro y el Tercer Aniversario del Referendo Aprobatorio de su mandato constitucional*, Sesión especial del día Miércoles 15 de agosto de 2007, Asamblea Nacional, División de Servicio y Atención legislativa, Sección de Edición, Caracas 2007.

122  *Idem*, p. 4.

123  *Idem*, p. 33.

mo", y todo el que votó por el candidato Chávez, votó por ir al socialismo,"[124] lo que por supuesto no era cierto.

Por ello, el Anteproyecto de Reforma que presentó ante la Asamblea Nacional, era para "la construcción del Socialismo Bolivariano, el Socialismo venezolano, nuestro Socialismo, nuestro modelo socialista"[125], cuyo "núcleo básico e indivisible" era "la comunidad", "donde los ciudadanos y las ciudadanas comunes, tendrán el poder de construir su propia geografía y su propia historia."[126] Y todo ello bajo la premisa de que "sólo en el socialismo será posible la verdadera democracia."[127] pero por supuesto, una "democracia" sin representación que, como lo propuso el Presidente y fue sancionado por la Asamblea Nacional en la rechazada reforma del artículo 136 de la Constitución, se buscaba establecer una "democracia" que "no nace del sufragio ni de elección alguna, sino que nace de la condición de los grupos humanos organizados como base de la población." Es decir, se buscaba establecer una "democracia" que no era democracia, pues en el mundo moderno no hay ni ha habido democracia sin elección de representantes.

En resumen, entre los aspectos esenciales de la reforma propuesta estaba por una parte, transformar el Estado en un Estado Socialista, con una doctrina política oficial de carácter socialista, que se denominaba además como "doctrina bolivariana", con lo cual se eliminaba toda posibilidad de pensamiento distinto al "oficial" y, por tanto, toda disidencia, pues la doctrina política oficial se quería incorporar en la Constitución, como política y doctrina del Estado y la Sociedad, hubiera constituido un deber constitucional de todos los ciudadanos cumplir y hacerla cumplir. Con ello, se buscaba sentar las bases para la criminalización de la disidencia.

Por la otra, también se buscaba transformar el Estado en un Estado Centralizado, de poder concentrado bajo la ilusión del Poder Popular, lo que implicaba la eliminación definitiva de la forma federal del Estado, imposibilitando la participación política y degradando la democracia representativa;

---

124 *Idem*, p. 4. Lo que no era cierto. En todo caso, se pretendió imponer al 56% de los votantes que no votaron por la reelección del presidente, la voluntad expresada por sólo el 46% de los votantes inscritos en el Registro Electoral que votaron por la reelección del Presidente. Según las cifras oficiales del CNE, en las elecciones de 2006, de un universo de 15.784.777 votantes inscritos en el Registro Electoral, sólo 7.309.080 votaron por el Presidente.

125 Véase *Discurso...* p. 34.

126 *Idem*, p. 32.

127 *Idem*, p. 35. Estos conceptos se recogieron igualmente en la *Exposición de Motivos* para la Reforma Constitucional, Agosto 2007, donde se expresó la necesidad de "ruptura del modelo capitalista burgués" (p. 1), de desmontar la superestructura que le da soporte a la producción capitalista"(p. 2); de "dejar atrás la democracia representativa para consolidad la democracia participativa y protagónica"(p. 2); de "crear un enfoque socialista nuevo" (p. 2) y "construir la vía venezolana al socialismo"(p. 3); de producir "el reordenamiento socialista de la geopolítica de la Nación" (p. 8); de la "construcción de un modelo de sociedad colectivista" y "el Estado sometido al poder popular"(p. 11); de "extender la revolución para que Venezuela sea una República socialista, bolivariana", y para "construir la vía venezolana al socialismo; construir el socialismo venezolano como único camino a la redención de nuestro pueblo"(p. 19).

todo ello, mediante la supuesta organización de la población para la participación en los Consejos del Poder Popular, como los Comunales, que eran y son instituciones sin autonomía política alguna, cuyos miembros se pretendía declarar, en la propia Constitución, que no fueran electos. Dichos Consejos, creados por Ley en 2006, estaban controlados desde la Jefatura del gobierno y para cuyo funcionamiento, el instrumento preciso era el partido único Socialista que el Estado creó también durante 2007.

En ese marco, en la propuesta de reforma constitucional de 2007 se propuso modificar varios artículos fundamentales de la Constitución así:

Primero, en relación con el artículo 16 de la Constitución, se buscaba crear las comunas y comunidades como "el núcleo territorial básico e indivisible del Estado Socialista Venezolano"; con el artículo 70, se definían los medios de participación y protagonismo del pueblo en ejercicio directo de su soberanía mediante todo tipo de consejos, "para la construcción del socialismo", haciéndose mención a las diversas asociaciones "constituidas para desarrollar los valores de la mutua cooperación y la solidaridad socialista"; con el artículo 158, se buscaba eliminar toda mención a la descentralización como política nacional, y definir como política nacional, "la participación protagónica del pueblo, restituyéndole el poder y creando las mejores condiciones para la construcción de una democracia socialista"; con el artículo 168 relativo al Municipio, se buscaba precisar la necesidad de incorporar "la participación ciudadana a través de los Consejos del Poder Popular y de los medios de producción socialista"; con el artículo 184, se buscaba orientar la descentralización de Estados y Municipios para permitir "la construcción de la economía socialista."

Segundo, en relación con el artículo 158 se buscaba eliminar toda referencia a la descentralización política siguiendo la orientación de la práctica política centralista de los últimos años, y centralizar completamente el Estado, eliminando toda idea de autonomía territorial y de democracia representativa a nivel local, es decir, de la unidad política primaria en el territorio. Con la rechazada reforma constitucional, en este campo, se buscaba materializar una supuesta "nueva geometría del poder" donde no había ni podía haber autonomías, con la propuesta de creación de nuevas instancias territoriales, todas sometidas al poder Central, mediante las cuales el Poder Popular[128] supuestamente iba a desarrollar "formas de agregación comunitaria política territo-

---

128 En la *Exposición de Motivos del Proyecto de Reforma Constitucional* presentado por el Presidente de la República en agosto 2007, se lee que el Poder Popular "es la más alta expresión del pueblo para la toma de decisiones en todos sus ámbitos (político, económico, social, ambiental, organizativo, internacional y otros) para el ejercicio pleno de su soberanía. Es el poder constituyente en movimiento y acción permanente en la construcción de un modelo de sociedad colectivista de equidad y de justicia. Es el poder del pueblo organizado, en las más diversas y disímiles formas de participación, al cual está sometido el poder constituido. No se trata del poder del Estado, es el Estado sometido al poder popular. Es el pueblo organizado y organizando las instancias de poder que decide las pautas del orden y metabolismo social y no el pueblo sometido a los partido políticos, a los grupos de intereses económicos o a una particularidad determinada", *cit.*, p. 11.

rial" que constituían formas de autogobierno, pero sin democracia representativa alguna, sino sólo como "expresión de democracia directa" (art. 16). Con ello se buscaba, como lo dijo el Presidente de la República, "el desarrollo de lo que nosotros entendemos por descentralización, porque el concepto cuartorepublicano de descentralización es muy distinto al concepto que nosotros debemos manejar. Por eso, incluimos aquí la participación protagónica, la transferencia del poder y crear las mejores condiciones para la construcción de la democracia socialista."[129]

Con ello se pretendía lograr la eliminación de los entes territoriales descentralizados políticamente, sin las cuales no puede haber efectivamente democracia participativa, y la creación en su lugar de Consejos del poder popular que no pasan de ser una simple manifestación de movilización controlada desde el Poder Central. Ello es lo que había ocurrido, precisamente, con los Consejos Comunales creados por Ley en 2006[130], cuyos miembros no eran electos mediante sufragio sino designados por Asambleas de ciudadanos controladas por el propio Poder Ejecutivo Nacional. Ello era lo que con la rechazada reforma constitucional, se pretendía consolidar en el texto fundamental, al proponerse una "nueva geometría del poder" en la cual se sustituía a los Municipios, por las comunidades, como el "núcleo territorial básico e indivisible del Estado Socialista Venezolano", que debían agrupar a las comunas (socialistas)[131] como "células sociales del territorio", las cuales se debían agrupar en ciudades que eran las que se pretendía concebir como "la unidad política primaria de la organización territorial nacional". En la rechazada reforma constitucional se buscaba establecer en forma expresa que los integrantes de los diversos Consejos del Poder Popular no nacían "del sufragio ni de elección alguna, sino que nace de la condición de los grupos humanos organizados como base de la población".

Con ello, en definitiva, en nombre de una "democracia participativa y protagónica", lo que se buscaba era poner fin en Venezuela a la democracia representativa a nivel local, y con ello, de todo vestigio de autonomía política territorial que es la esencia de la descentralización.

Tercero, en relación con el artículo 62 de la Constitución que consagra el derecho de los ciudadanos "de participar libremente en los asuntos públicos," con la reforma constitucional se buscaba agregar a los mecanismos de participación enumerados en el artículo 70, a los Consejos del Poder Popular, con

---

129   Véase *Discurso….*, citado *supra*.

130   Véase los comentarios sobre ello en Allan R. Brewer-Carías, "Introducción General al Régimen del Poder Público Municipal," en, *Ley Orgánica del Poder Público Municipal*, Editorial Jurídica Venezolana, Caracas 2007, pp. 75 y ss.

131   En la *Exposición de Motivos* del Proyecto de Reforma Constitucional presentado por el Presidente de la República en agosto 2007, a las comunas se las califica como "comunas socialistas", y se la define como "Es un conglomerado social de varias comunidades que poseen una memoria histórica compartida, usos, costumbres y rasgos culturales que los identifican, con intereses comunes, agrupadas entre sí con fines político-administrativos, que persiguen un modelo de sociedad colectiva de equidad y de justicia", *cit.*, p. 12.

los cuales aquella perdía su carácter libre pues se buscaba que quedaran reducidos al único propósito de "la construcción del socialismo", de manera que quien no quisiera construir socialismo alguno, hubiera quedado excluido del derecho a la participación política, que sólo estaba destinado a desarrollar los valores de "la solidaridad socialista" y no era libre como indica el artículo 62.

Por otra parte, en sustitución del concepto amplio de participación ciudadana que establece el artículo 168 de la Constitución y que deben desarrollar los Municipios, con la rechazada reforma constitucional se pretendía establecer la obligación de los Municipios de "incorporar, dentro del ámbito de sus competencias, la participación ciudadana a través de los Consejos del Poder Popular y de los medios de producción socialista", eliminándose toda posibilidad de otras formas de participación, la cual dejaba de ser libre.

Cuarto, en relación con la forma federal del Estado, con la reforma constitucional rechazada de 2007 se buscaba vaciarla totalmente de contenido. En particular, en cuanto a los Estados y Municipios sobre cuya concepción se monta el sistema federal, con la reforma del artículo 16, desaparecía la garantía constitucional de la autonomía municipal y el principio de la descentralización político administrativa que establece la Constitución de 1999 como condición esencial de la división territorial.

En particular, en relación con los Municipios, con la rechazada reforma constitucional se buscaba quitarles el carácter de unidad política primaria que el artículo 168 de la Constitución de 1999 les garantiza, y en su lugar se proponía establecer a "la ciudad" como la unidad política primaria de la organización territorial nacional, entendida como "todo asentamiento poblacional dentro del municipio, e integrada por áreas o extensiones geográficas denominadas comunas". Además, se buscaba definir a estas comunas, como las células sociales del territorio conformadas por las "comunidades", cada una de las cuales se proponía que constituyera "el núcleo territorial básico e indivisible del Estado Socialista Venezolano, donde los ciudadanos y las ciudadanas tendrán el poder para construir su propia geografía y su propia historia". En la rechazada propuesta de reforma constitucional, también se proponía crear la figura de la Ciudad Comunal que debía constituirse cuando en la totalidad de su perímetro, se hubieran establecido las comunidades organizadas, las comunas y el autogobierno comunal, pero asignándose su creación al Presidente de la República en Consejo de Ministros.

A partir de este esquema inicial, en el artículo 16 del proyecto de la rechazado de reforma constitucional, se buscaba cambiar radicalmente la división política del territorio nacional en "entidades políticas" (Estados, Distrito Capital, dependencias federales, territorios federales y Municipios y otras entidades locales) que conforme a la Constitución gozan esencialmente de autonomía política territorial, y deben tener un gobierno "electivo" (art. 6); por una "conformación" del territorio nacional a los fines político-territoriales y de acuerdo con una "nueva geometría del poder", por un Distrito Federal, por los estados, las regiones marítimas, los territorios federales, los municipios federales y los distritos insulares". En ese esquema, se proponía eliminar la exigencia constitucional de que todo el territorio nacional se debe organizar en municipios, por la previsión de que sólo "los Estados se organizan en municipios" (art. 16), los que por tanto se buscaba que desaparecieran, si una parte del territorio se convertía en alguna de las "nuevas" entidades. Por ello es que precisamente, se buscaba que el Municipio desapareciera como unidad política primaria en la organización nacional.

Lo más notorio de la rechazada reforma constitucional es que mediante la misma, se buscaba autorizar al Presidente de la República, en Consejo de Ministros, para que "previo acuerdo aprobado por la mayoría simple de los diputados y diputadas de la Asamblea Nacional", pudiera "decretar regiones marítimas, territorios federales, municipios federales, distritos insulares, provincias federales, ciudades federales y distritos funcionales, así como cualquier otra entidad que establezca esta Constitución y la Ley", con lo que materialmente, la totalidad de la división político territorial de la República se pretendía que dejara de ser una materia de rango constitucional y pasara a ser una materia ni siquiera de regulación legislativa, sino solamente ejecutiva. En fin, lo que se pretendía con la rechazada reforma constitucional era la total centralización del poder, lo que se confirma mediante la asignación que se pretendía hacer al Presidente de la República para designar y remover "las autoridades respectivas" de dichas entidades que hubieran quedado sujetas completamente al Poder Central.

Quinto, con la rechazada propuesta de reforma constitucional, se buscaba agregar a la distribución vertical del Poder Público entre el Poder Municipal, el Poder Estadal y el Poder Nacional (art. 136), a un denominado "Poder Popular," que se pretendía concebir como el medio para que supuestamente "el pueblo" como el depositario de la soberanía, la ejerciera "directamente", pero con la advertencia expresa de que dicho Poder Popular" "no nace del sufragio ni de elección alguna, sino que nace de la condición de los grupos humanos organizados como base de la población", sino mediante la constitución de comunidades, comunas y el autogobierno de las ciudades, a través de toda suerte de consejos comunales y de otra índole.

Se pretendía, así, agregar como un Poder Público más en el territorio, al Poder Popular, cuyos voceros, por ejemplo, con la rechazada reforma constitucional se pretendía que también formaran parte de los Comités de Postulaciones y Evaluaciones para la escogencia de los magistrados del Tribunal Supremo de Justicia, los titulares del Poder Ciudadano y los miembros del Consejo Nacional Electoral (arts. 264, 279 y 295).

3. *La institucionalización legal del Estado Comunal o de cómo se impuso al país un modelo de estado comunista, de ejercicio del poder popular y de sociedad socialista por los cuales nadie ha votado*

A. *El Estado Comunal o Comunista y el Poder Popular*

Como se ha dicho, después de que la reforma constitucional de 2007 fue rechazada por el pueblo en el referendo de diciembre de ese mismo año, y después de que el Presidente de la República, su gobierno, la Asamblea Nacional que controlaba y el partido oficial que preside perdieron las elecciones parlamentarias de septiembre de 2010, la Asamblea Nacional ya deslegitimada, bajo el control absoluto del Presidente y en los últimos días de su mandato, en diciembre de 2010, procedió atropelladamente, en fraude a la voluntad popular y a la Constitución, a sancionar el conjunto de Leyes Orgánicas antes mencionados sobre el Poder Popular, las Comunas, el Sistema Económico Comunal, la Planificación Pública y Comunal y la Contraloría Social;[132] y a reformar la Ley Orgánica del Poder Público Municipal, y de las Leyes de los Consejos Estadales de Planificación y Coordinación de Políticas Públicas, y de los Consejos Locales de Planificación Pública,[133] completando así el esquema de institucionalización del Estado Comunista, denominado Estado Comunal que ya se había esbozado en la Ley de los Consejos Comunales de 2006 y en la Ley Orgánica del Consejo Federal de Gobierno.[134]

Con estas leyes se ha terminado de definir, al margen de la Constitución, el marco normativo de un nuevo Estado, *paralelo al Estado Constitucional*, que se denomina "Estado Comunal" y que si nos atenemos a las experiencias históricas precedentes, todas fracasadas, unas desaparecidas como el de la Unión Soviética, y otros en vías de extinción como el de Cuba, no es otra cosa que un Estado Comunista, para el cual se adopta al Socialismo como doctrina oficial pública, impuesta a los ciudadanos para poder participar, montado sobre un sistema político centralizado, militarista y policial para el ejercicio del poder.

El objetivo fundamental de estas leyes, como se dijo, es la organización del "Estado Comunal" que tiene a la Comuna como a su célula fundamental, suplantando inconstitucionalmente al Municipio en el carácter que tiene de "unidad política primaria de la organización nacional" (art. 168 de la Constitución). A través de la organización de ese Estado Comunal o Comunista, se ejerce el Poder Popular, el cual se concreta en el ejercicio de la soberanía popular sólo directamente por el pueblo, y no mediante representantes. Se trata por tanto, de un sistema político estatal en el cual se ignora la democracia representativa violándose así abiertamente la Constitución de la República.

El Estado Comunista que se busca implantar con estas leyes, denominado Estado Comunal, *en paralelo* al Estado Constitucional, se basa en este simple esquema: como el artículo 5 de la Constitución dispone que "La soberanía reside intransferiblemente en el pueblo, quien la ejerce *directamente* en la forma prevista en esta Constitución y en la ley, e *indirectamente*, mediante el sufragio, por los órganos que ejercen el Poder Público," habiéndose estructurado el Estado Constitucional basado en el concepto de democracia representativa, es decir, el ejercicio de la soberanía en forma indirecta mediante el

---

132  Véase en *Gaceta Oficial* N° 6.011 Extra. de 21-12-2010.

133  Véase en *Gaceta Oficial* N° 6.017 Extra. de 30-12-2010.

134  Véase en *Gaceta Oficial* N° 5.963 Extra. de 22-02-2010.

sufragio; entonces ahora se estructura el Estado Comunal, basado en el ejercicio de la soberanía en forma directa.

Ello incluso ha sido "legitimado" por las sentencias dictadas por la Sala Constitucional del Tribunal Supremo de Justicia cuando al analizar el carácter orgánico de las leyes, como en la dictada en relación con la Ley Orgánica de las Comunas, señaló que la misma se dictó:

> "en desarrollo del principio constitucional de la democracia participativa y descentralizada que postula el preámbulo constitucional y que reconocen los artículos 5 y 6 de la Constitución de la República Bolivariana de Venezuela, de cuyo contenido se extrae el principio de soberanía, cuyo titular es el pueblo, quien está además facultado para ejercerla "*directamente*" y no sólo "*indirectamente*" por los órganos del Poder Público; así como del artículo 62 *ejusdem*, que estatuye el derecho de las personas a la libre participación en los asuntos públicos y, especialmente, el artículo 70 del mismo texto fundamental, que reconoce expresamente medios de autogestión como mecanismos de participación popular protagónica del pueblo en ejercicio de su soberanía, medios que son sólo enunciativos en los términos de la predicha norma."[135]

Es con base en estos principios que en el artículo 8.8 de la LOPP, se define al Estado comunal, como la:

> "Forma de organización político social, fundada en el Estado democrático y social de derecho y de justicia establecido en la Constitución de la República, en la cual el poder es ejercido directamente por el pueblo, con un modelo económico de propiedad social y de desarrollo endógeno sustentable, que permita alcanzar la suprema felicidad social de los venezolanos y venezolanas en la sociedad socialista. La célula fundamental de conformación del estado comunal es la Comuna.[136]

Se busca establecer así, un Estado Comunal en paralelo al Estado Constitucional: el primero basado en el ejercicio de la soberanía directamente por el pueblo; y el segundo, basado en el ejercicio de la soberanía indirectamente por el pueblo, mediante representantes electos por sufragio universal; en un sistema, en el cual el primero irá vaciando progresivamente de competencias al segundo. Todo ello es inconstitucional, particularmente porque en la es-

---

135  Véase la sentencia N° 1.330, Caso: Carácter Orgánico de la Ley Orgánica de Comunas, de fecha 17/12/2010. Véase en http://www.tsj.gov.ve/decisiones /scon/Diciembre/1330-171210-2010-10-1436.html

136  En la Ley Orgánica de las Comunas, sin embargo, se define al Estado Comunal de la siguiente manera: "Forma de organización político-social, fundada en el Estado democrático y social de derecho y de justicia establecido en la Constitución de la República, en la cual el poder es ejercido directamente por el pueblo, a través de los autogobiernos comunales, con un modelo económico de propiedad social y de desarrollo endógeno y sustentable, que permita alcanzar la suprema felicidad social de los venezolanos y venezolanas en la sociedad socialista. La célula fundamental de conformación del estado comunal es la Comuna" (art. 4.10).

tructura del Estado Comunal que se monta, el ejercicio de la soberanía en definitiva es indirecta mediante "representantes" que se "eligen" para ejercer el Poder Popular en nombre del pueblo, y que son denominados "voceros" o "vocerías," pero no son electos mediante sufragio.

El sistema que se busca montar, en definitiva, controlado todo por un Ministerio del Ejecutivo Nacional, lejos de ser un instrumento de descentralización –concepto que está indisolublemente unido a la autonomía política– es un sistema de centralización y control férreo de las comunidades por el Poder Central. Por ello la aversión al sufragio.[137] En ese esquema, una verdadera democracia participativa sería la que garantizaría que los miembros de los Consejos Comunales, las comunas y todas las organizaciones e instancias del Poder Popular fueran electas por sufragio universal, directo y secreto, y no a mano alzada por asambleas controladas por el partido oficial y el Ejecutivo Nacional, en contravención al modelo de Estado democrático y social de derecho y de justicia descentralizado establecido en la Constitución.

Pues bien, es en este contexto, y buscando establecer en paralelo al Estado Constitucional en el cual el pueblo ejerce indirectamente el Poder Público mediante representantes electos por sufragio universal directo y secreto, un Estado Comunal en el cual el pueblo supuestamente ejercería directamente el Poder Popular mediante voceros que no son electos por sufragio universal, directo y secretos, sino en asambleas de ciudadanos, el artículo 2 de la LOPP, define al Poder Popular, como:

> "el ejercicio pleno de la soberanía por parte del pueblo en lo político, económico, social, cultural, ambiental, internacional, y en todo ámbito del desenvolvimiento y desarrollo de la sociedad, a través de sus diversas y disímiles formas de organización, que edifican el estado comunal."

Todo lo cual no es más que una falacia, pues en definitiva en ese "edificio" del Estado Comunal se le niega al pueblo el derecho de elegir libremente, mediante sufragio universal, directo y secreto a quienes van a representarlo en todos esos ámbitos, incluyendo el internacional; y además, se niega toda idea de pluralismo al imponerse a los ciudadanos una ideología única compulsiva como es el socialismo. Se trata más bien de un "edificio" de organizaciones para evitar que el pueblo realmente ejerza la soberanía e imponerle mediante férreo control central políticas por las cuales nunca tendrá la ocasión de votar.

Por otra parte, según el artículo 4 de la LOPP, la finalidad de este Poder Popular que se ejerce por los órganos del Estado Comunal,

---

137  Véase lo expuesto en los estudios de José Ignacio Hernández G., "Descentralización y Poder Popular," y Adriana Vigilanza García, "La descentralización política de Venezuela y las nuevas leyes del 'Poder Popular'," en Allan R. Brewer-Carías (Coordinador), Claudia Nikken, Luis A. Herrera Orellana, Jesús María Alvarado Andrade, José Ignacio Hernández y Adriana Vigilanza, *Leyes Orgánicas sobre el Poder Popular y el Estado Comunal (Los Consejos Comunales, las Comunas, la Sociedad Socialista y el Sistema Económico Comunal),* Editorial Jurídica Venezolana, Caracas 2011, pp. 459 ss. y 477 ss., respectivamente.

"garantizar la vida y el bienestar social del pueblo, mediante la creación de mecanismos para su desarrollo social y espiritual, procurando la igualdad de condiciones para que todos y todas desarrollen libremente su personalidad, dirijan su destino, disfruten los derechos humanos y alcancen la suprema felicidad social; sin discriminaciones por motivos de origen étnico, religioso, condición social, sexo, orientación sexual, identidad y expresión de género, idioma, opinión política, nacionalidad u origen, edad, posición económica, condición de discapacidad o cualquier otra circunstancia personal, jurídica o social, que tenga por resultado anular o menoscabar el reconocimiento, goce o ejercicio de los derechos humanos y garantías constitucionales."

Por supuesto todos estos principios de igualdad se rompen desde que el sistema de Estado Comunal o Comunista, paralelo al Estado Constitucional, se monta, como se ha dicho, sobre una concepción única, que es el Socialismo, de manera que quien no sea socialista está automáticamente discriminado y no puede participar. No es posible, por tanto, en el marco de esta Ley, poder conciliar el pluralismo que garantiza la Constitución y el principio de la no discriminación por razón de "opinión política" a que se refiere este artículo, con el resto de las disposiciones de la Ley que persiguen todo lo contrario, es decir, el establecimiento de un Estado Comunista o Comunal, cuyas instancias sólo pueden actuar en función del Socialismo y en las cuales todo ciudadano que tenga otra opinión queda excluido. [138]

Es decir, mediante esta Ley Orgánica se ha establecido el marco definitorio de un nuevo modelo de Estado paralelo y distinto al Estado Constitucional, denominado el Estado Comunal basado en forma exclusiva y exclusionista en el socialismo como doctrina y práctica política, que es la organización política a través de la cual se produce el ejercicio del Poder Popular que es a la vez "el ejercicio pleno de la soberanía por parte del pueblo."

Ese Poder Popular se fundamenta, como se declara en el artículo 3 de la LOPP, "en el principio de soberanía y el sentido de progresividad de los derechos contemplados en la Constitución de la República, cuyo ejercicio y desa-

---

138 En el diario *El Nacional* del 12 de febrero de 2011, se reseñó lo siguiente: "Representantes de 120 consejos comunales del Distrito Capital y de Miranda denunciaron en una asamblea celebrada en presencia del diputado William Ojeda que son víctimas de discriminación por razones políticas. Aseguraron que aunque cumplieron con los requisitos para registrarse en Fundacomunal no pudieron iniciar el proceso porque no presentaron la planilla de inscripción en el PSUV, que es un requisito indispensable. "El Gobierno está aplicando una política de discriminación y exclusión. Está ocurriendo un *apartheid* político. Hay centenares de consejos comunales en el país que están organizados y que no han podido registrarse porque no militan en la tolda roja", indicó Ojeda." Véase en Diana Lozano Parafán, "Consejos Comunales rechazan discriminación. El diputado William Ojeda se reunió con representantes de 120 comunidades que no han podido inscribirse por razones partidistas," en *El Nacional*, Caracas 12-02-2011. Véase en http://impresodigital.el-nacional.com/ediciones/011/02/12/default.asp?cfg=1081FGHH666&iu=757

rrollo está determinado por los niveles de conciencia política y organización del pueblo" (art. 3).

Con esta declaración, sin embargo, lejos de la universalidad, prevalencia y progresividad de los derechos humanos que se garantizan la Constitución, lo que se ha establecido es la desaparición total de la concepción universal de los derechos humanos, el abandono a su carácter prevalente y el retroceso ante los principios *pro homines* y *favor libertatis*, al condicionarse su existencia, alcance y progresividad a lo que se determine "por los niveles de conciencia política y organización del pueblo," es decir, por lo que dispongan y prescriban las organizaciones del Poder Popular con las que se busca "organizar" al pueblo, todas sometidas al Socialismo. Con ello desaparece la concepción de los derechos humanos como esferas que son innatas al hombre e inmunes frente al poder; pasándose a una concepción de los derechos humanos dependientes de lo que ordene un poder central, que en definitiva controla todo el "edificio" del Estado Comunal o Estado Socialista, como clara demostración del totalitarismo que está a la base de esta Ley.

En el mismo sentido se dispone en el artículo 5 de la LOPP, que "la organización y participación del pueblo en el ejercicio de su soberanía se inspira en la doctrina del Libertador Simón Bolívar, y se rige por los principios y valores socialistas,"[139] con lo cual, como se ha dicho, se vincula la organización del Estado Comunal que se organiza en paralelo al Estado Constitucional, con la ideología política socialista, es decir, con el *socialismo*, el cual se define en el artículo 8.14 como:

> "un modo de relaciones sociales de producción centrado en la convivencia solidaria y la satisfacción de necesidades materiales e intangibles de toda la sociedad, que tiene como base fundamental la recuperación del valor del trabajo como productor de bienes y servicios para satisfacer las necesidades humanas y lograr la suprema felicidad social y el desarrollo humano integral. Para ello es necesario el desarrollo de la propiedad social sobre los factores y medios de producción básicos y estratégicos que permita que todas las familias, ciudadanos venezolanos y ciudadanas venezolanas posean, usen y disfruten de su patrimonio, propiedad individual o familiar, y ejerzan el pleno goce de sus derechos económicos, sociales, políticos y culturales."[140]

---

139 La misma expresión se utilizó en la Ley Orgánica de las Comunas respecto de la constitución, conformación, organización y funcionamiento de las mismas (art. 2); en la Ley Orgánica de los Consejos Comunales respecto de los mismos (art. 1), en la Ley Orgánica de Contraloría Social (art. 6); en la Ley Orgánica de Planificación Pública y Popular (art. 3), que regula la planificación pública, popular y participativa como herramienta fundamental para construcción de la nueva sociedad (art. 3); y en la Ley Orgánica del Sistema Económico Comunal respecto del mismo (art.5).

140 Igual definición se encuentra en el artículo 4.14 de la Ley Orgánica de las Comunas. También en el artículo 3 del Reglamento de la Ley Orgánica del Consejo federal de Gobierno se define el socialismo como "un modo de relaciones sociales de producción centrado en la convivencia solidaria y la satisfacción de las necesidades materiales e intangibles de toda la sociedad, que tiene

Lo primero que debe observarse respecto de esta norma, es la insostenible pretensión de vincular "la doctrina del Libertador Simón Bolívar" con los principios y valores socialistas. En la obra de Bolívar y en relación con su concepción del Estado nada puede encontrarse al respecto,[141] no siendo la norma sino una pretensión más de continuar manipulando el "culto" a Bolívar para justificar los autoritarismos, como tantas veces ha ocurrido antes en nuestra historia.[142] Con la norma, por otra parte y por supuesto, se viola abiertamente la garantía del derecho de propiedad que está en la Constitución (art. 115) que no permite su restricción sólo a la propiedad colectiva o social excluyendo la propiedad privada de los medios de producción

El artículo 5 de la LOPP, por otra parte, define como "principios y valores socialistas" los siguientes:

"democracia participativa y protagónica, interés colectivo, equidad, justicia, igualdad social y de género, complementariedad, diversidad cultural, defensa de los derechos humanos, corresponsabilidad, cogestión, autogestión, cooperación, solidaridad, transparencia, honestidad, eficacia, eficiencia, efectividad, universalidad, responsabilidad, deber social,

---

como base fundamental la recuperación del valor del trabajo como productor de bienes y servicios para satisfacer las necesidades humanas y lograr la Suprema Felicidad Social y el Desarrollo Humano Integral. Para ello es necesario el desarrollo de la propiedad social sobre los factores y medios de producción básicos y estratégicos que permita que todas las familias y los ciudadanos y ciudadanas venezolanos y venezolanas posean, usen y disfruten de su patrimonio o propiedad individual o familiar, y ejerzan el pleno goce de sus derechos económicos, sociales, políticos y culturales."Véase en *Gaceta Oficial* Nº 39.382 del 9 de marzo de 2010. Muchas son las definiciones de socialismo, pero en todas, se pueden identificar sus elementos básicos: (i) un sistema de organización social y económico, (ii) basado en la propiedad y administración colectiva o estatal de los medios de producción, y (iii) en regulación por el Estado de las actividades económicas y sociales y de la distribución de los bienes, (iv) buscando la progresiva desaparición de las clases sociales.

141  Véase Allan R. Brewer-Carías, "Ideas centrales sobre la organización el Estado en la Obra del Libertador y sus Proyecciones Contemporáneas" en *Boletín de la Academia de Ciencias Políticas y Sociales*, Nº 95-96, enero-junio 1984, pp. 137-151.

142  Ha sido el caso de Antonio Guzmán Blanco en el siglo XIX y de Cipriano Castro, Juan Vicente Gómez, Eleazar López Contreras y Marcos Pérez Jiménez en el siglo XX. John Lynch ha señalado que: "El tradicional culto a Bolívar ha sido usado como ideología de conveniencia por dictadores militares, culminando con los regímenes de Juan Vicente Gómez y Eleazar López Contreras; quienes al menos respetaron, más o menos, los pensamientos básicos del Libertador, aún cuando tergiversaron su significado." Concluye Lynch señalando que en el caso de Venezuela, en la actualidad, el proclamar al Libertador como fundamento de las políticas del régimen autoritario, constituye una distorsión de sus ideas. Véase John Lynch, *Simón Bolívar: A Life*, Yale University Press, New Haven 2007, p. 304. .Véase también, Germán Carrera Damas, *El culto a Bolívar, esbozo para un estudio de la historia de las ideas en Venezuela*, Universidad Central de Venezuela, Caracas 1969; Luis Castro Leiva, *De la patria boba a la teología bolivariana*, Monteávila, Caracas 1987; Elías Pino Iturrieta, *El divino Bolívar. Ensayo sobre una religión republicana*, Alfail, Caracas 2008; Ana Teresa Torres, *La herencia de la tribu. Del mito de la independencia a la Revolución bolivariana*, Editorial Alfa, Caracas 2009. Sobre la historiografía en relación con estos libros véase Tomás Straka, *La épica del desencanto*, Editorial Alfa, Caracas 2009.

rendición de cuentas, control social, libre debate de ideas, voluntariedad, sustentabilidad, defensa y protección ambiental, garantía de los derechos de la mujer, de los niños, niñas y adolescentes, y de toda persona en situación de vulnerabilidad, defensa de la integridad territorial y de la soberanía nacional (art. 5).[143]

Este catálogo de "principios" por supuesto no están vinculados necesariamente al socialismo, ni son exclusivamente "principios y valores socialistas" como se pretende hacer ver, en una apropiación indebida que hace el legislador. El redactor de la norma, en realidad, lo que hizo fue copiar todo el elenco de principios que se encuentran definidos a lo largo de la Constitución, en muchas normas (Preámbulo y arts. 1, 2, 3, 4, 6, 19, 20, 21, 22, 26, 84, 86, 102, 112, 137, 141, 153, 165, 257, 293, 299, 311, 316, 326, por ejemplo), y que son los valores del Estado Constitucional. Sólo en algún caso no se han atrevido a utilizar la terminología clásica como "libertad de expresión," y la han querido sustituir por "libre debate de ideas," lo que por supuesto no es lo mismo, sobre todo porque dicha libertad no se tolera en un Estado Socialista que sólo conoce de una ideología única.

Para desarrollar y consolidar el Poder Popular, ignorando los valores y principios constitucionales básicos que tienen que tener todas las instancias de gobierno en Venezuela que deben ser "electivos, descentralizados, alternativos, responsables, pluralistas y de mandatos revocables" tal como lo exige el artículo 6 de la Constitución, es que se ha dictado la LOPP para supuestamente generar

"condiciones objetivas a través de los diversos medios de participación y organización establecidos en la Constitución de la República, en la ley y los que surjan de la iniciativa popular, para que los ciudadanos y ciudadanas ejerzan el pleno derecho a la soberanía, la democracia participativa, protagónica y corresponsable, así como a la constitución de formas de autogobierno comunitarias y comunales, para el ejercicio directo del poder" (art. 1).

Conforme a la Constitución "la creación de nuevos sujetos de descentralización a nivel de las parroquias, las comunidades, los barrios y las vecindades" sólo es posible "a los fines de garantizar el principio de la corresponsabilidad en la gestión pública de los gobiernos locales y estadales y desarrollar procesos autogestionarios y cogestionarios en la administración y control de los servicios públicos estadales y municipales" (art. 184.6). Ello significa que los mecanismos de participación que puedan establecerse conforme a la Constitución no son para vaciar a las estructuras del Estado Constitucional, es decir, de los "gobiernos locales y estadales," sino para reforzarlas en la ges-

---

143 Estos mismos principios se enumeran en relación con las comunas en el artículo 2 de la Ley Orgánica de las Comunas; en relación con la contraloría social en el artículo 6 de la Ley Orgánica de Contraloría Social; y en relación con la panificación pública y popular el artículo 3 de la ley Orgánica de Planificación Pública y Popular.

tión pública. Por otra parte, conforme a la Constitución, no puede haber gobierno alguno que no sea *electivo, descentralizado y pluralista*; sin embargo, en la LOPP se define un Estado paralelo que es el Estado Comunal, montado sobre "gobiernos" o "autogobiernos" que no son ni electivos, ni descentralizados ni pluralistas.

Sobre estos, el artículo 14 de la LOPP, se limita a definir "el autogobierno comunal y los sistemas de agregación que surjan entre sus instancias" como "un ámbito de actuación del Poder Popular en el desarrollo de su soberanía, mediante el ejercicio directo por parte de las comunidades organizadas, de la formulación, ejecución y control de funciones públicas, de acuerdo a la ley que regula la materia."

En este contexto, además, a la "comunidad" se la define en la LOPP como el "núcleo espacial básico e indivisible constituido por personas y familias que habitan en su ámbito geográfico determinado, vinculadas por características e intereses comunes que comparten una historia, necesidades y potencialidades culturales, económicas, sociales, territoriales y de otra índole" (art. 8.4).[144]

### B. *Los fines del Poder Popular*

El artículo 7 de la LOPP define los siguientes fines del Poder Popular, es decir, del "ejercicio pleno de la soberanía por parte del pueblo" a través "de sus diversas y disímiles formas de organización, que edifican el Estado Comunal" (art. 2):

1.  Impulsar el fortalecimiento de la organización del pueblo, en función de consolidar la democracia protagónica revolucionaria y construir las bases de la sociedad socialista, democrática, de derecho y de justicia.

Se destaca, en relación con lo que dispone la Constitución sobre la organización del Estado, el agregado de "socialista" que impone esta previsión, con lo cual se rompe el principio del pluralismo que garantiza la propia Constitución, abriendo la vía para la discriminación política de todo aquél ciudadano que no sea socialista, a quien se le niega, por tanto, el derecho a la participación política.

2.  Generar las condiciones para garantizar que la iniciativa popular, en el ejercicio de la gestión social, asuma funciones, atribuciones y competencias de administración, prestación de servicios y ejecución de obras, mediante la transferencia desde los distintos entes político-territoriales hacia los autogobiernos comunitarios, comunales y los sistemas de agregación que de los mismos surjan.

Conforme al artículo 184.1 de la Constitución, esta transferencia de competencias sólo se puede referir a "servicios en materia de salud, educación,

---

144   La misma definición se repite en la ley Orgánica de las Comunas (art. 4.4) y en la Ley Orgánica de los Consejos Comunales (art. 4.1).

vivienda, deporte, cultura, programas sociales, ambiente, mantenimiento de áreas industriales, mantenimiento y conservación de áreas urbanas, prevención y protección vecinal, construcción de obras y prestación de servicios públicos" a cuyo efecto se pueden "establecer convenios cuyos contenidos estarán orientados por los principios de interdependencia, coordinación, cooperación y corresponsabilidad.".

3.  Fortalecer la cultura de la participación en los asuntos públicos para garantizar el ejercicio de la soberanía popular.

4.  Promover los valores y principios de la ética socialista: la solidaridad, el bien común, la honestidad, el deber social, la voluntariedad, la defensa y protección del ambiente y los derechos humanos.

Estos, la verdad, no son valores de ninguna "ética socialista," sino como se ha dicho anteriormente, son valores de la democracia y civilización occidental, propios del Estado Constitucional.

5.  Coadyuvar con las políticas de Estado en todas sus instancias, con la finalidad de actuar coordinadamente en la ejecución del Plan de Desarrollo Económico y Social de la Nación y los demás planes que se establezcan en cada uno de los niveles políticos-territoriales y las instancias político- administrativas que la ley establezca.

6.  Establecer las bases que permitan al pueblo organizado el ejercicio de la contraloría social para asegurar que la inversión de los recursos públicos se realice de forma eficiente para el beneficio colectivo; y vigilar que las actividades del sector privado con incidencia social se desarrollen en el marco de las normativas legales de protección a los usuarios y consumidores.

A los efectos de esta norma, el artículo 8.6 de la LOPP, define el control social, como el ejercicio de la función de prevención, vigilancia, supervisión, acompañamiento y control, practicado por los ciudadanos y ciudadanas de manera individual o colectiva sobre la gestión del Poder Público y de las instancias del Poder Popular, así como de las actividades privadas que afecten el interés colectivo (art. 8.6). Sin embargo, nada en la Constitución autoriza a que se asignen a entidades públicas comunitarias dependientes del Ejecutivo Nacional, competencias para ejercer vigilancia o contraloría social sobre las actividades privadas. Esa es una función que sólo pueden ejercer los entes político territoriales del Estado.

C.  *"Profundizar la corresponsabilidad, la autogestión y la cogestión."*

A los efectos de esta norma, la Ley define la corresponsabilidad, como la "responsabilidad compartida entre los ciudadanos y ciudadanas y las instituciones del Estado en el proceso de formación, ejecución, control y evaluación de la gestión social, comunitaria y comunal, para el bienestar de las comunidades organizadas" (art. 8.7). La autogestión, se la define como el "conjunto de acciones mediante las cuales las comunidades organizadas asumen directamente la gestión de proyectos, ejecución de obras y prestación de servicios para mejorar la calidad de vida en su ámbito geográfico" (art. 8.2). Y la cogestión, se la define como el "proceso mediante el cual las comunidades organizadas coordinan con el Poder Público, en cualquiera de sus niveles e instancias, la gestión conjunta para la ejecución de obras y prestación de servicios necesarios para mejorar la calidad de vida en su ámbito geográfico"(art. 8.3).

Por otra parte, a los efectos de estas normas, la "comunidad organizada" se define en la LOPP como aquella "constituida por las expresiones organizativas populares, consejos de trabajadores y trabajadoras, de campesinos y campesinas, de pescadores y pescadoras y cualquier otra organización social de base, articulada a una instancia del Poder Popular[145] debidamente reconocida por la ley y registrada en el Ministerio del Poder Popular con competencia en materia de participación ciudadana" (art. 8.5). Por otra parte, en la Ley Orgánica del Consejo Federal de Gobierno[146] se encuentra otra definición, a los efectos de dicha ley, pero de la "sociedad organizada" que es la "constituida por consejos comunales, comunas y cualquier otra organización de base del Poder Popular" (art. 4); la cual conforme al Reglamento de dicha la Ley Orgánica del Consejo Federal de Gobierno, está "Constituida por consejos comunales, consejos de trabajadores y trabajadoras, de campesinos y campesinas, de pescadores y pescadoras, comunas y cualquier otra organización de base del Poder Popular debidamente registrada en el Ministerio del Poder Popular con competencia en materia de participación ciudadana."[147]

La Constitución, sin embargo, al referirse a las organizaciones comunitarias para poder ser sujetos de descentralización, las concibe sólo como entidades de carácter territorial, como "las parroquias, las comunidades, los barrios y las vecindades" que son las que pueden asumir conforme al artículo 186,6, "corresponsabilidad en la gestión pública de los gobiernos locales y estadales y desarrollar procesos autogestionarios y cogestionarios en la administración y control de los servicios públicos estadales y municipales."

### D. Las instancias del Poder Popular

#### a. Las diversas instancias del poder popular y su personalidad jurídica

Las instancias del Poder Popular para el "ejercicio pleno de la soberanía por parte del pueblo" y que forman las "diversas y disímiles formas de orga-

---

145 La definición que se formula sobre la "comunidad organizada," es similar en la Ley Orgánica de las Comunas, como "constituida por las expresiones organizativas populares, consejos de trabajadores y trabajadoras, de campesinos y campesinas, de pescadores y pescadoras y cualquier otra organización de base, articuladas en una instancia del Poder Popular"(art. 4.5).

146 Véase en *Gaceta Oficial* N° 5.963 Extraordinario del 22 de febrero de 2010.

147 Véase en *Gaceta Oficial* N° 39.382 del 9 de marzo de 2010.

nización, que edifican el Estado Comunal" (art. 2), conforme se precisa en el artículo 8.9 de la LOPP, están "constituidas por los diferentes sistemas de agregación comunal y sus articulaciones, para ampliar y fortalecer la acción del autogobierno comunal: *consejos comunales, comunas, ciudades comunales, federaciones comunales, confederaciones comunales* y las que, de conformidad con la Constitución de la República, la ley que regule la materia y su reglamento, surjan de la iniciativa popular,"[148] constituyendo las "organizaciones de base del Poder Popular" aquéllas "constituidas por ciudadanos y ciudadanas para la búsqueda del bienestar colectivo" (art. 8.10).[149]

Todas estas instancias del Poder Popular reconocidas en la LOPP, como lo dispone su artículo 32, adquieren personalidad jurídica mediante el registro ante el Ministerio del Poder Popular de las Comunas, atendiendo a los procedimientos que se establezcan en el Reglamento de la Ley. Con ello, en definitiva, se deja en manos del Ejecutivo Nacional la decisión de registrar o no un consejo comunal, una comuna o una ciudad comunal, y ello lo hará, por supuesto, aplicando la letra de la Ley lo que significa que si no está dominada por "voceros" que no sean socialistas, no cabe su registro ni, por tanto, su reconocimiento como persona jurídica, así sea producto genuino de una iniciativa popular.

b. *Los voceros de las instancias del poder popular y su carácter no representativo*

Ninguna de las personas que ejercen la titularidad de los órganos del Poder Popular, y que se denominan "voceros" tienen su origen en elecciones efectuadas mediante sufragio directo, universal y secreto. Ni siquiera puede decirse que tienen su origen en elecciones indirectas, pues en ningún caso hay elección directa de primer grado.

En efecto, la LOPP no indica la forma de "elección" de los voceros de las instancias del Poder Popular, y lo que se regula en las diferentes leyes dictadas para normar las instancias del Poder Popular es una designación por órganos que no tienen su origen en elecciones directas universales y secretas. En particular, por ejemplo, en la Ley Orgánica de los Consejos Comunales, se dispone que los voceros de los mismos son "electos" por las asambleas de ciudadanos (arts. 4.6 y 11), y no precisamente mediante sufragio universal, directo y secreto como lo prescribe la Constitución, sino mediante una supuesta "votación popular" que no es organizada por el Poder Electoral, y que se realiza en asambleas abiertas en las cuales no hay garantía del sufragio. La Ley, sin embargo, si indica que todas las instancias del Poder Popular que

---

148 En la Ley Orgánica de las Comunas, sin embargo, se define a las "instancias del Poder Popular como las constituidas "por los diferentes sistemas de agregación comunal: consejos comunales, comunas, ciudades comunales, federaciones comunales, confederaciones comunales y los otros que, de acuerdo a la Constitución de la República y la ley, surjan de la iniciativa popular." (art. 4.12)

149 Igual definición está contenida en la ley Orgánica del Sistema de Economía Comunal, art. 6.10.

sean "electas por votación popular," son revocables a partir del cumplimiento de la mitad del período de gestión correspondiente, en las condiciones que establece la ley (art. 17).

Debe indicarse, en efecto, que a la base de estas instancias del Poder Popular, están las Asambleas de Ciudadanos que si bien la LOPP no las regula específicamente ni las nombra en artículo alguno, sin embargo, las define como la "máxima instancia de participación y decisión de la comunidad organizada, conformada por la integración de personas con cualidad jurídica, según la ley que regule la forma de participación, para el ejercicio directo del poder y protagonismo popular, cuyas decisiones son de carácter vinculante para la comunidad, las distintas formas de organización, el gobierno comunal y las instancias del Poder Público, de acuerdo a lo que establezcan las leyes que desarrollen la constitución, organización y funcionamiento de los autogobiernos comunitarios, comunales y los sistemas de agregación que de éstos surjan" (art. 8.1).

### c. *Sistemas de agregación comunal*

En el artículo 15.4 de la LOPP, se define a los sistemas de agregación comunal, a aquellas instancias que por iniciativa popular surjan entre los consejos comunales y entre las comunas; sobre lo cual el artículo 50 de la LOC precisa que "las instancias del Poder Popular podrán constituir sistemas comunales de agregación entre sí, con el propósito de articularse en el ejercicio del autogobierno, para fortalecer la capacidad de acción sobre aspectos territoriales, políticos, económicos, sociales, culturales, ecológicos y de seguridad y defensa de la soberanía nacional, de conformidad a la Constitución de la República y la ley."

Las finalidades de los sistemas comunales de agregación conforme al artículo 59 de la LOC, son las siguientes:

1. Ampliar y fortalecer la acción del autogobierno comunal.

2. Llevar adelante planes de inversión en su ámbito territorial, atendiendo los lineamientos y requerimientos establecidos en los planes comunales de desarrollo respectivos.

3. Asumir las competencias que mediante transferencias se le otorguen para la administración, ejecución de obras y prestación de servicios públicos.

4. Impulsar el desarrollo del sistema económico comunal, mediante la articulación en redes, por áreas de producción y servicios, de las organizaciones socio-comunitarias de propiedad social comunal directa o indirecta.

5. Ejercer funciones de control social, sobre los diferentes planes y proyectos que en su ámbito territorial ejecuten las instancias del Poder Popular o el Poder Público.

La LOC, sin embargo, nada establece sobre las condiciones para la constitución de los sistemas comunales de agregación y sobre su funcionamiento, lo que se remite a ser establecido en el Reglamento de la LOC y los lineamientos que a tales efectos dicte el Ministerio del Poder Popular de las Comunas.

En todo caso, la LOC enumeró en su artículo 60, los diversos tipos de sistemas de agregación comunal así:

1. El Consejo Comunal: como instancia de articulación de los movimientos y organizaciones sociales de una comunidad.

2. La Comuna: como instancia de articulación de varias comunidades organizadas en un ámbito territorial determinado.

3. La Ciudad Comunal: constituida por iniciativa popular, mediante la agregación de varias comunas en un ámbito territorial determinado.

4. Federación Comunal: como instancia de articulación de dos o más ciudades que correspondan en el ámbito de un Distrito Motor de Desarrollo.

5. Confederación Comunal: instancia de articulación de federaciones comunales en el ámbito de un eje territorial de desarrollo.

6. Las demás que se constituyan por iniciativa popular.

En particular, en cuanto a la Ciudad Comunal, la federación Comunal y la Confederación Comunal, las condiciones para su conformación deben ser desarrolladas en el Reglamento de cada Ley.

Ahora bien, de todas estas instancias del Poder Popular previstas para "el ejercicio del autogobierno," el artículo 15 de la LOPP sólo se refiere con algún detalle a los Consejos Comunales y a las Comunas, las cuales por lo demás, son las que han sido reguladas en la Ley Orgánica de los Consejos Comunales y en la ley Orgánica de Comunas; y a las Ciudades Comunales.

d. *Los Consejos Comunales*

Los Consejos Comunales se definen en la Ley como la "instancia de participación, articulación e integración entre los ciudadanos, ciudadanas y las diversas organizaciones comunitarias, movimientos sociales y populares, que permiten al pueblo organizado ejercer el gobierno comunitario y la gestión directa de las políticas públicas y proyectos orientados a responder a las necesidades, potencialidades y aspiraciones de las comunidades, en la construcción de nuevo modelo de sociedad socialista de igualdad, equidad y justicia social" (art. 15.1).[150]

Se destaca de esta definición legal, que los Consejos Comunales sólo y exclusivamente pueden tener por objeto contribuir a "la construcción de un nuevo modelo de sociedad socialista," en violación al principio del pluralis-

---

150    Igual definición se establece en el artículo 2 de la ley Orgánica de los Consejos Comunales (art. 2).

mo que establece el artículo 6 de la Constitución, por lo que todo aquél ciudadano que no siga o acepte la doctrina socialista no tiene cabida en este nuevo Estado paralelo que se busca construir con esta Ley.

Esta instancia del Poder Popular constituida por los Consejos Comunales está regulada en la mencionada Ley Orgánica de los Consejos Comunales,[151] a cuyos "voceros," además, mediante la reforma de la Ley Orgánica del Poder Público Municipal de diciembre de 2010, se les ha asignado la función de designar a los miembros de las Juntas Parroquiales, las cuales, en consecuencia, fueron "degradadas" dejando de ser las "entidades locales" que eran, con gobiernos electos por sufragio universal directo y secreto, pasando a ser simples órganos "consultivos, de evaluación y articulación entre el Poder Popular y los órganos del Poder Público Municipal" (art. 35), cuyos miembros, además, los deben designar los voceros de los consejos comunales de la parroquia respectiva (art. 35), y sólo de entre aquellos avalados por la Asamblea de Ciudadanos "de su respectivo consejo comunal"(at. 36). A tal efecto, en forma evidentemente inconstitucional, la Ley de reforma del Poder Municipal, decretó la "cesación" en sus funciones de "los miembros principales y suplentes, así como los secretarios o secretarias, de las actuales juntas parroquiales, quedando las alcaldías responsables del manejo y destino del personal, así como de los bienes correspondientes" (Disposición Derogatoria Segunda).

Para el estudio del régimen de los Consejos Comunales, véase lo expuesto en la parte IV de esta "Introducción General."[152]

### e. *Las Comunas*

Las Comunas, por su parte, que están concebidas en la LOPP como la "célula fundamental" del Estado Comunal, se las define en el artículo 15.2 como el "espacio socialista que como entidad local es definida por la integración de comunidades vecinas con una memoria histórica compartida, rasgos culturales, usos y costumbres que se reconocen en el territorio que ocupan y en las actividades productivas que le sirven de sustento y sobre el cual ejercen los principios de soberanía y participación protagónica como expresión del Poder Popular, en concordancia con un régimen de producción social y el modelo de desarrollo endógeno y sustentable contemplado en el Plan de Desarrollo, Económico y Social de la Nación."[153] Esta misma definición de la

---

151 Véase en *Gaceta Oficial* N° 39.335 de 28-12-2009.

152 Véase en pp. 89 ss. Véase además, el estudio de Claudia Nikken, "La Ley Orgánica de los Consejos Comunales y el derecho a la participación ciudadana en los asuntos públicos," en Allan R. Brewer-Carías (Coordinador), Claudia Nikken, Luis A. Herrera Orellana, Jesús María Alvarado Andrade, José Ignacio Hernández y Adriana Vigilanza, *Leyes Orgánicas sobre el Poder Popular y el Estado Comunal (Los Consejos Comunales, las Comunas, la Sociedad Socialista y el Sistema Económico Comunal),* Editorial Jurídica Venezolana, Caracas 2011, pp. 183 ss.

153 Igual definición se establece en el artículo 5 de la Ley Orgánica de las Comunas. En el reglamento de la ley Orgánica del Consejo Federal de Gobierno también se define la Comuna como: "Es un espacio socialista definido por la integración de comunidades vecinas con una memoria histórica compartida, rasgos culturales, usos, y costumbres, que se reconocen en el territorio que

Comuna como espacio socialista está en el artículo 5 de la Ley Orgánica de las Comunas; noción que implica que la misma está vedada a todo aquél que no sea socialista o que no crea en el socialismo o que no comulgue con el socialismo como doctrina política. La concepción legal de la Comuna, por tanto, es contraria al pluralismo democrático que garantiza la Constitución, siendo abiertamente discriminatoria y contraria a la igualdad que también garantiza el artículo 21 de la Constitución.

Por otra parte, en la norma mencionada de la LOPP se define a la Comuna como una "entidad local," y la misma calificación se encuentra en el artículo 1 de la Ley Orgánica de las Comunas, que las define "como entidad local donde los ciudadanos y ciudadanas en el ejercicio del Poder Popular, ejercen el pleno derecho de la soberanía y desarrollan la participación protagónica mediante formas de autogobierno para la edificación del estado comunal, en el marco del Estado democrático y social de derecho y de justicia" (art. 1). También en la reforma de la ley Orgánica del Poder Público Municipal de diciembre de 2010, se incluyó a las comunas en el listado de las "entidades locales territoriales," disponiéndose que las mismas, al estar reguladas por una legislación diferente como es la relativa al Poder Popular, y al deber constituirse "entre varios municipios," quedan exceptuadas de las disposiciones de la Ley Orgánica del Poder Público Municipal.

Ahora bien, en cuanto a calificar a las Comunas como "entidades locales," el Legislador deslegitimado de diciembre de 2010 olvidó que conforme a la Constitución (arts. 169, 173), esta expresión de entidad local sólo se puede aplicar a las entidades políticas del Estado en las cuales necesariamente tiene que haber "gobiernos" integrados por representantes electos mediante sufragio universal, directo y secreto (arts. 63, 169) ceñidos a los principios establecidos en el artículo 6 de la Constitución, es decir, tiene que ser "siempre democrático, participativo, electivo, descentralizado, alternativo, responsable, pluralista y de mandatos revocables." Conforme a la Constitución, por tanto, no puede haber "entidades locales" con gobiernos que no sean democráticos en los términos mencionados, y menos por "representantes" designados por otros órganos públicos.

Y esto es precisamente lo que ocurre con los llamados "gobiernos de las comunas," que conforme a esta legislación sobre el Poder Popular y sus organizaciones, no se garantiza su origen democrático mediante elección por sufragio universal, directo y secreto, siendo en consecuencia inconstitucional su concepción.

Debe destacarse, además, que en relación a el gobierno de las comunas, que como se establece en el artículo 28 de la LOPP, pueden transferir la ges-

---

ocupan y en las actividades productivas que les sirven de sustento y sobre el cual ejercen los principios de soberanía y participación protagónica, como expresión del poder popular, en concordancia con un régimen de producción social y el modelo de desarrollo endógeno, sustentable y socialista contemplado en el Plan Nacional de Desarrollo" (art. 3). Véase en *Gaceta Oficial* N° 39.382 del 9 de marzo de 2010.

tión, la administración y la prestación de servicios a las diferentes organizaciones del Poder Popular. A tal efecto, las organizaciones de base del Poder Popular deben hacer las respectivas solicitudes formales, cumpliendo con las condiciones previas y requisitos establecidos en las leyes que regulen la materia.

Esta instancia del Poder Popular constituida por las Comunas ha sido regulada en la Ley Orgánica de las Comunas,[154] a cuyo estudio se dedica la parte V de esta "Introducción General."

### f.   Las Ciudades Comunales

Las ciudades comunales, conforme a la Ley, "son aquellas constituidas por iniciativa popular mediante la agregación de varias comunas en un ámbito territorial determinado" (art. 15.3). Siendo las Comunas, conforme a la Ley, el "espacio socialista" y "célula fundamental" del Estado Comunal, las Ciudades Comunales como agregación de varias comunas o sea de varios espacios socialistas, son concebidas también conforme a la Ley como Ciudades "socialistas" que como tales, están vedadas de hecho a todo aquel ciudadano o vecino que no sea socialista.

### E.   Las organizaciones y expresiones organizativas del Poder Popular

Además de las instancias del Poder Popular, en la LOPP se establecen previsiones tendientes a regular dos formas organizativas específicas del Poder Popular: las organizaciones y las expresiones organizativas del Poder Popular.

### a.   Formas organizativas del Poder Popular

Conforme al artículo 9 de la LOPP, las organizaciones del Poder Popular "son las diversas formas del pueblo organizado, constituidas desde la localidad o de sus referentes cotidianos por iniciativa popular, que integran a ciudadanos y ciudadanas con objetivos e intereses comunes, en función de superar dificultades y promover el bienestar colectivo, para que las personas involucradas asuman sus derechos, deberes y desarrollen niveles superiores de conciencia política. Las organizaciones del Poder Popular actuarán democráticamente y procurarán el consenso popular entre sus integrantes."

Estas organizaciones del Poder Popular se constituyen por iniciativa de los ciudadanos y ciudadanas, de acuerdo con su naturaleza, por intereses comunes, necesidades, potencialidades y cualquier otro referente común, según lo establecido en la ley que rija el área de su actividad (art. 12).

Estas organizaciones del Poder Popular, al igual que las instancias del Poder Popular, conforme al artículo 32 de la LOPP, adquieren su personalidad jurídica mediante el registro ante el Ministerio del Poder Popular con competencia en materia de participación ciudadana, atendiendo a los procedimientos que se establezcan en el Reglamento de la presente Ley. Queda en manos del

---

154   Véase en *Gaceta Oficial* Nº 6.011 Extra. de 21-12-2010.

Ejecutivo Nacional, por tanto, el reconocimiento formal de estas organizaciones, de mantera que todas aquellas que no sean socialistas por ser contrarias a los fines prescritos en la Ley (art. 1), serían rechazadas. En las registradas, por lo demás, no tendrían cabida los ciudadanos que no compartan la ideología socialista.

En cuanto a las "expresiones organizativas del Poder Popular," conforme se dispone en el artículo 10 de la LOPP, las mismas son "integraciones de ciudadanos y ciudadanas con objetivos e intereses comunes, constituidas desde la localidad, de sus referentes cotidianos de ubicación o espacios sociales de desenvolvimiento, que de manera transitoria y en base a los principios de solidaridad y cooperación, procuran el interés colectivo."

Estas expresiones del Poder Popular se constituyen, por iniciativa popular y como respuesta a las necesidades y potencialidades de las comunidades, de conformidad con la Constitución de la República y la ley (art. 13).

Conforme a la Disposición final Tercera, el ejercicio de la participación del pueblo y el estímulo a la iniciativa y organización del Poder Popular establecidos en la Ley, se deben aplicar en los pueblos y comunidades indígenas, de acuerdo a sus usos, costumbres y tradiciones.

      b.   *Los fines de las organizaciones y expresiones organizativas del Poder Popular*

Estas organizaciones y expresiones organizativas del Poder Popular, conforme al artículo 11 de la LOPP, tienen como fines los siguientes:

1. Consolidar la democracia participativa y protagónica, en función de la insurgencia del Poder Popular como hecho histórico para la construcción de la sociedad socialista, democrática, de derecho y de justicia.

Como antes se dijo, con el agregado de "socialista" que esta previsión impone a la sociedad, se rompe el principio del pluralismo que garantiza la propia Constitución, abriendo la vía para la discriminación política de todo aquél ciudadano que no sea socialista, a quien se le niega el derecho político a participar.

2. Impulsar el desarrollo y consolidación del sistema económico comunal, mediante la constitución de organizaciones socio-productivas, para la producción de bienes y servicios destinados a la satisfacción de necesidades sociales, el intercambio de saberes y conocimientos, así como la reinversión social del excedente.

La LOPP, a estos efectos, define como "sistema económico comunal" el conjunto de relaciones sociales de producción, distribución, intercambio y consumo de bienes y servicios, así como de saberes y conocimiento, desarrolladas por las instancias del Poder Popular, el Poder Público, o por acuerdo entre ambos, a través de organizaciones socio-productivas bajo formas de propiedad social comunal"(art. 8.13).

3. Promover la unidad, la solidaridad, la supremacía de los intereses colectivos sobre los intereses individuales y el consenso en sus áreas de influencia.

4. Fomentar la investigación y difusión de los valores, tradiciones históricas y culturales de las comunidades.

5. Ejercer la contraloría social.

F. *Ámbitos del Poder Popular*

La LOPP distingue los siguientes "ámbitos del Poder Popular" se definen en la Ley Orgánica y que en la terminología tradicional de derecho público no es otra cosa que competencias que se asignan al Poder Popular: la Planificación de Políticas Públicas, la Economía comunal, la Contraloría social, la Ordenación y gestión del territorio y la Justicia comunal.

a. *Planificación de políticas públicas*

La planificación de políticas públicas en los términos establecidos en la Ley Orgánica de Planificación Pública y Popular,[155] se define en el artículo 17 de la LOPP como "un ámbito de actuación del Poder Popular que asegura, mediante la acción de gobierno compartida entre la institucionalidad pública y las instancias del Poder Popular, el cumplimiento de los lineamientos estratégicos del Plan de Desarrollo Económico y Social de la Nación, para el empleo de los recursos públicos en la consecución, coordinación y armonización de los planes, programas y proyectos a través de los cuales se logre la transformación del país, el desarrollo territorial equilibrado y la justa distribución de la riqueza."

De esta previsión, llama la atención la distinción entre los órganos del Estado Constitucional que se denominan como "institucionalidad pública" y las instancias del Poder Popular, lo que confirma la intención de la ley de establecer un Estado paralelo, el Estado Comunal, para vaciar de contenido y ahogar en definitiva al Estado Constitucional.

Por otra parte, vinculada a esta competencia de planificación, en cuanto a la "planificación participativa," en la LOPP se la define como la "forma de participación de los ciudadanos y ciudadanas en el diseño, formulación, ejecución, evaluación y control de las políticas públicas" (art. 8.11); y en cuanto al "Presupuesto participativo," se lo define "como el mecanismo mediante el cual los ciudadanos y ciudadanas proponen, deliberan y deciden sobre la formulación, ejecución, control y evaluación de los presupuestos públicos, con el propósito de materializar los proyectos que permitan el desarrollo de las comunidades y el bienestar social general" (art. 8.12).

---

155  Véase en *Gaceta Oficial* N° 6.011 Extra. de 21-12-2010.

b. *Economía comunal*

La economía comunal, conforme se define en el artículo 18 de la LOPP, es un "ámbito de actuación del Poder Popular que permite a las comunidades organizadas la constitución de entidades económico-financieras y medios de producción, para la producción, distribución, intercambio y consumo de bienes y servicios, así como de saberes y conocimientos, desarrollados bajo formas de propiedad social comunal, en pro de satisfacer las necesidades colectivas, la reinversión social del excedente, y contribuir al desarrollo social integral del país, de manera sustentable y sostenible, de acuerdo con lo establecido en el Plan de Desarrollo Económico y Social de la Nación y la ley que regula la materia."

Este ámbito de actuación del Poder Público se ha regulado en la Ley Orgánica del Sistema Económico Comunal (LOSEC),[156] el cual se define en dicha Ley (art. 2) y en la Ley Orgánica de las Comunas como el "conjunto de relaciones sociales de producción, distribución, intercambio y consumo de bienes y servicios, así como de saberes y conocimiento, desarrolladas por las instancias del Poder Popular, el Poder Público, o por acuerdo entre ambos, a través de organizaciones socio-productivas bajo formas de propiedad social comunal" (art. 4.13).

Este sistema económico comunal, como se dijo, está regulado en la Ley Orgánica del Sistema Económico Comunal (LOSEC), que tiene por objeto "desarrollar y fortalecer el Poder Popular, estableciendo las normas, principios, y procedimientos para la creación, funcionamiento y desarrollo del sistema económico comunal, integrado por organizaciones socio-productivas bajo régimen de propiedad social comunal, impulsadas por las instancias del Poder Popular, del Poder Público o por acuerdo entre ambos, para la producción, distribución, intercambio y consumo de bienes y servicios, así como de saberes y conocimientos, en pro de satisfacer las necesidades colectivas y reinvertir social mente el excedente, mediante una planificación estratégica, democrática y participativa" (at. 1). La LOSEC, en particular, tiene por finalidad específica "fomentar el sistema económico comunal en el marco del modelo productivo socialista, a través de diversas formas de organización socio-productiva, comunitaria y comunal en todo el territorio nacional" (Art. 4.3).

En todo caso, en la Ley Orgánica del Sistema Económico Comunal, y en particular en sus artículos 2; 3.2; 3.3; 3.8; 5; 6.12; 6.15 y 9 se adoptan expresa y textualmente para configurar el sistema económico comunal, los más tradicionales postulados marxistas que definen el comunismo, como son la propiedad social de los medios de producción; la eliminación de la división social del trabajo; y la reinversión social del excedente productivo.

---

156 Véase en *Gaceta Oficial* N° 6.011 Extra. de 21-12-2010.

Al estudio de dicho sistema comunista tal como ha quedado plasmado en dicha Ley Orgánica del Sistema Económico Comunal, se dedica la parte VII de esta "Introducción General." [157]

### c. Contraloría social

En cuanto a la contraloría social, el artículo 19 de la LOPP la define como un "ámbito de actuación del Poder Popular para ejercer la vigilancia, supervisión, acompañamiento y control sobre la gestión del Poder Público, las instancias del Poder Popular y las actividades del sector privado que afecten el bienestar común, practicado por los ciudadanos y ciudadanas de manera individual o colectiva, en los términos establecidos en la ley que regula la materia.

Este ámbito de actuación del Poder Público se ha regulado en la Ley Orgánica del Contraloría Social,[158] donde se la define como "una función compartida entre las instancias del Poder Público y los ciudadanos, ciudadanas y las organizaciones del Poder Popular, para garantizar que la inversión pública se realice de manera transparente y eficiente en beneficio de los intereses de la sociedad, y que las actividades del sector privado no afecten los intereses colectivos o sociales" (art. 2).

Esta Ley Orgánica al organizar la Contraloría Social e imponer la doctrina socialista como la oficial y obligatoria, lo que ha creado en definitiva es un oscuro sistema general de espionaje y vigilancia social, que se atribuye a individuos o a las organizaciones comunales, basado en la denuncia y persecución contra cualquier persona o empresa privada que pudiera considerarse que no está actuado de acuerdo con la doctrina socialista impuesta, y que por esa razón pudiera considerarse que actúa contra el "bienestar común" o que afecta el "interés social o colectivo."

Al estudio de este sistema de Contraloría Social, tal como se regula en la Ley Orgánica de Contraloría Social, se dedica la VI de esta "Introducción General." [159]

---

157　Véase en Allan R. Brewer-Carías (Coordinador), Claudia Nikken, Luis A. Herrera Orellana, Jesús María Alvarado Andrade, José Ignacio Hernández y Adriana Vigilanza, *Leyes Orgánicas sobre el Poder Popular y el Estado Comunal (Los Consejos Comunales, las Comunas, la Sociedad Socialista y el Sistema Económico Comunal),* Editorial Jurídica Venezolana, Caracas 2011, pp. 154 ss. Véase además, el estudio de Jesús María Alvarado Andrade, "La 'Constitución económica' y el sistema económico comunal (Reflexiones Críticas a propósito de la Ley Orgánica del Sistema Económico Comunal)," *Idem,* pp. 375 ss.

158　Véase en *Gaceta Oficial* Nº 6.011 Extra. de 21-12-2010

159　Véase en Allan R. Brewer-Carías (Coordinador), Claudia Nikken, Luis A. Herrera Orellana, Jesús María Alvarado Andrade, José Ignacio Hernández y Adriana Vigilanza, *Leyes Orgánicas sobre el Poder Popular y el Estado Comunal (Los Consejos Comunales, las Comunas, la Sociedad Socialista y el Sistema Económico Comunal),* Editorial Jurídica Venezolana, Caracas 2011, pp. 147 ss. Véase además, el estudio de Luis A. Herrera Orellana, "La Ley Orgánica de Contraloría Social: Funcionalización de la participación e instauración de la desconfianza ciudadana," *Idem,* pp. 359 ss.

### d. Ordenación y gestión del territorio

La ordenación y gestión del territorio, conforme al artículo 20 de la LOPP, es un "ámbito de actuación del Poder Popular, mediante la participación de las comunidades organizadas, a través de sus voceros o voceras, en las distintas actividades del proceso de ordenación y gestión del territorio, en los términos establecidos en la ley que regula la materia."

### e. Justicia comunal

En cuanto a la justicia comunal, el artículo 21 de la LOPP la define como un "ámbito de actuación del Poder Popular, a través de medios alternativos de justicia de paz que promueven el arbitraje, la conciliación, la mediación, y cualquier otra forma de solución de conflictos ante situaciones derivadas directamente del ejercicio del derecho a la participación y a la convivencia comunal, de acuerdo a los principios constitucionales del Estado democrático y social de Derecho y de Justicia, y sin contravenir las competencias legales propias del sistema de justicia ordinario.[160]

El artículo 22 de la LOPP, remite a una ley especial la regulación de la jurisdicción especial comunal, la cual debe establecer la organización, el funcionamiento, los procedimientos y normas de la justicia comunal, así como su jurisdicción especial. La Ley Orgánica de las Comunas es algo más explícita al señalar que "la ley respectiva establecerá la naturaleza, los procedimientos legales, las normas y condiciones para la creación de una jurisdicción especial comunal, donde se prevea su organización y funcionamiento, así como las instancias con competencia para conocer y decidir en el ámbito comunal, donde los jueces o juezas comunales serán elegidos o elegidas por votación universal, directa y secreta de los y las habitantes del ámbito Comunal mayores de quince años"(art. 57).

La actuación de esta jurisdicción comunal conforme se exige en el artículo 22 de la LOPP, "estará enmarcada dentro de los principios de justicia gratuita, accesible, imparcial, idónea, transparente, autónoma, independiente, responsable, equitativa y expedita, sin dilaciones indebidas y sin formalismos por reposiciones inútiles."

Con estas previsiones se termina de vaciar a los Municipios de una competencia constitucional que tienen asignada (art. 178.7), que se intentó realizar con la rechazada reforma constitucional de 2007, y que corresponde ser ejercida por jueces de paz que conforme al artículo 258 de la constitución deben ser elegidos por votación universal, directa y secreta.[161].

---

160   Esta misma definición se encuentra en el artículo 56 de la Ley Orgánica de las Comunas.

161   Véase la Ley Orgánica de la Justicia de Paz en *Gaceta Oficial* N° 4.817 Extra. de 21-12-1994).

G. *Las relaciones entre el Poder Público y el Poder Popular (o la técnica del "matapalo")*

Como hemos señalado, el Estado Comunal que se establece en la LOPP, cuyas manifestaciones ejercen el Poder Popular, se ha establecido como un "Estado paralelo" al Estado Constitucional cuyos órganos electos por votación popular directa universal y secreta ejercen el Poder Público. Se trata de dos Estados establecidos en paralelo, uno en la Constitución y otro en una ley inconstitucional, pero con previsiones en la ley que de llegar a ser aplicadas, permitirán al Estado Comunal ahogar y secar al Estado Constitucional, comportándose como en botánica lo hace el árbol *Ficus benjamina L.*, originario de la India, Java y Bali, conocido como "matapalo" que puede crecer como "estranguladora", como epífitos, rodeando al árbol huésped hasta formar un tronco hueco, destruyéndolo.

A tal efecto, en la LOPP se establecen unas previsiones para regular las relaciones entre el Estado o el Poder Público y el Poder Popular, que en general se dispone que "se rigen por los principios de igualdad, integridad territorial, cooperación, solidaridad, concurrencia y corresponsabilidad, en el marco del sistema federal descentralizado consagrados en la Constitución de la República" (art. 26), y que son las siguientes:

En *primer lugar*, se establece como obligación legal para los órganos, entes e instancias del Poder Público el promover, apoyar y acompañar las iniciativas populares para la constitución, desarrollo y consolidación de las diversas formas organizativas y de autogobierno del pueblo (art. 23).[162] En particular, incluso, la Ley Orgánica de Comunas dispone que "los órganos integrantes del Poder Ciudadano apoyarán a los consejos de contraloría comunal a los fines de contribuir con el cumplimiento de sus funciones" (art. 48).

En *segundo lugar*, se sujeta a todos los órganos del Estado Constitucional que ejercen el Poder Público, a los mandatos de las organizaciones del Poder Popular, al instaurarse un nuevo principio de gobierno, consistente en "gobernar obedeciendo." El artículo 24 de la LOPP en efecto dispone:

> *Artículo 24.* Actuaciones de los órganos y entes del Poder Público. Todos los órganos, entes e instancias del Poder Público guiarán sus actuaciones por el principio de gobernar obedeciendo, en relación con los mandatos de los ciudadanos, ciudadanas y de las organizaciones del Poder Popular, de acuerdo a lo establecido en la Constitución de la República y las leyes.

Como las organizaciones del Poder Popular no tienen autonomía política pues no sus "voceros" no son electos democráticamente mediante sufragio universal, directo y secreto, sino designados por asambleas de ciudadanos controladas e intervenidas por el partido oficial y el Ejecutivo Nacional que

---

162 Una norma similar está en el artículo 62 de la Ley Orgánica de las Comunas, a los efectos de "la constitución, desarrollo y consolidación de las comunas como forma de autogobierno."

controla y guía todo el proceso organizativo del Estado Comunal, en el ámbito exclusivo de la ideología socialista, sin que tenga cabida vocero alguno que no sea socialista, en definitiva esto de "gobernar obedeciendo" es una limitación a la autonomía política de los órganos del Estado Constitucional electos, como la Asamblea nacional, los Gobernadores y Consejos legislativos de los Estados y los Alcaldes y Concejos Municipales, a quienes se le impone en definitiva la obligación de obedecer lo que disponga el Ejecutivo Nacional y el partido oficial enmarcado en el ámbito exclusivo del socialismo como doctrina política. La voluntad popular expresada en la elección de representantes del Estado Constitucional, por tanto, no tiene valor alguno, y al pueblo se le confisca su soberanía trasladándola de hecho a unas asambleas que no lo representan.

En *tercer lugar*, en particular, se establece la obligación para el Poder Ejecutivo Nacional, para que "conforme a las iniciativas de desarrollo y consolidación originadas desde el Poder Popular," planifique, articule y coordine "acciones conjuntas con las organizaciones sociales, las comunidades organizadas, las comunas y los sistemas de agregación y articulación que surjan entre ellas, con la finalidad de mantener la coherencia con las estrategias y políticas de carácter nacional, regional, local, comunal y comunitaria"(art. 25).

En *cuarto lugar*, se establece la obligación para los órganos y entes del Poder Público en sus relaciones con el Poder Popular, de dar "preferencia a las comunidades organizadas, a las comunas y a los sistemas de agregación y articulación que surjan entre ellas, en atención a los requerimientos que las mismas formulen para la satisfacción de sus necesidades y el ejercicio de sus derechos, en los términos y lapsos que establece la ley" (art. 29). Igualmente se prevé que los órganos, entes e instancias del Poder Público, en sus diferentes niveles político-territoriales, deben adoptar "medidas para que las organizaciones socio-productivas de propiedad social comunal, gocen de prioridad y preferencia en los procesos de contrataciones públicas para la adquisición de bienes, prestación de servicios y ejecución de obras" (art. 30).[163]

En *quinto lugar*, se establece la obligación para la República, los estados y municipios, de acuerdo con la ley que rige el proceso de transferencia y descentralización de competencias y atribuciones, la obligación de trasferir "a las comunidades organizadas, a las comunas y a los sistemas de agregación que de éstas surjan; funciones de gestión, administración, control de servicios y ejecución de obras atribuidos a aquéllos por la Constitución de la República, para mejorar la eficiencia y los resultados en beneficio del colectivo" (art. 27).[164]

---

163 En particular, conforme al artículo 61 de la Ley Orgánica de las Comunas, se dispone que "todos los órganos y entes del Poder Público comprometidos con el financiamiento de proyectos de las comunas y sus sistemas de agregación, priorizarán aquéllos que impulsen la atención a las comunidades de menor desarrollo relativo, a fin de garantizar el desarrollo territorial equilibrado.

164 Esta misma norma se repite en la Ley Orgánica de las Comunas (art. 64). El 31 de diciembre de 2010, aún estaba pendiente en la Asamblea Nacional la segunda discusión del proyecto de Ley Orgánica del Sistema de Transferencia de Competencias y atribuciones de los Estados y Municipios a las organizaciones del Poder Popular.

Con ello, se dispone legalmente el vaciamiento de competencias de los Estados y Municipios, de manera que queden como estructuras vacías, con gobiernos representativos electos por el pueblo pero que no tienen materias sobre las cuales gobernar.

Este proceso se ha completado en la reforma de la Ley Orgánica de Régimen Municipal (LOPPM) y en la ley Orgánica del Consejo Federal de Gobierno (LOCGR). En efecto, la trasferencia de competencias de los Estados a los Municipios, a las comunidades y a los grupos vecinales que se prevé en la Constitución (art. 184), y que en la LOPPM anterior se atribuía a los Consejos Legislativos de los Estados para establecer el procedimiento a dichos fines, se ha cambiado radicalmente, asignándose esa función al Consejo Federal de Gobierno organizado en la LOCFG, la cual se lo ha organizado de manera tal que está completamente controlado por el Ejecutivo Nacional (art. 11). En esta forma se ha limitado inconstitucionalmente la autonomía de los Estados y Municipios que les garantiza la Constitución.

A tal efecto, la LOPPM dispone, en su artículo 281 que "la transferencia de competencias y servicios de los estados a los municipios, y de éstos a las instancias del Poder Popular, se realizará de acuerdo a lo establecido en la Ley Orgánica del Consejo Federal de Gobierno," y en esta LOCFG, se asigna al Consejo, el atender "al establecimiento del régimen para la transferencia de las competencias entre los entes territoriales, y a las organizaciones detentadoras de la soberanía originaria del Estado"(art. 1); siendo por tanto ese órgano ahora el encargado de "de la planificación y coordinación de políticas y acciones para el desarrollo del proceso de descentralización y transferencia de competencias del Poder Nacional a los estados y municipios, " correspondiéndole establecer "los lineamientos que se aplican a los procesos de transferencia de las competencias y atribuciones de las entidades territoriales, hacia las organizaciones de base del Poder Popular" (art. 2). Lineamientos que además, declara esa LOCFG que son "vinculantes para las entidades territoriales (art. 2).

En el Reglamento de la Ley Orgánica del Consejo Federal de Gobierno de 2010, por otra parte, se definió la trasferencia de competencias como el:

"Proceso mediante el cual las entidades territoriales restituyen al Pueblo Soberano, a través de las comunidades organizadas y las organizaciones de base del poder popular, las competencias en las materias que, de acuerdo con lo establecido en el artículo 14 de la Ley Orgánica del Consejo Federal de Gobierno, en concordancia con el artículo 184 de la Constitución de la República Bolivariana de Venezuela, decrete el Presidente o Presidenta de la República en Consejo de Ministros, sin que ello obste para que, por cuenta propia, cualquier entidad territorial restituya al Pueblo Soberano otras competencias, de acuerdo a lo establecido en el correspondiente Plan Regional de Desarrollo y previa autorización de la Secretaría del Consejo Federal de Gobierno."[165]

En *sexto lugar*, se establece que las instancias y organizaciones de base del Poder Popular contempladas en la LOPP, están exentas de todo tipo de pagos de tributos nacionales y derechos de registro, a cuyo efecto, se podrá establecer mediante leyes y ordenanzas de los estados y municipios, respectivamente, las exenciones aquí previstas para las instancias y organizaciones de base del Poder Popular (art. 31).

H. *La marginalización del Municipio en relación con las organizaciones del Poder Popular*

Para establecer el Poder Popular y el Estado Comunal, a los efectos de ahogar y estrangular progresivamente el Estado Constitucional, la primera de las instituciones territoriales afectadas ha sido el Municipio, del cual siendo la unidad política primaria de la organización de la república, ha sido desvinculado del proceso de desarrollo comunal y de la participación popular. A tal efecto, diversas reformas se introdujeron en diciembre de 2010 a la Ley Orgánica del Poder Público Municipal (LOPP),[166] y entre ellas se destaca:

En primer lugar, la previsión como objetivo de la Ley además de la regulación de los Municipios y su gobierno, el proceso denominado de "descentralización y la transferencia a las comunidades organizadas, y a las comunas en su condición especial de entidad local, como a otras organizaciones del Poder Popular" (Art. 1). Se entiende que se trata de un proceso de transferencia de "competencias" aún cuando no se indica; sin embargo, la misma no puede calificarse como descentralización, pues está en el marco territorial y político, exige que las entidades receptoras de las competencias a ser transferidas, sean entidades locales como entidades políticas con gobiernos electos democráticamente. Las comunas, que se denominan como Entidades locales especiales" no son gobernadas por órganos cuyos integrantes sean electos por votación universal directa y secreta, y por tanto, no tienen autonomía política ni pueden formar parte del esquema de descentralización territorial del Estado.

En segundo lugar, el artículo 2 de la LOPPM, a pesar de que repite el aserto constitucional de que el Municipio "constituye la unidad política primaria de la organización nacional de la República," ya no habla de que "gozan de autonomía" como lo garantiza el artículo 168 de la Constitución, son que "ejerce sus competencias de manera autónoma." Ello, sin embargo, es contradicho en la propia Ley al establecerse que el artículo 110, que "el municipio se regirá por el Sistema Nacional de Planificación establecido en la ley que regula la materia," que como se sabe es una planificación centralizada.

A tal efecto, en la LOPPM se elimina la iniciativa ejecutiva de la planificación local que se asignaba al Alcalde, quien debía presentar al Consejo Lo-

---

165   Véase en *Gaceta Oficial* N° 39.382 del 9 de marzo de 2010.

166   Véase en *Gaceta Oficial* N° 6.015 Extraordinario del 28 de diciembre de 2010.

cal de Planificación las líneas maestras de su plan de gobierno, y se establece que es el Consejo Local de Planificación Pública "el órgano encargado de diseñar el Plan Municipal de Desarrollo y los demás planes municipales, en concordancia con los lineamientos que establezca el Plan de Desarrollo Económico y Social de la Nación y los demás planes nacionales y estadales, garantizando la participación protagónica del pueblo en su formulación, ejecución, seguimiento, evaluación y control, en articulación con el Sistema Nacional de Planificación"(art. 111). Ese Consejo, además, en la LOPPM, queda encargado de "diseñar el Plan de Desarrollo Comunal, en concordancia con los planes de desarrollo comunitario propuestos por los consejos comunales y los demás planes de interés colectivo, articulados con el Sistema Nacional de Planificación, de conformidad con lo establecido en la legislaciones que regula las comunas, los consejos comunales y la presente Ley; contando para ello con el apoyo de los órganos y entes de la Administración Pública. A tales efectos, es deber de las instancias que conforman la organización del municipio, atender los requerimientos de los diversos consejos de planificación existentes en cada una de las comunas para el logro de sus objetivos y metas" (art. 112)

En tercer lugar, en la reforma de la LOPPM, se encasilla y limita su rol como promotor de la participación del pueblo sólo "a través de las comunidades organizadas," que son las que se regulan en las leyes sobre el Poder Popular identificadas con el socialismo, en contra de la previsión del artículo 62 de la Constitución que garantiza el carácter libre de la participación. La desvinculación de las comunidades organizadas respecto del Municipio, se asegura en la Ley, al excluirse su registro ante los órganos competentes "del Municipio" como decía la Ley Orgánica anterior que se reformó, previéndose ahora su registro sólo ante "los órganos competentes" (art. 33.3) que en las Leyes del poder Popular es el Ministerio de las Comunas. Es decir, con la reforma de la LOPPM, se produce una total desmunicipalización de las entidades comunales.

En cuarto lugar, a pesar de esta desmunicipalización, a las comunas se las incorpora en el régimen del Poder Público Municipal, como "entidad local territorial" (art. 19) aún cuando de "carácter especial" que conforme al artículo 19, "se rige por su ley de creación, puede constituirse dentro del territorio del Municipio o entre los límites político administrativo de dos o más municipios, sin que ello afecte la integridad territorial de los municipios donde se constituya." Como tal entidades locales de carácter especial, se las excluye completamente del régimen de la LOPPM quedando "reguladas por la legislación que norma su constitución, conformación, organización y funcionamiento" (art. 5). Ello se reafirma en el artículo 33 de la Ley al disponer que "los requisitos para la creación de la comuna, en el marco de su régimen especial como entidad local, se regirán por lo establecido en la Ley Orgánica de las Comunas."

En quinto lugar, se eliminó el carácter de entidad local de las parroquias, y por tanto, se eliminó su carácter democrático representativo. Es más, en la Disposición Transitoria segunda de la Ley se dispuso que a los 30 días siguientes a su publicación, "cesan en sus funciones los miembros principales y suplentes, así como los secretarios o secretarias, de las actuales juntas parroquiales,"

Eliminas las Juntas parroquiales, las cuales en el artículo 35, las pasaron a denominar "juntas parroquiales comunales," estas se regularon sólo como entidades con "facultades consultivas, de evaluación y articulación entre el poder popular y los órganos del Poder Público Municipal," con las funciones enumeradas en el artículo 37, de la cual se eliminó todo vestigio de gobierno local.

Dichas juntas parroquiales comunales, se estableció que deben ser "coordinada por una junta parroquial comunal integrada por cinco miembros y sus respectivos suplentes cuando corresponda a un área urbana y tres miembros y sus respectivos suplentes cuando sea no urbana, elegidos o elegidas para un período de dos años," no por el pueblo mediante sufragio, sino por "por los voceros de los consejos comunales de la parroquia respectiva," quienes "en dicha elección deberán ser fiel expresión del mandato de sus respectivas asambleas de ciudadanos." La norma agrega, que dicha designación, debe ser "validada por la asamblea de ciudadanos."

En la misma norma se estableció el principio de la revocatoria de los mandatos de los integrantes de las juntas parroquiales comunales, mandando a aplicar las condiciones y el procedimiento establecido para la revocación de los voceros de los consejos comunales, conforme a la Ley Orgánica que los regula.

Al desmunicipalizarse las juntas parroquiales comunales, y eliminarse su carácter de entidad política local de orden democrático representativo, el artículo 36 previó que sus miembros que deben ser avalados por la asamblea de ciudadanos, pueden ser menores de edad, aún cuando mayores de quince años, e incluso extranjeros.

4. *El régimen de los Consejos Comunales o la resurrección de los Soviets en el Caribe, casi un siglo después*

A. *Los Consejos Comunales como instrumentos para la del socialismo*

Como se dijo, la propuesta presidencial de reforma constitucional de 2007 fue rechazada por el pueblo en el referendo de diciembre de ese mismo año, en votación mayoritaria, cuyos resultados finales, sin embargo, nunca fueron dados oficialmente por el Consejo Nacional Electoral. No es difícil imaginar la razón de esta abstención.

Sin embargo, a pesar del rechazo, en muchos de sus aspectos la reforma constitucional de 2007 ha venido siendo ilegítimamente implementada por los órganos del Estado, sea mediante leyes, como la de los Consejos Comunales, mediante decretos leyes,[167] e incluso mediante sentencias del Tribunal Su-

---

167 Véase los estudios sobre los decretos Leyes de 2008 en *Revista de Derecho Público, Estudios sobre los Decretos Leyes 2008*, N° 116, Editorial Jurídica Venezolana, Caracas 2008.

premo de Justicia.[168] Precisamente, como se dijo, la Ley relativa a los Consejos Comunales de 2009 es uno de estos intentos de implementar, mediante una ley orgánica, algunos de los postulados esenciales de la rechazada reforma constitucional.

En efecto, la Ley Orgánica de 2009 tiene por objeto regular la constitución, conformación, organización y funcionamiento de los consejos comunales "como una instancia de participación para el ejercicio directo de la soberanía popular" (art. 1); definiéndoselos supuestamente "en el marco constitucional de la democracia participativa y protagónica," como "instancias de participación, articulación e integración entre los ciudadanos, ciudadanas y las diversas organizaciones comunitarias, [169] movimientos sociales y populares, que permiten al pueblo organizado ejercer el gobierno comunitario y la gestión[170] directa de las políticas públicas y proyectos orientados a responder a las necesidades, potencialidades y aspiraciones de las comunidades, en la *construcción del nuevo modelo de sociedad socialista* de igualdad, equidad y justicia social (art. 2). Sobre este aspecto insiste el artículo 3, al prescribir que la organización, funcionamiento y acción de los consejos comunales se rige por los principios y valores de "participación, corresponsabilidad, democracia, identidad nacional, libre debate de las ideas, celeridad, coordinación, cooperación, solidaridad, transparencia, rendición de cuentas, honestidad, bien común, humanismo, territorialidad, colectivismo, eficacia, eficiencia, ética, responsabilidad social, control social, libertad, equidad, justicia, trabajo voluntario, igualdad social y de género, *con el fin de establecer la base sociopolítica del socialismo* que consolide un nuevo modelo político, social, cultural y económico."

De estas normas resulta, por tanto, que lo que se quiso establecer en la Ley Orgánica fue un medio de participación política "para el ejercicio directo de la soberanía popular," en el "marco constitucional de la democracia participativa y protagónica," como "instancias de participación, articulación e integración entre los ciudadanos," para "ejercer el gobierno comunitario." Ello, sin duda, corresponde a los ciudadanos, y es distinto a los medios de participación vecinal o comunitaria que no son reservados a los ciudadanos. La Ley Orgánica, por tanto, en forma evidentemente incorrecta e inconstitucional

---

168   Véase Allan R. Brewer-Carías, "La fraudulenta mutación de la Constitución en Venezuela, o de cómo el juez constitucional usurpa el poder constituyente originario,", en *Anuario de Derecho Público*, Centro de Estudios de Derecho Público de la Universidad e Monteávila, Año 2, Caracas 2009, pp. 23-65.

169   El artículo 4,4 de la Ley Orgánica define a las Organizaciones comunitarias, como "las organizaciones que existen o pueden existir en el seno de las comunidades y agrupan un conjunto de personas con base a objetivos e intereses comunes, para desarrollar actividades propias en el área que les ocupa."

170   El artículo 4,10 de la Ley Orgánica define como gestión, "las acciones que exigen el cumplimiento de los objetivos y metas, aprobados por la Asamblea de Ciudadanos y Ciudadanas, de cada una de las unidades de trabajo que integran el Consejo Comunal."

mezcló dos derechos de las personas a la participación: la participación ciudadana con la participación individual o comunitaria.

En todo caso, ha sido en este marco que se ha dictado la Ley Orgánica de los Consejos Comunales de 2009,[171] la cual, además, tiene por objeto, regular la relación de los mismos "con los órganos y entes del Poder Público para la formulación, ejecución, control y evaluación de las políticas públicas, así como los planes y proyectos vinculados al desarrollo comunitario" (art. 1).

Por otra parte, el marco legal en la Ley Orgánica que regula la participación vinculada necesariamente a "construcción del nuevo modelo de sociedad socialista" y "con el fin de establecer la base sociopolítica del socialismo," es también inconstitucional pues elimina el carácter libre de la participación política que garantiza el artículo 62 de la Constitución, siendo además contrario al derecho constitucional que todos tienen al "libre desenvolvimiento de su personalidad" (art. 20); niega el carácter plural del sistema político que garantizan los artículos 2 y 6 de la Constitución, al encasillar un instrumento de gobierno como es el de los Consejos Comunales, dentro de un marco ideológico único y ahora "oficial," como es el socialismo, de manera que las personas que no crean ideológicamente en esta doctrina o se opongan legítimamente a ella, quedarían excluidos de la posibilidad de participar en aquellos, lo que es contrario a la democracia; y establece un sistema discriminatorio, contrario al principio de igualdad establecido en el artículo 21 de la Constitución.[172]

Ahora bien, y teniendo en cuenta todas estas violaciones a la Constitución derivadas de tratar de "imponer" a las personas una ideología, al punto de

---

171 Véase además, sobre esta Ley Orgánica el estudio de Claudia Nikken, "La Ley Orgánica de los Consejos Comunales y el derecho a la participación ciudadana en los asuntos públicos," en Allan R. Brewer-Carías (Coordinador), Claudia Nikken, Luis A. Herrera Orellana, Jesús María Alvarado Andrade, José Ignacio Hernández y Adriana Vigilanza, *Leyes Orgánicas sobre el Poder Popular y el Estado Comunal (Los Consejos Comunales, las Comunas, la Sociedad Socialista y el Sistema Económico Comunal),* Editorial Jurídica Venezolana, Caracas 2011, pp. 183 ss.

172 Sobre esto, contradiciendo lo que se ha previsto en el texto de la Ley Orgánica y en la práctica de los consejos comunales, Marta Harnecker, ha insistido en que "el poder popular no elimina el pluralismo político-ideológico" por lo que "no puede teñirse del color de un partido político, ni de una corriente religiosa, el poder popular debe ser de muchos colores, debe ser un arco iris y debe dar cabida a todas y todos los ciudadanos de Venezuela que deseen participar. Son las personas que habitan en una comunidad, centro de trabajo o estudio las que deben elegir democráticamente sus voceras y voceros y estos naturalmente representan diferentes posiciones políticas e ideológicas, dependiendo de la fuerza que esas posiciones tengan en sus respectivas comunidades." Véase Marta Harnecker, *De los Consejos Comunales a las Comunas. Construyendo el Socialismo del Siglo XXI*, 2 abril 2009, párrafo 268, en http://www.scribd.com/doc/16299191/Harnecker-Marta-De-los-consejos-comunales-a-las-comunas-2009. En el mismo libro la autora ha advertido sobre la necesidad de "evitar la manipulación política" ya que "los consejos comunales deben ser arco iris", indicando que "Se ha insistido mucho en que es necesario evitar toda manipulación política o de otra índole en la conformación de los consejos comunales. No se trata de conformar los consejos comunales sólo con los partidarios de Chávez; estas instituciones comunitarias deben estar abiertas a todos los ciudadanos y ciudadanas, sean del color político que sean." *Idem*, Párrafo 185.

cerrarle las puertas a la participación política a aquellos que no compartan la misma, debe destacarse que el sistema de participación que regula la Ley Orgánica tiene su base fundamental territorial en la unidad social dispuesta para el funcionamiento de los Consejos Comunales, y que la Ley califica como la "Comunidad," la cual se concibe como el "núcleo espacial básico e indivisible constituido por personas y familias que habitan en un ámbito geográfico determinado, vinculadas por características e intereses comunes; comparten una historia, necesidades y potencialidades culturales, económicas, sociales, territoriales y de otra índole." Ese ámbito geográfico donde habitan las personas que conforman la comunidad es "el territorio que ocupan" y "cuyos límites geográficos se establecen o ratifican en Asamblea de Ciudadanos, de acuerdo con sus particularidades y considerando la base poblacional de la comunidad" (art. 4,1 y 2).

La base poblacional para la conformación de una Comunidad a los efectos de la constitución de los Consejos Comunales, es decir, el número de habitantes que debe existir en su ámbito geográfico y que mantiene la "indivisibilidad de la comunidad" y garantiza "el ejercicio del gobierno comunitario y la democracia protagónica," debe oscilar entre 150 y 400 familias en el ámbito urbano; y alrededor de 120 familias en el ámbito rural. En las comunidades indígenas el punto de referencia para la conformación de una Comunidad se estableció en 10 familias; (art. 4,3). Esta referencia poblacional, particularmente en el ámbito de las comunidades urbanas, es muy similar a la que se había establecido en la vieja Ley Orgánica de Régimen Municipal para la constitución de las Asociaciones de Vecinos, a las cuales, en definitiva, los Consejos Comunales han sustituido.[173]

### B. *Integración de los Consejos Comunales*

Los Consejos Comunales, en esta nueva Ley Orgánica, a los efectos de su funcionamiento, se integran por las siguientes organizaciones: por una parte, por la Asamblea de Ciudadanos del Consejo Comunal, y por la otra, por las tres Unidades que los conforman: la Unidad Ejecutiva; la Unidad Administrativa y Financiera Comunitaria; y la Unidad de Contraloría Social (art 19). Además, también integra el Consejo Comunal, el Colectivo de Coordinación

---

173 Con razón María Pilar García-Guadilla consideró las Asociaciones de Vecinos como los antecedentes de los Consejos Comunales. Véase en "La praxis de los consejos comunales en Venezuela: ¿Poder popular o instancia clientelar?," en *Revista Venezolana de Economía y Ciencias Sociales*, abr. 2008, Vol. 14, N° 1, p. 125-151. Véase en http://www.scielo.org.ve/scielo.php?pid=S1315-6411200-8000100009&script=sci_arttext. Sin embargo, Marta Harnecker, al analizar algunos de los "problemas" relativos al funcionamiento de los consejos comunales, destaca el hecho de que "se han transformado en una asociación de vecinos más, porque se deja toda la responsabilidad en manos de los voceros y voceras y a veces sólo en alguno de ellos." Véase Marta Harnecker, *De los Consejos Comunales a las Comunas. Construyendo el Socialismo del Siglo XXI*, 2 abril 2009, párrafo 216, en http://www.scribd.com/doc/16299191/Harnecker-Marta-De-los-consejos-comunales-a-las-comunas-2009 .

Comunitaria que es la instancia de coordinación de las tres Unidades antes mencionadas del Consejo, y una Comisión Electoral Permanente.

a. *Las Asambleas de Ciudadanos*

La Asamblea de Ciudadanos del Consejo Comunal conforme a la Ley Orgánica, es ahora parte integrante de cada Consejo Comunal, concebida como la máxima instancia de deliberación y decisión para el ejercicio del poder comunitario, la participación y el protagonismo popular (art. 20). Conforme a lo dispuesto en el artículo 70 de la Constitución, la Ley Orgánica repite que sus decisiones "son de carácter vinculante" pero sólo "para el Consejo Comunal" (art. 20). De allí la importancia de estas Asambleas de ciudadanos y la obligación que tenía el Legislador de hacerlas junto con los Consejos Comunales real y verdaderamente "representativas" de la Comunidad, y asegurar que en ellas, efectivamente "participen" los habitantes de la misma.

Pero la Ley Orgánica, sin embargo, no ha garantizado nada de esto. En cuanto a la integración de las Asambleas de ciudadanos, conforme al artículo 21 de la Ley Orgánica, las mismas están constituida por "los habitantes de la comunidad mayores de quince años, conforme a las disposiciones de la presente Ley" (art. 21), lo que, como se ha dicho, es una contradicción *in terminis* y además, inconstitucional, pues los extranjeros o menores de 18 años no son ciudadanos. En todo caso, esos habitantes de la comunidad, que sin duda deben formar parte de las familias que conforman la base poblacional de la Comunidad, deben estar inscritos en el registro electoral de la comunidad (art. 37,1), que por lo demás, por su conformación también con no ciudadanos, es diferente del Registro Electoral permanente que debe llevar el Consejo Nacional Electoral.

En efecto, si de lo que se trata es de constituir una Asamblea de "ciudadanos," sólo los "ciudadanos" podrían integrarla, y la ciudadanía, como se sabe, sólo puede ejercerse por los venezolanos conforme a los artículos 39 y 40 de la Constitución y al artículo 50 de la Ley de Nacionalidad y Ciudadanía de 2004,[174] en la cual, además, se define la ciudadanía, como "la condición jurídica obtenida por la nacionalidad venezolana, la cual permite el goce y el ejercicio de los derechos y deberes políticos previstos en la Constitución de la República Bolivariana de Venezuela y en las leyes" (art. 4,4).

Por tanto, de acuerdo con estas normas constitucionales y legales, sólo los *venezolanos ciudadanos* pueden ser "titulares de derechos y deberes políticos," y entre los derechos políticos establecidos en la Constitución está precisamente el derecho a la participación política, que además, el artículo 62 de la Constitución reserva a los ciudadanos. Por tanto, no todo habitante en el territorio de la República o de una Comunidad es "ciudadano," por lo que como se ha dicho, es inconstitucional otorgar el ejercicio de un derecho político como la participación en las Asambleas de "Ciudadanos" a todos "habitantes"

---

174 *Gaceta Oficial* N° 37.971 de 01-07-2004.

de la comunidad, incluyendo a quienes no sean ciudadanos, como por ejemplo, los extranjeros. Estos, conforme a la Constitución, sólo tienen excepcionalmente el derecho al sufragio, de acuerdo con la Constitución, en el ámbito regional y local (art. 64).

Por otra parte, la ciudadanía se ejerce por los venezolanos "en las *condiciones de edad previstas en esta Constitución*" (art. 39), por lo que no existiendo una previsión constitucional expresa que prevea la posibilidad para los menores de 18 años, pero mayores de 15 años, para ejercer algún derecho político, ello no podría preverlo el Legislador. Este, a lo sumo, lo que podría haber hecho en esta materia era haber extendido el derecho a participar en las Asamblea de "ciudadanos" a los venezolanos con derecho a la participación ciudadana indirecta, mediante el sufragio, que son los mayores de 18 años (art. 64). Por tanto, resulta también contrario a la Constitución el extender legalmente el derecho político de participar en las Asambleas de "ciudadanos" a los menores de 18 años pero mayores de 15 años.

En cuanto al quórum para la adopción de decisiones por parte de las Asambleas de Ciudadanos, las cuales, como se ha dicho, son obligatorias para el Consejo Comunal, las mismas conforme a la Ley Orgánica se adoptan por mayoría simple de los asistentes, siempre que concurran a la Asamblea en primera convocatoria, un quórum mínimo del 30% de los habitantes miembros de la Comunidad y del 20% mínimo de los mismos en segunda convocatoria (art. 22). La Ley, por tanto, no garantiza efectiva la representatividad de la Comunidad en la Asamblea, al permitir que un órgano con los poderes decisorios que tiene, por ejemplo, de una Comunidad de 400 familias, que implica un universo de aproximadamente 1600 personas, se pueda constituir con solo la presencia de 320 personas, y pueda tomar decisiones con el voto de sólo 161 personas; es decir, en definitiva, con el voto del 10% de los habitantes de la Comunidad. Estas previsiones, por otra parte, en lugar de estimular la participación, lo que fomentan es la ausencia de participación, pues si las decisiones se pueden adoptar en esa forma, los habitantes no tendrán interés o posibilidad en participar.[175]

Estas Asambleas de ciudadanos, así constituidas, a pesar de integrar el Consejo Comunal, son las que deben aprobar el ámbito geográfico de la Comunidad y del Consejo Comunal (art. 23,1) así como el acta constitutiva y estatutos del Consejo Comunal (art. 23,13). Tienen además, dentro de sus funciones: aprobar el Plan Comunitario de Desarrollo Integral, que es el do-

---

175 Esto lo ha advertido Marta Harnecker, al destacar que "uno de los problemas que ha habido cuando se han conformado los consejos comunales, es que las asambleas de ciudadanas y ciudadanos no han logrado, en muchos casos, convocar a todas las personas que debían convocar. En algunos casos esto se debe a la apatía de la gente, en otros se debe a los defectos de la convocatoria. Muchas veces hay sectores de esa comunidad, especialmente los sectores más alejados que nunca han llegado a enterarse de que existe una asamblea, nunca fueron citados" Véase Marta Harnecker, *De los Consejos Comunales a las Comunas. Construyendo el Socialismo del Siglo XXI*, 2 abril 2009, párrafo 190, en http://www.scribd.com/doc/16299191/Harnecker-Marta-De-los-consejos-comunales-a-las-comunas-2009.

cumento técnico que identifica las potencialidades y limitaciones, las prioridades y los proyectos comunitarios[176] que deben orientar al logro del desarrollo integral de la comunidad (art. 4,9), y demás planes, de acuerdo a los aspectos esenciales de la vida comunitaria, a los fines de contribuir a la transformación integral de la comunidad (art. 23,5); garantizar el funcionamiento del ciclo comunal (art. 23,6); aprobar los proyectos comunitarios, de comunicación alternativa, educación, salud, cultura, recreación, actividad física y deporte, socio-productivos, de vivienda y hábitat, de infraestructura, de funcionamiento, entre otros, y la creación de organizaciones socio-productivas a ser propuestos ante distintos órganos y entes del Poder Público o instituciones privadas (art. 23,7); aprobar las normas de convivencia de la comunidad, sin menoscabo de lo dispuesto en el ordenamiento jurídico vigente (art. 23,9); aprobar la solicitud de transferencia de servicios (art. 23,11).

En cuanto a las diversas Unidades y órganos del Consejo, la Asamblea de ciudadanos debe aprobar la creación de comités de trabajo u otras formas de organización comunitaria, con carácter permanente temporal (art. 23,2); elegir y revocar a los voceros del Consejo Comunal "a través de un proceso de elección popular comunitaria (art. 23,3); designar a los voceros del Consejo Comunal para las distintas instancias de participación popular y de gestión de políticas públicas (art. 23,10); elegir y revocar los integrantes de la comisión electoral (art. 23,4); evaluar la gestión de cada una de las unidades que conforman el Consejo Comunal (art. 23,8); y designar a los y las miembros de la comisión de contratación, conforme a la Ley de Contrataciones Públicas (art. 23,12).

b.   *La Unidad Ejecutiva y los voceros de la comunidad*

La Unidad Ejecutiva es la instancia del Consejo Comunal encargada de promover y articular la participación organizada de los habitantes de la comunidad, organizaciones comunitarias, los movimientos sociales y populares en los diferentes comités de trabajo; se reunirá a fin de planificar la ejecución de las decisiones de la Asamblea de Ciudadanos, así como conocer las actividades de cada uno de los comités y de las áreas de trabajo[177] (art. 27).

Esta Unidad Ejecutiva está conformada por un número indeterminado y variable de voceros, postulados según la cantidad de comités de trabajo u otras organizaciones comunitarias que existan o se conformen en la comunidad (art. 28).

---

176   El artículo 4,7 de la Ley Orgánica define los proyectos comunitarios como "el conjunto de actividades concretas orientadas a lograr uno o varios objetivos, para dar respuesta a las necesidades, aspiraciones y potencialidades de las comunidades. Los proyectos deben contar con una programación de acciones determinadas en el tiempo, los recursos, los responsables y los resultados esperados."

177   El artículo 4,8 de la Ley Orgánica define Áreas de trabajo a los "ámbitos de gestión que se constituyen en relación con las particularidades, potencialidades y los problemas más relevantes de la comunidad. El número y contenido de las áreas de trabajo dependerá de la realidad, las prácticas tradicionales, las necesidades colectivas y las costumbres de cada comunidad. Las áreas de trabajo agruparán varios comités de trabajo."

Esos Comités pueden referirse a las siguientes áreas de actividad enumeradas en el artículo 28 de la Ley Orgánica: salud; tierra Urbana; vivienda y hábitat; economía comunal;[178] seguridad y defensa integral; medios alternativos comunitarios; recreación y deportes; alimentación y defensa del consumidor; mesa técnica de agua; mesa técnica de energía y gas; protección social de niños, niñas y adolescentes; personas con discapacidad; educación, cultura y formación ciudadana; familia e igualdad de género. En los casos en que hubiere otras formas organizativas establecidas en la comunidad, diferentes a las antes señaladas, deberán incorporarse a la constitución, funcionamiento y atribuciones de los comités de trabajo de la Unidad Ejecutiva, de conformidad con la normativa que los regula.

En cuanto a los pueblos y comunidades indígenas, atendiendo a sus culturas, prácticas tradicionales y necesidades colectivas, pueden constituir comités de trabajo, además de los antes indicados, en las siguientes áreas: ambiente y demarcación de tierra en los hábitats indígenas; medicina tradicional indígena; y educación propia, educación intercultural bilingüe e idiomas indígenas.

La Unidad Ejecutiva del Consejo Comunal tiene las siguientes funciones: ejecutar las decisiones de la Asamblea de Ciudadanos y Ciudadanas en el área de su competencia (art. 29,1); crear y organizar el sistema de información comunitario interno (art. 29,2); coordinar y articular todo lo referido a la organización, funcionamiento y ejecución de los planes de trabajo de los comités y su relación con la Unidad de Contraloría Social, la Unidad Administrativa y Financiera Comunitaria y las demás organizaciones sociales de la comunidad (art. 29,3); promover la creación de nuevas organizaciones con la aprobación de la Asamblea de Ciudadanos y Ciudadanas en defensa del interés colectivo y el desarrollo integral de la comunidad (art. 29,4); organizar el voluntariado social como escuela generadora de conciencia y activadora del deber social en cada comité de trabajo[179] (art. 29,5); promover la participación de los comités de trabajo u otras formas de organización comunitaria en la elaboración y ejecución de políticas públicas, mediante la presentación de propuestas a los órganos y entes del Poder Público (art. 29,6); promover, participar y contribuir, conjuntamente con la Milicia Bolivariana, en la seguridad y defensa integral de la Nación (art. 29,7); coadyuvar con los órganos y entes del Poder Público en el levantamiento de información relacionada con la comunidad, conforme al ordenamiento jurídico vigente (art. 29,8); impulsar y promover la formulación de proyectos comunitarios que busquen satisfacer las necesidades, aspiraciones y potencialidades de la comunidad (art. 29,9); y

---

178 El artículo 4,11 de la ley Orgánica define la economía comunal como "el conjunto de relaciones sociales de producción, distribución, intercambio y consumo de bienes, servicios y saberes, desarrolladas por las comunidades bajo formas de propiedad social al servicio de sus necesidades de manera sustentable y sostenible, de acuerdo con lo establecido en el Sistema Centralizado de Planificación y en el Plan de Desarrollo Económico y Social de la Nación."

179 El artículo 4, de la Ley Orgánica define el Comité de Trabajo como "el colectivo o grupo de personas organizadas para ejercer funciones específicas, atender necesidades en distintas áreas de trabajo y desarrollar las aspiraciones y potencialidades de su comunidad."

conocer las solicitudes y emitir las constancias de residencia de los habitantes de la comunidad, a los efectos de las actividades inherentes del Consejo Comunal, sin menoscabo del ordenamiento jurídico vigente (art. 29,10).

c. *La Unidad Administrativa y Financiera Comunitaria*

La Unidad Administrativa y Financiera Comunitaria es la instancia del Consejo Comunal que funciona como un ente de administración, ejecución, inversión, crédito, ahorro e intermediación financiera de los recursos y fondos de los consejos comunales, de acuerdo a las decisiones y aprobaciones de la Asamblea de Ciudadanos, "privilegiando el interés social sobre la acumulación de capital." Esta Unidad está integrada por 5 habitantes de la comunidad, electos a través de un "proceso de elección popular" por la Asamblea de ciudadanos (art. 30).

La Unidad Administrativa y Financiera Comunitaria tiene las siguientes funciones: ejecutar las decisiones de la Asamblea de Ciudadanos y Ciudadanas en el área de su competencia (art. 31,1); elaborar los registros contables con los soportes que demuestren los ingresos y egresos efectuados (art. 31,2); presentar trimestralmente el informe de gestión y la rendición de cuenta pública cuando le sea requerido por la Asamblea de Ciudadanos, por el colectivo de coordinación comunitaria o por cualquier otro órgano o ente del Poder Público que le haya otorgado recursos (art. 31,3); prestar servicios financieros y no financieros en el área de su competencia (art. 31,4); realizar la intermediación financiera comunitaria, privilegiando el interés social sobre la acumulación de capital (art. 31,5); apoyar las políticas de fomento, desarrollo y fortalecimiento de la economía social, popular y alternativa (art. 31,6); proponer formas alternativas de intercambio de bienes y servicios para lograr la satisfacción de las necesidades y fortalecimiento de la economía local (art. 31,7); promover el ahorro familiar (art. 31,8); facilitar herramientas que permitan el proceso de evaluación y análisis de los créditos de las organizaciones socioproductivas previstas en la Ley para el Fomento y Desarrollo de la Economía Popular (Decreto N° 6.129)(art. 31,9); consignar ante la Unidad de Contraloría Social del Consejo Comunal, el comprobante de la declaración jurada de patrimonio de los voceros y voceras de la Unidad Administrativa y Financiera Comunitaria al inicio y cese de sus funciones (art. 31,10); administrar los fondos del Consejo comunal con la consideración del colectivo de coordinación comunitaria y la aprobación de la Asamblea de Ciudadanos (art. 31,11); elaborar y presentar el proyecto anual de gastos de los fondos del Consejo Comunal (art. 31,12); y presentar y gestionar ante el colectivo de coordinación comunitaria el financiamiento de los proyectos aprobados por la Asamblea de Ciudadanos (art. 31,13).

Esta Unidad Administrativa y Financiera Comunitaria conforme a la Ley Orgánica de 2007, sustituye a las asociaciones, cooperativas, banco comunal constituidas conforme a la Ley de 2006, las cuales quedan disueltas a partir de la adecuación del Consejo Comunal a la nueva Ley en su carácter de unidad de gestión financiera de los consejos comunales. Por consiguiente, conforme a esa adecuación, deben transferir al Consejo Comunal, en un lapso no mayor a 30 días, los recursos financieros y no financieros, los provenientes de la intermediación financiera con los fondos generados, asignados o captados, bienes, obligaciones, deudas, compromisos, planes, programas, proyectos y cualquier otro adquirido en el ejercicio de sus funciones (Disposición Transitoria Tercera). Una vez efectuada la transferencia por parte de la asociación cooperativa banco comunal, el Consejo Comunal asumirá los compromisos económicos, la ejecución y tramitación de los proyectos y los procesos administrativos y judiciales en curso causados durante la gestión de la asociación cooperativa banco comunal (Disposición Transitoria Cuarta). En todo caso, conforme a la nueva Ley Orgánica, los integrantes de las instancias de gestión financiera de la asociación cooperativa banco comunal deben mantener su condición de voceros en la nueva Unidad Administrativa y Financiera Comunitaria a los efectos del cumplimiento de la continuidad del período para los cuales fueron electos (Disposición Transitoria Sexta).

En todo caso, los voceros de las antiguas instancias de gestión financiera de la asociación cooperativa banco comunal, son responsables civil, penal y administrativamente conforme a la ley, por la omisión, retardo e incumplimiento de la transferencia indicada en la disposición transitoria tercera (Disposición Transitoria Quinta); y los voceros de la Unidad Administrativa y Financiera Comunitaria incurren en responsabilidad civil, penal y administrativa, según sea el caso, por los actos, hechos u omisiones que alteren el destino de los recursos del Consejo Comunal, por lo cual deben ser sancionados conforme a las leyes que regulen la materia (art. 32).

### d. *La Unidad de Contraloría Social*

La Unidad de Contraloría Social es la instancia del Consejo Comunal para realizar la evaluación de la gestión comunitaria y la vigilancia de las actividades, recursos y administración de los fondos del Consejo Comunal. Está integrada por 5 habitantes de la comunidad, electos a través de un "proceso de elección popular" (art. 33). Esta unidad debe realizar sus funciones sin menoscabo del control social que ejerza la Asamblea de Ciudadanos y otras organizaciones comunitarias, de conformidad con el ordenamiento jurídico.

Son funciones de la Unidad de Contraloría Social, ejecutar las decisiones de la Asamblea de Ciudadanos que correspondan a sus funciones (34,1); ejercer seguimiento, vigilancia, supervisión y control de la ejecución de los planes, proyectos comunitarios y socio-productivos, organizaciones socio-productivas, fases del ciclo comunal y gasto anual generado con los fondos y los recursos financieros y no financieros asignados por órganos y entes del Poder Público o instituciones privadas al Consejo Comunal (34,2); rendir anualmente cuenta pública de sus actuaciones (34,3); presentar informes de sus actuaciones cuando les sean solicitados por la Asamblea de Ciudadanos, por el colectivo de coordinación comunitaria o cuando lo considere pertinente (34,4); cooperar con los órganos y entes del Poder Público en la función de control, conforme a la legislación y demás instrumentos normativos vigentes

(34,5); conocer y procesar los planteamientos presentados por los ciudadanos y ciudadanas con relación a la gestión de las unidades del Consejo Comunal e informar de manera oportuna a la Asamblea de Ciudadanos (34,6); y remitir ante el Ministerio del Poder Popular para las Comunas con competencia en materia de participación ciudadana, las declaraciones juradas de patrimonio de los voceros de la Unidad Administrativa y Financiera Comunitaria del Consejo Comunal (34,7).

La Unidad de Contraloría Social del Consejo Comunal debe coordinar, en el ejercicio de sus funciones, con los órganos del Poder Ciudadano (art. 35).

### e.  *La coordinación de las Unidades de los Consejos Comunales*

El artículo 24 de la Ley Orgánica dispuso la conformación de un "Colectivo de Coordinación Comunitaria" integrado por los voceros de las Unidades Ejecutiva, Administrativa y Financiera Comunitaria y de Contraloría Social del Consejo Comunal, para servir de instancia de articulación, trabajo conjunto y funcionamiento, con las siguientes funciones: realizar seguimiento de las decisiones aprobadas en la Asamblea de Ciudadanos y Ciudadanas (art. 25,1); coordinar la elaboración, ejecución y evaluación del Plan Comunitario de Desarrollo Integral articulado con los planes de desarrollo municipal y estadal de conformidad con las líneas generales del Proyecto Nacional Simón Bolívar (art. 25,2); conocer, previa ejecución, la gestión de la Unidad Administrativa y Financiera Comunitaria del Consejo Comunal (art. 25,3); presentar propuestas aprobadas por la Asamblea de Ciudadanos, para la formulación de políticas públicas (art. 25,4); garantizar información permanente y oportuna sobre las actuaciones de las unidades del Consejo Comunal a la Asamblea de Ciudadanos (art. 25,5); convocar para los asuntos de interés común a las demás unidades del Consejo Comunal (art. 25,6); coordinar la aplicación del ciclo comunal para la elaboración del Plan Comunitario de Desarrollo Integral (art. 25,7); coordinar con la Milicia Bolivariana lo referente a la defensa integral de la Nación (art. 25,8); coordinar acciones estratégicas que impulsen el modelo socio-productivo comunitario y redes socio-productivas[180] vinculadas al Plan Comunitario de Desarrollo Integral (art. 25,9); promover la formación y capacitación comunitaria en los voceros o voceras del Consejo Comunal y en la comunidad en general (art. 25,10); elaborar propuesta de informe sobre la solicitud de transferencia de servicios y presentarlo ante la Asamblea de Ciudadanos (art. 25,11); coordinar acciones con los distintos comités que integran la Unidad Ejecutiva en sus relaciones con los órganos y entes de la Administración Pública para el cumplimiento de sus fines (art. 25,12); y elaborar los estatutos del Consejo Comunal (art. 25,13).

---

180    El artículo 4,12 de la ley Orgánica define como redes socio-productivas, "la articulación e integración de los procesos productivos de las organizaciones socio-productivas comunitarias, para el intercambio de saberes, bienes y servicios, basados en los principios de cooperación y solidaridad; sus actividades se desarrollan mediante nuevas relaciones de producción, comercio, distribución, cambio y consumo, sustentables y sostenibles, que contribuyen al fortalecimiento del Poder Popular."

De acuerdo con el artículo 26 de la ley Orgánica, el Colectivo de Coordinación Comunitaria y las unidades que conforman el Consejo Comunal deben establecer el sistema de trabajo en el reglamento interno, que debe contemplar como mínimo una periodicidad quincenal para las reuniones, sin menoscabo de realizar convocatoria cuando lo estimen necesario, dejando constancia escrita de los acuerdos aprobados.

### f.  *La Comisión Electoral Permanente*

En cada Consejo Comunal debe constituirse una Comisión Electoral Permanente que es la instancia encargada de organizar y conducir de forma permanente, los procesos de elección o revocatoria de los voceros del Consejo Comunal y las consultas sobre aspectos relevantes de la vida comunitaria, así como cualquier otro que decida la Asamblea de Ciudadanos (art. 36). Esta Comisión está integrada por 5 habitantes de la comunidad, quienes deben ser electos por la Asamblea de ciudadanos, con sus respectivos suplentes, y duran 2 años en sus funciones, contados a partir de su elección. Quienes integren la comisión electoral no pueden postularse como voceros para las unidades del Consejo Comunal (art. 36).

La Comisión Electoral Permanente del Consejo Comunal, como se especifica en el artículo 37 de la Ley Orgánica, ejerce las siguientes funciones: elaborar y mantener actualizado el registro electoral de la comunidad, conformado por todos los habitantes de la comunidad, mayores de quince años, de acuerdo a lo establecido en la presente Ley (art. 37,1); informar a la comunidad todo lo relativo a la elección, reelección o revocatoria de los voceros del Consejo Comunal, así como los temas objeto de consulta (art. 37,2); elaborar y custodiar el material electoral (art. 37,3); convocar a los habitantes de la comunidad para que se postulen como aspirantes a voceros a las unidades del Consejo Comunal (art. 37,4); coordinar el proceso de votación (art. 37,5); verificar los requisitos exigidos a los postulados en las instancias del Consejo Comunal (art. 37,6); escrutar y totalizar los votos, firmando los resultados con los testigos electorales designados (art. 37,7); conocer y decidir sobre las impugnaciones presentadas sobre los procesos electorales o las consultas formuladas (art. 37,8); levantar el acta del proceso de elección y sus resultados (art. 37,9); proclamar y juramentar a los que resulten electos como voceros de las unidades del Consejo Comunal (art. 37,10); organizar y coordinar los procesos electorales en los lapsos establecidos en la presente Ley y en los estatutos del Consejo Comunal (art. 37,11); informar los resultados de las consultas realizadas en la comunidad (art. 37,12); velar por la seguridad y transparencia de los procesos electorales (art. 37,13); cuidar y velar por la preservación de los bienes y archivos electorales de la comunidad (art. 37,14); elaborar y presentar ante el colectivo de coordinación comunitaria un estimado de los recursos, a los fines de llevar los procesos electorales, de revocatoria y las consultas sobre los aspectos relevantes de la comunidad (art. 37,15); notificar al colectivo de coordinación comunitaria, con dos meses de anticipación al cese de las funciones de la comisión electoral, a los fines de la preparación del proceso de elección de sus nuevos integrantes (art. 37,16); y coordinar en el ejercicio de sus funciones con el Poder Electoral (art. 37,17).

Como puede apreciarse, la Ley Orgánica de 2009 ha establecido todo un sistema de administración electoral paralelo al que corresponde al Poder Electoral, para llevar adelante lo que la Ley califica de "elección popular" de los voceros de los Consejos Comunales y los otros órganos comunitarios. La Constitución asigna a los órganos del Poder Electoral, en particular al Consejo Nacional Electoral, la competencia exclusiva para la "organización, administración, dirección y vigilancia de todos los actos relativos a la elección de los cargos de representación popular de los poderes públicos, así como de los referendos" (art. 293), por lo que la elección de los voceros de las Unidades de los Consejos Comunales, que en definitiva, "representan" a los habitantes de la Comunidad, debería también organizarse por dicho Poder Electoral, el cual es el órgano con competencia para llevar el registro electoral, en particular si se trata de elección para integrar entidades estatales, como son los Consejos Comunales. Atribuir la organización, administración, dirección y vigilancia de estos procesos electorales para elegir a los representantes de la Comunidad en los Consejos Comunales, a un órgano distinto al Poder Electoral, sin duda viola la Constitución.

C. *La supuesta "elección" de los voceros de las Unidades de los Consejos Comunales*

Conforme al artículo 4,6 de la Ley, los voceros de las Unidades de los Consejos Comunales son las personas electas mediante "proceso de elección popular," a fin de coordinar el funcionamiento del Consejo Comunal, y la "instrumentación de las decisiones de la Asamblea de Ciudadanos." El ejercicio de las funciones de los voceros del Consejo Comunal tiene carácter voluntario y debe desarrollarse "con espíritu unitario y compromiso con los intereses de la comunidad y de la Patria" (art. 13). Además, conforme al artículo 14 de la Ley, los voceros de los Consejos Comunales tienen como deber, la disciplina, la participación, la solidaridad, la integración, la ayuda mutua, la corresponsabilidad social, la rendición de cuentas, el manejo transparente, oportuno y eficaz de los recursos que dispongan para el funcionamiento del Consejo Comunal.

Con la conformación de estos voceros de los Consejos Comunales, como los agentes a cuyo cargo está la conducción de las actividades de los mismos, en definitiva, lo que la Ley Orgánica ha establecido es una forma de "representación" de la Comunidad para el ejercicio de su derecho a participar, mediante estos voceros de los Consejos Comunales. Siendo esos voceros, en la práctica "representantes"[181] de la Comunidad, conforme a la Constitución,

---

181  A pesar de que en la página web del "Ministerio del Poder Popular para la Participación y Protección Social" se afirmaba que el vocero, a pesar de ser la persona "electa por la asamblea de ciudadanos y ciudadanas para cumplir con los *mandatos* de la comunidad," sin embargo "no es un o una representante a quien le hemos entregado nuestro poder para que decida por nosotros."

tendrían que ser electos como tales representantes, mediante votación, no de un número reducido de personas-habitantes que participen en una Asamblea de ciudadanos, que puede ser escuálida, sino de todos los ciudadanos habitantes que forman la Comunidad y que deben estar inscritos en el registro electoral que debe llevar la Comisión Electoral Permanente. Y dicha elección, en todo caso, tendría que realizarse conforme lo exige el artículo 63 de la Constitución mediante votaciones libres, universales, directas y secretas en las cuales se garantice el principio de la personalización del sufragio y la representación proporcional. En contraste con esta previsión constitucional, la supuesta "elección popular" que se establece en la Ley Orgánica de 2009 no es directa ni secreta, ya que incluso podría hacerse "a mano alzada,"[182] y en cuanto a la elección de los voceros de las unidades Ejecutiva, Administrativa y Financiera Comunitaria y de Contraloría Social, la hace la Asamblea de ciudadanos necesariamente "de manera uninominal" lo que implica que "en ningún caso, se efectuará por plancha o lista electoral" (art. 11), lo que no se ajusta a la previsión constitucional.

Por otra parte, a los efectos de la elección de los voceros, el artículo 11 de la Ley Orgánica establece el derecho de los "ciudadanos" de manera individual o colectiva a participar y postular los candidatos a voceros a las unidades del Consejo Comunal. Este derecho de participar y postular, por tanto, contradictoriamente no se atribuye en la Ley Orgánica a los "habitantes" de la comunidad, que son los supuestos electores, sino sólo a los venezolanos ciudadanos. Pero en cambio, al regular la condición de vocero de las Unidades de los Concejos Comunales, la Ley Orgánica establece que pueden postularse para tales cargos (al igual que para los integrantes de la comisión electoral), los venezolanos o extranjeros residentes, mayores de 15 años, habitantes de la comunidad con al menos un año de residencia en la misma, salvo en los casos de comunidades recién constituidas (at. 15,1). Esto significa que sólo pueden postular a los voceros, quienes sean ciudadanos; pudiendo ser electos como voceros, los extranjeros residentes y, por tanto, no ciudadanos. Sólo en el caso de los voceros de las Unidades Administrativa y Financiera Comunitaria y de Contraloría Social se exige que sean mayores de 18 años, no pudiendo formar parte de la comisión electoral (art. 15, in fine).

Para ser postulado como vocero, además, la Ley exige que se presente una carta de postulación o manifestación de voluntad por escrito, identificando nombre, apellido y cédula de identidad (art. 15, 2), y además, que el postulado esté inscrito en el registro electoral de la comunidad (art. 15,4), ser de reconocida solvencia moral y honorabilidad (art. 15,5); tenga capacidad de tra-

---

Véase el anuncio sobre "Consejos Comunales. Base del Poder Popular. ¡Construir el Poder desde Abajo!," en http://gp.cnti.ve/site/minpa-des.gob.ve/view/Consejos%20Comunales.php

182    Así se informaba por el "Ministerio del Poder Popular para la Participación y Protección Social" en su página web al indicar dentro de las tareas del "equipo promotor" el "recoger ideas para definir con que sistema se va a votar: voto secreto o a mano alzada." Véase el anuncio sobre "Consejos Comunales. Base del Poder Popular. ¡Construir el Poder desde Abajo!," en http://gp.cnti.ve/site/minpades.gob.ve/view/Consejos%20Comunales.php

bajo colectivo con disposición y tiempo para el trabajo comunitario (art. 15,6), espíritu unitario y compromiso con los intereses de la comunidad (art. 15,7); no posea parentesco hasta el cuarto grado de consanguinidad y segundo grado de afinidad con los demás voceros integrantes de la Unidad Administrativa y Financiera Comunitaria y de la Unidad de Contraloría Social que conforman el Consejo Comunal, salvo las comunidades de áreas rurales y comunidades indígenas (art. 15,8); no ocupe cargos de elección popular (art. 15,9); y no esté sujeto a interdicción civil o inhabilitación política (art. 15,10) ni sea requerido por instancias judiciales (art. 15,11).

Quienes se postulen para voceros sólo pueden hacerlo para una Unidad del Consejo Comunal. En los pueblos y comunidades indígenas la postulación y elección de voceros o voceras se debe hacer según lo previsto en la Ley y tomando en cuenta su uso, costumbres y tradiciones.

Todos los voceros de las unidades que conforman el Consejo Comunal duran 2 años en sus funciones, contados a partir del momento de su elección por la Asamblea de ciudadanos, y podrán ser reelectos (art. 12).

### D. *La cesación de los voceros comunales*

#### a. *La revocación del mandato de los voceros de las Unidades del Consejo Comunal*

Los cargos de voceros de los Concejos Comunales son revocables por la Asamblea de Ciudadanos (art. 39), mediante decisión tomada por mayoría simple de los asistentes a la Asamblea de Ciudadanos, siempre que la misma cuente con un quórum del 20% de la población mayor de quince años de esa comunidad (art. 41).

El artículo 38 de la Ley Orgánica define por "revocatoria," la separación definitiva de los voceros del Consejo Comunal del ejercicio de sus funciones por estar incurso en alguna de las siguientes causales de revocatoria establecidas en el artículo 39 de la Ley: actuar de forma contraria a las decisiones tomadas por la Asamblea de Ciudadanos o el Colectivo de Coordinación Comunitaria del Consejo Comunal (art. 39,1); faltar evidente a las funciones que le sean conferidas de conformidad con la Ley y los estatutos del Consejo Comunal, salvo que la falta sea por caso fortuito o de fuerza mayor (art. 39,2); omitir o negarse a presentar los proyectos comunitarios decididos por la Asamblea de Ciudadanos, por ante la instancia del Gobierno Nacional, estadal o municipal correspondiente o cualquier otro órgano o ente del Poder Público, a los fines de su aprobación (art. 39,3); presentar los proyectos comunitarios, en orden distinto a las prioridades establecidas por la Asamblea de Ciudadanos (art. 39,4); representar, negociar individualmente asuntos propios del Consejo Comunal que corresponda decidir la Asamblea de Ciudadanos (art. 39,5); no rendir cuentas en el tiempo legal establecido para ello o en el momento exigido por el colectivo de coordinación comunitaria o la Asamblea de Ciudadanos (art. 39,6); incurrir en malversación, apropiación, desviación de los recursos asignados, generados o captados por el Consejo Comunal o cualquier otro delito previsto en la Ley Contra la Corrupción y el ordenamiento jurídico penal (art. 39,7); omisión en la presentación o falsedad comprobada en los datos de la declaración jurada de patrimonio de inicio y cese de funciones (art. 39,8); desproteger, dañar, alterar o destruir el material electoral, archivos o demás bienes electorales del Consejo Comunal (art. 39,9); proclamar y juramentar como electos, a personas distintas de las indicadas en los resultados definitivos (art. 39,10); no hacer la respectiva y amplia publicidad a los fines de la realización de los procesos electorales (art. 39,11); y no llevar el registro electoral, o no actualizarlo conforme con lo establecido en la Ley (art. 39,12).

En todos estos casos, la iniciativa de solicitud para la revocatoria de los voceros del Consejo Comunal, así como los de la Comisión Electoral, corresponde de acuerdo con el artículo 40 de la Ley Orgánica, corresponde a un número de habitantes de la Comunidad que representen el 10% de la población mayor de quince años, habitantes de la comunidad (art. 40,1); y a la Unidad de Contraloría Social del Consejo Comunal (art. 40,2). En estos casos, la correspondiente solicitud de la revocatoria "debe formalizarse por escrito ante el Colectivo de Coordinación Comunitaria del Consejo Comunal" (art. 40).

En los casos de denuncias contra algún vocero formulada por algún miembro de la Comunidad, conforme al artículo 41 de la Ley, "la solicitud de revocatoria de los voceros del Consejo Comunal, así como los de la Comisión Electoral, debe formalizarse ante la Unidad de Contraloría Social," ante la cual debe desarrollarse un procedimiento administrativo de revocatoria en el cual se debe garantizar el derecho a la defensa y al debido proceso. Sin embargo, en caso de que la denuncia sea en contra de un vocero de la Unidad Contraloría Social, la solicitud de revocatoria se debe presentar directamente ante el colectivo de coordinación comunitaria.

La Unidad de Contraloría Social, una vez recibida la solicitud, debe preparar el informe respectivo en un lapso no mayor de 15 días continuos, el cual debe presentar ante el Colectivo de Coordinación Comunitaria para su consideración, el cual, en un lapso no mayor de 15 días continuos, lo debe presentar ante la Asamblea de Ciudadanos para la toma de decisiones correspondiente.

De ser aprobada la revocatoria de un vocero por la Asamblea de ciudadanos, su suplente debe asumir el cargo y la Comisión Electoral debe organizar el proceso para suplir la vacante respectiva. El Colectivo de Coordinación Comunitaria debe informar sobre los resultados de la revocatoria al Ministerio del Poder Popular para las Comunas y Protección Social.

La consecuencia de la revocación del mandato es que los voceras del Consejo Comunal que hayan sido revocados de sus funciones, no pueden postularse a una nueva elección durante los dos períodos siguientes a la fecha de la revocatoria (art. 42).

b. *La pérdida de condición de vocero de las Unidades de los Consejos Comunales*

Además de por revocación de sus funciones, los voceros de los Consejos Comunales pueden perder tal condición por renuncia; cambio de residencia debidamente comprobado, fuera del ámbito geográfico del Consejo Comunal respectivo; enfermedad que le imposibilite ejercer sus funciones; haber sido electo en un cargo público de elección popular; y "estar sujeto a una sentencia definitivamente firme dictada por los órganos jurisdiccionales" (art. 43), causal esta última que parece absurdo pues puede tratarse de una sentencia en materia civil, laboral o mercantil, y ello no tendría que producir la pérdida de condición de vocero. Quizás el Legislador lo que quiso fue referirse a sentencias en materia penal, lo que hubiera tenido más lógica.

En todos estos casos de pérdida de la condición de vocero de un Consejo Comunal, el suplente debe asumir las respectivas funciones (art. 43).

E. *El Ciclo Comunal como proceso de participación popular*

El artículo 44 de la LOCC de 2009 define el "Ciclo comunal" en el marco de las actuaciones de los Consejos Comunales, como "un proceso para hacer efectiva la participación popular y la planificación participativa que responde a las necesidades comunitarias y contribuye al desarrollo de las potencialidades y capacidades de la comunidad." A tal efecto, la Ley Orgánica de Planificación Pública y Popular, precisa en especial, que en el marco de las actuaciones inherentes a la planificación participativa, que el consejo comunal "se apoyará en la metodología del ciclo comunal, que consiste en la aplicación de las fases de diagnóstico, plan, presupuesto, ejecución y contraloría social, con el objeto de hacer efectiva la participación popular en la planificación, para responder a las necesidades comunitarias y contribuir al desarrollo de las potencialidades y capacidades de la comunidad" (art. 15).

Ese ciclo también se indica en la LOCC, como una expresión del Poder Popular, a través de la realización de las mismas cinco fases: diagnóstico, plan, presupuesto, ejecución y contraloría social; las cuales conforme al artículo 45, se complementan e interrelacionan entre sí y son definidas en la forma siguiente:

1. Diagnóstico: esta fase caracteriza integralmente a las comunidades, se identifican las necesidades, las aspiraciones, los recursos, las potencialidades y las relaciones sociales propias de la localidad.

2. Plan: es la fase que determina las acciones, programas y proyectos que atendiendo al diagnóstico, tiene como finalidad el desarrollo del bienestar integral de la comunidad.

3. Presupuesto: esta fase comprende la determinación de los fondos, costos y recursos financieros y no financieros con los que cuenta y requiere la comunidad, destinados a la ejecución de las políticas,

programas y proyectos establecidos en el Plan Comunitario de Desarrollo Integral.

4. Ejecución: esta fase garantiza la concreción de las políticas, programas y proyectos en espacio y tiempo establecidos en el Plan Comunitario de Desarrollo Integral, garantizando la participación activa, consciente y solidaria de la comunidad.

5. Contraloría social: esta fase es la acción permanente de prevención, vigilancia, supervisión, seguimiento, control y evaluación de las fases del ciclo comunal para la concreción del Plan Comunitario de Desarrollo Integral y, en general sobre las acciones realizadas por el Consejo Comunal, ejercida articuladamente por los habitantes de la comunidad, la Asamblea de Ciudadanos, las organizaciones comunitarias y la Unidad de Contraloría Social del Consejo Comunal.

Todas estas fases del ciclo comunal deben estar avaladas y previamente aprobadas por la Asamblea de Ciudadanos en el Consejo Comunal respectivo.

Por otra parte, los Consejos Comunales, a través de los comités de economía comunal, deben elaborar los proyectos socio-productivos, con base a las potencialidades de su comunidad, impulsando la propiedad social, orientados a la satisfacción de las necesidades colectivas y vinculados al Plan Comunitario de Desarrollo Integral (art. 46).

Debe indicarse que además, en la LOSEC se define un "ciclo productivo comunal" como "sistema de producción, transformación, distribución, intercambio y consumo socialmente justo de bienes y servicios de las distintas formas de organización socio-productivas, surgidas en el seno de la comunidad como consecuencia de las necesidades humanas" (art. 6.3), aun cuando luego en el articulado de la misma ni en las otras leyes del Poder Popular se utiliza la expresión.

F.   *Los recursos de los Consejos Comunales y su gestión y administración*

a.   *Los recursos de los Consejos Comunales*

Los Consejos Comunales tienen los siguientes recursos financieros y no financieros enumerados en el artículo 47 de la Ley Orgánica, que deben recibir de manera directa: los que sean transferidos por la República, los estados y los municipios; los que provengan de lo dispuesto en la Ley que Crea el Fondo Intergubernamental para la Descentralización y la Ley de Asignaciones Económicas Especiales Derivadas de Minas e Hidrocarburos; los que provengan de la administración de los servicios públicos que les sean transferidos por el Estado; los generados por su actividad propia, incluido el producto del manejo financiero de todos sus recursos; los recursos provenientes de donaciones de acuerdo con lo establecido en el ordenamiento jurídico; y cualquier otro generado de actividad financiera que permita la Constitución de la República y la ley.

Los recursos financieros que son los expresados en unidades monetarias propias o asignados, son manejados por el Consejo Comunal orientados a desarrollar las políticas, programas y proyectos comunitarios establecidos en el Plan Comunitario de Desarrollo Integral. Estos recursos, conforme a lo dispuesto en el artículo 48, se clasifican en la siguiente forma:

1. Recursos retornables: son los recursos que están destinados a ejecutar políticas, programas y proyectos de carácter socio-productivo con alcance de desarrollo comunitario que deben ser reintegrados al órgano o ente financiero mediante acuerdos entre los partes; y

2. Recursos no retornables: son los recursos financieros para ejecutar políticas, programas y proyectos con alcance de desarrollo comunitario, que tienen características de donación, asignación o adjudicación y no se reintegran al órgano o ente financiero y a la Unidad Administrativa y Financiera Comunitaria.

En cuanto a los recursos no financieros, que son los que no tienen expresión monetaria y son necesarios para concretar la ejecución de las políticas, planes y proyectos comunitarios, también deben ser manejados por el Consejo Comunal (art. 49).

Todos los recursos aprobados y transferidos para los Consejos Comunales deben siempre ser destinados a la ejecución de políticas, programas y proyectos comunitarios contemplados en el Plan Comunitario de Desarrollo Integral y deben ser manejados de manera eficiente y eficaz para lograr la transformación integral de la comunidad (art. 50).

Cuando se trate de recursos aprobados por los órganos o entes del Poder Público para un determinado proyecto, los mismos no podrán ser utilizados para fines distintos a los aprobados y destinados inicialmente, salvo que sea debidamente autorizado por el órgano o ente del Poder Público que otorgó los recursos, para lo cual el Consejo Comunal debe motivar el carácter excepcional de la solicitud de cambio del objeto del proyecto, acompañada de los soportes respectivos, previo debate y aprobación de la Asamblea de Ciudadanos (art. 50).

Por otra parte, debe advertirse que en la Ley Orgánica de 2009 nada se dispuso directamente en relación con el Fondo Nacional de los Consejos Comunales creado por la Ley de 2006 como servicio autónomo adscrito al Ministerio de Finanzas, y el cual al parecer nunca llegó a ser implementado.[183] Lo único que se reguló en la Ley es una Disposición Transitoria (Primera) en la cual se dispuso que el Ministerio del Poder Popular con competencia en materia de participación ciudadana debe incorporar en su reglamento orgánico las disposiciones relativas al Fondo Nacional de los Consejos Comunales, en un lapso no mayor de 30 días hábiles siguientes a la entrada en vigencia de

---

183 Véase Miguel González Marregot, "Consejos Comunales: ¿Para qué?," en *Venezuela Analítica*, Viernes, 9 de febrero de 2007, http://www.anali-tica.com/va/politica/opinion/7483372.asp

la Ley, lo que sugiere que dicho Fondo debería seguir existiendo, pero adscrito al Ministerio del Poder Popular para las Comunas y Protección Social.

### b. *Los fondos de los Consejos Comunales*

La Ley Orgánica de 2009 prevé que el Consejo Comunal, para facilitar el desenvolvimiento armónico de sus actividades y funciones, debe formar cuatro fondos internos: de acción social; de gastos operativos y de administración; de ahorro y crédito social; y de riesgos. Todos estos fondos deben ser administrados por la Unidad Administrativa y Financiera Comunitaria, previa aprobación de la Asamblea de Ciudadanos, con la justificación del colectivo de coordinación comunitaria (art. 51), y se los define en la Ley de la siguiente manera:

a. *Fondo de acción social*, que debe ser destinado a cubrir las necesidades sociales, tales como: situaciones de contingencia, de emergencia o problemas de salud, que no puedan ser cubiertas por los afectados debido a su situación socioeconómica. Se debe presentar una propuesta para la utilización de estos recursos que debe ser aprobada por la Asamblea de Ciudadanos, excepto en los casos de emergencia o fuerza mayor. Este fondo se constituye conforme se indica en el artículo 52 de la Ley Orgánica, mediante: los intereses anuales cobrados de los créditos otorgados con recursos retornables del financiamiento; los ingresos por concepto de los intereses y excedentes devengados de los recursos de inversión social no retornables; y los recursos generados de la autogestión comunitaria.

b. *Fondo de gastos operativos y de administración*, que está destinado a contribuir con el pago de los gastos que se generen en la operatividad y manejo administrativo del Consejo Comunal. Este fondo, conforme a lo dispuesto en el artículo 53 de la Ley Orgánica, se constituye mediante tres fuentes: los intereses anuales cobrados de los créditos otorgados con recursos retornables de la línea de crédito o contrato de préstamo; los que sean asignados para estos fines, por los órganos y entes del Poder Público en los respectivos proyectos que le sean aprobados; y los recursos generados por la autogestión comunitaria.

c. *Fondo de ahorro y crédito social*, que debe ser destinado a incentivar el ahorro en las comunidades con una visión socialista y promover los medios socio-productivos mediante créditos solidarios; y está conformado por la captación de recursos monetarios de forma colectiva, unipersonal y familiar, recursos generados de las organizaciones autogestionarias, los excedentes de los recursos no retornables y los propios intereses generados de la cuenta de ahorro y crédito social (art. 54).

d. *Fondo de riesgo*, que debe ser destinado a cubrir los montos no pagados de los créditos socio-productivos, que incidan u obstaculicen el cumplimiento y continuidad de los proyectos comunitarios, en situación de riesgos y asumidos por el Consejo Comunal; el cual, conforme al artículo 55 de la Ley Orgánica, está constituido por los intereses anuales cobrados de los créditos otorgados con recursos retornables del financiamiento;[184] el interés de mora de los créditos otorgados con recursos retornables; y los recursos generados de la autogestión comunitaria.

G. *El régimen de adaptación y constitución inicial de las Asambleas de Ciudadanos y de los Consejos Comunales*

a. *La adecuación de los Consejos Comunales constituidos conforme a la Ley de 2006 a las previsiones de la Ley Orgánica de 2009*

Como se dijo al inicio, los Consejos Comunales fueron creados a partir de la entrada en vigencia de la Ley de los Consejos Comunales de 2006, bajo cuya vigencia se crearon muchos de ellos. Con motivo del nuevo régimen previsto en la Ley Orgánica de 2009, y a los efectos de lograr la uniformidad del régimen legal, la Disposición Transitoria Segunda de la misma estableció la necesidad de que los consejos comunales constituidos bajo el régimen legal anterior (Ley de 2006) sean objeto de un proceso de adecuación de sus estatutos a las disposiciones establecidas en la Ley Orgánica, a los fines de su registro por ante el Ministerio del Poder Popular para las Comunas y Protección Social creado en 2009, en un lapso no mayor de 180 días contado a partir del 28 de diciembre de 2009 que fue la fecha de publicación de la Ley Orgánica. Durante ese período se debe garantizar la continuidad de sus diferentes instancias en su gestión, para la ejecución de sus planes, programas y proyectos comunitarios aprobados conforme al régimen legal anterior.

A los efectos de realizar la dicha adecuación, en particular de sus Estatutos, el Consejo Comunal debe convocar una Asamblea de Ciudadanos para informar sobre la misma de acuerdo a lo establecido en la Ley Orgánica, sobre la continuidad de la gestión de los voceros hasta cumplir su período, y sobre la liquidación de la asociación cooperativa banco comunal (Disposición Transitoria Séptima).

b. *Régimen para la constitución inicial de los Consejos Comunales*

En todos los casos en los que se vaya a constituir un Consejo Comunal, debe procederse a la convocatoria de una asamblea constitutiva comunitaria; a cuyo efecto, un "equipo promotor" debe constituirse, conformado por un grupo de ciudadanos que deciden asumir la iniciativa de difundir, promover e informar la organización de su comunidad a los efectos de la constitución del

---

184 Conforme al artículo 55 de la Ley Orgánica, en esta materia de intereses, la Unidad Administrativa y Financiera Comunitaria debe realizar un informe donde se contemple la voluntad por parte de las organizaciones socio-productivas de no cancelar el saldo adeudado, o cualquier circunstancia que imposibilite el pago del mismo, por situación de emergencia, enfermedad o muerte. La Unidad Administrativa y Financiera Comunitaria está en la capacidad de proponer formas alternativas para el pago de un crédito. Para su trámite administrativo se tendrá una cuenta bancaria en la que se depositará mensualmente el monto.

Consejo Comunal. En tales casos, el equipo promotor que se constituya "debe notificar su conformación y actuaciones ante el órgano rector" que es el Ministerio del Poder Popular para las Comunas y Protección Social (Art. 5).

Este equipo promotor, conforme al artículo 6 de la Ley Orgánica, tiene las siguientes funciones: difundir entre los habitantes de la comunidad el alcance, objeto y fines del Consejo Comunal; elaborar un croquis del ámbito geográfico de la comunidad; organizar la realización del censo demográfico y socioeconómico de la comunidad; y convocar la primera Asamblea de Ciudadanos, en un lapso no mayor de 60 días a partir de su conformación.

La primera Asamblea de Ciudadanos convocada por el equipo promotor, debe constituirse con la participación mínima del 10% de los habitantes de la comunidad mayores de quince años, lo que sin duda, es una cifra excesivamente baja para asegurar representatividad de la comunidad y participación ciudadana (art. 7).

Esta primera asamblea de ciudadanos se constituye para elegir el equipo electoral provisional y someter a consideración los comités de trabajo que deben ser creados para conformar la Unidad Ejecutiva del Consejo Comunal, dejando constancia en el acta respectiva (art. 7).

El equipo electoral provisional se debe conformar por 3 habitantes de la comunidad electos en la primera Asamblea de Ciudadanos, y es la instancia encargada de regir el proceso electoral para la elección del primer Consejo Comunal (art. 8).

El equipo electoral provisional y al equipo promotor (electo en la primera asamblea de ciudadanos) son las instancias encargadas de realizar la convocatoria de la asamblea constitutiva comunitaria, lo que deben hacer previa notificación al Ministerio del Poder Popular para las Comunas y Protección Social, como órgano rector, en un lapso no mayor de 90 días, contados a partir de la constitución de la primera Asamblea de Ciudadanos (art. 9). Una vez instalada válidamente la asamblea constitutiva comunitaria, el equipo promotor cesa en sus funciones, tal como lo indican los artículos 5 y 9 de la Ley Orgánica.

En cuanto al equipo electoral provisional, le corresponde dirige la asamblea constitutiva comunitaria para la elección de los voceros de las distintas unidades del Consejo Comunal así como los de la comisión electoral permanente (art. 9).

La asamblea constitutiva comunitaria es la Asamblea de Ciudadanos en la cual se eligen por primera vez los voceros del Consejo Comunal. Esta Asamblea se considera válidamente conformada con la participación efectiva del 30% mínimo en primera convocatoria y del 20% mínimo en segunda convocatoria, para los habitantes mayores de quince años de la población censada electoralmente (art. 10).

Una vez electos los voceros se deben realizar el acta constitutiva del Consejo Comunal a los efectos del registro respectivo. El equipo electoral provisional cesa en sus funciones al momento de la constitución definitiva del Consejo Comunal (art. 8).

### c.   El registro de los Concejos Comunales

El acta constitutiva de los Consejos Comunales debe contener: el nombre del Consejo Comunal, y su ámbito geográfico con su ubicación y linderos; la fecha, lugar y hora de la asamblea constitutiva comunitaria, conforme a la convocatoria realizada; la identificación con nombre, cédula de identidad y firmas de los participantes en la asamblea constitutiva comunitaria; los resultados del proceso de elección de los voceros para las unidades del Consejo Comunal; la identificación por cada una de las unidades de los voceros o voceras electos o electas con sus respectivos suplentes (art. 16).

Conforme al artículo 17 de la Ley, los consejos comunales constituidos y organizados conforme a su normativa, adquieren su personalidad jurídica mediante el registro ante el Ministerio del Poder Popular para las Comunas y Protección Social, atendiendo al siguiente procedimiento:

1. Los responsables designados por la asamblea constitutiva comunitaria deben presentar ante la oficina competente del Ministerio del Poder Popular para las Comunas y Protección Social, en un lapso de 15 días posteriores a la constitución y organización del Consejo Comunal, solicitud de registro, acompañada de copia simple con originales a la vista del acta constitutiva, estatutos, censo demográfico y socioeconómico y el croquis del ámbito geográfico. Estos documentos deben pasar a formar parte del expediente administrativo del Consejo Comunal en los términos señalados en la Ley Orgánica de Procedimientos Administrativos. El acta constitutiva y los estatutos deben ir firmados por todos los y las participantes de la asamblea constitutiva comunitaria en prueba de su autenticidad.

2. El funcionario responsable del registro debe recibir los documentos que le hayan sido presentados con la solicitud y en un lapso no superior a 10 días se debe efectuar el registro del Consejo Comunal. Con este acto administrativo de registro, los Consejos adquieren "la personalidad jurídica plena para todos los efectos legales."

3. Si el funcionario encontrare alguna deficiencia, lo debe comunicar a los solicitantes, quienes gozan de un lapso de 30 días para corregirla. Subsanada la falta, el funcionario del Ministerio del Poder Popular para las Comunas y Protección Social debe proceder al registro.

4. Si los interesados no subsanan la falta en el lapso antes señalado, el Ministerio del Poder Popular para las Comunas y Protección Social se debe abstener de registrar al consejo comunal.

5. Contra la decisión del Ministerio del Poder Popular para las Comunas y Protección Social, se puede interponer el recurso jerárquico correspondiente de conformidad con lo previsto en la Ley Orgánica de Procedimientos Administrativos, con lo cual queda agotada la vía administrativa. Los actos administrativos dictados por el Ministerio del Poder Popular para las Comunas y

Protección Social podrán ser recurridos ante la jurisdicción contencioso-administrativa.

El Ministerio del Poder Popular para las Comunas y Protección Social, únicamente puede abstenerse del registro de un Consejo Comunal en los siguientes casos: cuando tenga por objeto finalidades distintas a las previstas en la presente Ley; si el Consejo Comunal no se ha constituido con la determinación exacta del ámbito geográfico o si dentro de éste ya existiere registrado un Consejo Comunal; o si no se acompañan los documentos exigidos en la presente Ley o si éstos presentan alguna deficiencia u omisión (art 18).

### d.   *La nueva adaptación de los Consejos Comunales en 2011*

De acuerdo con la Disposición Transitoria Primera de la LOPP, las instancias y organizaciones del Poder Popular preexistentes a la entrada en vigencia de la presente ley, como fueron los Consejos Comunales, debían adecuar su organización y funcionamiento a las disposiciones de la misma, en un lapso de ciento ochenta días contados a partir de su publicación de la Gaceta Oficial.

### H.   *La centralización de la conducción del proceso de participación ciudadana a través de los Consejos Comunales*

La Ley Orgánica de 2009 ha completado el proceso de centralización de la conducción de la participación ciudadana, al haber establecido, en sustitución de las Comisiones Presidenciales del Poder Popular que establecía la Ley de 2006, como "órgano rector" del proceso a uno de los Ministerios del Ejecutivo Nacional, en concreto, el "Ministerio del Poder Popular con competencia en materia de participación ciudadana" al cual le asigna las funciones de dictar las políticas, estratégicas, planes generales, programas y proyectos para la participación comunitaria en los asuntos públicos, el cual debe acompañar a los consejos comunales en el cumplimiento de sus fines y propósitos, y facilitar la articulación en las relaciones entre éstos y los órganos y entes del Poder Público (art. 56).

Mediante Decreto ejecutivo dictado el 17 de junio de 2009, de reforma parcial del Reglamento Orgánico de la Administración Pública,[185] se reguló en sustitución del Ministerio del Poder Popular para la Participación y la Protección Social, al *Ministerio del Poder Popular para las Comunas y Protección Social*, que es por tanto el que tiene competencia en materia de participación ciudadana. Destaca, sin embargo, que en su denominación se haya eliminado la palabra "participación" y se la haya sustituido por la palabra "Comunas," particularmente cuando esta instancia territorial no existe en el ordenamiento constitucional ni legal venezolano. Su creación fue una de las propuestas de la Reforma Constitucional de 2007 que fue rechazada por el pueblo, por lo que no se entiende cómo la primera atribución asignada al Ministerio sea "la regulación, formulación y seguimiento de políticas, la planifi-

---

185   *Gaceta Oficial* N° 39.202 de 17-06-2009.

cación y realización de las actividades del Ejecutivo Nacional en materia de participación ciudadana en el ámbito de las *comunas*" (ord. 1).

En todo caso, este Ministerio tiene, además, las siguientes funciones (art. 25):

2.  La realización del análisis de la gestión de la economía comunal en el país y formulación de las recomendaciones a los órganos y entes competentes;

3.  La regulación, formulación y seguimiento de políticas, la planificación y realización de las actividades del Ejecutivo Nacional en lo atinente a las normas operativas e instrumentos de promoción, autogestión y cogestión de la población en el marco de la economía del Estado, que armonice la acción de los entes involucrados en tal política sectorial, y el uso eficiente de los recursos destinados al financiamiento correspondiente;

4.  Participar en la elaboración de los planes y programas tendentes al desarrollo de la economía participativa en todas sus expresiones;

5.  Definir los mecanismos para la participación del sector público y privado en la planificación y ejecución de planes y programas relacionados con el desarrollo de la economía comunal. En este sentido, servirá de enlace entre los entes involucrados y las iniciativas populares cuando las circunstancias así lo requieran;

6.  Impulsar el desarrollo del sistema microfinanciero en actividades tendentes al desarrollo de la economía comunal;

7.  Propender al desarrollo de las actividades de comercialización y explotación en todos los sectores vinculados a la economía comunal, con especial énfasis en el sector rural;

8.  Definir las políticas para los programas de capacitación en áreas determinantes para el desarrollo de la economía comunal, en especial la adquisición de conocimientos técnicos para el procesamiento, transformación y colocación en el mercado de la materia prima;

9.  Establecer las políticas para el fomento de la economía comunal, estimulando el protagonismo de las cooperativas, cajas de ahorro, empresas familiares, microempresas y otras formas de asociación comunitaria para el trabajo, el ahorro y el consumo de bajo el régimen de propiedad colectiva sustentada en la iniciativa popular;

10. La regulación, formulación y seguimiento de políticas, la planificación estratégica y realización de las actividades del Ejecutivo Nacional en materia de promoción, ejecución y control y articulación de las actividades tendentes a la progresiva cogestión de responsabilidades sociales desde el Estado hacia las comunidades o grupos organizados, así como a la generación de los espacios de la participación protagónica en los asuntos públicos mediante el im-

pulso a la iniciativa popular y otros mecanismos de participación protagónica;

11. Promover la elaboración de planes, programas y proyectos participativos y de base a ejecutarse en todos los ámbitos de la vida social nacional;

12. Diseñar, estructurar y coordinar la formación en las comunidades urbanas y rurales en materia de medios de participación popular y gerencia pública local;

13. Formular y promover políticas de incentivo y fortalecimiento a los movimientos populares que se organicen en los espacios locales;

14. Definir y establecer los parámetros para impulsar la organización del voluntariado social que apoye a los órganos y entes de la Administración Pública;

15. Fomentar la organización de consejos comunales, asambleas de ciudadanos y otras formas de participación comunitaria en los asuntos públicos;

16. Diseñar e instrumentar mecanismos de enlace entre los ciudadanos y la Administración Pública, con los Estados y los Municipios, y las demás expresiones del gobierno local, en aras a generar espacios de cogestión administrativa, y promover el control social de las políticas públicas;

17. Proponer, gestionar y hacer seguimiento, sobre la bese de las propuestas generadas por la participación activa y protagónica de la comunidad organizada, en las mejoras de las condiciones básicas e inmediatas de habitabilidad y convivencia en los sectores populares;

18. Elaborar y ejecutar planes, programas y proyectos orientados a coadyuvar con los municipios en el incremento de su capacidad de gestión en lo concerniente a la prestación de sus servicios públicos, a partir del diseño de modelos de gestión compartida que redunden en la obtención de una mayor calidad de vida para las comunidades;

19. Evaluar, supervisar y controlar los entes que le están adscritos, estableciendo las políticas y mecanismos de coordinación que sena necesarios.

20. Establecer las políticas, directrices y mecanismos para la coordinación de las acciones de los entes que le están adscritos. En este sentido, formulará las políticas sectoriales de asignación de recursos, así como controles de gestión y recuperación de los créditos otorgados;

21. La regulación, formulación y seguimiento de políticas, la planificación estratégica y realización de las actividades del Ejecutivo

Nacional en materia de promoción, asistencia y desarrollo social integral y participativo. Dichas políticas estarán dirigidas al fomento del desarrollo humano, especialmente en los grupos sociales más sensibles, así como también a la familia y a la juventud.

22. La formulación, ejecución, seguimiento y control de las políticas y programas de atención y formación integral dirigidas a los niños, niñas y adolescentes, como medios efectivo para el disfrute en sociedad de sus derechos y garantías, así como el acceso a los medios que les permitirán el pleno desarrollo de sus capacidades y destrezas;

23. El diseño, control y seguimiento de las políticas y programas dirigidos a la protección, asistencia y resguardo de los niños, niñas y adolescentes que se encuentren en situación de vulnerabilidad o exclusión, de manera de asegurarles una atención inmediata e integral que posibilite su crecimiento acorde con los derechos y garantías que les corresponden;

24. La elaboración, gestión, coordinación y seguimiento de las acciones tendentes al rescate, protección, integración, capacitación, desarrollo y promoción de los grupos humanos vulnerables o excluidos socialmente, ya se encuentren ubicados en zonas urbanas o rurales;

25. Asistir en la definición de los criterios de asignación de recursos financieros destinados a la población en situación de vulnerabilidad social, que asegure un acceso real y democrático de los beneficiarios a tales recursos; de igual manera, fomentará la elaboración de propuestas de inversión social;

26. Diseñar, proponer e implementar incentivos a la organización y puesta en funcionamiento de redes operativas integradas a un sistemas de información social, el cual contará con el registro de las familias e individuos beneficiarios de programas sociales; también coordinará el establecimiento y ejecución de los sistemas de evaluación a tales programas;

En las Disposiciones Transitorias (Vigésima) del Decreto, se adscribieron al Ministerio los siguientes entes: 1. Banco del Pueblo Soberano, C.A.; 2. Fundación para el Desarrollo de la Comunidad y Promoción del Poder Comunal (FUNDACOMUNAL); 3. Fundación Centro de Estudios sobre el Crecimiento y Desarrollo de la Población Venezolana (FUNDACREDESA); 4. Fondo de Desarrollo Microfinanciero (FONDEMI); 5. Instituto Nacional de Capacitación y Educación Socialista (INCES); 6. Fundación Misión Che Guevara; 7. Fondo para el Desarrollo Endógeno (FONENDOGENO); 8. Instituto Autónomo Fondo Único Social; 9. Instituto Nacional del Menor (en proceso de liquidación); 10. Fundación Fondo de Inversión Social de Venezuela (FONVIS) (en proceso de liquidación); 11. Consejo Nacional para las Personas con Discapacidad (CONAPDIS); 12. Instituto Nacional de Servicios

Sociales; 13. Instituto Autónomo Consejo Nacional de Derechos de Niños, Niñas y Adolescentes; y 14. Fundación Misión Negra Hipólita.

El artículo 57 de la Ley Orgánica de 2009, por su parte, específicamente atribuye a este Ministerio del Poder Popular para las Comunas y Protección Social, como "Ministerio del Poder Popular con competencia en materia de participación ciudadana," además, las siguientes atribuciones:

1. Diseñar, realizar el seguimiento y evaluar las políticas, lineamientos, planes y estrategias que deberán atender los órganos y entes del Poder Público en todo lo relacionado con el apoyo a los consejos comunales.

2. El registro de los consejos comunales y la emisión del certificado correspondiente.

3. Diseñar y coordinar el sistema de información comunitario y los procedimientos referidos a la organización y desarrollo de los consejos comunales.

4. Diseñar y dirigir la ejecución de los programas de capacitación y formación de los consejos comunales.

5. Orientar técnicamente en caso de presunta responsabilidad civil, penal y administrativa derivada del funcionamiento de las instancias del Consejo Comunal.

6. Recabar, sistematizar, divulgar y suministrar la información proveniente de los órganos y entes del Poder Público relacionada con el financiamiento y características de los proyectos de los consejos comunales.

7. Promover los proyectos sociales que fomenten e impulsen el desarrollo endógeno de las comunidades articulados al Plan Comunitario de Desarrollo.

8. Prestar asistencia técnica en el proceso del ciclo comunal.

9. Coordinar con la Contraloría General de la República, mecanismos para orientar a los consejos comunales sobre la correcta administración de los recursos.

10. Fomentar la organización de consejos comunales.

11. Financiar los proyectos comunitarios, sociales y productivos presentados por los consejos comunales en sus componentes financieros y no financieros, con recursos retornables y no retornables, en el marco de esta Ley.

Hasta tanto se dicte el reglamento de la Ley Orgánica que el Presidente de la República debe publicar antes de fin de junio de 2010, el Ministerio del Poder Popular para las Comunas y Protección Social debe dictar los lineamientos y elaborar los instructivos que se requieren para hacer efectivo el registro de los consejos comunales, conforme a las Disposiciones Transitorias Octava y Novena de la Ley.

Por otra parte, el Ministerio del Poder Popular para las Comunas y Protección Social, además, debe articular los mecanismos para facilitar y simplificar toda tramitación ante los órganos y entes del Poder Público vinculados a los consejos comunales (art. 58); y los "órganos y entes del Estado" en sus relaciones con los consejos comunales deben dará preferencia a la atención de los requerimientos que éstos formulen y a la satisfacción de sus necesidades, asegurando el ejercicio de sus derechos cuando se relacionen con éstos. Esta preferencia conforme al artículo 59 de la Ley Orgánica comprende: la especial atención de los consejos comunales en la formulación, ejecución y control de todas las políticas públicas; la asignación privilegiada y preferente, en el presupuesto de los recursos públicos para la atención de los requerimientos formulados por los consejos comunales; y la preferencia de los consejos comunales en la transferencia de los servicios públicos.

El artículo 60 de la Ley Orgánica dispone que el Ministerio Público debe contar con fiscales especializados para atender las denuncias y acciones interpuestas, relacionadas con los consejos comunales, que se deriven directa o indirectamente del ejercicio del derecho a la participación.

Por último, debe señalarse que los consejos comunales están exentos de todo tipo de pagos de tributos nacionales y derechos de registro. La Ley Orgánica agrega que "se podrá establecer mediante leyes y ordenanzas de los estados y los municipios las exenciones para los consejos comunales" (art. 61).

5. *El régimen de las Comunas como soporte del Estado Comunal o la desmunicipalización el Estado Constitucional mediante un sistema de "autogobierno" no representativo manejado por el Poder Central*

A. *Propósito y finalidad de las Comunas*

El propósito fundamental de las Comunas, tal como se define en el artículo 6 de la Ley Orgánica de las Comunas (LOC), es la "edificación del estado comunal, mediante la promoción, impulso y desarrollo de la participación protagónica y corresponsable de los ciudadanos y ciudadanas en la gestión de las políticas públicas, en la conformación y ejercicio del autogobierno por parte de las comunidades organizadas, a través de la planificación del desarrollo social y económico, la formulación de proyectos, la elaboración y ejecución presupuestaria, la administración y gestión de las competencias y servicios que conforme al proceso de descentralización, le sean transferidos, así como la construcción de un sistema de producción, distribución, intercambio y consumo de propiedad social, y la disposición de medios alternativos de justicia para la convivencia y la paz comunal, como tránsito hacia la sociedad socialista, democrática, de equidad y justicia social" (art. 6).

Además, las Comunas tienen las siguientes finalidades tal como se enumeran en el artículo 7 de la LOC:

1. Desarrollar y consolidar el estado comunal como expresión del Poder Popular y soporte para la construcción de la sociedad socialista.

2. Conformar el autogobierno para el ejercicio directo de funciones en la formulación, ejecución y control de la gestión pública.

3. Promover la integración y la articulación con otras comunas en el marco de las unidades de gestión territorial establecidas por el Consejo Federal de Gobierno.

4. Impulsar el desarrollo y consolidación de la propiedad social.

5. Garantizar la existencia efectiva de formas y mecanismos de participación directa de los ciudadanos y ciudadanas en la formulación, ejecución y control de planes y proyectos vinculados a los aspectos territoriales, políticos, económicos, sociales; culturales, ecológicos y de seguridad y defensa.

6. Promover mecanismos para la formación e información en las comunidades.

7. Impulsar la defensa colectiva y popular de los derechos humanos.

8. Todas aquéllas determinadas en la constitución de la República y en la Ley.

B. *Ámbito territorial de las Comunas*

a. *Ámbito territorial variado*

Por otra parte, en cuanto al ámbito de organización político-territorial que puedan tener las comunas, el mismo se formula en términos vagos, sin apuntar a principios de uniformidad algunos, sólo indicando que el mismo dependerá de las "condiciones históricas, integración, rasgos culturales, usos, costumbres y potencialidades económicas, el ámbito geográfico" donde se constituyan, el cual puede "coincidir o no con los límites político-administrativos de los estados, municipios o dependencias federales, sin que ello afecte o modifique la organización político-territorial establecida en la Constitución de la República" (art. 9).

Conforme a esta previsión, por tanto, el ámbito territorial de las comunas, no necesariamente debe estructurarse siguiendo los límites que puedan existir en la demarcación de las entidades políticas de la República; en el sentido de que pueden estar superpuestas a los mismos.

En todo caso, de la normativa de la LOC, dado que las Comunas se constituyen por iniciativa popular que deben adoptar varios Consejos Comunales y otras organizaciones sociales que deben agregarse, sin duda la intención del legislador es que las mismas tengan un ámbito territorial mayor al que puedan tener los Consejos Comunales. En definitiva, las Comunas se conciben, básicamente, como agregaciones de Consejos Comunales y de organizaciones socio productivas.

b. *Inserción en ámbitos territoriales centralizados superiores*

Por otra parte, las Comunas deben estar integradas en ámbitos territoriales superiores que son determinados por el Poder Ejecutivo, los cuales son los Distritos Motores del Desarrollo y los Ejes Estratégicos de Desarrollo Territorial, establecidos para impulsar y afianzar el socialismo.

Los "Distritos motores del desarrollo" son definidos en la LOC como las "unidades territoriales decretadas por el Ejecutivo Nacional que integran las ventajas comparativas de los diferentes espacios geográficos del territorio nacional, y que responden al modelo de desarrollo sustentable, endógeno y socialista" (art. 4.8).[186]

En la Ley Orgánica del Consejo Federal de Gobierno[187] se indica, además, que dichos Distrito Motores tienen la "finalidad de impulsar en el área comprendida en cada uno de ellos un conjunto de proyectos económicos, sociales, científicos y tecnológicos, destinados a lograr el desarrollo integral de las regiones y el fortalecimiento del Poder Popular, en aras de facilitar la transición hacia el socialismo." Dichos "motores de desarrollo," por tanto se vinculan exclusivamente con la idea de fortalecer el socialismo.

Estos Distritos Motores de desarrollo, por otra parte, se crean conforme se indica en el artículo 6 de la LOCFG por el Presidente de la República en Consejo de Ministros,[188] "sin perjuicio de la organización política territorial de la República, la competencia para crear Distintos Motores de Desarrollo con la finalidad de impulsar en el área comprendida en cada uno de ellos un conjunto de proyectos económicos, sociales, científicos y tecnológicos, destinados a lograr el desarrollo integral de las regiones y el fortalecimiento del Poder Popular, en aras de facilitar la transición hacia el socialismo." Estos Distritos, conforme se indica en el artículo 24 del Reglamento del Consejo federal de Gobierno, son dirigidos por una Autoridad Única de Área denominada "Autoridad Única Distrital;" y en ellos se debe activar una Misión Distrital y se debe elaborar un plan estratégico de desarrollo integral o plan distrital (art. 22)

Conforme a la LOCFG, además, la vía para lograr el fortalecimiento de las organizaciones de base del Poder Popular y el desarrollo armónico de los Distritos Motores de Desarrollo y regiones del país, es la transferencia de

---

186  En el Reglamento de la ley Orgánica del Consejo federal de Gobierno, se definen los Distritos Motores de desarrollo como: "la unidad territorial decretada por el Ejecutivo Nacional que integra las ventajas comparativas de los diferentes ámbitos geográficos del territorio nacional, y que responde al modelo de desarrollo sustentable, endógeno y socialista para la creación, consolidación y fortalecimiento de la organización del Poder Popular y de las cadenas productivas socialistas en un territorio de limitado, como fundamento de la estructura social y económica de la Nación venezolana" (art. 3). Véase en *Gaceta Oficial* N° 39.382 del 9 de marzo de 2010.

187  Véase en *Gaceta Oficial* N° 5.963 Extraordinario del 22 de febrero de 2010

188  En el Reglamento del Consejo Federal de Gobierno, el Consejo de Ministros se denomina como "Consejo Revolucionario de Ministros" (art. 21.2). Véase en *Gaceta Oficial* N° 39.382 del 9 de marzo de 2010.

competencias en el marco del Plan de Desarrollo Económico y Social de la Nación (art. 7). En ese contexto el mencionado Consejo Federal es el órgano competente para establecer los lineamientos que se deben aplicar a los procesos de transferencia de las competencias y atribuciones de las entidades territoriales del Estado, es decir, de los Estados y Municipios, hacia las organizaciones de base del Poder Popular; siendo dichos lineamientos de carácter vinculante para las entidades territoriales (art. 2).

En cuanto a los "Ejes estratégicos de desarrollo territorial," están definidos como "las unidades territoriales de carácter estructural supra-local y articuladora de la organización del Poder Popular y de la distribución espacial del desarrollo sustentable, endógeno y socialista, con la finalidad de optimizar las ventajas comparativas locales y regionales, los planes de inversión del Estado venezolano en infraestructura, equipamiento y servicios, la implantación y desarrollo de cadenas productivas y el intercambio de bienes y servicios. (art. 4.9).

### C. Constitución de las Comunas

#### a. Iniciativa popular y aprobación de la Carta Fundacional mediante referéndum

Conforme al artículo 8 de la LOC, las Comunas se constituyen "por iniciativa popular" a través de la agregación de comunidades organizadas. Sin embargo, la Ley nada dispone sobre el número de comunidades organizadas que se requieren para la constitución de una comuna, por lo que la norma su indicación remite al Reglamento, "tanto en el área urbana como en el área rural." A tal efecto, en la Disposición Final Cuarta, se dispuso que el Ejecutivo Nacional debía elaborar y sancionar el Reglamento de la Ley, en un lapso no mayor a 180 días continuos a su publicación de la Ley en la Gaceta Oficial, es decir, a partir del 21 de junio del 2011.

La constitución de las Comunas ocurre, en definitiva, conforme al artículo 12 de la LOC, "cuando mediante referendo los ciudadanos y ciudadanas de las comunidades organizadas del ámbito geográfico propuesto" aprueben "por mayoría simple" la Carta Fundacional de la misma, que es el "instrumento aprobado en referendo popular, donde las comunidades expresan su voluntad de constituirse en Comuna, en su respectivo ámbito geográfico, contentiva de la declaración de principios, censo poblacional, diagnóstico sobre los principales problemas y necesidades de su población, inventario de las potencialidades económicas, sociales, culturales, ambientales, y opciones de desarrollo" (art. 4.3).

Este referendo aprobatorio debe tener lugar en un lapso perentorio de 60 días siguientes a la notificación que se haga al Ministerio de las Comunas sobre la conformación de la comisión promotora de constitución de la comuna respectiva (art. 13.3).

La "iniciativa popular" para la constitución de la Comuna, entonces, conforme a la LOC, "corresponde a los consejos comunales y a las organizaciones sociales que hagan vida activa en las comunidades organizadas, quienes deberán previamente conformarse en comisión promotora" (art. 10).

b. *Control centralizado del proceso de constitución por el Ministerio para las Comunas*

Una vez constituida esta comisión promotora, la misma debe notificar dicho acto al "órgano facilitador" (art. 10), que no es otro que "el Ministerio del Poder Popular con competencia en materia de participación ciudadana," es decir, actualmente, el "Ministerio del Poder Popular para las Comunas y Protección Social" (en lo adelante, *Ministerio para las Comunas*) al cual, conforme al artículo 63 de la LOC, se le atribuye competencia para dictar "los lineamientos estratégicos y normas técnicas para el desarrollo y consolidación de las comunas, en una relación de acompañamiento en el cumplimiento de sus fines y propósitos, y facilitando su articulación y sus relaciones con los otros órganos y entes del Poder Público," con lo que se confirma el estricto control que el Ejecutivo Nacional ejerce sobre la edificación del Estado Comunal.

Por otra parte, la Disposición Final Tercera de la LOC dispone que "El Ministerio del Poder Popular con competencia en materia de comunas, desarrollará planes destinados al asesoramiento y acompañamiento de las comunidades para su constitución en comunas, la conformación de sus gobiernos y las relaciones de las mismas entre sí para su agregación en mancomunidades, ciudades comunales y cualquier otra forma de articulación que contribuya a la construcción del estado comunal."

c. *La comisión promotora*

Como se dijo, la comisión promotora para la constitución de una comunas se forma por los consejos comunales y las organizaciones sociales que hagan vida activa en las comunidades organizadas que tomen la iniciativa, la cual en un lapso de 60 días continuos contados a partir de la notificación de su constitución al Ministerio para las Comunas, y conforme se indica en el artículo 11 de la LOC, deben realizar las siguientes actividades:

1. Formular la propuesta del ámbito geográfico de la Comuna.

2. Difundir y promover, en coordinación con las unidades ejecutivas de los consejos comunales, la información y el debate, entre los y las habitantes del ámbito geográfico propuesto, sobre el alcance, objeto y finalidades de la comuna.

3. Coordinar con los voceros y voceras del comité de educación, cultura y formación ciudadana de los consejos comunales, la redacción del proyecto de la carta fundacional de la Comuna a ser sometida a referendo aprobatorio con la participación de los electores y electoras del ámbito geográfico propuesto.

4.  Coordinar con las comisiones electorales de los consejos comunales del espacio territorial propuesto, la convocatoria al referendo aprobatorio de la carta fundacional de la Comuna.

5.  Coordinar con el órgano facilitador el acompañamiento y apoyo que éste debe prestar en el proceso de constitución de la Comuna.

Como se dijo, incluso, este referendo aprobatorio debe tener lugar en un lapso perentorio de 60 días siguientes a la notificación que se haga al Ministerio de las Comunas sobre la conformación de la comisión promotora de constitución de la comuna respectiva (art. 13.3).

### d.  Redacción y difusión del proyecto de Carta Fundacional

A partir de la conformación de la comisión promotora, la misma tiene un lapso de 30 días continuos para la redacción del proyecto de la carta fundacional de la Comuna (art. 13.1), la cual debe contener los siguientes aspectos enumerados en el artículo 12:

1.  Ubicación.
2.  Ámbito geográfico.
3.  Denominación de la Comuna.
4.  Declaración de principios.
5.  Censo poblacional para el momento de su constitución.
6.  Diagnóstico sobre los principales problemas y necesidades de su población.
7.  Inventario de las potencialidades económicas, sociales, culturales, ambientales y opciones de desarrollo.
8.  Programa político estratégico comunal, contentivo de las líneas generales de acción a corto, mediano y largo plazo para la superación de los problemas y necesidades de la comuna.

Una vez culminada la redacción del proyecto de Carta Fundacional, la misma debe ser difundida por la comisión promotora y los voceros y voceras de los respectivos consejos comunales entre los habitantes del ámbito territorial propuesto (art. 13.1), en un lapso de 15 días continuos (Jornada de difusión) (art. 13.2).

### e.  Referendo aprobatorio

La aprobación de la Carta Fundacional debe realizarse mediante referendo aprobatorio, que debe tener lugar en un lapso no mayor a los 60 días siguientes a la notificación al Ministerio de las Comunas de la conformación de la comisión promotora (art. 13.3).

Este refrendo aprobatorio, sin embargo, y en contra de lo previsto en la Constitución, no se prevé que deba ser organizado por el Poder Electoral, es decir, el Consejo Nacional Electoral, sino conforme al artículo 14 de la LOC, por "las comisiones electorales permanentes de los consejos comunales del ámbito territorial propuesto para la Comuna, mediante la convocatoria a elecciones en sus respectivas comunidades." Sobre el Poder Electoral, lo que se establece en la LOC es que el mismo "apoyará y acompañará a las comunas en la organización de sus procesos electorales" (art. 65).

A tal efecto, la circunscripción electoral para la realización del referendo aprobatorio de la carta fundacional debe ser el ámbito geográfico propuesto para la Comuna; y los "electores con derecho al voto" serán los que, para el momento de la convocatoria del referendo, se encuentren inscritos en el registro electoral de los consejos comunales del referido ámbito geográfico, de manera que cada consejo comunal se constituye en un centro de votación (art. 15). Ahora bien, de acuerdo con la Ley Orgánica de los Consejos Municipales, como antes se ha dicho, el "registro electoral de la comunidad" en cada Consejo Comunal, está conformado por todos los habitantes de la comunidad, mayores de quince años (art. 37,1), lo que significa que es un registro electoral distinto y paralelo al que lleva el Consejo Nacional Electoral, en el cual están incorporados personas que no son ciudadanos, extranjeros y venezolanos menores de 18 años. Sin embargo, de acuerdo con la Constitución, la participación política mediante referendos está reservada, como todo derecho político, a los "ciudadanos," es decir, a los venezolanos mayores de 18 años inscritos en el Registro Electoral Permanente que lleva el Consejo Nacional Electoral, por lo que en el referendo para aprobar la constitución de las comunas, no sólo lo tendría que organizar el Poder Electoral, sino que en el mismo sólo podrían participar los ciudadanos, siendo inconstitucional que se pudiera organizar al margen del Consejo Nacional Electoral y con la participación de venezolanos que no sean ciudadanos (menores de 18 años) o de extranjeros habitantes de la comunidad.

Ahora bien, conforme al artículo 16 de la LOC, se considera aprobada la carta fundacional y en consecuencia, la constitución de la Comuna, cuando la mayoría de los votos sean afirmativos, siempre y cuando haya concurrido al referendo un número de electores igual o superior al quince por ciento de los electores del ámbito territorial propuesto.

### f.   Registro de la Comuna

En el lapso de los 15 días siguientes a la aprobación de la carta fundacional, la comisión promotora procederá a su registro ante el Ministerio de las Comunas, acompañando dicho documento de las actas de votación suscritas por los integrantes de las respectivas comisiones electorales permanentes. Con este acto la Comuna adquiere su personalidad jurídica (art. 17).

### g.   La Gaceta Comunal

La LOC creó una *Gaceta Comunal*, como órgano informativo oficial de la Comuna, en el cual se deben publicar, además de la Carta Comunal, las decisiones del Parlamento Comunal y las del Banco de la Comuna que posean carácter vinculante para sus habitantes, así como todos aquellos actos que requieran para su validez la publicación en dicho instrumento (art. 4.11).

### D. *Las Cartas Comunales*

Cada Comuna, una vez constituida, debe contar con una Carta Comunal, concebida como el instrumento propuesto por los habitantes de la Comuna y aprobado por el Parlamento Comunal, destinado a regular la vida social y comunitaria, coadyuvar con el orden público, la convivencia, la primacía del interés colectivo sobre el interés particular y la defensa de los derechos humanos, de conformidad con la Constitución y las leyes de la República (art. 18).

El artículo 4.2 de la LOC, por su parte al formular las definiciones, define las Cartas comunales, como los:

> Instrumentos donde se establecen las normas elaboradas y aprobadas por los habitantes de la Comuna en el Parlamento Comunal, con el propósito de contribuir corresponsablemente en la garantía del orden público, la convivencia y la primacía del interés colectivo sobre el interés particular, de conformidad con la Constitución y las leyes de la República.

La Ley, sin embargo, remite al Reglamento la determinación de las condiciones para la elaboración, consulta y presentación de proyectos de cartas comunales ante el Parlamento Comunal.

### a. *Contenido*

Estas cartas comunales deberán regulaciones sobre los siguientes aspectos que enumera el artículo 19 de la LOC:

1. Título de la carta comunal de acuerdo al ámbito o actividad a regular.
2. Objeto y definición del ámbito y actividad.
3. Desarrollo de la normativa conforme a un articulado bajo los criterios que establecen la técnica legislativa, la Constitución y leyes de la República.

Esta norma está redactada en forma tal que lo único que permitiría deducir es que en las Cartas Comunales podría desarrollar una normativa relativa "al ámbito y actividad" a desarrollar por la Comuna, y que conforme esta LOC sería la tendiente "a regular la vida social y comunitaria, coadyuvar con el orden público, la convivencia, la primacía del interés colectivo sobre el interés particular y la defensa de los derechos humanos."

Sin embargo, la norma es terminante en señalar que ello sólo podría realizarse "de conformidad con la Constitución y las leyes de la República," las cuales no dejan campo regulatorio alguno en esos órdenes que pudiera regularse por cuerpos que no son representativos en el sentido de que no son integrados por representantes electos mediante sufragio universal, directo y secreto. Es decir, de acuerdo con la Constitución sólo la Asamblea Nacional (art.

187.1 de la Constitución), los Consejos Legislativos de los Estados (art. 162.1 de la Constitución) y los Concejos Municipales de los Municipios (art. 175 de la Constitución) tienen en Venezuela la potestad de legislar, por lo que toda otra "legislación" que se adopte por cuerpos no democráticamente representativos como estos Parlamentos Comunales regulados en la LOC, no sería otra cosa que fruto de una usurpación de autoridad, y por tanto nulos de nulidad absoluta en los términos indicados en el artículo 138 de la Constitución.

No se olvide, por ejemplo, que de acuerdo con la Constitución, en especial, las regulaciones, restricciones y limitaciones a los derechos y garantías constitucionales sólo pueden ser establecidas mediante *ley formal*, y "ley", conforme al artículo 202 de la Constitución, no es otra cosa que "el acto sancionado por la Asamblea Nacional como cuerpo legislador"; es decir, el acto normativo emanado del cuerpo que conforma la representación popular. Por lo demás, en este ámbito de los derechos humanos, la Corte Interamericana de Derechos Humanos ha decidido formalmente en la *Opinión Consultiva OC-6/86* de 9-3-86 que la expresión "leyes" en el artículo 30 de la Convención sólo se refiere a las emanadas de "los órganos legislativos constitucionalmente previstos y democráticamente electos."[189] Por lo que toda regulación que los afecte sólo puede ser establecida por el órgano colegiado integrado por representantes electos mediante sufragio por el pueblo, es decir, a nivel nacional, por la Asamblea Nacional.

b.   *Corrección de estilo*

En el proceso de aprobación de las cartas comunales y atendiendo sólo a razones de estilo y formalidad de redacción, el artículo 20 de la LOC autoriza expresamente al Parlamento Comunal para por acuerdo de por lo menos las dos terceras (2/3) partes de sus integrantes, proceder a modificar las cartas comunales, manteniendo en su contenido el propósito fundamental del proyecto presentado por los habitantes de la Comuna, sin perjuicio de las normas constitucionales y legales.

c.   *Publicación*

El Consejo Ejecutivo de la Comuna debe refrendar y publicar en la *Gaceta Comunal* las cartas comunales (art. 29.3).

Las Cartas Fundacionales de las Comunas pueden reformarse sólo mediante referendo popular "a través del voto universal, directo y secreto" de los electores de la Comuna mayores de quince años. A los efectos, la iniciativa para solicitar la reforma corresponde a un número de electores no inferior al quince por ciento (15%) del total de electores y electoras o a las dos terceras partes de los integrantes de los voceros y voceras principales de los consejos comunales de la Comuna (art. 66).

---

189   Véase "La expresión 'leyes' en el artículo 30 de la Convención Americana sobre Derechos Humanos" (*Opinión Consultiva, OC-6/86*) Corte Interamericana de Derechos Humanos, en *Revista IIDH*; Instituto Interamericano de Derechos Humanos N° 3, San José 1986, pp. 107 y ss.

Las reformas de la carta fundacional serán refrendadas por el Consejo Ejecutivo y deberán ser publicadas en la gaceta comunal.

### E. *La organización y funcionamiento de las Comunas*

La LOC establece la organización básica de la Comuna, distinguiendo los siguientes órganos: el Parlamento Comunal, el Consejo Ejecutivo de la Comuna, el Consejo de Planificación Comunal, el Consejo de Economía Comunal, el Banco de la Comuna y el Consejo de Contraloría Social.

### a. *El órgano de autogobierno comunal: el Parlamento Comunal*

El Parlamento Comunal, que es el órgano que aprueba la Carta Comunal, está concebido en el artículo 21 de la LOC, como "la máxima instancia del autogobierno en la Comuna."

El mismo artículo le atribuye fundamentalmente dos funciones:

En primer lugar, aprobar la "normativas para la regulación de la vida social y comunitaria, coadyuvar con el orden público, la convivencia, la primacía del interés colectivo sobre el interés particular y la defensa de los derechos humanos";

En segundo lugar, dictar "actos de gobierno sobre los aspectos de planificación, coordinación y ejecución de planes y proyectos en el ámbito de la Comuna."

Se trata, por tanto, de un órgano que se pretende que sea a la vez, "legislador" y de gobierno comunal.

Sobre la pretendida función normativa atribuida a los Parlamentos Comunales, ya hemos señalado que ello es inconstitucional pues de acuerdo con la Constitución y las leyes de la República, normas que pretendan regular esos ámbitos que inciden en los derechos humanos sólo pueden ser producto de órganos representativos y no pueden ser dictados por cuerpos que no son representativos en el sentido de que no estén integrados por representantes electos mediante sufragio universal, directo y secreto. Por ello, la Constitución sólo atribuye la potestad legislativa a la Asamblea Nacional (art. 187.1), a los Consejos Legislativos de los Estados (art. 162.1) y a los Concejos Municipales de los Municipios (art. 175), de manera que toda otra "legislación" que se adopte por cuerpos no democráticamente representativos como serían estos Parlamentos Comunales regulados en la LOC, no sería otra cosa que fruto de una usurpación de autoridad, y por tanto nulos de nulidad absoluta en los términos indicados en el artículo 138 de la Constitución.

### b. *Atribuciones del Parlamento Comunal*

El artículo 22 de la LOC, define las siguientes atribuciones de los Parlamentos Comunales "en el ejercicio del autogobierno":

1. Sancionar materias de sus competencias, de acuerdo a lo establecido en esta Ley, su Reglamento y demás normativas aplicables.

2. Aprobar el Plan de Desarrollo Comunal.

3. Sancionar las cartas comunales, previo debate y aprobación por las asambleas de ciudadanos y ciudadanas de las comunidades integrantes de la Comuna.

4. Aprobar los proyectos que sean sometidos a su consideración por el Consejo Ejecutivo.

5. Debatir y aprobar los proyectos de solicitudes, a los entes político-territoriales del Poder Público, de transferencias de competencias y servicios a la Comuna.

6. Aprobar los informes que le deben presentar el Consejo Ejecutivo, el Consejo de Planificación Comunal, el Consejo de Economía Comunal, el Banco de la Comuna y el Consejo de Contraloría Comunal.

7. Dictar su reglamento interno.

8. Designar a los y las integrantes de los Comités de Gestión.

9. Considerar los asuntos de interés general para la Comuna, propuestos por al menos el equivalente al sesenta por ciento (60%) de los consejos comunales, de la Comuna.

10. Ordenar la publicación en gaceta comunal del Plan de Desarrollo Comunal, las cartas comunales y demás decisiones y asuntos que considere de interés general para los habitantes de la Comuna.

11. Rendir cuenta pública anual de su gestión ante los y las habitantes de la Comuna.

12. Las demás que determine la presente Ley y su Reglamento.

Las decisiones del Parlamento Comunal "que posean carácter vinculante para los habitantes" de la Comuna, así como todos aquellos actos que requieran para su validez la publicación en dicho instrumento, deben publicarse en la *Gaceta Comunal* (art. 4.11).

c. *Integración de los Parlamentos Comunales*

El Parlamento Comunal no está conformado, en absoluto, por representantes que pudieran ser electos mediante sufragio directo, universal y secreto por todos los ciudadanos con derecho a voto de una Comuna, como sería el caso de tratarse de un cuerpo democráticamente representativo, sino que están integrados, conforme se indica en el artículo 23, por una serie de personas denominadas "voceros" designadas por otros órganos del Poder Popular, de la siguiente manera:

1. Un vocero y su respectivo suplente, electo por cada consejo comunal de la Comuna.

2. Tres voceros y sus respectivos suplentes, electos por las organizaciones socio-productivas, y

3.  Un vocero y su respectivo suplente, en representación del Banco de la Comuna.

El período de ejercicio de los voceros ante el parlamento Comunal es de tres años, pudiendo ser reelectos.

Para ser vocero miembro del Parlamento Comunal, conforme se indica en el artículo 24 de la LOC, se requiere ser de nacionalidad venezolana; mayor de quince años; no poseer parentesco hasta el cuarto grado de consanguinidad y segundo de afinidad con quienes representen los entes político-territoriales establecidos en la Ley Orgánica del Consejo Federal de Gobierno; ser habitante del ámbito territorial de la Comuna, con al menos un año de residencia en la misma; hacer vida activa en el ámbito territorial de la Comuna; no desempeñar cargos públicos de elección popular; y no estar sujeto o sujeta a interdicción civil o inhabilitación política.

Sobre esta situación, ya nos hemos referido a su inconstitucionalidad por carecer los menores de 18 años, de acuerdo con la Constitución, de los derechos políticos de la ciudadanía.

### d.  Sesiones del Parlamento Comunal

El Parlamento Comunal debe sesionar ordinariamente una vez al mes; y de forma extraordinaria cuando sea convocado por el Consejo Ejecutivo, el Consejo de Planificación Comunal, la autoridad única del distrito motor o del eje estratégico de desarrollo al que pertenezca, o por el equivalente al setenta (70%) de los consejos comunales de la Comuna (art. 25). En las sesiones ordinarias del Parlamento Comunal se deben tratar los puntos de la agenda previamente establecidos por el Consejo Ejecutivo.

En cuanto a las decisiones del Parlamento Comunal, las mismas se deben tomar por mayoría simple de sus integrantes, cuyos votos deben expresar el mandato de las instancias de las que son voceros (art. 26).

### F.  El órgano ejecutivo de la Comuna: el Consejo Ejecutivo

### a.  Carácter e integración

La instancia de ejecución de las decisiones del Parlamento Comunal es el Consejo Ejecutivo de la Comuna, el cual está integrado por tres personas: dos voceros, con sus respectivos suplentes, electos por el Parlamento Comunal; y un vocero, con su respectivo suplente, electo de entre los voceros de las organizaciones socio-productivas ante el Parlamento Comunal (art. 27). Dichos voceros del Consejo Ejecutivo duran tres años en sus funciones, pudiendo ser reelectos.

Para ser miembro del Consejo Ejecutivo, conforme al artículo 28 de la LOC se requiere, ser de nacionalidad venezolana; mayor de edad; no poseer parentesco hasta el cuarto grado de consanguinidad y segundo de afinidad con quienes representen los entes político-territoriales establecidos en la Ley Orgánica del Consejo Federal de Gobierno; ser habitante del ámbito territorial de la Comuna, con al menos un año de residencia en la misma; hacer vida activa en el ámbito territorial de la Comuna; no desempeñar cargos públicos de elección popular; y no estar sujeto o sujeta a interdicción civil o inhabilitación política.

### b. *Funciones del Consejo Ejecutivo*

El Consejo Ejecutivo conforme al artículo 29 de la LOC. Como la instancia de ejecución de las decisiones del Parlamento Comunal, tiene las siguientes funciones:

1. Ejercer de manera conjunta la representación legal de la Comuna.

2. Refrendar y ejecutar los lineamientos estratégicos y económicos establecidos en el Plan de Desarrollo Comunal, elaborado de conformidad con el Plan de Desarrollo Económico y Social de la Nación, el Plan Regional de Desarrollo y los emanados del Consejo Federal de Gobierno.

3. Refrendar y publicar en la gaceta comunal las cartas comunales, así como las decisiones del Parlamento Comunal que sean de carácter vinculante para los habitantes de la Comuna.

4. Publicar en la gaceta comunal las informaciones del Banco de la Comuna que sean de interés para los habitantes de la Comuna.

5. Formular el presupuesto de la Comuna y someterlo a la consideración del Parlamento Comunal.

6. Convocar al Parlamento Comunal a sesiones extraordinarias.

7. Coordinar con los comités permanentes de gestión la formulación de proyectos a ser sometidos a la consideración del Parlamento Comunal.

8. Promover formas autogestionarias que provengan de la iniciativa de las organizaciones del Poder Popular.

9. Gestionar ante las instancias del Poder Público las transferencias de las atribuciones y servicios que hayan sido aprobados por el Parlamento Comunal.

10. Suscribir los convenios de transferencia de atribuciones y servicios que hayan sido acordados a la Comuna.

11. Someter a la consideración del Parlamento Comunal proyectos y propuestas derivados del estudio de los consejos comunales y sus comités de trabajo.

12. Preparar la agenda de las sesiones ordinarias del Parlamento Comunal.

13. Articular sus actividades con los consejos comunales y sus comités de trabajo.

14. Resguardar el archivo de los documentos fundacionales de la Comuna.

15. Las demás que determine la presente Ley y su Reglamento.

Las decisiones del Comité Ejecutivo para cuya validez se requiera publicación, deben publicarse en la Gaceta Comunal (art. 4.11).

El Consejo Ejecutivo se debe reunir ordinariamente una vez a la semana; y extraordinariamente, cuando así lo decida la mayoría de sus integrantes o sea convocado de acuerdo a lo contemplado en el Reglamento de la Ley (art. 30).

### c.   *Los Comités de gestión*

El Consejo Ejecutivo debe tener unos Comités de gestión, que son los encargados de articular con las organizaciones sociales de la Comuna de su respectiva área de trabajo, los proyectos y propuestas a ser presentados a través del Consejo Ejecutivo ante el Parlamento Comunal. Los comités de gestión se deben conformar para atender las siguientes áreas:

1. Derechos humanos; 2. Salud; 3. Tierra urbana, vivienda y hábitat; 4. Defensa de las personas en el acceso a bienes y servicios; 5. Economía y producción comunal; 6. Mujer e igualdad de género; 7. Defensa y seguridad integral; 8. Familia y protección de niños, niñas y adolescentes; 9. Recreación y deportes; y 10. Educación, cultura y formación socialista.

En cuanto a las comunas que se conformen en los pueblos y comunidades indígenas, atendiendo a sus culturas, prácticas tradicionales y necesidades colectivas, su pueden crear, además de los anteriores comités de gestión, los siguientes: a. Comités de ambiente y ordenación de la tierra; b. Comité de medicina indígena; y c. Comité de educación propia, educación intercultural bilingüe e idiomas indígenas.

### G.   *La planificación comunal*

#### a.   *Plan Comunal de Desarrollo*

Conforme al artículo 32 de la LOC, en cada Comuna se debe elaborar un Plan Comunal de Desarrollo, bajo la coordinación del Consejo de Planificación Comunal, que también se prevé en la Ley Orgánica de Planificación Pública y Popular (arts. 10.4 y 14), en el cual se deben establecer los proyectos, objetivos, metas, acciones y recursos dirigidos a darle concreción a los lineamientos plasmados en el Plan de Desarrollo Económico y Social de la Nación, el Plan Regional de Desarrollo y los lineamientos del Consejo Federal de Gobierno, tomando en cuenta los patrones de ocupación del territorio, su cultura, historia, economía y ámbito geográfico.

Dicho plan se debe formular y ejecutar, a partir de los resultados de la aplicación del diagnóstico participativo, y de lo acordado en el mecanismo del presupuesto participativo, contando para ello con la intervención planificada y coordinada de las comunidades que conforman la Comuna (art. 32).

Este Plan Comunal de Desarrollo tal como se define en el artículo 40 de la Ley Orgánica de Planificación Pública y Popular "es el instrumento de gobierno que permite a las comunas, establecer los proyectos, objetivos, metas, acciones y recursos dirigidos a darle concreción a los lineamientos plasmados en el Plan de Desarrollo Económico y Social de la Nación, a través de la intervención planificada y coordinada de las comunidades y sus organizaciones, promoviendo el ejercicio directo del poder, de conformidad con la ley, para la construcción del estado comunal." Los resultados y metas de este Plan Comunal de Desarrollo, de acuerdo a la misma Ley Orgánica de Planificación Pública y Popular, debe concretarse en un Plan Operativo Comunal que es aquel que integra los objetivos, metas, proyectos y acciones anuales formuladas por cada gobierno comunal (art. 73).

### b.  *El Consejo de Planificación Comunal*

El Consejo de Planificación Comunal, conforme se precisa en el artículo 33 de la LOC, es el órgano encargado de coordinar las actividades para la formulación del Plan de Desarrollo Comunal, en concordancia con los planes de desarrollo comunitario propuestos por los Consejos Comunales y los demás planes de interés colectivo, articulados con el sistema nacional de planificación, de conformidad con lo establecido en la ley (art. 33).

Por su parte, el artículo 14 de la Ley Orgánica de Planificación Pública y Popular, define al Consejo de Planificación Comunal como "el órgano encargado de la planificación integral que comprende, al área geográfica y poblacional de una comuna, así como de diseñar el Plan de Desarrollo Comunal, en concordancia con los planes de desarrollo comunitario propuestos por los consejos comunales y los demás planes de interés colectivo, articulados con el Sistema Nacional de Planificación, de conformidad con lo establecido en la Ley de las Comunas y la presente Ley; contando para ello con el apoyo de los órganos y entes de la Administración Pública."

EL Consejo de Planificación Comunal está conformado por las siguientes siete personas: tres voceros electos por los consejos comunales de la Comuna; dos voceros en representación del Parlamento Comunal; un vocero designado por las organizaciones socio-productivas comunitarias; y un vocero de cada consejo comunal, integrante del comité de trabajo en materia de ordenación y gestión del territorio (art. 35).

En el caso de los pueblos y comunidades indígenas, el Consejo de Planificación Comunal se debe conformar de acuerdo con la normativa establecida en la ley respectiva, tomando en cuenta sus usos, costumbres y tradiciones.

El Consejo de Planificación Comunal, al momento de su instalación designará de su seno y por votación de mayoría simple al coordinador del mismo.

### c.  *Finalidad*

Este Consejo de Planificación Comunal tiene además, como finalidad, conforme se indica en el artículo 34, lo siguiente:

1.  Servir de instancia de deliberación, discusión y coordinación entre las instancias de participación popular y las comunidades organizadas, con miras a armonizar la formulación, aprobación, ejecución y control de los diversos planes y proyectos.

2. Adecuar el Plan de Desarrollo Comunal al Plan de Desarrollo Económico y Social de la Nación y demás planes estratégicos nacionales; al Plan de Desarrollo Regional y a los lineamientos establecidos en el decreto de creación del Distrito Motor de Desarrollo al que pertenezca la Comuna.

3. Incentivar a los consejos comunales existentes en el ámbito geográfico de la Comuna, al ejercicio del ciclo comunal en todas sus fases.

### d. *Competencias del Consejo*

El Consejo de Planificación Comunal, tendrá las siguientes competencias tal como se enumeran en el artículo 36 de la LOC:

1. Impulsar la coordinación y participación ciudadana y protagónica en la formulación, ejecución, seguimiento, evaluación y control del Plan de Desarrollo Comunal, así como de otros planes, programas y acciones que se ejecuten o se proyecte su ejecución en la Comuna.

2. Garantizar que el Plan de Desarrollo Comunal esté debidamente articulado con el Plan de Desarrollo Económico y Social de la Nación, el Plan de Desarrollo Regional y los lineamientos establecidos en el decreto de creación del Distrito Motor al que corresponda.

3. Formular y promover los proyectos de inversión para la Comuna ante el Parlamento Comunal.

4. Realizar seguimiento, evaluación y control a la ejecución del Plan de Desarrollo Comunal.

5. Impulsar la coordinación con otros consejos de planificación comunal para coadyuvar en la definición, instrumentación y evaluación de planes para el desarrollo de mancomunidades, formulando propuestas al respecto ante el Parlamento Comunal.

6. Atender cualquier información atinente a sus competencias que le solicite el Parlamento Comunal y sus instancias de ejecución, los consejos comunales y los entes del Poder Público, sobre la situación socio-económica de la Comuna.

7. Elaborar un banco de proyectos que contenga información acerca de los proyectos, recursos reales y potenciales existentes en la Comuna.

8. Estudiar y proponer al Parlamento Comunal la aprobación de los proyectos presentados por las comunidades y organizaciones sociales a ser financiados con recursos provenientes del Fondo de Compensación Interterritorial (regulado en la Ley Orgánica del Consejo Federal de Gobierno) y otros que se les haya acordado.

9. Promover en el desarrollo endógeno y sustentable de la Comuna el sistema de propiedad social.

H.   *El Consejo de Economía Comunal*

a.   *Carácter y composición*

Tal como se define en el artículo 4.6 de la LOC, el Consejo de Economía Comunal es "la instancia encargada de la planificación y coordinación de la actividad económica de la Comuna. Se constituye para la articulación de los comités de economía comunal y las organizaciones socio-productivas con el Parlamento Comunal y el Consejo de Planificación Comunal." Por su parte, el artículo 37 lo define como "la instancia encargada de la promoción del desarrollo económico de la Comuna."

Este Consejo de Economía Comunal, está conformado por cinco voceros y sus respectivos suplentes, electos todos de en entre los integrantes de los comités de economía comunal de los consejos comunales de la Comuna (art. 37). Tiene un período de dos años, pudiendo ser reelectos.

Para ser vocero o vocera del Consejo de Economía Comunal conforme al artículo 38 se requiere ser de nacionalidad venezolana; mayor de quince años; no poseer parentesco hasta el cuarto grado de consanguinidad y segundo de afinidad con quienes representen los entes político-territoriales establecidos en la Ley Orgánica del Consejo Federal de Gobierno; ser habitante del Ámbito territorial de la Comuna, con al menos un año de residencia en la misma; ser vocero de un comité de economía comunal de un consejo comunal; hacer vida activa en el ámbito territorial de la Comuna; no desempeñar cargos públicos de elección popular; y no estar sujeto o sujeta a interdicción civil o inhabilitación política.

b.   *Funciones del Consejo de Economía Comunal*

El artículo 37 de la LOC, asigna al Consejo de Economía Comunal las siguientes funciones:

1.   Promover la conformación de organizaciones socio-productivas para el desarrollo y fortalecimiento del sistema económico comunal.

2.   Articular la relación de los comités de economía comunal con el Parlamento Comunal y el Consejo de Planificación Comunal.

3.   Seguimiento y acompañamiento a las organizaciones socio-productivas, a los fines de garantizar el cierre del ciclo productivo y la consolidación de redes productivas.

4.   Velar para que los planes y proyectos de las organizaciones socio-productivas se formulen en correspondencia con el Plan de Desarrollo Comunal.

5.   Gestionar la implementación de programas para la formación, asistencia técnica y actualización tecnológica de las organizaciones socio-productivas.

6. Articular con el órgano coordinador la certificación de saberes y conocimientos de los ciudadanos y ciudadanas integrantes o aspirantes de las organizaciones socio-productivas.

7. Presentar semestralmente, ante el Parlamento Comunal informes sobre los niveles de cumplimiento de los planes de gestión de las organizaciones socio-productivas.

8. Presentar ante el Parlamento Comunal el informe anual sobre la gestión de las organizaciones socio-productivas y los correspondientes planes para el año siguiente.

9. Proponer formas alternativas de intercambio de bienes y servicios, orientadas al desarrollo socio-productivo de la comunidad y la satisfacción de las necesidades colectivas.

10. Organizar en redes de productores y productoras a las organizaciones socio-productivas y a las comunidades organizadas que ejecuten proyectos socio-productivos ubicados en el ámbito geográfico de la Comuna.

I.  *El Banco de la Comuna*

a.  *Objeto*

Tal como lo define el artículo 4.1 de la LOC, el Banco de la Comuna es "la organización económico-financiera de carácter social que gestiona, administra, transfiere, financia, facilita, capta y controla, de acuerdo con los lineamientos establecidos en el Plan de Desarrollo Comunal, los recursos financieros y no financieros de ámbito comunal, retornables y no retornables, impulsando las políticas económicas con la participación democrática y protagónica del pueblo, bajo un enfoque social, político, económico y cultural para la construcción del modelo productivo socialista."[190] Esta definición se complementa en el artículo 4º de la LOC, en la cual se precisa que el Banco de la Comuna "tiene como objeto garantizar la gestión y administración de los recursos financieros y no financieros que le sean asignados, así como los generados o captados mediante sus operaciones, promoviendo la participación protagónica del pueblo en la construcción del modelo económico socialista, mediante la promoción y apoyo al desarrollo y consolidación de la propiedad Social para el fortalecimiento de la soberanía integral del país" (art. 40).

Estos Bancos de las Comunas están exceptuados de la regulación prevista en materia de bancos y otras instituciones financieras; y su constitución, conformación, organización y funcionamiento se rige "por los principios de honestidad, democracia participativa y protagónica, celeridad, eficiencia y eficacia revolucionaria, deber social, rendición de cuentas, soberanía, igualdad, transparencia, equidad y justicia social"(art. .41). Igualmente, conforme a la Disposición Final Primera de la LOC, el Banco de la Comuna está exento

---

190  Igual definición está inserta en el artículo 6.2 de la Ley Orgánica del Sistema Económico Comunal.

de todo tipo de pagos de tributos nacionales y derechos de registro. Se previó igualmente que se puede establecer mediante leyes y ordenanzas de los estados y municipios, las exenciones para el Banco de la Comuna aquí previsto.

### b. *Propósito*

El Banco de la Comuna conforme se define en el artículo 42 de la LOC, tiene como propósito: gestionar, captar, administrar, transferir, financiar y facilitar los recursos financieros y no financieros, retornables y no retornables de la Comuna, a fin de impulsar a través de la participación popular, la promoción de proyectos comunales, de acuerdo a los lineamientos del Plan de Desarrollo Comunal, en correspondencia con el Plan de Desarrollo Económico y Social de la Nación, el Plan de Desarrollo Regional y lo dispuesto en el decreto de creación de áreas de desarrollo territorial.

### c. *Funciones*

El Banco de la Comuna tendrá como funciones las siguientes tal como se enumeran en el artículo 43 de la LOC:

1. Fortalecer el sistema microfinanciero comunal mediante la aplicación de políticas públicas democráticas y participativas en la gestión financiera.

2. Financiar y transferir, previa aprobación por parte del Parlamento Comunal, recursos a proyectos socio-productivos y de inversión social que formen parte del Plan Comunal de Desarrollo, orientados al bienestar social mediante la consolidación del modelo productivo socialista, en aras de alcanzar la suprema felicidad social.

3. Fortalecer y ejecutar una política de ahorro e inversión en el ámbito territorial de la Comuna.

4. Promover la inclusión y activación de las fuerzas productivas de la Comuna para la ejecución de los proyectos a desarrollarse en su ámbito geográfico.

5. Promover la participación organizada del pueblo en la planificación de la producción, distribución, intercambio y consumo a través del impulso de la propiedad colectiva de los medios de producción.

6. Apoyar el intercambio solidario y la moneda comunal.

7. Realizar captación de recursos con la finalidad de otorgar créditos, financiamientos e inversiones, de carácter retornable y no retornable.

8. Las demás que se establezcan en las leyes que rijan el sistema microfinanciero y las disposiciones reglamentarias de la presente Ley.

Las decisiones del Banco de la Comuna "que posean carácter vinculante para los habitantes" de la Comuna, así como todos aquellos actos que requieran para su validez la publicación en dicho instrumento, deben publicarse en la *Gaceta Comunal* (art. 4.11).

### d. *Organización*

A los fines de su conformación y funcionamiento, el Banco de la Comuna está integrado por las siguientes unidades indicadas en el artículo 44 de la LOC:

La coordinación administrativa es la cuentadante y responsable de la administración de los recursos del Banco de la Comuna; y está conformada por tres voceros electos de entre los integrantes de las unidades administrativas financieras comunitarias de los consejos comunales de la Comuna.

El comité de aprobación es el órgano responsable de evaluar, para su aprobación o rechazo por parte del Parlamento Comunal, todos los proyectos de inversión, transferencias y apoyo financiero y no financiero que sean sometidos a la consideración del Banco de la Comuna o que éste se proponga desarrollar por su propia iniciativa. Este Comité está conformado por cinco voceros designados por los consejos comunales que formen parte de la Comuna.

El Comité de seguimiento y control tiene la función de velar por el manejo transparente de los recursos financieros y no financieros del Banco de la Comuna, vigilar y supervisar que todas sus actividades se desarrollen con eficiencia y de acuerdo a los procedimientos establecidos, y que los resultados de su gestión se correspondan con los objetivos de la Comuna. Este Comité está integrado por tres voceros, que no posean parentesco hasta el cuarto grado de consanguinidad y segundo de afinidad entre sí ni con los demás voceros y voceras del Banco de la Comuna ni del Consejo de Contraloría Comunal, designados de la siguiente manera: Un vocero, por los consejos comunales que formen parte de la Comuna; un vocero por las organizaciones socioproductivas de la Comuna; y un vocero, designado por el Parlamento Comunal.

Las demás funciones, así como el período de ejercicio de los integrantes de cada una de las instancias antes indicadas deben ser desarrolladas en el Reglamento de la Ley.

### J. *El Consejo de Contraloría Comunal*

Conforme a los artículos 4.7 y 45 de la LOC, el Consejo de Contraloría Comunal es "la instancia encargada de la vigilancia, supervisión, evaluación y contraloría social, sobre los proyectos, planes y actividades de interés colectivo que en el ámbito territorial de la Comuna, ejecuten o desarrollen las instancias del Poder Popular, del Poder Público y las organizaciones y personas del sector privado con incidencia en los intereses generales o colectivos.

### a. *Integración*

Estos Consejo de Contraloría Comunal están conformados por cinco voceros y sus respectivos suplentes, electos de entre los integrantes de las unidades de contraloría social de los consejos comunales de la Comuna (art. 45), por un período de dos años, pudiendo ser reelectos.

Para ser vocero o vocera del Consejo de Contraloría Comunal, conforme se indica en el artículo 46, se requiere ser de nacionalidad venezolana; mayor de edad; no poseer parentesco hasta el cuarto grado de consanguinidad y segundo de afinidad con quienes representen los entes político-territoriales establecidos en la Ley Orgánica del Consejo Federal de Gobierno; ser vocero de una unidad de contraloría social de un Consejo Comunal; ser habitante del ámbito territorial de la Comuna, con al menos un año de residencia en la misma; hacer vida activa en el ámbito territorial de la Comuna; no desempeñar cargos públicos de elección popular; y no estar sujeto o sujeta a interdicción civil o inhabilitación política.

### b. *Funciones del Consejo de Contraloría Comunal*

El Consejo de Contraloría Comunal tal como se enumeran en el artículo 47 de la LOC, tiene las siguientes funciones:

1. Ejercer el seguimiento, la vigilancia, supervisión y contraloría social sobre la ejecución de los planes y proyectos ejecutados o desarrollados en el ámbito territorial de la Comuna por las instancias del Poder Popular u órganos y entes del Poder Público.

2. Garantizar que la inversión de los recursos que se ejecuten en el ámbito territorial de la Comuna para beneficio colectivo, se realice de manera eficiente y eficaz, en correspondencia con el Plan de Desarrollo Comunal.

3. Velar por el cumplimiento de las obligaciones colectivas correspondientes a las organizaciones socio-productivas y la reinversión social de los excedentes resultantes de sus actividades.

4. Emitir informes semestralmente, al Parlamento Comunal sobre el funcionamiento del Consejo Ejecutivo, el Banco de la Comuna, el Consejo de Planificación Comunal y el Consejo de Economía Comunal. Dichos informes tendrán carácter vinculante.

5. Recibir y dar curso a las denuncias que se le presente.

6. Presentar informe y solicitar al Parlamento Comunal la revocatoria del mandato de los voceros o voceras de las distintas instancias de la Comuna, con base a las investigaciones sobre denuncias que se le formulen o como resultado de sus propias actuaciones.

7. Ejercer el seguimiento, la vigilancia, supervisión y contraloría social sobre las personas y organizaciones del sector privado que realicen actividades que incidan en el interés social o colectivo, en el ámbito de la Comuna.

8. En el ejercicio de la corresponsabilidad, cooperar con los órganos y entes del Poder Público en las funciones de vigilancia, supervisión y control, de conformidad con las normativas legales aplicables.

Los órganos integrantes del Poder Ciudadano deben apoyar a los consejos de contraloría comunal a los fines de contribuir con el cumplimiento de sus funciones (art. 48).

### K. Régimen de los voceros de los órganos de la Comuna

Como se ha señalado, los titulares de los diversos órganos de la Comuna, se denominan "voceros" y los mismos no tienen su origen en votación popular alguna, sino que son designados por otros órganos del Poder Popular, quienes a su vez, tampoco son electos por votación popular mediante sufragio universal, directo y secreto. Por tanto, ni siquiera se podría decir que los voceros de los órganos de las Comunas son electos en segundo o tercer grado, pues nunca en el origen en el primer grado son electos por votación popular mediante sufragio universal, directo y secreto.

Sin embargo, tales voceros integrantes del Parlamento Comunal, Consejo Ejecutivo, Consejo de Planificación, Consejo de Economía Comunal, Consejo de Contraloría Comunal y Banco de la Comuna, son responsables civil, penal y administrativamente por sus actuaciones (art. 55).

### a. Rendición de cuentas

En cuanto a los voceros integrantes del Consejo Ejecutivo, Consejo de Planificación, Consejo de Economía Comunal, Consejo de Contraloría Comunal y Banco de la Comuna, conforme se dispone en el artículo 49 de la LOC, deben rendir cuentas anualmente de las actuaciones relativas al desempeño de sus funciones ante el Parlamento Comunal, los consejos comunales, las organizaciones socio-productivas, los ciudadanos de la Comuna. Igualmente, los voceros de las instancias antes indicadas, deben rendir cuenta ante las instituciones, organizaciones y particulares que les hayan otorgado aportes financieros o no financieros, sobre el manejo de los mismos.

### b. Revocatoria del mandato

Los voceros integrantes del Consejo Ejecutivo, Consejo de Planificación, Consejo de Economía Comunal y Banco de la Comuna, pueden ser revocados por decisión de la mayoría simple del Parlamento Comunal, previo informe del Consejo de Contraloría Comunal. En cuanto a los voceros del Consejo de Contraloría Comunal, pueden ser revocados por decisión de las dos terceras partes del Parlamento Comunal (art. 50).

La decisión sobre la revocatoria del mandato de voceros de las instancias de la Comuna, sin embargo, sólo se puede adoptar, conforme al artículo 51 de la LOC, si se dan alguna de las siguientes causales son las siguientes:

1. Actuar de forma contraria a las decisiones tomadas por el Parlamento Comunal.

2. Falta evidente de las funciones que le sean conferidas de conformidad con la presente Ley y la carta fundacional de la Comuna.

3. Representar y negociar individualmente asuntos propios de la Comuna que corresponda decidir al Parlamento Comunal.
4. No rendición de cuentas en el tiempo establecido para ello.
5. Incurrir en malversación, apropiación, desviación de los recursos asignados, generados o captados por la Comuna o cualquier otro delito previsto en el ordenamiento jurídico aplicable.
6. Improbación del informe de gestión.
7. Desproteger, dañar, alterar o destruir el material electoral, archivos o demás bienes de la Comuna.

En cuanto a los voceros del Parlamento Comunal, la revocatoria de sus mandatos sólo procede mediante referendo que debe ser solicitado por el diez por ciento de los electores de la Comuna. Cuando la mayoría de los electores voten a favor de la revocatoria, los voceros se considerarán revocados, siempre y cuando hayan concurrido al referendo un número de electores mayor al quince por ciento del registro electoral de la Comuna (art. 50). Este registro electoral de la Comuna, en todo caso, está conformado por la sumatoria de los registros electorales de los consejos comunales que la integran (art. 52).

Los voceros de la Comuna que hayan sido revocados de sus funciones, quedan inhabilitados para postularse a una nueva elección por los dos períodos siguientes a la fecha de la revocatoria (art. 53).

Por otra parte, conforme al artículo 54 de la LOC, además de por revocatoria, la condición de vocero de la Comuna se pierde por renuncia, por cambio de residencia debidamente comprobado fuera del ámbito geográfico de la Comuna; por resultar electo en un cargo público de elección popular; por estar sujeto a una sentencia definitivamente firme dictada por los órganos jurisdiccionales; y por muerte.

En cualquiera de estos casos, el suplente asumirá las funciones del vocero o vocera de la instancia comunal que ha perdido tal condición.

6. *El régimen de la Contraloría Social o la institucionalización de la técnica del espionaje social y de la denuncia política indiscriminada para imponer la ideología socialista*

A. *Objeto, propósito y finalidad de la Contraloría social*

La contraloría social, a la cual se concibe como función compartida entre las instancias del Poder Público y los ciudadanos, y las organizaciones del Poder Popular, se establece en la Ley Orgánica de Contraloría Social (LOCS) [191] como un mecanismo generalizado de espionaje social, no sólo "para ga-

---

191 Véase en *Gaceta Oficial* N° 6.011 del 21 de diciembre de 2010. Véase además, sobre esta Ley Orgánica el estudio de Luis A. Herrera Orellana, "La Ley Orgánica de Contraloría Social: Funcionalización de la participación e instauración de la desconfianza ciudadana," en Allan R. Brewer-Carías (Coordinador), Claudia Nikken, Luis A. Herrera Orellana, Jesús María Alvarado Andrade, José Ignacio Hernández y Adriana Vigilanza, *Leyes Orgánicas sobre el Poder Popu-*

rantizar que la inversión pública se realice de manera transparente y eficiente en beneficio de los intereses de la sociedad," sino para que "las actividades del sector privado no afecten los intereses colectivos o sociales" (art. 2).

Es evidente que estando concebida legalmente la organización del Poder Popular y las organizaciones del Estado Comunal para el Socialismo, y únicamente para el Socialismo, toda actividad de algún órgano del sector público o de cualquier persona organización o empresa del sector privado no comprometida con los principios del socialismo, afectarían en los términos de la Ley "intereses colectivo o sociales" pudiendo ser objeto de denuncia y sometidas a control popular.

Con ello se atribuye a los órganos del Poder Popular no sólo una función contralora general en relación con el manejo de las inversiones públicas en general, sino más destacadamente respecto de las todas las actividades de los individuos y empresas privadas, de cualquier naturaleza que sean, pues en definitiva, en una forma u otra las mismas siempre "inciden en los intereses colectivos o sociales."

El propósito fundamental de esta labor de control o espionaje social generalizado que se asigna a los órganos del Poder Popular, tal como se precisa en el artículo 3 de la LOCS,

> "es la prevención y corrección de comportamientos, actitudes y acciones que sean contrarios a los intereses sociales y a la ética en el desempeño de las funciones públicas, así como en las actividades de producción, distribución, intercambio, comercialización y suministro de bienes y servicios necesarios para la población, realizadas por el sector público o el sector privado."

A tal efecto, para formalizar esta función de investigación, denuncia y persecución indiscriminada es que se dictó específicamente la LOCS, la cual según se indica en su artículo 1, tiene por objeto desarrollar y fortalecer el Poder Popular, mediante el establecimiento de las normas, mecanismos y condiciones para la promoción, desarrollo y consolidación de la contraloría social como medio de participación y de corresponsabilidad de los ciudadanos, y sus organizaciones sociales, mediante el ejercicio compartido, entre el Poder Público y el Poder Popular, de la función de prevención, vigilancia, supervisión y control de la gestión pública y comunitaria, como de las actividades del sector privado que incidan en los intereses colectivos o sociales (art. 1).

Como se dijo, el ámbito de aplicación de la ley es tan general de manera que no sólo se aplican a "a todos los niveles e instancias político-territoriales de la Administración Pública, a las instancias y organizaciones del Poder Popular y a las organizaciones" sino a todas las "personas del sector privado que

---

lar y el Estado Comunal (Los Consejos Comunales, las Comunas, la Sociedad Socialista y el Sistema Económico Comunal),Editorial Jurídica Venezolana, Caracas 2011, pp. 359 ss.

realicen actividades con incidencia en los intereses generales o colectivos" (art. 4). Solo se establecen como límites para esta labor de espionaje generalizado, el que deben realizarse "en el marco de las limitaciones legales relativas a la preservación de la seguridad interior y exterior, la investigación criminal, la intimidad de la vida privada, el honor, la confidencialidad y la reputación"(art. 4).

Con los propósitos antes mencionados, la LOCS define en su artículo 5 la finalidad de la LOCS "para la prevención y corrección de conductas, comportamientos y acciones contrarios a los intereses colectivos":

1. Promover y desarrollar la cultura del control social como mecanismo de acción en la vigilancia, supervisión, seguimiento y control de los asuntos públicos, comunitarios y privados que incidan en el bienestar común.

2. Fomentar el trabajo articulado de las instancias, organizaciones y expresiones del Poder Popular con los órganos y entes del Poder Público, para el ejercicio efectivo de la función del control social.

3. Garantizar a los ciudadanos y ciudadanas en el ejercicio de la contraloría social, obtener oportuna respuesta por parte de los servidores públicos y servidoras públicas sobre los requerimientos de información y documentación relacionados con sus funciones de control.

4. Asegurar que los servidores públicos y servidoras públicas, los voceros y voceras del Poder Popular y todas las personas que, de acuerdo a la ley representen o expresen intereses colectivos, rindan cuentas de sus actuaciones ante las instancias de las cuales ejerzan representación o expresión.

5. Impulsar la creación y desarrollo de programas y políticas en el área educativa y de formación ciudadana, basadas en la doctrina de nuestro Libertador Simón Bolívar y en la ética socialista, especialmente para niños, niñas y adolescentes; así como en materia de formulación, ejecución y control de políticas públicas.

A tal efecto, como se ha dicho, en el artículo 6 de la LOCS se precisó que el ejercicio del control social, como herramienta fundamental para construcción de la nueva sociedad, como de todas las otras funciones del Poder Popular supuestamente "se inspira en la doctrina de nuestro Libertador Simón Bolívar, y se rige por los principios y valores socialistas." Lo primero no es cierto, y lo segundo, bajo el prisma de esta LOCS, lo que pone en evidencia es el carácter totalitario del socialismo que se pretende implantar montado sobre la base de la denuncia y de la persecución, particularmente respecto de quienes no sean "socialistas," sobre todo cuando se dispone expresamente en el artículo 7 de la Ley que la contraloría social se ejerce "en todas las actividades de la vida social"

B. *El ejercicio y los medios de la Contraloría social*

a. *Formas de ejercicio.*

El ejercicio de la contraloría social es una tarea que se regula en la LOCS para ser ejercida en forma completamente indiscriminada, de manera que la misma, conforme al artículo 7 de la Ley, se ejerce "de manera individual o colectiva, en todas las actividades de la vida social, y se integra de manera libre y voluntaria bajo la forma organizativa que sus miembros decidan." Solamente cuando se decida "su conformación sea de manera colectiva, todos y todas sus integrantes tendrán las mismas potestades."

En particular, conforme se dispone en el artículo 9 de la LOCS, y sin perjuicio de cualquier "iniciativa popular que con fundamento en el principio constitucional de la soberanía y de acuerdo a las normativas legales, surjan de la dinámica de la sociedad," el control social se ejerce a través de los siguientes medios:

a. *Individual:* Cuando la persona formula o dirige una solicitud, observación o denuncia sobre asuntos de su interés particular o se relacione con el interés colectivo o social (Art. 9.1).

En el caso específico de los trabajadores, conforme al artículo 12 de la LOCS, los supervisores inmediatos de la administración pública o empleadores del sector privado, deben garantizarles el ejercicio del control social en su ámbito laboral, sin que se vea afectada la eficacia del funcionamiento de la institución o empresa.

b. *Colectivamente*: A través de la constitución de organizaciones, por iniciativa popular, conformadas por dos o más personas, para ejercer el control de manera temporal sobre una situación específica y circunstancial; o permanentemente, sobre cualquier actividad del ámbito del control social, debiendo estas últimas cumplir con las formalidades de constitución establecidas en la presente Ley y registrase en el Ministerio del Poder Popular de las Comunas. Las condiciones para la constitución de estas organizaciones de contraloría social deben ser establecidas en el reglamento de la Ley (art. 9.2), que se previó para dictarse en un lapso de 6 meses después de la publicación de la Ley, es decir, antes del 21 de junio de 2011.

En todo caso, para efectos de su operatividad, las organizaciones de contraloría social deben elegir democráticamente en asamblea de sus integrantes, a voceros con sus respectivos suplentes, quienes deben ejercer la expresión de la organización ante el resto de la sociedad y deberán rendir cuenta de sus actuaciones ante los demás integrantes de su colectivo (art. 9).

c. *Orgánicamente*: Cuando sean creadas mediante ley, estableciéndoseles su forma de organización, integración, funcionamiento y ámbito de actuación

b. *Condiciones para el ejercicio de la contraloría social*

Para ejercer la contraloría social individualmente o como vocero de alguna organización, el artículo 10 de la LOCS requiere que la persona sea mayor de edad, salvo en los casos previstos en leyes especiales; y sujetar su desempeño a los principios y valores que rigen el control social, previstos en la Ley.

En todo caso, la contraloría social constituye un derecho y un deber constitucional y su ejercicio es de carácter ad honoren, en consecuencia quienes la ejerzan no pueden percibir ningún tipo de beneficio económico ni de otra índole, derivados de sus funciones (art. 11). Esto significa, entonces, que siendo una tarea esencialmente política y ad honorem, la contraloría social sólo podrá realizarse por quienes estén financiados para otras actividades y para otros fines políticos, es decir, por quienes reciben remuneración para la realización de otras acciones políticas. Es claro, entonces, que este control social, siendo además, esencialmente de espionaje y denuncia, quedará en definitiva manos de la militancia del partido oficial, el cual, dada la simbiosis que se ha desarrollado con el Estado, no es descartable que resulte financiada con fondos públicos proveniente del Estado Constitucional, al cual precisamente se quiere ahogar con el esquema organizativo del Estado Comunal.

### c. *Deberes de los voceros para la contraloría social*

En cuanto a los voceros de las organizaciones de contraloría social, los mismos tienen los siguientes deberes enumerados en el artículo 8 de la LOCS:

1. Cumplir sus funciones con sujeción estricta a la normativa de la LOCS y las que regulen la materia o las materias del ámbito de su actuación en el ejercicio del control social.

2. Informar a sus colectivos sobre las actividades, avances y resultados de las acciones de prevención, supervisión, vigilancia, evaluación y control del área o ámbito de actuación de la organización.

3. Presentar informes, resultados y recomendaciones a los órganos y entidades sobre las cuales ejerzan actividades de control social.

4. Remitir informe de avances y resultados de sus actividades a los organismos públicos a los que competa la materia de su actuación y a los órganos de control fiscal.

5. Hacer uso correcto de la información y documentación obtenida en el ejercicio del control social.

Dispone finalmente el artículo 14 de la Ley que los ciudadanos que ejerzan la contraloría social que incurran en hechos, actos u omisiones que contravengan lo establecido la Ley, son responsable administrativa, civil y penalmente conforme a las leyes que regulen la materia (art. 14).

### C. *El procedimiento para el ejercicio de la contraloría social*

Tal como lo dispone el artículo 13 de la LOCS, el procedimiento para el ejercicio de la contraloría social, podrá realizarse "mediante denuncia, noticia criminis o de oficio, según sea el caso, por toda persona natural o jurídica, con conocimiento en los hechos que conlleven a una posible infracción, irregularidad o inacción que afecte los intereses individuales o colectivos de los ciudadanos.

El procedimiento debe realizarse de la manera siguiente, tal como lo precisa el mismo artículo 13 de la LOCS:

1. Notificar directamente al órgano competente local, regional o nacional, para la apertura del inicio de la investigación a los efectos de comprobar la presunta infracción, irregularidad o inacción.

2. Realizada la función de contraloría social y efectivamente presumirse las infracciones, omisiones o hechos irregulares, se levantará un acta suscrita por quien o quienes integren la contraloría social, en la cual se dejará constancia fiel de los hechos, acompañada de la documentación que soporte los mismos, la cual tiene carácter vinculante para los organismos receptores.

3. Remitir el acta vinculante, indicada en el numeral anterior, ante las autoridades administrativas, penales, judiciales o de control fiscal que corresponda.

4. Hacer seguimiento de los procedimientos iniciados ante las autoridades administrativas, penales, judiciales o de control fiscal que corresponda, con el objeto de mantener informado a la organización de contraloría social a la que pertenezca.

De este iter procedimental, sin embargo, no queda claro quién es quien realiza la función de control, si "el órgano competente local, regional o nacional" se entiende de control (como podría ser el caso de la Contraloría general de la República, o de las contralorías estadales o municipales a los efectos del control fiscal) o la persona u organización que hacen la denuncia o realizan de oficio la contraloría social, y quienes son los que realizada la función de control, deben suscribir el acta para dejar constancia de los hechos, cuyo contenido es la que "tiene carácter vinculante para los organismos receptores" se entiende de la denuncia. Con lo cual, los órganos del Estado Constitucional de Control Fiscal o de otra índole quedan como meros "receptores" de actas de contenido vinculante que provienen de actividades de contraloría social realizadas por individuos o voceros de organizaciones, quedando obligados por lo que en ellas se establece.

Nada indica la Ley, sin embargo, respecto del respeto del debido respeto a las reglas del debido proceso, es decir, los derechos del denunciado o espiado a ser oído, a producir pruebas, en fin, a la defensa que se le debe garantizar antes de que se levante dicha acta vinculante y se remita a "las autoridades administrativas, penales, judiciales o de control fiscal que corresponda." Por otra parte, siendo el acta vinculante, es decir, estando condenado políticamente una persona de antemano por unos individuos u organizaciones de contraloría social, solo con base en una "presunción" establecida en un "acta," no se entiende para que efectos reales se la remite a las autoridades mencionadas y cuál es entonces el sentido de que se inicie otro "procedimientos" ante las "autoridades administrativas, penales, judiciales o de control fiscal que corresponda," de cuyo curso debe mantenerse informada a "la organización de contraloría social a la que pertenezca."

La Ley dispone finalmente que "los informes y denuncias producidos mediante el ejercicio de la contraloría social y hayan sido canalizados antes los órganos competentes del Poder Público deben obtener oportuna y adecuada respuesta," al punto de que no producirse ésta, los funcionarios públicos deben ser sancionados "de conformidad a los procedimientos establecidos en la ley que regula la materia."(art. 15).

La maraña normativa y procedimental que se aprecia en esta función de contraloría social, en forma superpuesta con las funciones de los órganos del Estado Constitucional, es de tal naturaleza que en definitiva lo que producirá será la neutralizarán las funciones de control de las "autoridades administrativas, penales, judiciales o de control fiscal" del mismo, que quedarán condicionadas por actas "vinculantes" que, en definitiva, en la mayoría de los casos sólo quedarán como manifestaciones de control de carácter político producto de la función de espionaje, denuncia y persecución sociales contra todo el que sea disidente de la implantación del socialismo, por supuesto, como este sea entendido por cualquier persona que asuma individualmente esta función "ad honorem" de control social.

D.  *La formación del ciudadano en las funciones de contraloría social*

Precisamente para que las funciones de control social se realicen con conocimiento exacto de sus fines, la LOCS obliga a "las distintas instancias y órganos del Poder Público, así como de todas las expresiones del Poder Popular, desarrollar programas, políticas y actividades orientadas a la formación y capacitación de los ciudadanos, ciudadanas y expresiones del Poder Popular en materia relacionada con el ejercicio de la contraloría social" (art. 16).

En particular, se obliga a los Ministerios del Poder Popular con competencia en materia de educación y educación universitaria para diseñar e incluir en los programas de estudio, "de todos los niveles y modalidades del sistema educativo venezolano, la formación basada en la doctrina de nuestro Libertador Simón Bolívar y valores y principios socialistas relativos al control social" (art. 18). En virtud de que la supuesta doctrina de Simón Bolívar sobre "control social" no es conocida, lo que esta norma pretende es imponer la formación de los jóvenes basada en los "valores y principios socialistas" relativos al control social, que en definitiva, como se aprecia de esta LOCS, no es otra cosa que pretender erigir como valor social y principio de vida social, la práctica del espionaje, la vigilancia y la denuncia entre ciudadanos para forzar e imponer una ideología única.

La Ley, por otra parte y en particular, impone al Ministerio del Poder Popular de las Comunas el deber de diseñar e implementar "programas orientados a crear conciencia en la ciudadanía sobre la utilidad y ventaja del correcto funcionamiento de las instancias del Poder Público y del Poder Popular, así como de las organizaciones del sector público en la realización de sus actividades, para contribuir al desarrollo integral del país" (art. 17). En este aspecto, afortunadamente el Legislador olvidó el aspecto de la contraloría social que regula la LOCS que más afecta a la ciudadanía y que es la que se refiere al control sobre todos los aspectos de la vida social respecto de las actividades del sector privado, sobre las cuales nada se indica sobre cual conciencia ciudadana hay que crear.

7.   *El régimen del sistema económico comunal o de cómo se define e impone legalmente un sistema económico comunista por el cual nadie ha votado*

A.   *Fundamentos del sistema económico comunal vinculado al socialismo y al modelo de producción socialista*

El Sistema Económico Comunal (SEC), tal como se define en el artículo 2 de la Ley Orgánica del Sistema Económico Comunal (LOSEC),[192] es

"el conjunto de relaciones sociales de producción, distribución, intercambio y consumo de bienes y servicios, así como de saberes y conocimientos, desarrolladas por las instancias del Poder Popular, el Poder Público o por acuerdo entre ambos, a través de organizaciones socio-productivas bajo formas de propiedad social comunal."

Se trata, por tanto, de un sistema económico que se desarrolla exclusivamente "a través de organizaciones socio-productivas bajo formas de propiedad social comunal" que conforme a la Ley son solamente las empresas del Estado Comunal creadas por las instancias del Poder Público, las empresas públicas creadas por los órganos que ejercen del Poder Público, las unidades productivas familiares o los grupos de trueque, donde está excluida toda iniciativa privada y la propiedad privada de los medios de producción y comercialización de bienes y servicios.

Es en consecuencia, un sistema económico socialista que se pretende implantar mediante ley, violentando completamente el sistema de economía mixta que garantiza la Constitución donde se establece, al contrario, como uno de los principios fundamentales del sistema constitucional, por una parte, la libertad económica (art. 112), es decir el derecho de todas las personas de poder dedicarse libremente a la actividad económica de su preferencia, sin más limitaciones que las previstas en la Constitución y las que establezcan las leyes, por razones de desarrollo humano, seguridad, sanidad, protección del

---

192   Véase en *Gaceta Oficial* N° 6.011 Extraordinario del 21 de diciembre de 2010. Véase además, sobre esta Ley Orgánica, el estudio de Jesús María Alvarado Andrade, "La 'Constitución económica' y el sistema económico comunal *(*Reflexiones Críticas a propósito de la Ley Orgánica del Sistema Económico Comunal)," en Allan R. Brewer-Carías (Coordinador), Claudia Nikken, Luis A. Herrera Orellana, Jesús María Alvarado Andrade, José Ignacio Hernández y Adriana Vigilanza, *Leyes Orgánicas sobre el Poder Popular y el Estado Comunal (Los Consejos Comunales, las Comunas, la Sociedad Socialista y el Sistema Económico Comunal),* Editorial Jurídica Venezolana, Caracas 2010, pp. 375 ss.

ambiente u otras de interés social, a cuyo efecto, el Estado está obligado a promover "la iniciativa privada, garantizando la creación y justa distribución de la riqueza, así como la producción de bienes y servicios que satisfagan las necesidades de la población, la libertad de trabajo, empresa, comercio, industria, sin perjuicio de su facultad para dictar medidas para planificar, racionalizar y regular la economía e impulsar el desarrollo integral del país;" .y por la otra el derecho de propiedad privada (art. 115), al limitarse la materialmente sólo sobre los bienes de uso, es decir, aquellos que una persona utiliza, sobre los bienes de consumo, que no son otros que los bienes fungibles, y sobre los medios de producción estrictamente familiar.

En la LOSEC se regula, por tanto, un sistema económico que cambia la estructura el Estado y cuya aprobación solo podría ser posible a través de la convocatoria de una Asamblea Constituyente (ni siquiera mediante reforma o enmienda constitucional), de un sistema de economía mixta a un sistema económico estatista o controlado por el Estado, mezclado con previsiones propias de sociedades primitivas y lugareñas que en el mundo globalizado de hoy ya simplemente no existen, que presuponen la miseria, como forma de vida, para regular y justificar el trueque como sistema, pensando quizás en sociedades agrícolas, o recolectoras, donde al fin del día se podrían intercambiar unos pescados por una liebre; o una consulta profesional de abogado por planchar una ropa; y para crear una moneda al margen de la de curso legal que es el bolívar, llamando así como "moneda comunal" como medio de intercambio de bienes y servicios, a los viejos "vales" de las haciendas de hace más de un siglo, donde el campesino estaba confinado al ámbito geográfico de la economía que controlaba estrictamente el hacendado.

Por ello es que este sistema económico comunal se lo concibe como la "herramienta fundamental para construcción de la nueva sociedad," que supuestamente debe regirse sólo "por los principios y valores socialistas" que en esta LOSEC también se declara que supuestamente se inspira en la doctrina de Simón Bolívar (art. 5).

A tal efecto, reducida la propiedad privada a la mínima expresión, en la Ley se define la "propiedad social" como:

"El derecho que tiene la sociedad de poseer medios y factores de producción o entidades con posibilidades de convertirse en tales, esenciales para el desarrollo de una vida plena o la producción de obras, bienes o servicios, que por condición y naturaleza propia son del dominio del Estado; bien sea por su condición estratégica para la soberanía y el desarrollo humano integral nacional, o porque su aprovechamiento garantiza el bienestar general, la satisfacción de las necesidades humanas, el desarrollo humano integral y el logro de la suprema felicidad social" (art. 6.15).

Con ello se reafirma que el sistema económico comunal que se regula está basado exclusivamente en la propiedad pública, del Estado (dominio del Estado), sobre los medios de producción, de manera que en la práctica, no se trata de ningún derecho "de la sociedad," sino del aparato Estatal, cuyo desarrollo, regido por un sistema de planificación centralizada, elimina toda posibilidad de libertad económica e iniciativa privada, y convierte a las "organizaciones socio-productivas" en meros apéndices del aparato estatal. El sistema omnicomprensivo que se regula, al contrario está basado en la "propiedad social comunal" y que debe ser desarrollada tanto por el Estado Constitucional (los órganos del Poder Público) como por el Estado Comunal (instancias del Poder Popular), como se dijo, exclusivamente a través de "organizaciones socio-productivas bajo formas de propiedad comunal."

Este sistema económico comunal se había comenzado a regular legalmente, al margen de la Constitución, violentándola, luego de haber sido rechazado en la reforma constitucional que se pretendió implementar en ese sentido en 2007, donde por primera vez se formuló formalmente[193] mediante el Decreto Ley N° 6.130 de 2008, contentivo de la Ley para el Fomento y Desarrollo de la Economía Popular,[194] la cual por ello fue derogada y sustituida por esta LOSEC, la cual tiene por finalidad, entre otras, de "impulsar el sistema económico comunal a través de un modelo de gestión sustentable y sostenible para el fortalecimiento del desarrollo endógeno (art. 3.2); "fomentar el sistema económico comunal en el marco del **modelo productivo socialista**, a través de diversas formas de organización socio-productiva, comunitaria y comunal en todo el territorio nacional (art. 3.3); e "incentivar en las comunidades y las comunas los valores y principios **socialistas** para la educación, el trabajo, la investigación, el intercambio de saberes y conocimientos, así como la solidaridad, como medios para alcanzar el bien común.(art. 3.8).

En este contexto socialista, la LOSEC define el "modelo productivo socialista" como el

> "modelo de producción basado en la **propiedad social**, orientado hacia la **eliminación de la división social del trabajo** propio del modelo capitalista. El modelo de producción socialista está dirigido a la satisfacción de necesidades crecientes de la población, a través de nuevas formas de generación y apropiación así como de la **reinversión social del excedente**." (art. 6.12)

Se trata en consecuencia, de una Ley mediante la cual se pretende, además, cambiar el sistema capitalista y sustituirlo a la fuerza por un sistema socialista, imponer un sistema comunista, para lo cual sus redactores, basándose en algún Manual vetusto de revoluciones comunistas fracasadas, han parafraseado en la ley lo que escribieron hace más de 150 años Carlos Marx y Federico Engels, en 1845 y 1846, sobre la sociedad comunista. En el conoci-

---

193 Véase sobre la rechazada reforma constitucional de 2007, en Allan R. Brewer-Carías, "La proyectada reforma constitucional de 2007, rechazada por el poder constituyente originario", en *Anuario de Derecho Público 2007*, Año 1, Instituto de Estudios de Derecho Público de la Universidad Monteávila, Caracas 2008, pp. 17-65.

194 La LOSEC derogó expresamente la Ley la Ley para el Fomento y Desarrollo de la Economía Popular, publicado en la *Gaceta Oficial de la República Bolivariana de Venezuela* N° 5.890 Extraordinario de fecha 31 de julio de 2008.

do libro *La Ideología Alemana*, en efecto, refiriéndose a la sociedad primitiva de la época, en muchas partes aún esclavista y en todas, preindustrial, después de afirmar que la propiedad es "el derecho de suponer de la fuerza de trabajo de otros" y declarar que la "división del trabajo y la propiedad privada" eran "términos idénticos: uno de ellos, referido a la esclavitud, lo mismo que el otro, referido al producto de ésta," escribieron que:

"la división del trabajo nos brinda ya el primer ejemplo de cómo, mientras los hombres viven en una sociedad natural, mientras se da, por tanto, una separación entre el interés particular y el interés común, mientras las actividades, por consiguientes no aparecen divididas voluntariamente, sino por modo natural,[195] los actos propios del hombres se erigen ante él en un poder hostil y ajeno, que lo sojuzga, en vez de ser él quien los domine. En efecto, a partir del momento en que comienza a dividirse el trabajo, cada cual se mueve en un determinado circulo exclusivo de actividad, que le es impuesto y del cual no puede salirse; el hombre es cazador, pescador, pastor o crítico, y no tiene más remedio que seguirlo siendo, si no quiere verse privado de los medios de vida; al paso que en la sociedad comunista, donde cada individuo no tiene acotado un círculo exclusivo de actividades, sino que puede desarrollar sus aptitudes en la rama que mejor le parezca, la sociedad se encarga de regular la producción general, con lo que hace cabalmente posible que yo pueda por la mañana cazar, por la tarde pescar y por la noche apacentar ganado, y después de comer, si me place, dedicarme a criticar, sin necesidad de ser exclusivamente cazador, pescador, pastor o crítico, según los casos."[196]

Los redactores de la Ley, por tanto, no se han percatado de que en las sociedades contemporáneas ya no se reducen a ser aquellas que vivían de la caza y de la pesca, o de la siembra y cría de animales, y de que en las sociedades globalizadas de la actualidad, es imposible no montar la producción en la división social del trabajo; y además, parece que ni siquiera se han percatado que después de tantos años de estancación y de miseria tratando de imponer la sociedad comunista, el desarrollo del sistema capitalista es el que le ha permitido a China catapultarse económicamente, aún cuando sometida a una dictadura del Estado capitalista, y que en Cuba el régimen comunista clama por su auto eliminación para lo cual en 2011 ha comenzado a lanzar a la calle a decenas de miles de antiguos asalariados o servidores del Estado para forzarlos a desarrollar iniciativas privadas, basadas en la supuesta "esclavitud" de la división del trabajo y en el supuesto producto de esa esclavitud, que es la propiedad, convencidos de que en el mundo contemporáneo no es posible

---

195 Esta división "natural" se daba según Marx y Engels "en atención a las dotes físicas (por ejemplo, la fuerza corporal), a las necesidades, las coincidencias fortuitas, etc."

196 Véase en Karl Marx and Frederich Engels, "The German Ideology," en *Collective Works*, Vol. 5, International Publishers, New York 1976, p. 47. Véanse además los textos pertinentes en http://www.educa.madrid.org/cms_tools/files/0a24636f-764c-4e03-9c1d-6722e2ee60d7/Texto%20Marx%20y%20 Engels.pdf

"la eliminación de la división social del trabajo" como en cambio se propugna en el artículo 6.12 de la LOSEC, y de que sólo, precisamente, mediante la división social del trabajo es posible la producción industrial, la generación de empleo y la generación de riqueza.

En cambio, para eliminar toda forma de generar riqueza y con ello de trabajo y empleo, la LOSEC declara como pieza esencial del sistema económico comunal, la necesaria "reinversión social del excedente," como principio esencial que rige las organizaciones socio-productivas, definida como "el uso de los recursos remanentes provenientes de la actividad económica de las organizaciones socio-productivas, en pro de satisfacer las necesidades colectivas de la comunidad o la comuna, y contribuir al desarrollo social integral del país" (art. 6.19). Con este principio, los redactores de la Ley incorporaron a su articulado, otros de los pilares del sistema comunista, tal como fue concebido por Marx y Engels, como contrapuesto al sistema capitalista, y es la necesaria "reinversión social de excedente" producto de la actividad económica. Debe recordarse que las sociedades industriales se desarrollaron económicamente, al contrario, gracias a la acumulación del excedente económico que genera el empresario privado y a la reinversión de este excedente para generar mayor crecimiento, que fue en definitiva lo que generó la industrialización. Un sistema en el cual si bien la reinversión social de parte de ese excedente se logra a través del sistema tributario, está basado en la libre iniciativa generadora de riqueza, que a la vez, es la que puede multiplicar el empleo y el trabajo, y generar mayor crecimiento económico.

Basada por tanto en los principios utópicos comunistas de la "propiedad social de los medios de producción," la "eliminación de la división social del trabajo" y la "reinversión social del excedente," la LOSEC está sin duda concebida para implantar en Venezuela el sistema comunista como contrario al sistema capitalista, a cuyo efecto la misma, como se declara en su artículo 1º, se ha dictado para desarrollar y fortalecer el Poder Popular:

> "estableciendo las normas, principios, y procedimientos para la creación, funcionamiento y desarrollo del sistema económico comunal, integrado por organizaciones socio-productivas bajo régimen de propiedad social comunal, impulsadas por las instancias del Poder Popular, del Poder Público o por acuerdo entre ambos, para la producción, distribución, intercambio y consumo de bienes y servicios, así como de saberes y conocimientos, en pro de satisfacer las necesidades colectivas y reinvertir socialmente el excedente, mediante una planificación estratégica, democrática y participativa (art. 2).

Para implantar el comunismo, la LOSEC establece un ámbito omnicomprensivo de aplicación, al establecer, formalmente, que se aplica, por una parte "a las comunidades organizadas, consejos comunales, comunas y todas las instancias y expresiones del Poder Popular, en especial a las organizaciones socio-productivas que se constituyan dentro del sistema económico comunal," es decir, a todo el ámbito del Estado Comunal; y por la otra, "de igual manera, a los órganos y entes del Poder Público y las organizaciones del sector privado, en sus relaciones con las instancias del Poder Popular" (Art. 3), es decir, a todos los órganos y entes del Estado Constitucional y a todas las instituciones, empresas y personas del sector privado. Es decir, es una Ley tendiente a implementar el comunismo en todos los órdenes.

## B. *Las diversas organizaciones socio-productivas*

Como antes se ha dicho, de acuerdo con esta LOSEC, las organizaciones socio-productivas son los "actores" fundamentales que se han diseñado para dar soporte al sistema económico comunal, pues es a través de ellas que se desarrolla el "modelo productivo socialista" que propugna, las cuales se definen como las:

> "unidades de producción constituidas por las instancias del Poder Popular, el Poder Público o por acuerdo entre ambos, con objetivos e intereses comunes, orientadas a la satisfacción de necesidades colectivas, mediante una economía basada en la producción, transformación, distribución, intercambio y consumo de bienes y servicios, así como de saberes y conocimientos, en las cuales el trabajo tiene significado propio, auténtico; sin ningún tipo de discriminación" (art. 9).[197]

Esta afirmación legal, que también proviene de los viejos Manuales comunistas basados en las apreciaciones de Marx y Engels en las sociedades anteriores a las europeas de mitades del siglo XIX sobre el trabajo asalariado, su explotación y carácter esclavista y discriminatorio, particularmente en relación con las mujeres,[198] lo cual no tiene ninguna relación con la actualidad en ningún país occidental, parecería que parte de supuesto de que en Venezuela, el trabajo no ha tenido "significado propio" y no ha sido "auténtico," y además, se ha realizado basado en la "discriminación," lo que no tiene base ni sentido algunos. El trabajo es la tarea desarrollada por el hombre generalmente sobre una materia prima con ayuda de instrumentos con la finalidad de producir bienes y servicios; y es, por tanto, el medio para la producción de la riqueza. Ese es el sentido propio y auténtico del trabajo, en cualquier parte del mundo, y su división es de la esencia de la productividad en una sociedad, pues una sola persona no podría nunca cubrir todas las fases de la producción o comercialización de bienes o de la prestación de servicios. De manera que no se entiende qué es lo que se quiere decir que, con la nueva Ley, el trabajo

---

197 La Ley de 2008 las definía como las: "unidades comunitarias con autonomía e independencia en su gestión, orientadas a la satisfacción de necesidades de sus miembros y de la comunidad en general, mediante una economía basada en la producción, transformación, distribución e intercambio de saberes, bienes y servicios, en las cuales el trabajo tiene significado propio y auténtico; y en las que no existe discriminación social ni de ningún tipo de labor, ni tampoco privilegios asociados a la posición jerárquica" (art. 8). Dicha autonomía e independencia desapareció totalmente de la nueva LOSEC.

198 Al referirse al trabajo en la misma obra la Ideología Alemana, Marx y Engels hablaron de la "explotación del hombre por el hombre": y se refirieron a la "distribución desigual, tanto cuantitativa como cualitativamente, del trabajo y de sus productos," en "The German Ideology," *loc. cit.*

supuestamente ahora adquirirá un significado "propio y auténtico." Por otra parte, en la definición se sugiere que supuestamente hasta ahora, el trabajo se habría realizado en el país sobre la base de la explotación y la discriminación, lo que está desmentido por la avanzada legislación laboral que ha habido desde la década de los cuarenta.

Ahora bien, ese trabajo con sentido "propio y auténtico," y "sin discriminación," al que se refiere la LOSEC, es el que supuestamente ahora se va a garantizar a través de las organizaciones socio-productivas que se regulan en la ley, mediante las cuales, en forma exclusiva, se desarrollará la economía del país, y que conforme al artículo 10 de la LOSEC, son sólo cuatro: primero, las empresas del Estado Comunal; segundo, las empresas públicas del Estado Constitucional; tercero, las unidades productivas familiares; y cuarto, los grupos de trueque, variándose sustantivamente las formas que se regulaban en el régimen de la derogada Ley de 2008.[199] O sea, que del trabajo en empresas privadas en las cuales los trabajadoras tienen herramientas para lograr mejores condiciones que ha sido una de las bases del sistema económico del país, se quiere pasar al trabajo exclusivamente en empresas de carácter público, creadas por las instancias del Estado Comunal y por los órganos y entes del Estado Constitucional, sometidas todas a una planificación centralizada, en las cuales no puede haber movimientos sindicales u organizaciones de trabajadores libres que puedan presionar para el logro de mejores condiciones laborales, y donde el "empresario" en definitiva resultará ser un burócrata de un régimen autoritario que usa el "excedente" para su propio confort, explotando a los asalariados alienados.

a.  *Empresas del Estado Comunal (Empresas de propiedad social directa comunal)*

En primer lugar, están las "empresas de propiedad social directa comunal," o empresas del Estado Comunal, concebidas como la "unidad socio-productiva constituida por las instancias de Poder Popular en sus respectivos ámbitos geográficos, destinada al beneficio de los productores y productoras que la integran, de la colectividad a las que corresponden y al desarrollo so-

---

199  Debe señalarse que la ley derogada de 2008 establecía además, como unidades socio-productivas, las siguientes unidades de trabajo colectivo para la producción y distribución social y para la autogestión: Primero, la Empresa de Producción Social, que era la "unidad de trabajo colectivo destinada a la producción de bienes o servicios para satisfacer necesidades sociales y materiales a través de la reinversión social de sus excedentes, con igualdad sustantiva entre sus integrantes." (art. 9.3), entendiéndose como "trabajo colectivo" la "actividad organizada y desarrollada por los miembros de las distintas formas organizativas, basada en relaciones de producción no alienada, propia y auténtica, con una planificación participativa y protagónica (art. 5.2). Segundo, la Empresa de Distribución Social, que era la "unidad de trabajo colectivo destinada a la distribución de bienes o servicios para satisfacer necesidades sociales y materiales a través de la reinversión social de sus excedentes, con igualdad sustantiva entre sus integrantes." (art. 9.4). Y tercero, la Empresa de Autogestión, que era la "unidad de trabajo colectivo que participan directamente en la gestión de la empresa, con sus propios recursos, dirigidas a satisfacer las necesidades básicas de sus miembros y de la comunidad." (art. 9.5).

cial integral del país, a través de la reinversión social de sus excedentes." (art. 10.1)

Se trata siempre de empresas de propiedad social directa comunal creadas por las diversas instancias del Poder Popular, cuya gestión y administración es por tanto siempre ejercida la instancia que la constituya, de manera que siempre tienen un ámbito geográfico local limitado, confinadas a una comuna o alguna agregación de comunas.

b.  *Empresas públicas (Empresa de propiedad social indirecta comunal)*

En segundo lugar están las "empresa de propiedad social indirecta comunal," o empresas públicas del Estado Constitucional, concebidas como la "unidad socio-productiva constituida por el Poder Público en el ámbito territorial de una instancia del Poder Popular, destinadas al beneficio de sus productores y productoras, de la colectividad del ámbito geográfico respectivo y del desarrollo social integral del país, a través de la reinversión social de sus excedentes." (art. 10.2).

En estos casos se trata siempre de empresas de propiedad social indirecta comunal, constituidas por los órganos del Poder Público (República, Estados y Municipios), es decir, empresas públicas nacionales, estadales y municipales pero siempre creadas en un ámbito geográfico y territorial limitado reducido al de alguna instancia del Poder Popular, y cuya gestión y administración corresponde siempre, como principio, al ente u órgano del Poder Público que las constituya; sin que ello obste para que, progresivamente, la gestión y administración de estas empresas sea transferida a las instancias del Poder Popular, en cuyo caso, se constituirían en empresas de propiedad social comunal directa, es decir, en empresas del Estado Comunal.

c.  *Unidades productivas familiares*

En tercer lugar, están las "unidades productivas familiares," es decir, empresas de carácter netamente familiar, concebidas como "una organización cuyos integrantes pertenecen a un núcleo familiar que desarrolla proyectos socio-productivos dirigidos a satisfacer sus necesidades y las de la comunidad; y donde sus integrantes, bajo el principio de justicia social, tienen igualdad de derechos y deberes" (art. 10.3).

Conforme al artículo 14 de la Ley, el grupo familiar que puede confirmar estas empresas familiares, debe estar "integrado por personas relacionadas hasta el cuarto grado de consanguinidad y segundo de afinidad," y debe estar sustentada "en los saberes y el conocimiento propios del grupo familiar, destinado al beneficio de sus integrantes y a satisfacer necesidades de la comunidad donde el grupo familiar tenga su domicilio." Por tanto, un grupo de amigos y relacionados con intereses comunes, no podría establecer una unidad socio-productiva de esta naturaleza, destinada beneficiar a sus integrantes y a satisfacer necesidades de la comunidad.

d.  *Organizaciones de trueque (Grupos de intercambio soli-*
    *dario)*

Por último, en cuarto lugar, la LOSEC regula como organización socio-productiva a los "grupos de intercambio solidario," como organizaciones de "trueque" concebidas como el "conjunto de prosumidores organizados voluntariamente, con la finalidad de participar en alguna de las modalidades de los sistemas alternativos de intercambio solidario."

A los efectos de estos Grupos, estos llamados "prosumidores" se definen en la LOSEC como las "personas que producen, distribuyen y consumen bienes, servicios, saberes y conocimientos, mediante la participación voluntaria en los sistemas alternativos de intercambio solidario, para satisfacer sus necesidades y las de otras personas de su comunidad" (art. 16.6).

En cuanto a estos sistemas alternativos de intercambio solidario, es decir, de trueque, los mismos deben operar conforme al artículo 43, bajo dos modalidades de trueque: En primer lugar, el "trueque comunitario directo," en las modalidades de intercambio de saberes, conocimientos, bienes y servicios con valores mutuamente equivalentes, sin necesidad de un sistema de compensación o mediación.[200] Y en segundo lugar, el "trueque comunitario indirecto," en la modalidad de intercambio de saberes, conocimientos, bienes y servicios con valores distintos, que no son mutuamente equivalentes y que requieren de un sistema de compensación o mediación, a fin de establecer de manera explícita relaciones de equivalencias entre dichos valores diferentes.[201]

Para el desarrollo de estas modalidades de trueque, la Ley define los "mercados de trueque comunitario" como los "espacios físicos destinados periódicamente al intercambio justo y solidario de bienes, servicios, saberes y conocimientos, con el uso de monedas comunales" (art. 6.11); y al "sistema de distribución de trueque comunitario" como el "sistema destinado periódicamente al intercambio justo y solidario de bienes, servicios, saberes y conocimientos" (art. 6.20).

Es imposible leer estas modalidades de "trueque" como uno de los pilares fundamentales del sistema de producción socialista que propugna esta Ley, sin que venga a la memoria, precisamente el esquema utópico descrito por Marx y Engels respecto de una sociedad primitiva en la cual se pudiera, el mismo día, ser cazador, pescador, pastor y crítico, de manera que durante el transcurso del día se pudiera intercambiar liebres o gallinas por unos pescados!! Es posible que ello pudiera aplicarse respecto de grupos o humanos o comunidades aislados que pueda haber en territorios inaccesibles, como forma de vida cotidiana, pero no es más que un disparate pensar que se pueda aplicar en las grandes urbes contemporáneas y en las intercomunicadas áreas rurales del país, salvo que se las reduzca todas, a la miseria.

---

200  Igual definición se encuentra en el artículo 6.22 de la LOSEC.

201  Similar definición se establece en el artículo 6.23 de la LOSEC.

## C.  El régimen centralizado del sistema económico comunal

Por otra parte, todo el sistema de producción socialista que se regula en la LOSEC, es un sistema económico sometido a una planificación centralizada, conforme a la cual está proscrita toda iniciativa privada, controlado además por el Ejecutivo nacional directamente.

A tal efecto, en la Ley para el Fomento y Desarrollo de la Economía Popular de 2008, se había establecido que el sistema de economía comunal estaba bajo el control del Ejecutivo Nacional, como "órgano rector," que se ejercía por órgano del Ministerio de las Comunas (art. 6). La LOSEC establece ahora que el Ministerio de las Comunas, "es el órgano coordinador de las políticas públicas relacionadas con la promoción, formación, acompañamiento integral y financiamiento de los proyectos socio-productivos, originados del seno de las comunidades, las comunas o constituidos por entes del Poder Público conforme a lo establecido en el Plan de Desarrollo Económico y Social de la Nación, las disposiciones de la Ley, su Reglamento y demás normativas aplicables" (art 7).

Sin embargo, de las competencias que se atribuyen, resulta todo un sistema centralizado que conduce el Ejecutivo Nacional, de manera que al Ministerio de las Comunas corresponde conforme al artículo 8, las siguientes atribuciones:

1.  Otorgar la personalidad jurídica a las organizaciones socio-productivas.

2.  Dictar las políticas y lineamientos en materia de economía comunal, proyectos socio-productivos, formación, financiamiento, intercambio solidario y distribución que impulsen el desarrollo, consolidación y expansión del sistema económico comunal.

3.  Asignar recursos financieros y no financieros, retornables y no retornables, para el desarrollo de las organizaciones socio-productivas que se constituyan en el marco de las disposiciones de la presente Ley.

4.  Velar porque los planes y proyectos de sistema económico comunal se formulen en correspondencia con el Plan de Desarrollo Económico y Social de la Nación, adecuados a las necesidades y potencialidades de las comunidades, de las comunas o del ámbito geográfico de los sistemas de agregación que surjan entre éstas.

5.  Diseñar e implementar programas, por sí o en articulación con otros órganos y entes públicos, así como del sector privado, para la formación, asistencia técnica y actualización tecnológica de las organizaciones socio-productivas.

6.  Coadyuvar a la consolidación de las bases del modelo productivo socialista, como instrumento para alcanzar el desarrollo humano integral, sostenible y sustentable.

7.  Dictar normas en materia de recuperación y reestructuración de las organizaciones socio-productivas previstas en la presente Ley.

8.  Contribuir a la consecución de la justa distribución de la riqueza mediante el diseño, planificación y ejecución de planes, programas y proyectos tendentes al desarrollo del sistema económico comunal, como instrumento para la construcción del modelo productivo socialista, en correspondencia con los lineamientos del sistema nacional de planificación.

9.  Diseñar, en articulación con los órganos y entes con competencia en materia educativa y tecnológica, programas para la formación y capacitación de los integrantes o aspirantes a integrar las organizaciones socio-productivas, así como para la certificación de saberes y conocimientos de los ciudadanos y ciudadanas de las comunidades que formen parte del sistema económico comunal.

10. Hacer seguimiento, evaluación y control de las organizaciones socio-productivas con el fin de asegurar que las actividades de las mismas se correspondan con los respectivos planes, proyectos y programas de cualquiera de los sistemas de agregación comunal.

11. Formular y promover políticas de incentivo y acompañamiento integral a las organizaciones socio-productivas que se constituyan en cualquiera de los sistemas de agregación comunal.

12. Establecer las medidas necesarias para promover el acceso de las organizaciones socio-productivas a los distintos procesos de intercambio socio-productivo, nacionales e internacionales, preferentemente con países latinoamericanos y del Caribe, en el ámbito de la integración comunitaria bolivariana y caribeña, para potenciar el humanismo y la hermandad entre los pueblos.

D.  *Régimen jurídico de las organizaciones socio-productivas*

a.  *Constitución de las organizaciones socio-productivas*

Las condiciones para la constitución de las organizaciones socio-productivas se establecen en la LOSEC, diferenciándolas según la forma de las mismas.

*En primer lugar*, en cuanto a las empresas del Estado Comunal, es decir, aquellas "de propiedad social directa comunal," como se establece en el artículo 12, las mismas deben ser constituidas "mediante documento constitutivo estatutario, acompañado del respectivo proyecto socio-productivo, haciendo este último las veces de capital social de la empresa," el cual debe ser "elaborado con base en las necesidades y potencialidades de las comunidades de la instancia del Poder Popular a la que corresponda, y de acuerdo al plan de desarrollo del correspondiente sistema de agregación comunal."

*En segundo lugar*, en cuanto a las Empresas públicas constituidas por órganos o entes del Poder Público, que son las "de propiedad social indirecta comunal," dispone el artículo 13, que las mismas son constituidas mediante "documento constitutivo estatutario, de acuerdo a las normativas que rijan al órgano o ente público encargado de su constitución." Se entiende que se refiere al acto ejecutivo por medio del cual se decide en la Administración Central o descentralizada, la creación de una empresa, en los términos de la Ley Orgánica de la Administración Pública.

En *tercer lugar*, en cuanto a las "Unidades productivas familiares," el artículo 14 establece que cada una de las mismas se constituye "por un grupo familiar integrado por personas relacionadas hasta el cuarto grado de consanguinidad y segundo de afinidad, mediante documento constitutivo estatutario y un proyecto socio-productivo sustentado en los saberes y el conocimiento propios del grupo familiar, destinado al beneficio de sus integrantes y a satisfacer necesidades de la comunidad donde el grupo familiar tenga su domicilio."

Por último, en *cuarto lugar*, y en cuanto los Grupos de intercambio solidario, el artículo 15 de la LOSEC dispone que los mismos se constituyen "mediante acta de asamblea de prosumidores y prosumidoras, en la cual toda persona natural o jurídica puede pertenecer a un determinado grupo de intercambio solidario para ofrecer y recibir saberes, conocimientos, bienes y servicios," siempre y cuando cumpla con lo establecido en la Ley y su Reglamento. En este último caso, el acuerdo solidario, conforme se indica en el artículo 44 de la ley, se debe llevar a cabo a través de una asamblea constitutiva de "prosumidores", en la que se debe proponer la denominación del grupo, de "la moneda comunal" que se va a utilizar, así como "la especificación y organización del sistema alternativo de intercambio solidario," el cual se debe regir por lo dispuesto en la Ley y su Reglamento.

Dicha Asamblea de "prosumidores" como se establece en el artículo 47 de la Ley, debe estar integrada por quienes voluntariamente decidan conformar el respectivo grupo de intercambio solidario, con las siguientes atribuciones: 1. Diseñar, denominar, valorar, administrar y decidir sobre cualquier aspecto relativo a la moneda comunal, con autorización del Ministerio de las Comunas y conforme a las resoluciones que dicte al efecto el Banco Central de Venezuela; y 2. Coordinar las actividades de organización y funcionamiento de los diferentes espacios del intercambio solidario.

Las organizaciones socio-productivas conforme se exige en el artículo 11 de la LOSEC, deben tener un determinado espacio geográfico en el país, correspondiente a la instancia del Poder Popular en las que se constituyan, donde deben establecer su domicilio. Sin embargo, en el caso de los grupos de intercambio solidario, los mismos deben tener su domicilio en el lugar donde desarrollen las actividades socio-productivas tendientes a ofrecer y recibir bienes, servicios, saberes y conocimientos.

Los documentos de las empresas de propiedad social comunal deben siempre indicar tal carácter, bien sea con la mención expresa de "Empresa de Propiedad Social" o abreviación mediante las siglas "EPS" (art. 17).

Todas las organizaciones socio-productivas contempladas en la LOSEC, conforme se dispone en el artículo 16 de la Ley, adquieren personalidad jurídica, no mediante la inscripción de su documento constitutivo en el registro mercantil, sino mediante el registro del mismo "ante el órgano coordinador," es decir, ante el Ministerio de las Comunas.

A tal efecto, dicho Ministerio debe establecer una dependencia funcional de verificación, inscripción y registro con el fin de mantener el seguimiento y control de las organizaciones socio-productivas y de los espacios de intercambio solidario del país (art. 19).

El procedimiento para la inscripción ante el Ministerio de las Comunas, a los efectos de la obtención de la personalidad jurídica de las diversas organizaciones socio-productivas, es el siguiente:

1. En los casos de organizaciones socio-productivas de propiedad social comunal directa, es decir, de empresas del Estado Comunal, los responsables designados por la instancia de agregación comunal correspondiente, deben presentar por ante el Ministerio de las Comunas la solicitud de registro, acompañada del acta constitutiva de la organización, acta de la asamblea de productores, así como el proyecto socio-productivo. Cuando se trate de empresas de propiedad social comunal indirecta, es decir, de empresas públicas, el funcionario autorizado del órgano o ente de la Administración Pública correspondiente, es el que debe presentar ante el Ministerio de las Comunas el acta constitutiva, así como los estatutos de la organización.

2. El servidor público responsable en el Ministerio de las Comunas debe recibir los documentos que le hayan sido presentados con la solicitud, debe efectuar el registro en un lapso no mayor a quince días, otorgándole personalidad jurídica a todos los efectos legales.

3. Si se encontrare alguna deficiencia en la documentación presentada, el servidor público competente lo debe comunicar a los solicitantes, quienes tienen un lapso de treinta días para corregirla, de manera que subsanada la falta se debe proceder al registro.

4. Si los interesados no subsanan la falta en el lapso indicado, el órgano coordinador debe abstenerse de registrar la organización, y contra esta decisión puede interponerse el recurso jerárquico correspondiente conforme a lo dispuesto en la Ley Orgánica de Procedimientos Administrativos, con lo cual queda agotada la vía administrativa. Los actos administrativos dictados por el Ministerio de las Comunas como "órgano coordinador" pueden ser recurridos por ante la jurisdicción contencioso administrativa.

El Ministerio de las Comunas, sólo puede abstenerse de registrar una organización socio-productiva, además de cuando no se acompañen los documentos exigidos en la Ley o si éstos presentan alguna deficiencia u omisión no subsanada, "cuando el proyecto socio productivo de la organización tenga por objeto finalidades distintas a las previstas en la Ley." (Art. 18) Por tanto, ninguna organización socio-productiva que no sea socialista o que no responda al modelo productivo socialista podría ser registrada.

b. *Derechos de las organizaciones socio-productivas*

Conforme se establece en el artículo 20 de la LOSEC, las organizaciones socio-productivas gozan de los siguientes derechos:

1. Formación y capacitación integral para el trabajo productivo y técnico, en la formulación, desarrollo y financiamiento de proyectos socio-productivos sustentables por parte de los órganos y entes del Poder Público con competencia en la materia.

2. Acompañamiento integral mediante el otorgamiento de recursos financieros y no financieros, retornables y no retornables, por parte de los órganos y entes del Poder Público.

3. La transferencia de servicios, actividades y recursos, en el área de sus operaciones, de acuerdo con lo establecido en el artículo 184 y 185 de la Constitución de la República, en concordancia con las decisiones del Consejo Federal de Gobierno.

Además, dispone el artículo 22 de LOSEC que los órganos y entes del Poder Público, en sus diferentes niveles político-territoriales, deben establecer entre las condiciones para los procesos de contratación de obras, adquisición de bienes y prestación de servicios, "medidas que favorezcan y otorguen prioridad y preferencia a las organizaciones socio-productivas" establecidas en la Ley.

Por otra parte, en caso de situaciones sobrevenidas no imputables a la organización socio-productiva, que afecte su funcionamiento o capacidad de pago, el artículo 23 de la Ley dispone que el Ejecutivo Nacional, a través del Ministerio de las Comunas, podrá aprobar y aplicar programas de recuperación o reestructuración.

c. *Obligaciones de las organizaciones socio-productivas*

En cuanto a las obligaciones de las organizaciones socio-productivas, las mismas se enumeran en el artículo 24 de la LOSEC, en la siguiente forma:

1. Diseñar y ejecutar planes, programas y proyectos socio-productivos, en coordinación con el Comité de Economía Comunal, el Consejo de Economía Comunal o la instancia de articulación en materia de economía comunal del sistema de agregación, según sea el caso, dirigidos a consolidar el desarrollo integral de la comunidad o las comunidades del ámbito territorial de la instancia del Poder Popular al que corresponda.

2. Promover y practicar la democracia participativa y protagónica, basada en los principios de la ética socialista, y el desarrollo de actividades socio-productivas, surgidas del seno de la comunidad o las comunidades.

3. Cumplir y hacer cumplir las decisiones emanadas del Comité de Economía Comunal, el Consejo de Economía Comunal o la instancia en materia de economía comunal del sistema de agregación,

según sea el caso, en función de articular los planes y proyectos socio-productivos a los lineamientos de planificación de la instancia respectiva.

4. Fomentar, promover e implementar el desarrollo de actividades socio-productivas, políticas, culturales, ecológicas, de defensa de los derechos humanos y de las personas en situación de vulnerabilidad, de acuerdo a los principios y valores contenidos en esta Ley.

5. Rendir cuentas y ejercer la contraloría social, como actividad permanente, en el desarrollo de la gestión comunitaria o comunal.

6. Prever medidas adecuadas para promover la defensa, protección y aseguramiento del ambiente en condiciones óptimas para la realización de sus actividades, a los fines de minimizar el impacto ambiental de las operaciones que realicen.

7. Reinvertir socialmente los excedentes para el desarrollo de las comunidades y contribuir al desarrollo social del país, de acuerdo a lo establecido en el Reglamento de esta Ley y a la planificación de la instancia correspondiente.

8. Dar prioridad a las personas y al trabajo como hecho social sobre el capital, con el fin de garantizar el desarrollo humano integral.

9. Garantizar la igualdad de derechos y obligaciones para los integrantes de las organizaciones socio-productivas.

10. Desarrollar acciones estratégicas de enlace y coordinación, para articularse en red con otras organizaciones socio-productivas, a los fines de garantizar el desarrollo y consolidación del sistema económico comunal, para elevar los niveles de eficiencia en la productividad y la cobertura de bienes y servicios, en beneficio de la colectividad y el desarrollo social integral del país.

11. Incentivar la inserción socio-productiva como elemento fundamental del desarrollo social, impulsando el espíritu emprendedor solidario y la cultura del trabajo colectivo. A tal efecto, la propia Ley define el "trabajo colectivo" como la "actividad organizada, planificada y desarrollada por los integrantes de las distintas formas organizativas de producción de propiedad social, basada en una relación de producción no alienada, propia y auténtica, de manera participativa y protagónica"(art. 6.23).

12. Garantizar un modelo de gestión basado en el aprendizaje permanente y regido por los principios propios de la democracia revolucionaria.

13. Hacer transparente las estructuras de costos y precios, así como participar en la creación de nuevas formas de espacios de integración, mediante el intercambio directo de bienes y servicios entre las organizaciones socio-productivas y las comunidades.

### d.  *Régimen jurídico de las organizaciones socio-productivas*

Como se aprecia de lo antes señalado, la LOSEC establece toda una precisa regulación sobre la constitución y funcionamiento de las organizaciones socio-productivas, diferentes a las que rigen en el ordenamiento jurídico de la República para las organizaciones económicas o empresariales, particularmente diferentes a las establecidas en el Código de Comercio.

Sin embargo, en todos aquellos casos en los cuales el desarrollo de las actividades de las empresas de propiedad social hubiere que aplicar supletoriamente cualquier disposición contenida en norma distinta a la LOSEC, es decir, en el ordenamiento jurídico de la república, de acuerdo con el artículo 39 de la LOSEC, se debe proceder con arreglo a los siguientes principios:

1. Las personas naturales y sujetos públicos o privados que formen parte de empresas de propiedad social comunal no tienen derecho o participación sobre el patrimonio de las mismas, y el reparto de excedentes económicos, si los hubiere, se hará de conformidad con lo establecido en la Ley.

2. Las empresas de propiedad social comunal pueden realizar cualesquiera actos de comercio, pero tales actos no pueden constituir su único o exclusivo objeto empresarial, por cuanto éste debe comprender, además de las actividades que resulten en un beneficio para sus productores que las conformen, la reinversión social del excedente para el desarrollo de la comunidad y contribución al desarrollo social integral del país.

3. La constitución, operación y administración de las empresas de propiedad social comunal debe atender

“a los principios de desarrollo endógeno, equilibrio territorial, soberanía productiva, sustitución selectiva de importaciones y a un modelo de gestión que consolide la relación de producción socialista, determinándose previamente las necesidades de la población donde se proyecte su constitución, con base al potencial local, cultura autóctona y necesidades colectivas, lo cual determinará el tipo de bienes a producir o los servicios a prestar, de acuerdo a lo establecido en el Plan de Desarrollo Económico y Social de la Nación, así como a los lineamientos del Ejecutivo Nacional por intermedio del Ministerio del Poder Popular con competencia en materia de economía comunal.”

4. En caso de conclusión, disolución o liquidación de empresas de propiedad social comunal, los bienes resultantes de la liquidación, si los hubiere, no pueden ser apropiados por ninguna de las personas naturales o jurídicas que conformen la empresa, sino que los mismos deben conservar “la condición de bienes de propiedad social comunal directa o indirecta,” según corresponda a la clasificación que se les hubiere otorgado para el momento de la constitución de la empresa.

5. En caso de liquidación de empresas de propiedad social comunal indirecta, los bienes resultantes de la liquidación deben ser revertidos a la Re-

pública o transferidos a otra empresa de propiedad social comunal indirecta, según se indique en el decreto mediante el cual se establezca la liquidación.[202]

Por otra parte, conforme se dispone en el artículo 21, las organizaciones socio-productivas están "exentas del pago de todo tipo de tributos nacionales y derechos de registro."

### E. Estructura organizativa y funcional de la organización socio-productiva

#### a. Las unidades de las organizaciones socio-productivas

La LOSEC establece detalladas regulaciones absolutamente uniformes sobre las diversas Unidades que deben tener las diversas organizaciones socio-productiva, las cuales conforme al artículo 25, son siempre las siguientes: Unidad de Administración (Art. 27); Unidad de Gestión Productiva (Art. 28); Unidad de Formación (Art. 297); y Unidad de Contraloría Social (Art. 30). La LOSEC establece al efecto detalladas regulaciones sobre las competencias de cada una de dichas Unidades.

#### b. Integrantes de las organizaciones socio-productivas

Las organizaciones socioporductivas están integradas por "productoras o productores" quienes conforme al artículo 6.16, "ejercen el control social de la producción, de manera directa o en conjunto con la representación del Poder Público según la organización, sea de propiedad directa comunal o de propiedad indirecta comunal; y cuyas relaciones de trabajo se basan en la igualdad de derechos y deberes, sin ningún tipo de discriminación ni de posición jerárquica." Es francamente difícil siquiera imaginar cómo una empresa, como organización económica para la producción, pueda funcionar sin posiciones jerárquicas diferenciadas.

Estos productores integrantes de las organizaciones socio-productivas, tienen los siguientes derechos indicados en el artículo 32 de la Ley:

1. Recibir una justa remuneración por el trabajo realizado, de acuerdo a la calidad y cantidad del mismo.

2. Recibir apoyo económico de su organización socio-productiva ante situaciones de contingencia, emergencia o problemas de salud, que no posean capacidad de cubrir.

3. Recibir permanentemente formación y capacitación técnica-productiva y político-ideológica, necesarias para su pleno desarrollo dentro de la organización y del sistema económico comunal.

---

202 El numeral 6 el mismo artículo atribuye al Presidente de la República, en Consejo de Ministros, la potestad de reglamentar los aspectos enumerados en este artículo, así como otros que, con la finalidad de regular el funcionamiento de las empresas de propiedad social comunal, ameriten de normativa administrativa

Por otra parte, dichos integrantes de una organización socio-productiva, tienen los siguientes deberes enumerados en el artículo 33:

1. Coadyuvar en el desarrollo del sistema económico comunal, para contribuir con la transformación del modelo productivo tradicional, hacia el modelo productivo socialista.

2. Incentivar la participación y ayuda mutua entre sus compañeros y compañeras de trabajo.

3. Promover la ética y disciplina revolucionaria.

4. Rendir cuenta de su gestión cuando le sea requerido.

5. Manejar con eficacia y eficiencia los recursos de la organización, asignados por el Estado u obtenidos por cualquier otra vía.

6. Actuar conforme a los acuerdos alcanzados en asamblea, ya sea del ámbito de su sistema de agregación comunal o las ordinarias y extraordinarias de la organización productiva.

7. Promover y practicar la democracia participativa y protagónica en el desarrollo de las actividades socio-productivas.

8. Participar en el diseño y ejecución de planes, programas y proyectos socio-productivos dirigidos a consolidar el desarrollo integral de la comunidad.

9. Promover la contraloría social y estar sujeto a la misma.

10. Velar por el buen uso de los activos de propiedad colectiva.

c. *Los Voceros de las unidades de las organizaciones socio-productivas*

Cada una de las cuatro Unidades de las organizaciones socio-productivas (Unidad de Administración, Unidad de Gestión Productiva, Unidad de Formación y Unidad de Contraloría Social) deben estar integradas, por tres voceros, designados en la siguiente forma:

Cuando la organización socio-productiva sea de propiedad social comunal directa, es decir, se trate de una empresa del Estado Comunal, todos los integrantes de la Unidad de Organización deben ser designados por la instancia del Poder Popular a la que corresponda la organización socio-productiva, en consulta con sus integrantes (art. 26).

Cuando se trate de una organización socio-productiva que sea de propiedad social comunal indirecta, es decir, de una empresa pública creada por los órganos o entes del Poder Público, los integrantes de la Unidad de Administración deben ser designados en la siguiente forma: Dos representantes del órgano o ente del Poder Público que constituye la organización, los cuales deben ejercer sus labores en igualdad de condiciones con los demás integrantes de la organización; y un vocero de la asamblea de productores y productoras de la organización. En cambio, en cuanto a los integrantes de las Unidades

De Gestión Productiva, Formación y Contraloría Social los mismos deben ser designados por la asamblea de productores y productoras.

d.  *Condición para ser productores-integrantes de las organizaciones socio-productivas*

Conforme al artículo 31 de la LOSEC, para ser productor integrante de las organizaciones socio-productivas se requiere:

1.  Ser venezolano o extranjero residente, habitante de la comunidad con al menos un año de residencia en la misma, salvo en los casos de las comunidades recién constituidas.

2.  Ser mayor de quince años, excepto en los casos de las Unidades De Administración y de Contraloría Social donde se requiere ser mayor de dieciocho años.

3.  Estar inscrito en el registro electoral de la instancia de la agregación comunal.

4.  De reconocida honorabilidad.

5.  Tener capacidad para el trabajo colectivo con disposición y tiempo para el trabajo comunitario.

6.  Espíritu unitario y compromiso con los intereses de la comunidad.

7.  No poseer parentesco hasta el cuarto grado de consanguinidad y segundo grado de afinidad con los demás integrantes de la Unidad de Administración y de la Unidad de Contraloría Social que conforman la organización socio-productiva, salvo las comunidades de áreas rurales y comunidades indígenas.

8.  No ocupar cargos de elección popular.

9.  No estar sujeto a interdicción civil o inhabilitación política.

10. No ser requerido o requerida por instancias judiciales.

La condición de integrante de la organización socio-productiva se pierde por las siguientes causales enumeradas en el artículo 34 de la Ley:

1.  La renuncia a su condición de integrante de la organización.

2.  El cambio de residencia comprobado, fuera del ámbito geográfico al que pertenezca la organización socio-productiva.

3.  Enfermedad que imposibilite ejercer sus funciones.

4.  Estar sujeto a sentencia definitivamente firmen dictada por los órganos jurisdiccionales, que impida el ejercicio de sus funciones.

5.  Ser designado o designada en un cargo público de elección popular.

6.  Por disolución y/o liquidación de la organización socio-productiva.

7. Por vencimiento del término de duración de la organización socio-productiva.

8. Incurrir en alguna falta grave o infracción de las establecidas en la presente Ley y las que normen las instancias del Poder Popular.

Conforme al artículo 35 constituye falta grave, las siguientes: a) Observar mala conducta o realizar actos que se traduzcan en grave perjuicio moral o material para la organización socio-productiva; b) El no cumplimiento de los deberes e irrespeto de los principios y valores fundamentales establecidos en la Ley y su Reglamento; c) Cuando se desvíe el destino de los recursos que le hayan sido entregados para su administración, a un uso distinto al planificado y que dé origen a un hecho previsto en la ley como punible; o d) Cuando los integrantes de la organización socio-productiva incumplan con la reinversión social del excedente en un periodo de un año.

9. Contravenir las disposiciones establecidas en la carta fundacional de la comuna, las cartas comunales, relativas a las normas de convivencia, o incurrir en alguna falta calificada como grave por esta Ley.

En todo caso, quien infrinja el normal funcionamiento de los grupos de intercambio solidario, incumpla sus deberes o realice acciones que alteren o perjudiquen el sistema de intercambio solidario en detrimento de los intereses de la comunidad, debe ser desincorporado del grupo de intercambio solidario, quedando inhabilitado para participar en otros grupos de intercambio por el lapso de un año, sin perjuicio de la responsabilidad civil, penal y administrativa a que hubiere lugar (art. 51).

10. La muerte.

e. *Normas sobre la gestión productiva y administración de los recursos de las organizaciones socio-productivas*

La LOSEC trae una extensa y detallada regulación sobre la gestión productiva y sobre la administración de los recursos de las organizaciones socio-productivas.

A tal efecto, la *gestión productiva*, en el marco de las actuaciones de las organizaciones socio-productivas, se define en el artículo 56 de la LOSEC como un proceso para hacer efectiva la participación popular y la planificación participativa, que responda a las necesidades colectivas y contribuya al desarrollo de las potencialidades y capacidades de las comunidades.

Esta gestión productiva se concreta como una expresión del ciclo comunal, dirigida a la formulación, ejecución y control del plan de desarrollo de la instancia de agregación comunal a que corresponda (art. 56). Conforme al artículo 57, al referirse a las fases del ciclo comunal productivo, dispone que la gestión productiva, desarrollada a través del mismo, se conforma por cinco fases, las cuales se complementan e interrelacionan entre sí, y que son: el diagnóstico, el plan, el presupuesto, la ejecución y la contraloría social.

En cuanto a los *recursos* de las organizaciones socio productivas, los mismos se regulan en la LOSEC, disponiéndose que los recursos financieros y no financieros son los siguientes: 1. Los que sean transferidos por la República, los estados y los municipios, conforme a lo establecido en los artículos 184, 185, 300 y 308 de la Constitución; 2. Los generados en el desarrollo de su actividad productiva; y 3. Los provenientes de donaciones. (art. 58). Los Recursos financieros se clasifican en Recursos retornables y Recursos no retornables (art. 59): y los Recursos no financieros se definen como programas, proyectos, instrumentos y acciones para el adiestramiento, capacitación, asistencia tecnológica, productiva y otros, prestados por los órganos y entes del Poder Público a las organizaciones socio-productivas, necesarios para concretar la ejecución de las políticas, planes y proyectos que impulsen al sistema económico comunal (art. 60).

En cuanto a los *fondos* de las organizaciones socio-productivas, en los artículos 62 a 65 de la LOSEC se regulan detalladamente los Fondos internos de las organizaciones socio-productivas; los Fondo de mantenimiento productivo; Fondos de atención a los productores, productoras y prosumidores; y el Fondo comunitario para la reinversión social. Este último, conforme al artículo 65, está destinado al desarrollo social comunitario, comunal y nacional, constituido por recursos financieros excedentes del proceso socio-productivo que serán transferidos por las organizaciones socio-productivas a la instancia del Poder Popular que corresponda, así como al Ejecutivo Nacional.

F.   *El sistema alternativo de intercambio solidario*

a.   *Fines y función del sistema alternativo de intercambio (trueque)*

La LOSEC destina un conjunto de normas para regular, en especial, el "sistema alternativo de intercambio solidario," consistente, como se ha dicho, en el sistema de trueque comunitario directo e indirecto (art. 43), el cual se define en el artículo 40, como:

> "el conjunto de actividades propias que realizan los prosumidores y prosumidoras, dentro y fuera de su comunidad, por un periodo determinado, antes, durante y después del intercambio, con el propósito de satisfacer sus necesidades y las de las comunidades organizadas, de saberes, conocimientos, bienes y servicios, mediante una moneda comunal alternativa; y con prohibición de prácticas de carácter financiero, como el cobro de interés o comisiones."

Este sistema alternativo de intercambio solidario, tal como se indica en el artículo 41 de la Ley, tiene como objetivo primordial facilitar el encuentro de "prosumidores" de los grupos que lo conforman, para desarrollar las actividades propias del sistema, organizado en la forma prescrita en la Ley y su Reglamento, con la finalidad de satisfacer sus necesidades y de las comunidades organizadas, propendiendo al mejoramiento de la calidad de vida del colectivo.

Dicho sistema de intercambio solidario, conforme al artículo 42, se basa en los siguientes principios y valores: 1. La buena fe como base de las operaciones de intercambio. 2. El respeto de las tradiciones sociales y culturales. 3. La responsabilidad en la elaboración de bienes y prestación de servicios. 4. La no discriminación. 5. La coordinación de negociación armónica para el intercambio. 6. El impulso del sistema económico comunal. 7. La satisfacción de necesidades del colectivo. 8. El intercambio de saberes, conocimientos, bienes y servicios de calidad. 9. La reducción de los costos de las transacciones asociadas a los participantes, y 10. El rescate de la memoria histórica local.

Los grupos de intercambio solidario, tal como lo precisa el artículo 46 de la Ley, tienen como función primordial facilitar las relaciones de intercambio entre los "prosumidores", para lo cual deben:

1.  Estimular y fortalecer el intercambio justo de saberes, conocimientos, bienes y servicios en cualquiera de los espacios de intercambio solidario.

2.  Promover la autogestión comunitaria, incentivando la creación y el desarrollo integral de los prosumidores y prosumidoras.

3.  Fomentar el desarrollo endógeno sustentable.

4.  Fortalecer la identidad comunal y las relaciones comunitarias.

5.  Establecer relaciones con los órganos competentes para el desarrollo de la producción de saberes, conocimientos, bienes y servicios como un medio para alcanzar la soberanía alimentaria.

6.  Ejecutar todas aquellas actividades que, en el marco de la Constitución de la República y el ordenamiento legal vigente, determinen los prosumidores y prosumidoras reunidos en asamblea.

b. *Los derechos y deberes de los "prosumidores"*

De acuerdo con el artículo 48 de la Ley, los derechos de los "prosumidores" son los siguientes:

1.  Recibir del Ministerio del Poder Popular con competencia en materia de economía comunal, información, formación, capacitación y acompañamiento integral para su efectiva participación en el sistema alternativo de intercambio solidario.

2.  Participar en la constitución, gestión y toma de decisiones dentro del grupo de intercambio solidario al cual pertenezcan.

3.  Recibir información oportuna e incuestionable sobre los lineamientos del grupo de intercambio solidario en el que participan.

4.  Elegir y ser elegidos o elegidas para la conformación de las vocerías de los comités de trabajo del grupo de intercambio solidario.

5.  Su publicación en el directorio, que a tales efectos llevará el Ministerio del Poder Popular con competencia en materia de economía comunal, para la identificación de los grupos del sistema alternativo de intercambio solidario, junto con sus ofertas de saberes, conocimientos, bienes y servicios.

6.  Los que se reconozcan por decisión de la asamblea de prosumidores y prosumidoras, de conformidad con la Constitución de la República y las leyes.

En cuanto a los deberes de los "prosumidores", conforme al artículo 49 de la LOSEC, son los siguientes:

1.  Producir bienes o prestar servicios, saberes y conocimientos para los grupos de intercambio solidario, así como consumir, adquirir bienes y servicios de los otros prosumidores y prosumidoras.

2.  Inscribirse ante la unidad de verificación, inscripción y registro del órgano coordinador.

3.  Cumplir con las obligaciones y responsabilidades asumidas en su grupo de intercambio solidario.

4.  Cumplir y hacer cumplir las decisiones emanadas de la asamblea de su grupo de intercambio solidario.

5.  Pertenecer a un comité de trabajo y cumplir las tareas que le sean asignadas.

c.  *Los espacios del sistema alternativo de intercambio solidario*

El sistema alternativo de intercambio solidario conforme al artículo 50 de la LOSEC puede ser desarrollado en los siguientes espacios: Primero, el Sistema de producción y suministro para el trueque comunitario. Segundo, en los Centros de acopio, tiendas comunitarias y proveedurías. Tercero, en cualquier lugar que determinen los "prosumidores" en el momento requerido, o en su defecto el lugar acordado por la asamblea de "prosumidores". Y cuarto, todos aquéllos que a tales fines fije el Ejecutivo Nacional a través del Ministerio con competencia en materia de economía comunal.

d.  *La moneda comunal*

Como se ha dicho, la LOSEC establece la "moneda comunal," como un "instrumento alternativo a la moneda de curso legal en el espacio geográfico de la República," donde funciona el grupo de intercambio solidario, que permite y facilita el intercambio de saberes, conocimientos, bienes y servicios en los espacios del sistema de intercambio solidario, mediante la cooperación, la solidaridad y la complementariedad, en contraposición a la acumulación individua (art. 52). Corresponde al Banco Central de Venezuela regular todo lo relativo a la moneda comunal dentro del ámbito de su competencia (art. 53).

Cada moneda comunal, por otra parte, tiene una denominación que debe ser escogida por cada grupo de intercambio solidario, "la cual responderá a una característica ancestral, histórica, cultural, social, geográfica, ambiental, patrimonial u otra que resalte los valores, la memoria e identidad del pueblo" (art. 54).

La moneda comunal debe ser administrada por los grupos de intercambio solidario, debidamente registrada y distribuida equitativamente entre los "prosumidores", y sólo tendrá valor dentro del ámbito territorial de su localidad; en consecuencia, no tendrá curso legal ni circulará fuera del ámbito geográfico del grupo de intercambio solidario.

El valor de la moneda comunal debe ser determinado "por equivalencia con la moneda de curso legal en el espacio geográfico de la República," a través de la asamblea de "prosumidores", previa autorización del Ministerio de las Comunas, de conformidad con lo previsto en la Ley y las resoluciones que a tal efecto dicte el Banco Central de Venezuela (art. 55).

Por supuesto, leer estas disposiciones sobre unas monedas comunales, cuyo número puede ser infinito, lo que recuerda es el establecimiento de los viejos "vales" o moneda de las haciendas que existieron hasta comienzos del siglo XX, donde los campesinos quedaban confinados para sus posibilidades de intercambio, lo que después de tantas décadas de desarrollo se logró superar, primero por la emisión de moneda por los bancos privados; y luego, por la creación de la moneda única, que es el bolívar, luego de la creación del Banco Central de Venezuela al cual se le dio el monopolio de la acuñación. Parecería que con estas regulaciones sobre la moneda comunal, no sólo se ignora la realidad del país y su historia, sino que parece que se quisiera regresar a la Venezuela de hace más de cien años, confinándose la economía a lo local, cuando en el mundo la corriente globalizadora muestra lo contrario. Basta para darse cuenta de ello los esfuerzos por el mantenimiento del Euro en Europa, como moneda supranacional.

En todo caso, sobre este disparate de la moneda comunal, baste recordar lo que recordar lo que escribió Heinz Dieterich, el "ideólogo" del "Socialismo del Siglo XXI" de Hugo Chávez al referirse al antecedente inmediato de esta Ley Orgánica en 2008:

"2 *Luzbel y el "dinero comunal."* "Ya, en 2008, la Ley Habilitante sobre el Fomento de la Economía Popular nos había advertido que la Escuela de Teología Económica Bolivariana (ETEB) se había apoderado del Palacio de Miraflores. Para acabar con el capitalismo, aquella ley legisló sobre lo que los economistas clásicos llamaron el "velo monetario" y Marx el "fetichismo del dinero" (*Geldfetischismus*): la quimera que el valor económico reside en el dinero y que la explotación se debe a la existencia de éste. Los espejismos resultantes de Miraflores fueron el "dinero comunal" y las "comunas", dos auténticos monumentos al dile-tantismo económico."[203]

e. *La red de comercio justo y suministro socialista*

Por último, la LOSEC regula la "red de comercio justo y suministro socia-lista," integrada por "las unidades de suministro socialista" y demás medios de distribución y abastecimiento con que cuenta el Estado para tal fin (art. 69), que deben ser promovidas, fomentadas y estimuladas por el Poder Ejecu-tivo Nacional, a través del Ministerio del Poder Popular con competencia en materia de comercio, (art. 70). A tal efecto, el mismo Ministerio debe imple-mentar las medidas necesarias "para garantizar el acceso de las organizacio-nes socio-productivas del sistema de economía comunal a la red de comercio justo y suministro socialista" (Art. 71).

Por otra parte, dispone la Ley que el Ejecutivo Nacional, debe establecer las medidas necesarias para "promover el acceso de las organizaciones socio-productivas del sistema económico comunal a los distintos procesos de inter-cambio socio-productivos nacionales e internacionales, preferentemente con los países latinoamericanos y del Caribe; y muy especialmente con los países miembros de la Alianza Bolivariana para los Pueblos de Nuestra América (ALBA-TCP), para potenciar el humanismo, el internacionalismo y la unión de los pueblos, bajo los principios de la solidaridad, la complementariedad y el respeto a la soberanía nacional (art. 73). No se entiende cómo funcionando con una moneda comunal, puede siquiera pensarse que las organizaciones socio-productivas puedan acceder al comercio internacional.

G. *El régimen sancionatorio de orden penal*

Por último, la LOSEC establece entre sus disposiciones, la tipificación de un conjunto de delitos como consecuencia del régimen compulsivo que se establece sobre el sistema económico comunal o sistema económico comunis-ta, y que son los siguientes:

En primer lugar, se tipifica como conducta delictiva penada con prisión de cuatro a seis años, la realización de "acciones contrarias al normal desenvol-vimiento del sistema económico comunal", supuesto que se da conforme al artículo 75 de la Ley, cuando "personas naturales o las responsables de per-sonas jurídicas … conjunta o separadamente, contravengan las medidas, con-diciones y controles" previstos en la LOSEC "para lograr el normal y adecua-do desenvolvimiento del sistema económico comunal, ya sea almacenando, distribuyendo, comercializando, usando o suministrando bienes de consumo, servicios y saberes del sistema económico comunal."

Las personas naturales o las responsables de personas jurídicas que, con-junta o separadamente, para formar parte del sistema económico comunal o

---

203    Véase Heinz Dieterich, "Un simulacro de combate a las "ganancias excesivas" del capital. Mi-lagro económico en Venezuela: La Ley de Costos y Precios Justos," 26 de julio de 2011, en http://www.aporrea.org/ideologia/a127333.html

vincularse con sus actividades, de conformidad con la presente Ley, incurran en este supuesto delictivo, serán penados o penadas con prisión de seis a ocho años.

En segundo lugar, también se tipifica como conducta delictiva penada con prisión de dos a cuatro años, la realización de "restricciones u obstáculos a la cadena de producción, distribución y acceso de bienes y servicios," supuesto que se da conforme al artículo 76 de la Ley, cuando "personas naturales o las responsables de personas jurídicas … conjunta o separadamente, impidan, obstaculicen o restrinjan el normal funcionamiento y resguardo, de la producción, distribución, transporte, comercialización, suministro de los bienes de consumo, servicios y saberes del sistema económico comunal.

Igualmente, incurren en este tipo delictivo, "las personas naturales o las responsables de personas jurídicas que, conjunta o separadamente, impidan el acceso a dichos bienes por partes de los consumidores y consumidoras."

En tercer lugar, por último, también se tipifica como conducta delictiva penada con prisión de dos a cuatro años, la "difusión de propaganda o publicidad subliminal, falsa o engañosa," supuesto que se da conforme al artículo 77 de la LOSEC, cuando "personas naturales o las responsables de personas jurídicas … conjunta o separadamente, realicen propaganda o publicidad subliminal, falsa o engañosa sobre los bienes, servicios y saberes del Sistema Económico Comunal y sus medios de producción, intercambio, distribución, comercialización y suministro."

## *SECCIÓN TERCERA*: LA DESCONSTITUCIONALIZACIÓN DEL DERECHO INTERNACIONAL DE LOS DERECHOS HUMANOS[*]

Entre las importantes innovaciones de la Constitución de 1999, fue la constitucionalización del derecho internacional de los derechos humanos, mediante la inclusión, en el texto expreso de la misma, de tres normas fundamentales:

---

[*]  Esta sección tercera, es el texto redactado para la conferencia sobre "El carácter vinculante de las decisiones de los tribunales internacionales y su desprecio por los gobiernos autoritarios: el caso de Venezuela, que me correspondió dictar en el *Conversatorio organizado con motivo del Primer Centenario de la Justicia Administrativa en Bolívar, sobre el tema. "Contribuyendo al Fortalecimiento del Estado de Derecho,"* organizado por el Tribunal Administrativo de Bolívar y la Universidad San Buenaventura de Cartagena, con la participación del Consejo de Estado, Cartagena, 24 de julio de 2014. El texto de este estudio tiene entre sus antecedentes el redactado para el artículo sobre "La interrelación entre los Tribunales Constitucionales de América Latina y la Corte Interamericana de Derechos Humanos, y la cuestión de la inejecutabilidad de sus decisiones en Venezuela," publicado en Armin von Bogdandy, Flavia Piovesan y Mariela Morales Antonorzi (Coordinadores), *Direitos Humanos, Democracia e Integracao Jurídica na América do Sul*, Lumen Juris Editora, Rio de Janeiro 2010, pp. 661-701; en *Anuario Iberoamericano de Justicia Constitucional*, Centro de Estudios Políticos y Constitucionales, N° 13, Madrid 2009, pp. 99-136; y en *Gaceta Constitucional. Análisis multidisciplinario de la jurisprudencia del Tribunal Constitucional*, Gaceta Jurídica, Tomo 16 Año 2009, Lima 2009, pp. 17-48.

En primer lugar, del artículo 23, mediante el cual se le otorgó rango constitucional a los tratados internacionales sobre derechos humanos, como lo propusimos formalmente ante la Asamblea Nacional Constituyente[204], que quedó redactada así:

> *Artículo 23.* Los tratados, pactos y convenciones relativos a derechos humanos, suscritos y ratificados por Venezuela, tienen jerarquía constitucional y prevalecen en el orden interno, en la medida en que contengan normas sobre su goce y ejercicio más favorable a las establecidas por esta Constitución y la ley de la República, y son de aplicación inmediata y directa por los tribunales y demás órganos del Poder Público.

Con base en esta norma, se estableció, entonces, primero, la jerarquía constitucional de los tratados, pactos y convenciones sobre derechos humanos[205]; segundo, la aplicación prevalente de los mismos en relación con la Constitución y las leyes, si establecen normas más favorables; y tercero, la posibilidad de aplicación inmediata y directa de los mismos por los tribunales de la República.

En segundo lugar, del artículo 30 de la Constitución, en el cual, también a propuesta nuestra,[206] se estableció la obligación del Estado de indemnizar integralmente a las víctimas de violaciones a los derechos humanos que le sean imputables, y a sus derechohabientes, incluido el pago de daños y perjuicios, imponiendo al Estado la adopción de las medidas legislativas y de otra naturaleza, para hacer efectivas estas indemnizaciones.

En tercer lugar, del artículo 31 de la Constitución, incluido en el texto también a propuesta nuestra, [207] garantizando el derecho de todas las personas de acceso a la justicia internacional para la protección de los derechos humanos en la siguiente forma:

> *Artículo 31:* Toda persona tiene derecho, en los términos establecidos por los tratados, pactos y convenciones sobre derechos humanos ratifica-

---

204 Véase Allan R. Brewer-Carías, *Debate Constituyente (Aportes a la Asamblea Nacional Constituyente),* Tomo II, Fundación de Derecho Público, Editorial Jurídica Venezolana, Caracas 1999, pp. 111 a 115.

205 Véase en general, Carlos M. Ayala Corao, "La jerarquía constitucional de los tratados relativos a Derechos Humanos y sus consecuencias", en *Bases y principios del sistema constitucional venezolano (Ponencias del VII Congreso Venezolano de Derecho Constitucional realizado en San Cristóbal del 21 al 23 de Noviembre de 2001),* Volumen I, pp. 167-240; y Lorena Rincón Eizaga, "La incorporación de los tratados sobre derechos humanos en el derecho interno a la luz de la Constitución de 1999", en *Revista de la Facultad de Ciencias Jurídicas y Políticas de la UCV,* Nº 119, Caracas, 2000, pp. 87-108.

206 Véase nuestra propuesta en Allan R. Brewer-Carías, *Debate Constituyente (Aportes a la Asamblea Nacional Constituyente),* Tomo II, Fundación de Derecho Público, Editorial Jurídica Venezolana, Caracas 1999, p. 106.

207 Véase nuestra propuesta en Allan R. Brewer-Carías, *Debate Constituyente (Aportes a la Asamblea Nacional Constituyente),* Tomo II, Fundación de Derecho Público, Editorial Jurídica Venezolana, Caracas 1999, p. 107.

dos por la República, a dirigir peticiones o quejas ante los órganos internacionales creados para tales fines, con el objeto de solicitar el amparo a sus derechos humanos.

La norma se refería, por supuesto, a la Convención Americana de Derechos Humanos que era una de las que había ratificado la República, previendo la obligación del Estado de adoptar todas las medidas que sean necesarias para dar cumplimiento a las decisiones emanadas de los órganos internacionales creados para la protección de derechos humanos, como es la Corte Interamericana de Derechos Humanos.

Sin embargo, a pesar de estas normas tan claras, que constitucionalizan el derecho internacional de los derechos humanos, desde sus inicios, el gobierno autoritario inició un proceso de desconstitucionalización del mismo, que después de haber pasado por el desacato por parte del Estado de las decisiones condenatorias de la Corte Interamericana de Derechos Humanos, ha culminado con la denuncia de la propia Convención sobre Derechos Humanos en 2012, negándolo a las personas el derecho constitucional de acceso a la justicia internacional.

1. *El carácter vinculante de las sentencias de la Corte Interamericana de Derechos Humanos, y las primeras manifestaciones de desacato por los Estados: el caso del Perú en 1999*

En efecto, al reconocer los Estados Partes de la Convención Americana de Derechos Humanos, la jurisdicción de la Corte Interamericana de Derechos Humanos, como lo expresa el artículo 68.1 de la Convención, los mismos "se comprometen a cumplir la decisión de la Corte en todo caso en que sean partes."

Más clara no puede haberse expresado esta obligación sobre la cual la propia Corte Interamericana tuvo ocasión de pronunciarse en su la sentencia dictada en el caso *Castillo Petruzzi y otros vs. Perú* el 4 de septiembre de 1998 (Excepciones Preliminares) [208] al desestimar la excepción que había alegado el Estado peruano contra la competencia de la Corte Interamericana basándose en el supuesto "desconocimiento" por parte de la misma "de los principios de soberanía y jurisdicción," considerando que "la decisión soberana de cualquier organismo jurisdiccional del Perú no podía ser modificada y menos aún dejada sin efecto por ninguna autoridad nacional, extranjera o supranacional."

Al decidir sobre este alegato, la Corte Interamericana comenzó por "recordarle" al Estado que el Perú había "suscrito y ratificado la Convención Americana," y que con ello "aceptó las obligaciones convencionales" contenidas en la misma, y ello lo había hecho, "precisamente en el ejercicio de su soberanía (par. 110), por lo que:

---

208   Véase en http://www.corteidh.or.cr/docs/casos/articulos/seriec_41_esp.pdf

"Al constituirse como Estado Parte en la Convención, el Perú admitió la competencia de los órganos del sistema interamericano de protección de los derechos humanos, y por ende se obligó, también en ejercicio de su soberanía, a participar en los procedimientos ante la Comisión y la Corte y asumir las obligaciones que derivan de éstos y, en general, de la aplicación de la Convención" (párr. 102).

Concluyó la Corte Internacional desestimando la excepción del Estado, indicándole al Perú que así las víctimas hubiesen actuado en ese caso, como lo afirmaba el Perú, en forma inconsecuente con las disposiciones de la Convención y de la ley nacional a la que debían sujetarse, ello en ningún caso releva al Estado de su obligación "de cumplir las obligaciones que éste asumió como Estado Parte en la Convención."

Posteriormente, en el mismo caso, la Corte Interamericana de Derechos Humanos dictó la sentencia de 30 de mayo de 1999 (Serie C, núm. 52), sobre el fondo, y ejerciendo el control de convencionalidad condenó al Estado peruano por violación de los derechos humanos de las víctimas indicados en los artículos 20; 7.5; 9; 8.1; 8.2.b,c,d y f; 8.2.h; 8.5; 25; 7.6; 5; 1.1 y 2, declarando además "la invalidez, por ser incompatible con la Convención," del proceso penal que se había seguido contra de los señores Jaime Francisco Sebastián Castillo Petruzzi y otros, ordenando que se les garantizase "un nuevo juicio con la plena observancia del debido proceso legal." Ordenó, además, la Corte:

"al Estado, adoptar las medidas apropiadas para reformar las normas que han sido declaradas violatoria de la Convención Americana sobre Derechos Humanos en la presente sentencia y asegurar el goce de los derechos consagrados en la Convención Americana sobre derechos Humanos a todas las personas que se encuentran bajo su jurisdicción, sin excepción alguna."

En relación con esa decisión de la Corte Interamericana, sin embargo, la Sala Plena del Consejo Supremo de Justicia Militar del Perú se negó a ejecutar el fallo, considerando en una decisión, entre otras cosas:

"que el poder judicial "*es autónomo y en el ejercicio de sus funciones sus miembros no dependen de ninguna autoridad administrativa, lo que demuestra un clamoroso desconocimiento de la Legislación Peruana en la materia*"; que "*pretenden desconocer la Constitución Política del Perú y sujetarla a la Convención Americana sobre Derechos Humanos en la interpretación que los jueces de dicha Corte efectúan ad-libitum en esa sentencia*"; que *el fallo cuestionado, dictado por el Tribunal Supremo Militar Especial, adquirió la fuerza de la cosa juzgada, "no pudiendo por lo tanto ser materia de un nuevo juzgamiento por constituir una infracción al precepto constitucional*"; que "*en el hipotético caso que la sentencia dictada por la Corte Interamericana fuera ejecutada en los términos y condiciones que contiene, existiría un imposible jurídico para darle cumplimiento bajo las exigencias impuestas por dicha jurisdicción supranacional", pues "sería requisito ineludible que previamente fuera modificada la Constitución" y que "la aceptación y ejecución de la sentencia de la Corte en este tema, pondría en grave riesgo la seguridad interna de la República."* [209]

Lo contrario es precisamente lo que deriva del control de convencionalidad atribuido a la Corte Interamericana. Sin embargo, con base en esa declaración adoptada por la Sala Plena del Consejo Supremo de Justicia Militar del Perú donde planteaba la inejecutabilidad del fallo de 30 de mayo de 1999, el Estado Peruano alegó ante la Corte Interamericana que ésta, con su sentencia, pretendía "invalidar y ordenar la modificación de normas constitucionales y legales," lo que afectaba "la soberanía del Estado."

Ante el incumplimiento, la Corte Interamericana dictó una nueva decisión (Resolución) el 17 de noviembre de 1999 ("Cumplimiento de la sentencia') [210] considerando que "el artículo 68.1 de la Convención Americana sobre Derechos Humanos estipula que "los Estados Partes en la Convención se comprometen a cumplir la decisión de la Corte en todo caso en que sean partes," por lo que "las obligaciones convencionales de los Estados Partes vinculan a todos los poderes y órganos del Estado," resolviendo que el Estado tenía el deber de cumplir la sentencia, ya que dicha:

> "[…] obligación corresponde a un principio básico del derecho de la responsabilidad internacional del Estado, respaldado por la jurisprudencia internacional, según el cual los Estados deben cumplir sus obligaciones convencionales de buena fe (*pacta sunt servanda*) y, como ya ha señalado esta Corte, no pueden por razones de orden interno dejar de asumir la responsabilidad internacional ya establecida." (par. 4).

Lo anterior ocurrió durante el régimen autoritario que tuvo el Perú en la época del Presidente Fujimori, lo que condujo a que dos meses después de dictarse la sentencia de la Corte Interamericana del 30 de mayo de 1999, el Congreso del Perú aprobase el 8 de julio de 1999 el retiro del reconocimiento de la competencia contenciosa de la Corte, lo que se depositó al día siguiente en la Secretaría General de la OEA.

Este retiro, sin embargo, fue declarado inadmisible por la propia Corte Interamericana en la sentencia del caso *Ivcher Bronstein* de 24 de septiembre de 1999, considerando que un "Estado parte sólo puede sustraerse a la compe-

---

209 Esta cita es extraída de la sentencia N° 1.939 de la Sala Constitucional del Tribunal Supremo de Venezuela de 18 de diciembre de 2008 (Caso *Abogados Gustavo Álvarez Arias y otros*), en la cual también se declaró inejecutable una sentencia de la Corte Interamericana de Derechos Humanos. Véase en http://www.tsj.gov.ve/decisiones/scon/Diciembre/1939-181208-2008-08-1572.html.

210 Véase en http://www.corteidh.or.cr/docs/casos/articulos/Seriec_59_esp.pdf Véase también referencias a este caso en: Sergio García Ramírez (Coord.), *La Jurisprudencia de la Corte Interamericana de Derechos Humanos*, Universidad Nacional Autónoma de México, Corte Interamericana de Derechos Humanos, México, 2001, pp. 628-629.

tencia de la Corte mediante la denuncia del tratado como un todo,"[211] que fue lo que en definitiva ocurrió doce años después, en Venezuela, en 2012, después de haber desacatado el Estado las sentencias de la Corte Interamericana.[212]

2. *Antecedentes de la desconstitucionalización del derecho internacional de los derechos humanos, y las violaciones por Venezuela de sus obligaciones convencionales*

La disyuntiva entre la obligación de cumplir con la Convención Interamericana y los supuestos derechos de soberanía que tienen los Estados para desligarse de las mismas, que se manifestó en el caso del gobierno autoritario del Perú en 1999, no tardó en plantearse también en el caso de Venezuela a medida que se fue consolidando el régimen autoritario que hemos padecido los venezolanos durante los últimos tres lustros, para cuya "resolución," fue la Jurisdicción Constitucional, es decir, la Sala Constitucional del Tribunal Supremo de Justicia, completamente controlada por el Poder Ejecutivo y el partido oficial del gobierno, la que fue preparando el terreno.

Ese proceso comenzó con la decisión N° 1.942 de 15 de julio de 2003 (Caso: *Impugnación de artículos del Código Penal, Leyes de desacato*),[213] dictada para resolver una acción de inconstitucionalidad de normas del Código Penal que limitaban el derecho de expresión del pensamiento en relación con las actuaciones de los funcionarios públicos, criminalizando el ejercicio del derecho, en la cual se invocaba entre sus fundamentos la doctrina de la Comisión y de la Corte Interamericanas en materia de leyes de desacato. La Sala, en dicha sentencia, al referirse a los Tribunales Internacionales comenzó declarando en general, pura y simplemente, que en Venezuela, "por encima del Tribunal Supremo de Justicia y a los efectos del artículo 7 constitucional" que regula el principio de la supremacía constitucional,

> "no existe órgano jurisdiccional alguno, a menos que la Constitución o la ley así lo señale, y que aun en este último supuesto, la decisión que se contradiga con las normas constitucionales venezolanas, carece de aplicación en el país, y así se declara."

O sea, la negación total del ejercicio de sus funciones de control de convencionalidad por parte de la Corte Interamericana.[214]

---

211  Véase Sergio García Ramírez (Coord.), *La Jurisprudencia...*, cit, pp. 769-771. En todo caso, posteriormente en 2001 Perú derogó la Resolución de julio de 1999, restableciéndose a plenitud la competencia de la Corte interamericana para el Estado.

212  Véase en general sobre estos temas Eduardo Meier García, *La eficacia de las sentencias de la Corte Interamericana de Derechos Humanos frente a las prácticas ilegítimas de la Sala Constitucional*, Academia de Ciencias Políticas Y Sociales, Serie Estudios N° 15, Caracas 2014.

213  Véase en *Revista de Derecho Público*, N° 93-96, Editorial Jurídica Venezolana, Caracas 2003, pp. 136 ss.

214  Véase Allan R. Brewer-Carías y Jaime Orlando Santofimio, *El Control de convencionalidad y responsabilidad del Estado*, Prólogo de Luciano Parejo, Universidad Externado de Colombia, Bogotá 2013.

En todo caso, la Sala continuó su argumentación distinguiendo, en el ámbito de los Tribunales Internacionales, aquellos de carácter supranacional como los derivados de los procesos de integración establecidos en aplicación de los artículos 73 y 153 de la Constitución que "contemplan la posibilidad que puedan transferirse competencias venezolanas a órganos supranacionales, a los que se reconoce que puedan inmiscuirse en la soberanía nacional"[215]; de aquellos de carácter multinacional y transnacional "que – dijo la Sala– nacen porque varias naciones, en determinadas áreas, escogen un tribunal u organismo común que dirime los litigios entre ellos, o entre los países u organismos signatarios y los particulares nacionales de esos países signatarios," considerando que en estos casos "no se trata de organismos que están por encima de los Estados Soberanos, sino que están a su mismo nivel."

En esta última categoría la Sala Constitucional ubicó precisamente a la Corte Interamericana de Derechos Humanos, considerando que en estos casos:

"un fallo [de dicha Corte] violatorio de la Constitución de la República Bolivariana de Venezuela se haría inejecutable en el país. Ello podría dar lugar a una reclamación internacional contra el Estado, pero la decisión se haría inejecutable en el país, en este caso, en Venezuela."

La Sala, insistió en esta clásica y superada doctrina, señalando que:

"Mientras existan estados soberanos, sujetos a Constituciones que les crean el marco jurídico dentro de sus límites territoriales y donde los órganos de administración de justicia ejercen la función jurisdiccional dentro de ese Estado, las sentencias de la justicia supranacional o transnacional para ser ejecutadas dentro del Estado, tendrán que adaptarse a su Constitución. Pretender en el país lo contrario sería que Venezuela renunciara a la soberanía."[216]

De esta afirmación resultó la otra afirmación general de la Sala Constitucional en 2003, de que fuera de los casos de procesos de integración supranacional,

"la soberanía nacional no puede sufrir distensión alguna por mandato del artículo 1° constitucional, que establece como derechos *irrenunciables* de la Nación: la independencia, la libertad, la soberanía, la integridad territorial, la inmunidad y la autodeterminación nacional. Dichos de-

---

215 En este caso de tribunales creados en el marco de un proceso de integración supranacional, la Sala puntualizó que "Distinto es el caso de los acuerdos sobre integración donde la soberanía estatal ha sido delegada, total o parcialmente, para construir una soberanía global o de segundo grado, en la cual la de los Estados miembros se disuelve en aras de una unidad superior. No obstante, incluso mientras subsista un espacio de soberanía estatal en el curso de un proceso de integración y una Constitución que la garantice, las normas dictadas por los órganos legislativos y judiciales comunitarios no podrían vulnerar dicha área constitucional, a menos que se trate de una decisión general aplicable por igual a todos los Estados miembros, como pieza del proceso mismo de integración." *Idem*, p. 140

216 *Idem*, p. 139.

rechos constitucionales son irrenunciables, no están sujetos a ser relajados, excepto que la propia Carta Fundamental lo señale, conjuntamente con los mecanismos que lo hagan posible, tales como los contemplados en los artículos 73 y 336.5 constitucionales, por ejemplo."[217]

Con esta decisión, sin duda, el terreno para proceder a declarar inejecutables las sentencias de la Corte Interamericana de Derechos Humanos por la propia Sala Constitucional ya estaba abonado, lo que precisamente ocurrió cinco años después, a partir de 2008, concluyendo el proceso con la lamentable denuncia de la Convención Americana por arte del Estado en 2012, lo que Fujimori no tuvo tiempo de hacer en el Perú en 1999.

3. *El inicio de la violación de las obligaciones convencionales por el Estado venezolano y del absurdo "control de constitucionalidad" de las sentencias de la Corte Interamericana: el caso de los magistrados de la Corte Primera de lo Contencioso Administrativo en 2008*

En Venezuela todo comenzó con la emisión de la sentencia de la Sala Constitucional del Tribunal Supremo N° 1.939 de 18 de diciembre de 2008 en el Caso *Abogados Gustavo Álvarez Arias y otros*, que más bien debió denominarse *Estado de Venezuela vs. Corte Interamericana de Derechos Humanos*, porque el Sr. Álvarez y los otros en realidad eran los abogados del Estado (Procuraduría General de la República), en la cual la Sala declaró inejecutable en el país la sentencia que había dictado la Corte Interamericana de Derechos Humanos Primera cuatro meses antes, el 5 de agosto de 2008 en el caso *Apitz Barbera y otros ("Corte Primera de lo Contencioso Administrativo") vs. Venezuela*, en la cual se había condenado al Estado Venezolano por violación de los derechos al debido proceso de los jueces de la Corte Primera de lo Contencioso Administrativo establecidas en la Convención Americana, al haber sido destituidos sin garantías judiciales algunas de sus cargos.[218]

Como estamos celebrando con júbilo el centenario del Tribunal Contencioso Administrativo de Bolívar, y por tanto, del desarrollo de esta jurisdicción tan importante para el Estado de derecho por ser la garantía más esencial para asegurar el sometimiento del mismo a la ley, es obligado que me refiera a lo que les sucedió a dichos jueces contencioso administrativos para que hubieran tenido que recurrir ante la Comisión Interamericana de Derechos Humanos en búsqueda de protección de sus derechos; hechos que además, tuvieron trágicas consecuencias en el proceso institucional de Venezuela,

---

217  *Idem*, p. 138.

218  Véase Allan R. Brewer-Carías, "La interrelación entre los Tribunales Constitucionales de América Latina y la Corte Interamericana de Derechos Humanos, y la cuestión de la inejecutabilidad de sus decisiones en Venezuela," en Armin von Bogdandy, Flavia Piovesan y Mariela Morales Antonorzi (Coordinadores), *Direitos Humanos, Democracia e Integraçao Jurídica na América do Sul*, Lumen Juris Editora, Rio de Janeiro 2010, pp. 661-70; y en *Anuario Iberoamericano de Justicia Constitucional*, Centro de Estudios Políticos y Constitucionales, N° 13, Madrid 2009, pp. 99-136.

pues para los venezolanos marcaron el inicio del fin de la justicia contencioso administrativa y el inicio del fin del derecho de acceso a la justicia internacional en materia de derechos humanos.

Todo comenzó el 17 de julio de 2003 cuando la Federación Médica Venezolana inició un proceso contencioso administrativo de anulación con pretensión de tutela (amparo) por ante dicha Corte Primera de lo Contencioso Administrativo, contra los actos del Alcalde Metropolitano de Caracas, del Ministro de Salud y del Colegio de Médicos del Distrito Metropolitano de Caracas mediante los cuales se había decidido contratar médicos de nacionalidad cubana para el desarrollo de un importante programa asistencial de salud en los barrios de Caracas, pero sin que se cumplieran los requisitos para el ejercicio de la medicina establecidos en la Ley de Ejercicio de la Medicina. La Federación Médica Venezolana, actuando en representación de los derechos colectivos de los médicos venezolanos, consideró dicho programa como discriminatorio y violatorio de los derechos de los médicos venezolanos a ejercer su profesión (derecho al trabajo, entre otros), solicitando su protección.[219]

Un mes después, el 21 de agosto de 203, la Corte Primera dictó una simple medida cautelar de tutela (amparo) considerando que había suficientes elementos en el caso que hacían presumir la violación del derecho a la igualdad ante la ley de los médicos venezolanos, ordenando la suspensión temporal del programa de contratación de médicos cubanos, y ordenando al Colegio de Médicos del Distrito metropolitano el sustituir los médicos cubanos ya contratados sin licencia por médicos venezolanos o médicos extranjeros con licencia para ejercer la profesión en Venezuela.[220]

La respuesta gubernamental a esta decisión preliminar con medida cautelar, que tocaba un programa social muy sensible para el gobierno, fue el anuncio público hecho por el Ministro de Salud, por el Alcalde metropolitano y por el propio Presidente de la República de que la medida judicial cautelar dictada no iba a ser ejecutada en forma alguna.[221]

Estos anuncios fueron seguidos de varias decisiones gubernamentales: La primera, la Sala Constitucional del Tribunal Supremo de Justicia, controlada por el Poder Ejecutivo, se avocó al conocimiento del caso, y usurpando las competencias de la Corte Primera de lo Contencioso Administrativo, declaró la nulidad del amparo cautelar decretado. A ello siguió el hecho del allanamiento de la sede de la Corte Primera por agentes de la policía política, con la detención de un escribiente o alguacil por motivos fútiles. Luego, el Presiden-

---

219   Véase Claudia Nikken, "El caso "Barrio Adentro": La Corte Primera de lo Contencioso Administrativo ante la Sala Constitucional del Tribunal Supremo de Justicia o el avocamiento como medio de amparo de derechos e intereses colectivos y difusos," en *Revista de Derecho Público*, N° 93–96, Editorial Jurídica Venezolana, Caracas, 2003, pp. 5 ss.

220   Véase la decisión de 21 de agosto de 2003 en *Idem*, pp. 445 ss.

221   El Presidente de la República dijo: "*Váyanse con su decisión no sé para donde, la cumplirán ustedes en su casa si quieren…*", en el programa de TV *Aló Presidente*, N° 161, 24 de Agosto de 2003.

504    ALLAN R. BREWER-CARÍAS

te de la República públicamente se refirió al Presidente de la Corte Primera como "un bandido;"[222] y unas semanas después, la Comisión Especial Judicial del Tribunal Supremo de Justicia, sin fundamento legal alguno, destituyó a los cinco magistrados de la Corte Primera que osaron tomar la medida, la cual desde luego fue intervenida.[223] A pesar de la protesta de los Colegios de Abogados del país e incluso de la Comisión Internacional de Juristas;[224] el hecho es que la Cote Primera permaneció cerrada sin jueces por más de diez meses,[225] tiempo durante el cual simplemente no hubo a ese nivel justicia contencioso administrativa en el país.

Esa fue la respuesta gubernamental a una tutela (amparo) cautelar, a partir de la cual se afianzó el control político sobre el Poder Judicial en Venezuela.[226] No es difícil deducir lo que significó ese hecho para los jueces que fueron luego nombrados para reemplazar a los destituidos, quienes sin duda comenzaron a entender cómo es que debían comportarse en el futuro frente al poder; y a partir de entonces la declinación de la justicia contencioso administrativa en el país ha sido manifiesta.[227]

Fue contra esa arbitrariedad que los jueces contencioso administrativo destituidos fueron ante la Comisión Interamericana de Derechos Humanos por violación a sus garantías constitucionales judiciales, y el caso llegó ante la Corte Interamericana de Derechos Humanos, la cual dictó su decisión el 5 de agosto de 2008,[228] condenando al Estado por la violación de las garantías judiciales, a pagarles compensación, a reincorporarlos a cargos similares en el Poder Judicial, y a publicar parte de la sentencia en la prensa venezolana.

222  Discurso público, 20 septiembre de 2003.

223  Véase la información en *El Nacional*, Caracas, Noviembre 5, 2003, p. A2. En la misma página el Presidente destituido de la Corte Primera dijo: "*La justicia venezolana vive un momento tenebroso, pues el tribunal que constituye un último resquicio de esperanza ha sido clausurado*".

224  Véase en *El Nacional*, Caracas, Octubre 12, 2003, p. A–5; y *El Nacional*, Caracas, Noviembre 18,2004, p. A–6.

225  Véase en *El Nacional*, Caracas, Octubre 24, 2003, p. A–2; y *El Nacional*, Caracas, Julio 16, 2004, p. A–6.

226  Véase Allan R. Brewer–Carías, "La progresiva y sistemática demolición institucional de la autonomía e independencia del Poder Judicial en Venezuela 1999–2004," en *XXX Jornadas J.M Domínguez Escovar, Estado de derecho, Administración de justicia y derechos humanos,* Instituto de Estudios Jurídicos del Estado Lara, Barquisimeto, 2005, pp. 33–174; "La justicia sometida al poder (La ausencia de independencia y autonomía de los jueces en Venezuela por la interminable emergencia del Poder Judicial (1999–2006))," en *Cuestiones Internacionales. Anuario Jurídico Villanueva 2007*, Centro Universitario Villanueva, Marcial Pons, Madrid, 2007, pp. 25–57.

227  Véase Antonio Canova González, *La realidad del contencioso administrativo venezolano (Un llamado de atención frente a las desoladoras estadísticas de la Sala Político Administrativa en 2007 y primer semestre de 2008)*, Funeda, Caracas 2009.

228  Véase Caso *Apitz Barbera y otros ("Corte Primera de lo Contencioso Administrativo") vs. Venezuela*, Excepción Preliminar, Fondo, Reparaciones y Costas, Serie C N° 182, en www.corteidh.or.cr.

Sin embargo, frente a esta decisión, Sala Constitucional del Tribunal Supremo, en sentencia N° 1.939 de 12 de diciembre de 2008,[229] citando precisamente como precedente la antes mencionada sentencia del Tribunal Superior Militar del Perú de 1999, declaró dicha sentencia como "inejecutable" en Venezuela, solicitando de paso al Ejecutivo Nacional que denunciara la Convención Americana de Derechos Humanos por considerar que supuestamente había usurpado los poderes del Tribunal Supremo.

Lo que primero debe destacarse de esta sentencia es que con la misma la Sala Constitucional decidió un curioso proceso constitucional iniciado por los abogados del Estado (Procuraduría General de la república) mediante una llamada "acción de control de la constitucionalidad" – cito - "referida a la interpretación acerca de la conformidad constitucional del fallo de la Corte Interamericana de Derechos Humanos, de fecha 5 de agosto de 2008," en el caso de los ex-magistrados de la Corte Primera de lo Contencioso Administrativo.

Es decir, quien peticionó ante la Sala Constitucional fue el propio Estado que buscaba incumplir la sentencia de la Corte Interamericana, y lo hizo por medio del abogado del Estado (Procuraduría General de la República) a través de esa curiosa "acción de control constitucional" para la interpretación de la conformidad con la Constitución de la sentencia internacional, no prevista en el ordenamiento jurídico venezolano.

La fundamentación básica de la "acción" fue que las decisiones de los "órganos internacionales de protección de los derechos humanos *no son de obligatorio cumplimiento y son inaplicables si violan la Constitución*," argumentando los abogados del Estado que lo contrario "sería subvertir el orden constitucional y atentaría contra la soberanía del Estado," denunciaron que la Corte Interamericana de Derechos Humanos violaba:

> "la supremacía de la Constitución y su obligatoria sujeción violentando el principio de autonomía del poder judicial, pues la misma llama al desconocimiento de los procedimientos legalmente establecidos para el establecimiento de medidas y sanciones contra aquellas actuaciones desplegadas por los jueces que contraríen el principio postulado esencial de su deber como jueces de la República."

El Estado en su petición ante su Sala Constitucional, concluyó que la sentencia de la Corte Interamericana "de manera ligera dispone que los accionantes no fueron juzgados por un juez imparcial," afirmando en definitiva, que era inaceptable y de imposible ejecución por parte del propio Estado peticionante.

La Sala Constitucional, para decidir, obviamente tuvo que comenzar por "encuadrar" la acción propuesta por el Estado, deduciendo por su cuenta que la misma no pretendía "la nulidad" del fallo de la Corte Interamericana que obviamente no era idóneo, ni se trataba de una "colisión de leyes," sino que

---

229 Véase en http://www.tsj.gov.ve/decisiones/scon/Diciembre/1939-181208-2008-08-1572.html.

de lo que se trataba era de una "presunta controversia entre la Constitución y la ejecución de una decisión dictada por un organismo internacional fundamentada en normas contenidas en una Convención de rango constitucional."

En virtud de ello, la Sala simplemente concluyó que de lo que se trataba era de una petición "dirigida a que se aclare una duda razonable en cuanto a la ejecución de un fallo dictado por la Corte Interamericana de Derechos Humanos, que condenó a la República Bolivariana de Venezuela a la reincorporación de unos jueces y al pago de sumas de dinero," considerando entonces que se trataba de una "acción de interpretación constitucional" que la propia Sala constitucional había creado en Venezuela, a los efectos de la interpretación abstracta de normas constitucionales, a partir de su sentencia de 22 de septiembre de 2000 (caso *Servio Tulio León*).[230]

A tal efecto, la Sala consideró que era competente para decidir la acción interpuesta, al estimar que lo que peticionaban los representantes del Estado en su acción, era una decisión "sobre el alcance e inteligencia de la ejecución de una decisión dictada por un organismo internacional con base en un tratado de jerarquía constitucional, ante la presunta antinomia entre esta Convención Internacional y la Constitución Nacional," considerando al efecto, que el propio Estado tenía la legitimación necesaria para intentar la acción ya que el fallo de la Corte Interamericana había ordenado la reincorporación en sus cargos de unos ex magistrados, había condenado a la República al pago de cantidades de dinero y había ordenado la publicación del fallo. El Estado, por tanto, de acuerdo a la Sala Constitucional tenía interés en que se dictase

"una sentencia mero declarativa en la cual se establezca el verdadero sentido y alcance de la señalada ejecución con relación al Poder Judicial venezolano en cuanto al funcionamiento, vigilancia y control de los tribunales."

A los efectos de adoptar su decisión, la Sala sin embargo reconoció el rango constitucional de la Convención Americana sobre Derechos Humanos conforme al artículo 23 de la Constitución, así como las competencias de la Comisión y de la Corte Interamericana, pero precisando sin embargo, que ésta no podía "pretender excluir o desconocer el ordenamiento constitucional interno," pues "la Convención coadyuva o complementa el texto fundamental que es *la norma suprema y el fundamento del ordenamiento jurídico*" (artículo 7 constitucional).

---

230     Véase *Revista de Derecho Público*, N° 83, Editorial Jurídica Venezolana, Caracas 2000, pp. 247 ss. Véase Allan R. Brewer-Carías, "Le recours d'interprétation abstrait de la Constitution au Vénézuéla", en *Le renouveau du droit constitutionnel, Mélanges en l'honneur de Louis Favoreu*, Dalloz, Paris, 2007, pp. 61-70.

La Sala para decidir, consideró que la Corte Interamericana, para dictar su fallo, además de haberse contradicho[231] al constatar la supuesta violación de los derechos o libertades protegidos por la Convención:

"dictó pautas de carácter obligatorio sobre gobierno y administración del Poder Judicial que son competencia exclusiva y excluyente del Tribunal Supremo de Justicia y estableció directrices para el Poder Legislativo, en materia de carrera judicial y responsabilidad de los jueces, violentando la soberanía del Estado venezolano en la organización de los poderes públicos y en la selección de sus funcionarios, lo cual resulta inadmisible."

La Sala consideró en definitiva, que la Corte Interamericana "utilizó el fallo analizado para intervenir inaceptablemente en el gobierno y administración judicial que corresponde con carácter excluyente al Tribunal Supremo de Justicia, de conformidad con la Constitución de 1999," (artículos 254, 255 y 267), alegando que los jueces provisorios no tienen estabilidad alguna, y podían ser removidos en forma completamente "discrecional," y que la "sentencia cuestionada" de la Corte Interamericana lo que pretendía era "desconocer la firmeza de decisiones administrativas y judiciales que han adquirido la fuerza de la cosa juzgada, al ordenar la reincorporación de los jueces destituidos."

En este punto, como se dijo, la Sala recurrió como precedente para considerar que la sentencia de la Corte Interamericana de Derechos Humanos era inejecutable en Venezuela, la misma sentencia antes señalada de 1999 de la Sala Plena del Consejo Supremo de Justicia Militar del Perú, que consideró inejecutable la sentencia de la Corte Interamericana de 30 de mayo de 1999, dictada en el caso: *Castillo Petruzzi y otro.*

En sentido similar a dicho caso, la Sala Constitucional venezolana concluyó que:

"En este caso, estima la Sala que la ejecución de la sentencia de la Corte Interamericana de Derechos Humanos del 5 de agosto de 2008, afectaría principios y valores esenciales del orden constitucional de la República Bolivariana de Venezuela y pudiera conllevar a un caos institucional en el marco del sistema de justicia, al pretender modificar la autonomía del Poder Judicial constitucionalmente previsto y el sistema disciplinario instaurado legislativamente, así como también pretende la re-

---

231  La Sala Constitucional consideró que la Corte Interamericana decidió que la omisión de la Asamblea Nacional de dictar el Código de Ética del Juez o Jueza Venezolano, "*ha influido en el presente caso, puesto que las víctimas fueron juzgadas por un órgano excepcional que no tiene una estabilidad definida y cuyos miembros pueden ser nombrados o removidos sin procedimientos previamente establecidos y a la sola discreción del TSJ,*" pero luego "sorprendentemente, en ese mismo párrafo [147] y de manera contradictoria, afirma que no se pudo comprobar que la Comisión de Emergencia y Reestructuración del Poder Judicial haya incurrido en desviación de poder o que fuera presionada directamente por el Ejecutivo Nacional para destituir a los mencionados ex jueces y luego concluye en el cardinal 6 del Capítulo X que "*no ha quedado establecido que el Poder Judicial en su conjunto carezca de independencia*".

incorporación de los hoy ex jueces de la Corte Primera de lo Contencioso Administrativo por supuesta parcialidad de la Comisión de Funcionamiento y Reestructuración del Poder Judicial, cuando la misma ha actuado durante varios años en miles de casos, procurando **la depuración del Poder Judicial** en el marco de la actividad disciplinaria de los jueces. Igualmente, el fallo de la Corte Interamericana de Derechos Humanos pretende desconocer la firmeza de las decisiones de destitución que recayeron sobre los ex jueces de la Corte Primera de lo Contencioso Administrativo que se deriva de la falta de ejercicio de los recursos administrativos o judiciales, o de la declaratoria de improcedencia de los recursos ejercidos por parte de las autoridades administrativas y judiciales competentes." (énfasis añadido)

Por todo lo anterior, la Sala Constitucional del Tribunal Supremo, a petición del propio Estado venezolano ante la mencionada decisión de la Corte Interamericana, declaró *"inejecutable"* la sentencia internacional "con fundamento en los artículos 7, 23, 25, 138, 156.32, el Capítulo III del Título V de la Constitución de la República y la jurisprudencia parcialmente transcrita de las Salas Constitucional y Político Administrativa."

Pero no se quedó allí la Sala Constitucional, sino en una evidente usurpación de poderes, ya que las relaciones internacionales es materia exclusiva del Poder Ejecutivo, solicitó instó

"al Ejecutivo Nacional proceda a denunciar esta Convención, ante la evidente usurpación de funciones en que ha incurrido la Corte Interamericana de los Derechos Humanos con el fallo objeto de la presente decisión; y el hecho de que tal actuación se fundamenta institucional y competencialmente en el aludido Tratado."

Con esta sentencia el Estado comenzó el proceso de desligarse de la Convención Americana sobre Derechos Humanos, y de la jurisdicción de la Corte Interamericana de Derechos Humanos utilizando para ello a su propio Tribunal Supremo de Justicia, que lamentablemente ha manifestado ser el principal instrumento para la consolidación del autoritarismo en el país.[232]

4. *Una nueva "acción innominada de control de constitucionalidad" de las sentencias de la Corte Interamericana para declararlas inejecutables: el caso Leopoldo López en 2011*

Con base en todos estos precedentes, en 2011, la Sala Constitucional procedió a completar su objetivo de declarar inejecutables las decisiones de la

---

232  Véase Allan R. Brewer-Carias, *Crónica sobre la "In" Justicia Constitucional. La Sala Constitucional y el autoritarismo en Venezuela*, Colección Instituto de Derecho Público. Universidad Central de Venezuela, N° 2, Editorial Jurídica Venezolana, Caracas 2007; y "El juez constitucional al servicio del autoritarismo y la ilegítima mutación de la Constitución: el caso de la Sala Constitucional del Tribunal Supremo de Justicia de Venezuela (1999-2009)", en *Revista de Administración Pública*, N° 180, Madrid 2009, pp. 383-418.

Corte Interamericana de Derechos Humanos, consolidando una supuesta competencia que tenía para ejercer el "control de constitucionalidad" de las sentencias de la Corte Interamericana de Derechos Humanos, que por supuesto no tenía ni puede tener.

En efecto, una de las características fundamentales de la Justicia Constitucional es que los Tribunales, como garantes de la Constitución, no sólo tienen que estar sometidos, como todos los órganos del Estado, a las propias previsiones de la Constitución, sino que deben ejercer sus competencias ceñidos a las establecidas en la misma o en las leyes, cuando a ellas remita la Constitución para la determinación de la competencia. En particular, la competencia de los Tribunales Constitucionales en materia de control concentrado de la constitucionalidad siempre ha sido considerada como de derecho estricto que tiene que estar establecida expresamente en la Constitución, y no puede ser deducida por vía de interpretación. Es decir, la Jurisdicción Constitucional no puede ser creadora de su propia competencia, pues ello desquiciaría los cimientos del Estado de derecho, convirtiendo al juez constitucional en poder constituyente.[233]

En el caso de Venezuela, sin embargo, esto ha sido así,[234] agregándose ahora esta nueva supuesta competencia de la Sala Constitucional del Tribunal Supremo, para someter a control de constitucionalidad las sentencias de la Corte Interamericana contrariando el propio texto de la Constitución que en su artículo 31 prevé como obligación del Estado el adoptar, conforme a los procedimientos establecidos en la Constitución y en la ley, "las medidas que sean necesarias para dar cumplimiento a las decisiones emanadas de los órganos internacionales" de protección de derechos humanos.

Sin embargo, luego del precedente señalado de 2008, la Sala Constitucional del Tribunal Supremo de Justicia mediante sentencia N° 1547 de fecha 17 de octubre de 2011 (Caso *Estado Venezolano vs. Corte Interamericana de Derechos Humanos*),[235] procedió a declararse competente para conocer de una "acción innominada de control de constitucionalidad" intentada contra la sentencia de la Corte Interamericana de Derechos Humanos dictada en el 1° de septiembre de 2011 (caso *Leopoldo López vs. Estado de Venezuela)*, que por supuesto no existe en el ordenamiento constitucional venezolano, ejercida también en este caso por el abogado del Estado (Procurador General de la República), condenado en la sentencia.[236]

---

233  Véase en general, Allan R. Brewer-Carías, *Constitutional Courts as Positive Legislators in Comparative Law*, Cambridge University Press, New York 2011.

234  Véase Allan R. Brewer-Carías, "La ilegítima mutación de la constitución por el juez constitucional: la inconstitucional ampliación y modificación de su propia competencia en materia de control de constitucionalidad," en *Libro Homenaje a Josefina Calcaño de Temeltas*. Fundación de Estudios de Derecho Administrativo (FUNEDA), Caracas 2009, pp. 319-362.

235  Véase en http://www.tsj.gov.ve/decisiones/scon/Octubre/1547-171011-2011-11-1130.html.

236  Véase Allan R. Brewer-Carías, "El ilegítimo "control de constitucionalidad" de las sentencias de la Corte Interamericana de Derechos Humanos por parte la Sala Constitucional del Tribunal

Dicha sentencia de la Corte Interamericana de Derechos Humanos, había decidido, conforme a la Convención Americana de Derechos Humanos (art. 32.2), que la restricción al derecho pasivo al sufragio (derecho a ser elegido) que se le había impuesto al ex Alcalde Sr. Leopoldo López por la Contraloría General de la República ("pena" de inhabilitación política ) mediante una decisión administrativa, era contraria a la Convención, pues dicha restricción a su derecho político al sufragio pasivo sólo puede ser restringido, acorde con la Constitución (art. 65) y a la Convención Americana de Derechos Humanos (art. 32.2), mediante sentencia judicial que imponga una condena penal.[237]

En tal virtud, buscando protección a su derecho, el Sr. López recurrió mediante denuncia ante la Comisión Interamericana de Derechos Humanos, para ante la Corte Interamericana de Derechos Humanos, resultando la decisión de ésta última condenando al Estado venezolano por "la violación del derecho a ser elegido, establecido en los artículos 23.1.b y 23.2, en relación con la obligación de respetar y garantizar los derechos, establecida en el artículo 1.1 de la Convención Americana sobre Derechos Humanos, en perjuicio del señor López Mendoza," (Párr. 249); y ordenando la revocatoria de las decisiones de la Contraloría General de la República y de otros órganos del Estado que le impedían ejercer su derecho político a ser electo por la inhabilitación política que le había sido impuesta administrativamente.

Fue contra la decisión de la Corte Interamericana de Derechos Humanos de condena al Estado Venezolano por violación del derecho político del Sr. Leopoldo López, que los abogados de la Procuraduría General de la República, como abogados del propio Estado condenado, recurrieron ante la Sala Constitucional del Tribunal Supremo solicitándole la revisión judicial por control de constitucionalidad de la sentencia de la Corte internacional, de lo cual resultó la sentencia mencionada N° 1547 de 17 de octubre de 2011 de la Sala Constitucional que declaró "inejecutable" la sentencia dictada en protección del Sr. López, ratificando así la violación de su derecho constitucional a ser electo, y que le impedía ejercer su derecho a ser electo y ejercer funciones públicas representativas.

Y el vehículo para lograr este objetivo, algo más de tres semanas después de la mencionada sentencia de la Corte Interamericana (1° de septiembre de 2011), fue la demanda formulada ante la Sala Constitucional del Tribunal

---

Supremo de Justicia de Venezuela: el caso de la sentencia *Leopoldo López vs. Venezuela, 2011*," en *Constitución y democracia: ayer y hoy. Libro homenaje a Antonio Torres del Moral.* Editorial Universitas, Vol. I, Madrid, 2013, pp. 1095-1124.

237 Véase Allan R. Brewer-Carías, "La incompetencia de la Administración Contralora para dictar actos administrativos de inhabilitación política restrictiva del derecho a ser electo y ocupar cargos públicos (La protección del derecho a ser electo por la Corte Interamericana de Derechos Humanos en 2012, y su violación por la Sala Constitucional del Tribunal Supremo al declarar la sentencia de la Corte Interamericana como "inejecutable"), en Alejandro Canónico 'Sarabia (Coord.), *El Control y la responsabilidad en la Administración Pública, IV Congreso Internacional de Derecho Administrativo, Margarita 2012*, Centro de Adiestramiento Jurídico, Editorial Jurídica Venezolana, Caracas 2012, pp. 293-371.

Supremo de Justicia, el 26 de septiembre de 2011, por el Procurador General de la República, denominándola como una "acción innominada de control de constitucionalidad," que la Sala, sin competencia alguna para ello y en franca violación de la Constitución, pasó a conocer de inmediato, decidiéndola veinte días después, mediante sentencia N° 1547 (Caso *Estado Venezolano vs. Corte Interamericana de Derechos Humanos*) de fecha 17 de octubre de 2011.[238]

El Procurador General de la República, al intentar la acción, justificó la supuesta competencia de la Sala Constitucional en su carácter de "garante de la supremacía y efectividad de las normas y principios constitucionales" (Arts. 266.1, 334, 335 y 336 de la Constitución, el artículo 32 de la Ley Orgánica del Tribunal Supremo de Justicia), considerando básicamente que la República, ante una decisión de la Corte Interamericana de Derechos Humanos, no podía dejar de realizar "el examen de constitucionalidad en cuanto a la aplicación de los fallos dictados por esa Corte y sus efectos en el país," considerando en general que las decisiones de dicha Corte Interamericana sólo pueden tener "ejecutoriedad en Venezuela," en la medida que "el contenido de las mismas cumplan el examen de constitucionalidad y no menoscaben en forma alguna directa o indirectamente el Texto Constitucional;" es decir, que dichas decisiones "para tener ejecución en Venezuela deben estar conformes con el Texto Fundamental."

Luego de analizar la sentencia de la Corte Interamericana, referirse al carácter de los derechos políticos como limitables; y a la competencia de la Contraloría General de la República, para imponer sanciones, el abogado del Estado pasó a considerar que lo que la Contraloría le había impuesto al Sr. Leopoldo López había sido realmente sólo una "inhabilitación administrativa" y no una inhabilitación política que se "corresponde con las sanciones que pueden ser impuestas por un juez penal, como pena accesoria a la de presidio (artículo 13 del Código Penal);" y que las decisiones adoptadas por la Corte Interamericana con órdenes dirigidas a órganos del Estado "se traduce en una injerencia en las funciones propias de los poderes públicos." El Procurador estimó que la Corte Interamericana como en general las cortes internacionales no podían "valerse o considerarse instancias superiores ni magnánimas a las autoridades nacionales, con lo cual pretendan obviar y desconocer el ordenamiento jurídico interno, todo ello en razón de supuestamente ser los garantes plenos y omnipotentes de los derechos humanos en el hemisferio americano": y además, que la sentencia de la Corte Interamericana de Derechos Humanos desconocía "la lucha del Estado venezolano contra la corrupción y la aplicación de la Convención Interamericana contra la Corrupción, ratificada por Venezuela el 2 de junio de 1997 y la Convención de las Naciones Unidas contra la Corrupción, ratificada el 2 de febrero de 2009." Después de todo ello, el Procurador General de la República alegó ante la Sala Consti-

---

238   Véase en http://www.tsj.gov.ve/decisiones/scon/Octubre/1547-171011-2011-11-1130.htmll

tucional que la mencionada sentencia de la Corte Interamericana transgredía el ordenamiento jurídico venezolano, pues desconocía:

"la supremacía de la Constitución y su obligatoria sujeción, violentando el principio de autonomía de los poderes públicos, dado que la misma desconoce abiertamente los procedimientos y actos legalmente dictados por órganos legítimamente constituidos, para el establecimiento de medidas y sanciones contra aquellas actuaciones desplegadas por la Contraloría General de la República que contraríen el principio y postulado esencial de su deber como órgano contralor, que tienen como fin último garantizar la ética como principio fundamental en el ejercicio de las funciones públicas."

Como consecuencia de ello, el Procurador General de la República solicitó de la Sala Constitucional que admitiera la "acción innominada de control de constitucionalidad", a los efectos de que la Sala declarase "inejecutable e inconstitucional la sentencia de la Corte Interamericana de Derechos Humanos del 1° de septiembre de 2011."

Y así efectivamente lo hizo la Sala, no sin antes también precisar en este caso que lo que el Procurador pretendía no era que se declarase "la nulidad" ni de la Convención Americana de Derechos Humanos ni del fallo de la Corte Interamericana de Derechos Humanos, y que la "acción innominada intentada" no era ni un "recurso de nulidad como mecanismo de control concentrado de la constitucionalidad" ni una acción de "colisión de leyes," sino que de lo que se trataba era de "una presunta controversia entre la Constitución y la ejecución de una decisión dictada por un organismo internacional fundamentada en normas contenidas en una Convención de rango constitucional." Para ello concluyó que entonces de lo que se trataba el caso era de una acción mediante la cual se pretendía:

"ejercer un "control innominado de constitucionalidad", por existir una aparente antinomia entre la Constitución de la República Bolivariana de Venezuela, la Convención Interamericana de Derechos Humanos, la Convención Americana contra la Corrupción y la Convención de las Naciones Unidas contra la Corrupción, producto de la pretendida ejecución del fallo dictado el 1 de septiembre de 2011, por la Corte Interamericana de Derechos Humanos (CIDH), que condenó a la República Bolivariana de Venezuela a la habilitación para ejercer cargos públicos al ciudadano Leopoldo López Mendoza."

Inventó, en este caso, la Sala Constitucional una nueva acción para el ejercicio del control de constitucionalidad, siguiendo la orientación que ya había sentado en otros casos, como cuando "inventó" la acción autónoma y directa de interpretación abstracta de la Constitución mediante sentencia N° 1077 de

22 de septiembre de 2000 (Caso: *Servio Tulio León*),[239] sentencia que por lo demás citó con frecuencia en su decisión, sin percatarse de que en aquella ocasión y en esta, la Sala Constitucional actuó como poder constituyente al margen de la Constitución.[240]

Ahora bien, en el caso concreto, identificado el objeto de la acción "innominada" que intentó el Estado Venezolano ante la Sala Constitucional, la misma consideró que le correspondía en "su condición de último interprete de la Constitución," realizar "el debido control de esas normas de rango constitucional" y ponderar "si con la ejecución del fallo de la CIDH se verifica tal confrontación."

Para determinar el "alcance" de esta "acción de control constitucional" la Sala Constitucional recordó, por otra parte, que ya lo había hecho en anterior oportunidad, precisamente en el caso antes referido sobre "la conformidad constitucional" del fallo de la Corte Interamericana de Derechos Humanos (CIDH) en sentencia N° 1939 de 18 de diciembre de 2008 (caso: *Estado Venezolano vs. Corte Interamericana de derechos Humanos, caso Magistrados de la Corte Primera de lo Contencioso Administrativo*),[241] mediante la cual "asumió la competencia con base en la sentencia 1077/2000 y según lo dispuesto en el cardinal 23 del artículo 5 de la Ley Orgánica del Tribunal Supremo de Justicia de 2004."[242]

Pero resulta que este numeral 23 del artículo 5 de la Ley del Tribunal Supremo le que le había dado competencia a la Sala Constitucional para "conocer de las controversias que pudieren suscitarse con motivo de la interpretación y ejecución de tratados, convenios y acuerdos constitucionales suscritos ratificados por la República", había desaparecido en la reforma de la Ley de 2010, lo que significaba, al decir de la Sala en la sentencia, que "la argumentación de la Sala Constitucional para asumir la competencia para conocer de la conformidad constitucional de un fallo dictado por la Corte Interamericana de Derechos Humanos," había "sufrido un cambio," por lo que, en ausencia

---

239 Véase la sentencia en *Revista de Derecho Público*, N° 83, Editorial Jurídica Venezolana, Caracas 2000, pp. 247 ss. Véase Allan R. Brewer-Carias, *"Quis Custodiet ipsos Custodes*: De la interpretación constitucional a la inconstitucionalidad de la interpretación", en *VIII Congreso Nacional de derecho Constitucional*, Perú, Fondo Editorial 2005, Colegio de Abogados de Arequipa, Arequipa, September 2005, pgs. 463-489.

240 Véase Allan R. Brewer-Carías, *Constitucional Courts as Positive Legislators*, New York 2011; Daniela Urosa M, Maggi, *La Sala Constitucional del Tribunal Supremo de Justicia como Legislador Positivo*, Academia de Ciencias Políticas y Sociales, Serie Estudios N° 96, Caracas 2011. Véase nuestro "Prólogo" a dicho libro, "Los tribunales constitucionales como legisladores positivos. Una aproximación comparativa," pp. 9-70.

241 Véase en *Revista de Derecho Público*, N° 116, Editorial Jurídica venezolana, Caracas 2008, pp. 88 ss.

242 En dicha norma de la Ley de 2004 se disponía como competencia de la Sala: *"Conocer de las controversias que pudieran suscitarse con motivo de la interpretación y ejecución de los Tratados, Convenios o Acuerdos Internacionales suscritos y ratificados por la República. La sentencia dictada deberá ajustarse a los principios de justicia internacionalmente reconocidos y será de obligatorio cumplimiento por parte del Estado venezolano".*

de una previsión legal expresa que contemplase "esta modalidad de control concentrado de la constitucionalidad," la Sala entonces pasó a:

"invocar la sentencia N° 1077/2000, la cual sí prevé esta razón de procedencia de interpretación constitucional, a los efectos de determinar el alcance e inteligencia de la ejecución de una decisión dictada por un organismo internacional con base en un tratado de jerarquía constitucional, ante la presunta antinomia entre la Convención Interamericana de Derechos Humanos y la Constitución Nacional."

Debe recordarse que la mencionada sentencia "invocada" N° 1077/2000, como se dijo fue la dictada en 22 de septiembre de 2000 (Caso *Servio Tulio León Briceño*) en la cual, la Sala, sin competencia constitucional ni legal alguna, y sólo como resultado de la función interpretativa que el artículo 335 de la Constitución le atribuye, "inventó" la existencia de un recurso autónomo de interpretación abstracta de la Constitución.[243]

Por ello, la Sala en este caso hizo la "invocación" a dicha sentencia, pasando luego comentar la competencia establecida para todas las Salas en el artículo 335 de la Constitución para garantizar "la supremacía y efectividad de las normas y principios constitucionales,", la cual en realidad, no es sólo de la Sala Constitucional, sino del Tribunal Supremo que es el que se define como "el máximo y último intérprete de la Constitución" correspondiéndole velar "por su uniforme interpretación y aplicación."

Sin embargo, recordando la "invención" de ese recurso autónomo de interpretación abstracta de la Constitución, la Sala pasó a constatar que el Legislador había eliminado la previsión antes indicada establecida en el artículo 5.23 de la Ley Orgánica del Tribunal Supremo de Justicia de 2004 que la Sala también había "invocado" para decidir el caso mencionado de 2008 de la inejecución de la sentencia de la Corte Interamericana (caso Magistrados de la Corte Primera de lo Contencioso Administrativo); y desconociendo esa expresa voluntad del Legislador de eliminar dicha norma del ordenamiento jurídico, pasó a constatar que el propio Legislador no había "dictado las normas adjetivas" que permitiera la adecuada implementación de las *decisiones emanadas de los órganos internacionales*" de conformidad con lo previsto en el artículo 31 constitucional (en su único aparte)." De ello pasó a afirmar entonces, *de oficio*, que:

"el Estado (y, en concreto, la Asamblea Nacional) ha incurrido en una omisión "*de dictar las normas o medidas indispensables para garantizar el cumplimiento de esta Constitución...*", a tenor de lo previsto en el

---

243  Véase sobre esta sentencia los comentarios en Marianella Villegas Salazar, "Comentarios sobre el recurso de interpretación constitucional en la jurisprudencia de la Sala Constitucional," en *Revista de Derecho Público*, N° 84, Editorial Jurídica Venezolana, Caracas 2000, pp. 417 ss.; y Allan R. Brewer-Carías, *Crónica sobre la "In" Justicia Constitucional. La Sala Constitucional y el autoritarismo en Venezuela*, Colección Instituto de Derecho Público. Universidad Central de Venezuela, N° 2, Editorial Jurídica Venezolana, Caracas 2007, pp. 47-79.

artículo 336.7 *eiusdem* en concordancia con lo pautado en la Disposición Transitoria Sexta del mismo texto fundamental."

Es decir, la Sala Constitucional, no sólo desconoció la voluntad del Legislador en eliminar una norma del ordenamiento jurídico, sino que calificó de oficio dicha decisión como una "omisión de la Asamblea Nacional de dictar las normas necesarias para dar cumplimiento a las decisiones de los organismos internacionales y/o para resolver las controversias que podrían presentarse en su ejecución." La consecuencia de ello, fue la declaratoria de la Sala, también de oficio, de asumir la competencia, que ni la Constitución ni la ley le atribuye:

"para verificar la conformidad constitucional del fallo emitido por la Corte Interamericana de Derechos Humanos, control constitucional que implica lógicamente un "control de convencionalidad" (o de confrontación entre normas internas y tratados integrantes del sistema constitucional venezolano), lo cual debe realizar en esta oportunidad esta Sala Constitucional, incluso de oficio; y así se decide."

En esta forma quedó formalizada por voluntad de la Sala, la "invención" de una nueva modalidad de control de constitucionalidad, con lo cual, una vez más la Sala Constitucional mutó la Constitución específicamente en materia de justicia constitucional.[244]

En cuanto a la "acción" intentada por el Procurador en el caso de la impugnación de la sentencia internacional del caso Leopoldo López, la Sala Constitucional admitió pura y simplemente la acción intentada por el Procurador, pasando a disponer que como no se trataba de una "demanda" de interpretación de normas o principios del sistema constitucional (artículo 25.17 de la Ley Orgánica del Tribunal Supremo de Justicia), "sino de una modalidad innominada de control concentrado que requiere de la interpretación para determinar la conformidad constitucional de un fallo", con fundamento en el artículo 98 de la Ley Orgánica del Tribunal Supremo de Justicia, en concordancia con el párrafo primero del artículo 145 *eiusdem*, determinó que "al tratarse de una cuestión de mero derecho," la causa no requería de sustanciación, ignorando incluso el escrito presentado por el Sr. López, entrando a decidir la causa "sin trámite y sin fijar audiencia oral para escuchar a los interesados ya que no requiere el examen de ningún hecho," incluso, "omitiéndose asimismo la notificación a la Fiscalía General de la República, la Defensoría del Pueblo y los terceros interesados." Y todo ello lo hizo la Sala, "en razón

---

244 Véase Allan R. Brewer-Carías, "La ilegítima mutación de la constitución por el juez constitucional: la inconstitucional ampliación y modificación de su propia competencia en materia de control de constitucionalidad. Trabajo elaborado para el *Libro Homenaje a Josefina Calcaño de Temeltas*. Fundación de Estudios de Derecho Administrativo (FUNEDA), Caracas 2009, pp. 319-362; "La ilegítima mutación de la Constitución por el juez constitucional y la demolición del Estado de derecho en Venezuela," en *Revista de Derecho Político*, N° 75-76, Homenaje a Manuel García Pelayo, Universidad Nacional de Educación a Distancia, Madrid, 2009, pp. 291-325.

de la necesidad de impartir celeridad al pronunciamiento por la inminencia de procesos de naturaleza electoral, los cuales podrían ser afectados por la exigencia de ejecución de la sentencia objeto de análisis." La violación al debido proceso y a la necesaria contradicción del proceso constitucional por supuesto era evidente, y solo explicable por la urgencia de decidir y complacer al poder.

Quedó en esta forma "formalizada" en la jurisprudencia de la Sala Constitucional en Venezuela, actuando como Jurisdicción Constitucional, y sin tener competencia constitucional alguna para ello, la existencia de una "acción innominada de control de constitucionalidad" destinada a revisar las sentencias que la Corte Interamericana de Derechos Humanos pueda dictar contra el mismo Estado condenándolo por violación de derechos humanos. En esta forma, la ejecución de las sentencias en relación con el Estado condenado, quedó sujeta a su voluntad, determinada por su Tribunal Supremo de Justicia a su solicitud del propio Estado condenado a través del Procurador General de la Republica. Se trata, en definitiva, de un absurdo sistema de justicia en el cual el condenado en una decisión judicial es quien determina si la condena que se le ha impuesto es o no ejecutable. Eso es la antítesis de la justicia.

5.   *La extraña tesis de la Sala Constitucional de la subordinación del derecho internacional al orden interno y el rechazo al valor del derecho internacional de los derechos humanos*

Pero no quedó allí el razonamiento de la Sala con la "creación" de este nuevo medio de control de constitucionalidad en franca violación de la Constitución, sino que al "controlar" la sentencia de la Corte Interamericana de Derechos Humanos de 1 de septiembre de 2011, en la sentencia N° 1547 (Caso *Estado Venezolano vs. Corte Interamericana de Derechos Humanos*) 17 de octubre de 2011,[245] pasó a analizar el rango constitucional y la fuerza obligatoria de los Convenios internacionales en materia de derechos humanos en el derecho interno, como lo indica el artículo 23 de la Constitución de Venezuela,[246] destacando lo que precisamente había dicho la Corte Interamericana en relación con el poder de los jueces de ejercer el control de convencionalidad para asegurar su aplicación, indicando la Corte Interamericana que:

---

245   Véase en http://www.tsj.gov.ve/decisiones/scon/Octubre/1547-171011-2011-11-1130.htmll

246   *Artículo 23.* Los tratados, pactos y convenciones relativos a derechos humanos, suscritos y ratificados por Venezuela, tienen jerarquía constitucional y prevalecen en el orden interno, en la medida en que contengan normas sobre su goce y ejercicio más favorables a las establecidas en esta Constitución y en las leyes de la República, y son de aplicación inmediata y directa por los tribunales y demás órganos del Poder Público. Véase sobre esta norma Allan R. Brewer-Carías, "Nuevas reflexiones sobre el papel de los tribunales constitucionales en la consolidación del Estado democrático de derecho: defensa de la Constitución, control del poder y protección de los derechos humanos," en *Anuario de Derecho Constitucional Latinoamericano*, 13er año, Tomo I, Programa Estado de Derecho para Latinoamérica, Fundación Konrad Adenauer, Montevideo 2007, pp. 63 a 119.

"cuando un Estado es parte de un tratado internacional como la Convención Americana, todos sus órganos, **incluidos sus jueces y demás órganos vinculados a la administración de justicia**, también están sometidos a aquél, lo cual les obliga a velar para que los efectos de las disposiciones de la Convención no se vean mermadas por la aplicación de normas contrarias a su objeto y fin. Los jueces y órganos vinculados a la administración de justicia en todos sus niveles están en la obligación de ejercer *ex officio* un ´control de convencionalidad`, entre las normas internas y la Convención Americana, en el marco de sus respectivas competencias y de las regulaciones procesales correspondientes. En esta tarea, **los jueces y órganos vinculados a la administración de justicia deben tener en cuenta no solamente el tratado, sino también la interpretación que del mismo ha hecho la Corte Interamericana, intérprete última de la Convención Americana.**" (destacado nuestro)

Esta última afirmación de la Corte Interamericana, que copió la Sala Constitucional en su sentencia, sin embargo, en la misma fue abiertamente contradicha, cuestionando el valor o jerarquía constitucional que conforme al artículo 23 de la Constitución puedan tener las propias sentencias de la Corte Interamericana al aplicar la Convención.

En efecto, sobre el tema de la jerarquía constitucional de los tratados internacionales en materia de derechos humanos conforme a la mencionada norma del artículo 23 de la Constitución, la Sala Constitucional acudió a lo que ya había decidido anteriormente en la antes mencionada sentencia N° 1942 de 15 de julio de 2003 (Caso: *Impugnación artículos del Código Penal sobre leyes de desacato*),[247] en la cual había precisado que el artículo 23 constitucional, "se refiere a normas que establezcan derechos, *no a fallos o dictámenes de instituciones, resoluciones de organismos, etc., prescritos en los Tratados,* (destacado de la Sala) sino sólo a normas creativas de derechos humanos," es decir,

"que se trata de una prevalencia de las normas que conforman los Tratados, Pactos y Convenios (términos que son sinónimos) relativos a derechos humanos, pero no de los informes u opiniones de organismos internacionales, que pretendan interpretar el alcance de las normas de los instrumentos internacionales, ya que el artículo 23 constitucional es claro: la jerarquía constitucional de los Tratados, Pactos y Convenios se refiere a sus normas, las cuales, al integrarse a la Constitución vigente, el único capaz de interpretarlas, con miras al Derecho Venezolano, es el juez constitucional, conforme al artículo 335 de la vigente Constitución, en especial, al intérprete nato de la Constitución de 1999, y, que es la Sala Constitucional, y así se declara. (....)

---

247   Véase en *Revista de Derecho Público*, N° 93-96, Editorial Jurídica Venezolana, Caracas 2003, pp. 136 ss.

De lo anterior resultó entonces la afirmación sin fundamento de la Sala Constitucional de que es ella la que tiene el monopolio en la materia de aplicación en el derecho interno de los tratados internacionales mencionados, contradiciendo el texto del artículo 23 de la Constitución que dispone que dichos tratados "son de aplicación inmediata y directa por los tribunales y demás órganos del Poder Público." La Sala afirmó, al contrario, que ella es la única instancia judicial llamada a determinar *"cuáles normas sobre derechos humanos de esos tratados, pactos y convenios, prevalecen en el orden interno;" competencia esta última que supuestamente emanaría "de la Carta Fundamental"* –sin decir de cuál norma– afirmando que la misma *"no puede quedar disminuida por normas de carácter adjetivo contenidas en Tratados ni en otros textos Internacionales sobre Derechos Humanos* suscritos por el país" *(destacados de la Sala)*. De lo contrario, llegó a afirmar la Sala en dicha sentencia, "se estaría ante una forma de enmienda constitucional en esta materia, sin que se cumplan los trámites para ello, al disminuir la competencia de la Sala Constitucional y trasladarla a entes multinacionales o transnacionales (internacionales), quienes harían interpretaciones vinculantes." En realidad, fue la sala Constitucional la que Mutó ilegítimamente la Constitución en esta materia.

En definitiva, la Sala Constitucional decidió que las sentencias de los tribunales internacionales sobre derechos humanos no eran de aplicación inmediata en Venezuela, sino que a sus decisiones sólo *"se les dará cumplimiento en el país, conforme a lo que establezcan la Constitución y las leyes, siempre que ellas no contraríen lo establecido en el artículo 7 de la vigente Constitución,"* concluyendo que "a pesar del respeto del Poder Judicial hacia los fallos o dictámenes de esos organismos, éstos no pueden violar la Constitución de la República Bolivariana de Venezuela, así como no pueden infringir la normativa de los Tratados y Convenios, que rigen esos amparos u otras decisiones"; es decir, que si la Corte Interamericana, por ejemplo, *"amparara a alguien violando derechos humanos de grupos o personas dentro del país, tal decisión tendría que ser rechazada aunque emane de organismos internacionales protectores de los derechos humanos"* (subrayados de la Sala)."

Por tanto, de acuerdo con la sentencia de la Sala Constitucional no existe órgano jurisdiccional alguno por encima del Tribunal Supremo de Justicia, y si existiera, por ejemplo, en materia de integración económica regional o de derechos humanos, sus decisiones *"no pueden menoscabar la soberanía del país, ni los derechos fundamentales de la República"* (subrayados de la Sala), es decir, en forma alguna pueden contradecir las normas constitucionales venezolanas, pues de lo contrario "carecen de aplicación en el país" Así lo declaró la Sala.

Ahora, sobre la prevalencia en el orden interno de la Convención Americana sobre Derechos Humanos como tratado multilateral que tiene jerarquía constitucional, afirmó la Sala que ello es solo, conforme al artículo 23 de nuestro texto fundamental, *"en la medida en que contengan normas sobre su goce y ejercicio más favorables"* a las establecidas en la Constitución; pasando entonces a juzgar sobre la constitucionalidad de la sentencia de la Corte Interamericana, comenzando por "determinar el alcance" del fallo del caso *Leopoldo López* "y su obligatoriedad."

Observó para ello la Sala que en dicho fallo internacional se consideró como su "punto central":

> "la presunta violación del derecho a ser elegido del ciudadano Leopoldo López, infringiendo el artículo 23 de la Convención Americana, en vista de que esta disposición exige en su párrafo 2 que la sanción de inhabilitación solo puede fundarse en una condena dictada por un juez competente, en un proceso penal."

Para analizar esta decisión, la Sala Constitucional comenzó por reiterar lo que antes había decidido en la sentencia antes analizada N° 1939 de 18 de diciembre de 2008 (caso: *Estado Venezolano vs. Corte Interamericana de derechos Humanos, caso Magistrados de la Corte Primera de lo Contencioso Administrativo)*[248] en el sentido de que la protección internacional que deriva de la Convención Americana es "coadyuvante o complementaria de la que ofrece el derecho interno de los Estados americanos," es decir, que la Corte Interamericana "no puede pretender excluir o desconocer el ordenamiento constitucional interno" que goza de supremacía.

La Sala, además, indicó que el artículo 23 de la Constitución antes citado, contrariando su expreso contenido según el cual las normas internacionales sobre derechos humanos "prevalecen en el orden interno" –incluyendo la Constitución–, "en la medida en que contengan normas sobre su goce y ejercicio más favorables a las establecidas en esta Constitución," indicó que:

> "no otorga a los tratados internacionales sobre derechos humanos rango '*supraconstitucional*,' por lo que, en caso de antinomia o contradicción entre una disposición de la Carta Fundamental y una norma de un pacto internacional, correspondería al Poder Judicial determinar cuál sería la aplicable, tomando en consideración tanto lo dispuesto en la citada norma como en la jurisprudencia de esta Sala Constitucional del Tribunal Supremo de Justicia, atendiendo al contenido de los artículos 7, 266.6, 334, 335, 336.11 *eiusdem* y el fallo número 1077/2000 de esta Sala."[249]

Adicionalmente la Sala, en su sentencia, negando valor a la sentencia de la Corte Interamericana, se refirió a otro fallo anterior, N° 1309/2001, en el cual había declarado que "el derecho es una teoría normativa puesta al servicio de

---

248 Véase en *Revista de Derecho Público*, N° 116, Editorial Jurídica venezolana, Caracas 2008, pp. 88 ss. Véase sobre esa sentencia Allan R. Brewer-Carías, "El juez constitucional vs. La justicia internacional en materia de derechos humanos," en *Revista de Derecho Público*, N° 116, (julio-septiembre 2008), Editorial Jurídica Venezolana, Caracas 2008, pp. 249-260.

249 Se refería de nuevo la Sala a la sentencia de 22 de septiembre de 2000 (Caso *Servio Tulio León Briceño*), en *Revista de Derecho Público*, N° 83, Editorial Jurídica Venezolana, Caracas 2000, pp. 247 ss.

la política que subyace tras el proyecto axiológico de la Constitución," de manera que la interpretación constitucional debe comprometerse "con la mejor teoría política que subyace tras el sistema que se interpreta o se integra y con la moralidad institucional que le sirve de base axiológica (*interpretatio favor Constitutione*)."

Por supuesto, dicha "política que subyace tras el proyecto axiológico de la Constitución" o la "teoría política que subyace" tras el sistema que le sirve de "base axiológica," que usa la Sala Constitucional no es la que resulta de la Constitución propia del "Estado democrático social de derecho y de justicia," que está montado formalmente sobre un sistema político de separación de poderes, de control del poder, de pluralismo, de democracia representativa y de libertad económica, sino el que ha venido definiendo el gobierno contra la propia Constitución y que ha encontrado eco en las decisiones de la propia Sala, como propia de un Estado centralizado, socialista y represivo, que niega la representatividad, y que pretende estar montado sobre una supuesta democracia participativa controlada por el poder central,[250] declarando la Sala que los estándares que se adopten para tal interpretación constitucional "*deben ser compatibles con el proyecto político de la Constitución*"- que la Sala no deja de llamar como el del "*Estado Democrático y Social de Derecho y de Justicia,*" precisando que:

"no deben afectar la vigencia de dicho proyecto con opciones interpretativas ideológicas que privilegien los derechos individuales a ultranza o que acojan la primacía del orden jurídico internacional sobre el derecho nacional en detrimento de la soberanía del Estado." (subrayados de la Sala)

Concluyó así, la sentencia, que "*no puede ponerse un sistema de principios supuestamente absoluto y suprahistórico por encima de la Constitución,*" siendo inaceptables –para la Sala– las teorías que pretenden limitar "*so pretexto de valideces universales, la soberanía y la autodeterminación nacional*" (Subrayados de la Sala). O sea, que el derecho internacional de derechos humanos es una de esas "valideces" universales" olímpicamente rechazadas

---

250 En los últimos años puede decirse que es la doctrina política socialista, la cual, por supuesto, no está en ninguna parte de la Constitución, y cuya inclusión en la Constitución fue rechazada por el pueblo en la rechazada reforma constitucional de 2007. Véase Allan R. Brewer-Carías, "La reforma constitucional en Venezuela de 2007 y su rechazo por el poder constituyente originario," en José Ma. Serna de la Garza (Coordinador), *Procesos Constituyentes contemporáneos en América latina. Tendencias y perspectivas*, Universidad Nacional Autónoma de México, México 2009, pp. 407-449). La Sala Constitucional, incluso, ha construido la tesis de que la Constitución de 1999 ahora "privilegia los intereses colectivos sobre los particulares o individuales," habiendo supuestamente cambiado "el modelo de Estado liberal por un Estado social de derecho y de justicia" (sentencia de 5 de agosto de 2008, Nº 1265/2008, http://www.tsj.gov.ve:80/decisiones/scon/Agosto/1265-050808-05-1853.htm) cuando ello no es cierto, pues el Estado social de derecho ya estaba plasmado en la Constitución de 1961. Véase Allan R. Brewer-Carías, *Cambio Político y Reforma del Estado (Contribución al Estad Social de Derecho)*, Ed. Ecnos Madrid 1975.

por la Sala Constitucional ante el proyecto político autoritario desarrollado al margen de la Constitución y defendido por el órgano que se atribuye el carácter de máximo intérprete de la Constitución[251]

De allí concluyó la Sala reiterando lo que ya había decidido en la sentencia N° 1265 de 5 de agosto de 2008[252] en el sentido de que en caso de evidenciarse una contradicción entre la Constitución y una convención o tratado internacional, "*deben prevalecer las normas constitucionales que privilegien el interés general y el bien común, debiendo aplicarse las disposiciones que privilegien los intereses colectivos...(...) sobre los intereses particulares...*"

Al entrar a considerar el "punto central" de la sentencia de la Corte Interamericana sobre la violación del derecho a ser elegido del ciudadano Leopoldo López, por la inhabilitación administrativa dictada en su contra conforme al artículo 105 de la Ley Orgánica de la Contraloría General de la República y del Sistema Nacional de Control Fiscal, la Sala pasó a referirse a su propia sentencia antes mencionada, la N° 1265/2008 dictada el 5 de agosto de 2008,[253] cuando al decidir sobre una denuncia de inconstitucionalidad de dicha norma por violentar precisamente lo dispuesto en al artículo 23.2 de la Convención Americana que sólo admite restricción al sufragio mediante sentencia judicial, observó que conforme a dicha norma, se admite la "'reglamentación` de los derechos políticos mediante ley, destacando que de una manera general, el artículo 30 de la Convención Americana "admite la posibilidad de restricción, siempre que se haga conforme a leyes que se dicten por razones de interés general y con el propósito para el cual han sido establecidas.'" Concluyó la Sala que es posible, de conformidad con la Convención Americana "restringir derechos y libertades, siempre que sea mediante ley, en atención a razones de interés general, seguridad de todos y a las justas exigencias del bien común."

---

251 En el fallo de la Sala Constitucional, la misma también hizo referencia al antes indicado fallo anterior N° 1309/2001, donde se había referido al mismo tema de la interpretación constitucional condicionada "ideológicamente" que debe realizarse conforme a "mejor teoría política que subyace tras el proyecto axiológico de la Constitución," subordinándose el derecho internacional al orden nacional. De ello concluyó la Sala que " *la opción por la primacía del Derecho Internacional es un tributo a la interpretación globalizante y hegemónica del racionalismo individualista"* siendo "la nueva teoría" el "combate por la supremacía del orden social valorativo que sirve de fundamento a la Constitución;" afirmando que en todo caso, "el carácter dominante de la Constitución en el *proceso interpretativo no puede servir de pretexto para vulnerar los principios axiológicos en los cuales descansa el Estado Constitucional venezolano"* (Subrayados de la Sala). // En la sentencia N° 1309/2001 la Sala también había afirmado que "el ordenamiento jurídico conforme a la Constitución significa, en consecuencia, salvaguardar a la Constitución misma de toda desviación de principios y de todo apartamiento del proyecto que ella encarna por voluntad del pueblo." Por ello, la Sala reiteró la negación de la validez universal de los derechos humanos, es decir, negó "cualquier teoría propia que postule derechos o fines absolutos," o cualquier *"vinculación ideológica con teorías que puedan limitar, so pretexto de valideces universales, la soberanía y la autodeterminación nacional"* (Subrayado de la Sala).

252 Véase en http://www.tsj.gov.ve:80/decisiones/scon/Agosto/1265-050808-05-1853.htm.

253 Véase en http://www.tsj.gov.ve:80/decisiones/scon/Agosto/1265-050808-05-1853.htm.

Y así pasó la Sala a resolver la posible antinomia entre el artículo 23.2 de la Convención Interamericana y la Constitución señalando que "la prevalencia del tratado internacional no es absoluta ni automática" siendo sólo posible si el mismo cuando se refiere a derechos humanos, contenga "normas más favorables a las de la Constitución," pasando a preguntarse la propia Sala sobre cuál debían ser los valores que debían tener presente "para determinar cuándo debe considerarse que esa disposición convencional es más favorable que la normativa constitucional interna," siendo su respuesta que ellos deben ser los supuestos valores derivados del proyecto político subyacente en la Constitución antes mencionado, que la Sala ha venido interpretando a su antojo.

De ello concluyó entonces que entonces no podía el artículo 23.2 de la Convención Americana "ser invocado aisladamente, con base en el artículo 23 de la Constitución Nacional, contra las competencias y atribuciones de un Poder Público Nacional, como lo es el Poder Ciudadano o Moral," concluyendo en la sentencia N° 1265/2008 dictada el 5 de agosto de 2008, sobre dicha antinomia, de nuevo que "es inadmisible la pretensión de aplicación absoluta y descontextualizada, con carácter suprahistórico, de una norma integrante de una Convención Internacional" contra las atribuciones en materia de control fiscal y lucha contra la corrupción de la Contraloría General de la República y su potestad de aplicar las sanciones administrativas. Con base en ello, la Sala concluyó que en la materia prevalecía el orden interno y las "normas constitucionales que privilegian el interés general y el bien común, debiendo aplicarse las disposiciones que privilegian los intereses colectivos involucrados en la lucha contra la corrupción sobre los intereses particulares de los involucrados en los ilícitos administrativos", "rechazando el postulado de que las sanciones de inhabilitación solo puede ser impuesta por una autoridad judicial".

Para ello, la Sala Constitucional en su sentencia que comentamos N° 1547 (Caso *Estado Venezolano vs. Corte Interamericana de Derechos Humanos*) de fecha 17 de octubre de 2011, concluyó señalando que aun si se pretendiera otorgar un sentido literal y restrictivo al artículo 23 de la Convención Interamericana, imponiendo la necesidad de la inhabilitación de un ciudadano para el ejercicio de cargos públicos sólo mediante una sentencia judicial, tal Tratado –dijo la Sala– "no es el único que forma parte integrante del sistema constitucional venezolano según el artículo 23 de nuestra Carta Fundamental" concluyendo que conforme a su tesis de la "prevalencia de las normas que privilegien el interés general y el bien común sobre los intereses particulares" entonces debía darse preferencia "a las Convenciones Interamericana y de la ONU contra la corrupción y las propias normas constitucionales internas, que reconocen a la Contraloría General de la República como un órgano competente para la aplicación de sanciones de naturaleza administrativa, como lo es la inhabilitación para el ejercicio de cargos públicos por hechos de corrupción en perjuicio de los intereses colectivos y difusos del pueblo venezolano."

Sin embargo, después de este pronunciamiento dictado con motivo de ejercer el control de constitucionalidad de la sentencia de la Corte Interamericana, la Sala Constitucional se apresuró a afirmar, como aclaratoria que:

"no se trata de interpretar el contenido y alcance de la sentencia de la Corte Interamericana de Derechos Humanos, ni de desconocer el tratado válidamente suscrito por la República que la sustenta o eludir el compromiso de ejecutar las decisiones según lo dispone el artículo 68 de la Convención Interamericana de Derechos Humanos,"

De lo que se trata, en cambio, dijo la Sala, fue supuestamente de adecuar el fallo internacional "al orden constitucional interno," y ejercer un supuesto "control de convencionalidad" pero respecto de normas consagradas en otros tratados internacionales válidamente que no habían sido analizados por la sentencia de la Corte Interamericana de Derechos Humanos que la Sala "controló," como la citada Convención Interamericana contra la Corrupción y la Convención de las Naciones Unidas contra la Corrupción," de todo lo cual concluyó la Sala que como "debe prevalecer la lucha contra la corrupción [...] no puede ejercerse una interpretación aislada y exclusiva de la Convención Americana de Derechos Humanos" y supuestamente se desconozca el *"corpus juris del Derecho Internacional de los Derechos Humanos,"* referido por la Corte Interamericana en otra sentencia.[254]

Finalmente la Sala Constitucional acusó a la Corte Interamericana de Derechos Humanos de persistir:

"en desviar la teleología de la Convención Americana y sus propias competencias, emitiendo órdenes directas a órganos del Poder Público venezolano (Asamblea Nacional y Consejo Nacional Electoral), usurpando funciones cual si fuera una potencia colonial y pretendiendo imponer a un país soberano e independiente criterios políticos e ideológicos absolutamente incompatibles con nuestro sistema constitucional."

Todo ello para terminar declarando que el fallo dictado en el caso Leopoldo López, simplemente era "inejecutable" en Venezuela porque había condenado al Estado Venezolano a través del *Consejo Nacional Electoral* a asegurar *"que las sanciones de inhabilitación no constituyan impedimento para la postulación del señor López Mendoza en el evento de que desee inscribirse como candidato en procesos electorales";* y porque había anulado los actos administrativos que le habían impuesto las sanciones de inhabilitaron"; todo lo cual fue rechazado por la Sala.

La conclusión de todo este proceso de confrontación entre la Sala Constitucional y la Corte Interamericana de Derechos Humanos evidenciada en las sentencias antes comentadas, exhortando al Ejecutivo Nacional para desligar a Venezuela de la Convención Americana sobre Derechos Humanos, se pro-

---

254 Sentencia del 24 de noviembre de 2004, caso: *Trabajadores Cesados del Congreso vs. Perú*, sus Opiniones Consultivas de la CIDH N° OC-16/99 y N° OC-17/2002)

dujo finalmente el día 6 de septiembre de 2012 cuando el Ministro de Relaciones Exteriores de Venezuela, Sr. Nicolás Maduro, quien ejerce actualmente la Presidencia de la República, luego de denunciar una supuesta campaña de desprestigio contra al país desarrollada por parte de la Comisión Interamericana de Derechos Humanos y de la Corte Interamericana de Derechos Humanos, manifestó formalmente al Secretario General de la OEA la "decisión soberana de la República Bolivariana de Venezuela de denunciar la Convención. Americana sobre Derechos Humanos, cesando en esta forma respecto de Venezuela los efectos internacionales de la misma, y la competencia respecto del país tanto de la manifestó formalmente al Secretario General de la OEA, ara el país, tanto de la Comisión Interamericana de Derechos Humanos como de la Corte Interamericana de Derechos Humanos.

Para fundamentar la decisión, el Ministro de Relaciones Exteriores hizo precisamente referencia, entre varios casos decididos por la Corte Interamericana condenando a Venezuela y otros por decidir, a los dos casos que hemos comentado anteriormente, fundamentando jurídicamente su decisión en la "doctrina" sentada por la Sala Constitucional sobre la supuesta prevalencia del derecho nacional frente al derecho internacional, en violación de la propia normativa de la Constitución.[255]

6. *Algunas secuelas del desprecio por Venezuela de las decisiones de la Corte Interamericana de Derechos Humanos y la indebida presión ejercida ante la misma al denunciar la Convención*

Las decisiones de la Sala Constitucional del Tribunal Supremo y del gobierno de Venezuela en desprecio de las sentencias de la Corte Interamericana de Derechos Humanos, sin duda ha tenido efectos y consecuencias catastróficas respecto del derecho de los venezolanos garantizado en el artículo 31 de la Constitución, según el cual el Estado está obligado a adoptar "las medidas que sean necesarias para dar cumplimiento a las decisiones" de los órganos internacionales de protección de los derechos humanos; sobre todo por la presión indebida ejercida por el gobierno sobre la Corte, al haber mencionado en la comunicación de denuncia de la Convención Americana, no sólo casos ya decididos por la Corte, sino otros casos admitidos por la Comisión y sometidos a la Corte, que estaban pendientes de conclusión y decisión. Lamentablemente la presión quizás surtió efectos, quizás estamos comenzado a presenciar el inicio del fin del acceso a la justicia internacional; al menos es lo que cualquier estudioso de la materia podría apreciar, si se tiene en cuenta, *mutatis mutandi*, lo que le ocurrió a los jueces contencioso administrativos en Venezuela los cuales "aprendieron" que decidir casos contra el Estado les

---

255  Véase nuestra propuesta para la inclusión de la norma del artículo 23 en la Constitución de 1999 dándole jerarquía constitucional a los tratados sobre derechos humanos: "Constitucionalización de los tratados sobre derechos humanos," en Allan R. Brewer-Carías, *Debate Constituyente (Aportes a la Asamblea Nacional Constituyente), Tomo II (9 septiembre- 17 octubre 1999),* Fundación de Derecho Público, Caracas 1999 pp.111-115. Véase igualmente *Idem,* pp. 88-91.

acarreaba destitución de sus cargos, siendo la consecuencia de ello, que los venezolanos ya no tenemos justicia contencioso administrativa.

Lo cierto es que la Corte Interamericana, acaba de decidir uno de los casos citados por el Estado para justificar la denuncia de la Convención, y lo acaba de hacer con una sentencia que cambia de raíz la jurisprudencia de la Corte de hace un cuarto de siglo en materia de excepción del agotamiento de recursos internos, para proteger al Estado que desprecia sus sentencias, y cercenarle el acceso a la justicia a un ciudadano que acudió a la Corte clamando por ella, ya que no la podía obtener en su país. ¿Habrá sido esa la consecuencia de la presión ejercida por el Estado venezolano contra la Corte al denunciar la Convención Americana? La historia lo dirá.

En todo caso, ese caso decidido por la Corte Interamericana de Derechos Humanos, es el caso *Allan R. Brewer-Carías vs. Venezuela*, resuelto mediante sentencia N° 277 de 26 de mayo de 2014,[256] con motivo de las denuncias que formulé de violación masiva de mis derechos y garantías judiciales (mis derechos a la defensa, a ser oído, a la presunción de inocencia, a ser juzgado por un juez imparcial e independiente, al debido proceso judicial, a seguir un juicio en libertad, a la protección judicial) y de otros derechos (a la honra, a la libertad de expresión, incluso al ejercer su profesión de abogado, a la seguridad personal y a la circulación y a la igualdad y no discriminación) en el proceso penal desarrollado en mi contra en Venezuela, desde 2005, por el delito político de conspiración para cambiar violentamente la Constitución, por mi posición crítica al gobierno y haber dado una opinión jurídica como abogado en ejercicio de mi libertad de expresión, y con la única arma que he tenido siempre que es el verbo y la escritura.

Al admitir la excepción de falta de agotamiento de los recursos internos, y negarse a conocer y decidir mis denuncias, la Corte Interamericana violó mi derecho de acceso a la Justicia internacional, y protegiendo en cambio al Estado, renunció a las obligaciones convencionales que tenía de juzgar sobre la masiva violación de mis derechos y garantías.

Para ello, la Corte se excusó, sin razón jurídica alguna, en el argumento de que en este caso, antes de que yo pudiese pretender acudir ante la jurisdicción internacional para buscar la protección que nunca pude obtener en mi país, yo debía haber "agotado" los recursos internos en Venezuela, que por lo demás lo había hecho mediante *el ejercicio del único recurso disponible y oportuno que tuve al comenzar la etapa intermedia del proceso penal*, que fue el ejercicio de la solicitud de nulidad absoluta de lo actuado por violación de mis derechos y garantías constitucionales, o amparo penal; recurso que en los nueve años transcurridos nunca fue decidido por el juez de la causa, violando a la vez mi derecho a la protección judicial.

La Corte Interamericana, con su sentencia, primero, demostró una incomprensión extrema del sistema venezolano de protección constitucional me-

---

256 Véase en http://www.corteidh.or.cr/docs/casos/articulos/seriec_278_esp.pdf

diante el amparo o tutela constitucional, desconociendo la solicitud de amparo penal que se había ejercido, llegando incluso a afirmar que si se formula un amparo o tutela con petición de nulidad absoluta, mediante un escrito extenso, en ese caso tenía 532 páginas, entonces según el criterio de los jueces que hicieron la mayoría, el amparo deja de ser una petición de amparo, porque en su miope criterio, por su "extensión" no podría resolverse perentoriamente.

Pero además, segundo, la Corte Interamericana incurrió en el gravísimo error de afirmar que en un proceso penal, supuestamente habría la referida "etapa temprana" (párrafos 95, 96, 97, 98) que como lo advirtieron los Jueces Eduardo Ferrer Mac Gregor y Manuel Ventura Robles, en su *Voto Conjunto Negativo* a la sentencia, es un *"nuevo concepto* acuñado en la Sentencia y en la jurisprudencia" (párrafo 46), que implica la absurda consecuencia de que si en la misma (como sería la etapa de investigación de un proceso penal) se han cometido violaciones a los derechos y garantías constitucionales, las mismas nunca podrían apreciarse ni juzgarse por el juez internacional, porque eventualmente podían ser corregidas en el curso del proceso interno (se entiende, por supuesto, en un sistema donde funcione el Estado de derecho), así esté viciado.

Ello equivale a dejar sentada la doctrina de que en esa "etapa temprana" del proceso penal se podrían violar impunemente las garantías judiciales, y las víctimas lo que tienen que hacer es esperar *sine die*, incluso privadas de libertad y en condiciones inhumanas, para que un sistema judicial sometido al Poder, deliberadamente lento, termine de demoler todos los derechos y garantías, para entonces, después de varios años de prisión sin juicio, las víctimas, quizás desde la ultratumba puedan pretender tener oportunidad de acudir al ámbito internacional buscando justicia.

Como lo advirtieron los Jueces Ferrer Mac Gregor y Ventura Robles en su *Voto Conjunto Negativo*, en "la Sentencia se consideró que en este caso en el cual todavía se encuentra pendiente la audiencia preliminar y una decisión al menos de primera instancia, *no era posible entrar a pronunciarse sobre la presunta vulneración de las garantías judiciales*, debido a *que todavía no habría certeza sobre cómo continuaría el proceso* y si muchos de los alegatos presentados *podrían ser subsanados a nivel interno*" (párrafo 25, e igualmente párrafos 35, 46, 50), considerando el *Voto Conjunto Negativo* que con ello, la Corte Interamericana:

> "contradice la línea jurisprudencial del propio Tribunal Interamericano en sus más de veintiséis años de jurisdicción contenciosa, desde su primera resolución en la temática de agotamiento de los recursos internos como es el caso *Velásquez Rodríguez Vs. Honduras*,[257] *creando así un preocupante precedente contrario a su misma jurisprudencia y al derecho de acceso a la justicia en el sistema interamericano*" (párrafo 47).

---

257    *Caso Velásquez Rodríguez Vs. Honduras*. Excepciones Preliminares. Sentencia de 26 de junio de 1987. Serie C N° 1.

Por ello, los Jueces Ferrer Mac Gregor y Ventura Robles en su *Voto Conjunto Negativo* insistieron en este grave error de la sentencia de la Corte de establecer esta "nueva teoría" de la "etapa temprana" de un proceso, que:

> "representa un retroceso que afecta al sistema interamericano en su integralidad, en cuanto a los asuntos ante la Comisión Interamericana y casos pendientes por resolver por la Corte, toda vez que tiene *consecuencias negativas para las presuntas víctimas en el ejercicio del derecho de acceso a la justicia. Aceptar que en las "etapas tempranas" del procedimiento no puede determinarse alguna violación (porque eventualmente puedan ser remediadas en etapas posteriores) crea un precedente que implicaría graduar la gravedad de las violaciones atendiendo a la etapa del procedimiento en la que se encuentre; más aún, cuando es el propio Estado el que ha causado que no se hayan agotado los recursos internos en el presente caso, dado que ni siquiera dio trámite a los recursos de nulidad de actuaciones —de 4 y 8 de noviembre de 2005— por violación a derechos fundamentales"* (párrafo 56).

Todo ello llevó a los Jueces disidentes en su *Voto Conjunto Negativo* a concluir que la utilización por la sentencia, como uno de sus argumentos centrales, de "*la artificiosa teoría,"* -así la califican-:

> "de la "etapa temprana" del proceso, para no entrar al análisis de las presuntas violaciones a los derechos humanos protegidos por el Pacto de San José, constituye un *claro retroceso en la jurisprudencia histórica de esta Corte, pudiendo producir el precedente que se está creando consecuencias negativas para las presuntas víctimas en el ejercicio del derecho de acceso a la justicia*; derecho fundamental de gran trascendencia para el sistema interamericano en su integralidad, al constituir en sí mismo una garantía de los demás derechos de la Convención Americana en detrimento del efecto útil de dicho instrumento" (párrafo 119).

Con esta sentencia, en realidad, la mayoría sentenciadora de la Corte Interamericana, al pensar que el viciado proceso penal seguido en mi contra como instrumento de persecución política, signado por la persecución política, podía avanzar y salir de la "etapa temprana" en la que en criterio de la Corte se encontraba, y creer que el Estado, con el Poder Judicial como está, podía sin embargo corregir los vicios denunciados, lo que ha resuelto en definitiva, es darle un aval a la situación y el funcionamiento del Poder Judicial en Venezuela, considerándolo apropiado para impartir justicia, precisamente todo lo contrario de lo denunciado. Ello, además, constituye un vicio de inmotivación que hace nula la sentencia.

Lástima, en todo caso, que los señores jueces que tomaron la decisión –aparte de las toneladas de informes y documentos que muestran la situación del poder judicial en Venezuela– no leyeron o no se enteraron del más reciente informe sobre la problemática estructural del Poder Judicial en Venezuela elaborado por la *Comisión Internacional de Juristas*, titulado *Fortalecimiento del Estado de Derecho en Venezuela*, publicado en Ginebra en marzo de 2014, es decir, sólo dos meses antes de dictar sentencia, en cuya Presentación, su Secretario General, Wilder Tayler, explica que:

> *"Este informe da cuenta de la falta de independencia de la justicia en Venezuela, comenzando con el Ministerio Público cuya función constitucional además de proteger los derechos es dirigir la investigación penal y ejercer la acción penal. El incumplimiento con la propia normativa interna ha configurado un Ministerio Público sin garantías de independencia e imparcialidad de los demás poderes públicos y de los actores políticos, con el agravante de que los fiscales en casi su totalidad son de libre nombramiento y remoción, y por tanto vulnerables a presiones externas y sujetos órdenes superiores.*
>
> *En el mismo sentido, el Poder Judicial ha sido integrado desde el Tribunal Supremo de Justicia (TSJ) con criterios predominantemente políticos en su designación. La mayoría de los jueces son "provisionales" y vulnerables a presiones políticas externas, ya que son de libre nombramiento y de remoción discrecional por una Comisión Judicial del propio TSJ, la cual, a su vez, tiene una marcada tendencia partidista. [...]".*

Luego de referirse a que "el informe da cuenta además de las restricciones del Estado a la profesión legal," el Sr. Tayler concluyó su Presentación del Informe afirmando tajantemente que:

> *"Un sistema de justicia que carece de independencia, como lo es el venezolano, es comprobadamente ineficiente para cumplir con sus funciones propias. En este sentido en Venezuela, un país con una de las más altas tasas de homicidio en Latinoamérica y sus familiares sin justicia, esta cifra es cercana al 98% en los casos de violaciones a los derechos humanos. Al mismo tiempo, el poder judicial, precisamente por estar sujeto a presiones externas, no cumple su función de proteger a las personas frente a los abusos del poder sino que por el contrario, en no pocos casos es utilizado como mecanismo de persecución contra opositores y disidentes o simples críticos del proceso político, incluidos dirigentes de partidos, defensores de derechos humanos, dirigentes campesinos y sindicales, y estudiantes."[258]*

Ese Poder Judicial, es el que la Corte Interamericana no se atrevió a juzgar, avalándolo sin embargo, pero sin motivación, al pensar que podría corregir violaciones masivas cometidas en un proceso penal cuyo objeto es una persecución política.

Si el Estado venezolano despreció la justicia internacional el negarse a ejecutar las sentencias de la Corte Interamericana, minando su majestad deci-

---

258  Véase   en   http://icj.wpengine.netdna-cdn.com/wp-content/uploads/2014/06/VENEZUELA-Informe-A4-elec.pdf

sora; con sentencias como estas dictada en el caso *Allan R. Brewer-Carías vs. Venezuela*, protegiendo a un Estado despreciador de sus sentencias, ha sido la misma Corte la que está contribuyendo a minar la confianza que puedan tener en ella los ciudadanos cuando buscan la justicia que no encuentran en sus países. Y si no hay justicia, queridos amigos, y ello es válido para todas las jurisdicciones, como lo escribió Quevedo hace siglos:

*"Si no hay justicia,*
*Qué difícil es tener razón !!"*

# ÍNDICE GENERAL